suhrkamp taschenbuch
wissenschaft 266

Otfried Höffe, geb. 1943, ist o. Professor für Ethik und Sozialphilosophie und Direktor des Internationalen Instituts für Sozialphilosophie und Politik an der Universität Freiburg i. Ü. (Schweiz); in der Juristischen Abteilung lehrt er Rechtsphilosophie.

Veröffentlichungen: *Praktische Philosophie – Das Modell des Aristoteles* (1971); *Strategien der Humanität. Zur Ethik öffentlicher Entscheidungsprozesse* (1975, span. 1979, Taschenbuch 1985); *Sittlich-politische Diskurse* (1981); *Immanuel Kant* (1983, span. 1986, ital. 1986); *Introduction á la philosophie pratique de Kant* (1985); *Politische Gerechtigkeit. Grundlegung einer kritischen Philosophie von Recht und Staat* (1987); *Kategorische Rechtsprinzipien. Ein Kontrapunkt der Moderne* (1990); Hrsg.: *Einführung in die utilitaristische Ethik* (1975); *Über John Rawls' Theorie der Gerechtigkeit* (1977); *Lexikon der Ethik* ([3]1986, frz. 1983); *Thomas Hobbes: Anthropologie und Staatsphilosophie* (1981); *Klassiker der Philosophie* (2 Bde., [2]1985; Mitherausgeber der *Zeitschrift für philosophische Forschung*.

Der wissenschaftliche Charakter der philosophischen Ethik und politischen Philosophie und die ihnen entsprechende methodische Erkenntnis sind trotz der jüngsten weltweiten Rehabilitierung der praktischen Philosophie noch immer umstritten. In dieser Situation empfiehlt es sich, die in der zeitgenössischen Diskussion vorherrschenden Grundmodelle kritisch zu untersuchen sowie an ausgewählten Problemen die normativ-kritische Kompetenz der praktischen Philosophie unter Beweis zu stellen. Der vorliegende Band stellt sich dieser doppelten Aufgabe: zum einen wird die durch mannigfaltige Mißverständnisse verdeckte und verzerrte originäre Rationalitätsstruktur der Grundmodelle herauspräpariert, ohne vor der Kritik herrschender Interpretationen zurückzuschrecken; zum anderen zeigt die praktische Philosophie an ausgewählten Problemen ihre Relevanz für die öffentlichen Debatten um Sinn und Orientierung in den fortgeschrittenen Industriegesellschaften.

Otfried Höffe
Ethik und Politik

Grundmodelle und -probleme der praktischen Philosophie

Suhrkamp

Für Evelyn
mit Moritz, Julia und Teresa

Die Deutsche Bibliothek - CIP-Einheitsaufnahme
Höffe, Otfried:
Ethik und Politik : Grundmodelle und -probleme der praktischen Philosophie / Otfried Höffe. – 4. Aufl. – Frankfurt am Main : Suhrkamp, 1992
(Suhrkamp-Taschenbuch Wissenschaft ; 266)
ISBN 3-518-27866-5
NE: GT

suhrkamp taschenbuch wissenschaft 266
Erste Auflage 1979

Druck: Nomos Verlagsgesellschaft, Baden-Baden
Printed in Germany
Umschlag nach Entwürfen von
Willy Fleckhaus und Rolf Staudt

4 5 6 7 8 9 – 97 96 95 94 93 92

Inhalt

Vorwort

Seit mehreren Jahren läßt sich weltweit eine wachsende Beschäftigung der Philosophie mit Fragen der Moral, der Gesellschaft und der Politik beobachten. Unter dem Stichwort »Rehabilitierung der praktischen Philosophie« soll die Frage nach dem guten und gerechten Leben im persönlichen und politischen Bereich, die Frage nach dem sittlich richtigen Handeln und nach der gerechten politischen Grundordnung wieder *philosophisch* gestellt werden, um sie weder den empirischen Wissenschaften noch dem Streit der Parteien und politischen Schriftsteller zu überlassen. Mit diesem neuerwachten Interesse der Philosophie verbindet sich der Anspruch, gegenüber dem persönlichen, sozialen und politischen Handeln eine normativ-kritische Kompetenz zu besitzen, ein Anspruch, der angesichts der Orientierungs- und Legitimationsschwäche der fortgeschrittenen Industriegesellschaften sehr willkommen ist.

Gleichwohl: Trotz der weltweiten Rehabilitierung der praktischen Philosophie ist der wissenschaftliche Charakter der philosophischen Ethik und politischen Philosophie, sind die ihnen entsprechende methodische Erkenntnis und vor allem ihr Anspruch auf normativ-kritische Kompetenz noch immer umstritten. In dieser Situation empfiehlt es sich, wichtige der in der zeitgenössischen Diskussion vorherrschenden Grundmodelle kritisch zu untersuchen sowie an ausgewählten Grundbegriffen und -problemen die tatsächliche normativ-kritische Kompetenz der praktischen Philosophie unter Beweis zu stellen. Die Abhandlungen dieses Bandes, die auch einzeln gelesen werden können (die Anmerkungen geben einige Querverweise), stellen sich der doppelten Aufgabe.

Zum einen soll die durch mannigfaltige Mißverständnisse verdeckte und verzerrte originäre Rationalitätsstruktur von Grundmodellen praktischer Philosophie herauspräpariert und in ihrem Für und Wider diskutiert werden, ohne vor der Kritik herrschender Interpretationen zurückzuschrecken. Die Grundmodelle sind hier bewußt verschiedenen Denktraditionen entnommen, um unterschiedliche Ansätze und Lösungsvorschläge zu berücksichtigen, damit die Chancen der praktischen Philosophie nicht durch ein zu enges Problembewußtsein schwinden. Die Grundmodelle verdanken sich ebenso klassischen Autoren (Aristoteles, Hobbes, Kant, Bentham, J. S. Mill) wie neueren Entwicklungen der Wissenschaften und der Philosophie (Entscheidungs- und Spieltheorie, Konstruktivismus, kritische Theorie); ihre Herkunft liegt sowohl im kontinentalen als auch im anglo-amerikanischen Sprachraum. Die Untersuchung dieser Modelle ist von der Frage geleitet, wie philosophische Ethik und politische Philosophie mit den ihnen eigentümlichen methodischen Mitteln bestimmen, was gutes und gerechtes Leben sei. Durch Interpretation und Kritik sollen Denkweise und Kompetenz praktischer Philosophie geklärt werden, um die gegenwärtige Diskussion vorzustellen, aufzuhellen und vor allem auch weiterzuführen.

Die den ersten Teil einleitende Abhandlung untersucht die anthropologische Grundlegung der praktischen Philosophie bei Aristoteles, vor allem die Bestimmungen des Menschen als politisches und als sprach- und vernunftbegabtes Lebewesen, Bestimmungen, die zu überzeitlichen Standardformeln abendländischer Anthropologie geworden sind, hier aber in ihren ursprünglichen (platonisch-)aristotelischen Kontext zurückgestellt und sowohl für sich als auch im Verhältnis zueinander erläutert werden. Der nächste Beitrag zum aristotelischen Modell der Ethik als praktischer Philosophie stellt das die Tradition der praktischen Philosophie begründende und immer noch aktuelle Konzept heraus, nach dem die menschliche Praxis eine dreifache Bedeutung hat: sie ist zugleich Gegenstand, Voraussetzung und Intention praktischer Philosophie. Sowohl im Gegensatz zu einer szientistischen Verkürzung philosophischer Ethik auf Metaethik als auch im Gegensatz zu einer technischen oder rein theoretischen Disziplin wird gezeigt, wie sich die beiden prima facie einander widerstreitenden Momente, Theorie und Praxis, das heißt hier: wissenschaftliche Rationalität und sittliches Engagement, miteinander vermitteln lassen und wie sich die Vermittlung durch eine ganz eigene »Rationalität der Freiheit« methodisch realisiert. Die Abhandlung zu Kants kategorischem Imperativ wendet sich gegen die (in der internationalen wie in der deutschsprachigen Diskussion prominenten) legalistischen und empirisch-pragmatischen Fehldeutungen, dabei gerade auch gegen eine vom utilitaristischen Standpunkt aus geführte Kritik des kantischen Moralkriteriums, um aufgrund einer Neuinterpretation des Maximen-Begriffs und des spezifisch kantischen Verallgemeinerungsverfahrens einigen Aporien bisheriger Interpretationen zu entgehen und die fortdauernde kriteriologische Bedeutung des kategorischen Imperativs wieder aufzudecken. Ein anderer Beitrag diskutiert den Utilitarismus als Moral- und Rechtstheorie, um ihn zunächst gegen zu oberflächliche Kritiken zu verteidigen, ihn dann aber in seinem Anspruch auf ein sittlich angemessenes, zudem operationales Moral- und Rechtsprinzip zu verwerfen. Weitere Beiträge untersuchen Rawls' Gerechtigkeitstheorie, die seit Jahren bei Moral- und Rechtsphilosophen, bei Wirtschafts- und Sozialwissenschaftlern internationales Aufsehen erregt und seit einiger Zeit auch im deutschen Sprachraum eine intensive Diskussion erfährt. Dabei wird sowohl – durch Konfrontation mit Hobbes und Kant – Rawls' philosophiegeschichtlicher Anspruch untersucht, die klassischen Vertragstheorien neu zu formulieren, als auch die systematische These, die Neuformulierung mit dem methodischen Instrumentarium der zeitgenössischen Entscheidungstheorie vornehmen zu sollen. Der erste Teil schließt mit zwei Beiträgen zur Kommunikations- bzw. Konsensustheorie: zunächst mit einigen knappen Thesen zur allgemeinen Bedeutung dieses Theorietyps für Moral- und Rechtsbegründung, dann mit kritischen Überlegungen zu Habermas' Wahrheitstheorie. Diese beansprucht nicht bloß für praktische Wahrheit (sittliche Richtigkeit), sondern auch für theoretische Wahrheit (Aussagenwahrheit) neue Gültigkeit, stößt aber sowohl in ihren kritischen Aspekten (gegenüber transzendentaler Wahrheitstheorie, gegenüber Kohärenz- und Korrespondenztheorie) auf Schwierigkeiten als auch in ihrem positiven Anspruch.

Die hier vorgelegte Reihe von Abhandlungen bleibt nicht bei der kritisch-konstruktiven Aufgabe stehen, Begriff und Methode philosophischer Ethik und politischer Philosophie zu diskutieren. Sie wendet sich im *zweiten Teil* auch Grundbegriffen und substantiellen Problemen der praktischen Philosophie zu, um an ausgewählten Beispielen sowohl einige zentrale Kategorien philosophischer Ethik und politischer Philosophie zu erörtern als auch die tatsächliche Relevanz praktischer Philosophie für die öffentlichen Debatten um Sinn und Orientierung in unseren pluralistischen Industriegesellschaften zu erproben. Die einleitende Abhandlung klärt den Grundbegriff Sittlichkeit in Auseinandersetzung mit verschiedenen Varianten des Nihilismus, mit anthropologischen, utilitaristischen und anderen Deutungen, um schließlich Sittlichkeit als Autonomie: als formale und fundamentale Emanzipation, zu bestimmen. In den folgenden Beiträgen werden die handlungstheoretischen Kategorien des Strebens und – in dem hier relevanten Diskussionsfeld von Rationalität, Dezision und praktischer Philosophie – der Entscheidung analysiert sowie die Struktur sittlicher Urteilsfindung skizziert. Eine weitere Abhandlung stellt sich der gegenwärtig drängenden Frage, ob das klassische Grundproblem der politischen Philosophie, das der gerechten Herrschaft, eigentlich nur ein vorübergehendes Problem sei oder aber – im Gegensatz zu den zeitgenössischen Forderungen nach Herrschaftsfreiheit – in fundamentalen anthropologischen Bedingungen gründe. Ein anderer Beitrag erörtert am Beispiel konzeptorientierter wissenschaftlicher Politikberatung, vor allem im Bildungsbereich, die Struktur öffentlicher Entscheidungsfindung, die sich der ethisch-pragmatischen Grundaufgabe zeitgenössischer Politik stellt, Prinzipien der Humanität, insbesondere der politischen Gerechtigkeit, mit den Funktionsanforderungen hochkomplexer Industriegesellschaften und ihren jeweiligen soziokulturellen Situationsbedingungen zu vermitteln. Der Lösungsansatz wird in einer öffentlichen Entscheidungsfindung gesehen, die ihrer Struktur nach als methodischer Kommunikationsprozeß durchgeführt wird, wozu konkrete Analysen und Vorschläge gemacht werden. Wieder ein anderer Beitrag wendet sich dem von philosophischer Seite bislang unbeachteten Problem zu, daß ein ganz neuer Schulunterricht, der Ethikunterricht, in verschiedenen Ländern der Bundesrepublik Deutschland eingeführt worden ist und in anderen Ländern erwogen wird, ohne daß die Grundfrage hinreichend geklärt ist, was ein schulischer Ethikunterricht überhaupt und was er im Rahmen pluralistischer Industriegesellschaften leisten kann und leisten soll.

Für vielfältige Hilfe bei der Erstellung des Manuskripts danke ich meiner Mitarbeiterin, Frau Dr. Brigitta Gräfin von Galen.

Freiburg i. Ue., im Juli 1978 Otfried Höffe

Erster Teil: Grundmodelle

1. Grundaussagen über den Menschen bei Aristoteles*

Die Grundaussagen über den Menschen bei Aristoteles haben in einer Weise Epoche gemacht, wie es mit wenigen seiner Aussagen der Fall ist. Zwar ist die Wirkungsgeschichte der aristotelischen Philosophie insgesamt ein fast einzigartiges Phänomen. Bis über die Schwelle vom 17. zum 18. Jahrhundert hat Aristoteles eine solche Autorität besessen, daß die Philosophie- und Wissenschaftsgeschichte in Europa und den Mittelmeerländern zu einem großen Teil als Rezeption, Weiterentwicklung und Kritik aristotelischer Gedanken zu verstehen ist. In seiner Spätphase war der Aristotelismus allerdings oft spekulativ verflacht, dogmatisch erstarrt und zugleich an den führenden Universitäten (etwa Paris und Oxford) so beherrschend[1], daß er den produktiven Wissenschaftlern als schweres Hindernis ihrer Forschung gelten mußte[2]. Nur deshalb liest sich auch die Philosophie- und Wissenschaftsgeschichte der frühen Neuzeit zu einem großen Teil als Depotenzierung der Autorität von Aristoteles. Aber während im Laufe dieser Depotenzierung andere der aristotelischen Gedanken zunächst der Kritik und schließlich dem Vergessen anheimfielen – eine bedeutsame Ausnahme bildet die Syllogistik[3] –, haben die Grundaussagen über den Menschen ihren Einfluß in dieser Weise nicht verloren: daß der Mensch ein politisches Lebewesen, noch mehr: daß er ein vernunft- und sprachbegabtes Lebewesen sei. Beide Aussagen, die sich schon bei Platon finden und die Aristoteles endgültig in den Rang von Natur- und Wesensbestimmungen des Menschen erhebt, sind auf explizite und implizite Weise der Ausgangs- und Bezugspunkt (und sei es via negationis) für weite Teile der Ethik, der politischen Philosophie und der anthropologischen Forschung über Thomas von Aquin, Hobbes, Rousseau, Linné[4], Hegel oder die Psychoanalyse bis in die Gegenwart.

Die Tatsache, daß die beiden Aussagen geradezu Standardformeln des Selbstverständnisses des Menschen geworden sind, steht jedoch ihrem angemessenen Verständnis nur im Wege. Denn ihre

* *Zeitschrift für philosophische Forschung* 30 (1976) 227-245 (überarbeitet).

Loslösung aus dem Zusammenhang der aristotelischen Philosophie suggeriert einen von der ursprünglichen Problemstellung und Begrifflichkeit ganz unabhängigen Gedanken, der sich dann leicht als falsch oder aber als zur Trivialität verdünnt erweisen könnte. Es empfiehlt sich daher, die beiden Grundaussagen in den Problemkontext des antiken, näherhin des aristotelischen Denkens zurückzustellen, sie mit einigen anderen Aussagen in Verbindung zu bringen und sie sowohl für sich als auch im Verhältnis zueinander zu erläutern.

Wer die aristotelischen Grundaussagen über den Menschen aufsucht, stößt zunächst auf einen überraschenden Tatbestand: Aristoteles hat überhaupt keine Anthropologie geschrieben.[4a] Obwohl sich bei ihm der Übergang von der *einen* Philosophie zu einer Vielzahl philosophischer Pragmatien vollzieht (Aristoteles kann als der Begründer organisierter Spezialforschungen gelten), obwohl er eigene Abhandlungen zur Logik und Wissenschaftstheorie, zur Biologie, Meteorologie, Kosmologie und allgemeinen Naturphilosophie, zur philosophischen Psychologie und Ontologie, zur Ethik, Politik und Ökonomie, zur Poetik und Rhetorik verfaßt hat, fehlt entsprechendes zur Lehre vom Menschen. Der Ausdruck »Anthropologie« gehört auch gar nicht zum klassischen Griechisch. Aristoteles kennt nur ein ἀνθρωπολόγος, und dieses bloß ein einziges Mal, nämlich in der *Nikomachischen Ethik*, und dort mit der für den Rang einer philosophischen Lehre vom Menschen kaum angemessenen Bedeutung einer Klatschbase (IV 9, 1125 a 5).

Seine Aussagen über den Menschen hat Aristoteles beinahe auf alle Schriften verstreut. Gerade in den weniger bekannten, den biologischen Arbeiten stößt man auf eine Fülle von teilweise recht modern anmutenden Überlegungen und Bestimmungen. Allein in der *Historia Animalium* sind drei Bücher (I, VII, X) ausschließlich dem Menschen gewidmet. Nach ihnen und der Abhandlung *De Partibus Animalium* ist der Mensch ein Lungentier, das auf dem Festland lebt; ein Wesen, das lebend gebärt und zur Gruppe der größten unter den nicht blutlosen Wesen zählt. Der Mensch zählt zu den immer zahmen Wesen, genauer zu jenen, die nur manchmal kriegerisch sind. Er gilt als das einzige Sinneswesen, das Erinnerung nicht nur zu haben, sondern auch zu sammeln versteht. Vor allem soll er allein aufrecht gehen[5] sowie überlegen und beratschlagen können.

Eine umfassende Untersuchung müßte außer den biologischen Schriften auch etwa die *Topik,* die Abhandlung *Über die Seele,* die *Poetik* und die *Rhetorik* heranziehen. In der letzteren finden sich nicht nur ähnlich treffsichere sozialethische und psychologische Bemerkungen wie in der *Nikomachischen Ethik,* sondern auch – was kaum beachtet wird – die Grundzüge einer Kriminal- und einer Zuhörerpsychologie.

Diese knappen Hinweise müssen genügen, um auf das breitgefächerte Spektrum aristotelischen Nachdenkens über den Menschen aufmerksam zu machen. Denn die folgenden (noch mehr elementaren) Erläuterungen konzentrieren sich auf jene beiden Grundaussagen, die den Menschen nicht biologisch (als Lebewesen), sondern genuin »anthropologisch« (als Menschen) qualifizieren: auf seine Bestimmung als eines politischen und eines vernunft- und sprachbegabten Lebewesens. Es sind Aussagen, die man nicht voneinander isolieren darf[6] und die vor allem in der Metaphysik und jenen beiden Pragmatien an Deutlichkeit gewinnen, die Aristoteles in ihrem sachlichen Zusammenhang als »ἡ περὶ τὰ ἀνθρώπεια φιλοσοφία«, als Philosophie der menschlichen Angelegenheiten (Nikomach. Eth. X 10, 1181 b 15), bezeichnet hat, nämlich in der *Nikomachischen Ethik* und der *Politik.*

I. Der Mensch als politisches Lebewesen

1. Die eine Grundaussage nennt den Menschen ein politisches Lebewesen (πολιτικὸν ζῷον), genauer – da »politisch« Adjektiv zu Polis ist – ein Wesen, das sein Leben in der Polis führt. Diese Eigenschaft des Politischen soll für den Menschen weder aus Zufall noch lediglich im allgemeinen zutreffen. Aristoteles sagt nicht, die Menschen lebten gelegentlich oder auch meistens in Polis-Verbänden, würden ihrer aber manchmal überdrüssig und zögen sich dann ins Private zurück, und einige seien überhaupt mehr Einzelgänger, Eigenbrötler oder Einsiedler. Das Politische gilt vielmehr als wesentlich; terminologisch gesprochen: es kommt dem Menschen von Natur aus (φύσει) zu (Nikomach. Eth. I 5, 1097 b 11; Pol. I 2, 1253 a 2 f. u. a.).

Der Ausdruck »von Natur aus« präzisiert weniger den Inhalt der Aussage als – modern gesprochen – ihren methodischen

Status, einen Status allerdings, der für unser zeitgenössisches Methodenverständnis ungewohnt ist. »Natur«, einer der Grundbegriffe im aristotelischen wie im griechischen Denken überhaupt, bezeichnet etwas, das ohne das eigene Zutun da ist[7]. Das Politische ist demnach mit dem Menschen als solchem gegeben. Es entsteht weder in einem Herstellungsprozeß noch durch Übereinkunft (Vertrag), sondern liegt jedem bewußten Handeln immer schon voraus. In einer noch näher zu qualifizierenden Form bestimmt es den Spielraum, innerhalb dessen der Mensch sich entwickeln und verantwortlich tätig werden kann. Allerdings heißt dies nicht, daß das Politische in jedem beliebigen Exemplar und in jeder Entwicklungsstufe festgestellt werden könnte. Aristoteles' Aussage wäre nicht dadurch zu widerlegen, daß man gattungs- oder individualgeschichtliche Frühformen betrachtet und dann weder bei unseren prähistorischen Vorfahren noch bei Säuglingen genuin politische Verhältnisse entdeckt. Etwas, das von Natur aus ist, ist allgemein gültig, ohne sich bei allen Elementen und zu jeder Zeit beobachten zu lassen. Denn »Physis« bedeutet ein Wachsen, einen Entwicklungsprozeß, der mit einem Keim beginnt und erst im Laufe der Zeit das zur Entfaltung bringt, was die Möglichkeit und Intention, was das Wesen und den Begriff des Wachsenden ausmacht. Ebenso gilt die Umkehrung: Das Wesen kommt erst in der gelungenen Entfaltung zur vollen Offenbarkeit. (So tritt für Aristoteles das Wesen einer Eiche weder im jungen Trieb noch in einem verkrüppelten Exemplar, sondern allein im ausgewachsenen gesunden Baum voll hervor, überdies in einem ausnehmend schönen und kräftigen Baum mehr als in einem Durchschnittsexemplar.)

Das Politische soll also mit dem Menschen als solchem gegeben sein, gleichwohl zunächst als unbewußter Drang (ὁρμή: Pol. I 2, 1253 a 29) existieren. Aristoteles stellt den Menschen in eine (gattungs- und individualgeschichtliche) Entwicklung, deren Prinzip im Menschen selbst liegt, gleichwohl seiner vollen Verfügung entzogen ist. Er behauptet, daß das Wesen des Menschen nicht schon zu Beginn, sondern erst im gelungenen Resultat offenbar sei. Der Mensch wird weder von seinen Anfängen noch von dem her definiert, was er rein naturwüchsig wird. Die Bestimmung richtet sich vielmehr auf die spezifische Leistung oder die charakteristische Aufgabe (ἔργον) des Menschen, sofern er Mensch (und nicht Mann oder Frau, Handwerker oder Politiker usf.) ist: auf das also, worin der Mensch zu sich selbst kommt, indem er seine Möglichkeiten ausschreitet, indem er die ihm grundsätzlich zugehörigen Chancen, Begabungen und Intentionen realisiert. Der Mensch gilt als das, was er sein kann und – wenn man seine Selbstvollendung als Maßstab anerkennt – auch sein soll. Dabei kommt die Polisnatur des Menschen zur Offenbarkeit – anders als die Natur subhumaner Wesen – nicht schon aufgrund von biologischen Prozessen, sondern erst aufgrund (1) eines geschichtlichen Prozesses der Kulturentwicklung (s. u. Abschn. III), (2) eines Aktes der Polisstiftung (Aristoteles spricht von jemandem, der die Polis als erster ins Leben rief: Pol. I 2, 1253 a 30 f.), (3) eines fortwährenden Prozesses der aneignenden Realisierung, der (4) ohne Erziehung und Gewöhnung (s. u. I 3) nicht möglich ist.

2. Die Behauptung, das Menschsein vollende sich in einem Leben in der Polis, erläutert Aristoteles vor allem in Pol. I 2 (vgl. auch III 9). Die dort sehr gedrängt vorgetragene Entwicklung der Polis aus ihren konstitutiven Elementen ist in erster Linie als eine Strukturdarstellung zu lesen, nicht als eine idealisierende Deskription des griechischen Stadtstaates[8], der, historisch betrachtet, zu Aristoteles' Zeit schon längst in eine ökonomische, politische und ethische Krise geraten war. Nach Aristoteles' Argumentation ist man – so der erste primär *biologisch* orientierte Argumentationsteil – von Geburt aus nicht Mensch simpliciter, sondern Mann oder Frau, Vater oder Kind und Herr oder Sklave. Alle drei elementaren Alternativen begründen kein Vereinzeltsein, sondern machen ein Zusammenleben erforderlich. Insofern fallen die entsprechenden Verbindungen der Menschen ihrer Grundstruktur (nicht ihrer individuellen und sozialgeschichtlichen Ausprägung) nach nicht in das Gutdünken der Menschen und ihrer Kultur: Der Mensch ist seiner Natur nach ein Sozialwesen. Ähnlich wie bei Tieren entspringt die Verbindung von Mann und Frau einem natürlichen Trieb zur Arterhaltung. Da – so muß man es sich ergänzen – Neugeborene und Heranwachsende die Hilfe der Erwachsenen brauchen, gibt es die zweite Elementarbeziehung, die von Eltern und Kindern. Und weil sich der Mensch die Mittel zur Befriedigung seiner Bedürfnisse selbst beschaffen muß, dazu der Überlegung – so schon hier der zweite, der über die Sozialnatur auf die Polisnatur weisende *psychologische* Argu-

mentationsaspekt – und körperlichen Arbeit bedarf[9], weil weiterhin die einen die Fähigkeit zum selbständigen Überlegen haben sollen, die anderen nur die Fähigkeit, in körperlicher Arbeit die Überlegungen anderer auszuführen, soll es von Natur aus (hier im Sinne eines »von Geburt an«) Herren und Sklaven[10] geben, die als solche wechselseitig aufeinander angewiesen sind. Die institutionalisierte Verbindung aller drei Elementarbeziehungen konstituiert die Hausgemeinschaft (Großfamilie). Das Haus (οἶκος) ist in dem Sinne eine natürliche[11] Gemeinschaft, daß es der Befriedigung der elementaren Bedürfnisse: der vom Sexualtrieb bestimmten Arterhaltung und der arbeitsteiligen Selbsterhaltung dient.

Aufgrund einer natürlichen Entwicklung, weil nämlich die Kinder heranwachsen und ihre eigene Familie gründen, verzweigt sich das Haus zum Dorf (κώμη). Als territorial und bevölkerungsmäßig größere Einheit kann das Dorf durch Ausdifferenzierung von Wirtschafts- und Sicherungsfunktionen die Besorgung der elementaren pragmatischen Zwecke (Selbst- und Arterhaltung) verbessern und zugleich – etwa durch Dorffeste und eine Dorfversammlung – Zwecke verfolgen, die über das bloße (oder auch angenehme) Überleben hinausreichen.

Aus mehreren Dörfern bildet sich schließlich die Polis, wobei diese sich vor dem Dorf – so wie schon das Dorf vor dem Haus – nicht allein quantitativ (durch ein Mehr an Territorium und Einwohnern) auszeichnet. Die Weiterentwicklung menschlicher Gemeinschaft zu einer noch größeren Einheit, die Verbindung mehrerer Dörfer zu einer Polis (einem Stadtstaat) ermöglicht vielmehr, die verschiedenen Berufe, Aufgaben und Funktionen eines Gemeinwesens zum Können geregelter Verfahren, zu Künsten (τέχναι) auszubilden. Über die damit bezeichnete Verbesserung der Wirtschafts- und Sicherungsfunktionen eines Gemeinwesens hinaus lassen sich auch die »politischen« Ansätze des Dorfes weiterbilden. Die auf der Ebene des Dorfes erst rudimentär vorhandenen politischen Strukturen gestalten sich zu einem differenzierten System öffentlicher Institutionen, das aus Magistraturen, der Volksversammlung und Gerichten besteht und in deren Gemeinschaft von Freien und Gleichen sich die gemeinsamen Vorstellungen vom guten und gerechten Miteinanderleben in seiner geschichtlichen Konkretion bilden und realisieren. Dieser funktional gegliederte Zusammenhang der Künste und öffentlichen Institutionen konstituiert die Polis[12]. Entstanden, um die

Unselbständigkeit der einzelnen Menschen auszugleichen, wächst die Polis über diesen Zweck hinaus. Der Mensch ist auch dort zum Leben in der Polis bestimmt, wo ihm daraus keine pragmatischen Vorteile mehr erfließen. Denn über die zweckmäßige Erfüllung der Grund- und Sicherheitsbedürfnisse der Menschen hinaus verfolgt die Polis einen qualitativ neuen, einen genuin sittlichen Zweck: das gut Leben (εὖ ζῆν), das gelungen-geglückte Dasein ihrer Mitglieder[13].

Indem Aristoteles mehrere Arten des Zusammenlebens unterscheidet, ist die Polis keine universale Bezeichnung für jede Gemeinschaft, und die politische Natur bedeutet etwas Spezifischeres als die biologisch und kulturgeschichtlich belegbare Tatsache, daß der Mensch auf ein Zusammenleben angelegt und angewiesen, daß er ein Gesellschaftswesen (animal sociale) ist. Da die drei Gemeinschaften (Haus, Dorf, Polis) eine Rangordnung bilden (mit dem Haus als der elementaren Grundlage und der Polis als der Vollendungsstufe), ist in der politischen Natur auch mehr angesprochen als die Eigenschaften, die die elementare Gemeinschaft konstituieren. Sicher ist die Polis keine Gemeinschaft, die sich *jenseits* von Häusern bildet, vielmehr umfaßt und übergreift sie diese. Zum Menschsein gehören Sexualität und Arbeitsteilung wesentlich hinzu; ferner das, was sich beim Zusammenschluß mehrerer Häuser zum Zweck der gegenseitigen Hilfe und des gemeinsamen Nutzens bildet: die Gemeinsamkeit des Wohnorts, ein Kriegs- und Handelsbündnis, ein System der Lebensbedürfnisse und ihrer Befriedigung, selbst eine Rechtsgemeinschaft, sofern es ihr lediglich um die zweckmäßige Regelung der genannten Aufgaben geht. All dieses weist auf notwendige Momente, aber auf Infrastrukturmomente, nicht schon auf den Kern dessen hin, was Aristoteles unter der politischen Natur des Menschen versteht. Zunächst noch negativ formuliert: Das Menschsein erschöpft sich nicht in der sozialen Kompensation der biologischen Mängelhaftigkeit.

Deshalb kann man auch die Bestimmung des Menschen als eines politischen Wesens nur sehr begrenzt mit Einsichten der biologisch orientierten Anthropologie belegen. Die zeitgenössische Forschung hat zu Recht darauf aufmerksam gemacht, daß Neugeborene ohne intensivste Bemühungen anderer zugrunde gehen. Ein Säugling ist grundsätzlich eine Frühgeburt. Aufgrund seiner mangelnden Ausstattung mit Instinkten und Schutzvorrichtungen überlebt er ohne die Fürsorge anderer Menschen weder die ersten Stunden und Tage, noch kann er im Verlauf der nächsten Monate jene Funktionen ausbilden, die ein Überleben auf Dauer ermöglichen. In dieser Interpretation steht die »politische« Natur jedoch im Dienst des bloßen Überlebens. Für Aristoteles dagegen hat die Polis zwar eine biologische Basis. Sie wächst aber in dem Maß über sie hinaus, wie es im geglückten Leben um mehr als um die nackte oder auch angenehme Existenz geht. Aristoteles hat eine andere Blickrichtung, weil er von einem anderen, einem teleologischen Naturbegriff ausgeht[14]. Während die biologisch orientierte Anthropologie Anfangs- und Minimalbedingungen menschlichen Lebens aufsucht, interessiert sich Aristoteles für Optimal- und Vollendungsbedingungen. Ihm geht es letztlich um Humanität in einem emphatischen Sinn: um ein zu sich selbst gekommenes, ein erfülltes Menschsein. Allerdings bezeichnet diese Differenz keinen planen Gegensatz, da Aristoteles' Argumentation ihren Ausgang von Anfangsbedingungen (der Sexualität und Arbeitsteilung) nimmt und aus ihnen das Optimum entwickelt.

Auch die Polis ist für Aristoteles »von Natur aus« (Pol. I 2, 1253 a 2), und das heißt, sie nimmt strukturell alle Formen menschlichen Zusammenlebens in sich auf, integriert sie in gestufter Weise und stellt darüber hinaus die Vollendung menschlichen Zusammenlebens dar. Ihr Zweck ist es, den Menschen zu seiner höchsten Verwirklichung zu bringen, zu dem, was Aristoteles Eudaimonie nennt. Die Polis ist räumliche Gemeinschaft, sie dient dem Schutz der Bürger, der Schlichtung inneren Streits, der Durchführung und Sicherung des Handels, vor allem aber – und dabei alle vorangehenden Bestimmungen übergreifend – ist sie dazu da, dem Lebensvollzug der einzelnen in der Gemeinschaft innerhalb des Hauses und der Häuser untereinander auf geglückte Weise Wirklichkeit zu geben (vgl. Pol. III 9, 1280 b 29-35). Und daraus ergibt sich die präzise Bedeutung der politischen Natur des Menschen: Nicht schon in der Sexualität oder der Arbeit, nicht im inneren und äußeren Schutz sieht Aristoteles den Menschen zu sich selbst kommen, sondern erst dort, wo man diese Bedingtheiten des Lebens anerkennt, statt sie zu überspringen, und sie zugleich transzendiert, indem man sie in ein Dasein integriert, das nicht bloß das Überleben, sondern auch das gelungene und glückliche Leben verfolgt. Daß der Mensch auf das Zusammenleben mit seinesgleichen angewiesen ist und daß sich die Chancen und Intentionen des Zusammenlebens erst in einem differenzierten Gemeinwesen von Freien und Gleichen erfüllt: in diesem genetisch explizierten Tatbestand liegt die präzise Bedeutung der politischen Natur des Menschen und damit zugleich die aristotelische Begründung eines Frieden stiftenden und Glück intendierenden Gemeinwesens.

3. Was unter einem glücklichen Leben zu verstehen ist, erläutert Aristoteles vor allem in der *Nikomachischen Ethik*[15]. Dort zählt schon dazu, daß man hinlänglich mit äußeren Gütern versehen ist (X 9, 1178 b 33 ff. u. a.). Vor allem aber ist es notwendig, daß man nicht grundsätzlich den rein naturwüchsig gebildeten und im betreffenden Augenblick gerade vorherrschenden Antriebskräften folgt. Diese stehen in ihren momentanen Impulsen je für sich. Sie bilden keineswegs von selbst untereinander jenen inneren Zusammenhang, der die harmonische Realisierung der verschiedenen, zum Teil einander widerstreitenden natürlichen Antriebskräfte eines Individuums und darüber hinaus die harmonische Realisierung der verschiedenen Bedürfnisse und Interessen einer Gemeinschaft von Individuen garantiert. Deshalb darf sich der Mensch nicht von seinen Leidenschaften beherrschen lassen (κατὰ πάθος ζῆν). Er muß sich vielmehr in einem bestimmten Sinn als ihr Herr erweisen (vgl. Nikomach. Eth. I 13; Pol. I 5, 1254 b 4 ff.); nicht indem er die Leidenschaften unterdrückt, sondern indem er sich von ihnen in ihrer Unmittelbarkeit und blinden Naturwüchsigkeit distanziert und sie in eine Ordnung bringt, in ein kohärentes System von Antriebskräften, die über das, was bloß augenblicklich als angenehm erscheint, hinaus ein insgesamt gelungenes Leben ermöglicht. In einem so bestimmten vernunftgemäßen Leben (κατὰ λόγον ζῆν) bildet das rechte Tun und Lassen mit dem glücklichen Leben eine selbstverständliche Einheit. Erst hier wird man auf die Situationen, in denen man sich vorfindet, nicht bloß reagieren, sondern sie auf eine vortreffliche Weise bewältigen: in Gefahrensituationen weder blind vorprellen noch angstvoll zurückschrecken, sondern sich unerschrocken und überlegt, also tapfer verhalten; mit seinem Vermögen weder verschwenderisch noch knauserig, vielmehr freigebig umgehen, usf. Mit einem Wort: zu einem glücklichen Dasein gehört ein Tätigsein, das durch sittliche Tüchtigkeit (ἀρετὴ ἐθικὴ) bestimmt

ist[16]. Exemplarisch tritt es im klugen Mann (φρόνιμος) hervor, der in bezug auf sittliche Urteilsfähigkeit und Lebenserfahrung die höchste Stufe menschlicher Möglichkeiten erreicht hat, für seine Mitbürger deshalb Vorbild und Maßstab des Handelns bedeutet (Nikomach. Eth. III 6, 1113 a 32 f.; Protr. B 39).

Sittliche Tüchtigkeit und ihre Vollendung im Phronimos (Aristoteles spricht auch vom σπουδαῖος) sind kein Naturprodukt. Weder hat sie der Mensch von Geburt aus, noch erwirbt er sie primär durch biologische Entwicklungsprozesse wie es mit dem der Fall ist, das den Griechen als Schönheitsideal galt und zu einem vollendeten Menschen dazugehörte: eine hohe und ebenmäßige Gestalt[17]. Sittliche Tüchtigkeit gewinnt man vor allem durch Lob und Tadel, Vorbild und Nachahmen, durch Erziehung und Gewöhnung. Und in diesem Bereich erfüllt die Polis eine grundlegende Aufgabe. Sie hat eine Funktion, gegenüber der die pluralistischen Staaten des Westens skeptisch wären. Durch ihre geschriebenen und ungeschriebenen Gesetze soll die Polis ihre Bürger zu sittlicher Tüchtigkeit anhalten: sie soll die Jugendlichen zu ihr erziehen und die Erwachsenen in ihr befestigen[18]. Denn ohne die durch das Polis-Leben vermittelte Erziehung zur sittlichen Tüchtigkeit ist der Mensch ärger als ein Tier, »das ruchloseste und wildeste aller Wesen und in Liebeslust und Eßgier das schlimmste« (Pol. I 2, 1253 a 29 ff.)[19]. So stellt das Leben in der politischen Gemeinschaft von Freien und Gleichen um des Glücks der Bürger willen ebenso ein natürliches Verlangen des Menschen wie eine Aufgabe dar, die man auch verfehlen kann.

Nun besteht die sittliche Tüchtigkeit in Besonnenheit und Freigebigkeit, in Großzügigkeit, Ehrliebe, Aufrichtigkeit und Gerechtigkeit, in Verhaltensweisen also, die nicht nur den Handelnden selbst, sondern auch und ganz wesentlich seine Mitbürger betreffen. Das Ziel, das die Polis bei ihren formellen und informellen Erziehungsprozessen verfolgt, ist weder ein Überschreiten der Polis noch ein Rückzug aus ihr in private Abgeschiedenheit. Die Polis erzieht zu einem geglückten Leben in der Polis.

Daß der Mensch von Natur aus zu einem Leben in der Polis bestimmt ist, meint deshalb ein Doppeltes. Weil einerseits der Mensch seine humanen Möglichkeiten weder von Geburt aus hat noch sie durch rein biologische Prozesse entfaltet und weil die Polis der Raum ist, in dem die notwendigen Erziehungsprozesse stattfinden, ist die Polis die Bedingung eines geglückten Menschseins. Weil andererseits das geglückte Leben nicht in einem Jenseits, sondern im Miteinanderleben einer bestimmten Qualität, in einem durch sittliche Tüchtigkeit bestimmten Zusammenleben besteht, ist die Polis zugleich das *Medium* und der Ort zur Realisierung des Glücks[20].

II. Der Mensch als vernunft- und sprachbegabtes Lebewesen

Noch in einem stärkeren Maß als die Bestimmung des Menschen als eines politischen Wesens ist seine Bestimmung als eines vernunft- und sprachbegabten Lebewesens (ζῷον λόγον ἔχον) zur Grundformel abendländischer Anthropologie geworden. Die Formel gilt als Ausdruck für die schlechthin einzigartige Stellung des Menschen im Kosmos. Wegen ihrer Prägnanz hat sie sich leicht einprägen können; wegen ihrer Kürze ist sie aber auch erst eine Art Problemformel, die noch der näheren Interpretation bedarf. Vor allem hat »Logos« eine äußerst weit gefächerte Bedeutung. Er meint sowohl die Ordnung des Mannigfaltigen im Kosmos als auch die Erkenntnis, durch die die Ordnung zur Erscheinung kommt; »Logos« meint das Wort, den Begriff und die Rede, ferner die Vernunft sowie das diskursive Wissen[21].

Was sagt es über den Menschen aus, daß er Logos hat? – In demselben Kapitel der Politik, in dem Aristoteles die Polis-Natur des Menschen behauptet, begründet er sie auch damit, daß der Mensch das einzige Lebewesen sei, das Logos besitzt (Pol. I 2, 1253 a 9 f.). Die politische Natur des Menschen ist an seine Vernunftnatur gebunden. Der Mensch ist ein politisches Lebewesen, weil und insoweit er Logos hat. Der Logos hat die polisstiftende, allgemeiner: die kommunikationsstiftende Kraft. Dabei meint Logos nicht irgendein Zeichen, das man einander kundtut und mit dem ein Zusammensein überhaupt erst möglich wird. Logos ist eine qualifizierte Form von Zeichen, die sich von der unterscheidet, die Tiere haben, der bloßen Stimme (φωνή). Aristoteles bestreitet nicht, daß auch Tiere Wahrnehmungen haben und einander davon Zeichen geben (σημαίνειν ἀλλήλοις). Deshalb vermögen sie auch – etwa in der Form von Herden – zusammenzuleben. Aber ihre Kommunikationsfähigkeit ist höchst rudimentär. Sie beschränkt sich auf die Dimension des Momentanen und Individuellen, auf die Empfindung von Schmerz und Lust (αἴσθησιν λυπηροῦ και ἡδέος: Pol. I 2, 1253 a 13). Der Mensch dagegen vermag aufgrund von Sprache und Vernunft (λόγος) das Nützliche und das Schädliche (τὸ συμφέρον και τὸ βλαβερόν: a 14 f.) zu erkennen und zu artikulieren, d. h. er vermag differenzierte Erfahrungen zu machen sowie Zweck-Mittelbeziehungen zu erkunden, was ihn schon zur Bildung von Interessengemeinschaften (Kriegs- und Handelsbündnisse) befähigt. Zudem sind Sprache und Vernunft nicht an retrospektives und prospektives Denken im Dienst partikularer Interessen gebunden. Sie transzendieren auch den partikularen Standpunkt und bilden Vorstellungen von einem gemeinsamen Interesse, vom Guten und Schlechten, von Recht und Unrecht[22]. Die Gemeinsamkeit dieser Vorstellungen ruft aber das Haus und die Polis ins Leben (a 18).

Die durch den Logos gestiftete Polis-Natur bedeutet, daß der Mensch Bedürfnisse und Interessen hat, die sich ohne Zusammenleben mit seinesgleichen nicht befriedigen lassen, und daß er deshalb seine Verwirklichung nicht in einem Leben findet, das auf Selbstbehauptung und Expansion aus ist. Seine Verwirklichung findet er vielmehr in der Verständigung mit seinesgleichen, einer Verständigung, der es um das Gute und Gerechte geht[23] und die sich in den vielfältigen und differenzierten Kommunikations- und Interaktionsbezügen der Polis realisiert.

Durch seine Funktion für die Polis wird das Wesen des Logos aber nicht ausschließlich, nicht einmal in erster Linie bestimmt. Was es für den Menschen bedeutet, Logos zu haben, wird in einem anderen Gedankengang deutlicher. In der Struktur der menschlichen Seele unterscheidet Aristoteles drei Momente (Nikomach. Eth. I 13): ein vernunftloses Moment (ἄλογον): die vegetativen Funktionen beim Menschen; ein in sich selbst vernünftiges Moment (τὸ λόγον ἔχον); und jenes Dazwischen, das zwar nicht in sich selbst vernünftig ist, das aber in einem Bezug zur Vernunft steht (ἄλογος, μετέχουσα μέντοι πη λόγου). Es kann nämlich auf die Vernunft hören und ihr gehorchen oder zuwiderlaufen. »Vernunft besitzen« hat deshalb für Aristoteles zwei Stufen: sie wesentlich und in sich selbst haben (κυρίως καὶ ἐν αὐτῷ), was für den Bereich des Intellektuellen gilt; und zweitens sie mittelbar haben, nämlich auf die Weise eines Kindes, das seinem Vater gehorcht (ὥσπερ τοῦ πατρὸς ἀκουστικόν), was für den Bereich des Begehrens und Strebens zutrifft. Vernunft im unmittelbaren und emphatischen Sinn haben, meint aber nur das erste: die Fähigkeit zur Realisierung (Erkenntnis) und Manifestation (Sprache) von Wissen.

Im Einleitungskapitel der *Metaphysik* und ähnlich im Schlußkapitel der *Zweiten Analytik* entwickelt Aristoteles eine gestufte Folge von Wissensformen. Sie beginnt mit (1) der Wahrnehmung (αἴσθησις), die ein einzelnes in seiner momentanen Erscheinung aufgreift. Aus dem Festhalten von Wahrnehmungen entsteht (2) die Erinnerung (μνήμη), durch die eine Wahrnehmung über den vergehenden Augenblick des Wahrnehmens hinaus verbleibt und in der die einzelnen Sachverhalte noch als eine zusammenhanglose Vielheit erscheinen. Aus einer Mannigfaltigkeit von Erinnerungen: aus wiederholter Erinnerung und dem Zusammenfassen gleicher Erinnerungen von gleichen Sachverhalten und der Unterscheidung gleicher Erinnerungen von ungleichen Erinnerungen entsteht (3) die Erfahrung (ἐμπειρία). Während die anderen Lebewesen nur Wahrnehmungen und Erinnerungen haben sowie lediglich einer geringen Erfahrung teilhaftig werden, gehört zum Menschen die Möglichkeit, Erinnerungen nicht bloß zu haben, sondern auch bewußt anzusammeln und so zu einer differenzierten, umfassenden und methodisch abgesicherten Erfahrung zu kommen. Damit eröffnet er sich einen nahezu unbegrenzten Gesichtskreis: er hat Welt, nicht bloß Umwelt. Vor allem entwickelt der Mensch (4) Kunst (τέχνη) und Wissenschaft (ἐπιστήμη). Diesen beiden höheren und für den Menschen spezifischen Formen des Wissens[24] geht es nicht bloß um das Daß (ὅτι), sondern auch um das Was (τί) und das Warum (διότι). Sie erforschen das Wesen und die Gründe und bringen dadurch das Allgemeine im einzelnen zur Offenbarung, woraus sich in einer weiteren Stufe (5) die Weisheit (Philosophie) als Erkenntnis der schlechthin ersten Gründe, der Prinzipien, bildet.

Der mit der Wahrnehmung beginnende Weg des Wissens vollendet sich im Wissen um die Gründe und in dessen höchster Form, dem Wissen um die ersten Prinzipien. Erst in den Formen des Wissens, die über Wahrnehmung, Erinnerung und gelegentliche Erfahrung hinausgehen, zeigt sich das Charakteristische des menschlichen Wissens. Darauf nimmt Aristoteles Bezug, wenn er vom Menschen als einem Wesen spricht, das Vernunft und Sprache, das Logos hat.

»Logos haben« heißt ganz allgemein, das Seiende als das ansprechen können, was es ist und warum es ist. Die Leistung des Logos liegt im ἀληθεύειν, im adäquaten Zur-Erscheinung-Bringen des Seienden und seiner Gründe (vgl. Nikomach. Eth. VI 3, 1139 b 15 u. a.). Da die Gegenstände, die der Logos zur Erscheinung bringt, strukturell verschieden sind, löst er seine Aufgabe auch in sehr unterschiedlicher Weise. Aristoteles kennt fünf Grundformen (Nikomach. Eth. VI). Handelt es sich um das, was immer ist, was es ist: um die unveränderliche Struktur des Kosmos, um die Prinzipien von Sein und Wissen, dann geht es um die Realisierung von Geist (νοῦς), Wissenschaft (ἐπιστήμη) und Weisheit (σοφία). Richtet man sich dagegen auf das, was nicht notwendig so ist, wie es ist, auf das, was ein Anderssein zuläßt: auf den kontingenten Bereich des Sublunaren, vor allem den Bereich des Sittlichen und Politischen, so handelt es sich um die Realisierung von Kunst (τέχνη) und Klugheit (φρόνησις).

Ein vernunftbegabtes Wesen sein heißt also näherhin, auf die Entwicklung und Ausübung der fünf genannten intellektuellen Kompetenzen (dianoethischen Tugenden: ἀρεταὶ διανοητικαί) angelegt zu sein: der Kunst, Wissenschaft, Klugheit, der Weisheit und des Geistes. Die Bestimmung des Menschen ist es, gegenüber allem, gegenüber dem Kosmos und den sittlich-politischen Angelegenheiten, eine Beziehung einzugehen, der es um Wahrheit und ihre Begründung geht. Der Mensch ist das zur Wahrheit und Einsicht fähige Wesen.

Da die Haltung zum Wahren auf fünffache Weise möglich ist, stellt sich die Frage, ob einer der Haltungen der Primat zukommt. Für Aristoteles ist das eindeutig *die* Form des Wissens, die die Wissenschaft und den Geist umfaßt: die Weisheit (Nikomach. Eth. VI 7, 1141 a 16-20). Die Weisheit ist den Wissensformen für den Bereich der menschlichen Angelegenheiten deshalb überlegen, weil sie nicht das Veränderliche, sondern das Unveränderliche zum Gegenstand hat. Ihre Erkenntnisbemühung richtet sich auf das Wesen, die Gründe und schließlich die schlechthin ersten Gründe. Die Aktualisierung der Weisheit nennt Aristoteles Theoria. Theoria meint also nicht jede intellektuelle, auch nicht jede wissenschaftliche Tätigkeit. Streng genommen bezeichnet sie nicht einmal jedes Philosophieren. Sie richtet sich – gemäß den

Einleitungssätzen des Buches XII (Lambda) der *Metaphysik* – auf die οὐσία: auf das, was ist, und sucht diese aus ihren Ursprüngen und Gründen (ἀρχαὶ καὶ αἴτια) zu begreifen. Ihr Weg führt sie – so kann man es am Gedankengang von Buch Lambda exemplarisch[25] erläutern – vom veränderlichen zum intelligiblen Sein, von der Mannigfaltigkeit des Bewegten zum ersten Bewegten und schließlich zum ersten unbewegten Beweger[26]. Sie gipfelt in der Einsicht in die Identität von Denken (νοῦς) und Gedachtem (νοητόν). In der Aktualisierung dieser Einsicht, mit der zugleich das Ganze von Sein und Wissen versammelt sowie alle Einzelheit aufgehoben ist, kommt das Denken, der Geist zu sich selbst.

Weil der Weise (σοφός) die Gründe aller Dinge und vor allem die ersten Gründe kennt, kann Aristoteles von ihm sagen, daß er alles weiß – mit der näheren Qualifizierung: sofern das überhaupt möglich ist (Metaph. I 2, 982 a 8 f.) Das Wissen des Weisen ist keine Vielwisserei, nicht jene sogenannte Allgemeinbildung, die von allem etwas und von nichts genaues weiß. Der Weise hat kein Sachverhalts-, sondern ein Prinzipienwissen. Ohne ein Wissen von den Dingen in ihrer unübersehbaren und deshalb verwirrenden Mannigfaltigkeit zu haben, kennt der Weise das Allgemeine und das Ganze (Metaph. I 2), nämlich solche Prinzipien, die alle Wissenschaften formal voraussetzen, ohne daß man aus ihnen die spezifischen Prinzipien der einzelnen philosophischen und wissenschaftlichen Disziplinen ableiten könnte[27].

Wie schon die Bestimmung des Menschen als eines politischen Wesens, so ist auch seine Bestimmung als eines vernunft- und sprachbegabten Wesens keine farblose, beinahe triviale Aussage. Sie ist viel eher eine ungeheuerliche Provokation. Der Mensch gilt als jenes Wesen, das ein Wissen vom Ganzen haben kann und erst in diesem Wissen im vollen Sinn seine Vernünftigkeit, damit auch sein Menschsein realisiert. Als Vernunftwesen ist der Mensch zu den höheren Stufen des Wissens bestimmt, zur Wissenschaft und Philosophie, sowie zur Vollendung des Wissens in der Ersten Philosophie. Das eigentliche Menschsein realisiert man erst dann, wenn man die letzte Konsequenz aus seiner Wahrheits- oder Vernunftfähigkeit zieht: im Vollzug der Ersten Philosophie, in der Theoria[28].

III. Zur Dialektik von Polis- und Vernunftnatur

Schon aus diesen knappen Erläuterungen zu den aristotelischen Grundaussagen über den Menschen folgt, daß zwischen ihnen ein Spannungsverhältnis herrscht. Die politische und die Vernunftbestimmung des Menschen sind nicht einfach komplementär; sie stehen vielmehr zueinander im Verhältnis mindestens partieller Konkurrenz. Von der *Politik* aus betrachtet, geschieht mit dem Hinweis auf den Logos ein Hinterfragen der politischen Natur auf ihren Ermöglichungsgrund. Der Logos, dazu bestimmt, vom Guten und Schlechten, von Recht und Unrecht gemeinsame Vorstellungen zu bilden, übernimmt die Aufgabe, Kommunikation und Interaktion im emphatischen, im humanen Sinn zu stiften. Indessen erschöpft er sich nicht in dieser Aufgabe. Als umfassende Beziehung zum Wahren stellt der Logos den Menschen in ein Verhältnis zu sich selbst und der Welt, für das die Angelegenheiten in der Polis nur einen Ausschnitt bilden, – zudem nicht den vornehmsten. Die Beziehung zum Wahren vollendet sich nicht im guten und gerechten Miteinanderleben, sondern im Wissen um die ersten Prinzipien. Dann aber erweist sich die Vernünftigkeit ebenso als Bedingung und Medium des Politischen, wie sie das Politische auf einen Bereich des Nichtpolitischen hin überschreitet.

Die politische Natur zeigt sich in vollendeter Form im unerschrockenen und besonnenen, im großgearteten, hochsinnigen und gerechten, kurz: im vortrefflichen Mitbürger. Als Repräsentant gilt etwa Perikles (Nikomach. Eth. VI 5, 1140 b 7 ff.). Die Vernunft- und Sprachfähigkeit erfüllt sich dagegen im Weisen, der die Prinzipien des Seins erkennt und in dieser Erkenntnis zu sich kommt. Als Repräsentanten gelten Anaxagoras, Thales und Pythagoras (Nikomach. Eth. VI 7, 1141 b 4 u. a.). Vor allem Thales ist als Muster eines weltfremden Philosophen unsterblich geworden (vgl. Platon, Theait. 174 a), und in dieser Hinsicht unterscheidet sich Aristoteles nicht von Platon[29]. Für Aristoteles gibt es also zwei Prototypen vorbildlichen Menschseins. In ihrer Zweifachheit konkretisiert sich das Spannungsverhältnis zwischen dem politischen und dem Vernunftwesen: in dem Auseinanderfallen des Klugen und des Weisen.

Die Konkurrenz zwischen den beiden Prototypen wird vor allem in den Schlußkapiteln der *Nikomachischen Ethik* ausgetragen (X 6-9). Dort nimmt Aristoteles die Eingangsfrage der Schrift auf, worin das höchste Ziel des Menschen, die Eudaimonie, das Glück[30], liege und stellt zwei Möglichkeiten zur Diskussion: die kontemplativ-theoretische (βίος θεωρητικός) und die politische Existenz (βίος πολιτικός).

Zu Beginn hatte Aristoteles noch vier Grundweisen der Lebensführung genannt und die Frage gestellt, in welcher von ihnen das Glück zu finden sei. (Das Glück in bezug auf Existenzweisen oder Lebensformen zu diskutieren bedeutet, daß mit Glück nicht ein vorübergehendes Erlebnis, nicht ein Augenblick höchster Erregung oder Zufriedenheit gemeint ist, sondern jene Art der Lebensführung, durch die der Mensch zur Verwirklichung seiner selbst kommt.) Zwei der Lebensformen werden gleich zu Beginn, gewissermaßen schon vor dem Start des Wettstreits disqualifiziert (I 3). Die eine, das Genußleben (βίος ἀπολαυστικός), wird zwar von der Menge verfolgt, ebenso auch von jenen Mächtigen, die – wie ein Sardanapal – das ausschweifende Leben eines orientalischen Herrschers führen. Ein solches Leben ist aber völlig sklavenartig (ἀνδραποδώδης), denn es unterwirft sich ganz dem Unvernünftigen im Menschen, den Trieben und Leidenschaften, statt in kritischer Distanz zu ihnen, vorausschauend und planend, sich als ihr Herr zu erweisen. Noch weniger kommt ein Leben in Frage, das Max Weber als Geist und Ethik des Kapitalismus beschrieben hätte: das auf Gelderwerb gerichtete Leben (χρηματιστὴς βίος). Nicht daß Aristoteles einer Verachtung von Geld und Reichtum das Wort redet. Er weiß – wie es das Buch über die Gerechtigkeit (Nikomach. Eth. V) und der ökonomische Teil der Politik (I 3; 8-11) zeigen – um die Notwendigkeit von Gütern zur Bedürfnisbefriedigung und um die Bedeutung des Geldes als universellem Tauschmittel. Deshalb rechnet zu einem glücklichen Leben auch der Besitz äußerer Güter. Darüber hinaus ermöglicht ein großer Besitz auch Freigebigkeit im großen Stil und stellt insofern eine Steigerung der entsprechenden Tugend dar (Nikomach. Eth. IV 4-6). Aristoteles kommt es vielmehr darauf an, eine vielleicht naheliegende, vom Gesichtspunkt eines in sich sinnvollen Lebens her gesehen aber irrige Beziehung zum Reichtum zu entlarven. Während eine naturgemäße Erwerbskunst den Reichtum als das anerkennt, was er sinnvollerweise ist: als den angemessenen Vorrat von Mitteln für eine gesicherte Haus- und Polisverwaltung, hat das vom Handelsgewinn bestimmte Leben schon etwas Gewaltsames an sich: es bedient sich des Zinses und nimmt insofern von anderen mehr, als es ihnen gibt. Vor allem wird der Reichtum nicht unter dem »natürlichen« Aspekt der Bevorratung gesehen, man sucht ihn statt dessen ins Grenzenlose zu vermehren und pervertiert dadurch etwas, das sinnvollerweise lediglich ein Mittel ist, zum Zweck selbst (Nikomach. Eth. I 3, 1096 a 5-7; Pol. I 10).

Das auf Genuß und das auf Handelsgewinn gerichtete Leben unterbieten also die Möglichkeiten des Menschseins. Zur Konkretisierung der Idee eines glücklich erfüllten Lebens sind sie daher von vornherein disqualifiziert. Die Konkurrenz um das Glück wird nur noch von zwei Lebensformen ausgetragen, dem theoretischen und dem politischen Leben. Zwischen diesen beiden hält aber Aristoteles eine plane Entscheidung nicht mehr für möglich. In beiden Formen realisiert sich ein glückliches Leben, in der theoretischen Form allerdings mehr als in der politischen.

Das Leben der Theorie bedeutet deshalb das vollendete Glück (τελεία εὐδαιμονία), weil es den Kriterien und Maßstäben genügt, die Aristoteles für den Begriff von Glück gewonnen hat, und weil es diese zugleich im höchsten Maß erfüllt. In der einleitenden, rein formalen Erörterung des Glücks (Nikomach. Eth. I 5) hatte Aristoteles als bedeutendstes Kriterium die Autarkie ausgewiesen, das Sichselbstgenugsein in einem komprehensiven, nicht restriktiven[31] Sinn; Glück ist das schlechthin höchste Ziel (τέλος τελειότατον), das die anderen Ziele nicht bloß überragt, sondern sie auch umgreift; es ist ein inklusives, nicht bloß ein dominantes Ziel. Während das Leben in der Polis sowohl äußerer Güter als auch der Mitbürger und Freunde bedarf, mit und gegenüber denen man gerecht usf. handelt (Nikomach. Eth. X 7, 1177 a 30-32), kommt die Theorie, die Rückwendung des Geistes auf sich selbst, ganz ohne sie aus[32]. Sie ist auch nicht von der äußeren Lage beeinflußt, der Bedrohung durch widrige Umstände also nicht ausgesetzt. Genausowenig wie die Theorie von Umständen abhängt, die außerhalb von ihr liegen, wird sie zugunsten anderer Ziele funktionalisiert und damit auch relativiert. Als Wissen, dem es ausschließlich um die Einsicht in die Ursprünge und Gründe des immer Seienden geht, ist sie nicht an technischer oder politischer Verwendung interessiert. Im Gegensatz zu zeitgenössischen Forderungen nach gesellschaftlicher Relevanz der Wissenschaft gehört es zu Aristoteles' Begriff von

Theorie, daß sie bloß um des Wissens und nicht um irgendeines Nutzens willen betrieben wird. Wahres Wissen ist ein autonomer Wert. Die Theorie gilt in keiner Weise als ein Zwischenziel, sondern ausschließlich als Endziel. Gerade deshalb erfüllt sie außer der Autarkie auch das weitere Kriterium für Eudaimonie, nämlich im höchsten Grad Ziel zu sein (I 5, 1097 a 30: τὸ τελειότατον). Die Theorie ist jener ausgezeichnete Fall einer Aktivität (πρᾶξις,), bei dem der Vollzug (ἐνέργεια) und das Ziel (ἔργον) vollständig zusammenfallen: »Das Denken handelt, indem es denkt«[33]. Die Theorie bietet nichts anderes als Theorie (Nikomach. Eth. X 7, 1177 b 2; vgl. Metaph. I 2, 982 b 20-28), während man vom praktisch(-politischen) Tun noch einen mehr oder weniger großen Gewinn haben soll (Nikomach. Eth. X 7, 1177 b 2-4)[34]. Rein um ihrer selbst willen durchgeführt, ist die Theorie die schlechthin freie Tätigkeit, in diesem Sinn die höchste Form von Praxis[35] – und die Tätigkeit Gottes (X 8, 1178 b 21 f.).

Insofern sich das Glück in der Theorie so eindeutig und vollendet erfüllt, muß man fragen, warum das politische Leben überhaupt noch seinen Anspruch auf Glück, auf Humanität aufrechterhalten kann. Aristoteles kennt zwei Gründe.

Erstens: In einer Reflexion auf ihre wissenschaftsexternen, auf ihre gesellschaftlichen und ihre geschichtlichen Bedingungen zeigt Aristoteles, daß die Theorie an eine hohe ökonomische und kulturelle Entwicklung gebunden ist. Sie muß den Menschen von der Besorgung des Lebensnotwendigen soweit freisetzen, daß sich für das schlechthin Nichtnotwendige, die Freiheit der Theorie, überhaupt ein Raum eröffnet. In dem nur fragmentarisch überlieferten Dialog über die Philosophie skizziert Aristoteles eine Entwicklungsgeschichte der Menschheit von den primitiven Anfängen bis zur vollen Ausbildung der Philosophie und der Wissenschaften in der Akademie. Diese Fortschritts-, nicht Verfallsgeschichte weist fünf Stadien auf. Erst im letzten Stadium, einer sehr späten Phase der Menschheitsentwicklung also, kann man sich Muße gönnen und sich der Philosophie widmen[36]. Und im Einleitungsbuch der *Metaphysik* heißt es: »erst als nahezu alle Lebensnotwendigkeiten, alle Dinge der Bequemlichkeit und des Lebensgenusses vorhanden waren, begann man eine Einsicht zu suchen, die Weisheit heißt« (I 2, 982 b 22 f.)[37].

Zweitens: Zum vollendeten Glück gehört es, daß es die volle Länge eines Lebens dauert (Nikomach. Eth. I 6, 1098 a 18-20).

Das ist dem Menschen in bezug auf die Theorie aber prinzipiell verwehrt. Das Sichselbstdenken des Geistes ist ein Lebenszustand, der dem Menschen im Unterschied zu Gott immer nur für kurze Zeit: in einem vollkommen erfüllten Augenblick geschenkt wird (Metaph. XII 7, 1072 b 14 f.). Sofern sich der Mensch auf die Realisierung des Göttlichen in sich, des Geistes, konzentriert, ist er dem Bereich des Politischen enthoben. Die Vernünftigkeit ist zum Überschreiten der Bedürfnis- und auch der Polisnatur angelegt. Da der Mensch aber nicht als reine Vernunft, sondern als vernunftbegabtes *Lebewesen* gilt, bleibt er grundsätzlich auf die Notwendigkeiten des Lebens, auf das Zusammensein mit anderen und auf die Polis als der vollendeten Form des Zusammenlebens angewiesen. Deshalb wäre es nicht richtig zu sagen, die Philosophen gingen aus der Polis heraus; die politische und die theoretische Existenz seien voneinander unabhängig. Das Überschreiten der Polisnatur durch die Vernunft ist dialektischer zu denken. Es meint kein striktes Verlassen, sondern eine Art immanenter Transzendenz: ein Überschreiten, das doch mit dem verbunden bleibt, das überschritten wird. Auch auf der höchsten Stufe seiner Vernünftigkeit, im Vollzug der Theorie, kann der Mensch seine stoffliche Bedingtheit nicht abstreifen[38]. Das Leben in der Freiheit des Geistes bleibt permanent an die Bedingungen der Polis zurückgebunden. Ein *rein* theoretisches Leben zu finden ist dem Menschen nicht möglich.

Auf die Frage, was der Mensch »seinem Wesen nach« sei, findet man bei Aristoteles also eine gestufte Antwort. In der Politik geht er von elementaren Bedingungen des Menschen aus, die ein Zusammenleben überhaupt notwendig machen: von der naturalen Differenzierung in Mann und Frau, Vater und Kindern und angeblich auch in Herrn und Sklaven (neutraler: in Menschen unterschiedlicher Begabung für das Arbeitsleben). Das Wesentliche des Menschen zeigt sich jedoch nicht in dieser elementaren Schwundstufe, in dem durch Sexualität und Arbeiten intendierten Überleben. Es wird erst im vollendeten Menschsein, im guten und gelungenen Leben manifest. Unter dem Aspekt, daß die Menschen auf ein Zusammensein mit ihresgleichen angewiesen sind, zeigt es sich in dessen vollendeter Form, in der Polis. Die Polis wiederum hat eine zweifache Bedeutung. Für die meisten ist sie um ihrer selbst willen da, für einige wenige ist sie die Basis, von der aus sie sich zur Theorie »erheben«. So gipfeln Aristoteles'

Überlegungen über das Wesen des Menschen nicht in einer der beiden Standardformeln abendländischer Anthropologie, – selbst dann nicht, wenn man den Formeln wieder ihren spezifisch aristotelischen, vom gewöhnlichen Verständnis deutlich abweichenden Sinn zurückgibt. Aristoteles' letzte Auskunft über den Menschen ist nicht, daß er von Natur aus entweder politisch oder vernünftig sei. Es ist vielmehr die eigentümliche Dialektik, die sich bei genauerem Hinsehen zwischen den beiden Bestimmungen auftut und auch noch näher zu verfolgen wäre: Der Mensch steht in einer prinzipiellen Spannung, in der zwischen seiner politischen und seiner theoretischen Existenzmöglichkeit.

Anmerkungen

1 Zur Wirkungsgeschichte des Aristoteles vgl. etwa I. Düring, Von Aristoteles bis Leibniz. Einige Hauptlinien in der Geschichte des Aristotelismus, in: *Antike und Abendland* 4 (1954) 118-154; F. v. Steenberghen, Aristotelismus, in: *Histor. Wörterb. d. Philos.*, Bd. I, 508-517.

2 So stellt Malebranche mit Bezug auf Paris nicht ohne Ironie und Bitterkeit fest: »Si l'on découvre quelque vérité, il faut encore à présent qu'Aristote l'ait vue; ou si Aristote y est contraire, la découverte sera fausse« (Recherche de la vérité, l. IV, ch. 3, § 3, in: *Œuvres complètes* [1837] I 133).

3 Vgl. G. Patzig, *Die aristotelische Syllogistik*, Göttingen [3]1969; W. M. Kneale, *The development of logic*, Oxford 1962.

4 Auf ihn geht die berühmte Bezeichnung »homo sapiens« zurück (nach M. Landmann, *Philosophische Anthropologie*, Berlin 1969, 128).

4a Die Anthropologie im etwa heutigen Verständnis bildet sich überhaupt erst zwischen dem 16. und 18. Jahrhundert heraus; vgl. O. Marquard, Anthropologie, in: *Hist. Wörterb. d. Philos.*, Bd. I, 362-374 (363).

5 Die Begründung ist sehr aufschlußreich, denn sie stellt eine Beziehung zwischen körperlichen und geistigen Eigenschaften her und weist somit – ähnlich wie in vielen modernen Anthropologien – dem spezifisch Menschlichen, hier der Vernunft, eine Naturbasis nach (nur ist Aristoteles' Sichtweise teleologisch): der Mensch gehe aufrecht, um leichter seine Aufgabe zu erfüllen zu denken und vernünfig zu sein (νοεῖν καὶ φρόνειν): *De Part. Anim.* IV 10, 686 a 27 ff.

6 Insofern sind jene Untersuchungen zu korrigieren, die Aristoteles' »Anthropologie« entweder rein sittlich-politisch (von der Ethik und der *Politik* her) oder ausschließlich spekulativ (von *De Anima* und der *Metaphysik* her) interpretieren.

7 Zur mehrfachen Bedeutung von Physis siehe *Metaph.* V 4.

8 Betrachtet man Aristoteles' Darstellung der Polis als ein Strukturmodell, dann kann man nicht mehr von einem »archaisierenden Schwanengesang« sprechen (M. Landmann, Hg., *De Homine*, Freiburg–München 1962, 91).

9 Auch für Aristoteles ist der Mensch ein arbeitendes Wesen. Allerdings ist ihm die

Arbeit mehr eine biologische Notwendigkeit als, wie bei Hegel und Marx, ein Medium der Selbstdarstellung des Menschen. Nach *Pol.* VIII 3 ist die Arbeit ein Mittel zum Zweck der Muße (so wie der Krieg ein Mittel zum Zweck des Friedens ist).

10 *Pol.* I 2, 1252 a 30-34. – Aristoteles unterscheidet etwas später zwei Arten von Sklaven. Die einen sind es durch Gesetz (νόμῳ: wer im Krieg überwunden wird, ist Eigentum des Siegers), die anderen sind es von Natur aus, also nicht durch Gewalt, sondern zu Recht (I 5). Sie besitzen nämlich in erster Linie körperliche Kräfte und die Vernunft nur in dem Sinn, daß sie ihre Gebote ausführen können, ohne selbst Vernunft zu haben (I 5, 1254 b 21-23). Die Vorstellung, Begabung sei durch Erziehung mitbestimmt und eventuelle Begabungsschwächen seien durch kompensatorische Erziehung auszugleichen, ist Aristoteles ganz fremd. Vor allem steht die These, einige Menschen hätten nicht selbst Vernunft, sondern könnten nur ihre Gebote ausführen, der wenige Abschnitte später ausgesprochenen Bestimmung des Menschen schlechthin als eines vernunftbegabten Lebewesens (I 2, 1253 a 9 f.) entgegen; s. u. Abschn. II. – Näheres zu Aristoteles' Vorstellungen über Sklaverei bei O. Gigon, Die Sklaverei bei Aristoteles, in *La »Politique« d'Aristote,* Genf 1965, 247-283; A. Baruzzi, Der Freie und der Sklave in Ethik und Politik des Aristoteles, in: *Philosophisches Jahrbuch* 77 (1970) 15-28.

11 »Natürlich« hat also – unter anderem (vgl. *Metaph.* V 4) – zwei einander komplementäre Bedeutungen. Einerseits bezieht es sich auf die primären Instinkte und Impulse des Menschen, seine naturale Basis (in diesem Sinn nennt Aristoteles das Zusammenleben zwischen Mann und Frau natürlicher als das Zusammenleben in der Polis: *Nikomach. Eth.* VIII 14, 1162 a 17 f.); andererseits bezieht es sich auf das, was in der »Intention«, in der vollen Entwicklung dessen liegt, was die primären Instinkte »auslösen« (in diesem Sinn ist die Polis das natürlichste: *Pol.* I 2, 1253 a 18 f.).

12 Vgl. *Nikomach. Eth.* I 1, 1094 a 1 - b 11.

13 Im Unterschied zu Hobbes (*Leviathan* II 17 u. a.) sind Überleben und angenehmes Leben nur Bedingungen des Entstehens, nicht auch des Fortbestehens des (Stadt-)Staates: *Pol.* I 2, 1252 b 29 f.

14 Wegen ihres nichtteleologischen Naturbegriffs ist Hobbes' Kritik an der Vorstellung, der Mensch sei von Natur aus ein ζῷον πολιτικόν (*De Cive,* I 2), zwar in sich stimmig, gegenüber Aristoteles aber unzutreffend. Hobbes interpretiert die Natur als das, was man von Geburt an mitbringt, und stellt dann zu Recht fest, daß dem Menschen zwar von Natur aus fortdauernde Einsamkeit unerträglich ist, zu politischen Verhältnissen (im Sinne bürgerlicher Gesellschaften) aber Treue und Verträge notwendig sind, um deren Bedeutung und Nutzen man nicht von Geburt an weiß. Hobbes' These – unter Voraussetzung von Aristoteles' teleologischem Naturbegriff keine Gegenthese – lautet deshalb: nicht von Natur aus, sondern durch »Zucht« wird man zur Gesellschaft geeignet.

15 Siehe auch unten, Abschn. III.

16 Vgl. Vf., *Praktische Philosophie – Das Modell des Aristoteles,* München 1971, bes. II 2 c.

17 Wie die Großartigkeit der Seele (μεγαλοψυχία) nur im Umgang mit großen Dingen vorkommen kann, so auch die Schönheit nur an einem großen Leib. Die Kleinen können zwar fein und wohlproportioniert, aber nicht schön sein: *Nikomach. Eth.* IV 7, 1123 b 6 ff. – Durch die vorhellenistische Plastik wird diese Ansicht als typisch griechisch wirkungsvoll bestätigt: in der gebietenden

Größe der leiblichen Erscheinung soll die beherrschende Anwesenheit des Schönen sinnfällig werden.

18 Daß einige Menschen im Zustand der Roheit verbleiben, kann drei Gründe haben: entweder gehören diese Menschen zu einem kulturlosen Volk oder sie sind pathologisch oder radikal schlecht: *Nikomach. Eth.* VII 1, 1145 a 18-33.

19 Im Unterschied zu Marx gilt der Staat bzw. die Polis nicht als Instrument der Unterdrückung, sondern als Medium von Freiheit und Glück. Voraussetzung ist eine entsprechende Verfassung, was Aristoteles in der *Politik* ausführlich untersucht; vgl. G. Bien, *Die Grundlegung der politischen Philosophie bei Aristoteles*, Freiburg–München 1975, Kap. III; V.

20 Hier unterscheidet sich Aristoteles deutlich von Rousseau. Während für Rousseau der Mensch nur entweder Mensch oder Bürger sein kann (*Émile*, éd. Pléiade, Bd. IV, 248), kann für Aristoteles der Mensch nur als Mitglied der Polis, als Bürger also, Mensch werden.

21 Vgl. H. Leisegang, λόγος, in: *Realencyclopädie der class. Altertumswiss.*, XIII (1927) 1035-1081; H. Kleinknecht u. a., λεγω, in: *Theol. Wörterb. z. Neuen Testament* IV (1942) 69-140; W. Kelber, *Die Logoslehre von Heraklit bis Origenes*, Stuttgart 1958.

22 Dieser enge Zusammenhang von Vernunft- und Polis-Natur des Menschen erlaubt es nicht, mit M. Landmann in bezug auf Aristoteles zu sagen: »die Vernunft gehört uns als Individuen« (*Philosophische Anthropologie*, a.a.O., 187).

23 Aufgrund des Zusammenhangs von Interessen, Sozialnatur und (gerechter) Verständigung sieht Aristoteles sogar eine gewisse Notwendigkeit zur Gerechtigkeit. Daß der Mensch nur durch Gerechtigkeit vollkommen wird und ohne sie ärger als das Tier ist (*Pol.* I 2, 1253 a 31-34), erinnert an Hobbes' These, im vorstaatlichen Zustand sei der Mensch dem Menschen Wolf (vgl. *Leviathan* I 13 u. a.).

24 Vgl. *De Hist. Anim.* I 1, 488 b 24 ff., wonach der Mensch Wahrnehmung, Gefühl und Begierden mit den Tieren teilt, nur Denken, aber auch schon – damit von *Met.* I 1, 980 a 27 ff. abweichend – Erinnerungsvermögen und bewußtes Wollen sich allein bei ihm finden. – Zur aristotelischen Wissenschaftstheorie vgl. Vf., Einführung in die Wissenschaftstheorie der Zweiten Analytik, in: *Aristoteles. Zweite Analytik*, übers. v. E. Rolfes, Hamburg 1976, VII-XLII (Lit.).

25 Der Gedankengang bei Lambda ist nicht Aristoteles' einzige Auskunft über die Erste Philosophie; vgl. M. v. Brentano, Zum Problem der »Ersten Philosophie« bei Aristoteles, in: *Wirklichkeit und Reflexion. W. Schulz z. 60. Gbtg.*, Pfullingen 1973, 37-69.

26 Insofern der erste Beweger auch als Gott identifiziert wird (1072 b 24 ff.), findet sich hier Aristoteles' Form der Gotteserkenntnis, zugleich ein Grundtyp von Gottesbegriff und Gotteserkenntnis überhaupt. Gott wird über die Erfahrungswelt (κόσμος αἰσθητός), nicht aufgrund einer Abkehr von den Sinnen erkannt. Gott ist trotz seiner Unbedingtheit kein striktes Jenseits zur Erfahrungswelt, gewissermaßen Glied einer Überwelt. Als erster Beweger alles Bewegten ist er der erste, der haltgebende Grund der Erfahrungswelt. So wird er im Unterschied zum genuin biblisch-christlichen Verständnis nicht als der ganz andere, sondern als das Wesen aller Wesen, als das erste und höchste Wesen begriffen.

27 Vgl. auch A. Gómez-Lobo, Aristotle's First Philosophy and the Principles of Particular Disciplines, in: *Zeitschrift für philosophische Forschung* 32 (1978) 183-194.

28 Nimmt man dieses Implikat in der aristotelischen Bestimmung des Menschen als

Vernunftwesen ernst, dann ist die Bestimmung nicht mehr eine Grundformel abendländischer Anthropologie schlechthin. Denn sie enthält auch die epochale Besonderheit im aristotelischen Menschenbild. Bei Aristoteles, der hier für das klassisch-griechische Menschenverständnis stehen kann, wird der Mensch innerhalb des Kosmos des Lebendigen (ζῷον) aus seiner Differenz zu Pflanze und Tier begriffen. Daher gilt er als das vernunftbegabte Wesen und – gemäß der Leistung der Vernunft – als das Lebewesen, das der Wahrheit fähig und für sie bestimmt ist. Der Mensch ist dann im höchsten Sinn Mensch, wenn er die spezifische Differenz bis zum Äußersten ausschreitet. Prototyp ist deshalb der Weise, weil er die Vernunft- bzw. Wahrheitsnatur voll ausschöpft, indem er die ewige und unveränderliche Wahrheit, die Struktur des Kosmos, erkennt. Im Unterschied dazu wird etwa im biblisch-christlichen Denken der Mensch in erster Linie von Gott her begriffen (Kind Gottes). Der Mensch ist jenes Wesen, das zum Hören des Wortes Gottes fähig ist und in diesem Hören seine Bestimmung erfüllt, sie andernfalls verfehlt. Prototypen sind deshalb der Prophet (der in der Lage ist, Gottes Wort zu vernehmen, zu verstehen und weiterzugeben), der Apostel (der das Wort Gottes verkündet) und der Bekenner bzw. Martyrer (der zu Gottes Wort steht). Während nach Aristoteles der Dialog zwischen den Menschen stattfindet, er zudem nicht das Höchste bedeutet, findet er nach dem biblisch-christlichen Verständnis zwischen Mensch und Gott statt, und aus dieser Beziehung entscheidet sich das, worauf es für den Menschen letztlich ankommt, sein »Heil«.

29 So heißt es: »Darum nennt man auch Anaxagoras, Thales usw. weise, aber nicht klug, da man sieht, wie sie das für sie selbst Zuträgliche nicht erkannt, dagegen Außerordentliches, Erstaunliches, Schwieriges und Göttliches gewußt haben, freilich Unnützes, da sie nicht das menschliche Gut gesucht haben« (*Nikomach. Eth.* VI 7, 1141 b 3-8 [Übers. O. Gigon]).

30 Die Konkurrenz wird also durch die Annahme der Eudaimonie als letztem Bezugspunkt vorentschieden. Nun ist die Anerkennung dieses Bezugspunktes für Aristoteles deshalb notwendig, weil er einerseits das menschliche Handeln als Streben, das heißt als spontanes Zulaufen auf ein Ziel hin, versteht und er andererseits die Eudaimonie *via eminentiae* als jenes Ziel begreift, über das hinaus sich kein Ziel mehr denken läßt. Die aristotelische Entscheidung der Konkurrenz ist also letztlich durch das Grundraster seiner Ethik, den Strebensbegriff, mitbestimmt. Ein auf den Strebensbegriff gegründetes Handlungsmodell hat aber eine Grenze, die im kantischen Willensbegriff deutlich wird (vgl. in diesem Band: Grundbegriff Sittlichkeit, sowie Vf., Sittliches Handeln – ein ethischer Problemaufriß, in: H. Lenk, Hg., *Handlungstheorien*, Bd. 2, München 1978). Dessen Prinzip ist nicht die Eudaimonie, sondern die Selbstgesetzlichkeit (Autonomie). Von hier her wäre die Konkurrenz zwischen politischem und theoretischem Leben neu zu entscheiden.

31 Autarkie meint bei Aristoteles also weder persönliche Bedürfnislosigkeit noch volkswirtschaftliche Unabhängigkeit, sondern eine qualitativ vollständige Erfüllung menschlichen Strebens.

32 Dabei setzt Aristoteles allerdings voraus – ohne es jedoch bei der im Kapitel I 5 (1037 b 6 ff.) erfolgten Einführung des Begriffs der Autarkeia (des vollendeten, abgerundeten Lebens) zu explizieren –, daß Autarkie auch komparativ zu verstehen ist. Andernfalls wäre es nicht möglich, von der Theorie zu behaupten, daß sie gegenüber der politischen Existenz ein Mehr an Autarkie realisiere.

33 Dieser Ausspruch Heideggers (Über den Humanismus, in: *Platons Lehre von*

der Wahrheit. Mit einem Brief über den »Humanismus«, Bern [2]1954, 53) ist eine treffende Charakterisierung des aristotelischen Begriffs von der Theorie. Es ist daher nicht einsichtig, warum die bei Platon und Aristoteles zu findende »Kennzeichnung des Denkens als θεωρία ... schon innerhalb der ›technischen‹ Auslegung des Denkens« (a.a.O. 55) liegen, also das in der zitierten Aussage angezeigte Wesen des Denkens verfehlen soll.

34 Diese These vom zusätzlichen Gewinn praktisch-politischen Handelns impliziert nicht das offensichtlich absurde Resultat, praktisch-politisches Handeln sei keine Praxis im terminologischen Sinn (Praxis ist gegenüber Poiesis als Zusammenfallen von Vollzug und Umwillen des Vollzugs definiert: *Nikomach. Eth.* I 1, 1094 a 3-5; VI 5, 1140 b 3-7). Die These weist eher darauf hin, daß das lebensweltliche Phänomen »praktisch-politisches Handeln« primär als Praxis zu begreifen ist, darüber hinaus aber auch – mehr oder weniger deutlich – einen poietischen Aspekt hat (Handelsgeschäfte primär gerecht, aber auch mit Gewinn durchführen), während die Theorie reine Praxis sein soll.

35 Aristoteles nennt den frei, der um seiner selbst willen und nicht um eines anderen willen lebt: *Metaph.* I 2, 982 b 26. Seiner Strebensethik entsprechend ist ihm der neuzeitliche (kantische) Freiheitsbegriff, die Autonomie, unbekannt. – Zum Vorrang der Theorie vgl. auch *Protr.* fr. 61, ferner *Top.* 118 a 6: das Überflüssige ist besser als das Notwendige.

36 Zum Dialog über die Philosophie: P. Wilpert, Die Aristotelische Schrift über die Philosophie, in: *Autour d'Aristote (Festschrift Mansion)*, Löwen 1955, 99-116.

37 Daß reine (weder naturtechnologisch noch sozialtechnologisch, noch auch sozialtherapeutisch nützliche) Theorie heute nicht nur von seiten der Marxisten verpönt ist, kann drei Gründe haben: (1) man glaubt nicht mehr, die Lebensnotwendigkeiten seien schon grundsätzlich besorgt (vgl. die nationalen und internationalen Entwicklungsprobleme); (2) man vermag nicht mehr über die Dinge der Bequemlichkeit und des Lebensgenusses hinauszuschauen; (3) man hält die Theorie nicht für die einzige schlechthin freie Tätigkeit (so kennt Hegel in der *Enzyklopädie* [1830] drei Erscheinungsweisen des absoluten Geistes: Kunst, geoffenbarte Religion und Philosophie, allerdings in dieser Rangfolge, damit einen Primat der [spekulativen] Philosophie anerkennend).

38 Deshalb kann auch Aristoteles sagen, der Mensch sei zwar in seiner Vollendung das beste Lebewesen (*Pol.* I 2, 1253 a 31 f.), aber nicht das Beste und Höchste im Kosmos überhaupt (*Nikomach. Eth.* VI 7, 1141 a 21 f.). Schon die Fixsterne sind ranghöher, weil sie ewig sind, und noch mehr der erste unbewegte Beweger, der nicht nur ewig, sondern auch unveränderlich ist.

2. Ethik als praktische Philosophie – Die Begründung durch Aristoteles*

Die einer philosophischen Ethik angemessene Rationalität bleibt auch nach den Versuchen, sie objektivistisch (Wertethik) oder subjektivistisch (Relativismus), transzendental (Kant, Fichte) oder empiristisch (ethischer Naturalismus) zu deuten, noch immer umstritten. Selbst die in den letzten Jahrzehnten unternommene Anstrengung, angesichts der methodischen Schwierigkeiten die Ethik in den Rahmen der analytischen Philosophie zu holen und sie unter Einklammerung aller normativen Probleme als »kritische Ethik« oder »Metaethik« zu betreiben, ist nicht voll befriedigend. Denn auf diese Weise wird zwar die behauptete »traditionelle Vermischung« analytischer mit normativen Fragen beendet, zugleich verliert aber die Philosophie an sittlicher Bedeutung, und ihre kritische Funktion reduziert sich auf die Aufgabe, jene moralischen Probleme festzustellen und aufzulösen, die sich aus Mißverständnissen der Sprache ergeben[1]. Trotz des Vorbehalts gegenüber der Metaethik, daß durch sie die Moralphilosophie zu einer primär oder ausschließlich theoretischen Disziplin nivelliert werde, verliert jene Motivation, auch im Fall der Ethik dürfe die Philosophie nicht vor dem Anspruch auf eine streng wissenschaftliche Argumentation kapitulieren, nichts von ihrem unbestreitbaren Recht. Dann aber stellt sich die Frage, ob sich das wissenschaftliche Interesse einer philosophischen Ethik nicht auch mit einem praktischen Interesse vereinen lasse, mit anderen Worten: ob das Ziel, sittliche Urteile nicht zu fällen, sondern zu analysieren, nicht auch von einem Denken erreicht werden könne, das sich als weiteres Ziel gesetzt hat, dem sittlichen Handeln zu dienen.

In dieser durch die anglo-amerikanische Metaethik angeregten Problemsituation steht nicht die Legitimität ihrer Methode selbst in Frage, sondern allenfalls etwas, das man ihren »ideologischen Kontext« nennen könnte, jener explizit ausgesprochene[2] oder

* Wissenschaft »in sittlicher Absicht«. Zu Aristoteles' Modell einer eminent praktischen Philosophie, in: *Philosophisches Jahrbuch* 79 (1972) 288-319 (überarbeitet).

durch die tatsächliche Wissenschaftspraxis vertretene Anspruch[3], in der Philosophie seien die sprachanalytisch verfahrenden Metawissenschaften die einzig streng wissenschaftlichen Disziplinen und demzufolge sei die philosophische Ethik mit Notwendigkeit und ausschließlich jene sich sittlich neutral verstehende Wissenschaft[4], die die Sprache der Moral (ihre Termini, Aussagen und Schlußweisen) logisch untersuchte. Einem solchen dogmatischen Anspruch gegenüber, aber auch aus Interesse an dem Konzept für sich, soll versucht werden, den Begriff und die Methodik einer wissenschaftlichen Ethik zu entwerfen, die sich nicht in einer bloß sprachkritische Intentionen verfolgenden Metaethik erschöpft, die vielmehr das sittliche Handeln letztlich um eben dieses sittlichen Handelns willen untersucht, die also die wissenschaftliche Rationalität mit einem »sittlichen Engagement« verbindet und daher in einem eminenten Sinn die Bezeichnung »praktische Philosophie« verdient.

In der Ethik des Aristoteles wird eine solche Philosophie nicht nur exemplarisch durchgeführt, sondern auch methodisch begründet. Wenn man ihrem Einleitungskapitel folgt, so gilt für die die methodischen Fragen am ausführlichsten diskutierende *Nikomachische Ethik* ein Doppeltes: erstens, daß sie die πρᾶξις κατὰ λόγον, das vernunftgemäße oder sittliche Handeln, im Ausgang von und im Hinblick auf eben diese Praxis untersucht (I 1, 1094 b 27 – 1095 a 11), und zweitens, daß sie für den Zweck einer solchen praktischen Wissenschaft eine spezifische, von der der theoretischen Disziplinen zu unterscheidende Rationalität entwickelt (I 1, 1094 b 11-27). Als ein Beitrag zu dem Problem, wie die philosophische Ethik als eine wissenschaftliche und zugleich sittlich engagierte und daher praktische Disziplin denkbar sei, soll im folgenden die doppelte These des Aristoteles entfaltet und an einigen Stellen daraufhin überprüft werden, inwieweit sie über ihren geschichtlichen Kontext hinaus Gültigkeit beanspruchen kann. Dabei kann die Politik, obwohl sie bei Aristoteles mit der Ethik unlösbar verbunden ist[5], hier aus zwei Gründen ausgespart werden. Erstens hat die Ethik für die systematische Absicht, eine eminent praktische Philosophie zu entwerfen, hier nur exemplarische Bedeutung; sie soll weder als die einzige noch als die ganze praktische Philosophie gelten. Zweitens ist die Situation der aristotelischen Politik komplizierter als die der Ethik, da die *Politik* ihren Gegenstand nicht nur vom Aspekt des sittlich Guten her, also praktisch interpretiert, sondern auch weite Partien enthält, die, für sich gelesen, deutlich »technologische« Relevanz haben. Dort geht es nämlich auch um zweckrationale Fragen wie die Organisation der Familie und des Großhaushaltes (Pol. I 3 ff.), um politische Revolutionen und deren Ursachen (V 1-7) oder um die Mittel und Wege, eine Verfassung zu stabilisieren (V 8 f.).

Die folgende Rekonstruktion des aristotelischen Konzepts der Ethik ist nicht allein philosophiehistorisch motiviert, sondern auch von der systematischen Frage geleitet, wie gegenüber der Tendenz, wissenschaftliche Rationalität und sittliches Interesse für unverträglich zu halten, im Begriff und in der Methodik einer praktischen Philosophie beide Momente zusammen bestehen können[6]. Wenn die aristotelische Ethik einen Weg weist, sowohl methodisch streng zu verfahren als auch Anleitung zum sittlichen Leben zu bieten, dann ist ihre Untersuchung zugleich ein Beitrag zur Lösung jenes Dilemmas, das die neuzeitliche Philosophie durchzieht, des Dilemmas zwischen Theorie und Praxis, zwischen wissenschaftlicher Erkenntnis und sittlich-politischem Engagement.

I. Der Begriff einer praktischen Philosophie

1. Nach einem szientistischen Wissenschaftsverständnis, das sich an der Mathematik und den Naturwissenschaften als den Paradigmen wissenschaftlicher Strenge orientiert, gilt es für selbstverständlich, daß jede wissenschaftliche Argumentation sittlich neutral ist. Eine Untersuchung, die sich auf diese Neutralität nicht verpflichten läßt, kann sich allenfalls noch in einem vorwissenschaftlichen Sinn Erkenntnis nennen und muß sich in einer durch die Wissenschaften bestimmten Zeit die Konsequenz gefallen lassen, daß sich ihre kognitive Relevanz, sofern überhaupt noch anerkannt, auf dem Rückzug befindet. Vor diesem methodenpolitischen Hintergrund wirkt die aristotelische Konzeption geradezu provokativ. Denn in ihr wird die Ethik, ohne deshalb auf den Anspruch wissenschaftlicher Strenge zu verzichten, nicht nur in Gegensatz zu anderen wissenschaftlichen Disziplinen gestellt, sondern sie findet auch ihre Eigenart gerade darin, nicht auf bloße Erkenntnis, sondern auf das Sittlichsein zu zielen. In einer

sprachlich höchst zugespitzten These (τὸ τέλος ἐστὶν οὐ γνῶσις ἀλλὰ πρᾶξις: Nikomach. Eth. I 1, 1095 a 5 f.; vgl. II 2, 1103 b 26-30; X 10, 1179 a 35 - b 4) lehnt es Aristoteles ab, das sittliche Handeln allein aus einem kognitiven Interesse heraus zu untersuchen, um auch über den Gegenstand Praxis wissenschaftliche Aussagen zu gewinnen. Überhaupt wird das theoretische Interesse aus der Ethik zwar nicht eliminiert. Denn wie noch zu zeigen ist, bleibt sie als philosophische Disziplin der Strenge wissenschaftlichen Argumentierens unterworfen. Wohl aber wird es zugunsten eines praktischen Interesses relativiert, und zwar im sittlichen, nicht im technischen Sinn von Praxis. Gleichwie dieses Interesse noch näher zu bestimmen und zu beurteilen bleibt – soviel ist damit schon festgelegt: Wer eine philosophische Untersuchung nicht bloß in kognitiver, sondern auch in sittlich-praktischer Absicht unternimmt, verhält sich nicht wie ein strikt unbeteiligter Zuschauer, neugierig, was gutes Handeln eigentlich ist und nach welchen Bedingungen das geschieht, was auch ohne Philosophie geschieht. Solch sittlich folgenlosen Ethiken gegenüber erklärt Aristoteles ausdrücklich, daß seine Analysen einem sittlichen Engagement verpflichtet sind; Philosophie ist nicht Selbstzweck, sondern steht im Auftrag der Praxis.

Als eine im eminenten Sinn praktische Philosophie unterscheidet sich die Ethik von den theoretischen Disziplinen also nicht nur, wie man zunächst vermutet, durch ihren Gegenstand. Eine thematische Definition ist zwar möglich und auch notwendig, aber unzureichend. Denn eine Bestimmung praktischer Disziplinen bloß als jener Philosophie, die die Sphäre menschlicher Angelegenheiten (τὰ ἀνθρώπινα) untersucht, unterschlägt die finale Eigenart, daß die Ethik eben diese Angelegenheiten nicht nur zum Gegenstand hat, sondern auch als ihr Ziel intendiert, eine Intention, die man übrigens auch methodenpolitisch lesen und dann als »Realisierung einer in der platonischen Schule gemachten Erfahrung« verstehen kann[7]. Denn nach einer von Aristoteles immer wieder vorgebrachten und von seinem Schüler Aristoxenos überlieferten Darstellung hat Platon mit seiner Altersvorlesung *Über das Gute* eine große Zahl von Hörern angelockt. Sie erwarteten nämlich, so geht die Anekdote, über Probleme von Glück und Lust, von Reichtum, Macht und was sonst auch immer als das für den Menschen Gute gilt, Auskunft zu erhalten. Statt dessen mußten sie jedoch Ausführungen über

Mathematik anhören, die darauf hinausliefen, daß das Gute das Eine (ἕν) sei, worauf sich die meisten Hörer enttäuscht wieder abwandten[8].

Zwar hatte Platon sehr wohl über das Gute gesprochen. Thematisch, so muß man sagen, bestand der Vorlesungstitel zu Recht. Aber das Thematische verband sich mit einer ontologisch-metaphysischen Intention, die dem tatsächlichen Interesse des durchschnittlichen Bürgers von Athen zuwiderlief. Während sie, so kann man sich den Grund der Enttäuschung rekonstruieren, das Gute im Kontext ihres tatsächlichen sittlich-politischen Lebens erörtert sehen wollten, interessiert sich Platon dafür, wie man unabhängig von jedem empirischen Zusammenhang die Kategorie des Guten als solche und wie man überhaupt Kategorien vor jeder Applikation rein a priori denken könne. Damit geht aber das Denken primär seinen eigenen Problemen nach, den spekulativen Problemen vom Einen, vom Vielen und von der Einheit beider[9]. Das Denken ist auf sich selbst gerichtet, so daß hinter dem Titel *Über das Gute* nur sehr begrenzt, nämlich nur thematisch eine praktische Philosophie steht, finaliter und methodisch aber jene Rückwendung des Wissens auf sich selbst gegeben ist, die seit der Philosophie des Deutschen Idealismus absolute Erkenntnis oder absolute Reflexion heißt.

Aufgrund der Differenz zwischen einer thematischen und einer finalen Definition der Ethik kann die Kritik des Aristoteles an der Lehre Platons und der Akademie auch auf zwei methodisch strikt verschiedenen Argumentationsebenen geführt werden. Der Begriff der Idee, so argumentiert Aristoteles in der *Nikomachischen Ethik*, ist erstens in sich widersprüchlich und muß daher, schon rein logisch diskutiert, aufgegeben werden (I 4, 1096 a 11 - b 31). Darüber hinaus, und nun folgt auf die primär kognitive Kritik eine praktisch orientierte, läßt sich aus der Idee des Guten höchstens eine Erkenntnis gewinnen, die zwar wissenschaftlichen Ansprüchen genügen mag, praktischen gegenüber jedoch abstrakt und leer bleibt (I 4, 1096 b 31 - 1097 a 14)[10].

Mit seiner Forderung, daß im Bereich der menschlichen Angelegenheiten die wahre Erkenntnis nicht allein dem Wissen, sondern auch dem Leben dienen soll, durch die pointierte Stellungnahme *non scholae sed vitae discimus* wendet sich Aristoteles sinngemäß auch gegen jene Vorstellung, wie Fichte sie in der *Sittenlehre* von 1789 vertreten hat, Wissenschaft sei überall dort, wo sie möglich sei, Zweck an sich[11]. Einem solchen methodisch absoluten Primat der Theorie vor der Praxis würde Aristoteles entgegenhalten, daß für eine sittlich engagierte Ethik die Aufgabe, das Prinzip der Sittlichkeit zu deduzieren, (Fichtes Begriff von Wissenschaft) weder ihr einziges noch ihr vornehmliches Geschäft sei. Zwar interessiert sich Aristoteles auch für die Frage, wie das Gute und sein Prinzip, das Unbedingte im Begriff der Praxis, für sich selbst gedacht und gerechtfertigt werden können (vgl. Nikomach. Eth. I 5). Im Kontext seiner Ethik hat diese Frage aber nur partielle Bedeutung. Im Unterschied zu einem Platon und einem Fichte will Aristoteles letztlich nicht wissen, wie das Gute in sich selbst widerspruchslos zu denken ist, sondern wie das Denken dem Gutsein hilft. Deshalb sucht er kein absolutes Wissen, keine Ontologie oder Metaphysik des Guten oder der Sittlichkeit, sondern eine praktische Philosophie, die den tatsächlichen Vollzug sittlicher Praxis intendiert. Und diese Intention – ein Vorläufer der zeitgenössischen, oft pathetisch erhobenen Forderung nach politischer Verantwortung und gesellschaftlichem Bezug der Wissenschaften – bleibt keine folgenlose Absichtserklärung. Die Dimension des frommen Wunsches oder der puren Deklaration negierend, hat sie thematische Konsequenzen[12] und ist überdies für die Begrifflichkeit bestimmend, mit der die am tatsächlichen Polis-Leben aufgelesenen Themen abgehandelt werden. So entwickelt Aristoteles ein Modell sittlichen Handelns, das vom Begriff der Bewegung ausgeht und das durch seine Grundkategorien Streben (ὄρεξις)[13] und Tätigkeit (ἐνέργεια)[14] den Vollzugscharakter von Handeln auch begrifflich erklärt. Ferner konstituiert sich seine Ethik als eine Untersuchung des Glücks, die sich am tatsächlichen Leben orientiert, eine Untersuchung, die nicht nur das erörtert, was als das beste und göttliche Leben gilt: das wissenschaftlich-philosophische Leben (βίος θεωρητικός) (Nikomach. Eth. X 6-7), sondern die sich auch dem zweitbesten, dem spezifisch menschlichen Leben zuwendet. Und dieses politische Leben (βίος πολιτικός) wird nicht bloß privativ vom besten aus erklärt, sondern auch eigenständig in sich selbst (II-X 5)[15]. Primär wird das politische Leben gerade nicht am Leitfaden des wissenschaftlich-philosophischen Lebens erörtert, sondern entlang der für es spezifischen und konstitutiven Begriffe von Freiwilligkeit, Überlegung und Entscheidung, von sittlicher Tugend überhaupt und von Tapferkeit, Gerechtigkeit ... insbesondere.

Und deren Analysen bilden keineswegs einen Anhang zur Erörterung des anderen, des besten Lebens. Den weitaus größten Raum einnehmend, machen sie vielmehr den Kern- und Hauptteil der *Nikomachischen Ethik* aus.

Hätte Aristoteles – um die Differenz von thematischer und finaler (intentionaler) Definition noch an einem Gedankenexperiment zu illustrieren – seine Ethik als eine theoretische Disziplin konzipiert, hätte er die *Nikomachische Ethik* nach ihren ersten sechs Kapiteln, also etwa in der Mitte des ersten von zehn Büchern, abbrechen können. Denn in diesen Abschnitten bringt Aristoteles das Wesentliche über den formalen Begriff des Guten, sein Prinzip, das Glück (ευδαιμονία), sowie über die Vorstellung eines für den Menschen Guten (ἀνθρώπινον ἀγαθόν). Zudem faßt er sein Thesen in einer abschließenden Definition zusammen: »Das Gute für den Menschen ist die Tätigkeit der Seele aufgrund ihrer besonderen Befähigung (κατ᾽αρεθήν), und wenn es mehrere solche Befähigungen gibt, nach der besten und vollkommensten; und dies außerdem noch ein volles Leben hindurch« (I 6, 1098 a 16-18; Übers. O. Gigon). Sinnvollerweise kann die Analyse nur deshalb weitergeführt werden, weil sie nicht nur das Gute und das »höchste Gute« (τὸ ἄριστον: I 6, 1097 b 22) untersucht, sondern weil sie auch von der Frage stimuliert ist, wie man denn gut werde, weil sie sich also nicht allein den Begriff der Sittlichkeit für sich selbst, das Moment a priori, zum Thema nimmt, sondern das sittliche Handeln: logisch die ursprüngliche Synthesis des Apriori mit dem Aposteriori der konkreten Lebenswirklichkeit. Und dieses Thema wird nicht nur allgemein und global, sondern in seinen unterschiedlichen Bezügen, Aspekten und gemäß den verschiedenen Lebensbereichen erörtert. Nur eine solche differenzierte und lebensnahe Analyse des Guten kann die intendierte Rückbindung der philosophischen Theorie an die sittlich-politische Praxis angemessen einlösen und das Sittlichsein und Sittlichwerden in einer zugleich theoretisch wie praktisch befriedigenden Weise transparent machen.

2. Ein weiteres Moment in der methodischen Konzeption des Aristoteles ist prima facie kaum weniger provozierend als das sittliche Engagement. Aristoteles behauptet, daß seine Ethik nicht für junge Menschen geeignet sei und überhaupt nur den sinnvoll anspreche, der selbst in guten Sitten und Gewohnheiten aufge-

wachsen sei (I 1, 1095 a 2-11; I 2, 1095 b 4-6). Daß eine Wissenschaft Voraussetzungen haben soll, die den Ausübenden, den Wissenschaftler als Person, betreffen – denn was für den Hörer gilt, trifft um so mehr für den Verfasser der ethischen Pragmatie zu –, eine solche These muß Befremden auslösen, zumal wenn sie einen so äußerlichen Aspekt zum Kriterium erhebt wie die Anzahl der Jahre.

Wie viele seiner methodischen Ausführungen ist diese These des Aristoteles sehr lapidar formuliert, überdies wird der quantitative Aspekt des Arguments wenige Zeilen später relativiert (1095 a 7 f.). Den präzisen Sinn der Behauptung kann man sich in folgenden drei Schritten rekonstruieren: 1. Um sich mit der Ethik erfolgversprechend beschäftigen zu können, muß man nicht nur, prinzipiell gesehen, Erkenntnisfähigkeit besitzen, sondern man muß darüber hinaus einem Kommunikations- und Interaktionszusammenhang angehören, und zwar jenem Zusammenhang, der Polis, in dem es nicht um das bloße Überleben oder ein materielles Wohlleben geht, sondern um das Gut- oder Sittlich-Leben (εὖ ζῆν) (Pol. I 2, 1252 b 29 f.). Im Gegensatz zu jeder sittlich neutralisierten Rechts- und Staatstheorie bestimmt Aristoteles den Ort der Interaktion, die Polis, ausdrücklich als eine sittliche Institution, als eine Gemeinschaft, die sich, modern gesprochen, von einem bloß technisch-ökonomischen System der Produktion, Distribution und Konsumtion und der mittels Polizei und Militär sichergestellten Ordnung inneren und äußeren Friedens wesentlich unterscheidet. Sie enthält zwar auch die für ein System der Bedürfnisse und ihrer gesicherten Befriedigung erforderlichen institutionellen Vorkehrungen, wird aber darüber hinaus durch Gerechtigkeit konstituiert. Und die Gerechtigkeit gilt ausdrücklich als ein Phänomen, das sich nicht auf technisch-ökonomische Probleme reduzieren läßt, sondern sie in die Dimension des genuin Sittlichen übersteigt (Pol. I 1-2). – 2. Die Zugehörigkeit zu einem solchermaßen definierten System der Kommunikation und Interaktion realisiert man, wenn Kommunikation und Interaktion keine bloße Möglichkeit, Fähigkeit oder Disposition bleiben, sondern sofern sie aktualisiert werden, indem man an dem sittlich-politischen Gemeinwesen tatsächlich partizipiert. – 3. Durch längere Partizipation muß man mit dem Gemeinwesen so vertraut sein, daß man politische Erfahrung besitzt, und zwar im sittlichen und nicht nur im technisch-ökonomischen Sinn von Polis.

Folgt man dieser Rekonstruktion der aristotelischen These, dann bemißt sich die Tauglichkeit für Ethik primär nicht quantitativ an der Anzahl der Jahre[16], sondern qualitativ daran, ob man mit den wesentlichen Bezügen und Formen des sittlich-politischen Lebens vertraut geworden ist, kurz: ob man in sittlich-politischer Kommunikation und Interaktion schon erfahren ist oder nicht[17]. Die methodische Pointe einer im eminenten Sinn praktischen Philosophie liegt nun darin, daß die sittlich-politische Erfahrung nicht nur überhaupt, sondern in zweifacher Hinsicht, nämlich als ein theoretisches und als ein praktisches Erfordernis vorauszusetzen ist:

2.1. Sofern grundsätzlich jede philosophische Erörterung einer Sache von einem Vorverständnis eben dieser Sache ausgeht, hebt die Erörterung des sittlichen Lebens, die Ethik, bei einer vorgreifenden Erkenntnis wirklicher Sittlichkeit an. Wenn nun in einer sittlich engagierten Ethik das Handeln in seinen vielfältigen Aspekten untersucht wird, dann verfügt nur der über das nötige Vorwissen, der nicht nur der Minimalbedingung genügt, selbst ein sittliches Wesen zu sein, sondern der überdies hinreichende Erfahrung in jenem Kommunikations- und Interaktionszusammenhang gesammelt hat, der Polis heißt. Als philosophische und sekundäre Belehrung über Sittlichkeit setzt die Ethik ein primäres Belehrtsein voraus. Primär ist aber nur der belehrt, der selbst mit dem Ethos: den Sitten, Bräuchen und Gesetzen der Polis vertraut ist. Und dieses Vertrautsein gewinnt man schon deshalb nur im eigenen Lebensvollzug, weil das Ethos nur zum geringsten Teil schriftlich fixiert ist. Das unterscheidet also die Ethik von den theoretischen Disziplinen, daß ihr Ausgangspunkt nicht bestimmte Urteile sind, die als evident gelten können, die plausibel sind oder über die man sich geeinigt hat. Die Ethik fängt nicht bei Axiomen, Hypothesen oder Postulaten an; überhaupt hat sie nicht nur theoretische, sondern auch praktische Vorbedingungen.

Diese These ist jedoch nicht so eng zu verstehen, als blieben dem, der über keine sittlich-politische Erfahrung verfügt, alle Teile der *Nikomachischen Ethik* strikt unverständlich. Die These gilt vielmehr einem Typ philosophischer Pragmatien: der Ethik als Ganzes und jeder anderen sittlich engagierten Philosophie. Aus ihrem Kontext gelöst und rein für sich gelesen, machen die im ersten Buch enthaltenen rein formalen Analysen eines Zieles, das am meisten Ziel ist (τέλος τελειότατον), und noch deutlicher die methodischen Exkurse keine politische, sondern eine komplementäre kognitive Erfahrung erforderlich. Aber diese Teile der aristotelischen Ethik sind weder ihr einziger noch ihr eigentlicher Zweck. Gegenüber den ausgedehnten Untersuchungen der Tugenden, der sittlichen und der Verstandestugenden, gegenüber den Untersuchungen der Lust, der Freundschaft und schließlich der beiden höchsten Lebensformen, des politischen und des philosophisch-wissenschaftlichen Lebens, haben sie zwar mehr als eine subsidiäre oder propädeutische Funktion. Gleichwohl haben sie nicht mehr Relevanz als die, den philosophischen Fragenkomplex angesichts sittlicher Praxis zu komplettieren. Und für die anderen, die weit umfangreicheren Analysen gilt, daß man selbst über gründliche sittlich-politische Erfahrung verfügen muß, wenn man die Analysen je für sich und als ganze mit jenem Verständnis und jener kritischen Distanz verfolgen will, die für ein eigenständiges Mitdenken und eine angemessene Beurteilung der vorgetragenen Argumentation unabdingbar sind.

Wenn auch die Nachfolger des Aristoteles – denn erst seit seinen Pragmatien kann man von einer eigenständigen Disziplin »Ethik« sprechen[18] – nicht immer dem reflektierten und dezidierten Konzept des Begründers gefolgt sind, so bleiben sie bei aller Verschiedenheit des Ausgangspunktes und Interesses doch dieser methodischen Einsicht verbunden: Jede Ethik basiert nicht nur auf theoretischen, sondern auch auf praktischen Voraussetzungen. Hier soll die universale Gültigkeit dieser These nur exemplarisch an zwei sehr verschiedenartigen Beispielen aufgezeigt werden. Wenn Kant in der *Kritik der praktischen Vernunft* das Prinzip sittlichen Handelns reduktiv aufsucht und auf dem Boden neuzeitlichen Denkens als Autonomie bestimmt, dann ist seine formale und transzendentale Analyse nicht eo ipso durch reiche Lebenserfahrung bedingt. Gleichwohl sind auch Kants Analyse und ihr kritisches Verständnis nicht vom Sittlichsein unabhängig: Denn sie setzen ein sittliches Bewußtsein voraus, die allgemeine Vorstellung von Pflicht (zu bestimmten Handlungen verbunden zu sein, ohne Rücksicht auf entgegenstehende Antriebe und die Chancen der Verwirklichung)[19], ohne das die Erörterung keinen Gegenstand und keinen Ausgangspunkt besitzt und ohne das der Leser kein Kriterium hat, um die Argumentation nicht nur als immanent konsistent, sondern auch als sachlich zutreffend beurteilen zu können. Analog ist auch eine sprachanalytische Ethik nicht strikt sittlich neutral. Ohne ein Vorverständnis von Sittlichkeit läßt sich nämlich nicht das in der Sprache identifizieren, was zur Sprache der Moral oder der Sittlichkeit zu rechnen ist. Um sittliche Termini und sittliches Sprechen als solches aufgreifen zu können, um zum Beispiel moralische Normen von juristischen Geboten, ärztlichen Vorschriften oder rein konventionellen Verhaltensmustern unterscheiden zu können, bedarf es eines Vorwissens von Sittlichkeit, das die Sprachanalyse nicht aus sich heraus evoziert, sondern als ein anderweitig schon Gegebenes und Bekanntes voraussetzt. Darin liegt die methodisch unaufhebbare Aporie des Vorhabens, eine strikt neutrale Ethik zu entwerfen, daß sie auch dann, wenn sie sich nicht, wie bei Aristoteles, die Verbesserung sittlicher Praxis ausdrücklich und emphatisch zum Ziel setzt, es nicht verhindern kann, daß »hinter ihrem Rücken« die Neutralität immer schon, und sei es nur minimal, durchbrochen ist[20]. Dann aber stellt die vor allem von seiten der Metaethik vertretene Neutralitätsthese weniger das Qualifikationsmerkmal einer jetzt endlich wissenschaftlichen Ethik als den Index eines Mangels an Methodenbewußtsein dar: ein später Reflex der neuzeitlichen Fiktion wissenschaftlicher Voraussetzungslosigkeit.

Ob man es ausdrücklich reflektiert oder nicht: Jede Ethik steht nicht außerhalb dessen, was sie analysiert, und das Subjekt der entsprechenden Untersuchung ist nicht nur ein theoretisches, sondern notwendig auch ein praktisches. Wer in irgendeiner Form über Praxis als sittlicher nachdenkt, steht nicht auf einem archimedischen Punkt streng außerhalb seines Gegenstandes. Wenn auch der Moralphilosoph den Standpunkt eines Beobachters einnehmen kann, um die Moralvorstellungen fremder Völker zu analysieren, so ist er auch dann nie bloßer Beobachter. Er mag zwar Beobachter jenes Volkes und seines spezifischen Moralsystems sein, ist aber nicht Beobachter von Sittlichsein überhaupt. Selber ein sittlich-politisches Wesen, ist der Ethiker, prinzipiell gesehen, immer Zuschauer und Mit-Handelnder in einem.

2.2. Einmal ausführlich formuliert kann die Einsicht, daß die Ethik in irgendeiner Weise das Sittlichsein voraussetzt, leicht trivial erscheinen. Doch abgesehen vom Wert eines angemessenen methodischen Selbstverständnisses, führt die Applikation der allgemeinen Einsicht auf die spezifische Situation der Ethik zu einem zunächst überraschenden Ergebnis. Die aufgrund eines sittlichen Engagements differenziert und praxisnah durchgeführte Untersuchung sittlichen Handelns setzt eine entsprechend reiche und differenzierte sittlich-politische Erfahrung voraus. Und diese Erfahrung ist nicht nur in dem kognitiven Sinn zu behaupten, daß ohne sie die Ethik nicht adäquat zu verstehen ist. Die politische Erfahrung ist vielmehr keine bloß theoretische, sondern auch eine praktische Voraussetzung: Ohne sittlich-politische Erfahrung auf seiten ihrer Hörer oder Leser kann das sittliche Engagement der Moralphilosophie nicht erfüllt werden. Denn wenn Aristoteles auch in sittlicher Absicht eine praxisnahe Vorlesung konzipiert hat, so hängt der Erfolg dieser Vorlesung doch nicht nur von ihr selbst, von ihrer philosophischen und didaktischen Qualität, sondern auch von den Hörern ab. Die Situation, daß man sich mit praktischen Dingen beschäftigt, ohne daraus adäquaten Nutzen zu ziehen, ist Aristoteles hinreichend bekannt. Paradigmatisch sieht er sie in der Gesetzessammlerei der Sophisten oder bei einem medizinischen Fachbuch gegeben, sofern es sich in der Hand eines Laien befindet (vgl. X 10, 1181 a 12 - b 12). Eine Wissenschaft, die im Unterschied zu rein spekulativem Wissen sich nicht selbst genügen soll, die vielmehr Nutzen sucht, eine praktische Wissenschaft, erreicht ihren vollen Zweck nur bei denen, die – gleich auf welche Weise – mit den Gegenständen (im Beispiel: mit der Gesetzgebung oder der Krankenbetreuung) schon soweit vertraut sind, daß sie deren methodisch disziplinierte Untersuchung beurteilen, auf ihr eigenes Wissen zurückbeziehen und im eigenen Tun verwenden können. Das bedeutet für die Ethik als praktischer Wissenschaft, daß nur der aus ihr adäquaten Nutzen zieht, der schon im sittlich-politischen Leben zu Hause ist. Und letztlich ist nicht das theoretische Argument des je schon vorausgesetzten Vorverständnisses, sondern genau dieses praktische Argument dafür verantwortlich, daß Aristoteles für seine Ethikvorlesung ein Eingeübtsein in das Ethos der Polis fordert (1095 b 4-6).

Im Griechischen bezeichnet Ethos zunächst und ganz allgemein den gewohnten Ort des Lebens, dann auch die gewohnte Lebensweise[21]. Nun kann man den Menschen darin vom Tier unterscheiden, daß er in seinen gewohnten Lebensort nicht rein natürlich (φύσει), heute könnte man sagen: aufgrund seiner Erbanlagen und ihrer rein biologischen Entwicklung, hineinwächst, sondern daß er sich seine Lebensform selber soziokulturell schaffen und individuell sich aneignen muß. Der Prozeß der Aneignung, der sich in einer langen und planmäßigen Übung, der sich ebenso in formeller wie in informeller Erziehung und Selbsterziehung vollzieht, ist aber kaum schon in jungen Jahren abgeschlossen[22].

Obwohl Aristoteles ausdrücklich das Ziel verfolgt, dem Sittlichsein selbst zu dienen, ist er keineswegs so naiv, die vorphilosophische Bedingtheit seiner praktischen Philosophie zu übersehen. Im Unterschied zum Pathos und Optimismus planer Aufklärung ist er sich sehr wohl der Tatsache bewußt, daß die praktische Philosophie nicht die Sache eines jeden und für jeden ist. Das heißt nicht, daß die praktische Philosophie ein elitäres Unternehmen sei, wohl aber, daß man vor aller sittlichen Beeinflußbarkeit durch philosophische Reflexion mit dem Gegenstand dieser Reflexion, dem sittlich-politischen Leben, schon bekannt und vertraut geworden sein muß. Die Erfüllung des sittlich-praktischen Engagements ist selbst sittlich bedingt, und zwar in dem genannten doppelten Sinn. Ohne einen detaillierten Einblick in die Sache, und das heißt hier ohne Erfahrung, verfügt man nicht über das notwendige Vorwissen, so daß die Reflexion weder einen Gegenstand noch einen Anfang hätte. Und ohne einen festen Stand im sittlich-politischen Leben, ohne die zur Haltung, zum praktischen Können gewordene Übung, nicht den momentanen Emotionen und Leidenschaften, sondern der Vernunft gemäß zu handeln (vgl. 1095 a 7-11), hat der Anfang auch nicht den gesuchten Wert. Die vorphilosophische Bedingtheit der praktischen Philosophie ist also theoretisch und praktisch zugleich zu verstehen. Ohne sie ist die aristotelische (und jede sittlich engagierte) Ethik weder im kognitiven Sinn möglich noch in praktischer Hinsicht sinnvoll[23].

3. So einsichtig die beiden methodischen Momente, das sittliche Engagement und die Voraussetzung sittlicher Erfahrung, für sich geworden sein mögen – wenn man die beiden Momente zueinander ins Verhältnis setzt, scheint das Konzept eine immanente Inkonsistenz zu enthalten. Denn die bisher getrennt erörterten Merkmale einer eminent praktischen Philosophie ergeben zusammen folgende zirkelartige Struktur: Die praktische Philosophie strebt das an, was sie schon voraussetzt, ein politisches Leben als ein sittliches. Nun handelt es sich bei dieser Zirkelstruktur kei-

neswegs um einen logischen Fehlschluß, um die petitio principii, übrigens auch nicht um die schon von Thomas von Aquin bemerkte und von G. Bien wieder erinnerte »quaedam circulatio« von Klugheit und Entscheidung[24]; denn die Zirkelstruktur betrifft hier nicht den Gegenstand der Ethik (Klugheit, Entscheidung usf.), sondern die Wissenschaft der Ethik selbst. Vielmehr wird damit jene eigentümliche Struktur eines wissenschaftlichen Erkenntnisprozesses bezeichnet, die man – in gewisser Analogie zum hermeneutischen Zirkel – als *»Zirkel der praktischen Philosophie«* (praktisch-philosophischen Zirkel) bezeichnen mag. Danach kann die praktische Philosophie jenes Sittlichsein, das sie intendiert, nicht selbst evozieren. Der Kommunikations- und Interaktionszusammenhang, dessen sittliche Qualität aufgrund einer methodisch disziplinierten Argumentation gewonnen werden soll, ist in eben dieser sittlichen Qualifizierung eine Totalität, in der sich die philosophische Reflexion als Ethik immer schon bewegt. Das Verhältnis der beiden Momente müßte daher, soll das Konzept nicht von Anfang an aporetisch verstanden werden, etwas differenzierter formuliert werden. Die Ethik, ein integrierter und zugleich partiell distanzierter Teil des sittlichen Lebens, will aus diesem Leben heraus auf es reflektieren, um durch die vermittelnde Reflexion die Praxis, die sie schon als eine sittliche vorfindet, in ihrer sittlichen Qualität zu verbessern. Wenn Aristoteles' Intention einer sittlich engagierten Philosophie mit der sittlichen Bedingtheit konsistent zusammenbestehen soll, dann nur in dem seine lapidaren Formulierungen etwas korrigierenden Sinn, daß man durch moralphilosophische Reflexion nicht gut, wohl aber besser wird. Worin aber die Verbesserung, die die Philosophie leisten soll, bestehen kann, ist noch zu klären.

Schon eine oberflächliche Lektüre zeigt, daß Aristoteles' Ethik kein Rezeptbuch für sittliche Praxis ist. Sie gibt keine Ratschläge, wie man das Leben in der Polis führen oder auch verändern sollte. Seine Schrift enthält vielmehr, um mit I. Düring zu sprechen, eine »Analyse der Erscheinungsformen des Guten und der Struktur des ethischen Handelns«[25]. Wie diese Analyse präzis zu beschreiben ist, soll nicht weiter untersucht werden. Hier genügt die Beobachtung, daß Aristoteles für seinen Gegenstand, die πρᾶξις κατὰ λόγον, sowohl die Elemente untersucht: die sittlichen und die Verstandestugenden, die Lust (ἡδονή) und die Entscheidung (προαίρεσις), als auch, daß er den Gegenstand auf sein Prinzip (ἀρχή) und seine Ursache (αἴτιον) zurückführt (I 12, 1102 a 1-14). Ausgehend von dem Begriff eines Strebens, das Ziele verfolgt, bildet er nämlich den außergewöhnlichen, nicht umgangssprachlich, sondern allein formal und transzendental sinnvollen Begriff eines Zieles, das am meisten Ziel ist (τέλος τελειότατον), eines Zieles, das sich selbst genug (αὐτάρκες) ist, und das er, der griechischen Tradition folgend, als Glück (εὐδαιμονία) bezeichnet (I 5). Insofern nun die Ethik die Elemente, die Prinzipien und Ursachen ihres Gegenstandes erforscht, hat sie trotz aller methodischen Differenz dieses mit den theoretischen Disziplinen gemeinsam, daß sie im Sinne der aristotelischen *Metaphysik* (A 1-2) eine Höchstform des Wissens ist, die Höchstform für den Gegenstandsbereich »sittliches Handeln«. Das universale Verlangen des Menschen nach Wissen, von dem das Buch Alpha der *Metaphysik* ausgeht, wird für den Bereich der Praxis durch die Ethik erfüllt. Die Ethik ist zwar keineswegs eine Metaphysik des Praktischen, wohl hat sie die Bedeutung einer praktischen Fundamentalwissenschaft, die die letzten Prinzipien jeder menschlichen Praxis analysiert, auch die der höchsten Form, die des philosophisch-wissenschaftlichen Lebens (vgl. X 6-7)[26]. Während das vorphilosophische Wissen, die Klugheit (φρόνησις), erkennt, wie im persönlichen, im wirtschaftlichen und im politischen Bereich sinnvolles Handeln konkret auszuüben ist[27], werden das Wesen ihrer selbst als Klugheit und überhaupt die Elemente und Prinzipien des sittlichen Handelns ihr nicht transparent. Damit aber verharrt das vorphilosophische sittliche Wissen auf einer höheren Stufe der Naivität. Erst im Verlauf der ethischen Reflexion wird diese Naivität überwunden. Das schon zur vorphilosophischen Praxis gehörende, nämlich durch die Klugheit realisierte Streben nach klarer Einsicht wird durch die Ethik fortgesetzt. Das einmal vorhandene Interesse des Menschen, nicht willkürlich: blind und aus Leidenschaft (κατὰ πάθη), sondern gemäß der Vernunft (κατὰ λόγον): aus kluger Überlegung und sittlicher Grundhaltung, zu handeln, die im sittlichen Handeln als solchem schon realisierte Distanzierung des Menschen von seiner Naturwüchsigkeit, ist erst dann in einer formal nicht mehr überbietbaren Weise gegeben, wenn das Moment der Vernunft (Logos) noch einmal auf seine Vernünftigkeit hin reflektiert wird. Die Veränderung und Verbesserung, die durch die Ethik hervorgebracht werden sollen, können daher unmittelbar weder das Verhalten noch die Maximen des Verhaltens betreffen, und am wenigsten ist die Verbesserung technisch-instrumental zu verstehen, so als ob man durch die Moralphilosophie lernte, beliebige Ziele möglichst billig, schnell, sicher und vollständig zu erreichen. Die Philosophie transformiert zunächst nicht das sittliche Handeln in toto, sondern allein das für es mitkonstitutive Moment des Wissens. Auf den ersten Blick erscheint diese immanente Steigerung des Wissens nur als ein theoretisches Mehr, als eine Vermehrung an Einsicht, als eine Potenzierung von Erkenntnis. Warum soll also dieser Akt der »Theorie«, der eine schon praktizierte Praxis in eine »aufgeklärte«[28] transformiert, dem sittlichen Engagement folgend auch ein Mehr an Gutsein beanspruchen können, und zwar im präzisen Sinn von sittlichem Gutsein?

Um diese Frage entlang eines konkreten Beispiels zu beantworten, soll nur ein Aspekt der *Nikomachischen Ethik* herausgegriffen werden: Die Analyse des Glücks geht von dem aus, was man im allgemeinen für glücklich hält (I 3, 1095 b 14 ff.), prüft diese Ansichten, verwirft die Meinungen der Menge, die ein Leben der Sinneslust sucht (1095 b 12-22; X 6, 1176 b 9 ff.), verwirft auch ein bloßes Erwerbs- und Kaufmannsleben (1096 a 5-7) und kommt schließlich zu dem Ergebnis, daß ein spezifisch politisches Leben die menschliche Form sittlichen Handelns ist, daß aber die höchste Form in einem philosophisch-wissenschaftlichen Leben, in der göttlichen Lebensweise liegt (X 7-8)[29]. Was bedeutet ein solches Vorgehen für den Begriff der ethischen Methode? Ähnlich wie schon die Klugheit übt die Ethik eine normativ-kritische Funktion aus. Im Unterschied zur Klugheit betrifft diese aber nicht konkrete Mittel und Wege des Handelns. Sie übt vielmehr jene wissenschaftliche Kritik aus, die nicht über das konkrete Handeln, sondern über dessen Elemente und Prinzipien belehrt. Die Erkenntnis der Prinzipien aber erlaubt es, sich von den gängigen Vorstellungen sittlicher Praxis bewußt und systematisch zu distanzieren, solche Vorstellungen, die mit dem Begriff der Sittlichkeit konform gehen, von den ihr widersprechenden verantwortlich zu unterscheiden und an der ihnen korrespondierenden, an der nichtsittlichen Lebensweise eine begründete, weil methodischer Disziplin und intersubjektiver Kontrolle ausgesetzte Kritik zu üben. Durch die philosophische Ethik wird man jener im sittlichen Handeln als sittlichem schon praktizierten

Distanz zu mancherlei subjektiven Vormeinungen und »ideologischen« Verzerrungen reflexiv mächtig, mit denen man im Durchschnitt aufwächst und die eine unbefangene sittliche Lebensweise erschweren. Das, worauf es im Leben letztlich ankommt, wird deutlich und klar. Wer aber die Leitidee des Lebens klar vor Augen hat, kann sie trotz der Verdunkelung, die sie in schwierigen Situationen und aufgrund verschiedener Vorurteile erhält, besser, weil bewußter, verfolgen (vgl. I 1, 1094 a 22-24).

Wenn von einem sittlichen Engagement und einer wissenschaftlichen Kritikfunktion der aristotelischen Ethik gesprochen wird, dann nicht in einem planen Gegensatz zu jenem Element aristotelischer Methode, auf das J. Ritter in seinen wegweisenden Untersuchungen zur Ethik und zur Politik des Aristoteles aufmerksam gemacht hat, wohl aber als dessen Korrektiv. Wenn J. Ritter in bezug auf Aristoteles den Terminus einer »hermeneutischen Ethik« geprägt hat, dann will er jenes ungeschichtliche Denken kritisieren, das die Sittlichkeit abstrakt aus der Vernunft zu deduzieren sucht: »Die ethische Theorie muß hermeneutisch an die Vieldeutigkeit und Mehrsinnigkeit des menschlichen Daseins anknüpfen, weil nur so Begriffe gewonnen werden können, deren Gültigkeit sich auf das, was ist, bezieht, dies zugleich voraussetzt und stehen läßt. Wir besitzen vollendet ausgebaute ethische Systeme, sieht man aber von ihrer Höhe zurück auf die Wirklichkeit des Menschen, wie sie ist, dann fragt man sich, was die Begriffe des Systems mit ihr zu tun haben. Aus solcher Beziehungslosigkeit ruft die ›Nikomachische Ethik‹ in einem beispielhaften Sinn zurück«[30].

Die Explikation der der Welt menschlicher Praxis immanenten Vernünftigkeit, so Bien[31] im Anschluß an Ritter, ist jedoch eine mißverständliche Formulierung. Denn Aristoteles will sich keinesfalls dem Bestehenden als Bestehendem unterwerfen. Seine Ethik ist keine unterschiedslose Affirmation der verschiedenen, auch auf dem Boden der griechischen Polis praktizierten Lebensweisen: hedonistischer, kaufmännischer, politischer und wissenschaftlich-politischer Lebensformen. Sie ist vielmehr immer auch philosophische Kritik: die nicht dem persönlichen Dafürhalten, sondern einer intersubjektiv ausweisbaren Erkenntnis überantwortete wissenschaftliche Unterscheidung der gegebenen βίοι in sittliche und nicht-sittliche. Das Gegebene als Instanz anzunehmen, so als ob das Bestehende in sich zugleich den Stempel der

Rechtfertigung trüge, soll durch diese Interpretation deutlicher abgewiesen werden als es die Bezeichnung »hermeneutisch« zum Ausdruck bringt. Der menschlichen Praxis ist die Vernünftigkeit nämlich weder notwendig noch faktisch – aber immer, nicht einmal generell immanent.

Das Verhältnis der Kritik zum Vorfindlichen kann denn auch die scheinbare Aporie im methodischen Konzept des Aristoteles auflösen, wonach das sittliche Engagement einer praktischen Philosophie immer schon das voraussetzt, was es sich zum Ziel erklärt hat: das Sittlichsein der Hörer. Durch die philosophische Unterscheidung des sittlichen vom nicht-sittlichen Leben und durch die nicht nur so prinzipiell, sondern auch angesichts der verschiedenen Aspekte und Bereiche menschlicher Praxis im Detail explizierte Unterscheidung werden das Gemeinwesen und seine Traditionen, in denen sich die ἀρετή und damit die Sittlichkeit der Handelnden noch mehr naturwüchsig gebildet haben, als einziger Bestimmungsgrund des sittlichen Handelns aufgelöst. Das bedeutet nicht, daß man sich aufgrund von Philosophie aus dem vorgegebenen Ethos herausreflektieren könnte oder auch nur wollte, so als ob man in ausdrücklicher Negation oder in unkontrolliertem Vergessen des Kontextes seines Handelns, des sittlich-politischen Gemeinwesens, ein Gutleben abstrakt konstruieren und dann als infallible Richtschnur postulieren würde. Wohl aber bedeutet es, daß sich der Mensch kraft der ethischen Reflexion immer auch in eine Distanz zu sich, seinem faktischen Handeln und seinem faktischen Ethos setzt. Der Mensch begreift, *daß* und *wie* er für sein Handeln selbst verantwortlich ist, so daß er in diesem Begreifen *formal* frei wird, seine gewohnte, gerade auch seine schon sittliche Lebensweise zu bejahen oder auch – mindestens partiell – zu verneinen und eine Umgestaltung in den Blick zu nehmen. Das Wissen, die Vernünftigkeit sind zu einem Kriterium geworden, und damit haben Alter, Herkommen und Väter-Sitte als solche ihre Kraft als einzige und letzte Legitimation verloren.

Die Potenzierung des Wissens, die auf den ersten Blick nur als ein theoretisches Mehr erscheint, hat also zugleich eine praktische Bedeutung. Obwohl die Philosophie als Analyse und Reflexion stets zu nachträglichem Tun verurteilt ist, entfaltet sie nicht nur analytisch-reflexive, sondern auch sittliche Kraft. In der Steigerung sittlicher Erkenntnis, neuzeitlich gesprochen: im Zusichselbstkommen der sittlichen Vernunft wird das Sittliche zum ausdrücklichen Selbstbesitz; die theoretische Vollendung erweist sich als eine praktische. (Zugleich ist damit eine Grenze der oft abstrakt-dualistischen Begriffsbildung »Theorie und Praxis« angezeigt). Aus diesem Grund ist Aristoteles' Ethik weder eine »theoretische Theorie«, die als empirische Wissenschaft natürliche und soziale Phänomene erforscht oder als spekulative Philosophie sich auf sich selbst richtet; noch ist sie eine technische Disziplin, die Handlungsanweisungen aufstellt oder Typen von Anweisungen definiert, um zu Erfolgskontrolle und Zweckrationalität anzuleiten. Durch die Ethik wird das sittliche Handeln weder selbst praktiziert, noch geht die sittlich-politische Praxis aus der Moralphilosophie als ein direktes Produkt hervor, und genauso wenig handelt es sich um ein sich selbst genügendes, rein kontemplatives Theoretisieren. Vielmehr wird eine schon vorhandene, in die tatsächlichen institutionellen Verhältnisse wenigstens partiell eingesenkte und vom sittlich hervorragenden Menschen (σπουδαῖος) auch internalisierte Vernünftigkeit reflexiv in die eigene Verantwortung genommen. Dadurch wird der Handelnde formal auf sich selbst gestellt und in demselben formalen und wissenschaftlich-philosophischen Sinn mündig.

Wenn man für diesen Sachverhalt auf einen zeitgenössischen Ausdruck zurückgreifen und einen Begriff der Emanzipation bilden wollte, dann muß sich dieser Begriff ebenso von dem historisch-politischer Emanzipationsbewegungen unterscheiden wie von dem römischen Rechtsinstitut, auf das die Bezeichnung zurückgeht. Im Unterschied zum römischen Recht, wo Emanzipation die Entlassung des Sohnes aus der väterlichen Gewalt[32] bedeutete, wird die Emanzipation kraft Ethik gerade nicht von einem anderen, sondern vom sittlich Handelnden selbst durchgeführt. Sie bedeutet kein Frei-Geben, sondern ein Sich-selbst-frei-Machen. Im Unterschied zu den Emanzipationsbewegungen der Neuzeit bedeutet es ferner keine materielle Negation, nicht die Befreiung von historisch überkommenen Tabus, von Mustern der Herrschaft, Unterdrückung und Unterprivilegierung, überhaupt nicht ein Freiwerden von materialer Bestimmtheit, sondern, bei Aristoteles wenigstens, eher deren Affirmation. Denn nach der *Nikomachischen Ethik* bilden sich die Ziele des Handelns, auch und gerade des sittlichen Handelns, im Prozeß politischer Kommunikation und Interaktion und schlagen sich im Ethos, der gewohnten Art des Lebens, nieder. (Die Tugend, jenes Moment sittlicher Praxis, kraft dessen das rechte Ziel gesehen und verfolgt wird, kann Aristoteles geradezu als die Haltung definieren, die lobenswert ist: I 13, 1103 a 9 f., als die Haltung also, die das, was sozial zu billigen ist, individuell verfolgen läßt.) Die emanzipative Kraft der aristotelischen Ethik besteht nicht darin, sich gegen diese primäre, in Polis-Institutionen kondensierte Sittlichkeit, sich gegen ein Handeln im Rahmen des Ethos zu wenden, sondern einen verbleibenden, den formalen Zwangscharakter des Ethos aufzuheben. Sie setzt in dem Sinn frei, daß aufgrund der Reflexion die bestehenden Gesetze, Sitten und Gewohnheiten als bloß Bestehendes aufgelöst, ihr Zusammenhang zum Glück der individuell und sozial Betroffenen durchsichtig gemacht wird, wodurch ein bislang mehr naturwüchsig, weil fraglos vollzogenes Leben im Ethos in ein durch die eigene Vernunft mitgeleitetes transformiert wird.

Unbeschadet ob sie inhaltlich gültig bleiben: formal sind es nicht mehr Alter, Herkommen und Väter-Sitte, durch die sich sittliches Handeln zureichend als sittliches legitimiert. Indem das Ethos kraft Reflexion distanziert und neu vermittelt wird, ist nicht mehr das Ethos allein, sondern auch das analytisch-reflexive Wissen um die Bedeutung des Ethos Rechtfertigungsgrund und formales Kriterium sittlich-politischer Praxis. Daß die unmittelbar nur formale Veränderung auch inhaltliche Änderungen zur Folge haben kann und vielleicht sogar haben muß, ist in seiner Schärfe und Radikalität von Aristoteles sicherlich noch nicht erkannt, sondern erst im Verlauf der Neuzeit im Denken entdeckt und auch in der Praxis realisiert worden. Überhaupt kann der Begriff der Emanzipation – hier aus systematischem Interesse, nämlich zur Interpretation des Begriffs einer Potenzierung sittlichen Wissens eingeführt – gegenüber Aristoteles nur mit Vorsicht verwendet werden. Denn erstens wird der Begriff heute im allgemeinen nur material, nämlich als Befreiung von gegebenen Gewaltverhältnissen verstanden; und zweitens ist jener Begriff, durch den der Begriff Emanzipation selbst zu begründen und zu rechtfertigen wäre, der Begriff der Freiheit im Sinn von Autonomie, erst in der neuzeitlichen Philosophie, vor allem bei Kant und in seiner Nachfolge ausdrücklicher Gegenstand der Reflexion geworden. Doch auch wenn eine in dem skizzierten Sinn formal-emanzipative Ethik heute über Aristoteles hinausgehen müßte, läßt sich nicht bestreiten, daß schon in der aristotelischen Ethik qua praktischer Philosophie jenes Grundelement ein Stück weit praktiziert wird: das kraft Reflexion zu leistende formale Freiwerden der Handelnden.

Der im Anschluß an Aristoteles gewonnene Begriff der philosophischen Ethik als praktischer Philosophie stellt eine Mitte zwischen aufklärerisch-überschießendem Optimismus und jener Resignations-Position dar, die die Wissenschaftlichkeit der Ethik an sittliche Neutralität bindet. Ein aufgrund moralphilosophischer Erörterungen geleistetes formales Freiwerden des Menschen durch sich selbst ist nicht unmittelbar rechtlich oder gesellschaftspolitisch zu verstehen. Es evoziert keine direkte Veränderung der Gesellschaft – sofern erforderlich, wäre das die Aufgabe politischer Aktion und der sie leitenden politischen Klugheit –, wohl aber eine Veränderung des für das sittliche Handeln selbst konstitutiven sittlichen Wissens. Damit vollendet es die sittliche Souveränität des Menschen über sich selbst und die politisch-soziale Welt, in der der Mensch notwendig, nämlich auch dann lebt, wenn er sich für die wissenschaftlich-philosophische Lebensform entscheidet. Wem – immer auf der Basis eines primären Sittlichseins – die Elemente, Prinzipien und Ursachen sittlichen Handelns transparent werden, der handelt, wie er handelt, nicht weil es einfach Brauch und Sitte und so im Medium des Ethos vorgeschrieben ist, sondern weil und insoweit er sittliches Handeln und sein politisch-soziales Medium, das Ethos, für sinnvoll hält. Aus jeder Art von Gesetzestätigkeit qua bloß positiv Gesetztem entlassen, handelt er weder aus Zwang noch aus bloßer Gewohnheit, vielmehr aus Einsicht, kraft deren er das sittlich Gute auch nicht als vorfindlichen, einmal für immer realisierten Wert, sondern als eine permanente Aufgabe, als einen fortdauernden, je neu zu befolgenden Anspruch sieht. Darin liegt denn auch die Doppeldeutigkeit des Begriffs einer Potenzierung des sittlichen Wissens: Im Durchgang durch die ethische Reflexion wird der sittlich Handelnde einsichtiger und sittlicher zugleich. Was kognitiv gesehen Vollendung des Wissens heißt, heißt praktisch gesprochen Vollendung des Sittlichseins, Vollendung der Praxis in ihrer sittlichen Qualität.

Es bleibt nachzutragen, daß die Triftigkeit einer solchen Argumentation auf der bisher noch nicht explizierten Annahme beruht, daß die Sittlichkeit des Menschen in der Vernünftigkeit seiner Praxis liege und daß die Vernunft das Wesentliche am Menschen sei (vgl. I 6, 1098 a 7f.; IX 8, 1168 b 34f.; u. a.). Sittlichkeit bedeutet, modern gesprochen, ein Zusichselbstkommen des Menschen, die Realisierung dessen, was für das Menschsein wesentlich ist: ein Aktualisieren von Humanität. Wenn aber das Sittlichsein nicht als die Vernünftigkeit von Praxis verstanden wird, wenn man das sittlich Gute – wie nach wertethischen (N. Hartmann) oder nach emotivistischen Positionen (Ayer, Stevenson) – für bloß subjektiv evident oder – wie nach dezisionistischen Vorstellungen – für bloß autoritativ gesetzt hält, dann wird die Ethik zum rationalen Teilausschnitt eines selbst irrationalen Ganzen, und die methodische Analyse der Philosophie ist für die Qualität des Handelns letztlich bedeutungslos. Nur dann, wenn im sittlichen Handeln die Vernunftnatur oder die Humanität des Menschen in einem wörtlichen Sinn »auf dem Spiel steht«, hat die Ethik selbst einen sittlichen Sinn.

Dieser Sachverhalt gilt nicht nur für die Ethik des Aristoteles. Wenn Kant das Prinzip sittlichen Handelns als die Autonomie der Vernunft erweist, dann ist es methodisch nur folgerichtig, daß er seine Reflexion, wie es in der *Grundlegung zur Metaphysik der Sitten* ausdrücklich heißt, nicht nur für spekulativ, sondern auch für sittlich relevant hält[33]. Daß die Vernunft bei Aristoteles und bei Kant aus einem je unterschiedlichen Vorstellungs- und Begriffsfeld heraus interpretiert wird, ist für den emanzipativen Sinn der Ethik nicht gleichgültig, aber von sekundärer Bedeutung. Wann immer das sittliche Handeln als ein vernünftiges Handeln gilt und die Vernunft nicht auf Zweckdienlichkeit, Funktionsgerechtigkeit und Erfolgskontrolle reduziert wird, erscheint die in der Ethik geleistete theoretische Vollendung des sittlichen Wissens zugleich als eine praktische. Dann aber gilt auch, daß für eine solche Philosophie das kognitive Interesse mit ihrem sittlichen Engagement notwendig zusammenfällt: das theoretische Interesse an Reflexion ist mit dem praktischen Interesse an formaler Emanzipation identisch.

II. Die praktische Philosophie als Grundriß-Wissenschaft

1. Auch wenn die beiden Momente, die die Ethik als praktische Philosophie motivieren, das praktische und das wissenschaftlich-philosophische Interesse, sehr wohl zusammen gedacht werden können, ist noch nicht jede methodische Schwierigkeit einer im eminenten Sinn praktischen Philosophie gelöst. Wiewohl der zunächst provokative und problematische Begriff in seinen Grundzügen als gerechtfertigt gelten mag, bezeichnet er doch weniger eine Lösung als eine methodische Aufgabe, deren konkrete Erfüllung noch aussteht. Während die Bedingungen seiner Möglichkeit als nachgewiesen gelten können, bleiben die Bedingungen seiner tatsächlichen Realisierung noch aufzuzeigen.

Bevor aber die im Anschluß an Aristoteles formulierte Idee, dank philosophischer Reflexion das Sittliche des Menschen zu potenzieren, methodisch eingelöst werden soll, ist noch auf eine Eigenart im Begriff des ethischen Gegenstandes aufmerksam zu machen. Sofern der Begriff des sittlichen Handelns kein mögliches, sondern ein wirkliches Tun bezeichnet, handelt es sich in der Ethik um Gegenstände, die primär nicht in der Vorstellung, sondern im aktuellen Leben existieren. Diese Gehalte sind – immer nach Aristoteles – weder instinkthaft festgelegt, noch können sie durch rationale Prozesse allein bestimmt werden. Innerhalb des Rahmens, der durch das jeweilige Ethos gesetzt ist, werden sie vielmehr zum einen durch die sittliche Tugend (ἀρεθὴ ἐθική) und zum anderen durch die situationsgerechte Überlegung (βούλευσις) gewonnen, und beide Momente, durch die der Begriff der Entscheidung (προαίρησις)[34] konstituiert wird, stehen unter einem Anspruch der Verbindlichkeit. Die Entscheidung, der das Handeln entspringt, ist als ein sittliches Phänomen gesehen weder auf Fragen des Geschmacks noch des Gefühls, noch auf bloße Dezision oder Konvention zu reduzieren. Damit das im jeweiligen Tun als Streben immanente Ziel auch wirklich und nicht bloß scheinbar gut und richtig ist, damit man also tatsächlich das Gute stets erblickt und verfolgt und damit man andererseits auch die den situationsabhängigen Umständen korrespondierenden optimalen Mittel wirklich stets entdeckt, sind sowohl – aufgrund der sittlichen Tugend – die spontanen Neigungen auf das Gute auszurichten, als auch – kraft der verstandesmäßigen Tugend, der

Klugheit (φρόνησις) – die Mittel und Wege zum Ziel in methodisch disziplinierter Überlegung festzustellen.

Aufgrund der Vielfalt menschlicher Lebensverhältnisse geht es ferner um eine Praxis, die trotz ihrer normativen Verbindlichkeit faktisch je anders ausfallen muß. So gesehen läßt sich der Gegenstand der aristotelischen Ethik, die πρᾶξις κατὰ λόγον, als die ursprüngliche Einheit eines faktisch Vorkommenden und eines sittlichen Anspruchs, modern gesprochen: als die genuine Synthesis eines Unbedingten, der Sittlichkeit, und eines Bedingten, der (soziokulturellen und individuellen) Randbedingungen begreifen; er ist ein kultur- und situationsabhängiges Sollen. Logisch gesehen ist das Moment des sittlich Guten ein Relationsbegriff, und zwar im präzisen Sinn einer Kontext-Variablen, deren materiale Bestimmtheit der Handelnde durch die eigene Überlegung und Entscheidung zwar nur innerhalb eines gegebenen Rahmens gesellschaftlicher Gepflogenheiten, aber innerhalb dieses Rahmens doch, streng genommen, je selbst und je anders hervorzubringen hat[35]. Insofern ist das sittlich Gute kein ewiges, mit sich selbst identisches Seiendes, keine ideale Identität, wie sie in der Wertethik präsumiert wird. Auch ein fester, Infallibilität suggerierender Normenkatalog wäre inadäquat. Überhaupt ist gegenüber der Vorstellung einer uniformen und fixierten Wahrheit festzuhalten, daß der Begriff des sittlich Guten nicht substantial, sondern relational zu denken ist und daß sich die konkrete Bestimmtheit der Relation nicht mechanisch-deduktiv ausmachen läßt. Vielmehr ist in einem adäquaten Begriff das konkret Gute ursprünglich mit dem Handelnden verbunden, und zwar so, daß es ohne ihn: ohne sein persönliches Temperament, seine Begabung, seine Mittel usf. und die Lage, in der er sich gerade befindet, nicht vollständig definiert werden kann. In einer angemessenen Theorie ist deshalb die Einheitlichkeit des Guten mit der gleichzeitigen Mannigfaltigkeit seiner historischen und individuellen Konkretisierungen festzuhalten.

Sofern nun die aristotelische Ethik den Anspruch erhebt, im Sittlichsein zu orientieren, um den sittlich Handelnden formal auf sich selbst zu stellen und in diesem Sinn auch mündig zu machen, ist eine Methode gesucht, deren Wissenschaftlichkeit sich mit sittlicher Orientierung und formaler Emanzipation verbinden läßt, eine Methode, die sich einerseits eng an die tatsächlichen Verhältnisse menschlicher Kommunikation und Interaktion anschließt, ohne daß andererseits – in szientistischer Verkennung der Aufgabe – den Handelnden die Aufgabe und der Raum genommen wird, die konkrete Entscheidung über ihr sittliches Handeln selbst zu treffen. Um eine solche, von den gewohnten Denkweisen abweichende Methode zu rechtfertigen, bestimmt Aristoteles – im Gegensatz zu dem in der Neuzeit vorherrschenden eindeutigen Primat der Methode – die Rationalität der Ethik nicht ausschließlich von einer abstrakten Vorstellung von Wissenschaft her, sondern ausdrücklich unter Berücksichtigung der Situation der Ethik und der spezifischen Struktur ihres Gegenstandes (I 1, 1094 b 11 ff.). Von der Überzeugung geleitet, daß der Gegenstand der Ethik seine eigene Methode erforderlich mache, beruft er sich gegenüber einem unkritischen und dogmatischen Methodenmonismus auf das Prinzip der gegenstandsgemäßen oder sachgerechten Klarheit und sucht diesem Prinzip gemäß sein allgemeines Ideal von Philosophie, seine besonders in Physik I 1 entwickelte Idee einer diairetischen, heute würde man eher sagen: analytischen Wissenschaft, auf die Ethik zu applizieren[36].

2. Nach der für einige Zeit (fast) schon zur opinio communis gewordenen Auffassung ist die spezifische Methodik der praktischen Philosophie, der Ethik und vor allem auch der Politik, von Aristoteles in einer eigenen Schrift, der *Topik*, begründet worden. Angeregt durch Th. Viehwegs Versuch, die topische Methode für die Jurisprudenz fruchtbar zu machen[37], hat W. Hennis, auf der Suche nach einer eigenen Methodik der Politikwissenschaft, an ihre Herkunft aus der praktischen Philosophie erinnert und zugleich nachzuweisen versucht, daß diese praktische Philosophie seit ihrem Ursprung bei Aristoteles topisch oder, was für Aristoteles synonym ist, dialektisch verfährt[38]. Im Kontext dieser zeitgenössischen Topik-Diskussion steht auch G. Bien, wenn er einige Mißverständnisse über die aristotelische *Topik* ausräumt und die aus ihrer Entstellung befreite Methodik der praktischen Philosophie zuordnet[39].

Zwar kann man jener in der topischen Interpretation implizierten Abweisung jeder methodischen Vorherrschaft der theoretischen Disziplinen und des Primats ihrer spezifischen Exaktheit zustimmen. Doch die positiven Aussagen können nicht befriedigen[40]. Denn die Behauptung, die praktische Philosophie folge nicht nur gelegentlich und mehr beiläufig, sondern wesentlich der dialektischen Methode (im präzisen Sinn der aristotelischen *Topik*), wirft eine doppelte Schwierigkeit auf: erstens nämlich die Frage nach dem Verhältnis der Dialektik zu ihrem Widerpart, der angeblich nur für die theoretischen Disziplinen charakteristischen Apodeiktik, und zweitens die Frage nach dem Ort der Dialektik in der praktischen Philosophie des Aristoteles.

Die Topik-Auffassung knüpft an den Tatbestand an, daß sich im sogenannten *Organon,* in der Sammlung der logischen Schriften des Aristoteles, zwei thematisch und inhaltlich recht verschiedene Schriften befinden, die *Topik* und die *Zweite Analytik,* deren inhaltliche Differenz als die alternativer Methodiken verstanden wird, so als ob die in der *Topik* thematisierte Dialektik den praktischen und die in der *Zweiten Analytik* untersuchte Apodeiktik den theoretischen Disziplinen zugeordnet werden könnte. Während aber das Wesen der Apodeiktik darin besteht, aus selbstevidenten ersten Sätzen Schlüsse zu ziehen, die aufgrund der notwendigen Gültigkeit der Ausgangssätze einerseits und der formalen Stringenz des Syllogismus andererseits selbst notwendig sind, und zwar sowohl formaliter als auch materialiter[41], übernimmt die Dialektik die Stringenz des formalen Schließens, ersetzt aber seine Gehalte, die selbstevidenten Prämissen, durch sogenannte ἔνδοξα.

Die gängige Übersetzung von ἔνδοξα mit »wahrscheinlichen Sätzen«[42] hat zwangsläufig eine fundamentale Verwirrung über das topische Verfahren gestiftet, da der deutsche Ausdruck mehrdeutig ist. Er meint in der neuzeitlichen Tradition des Wahrscheinlichkeitsbegriffs erstens eine statistische Häufigkeit (Ereigniswahrscheinlichkeit) und zweitens die sogenannte induktive Wahrscheinlichkeit, das heißt den Bestätigungsgrad einer wissenschaftlichen Hypothese aufgrund der gegebenen Erfahrungsdaten. Im Unterschied zu diesen beiden »objektiven«, im Prinzip quantifizierbaren Begriffen von Wahrscheinlichkeit (probabilitas) bezeichnet der Ausdruck weiterhin eine subjektiv begrenzte Gewißheit, die verisimilitudo. Für Aristoteles dagegen bedeutet das topische Verfahren ausschließlich ein Viertes, nämlich präzis ein Argumentieren e concessis, ein Argumentieren, das von Sätzen ausgeht, die allen, den meisten oder den Weisen *wahr erscheinen*[43]. Der »Sitz im Leben« solcher Argumente ist die wissenschaftliche Disputation, das philosophische Streitgespräch, in jener quasi-ritualisierten Form, die in der Akademie Platons ausgebildet wurde[44]. Zu einer vorgelegten These gilt es, jene Prämissen aufzusuchen und ins Feld der Argumentation zu führen, durch die die These – je nach Ziel – widerlegt oder bewiesen wird. Zu einem gewünschten Ergebnis werden also die geeigneten Voraussetzungen rekonstruiert und dann in der formal stringenten Form eines Syllogismus präsentiert. Die Topik erörtert somit in erster Linie die Bedingungen der kunstmäßig geführten Disputation. Sie ist der Inbegriff jener Regeln und Sätze, mit deren Hilfe man wissenschaftliche Streitgespräche gewinnversprechend führen kann. Im Kontext einer philosophischen Erörterung hat eine solche Methode ebenfalls ihren Sinn. Durch sie wird die Sache problematisiert: ihre Schwierigkeiten, ihre Für und Wider werden entwickelt; schließlich dient sie auch dazu, sich des zeitgenössischen Diskussionsstandes zu vergewissern. Denn für ein adäquates Problembewußtsein ist es unabdingbar zu wissen, was die Vielen oder die Qualifizierten über die jeweilige Sache denken; unabdingbar aber ist dieses Wissen nicht nur im Rahmen einer praktischen, sondern auch einer theoretischen Pragmatie[45].

Im Gegensatz zur *Topik* wird in der *Zweiten Analytik* das erörtert, was man die wissenschaftliche *Darstellung* eines Sachverhaltes nennen könnte. Die *Zweite Analytik* entwickelt die Idee eines deduktiven Systems formal und material notwendiger Sätze, wodurch einmal gewonnene Erkenntnisse wissenschaftlich beweisbar werden. Dieses Ziel, gleichbedeutend mit der Aufgabe, die Wahrheit eines wahren Wissens zu explizieren, ist – unabhängig davon, ob man ein solches Ziel überhaupt für sinnvoll hält und ob man darüber hinaus Aristoteles' Lösung gutheißt – genauso unspezifisch für die theoretischen Disziplinen wie die Dialektik für die praktischen. Dialektik und Apodeiktik sind nicht zwei sich wechselseitig ausschließende Regionalmethodiken, denen jeweils eine Region der Philosophie eindeutig zugeordnet werden könnte. Es sind zunächst überhaupt nicht zwei strikt zu trennende Methoden, sondern eher zwei verschiedene Aspekte eines zusammenhängenden Denkprozesses. In dem einen Fall geht es vor allem um die Entfaltung des Problembewußtseins, im anderen um die stringente Ordnung und wissenschaftliche Darstellung irgendwie gefundener Erkenntnisse. Dann aber läßt sich nicht mehr die These halten, die spezifische Methode der praktischen Philosophie werde in der *Topik* definiert, und zwar schon deshalb nicht, weil die *Topik* keine Methode enthält, die sich auf irgendeine philosophische Disziplin festlegen ließe.

Trotz dieser Erläuterung der *Topik* könnte man glauben, die topische Deutung der Ethik behalte immer noch ein gewisses Recht. Denn jene Urteile über sittliches Handeln, die man im allgemeinen für wahr hält, gehören mit zum ethischen Gegenstand. Sie sind nicht nur das ethisch indifferente Medium, um das Problem und den gegenwärtigen Stand der philosophischen Diskussion aufzugreifen, sondern sie artikulieren auch tatsächliche sittlich-politische Erfahrungen. Und einen Gegenstand abseits von dem, was die Handelnden im Verlauf ihrer Kommunikation und Interaktion tun und erfahren können, hat die Ethik nicht. Sie hat ihn wenigstens dann nicht, wenn sie aus einem sittlichen Engagement heraus sich um eine am wirklichen Leben orientierte differenzierte Untersuchung sittlich-politischer Praxis bemüht. Als Element des Gegenstandes bilden die entsprechenden Sätze aber nicht die Vordersätze von dialektischen Syllogismen, sondern das Erfahrungsmaterial, das die Ethik in aller wissenschaftlichen Strenge untersucht. Reflexive Analyse und Syllogismus aber – und das gilt sowohl für den dialektischen als auch für den apodeiktischen Syllogismus – sind methodisch streng auseinanderzuhalten. Während im Syllogismus aus zwei Teilsätzen ein dritter abgeleitet wird, die Konklusionen daher auf demselben theoretischen Niveau wie die Prämissen stehen, kommt die reflexive Analyse (Diairese) nach dem Einleitungskapitel der *Physik*[46] im Ausgang von komplexen, relativ undifferenzierten Urteilen zu solchen, die die Elemente, Prinzipien und Ursachen des Gegenstandes begreifen. Ausgangspunkt und Ziel sind in ihrem theoretischen Niveau also strikt verschieden. Im Kontext der Ethik handelt es sich bei dem ersten um sittliche, beim letzteren aber um ethische Urteile. Dann aber bleibt gegen die topische Auffassung einzuwenden, daß es die eine Aufgabe der ethischen Reflexion ist, sittlich-politische Erfahrung aufzugreifen, ihre andere Aufgabe aber darin besteht, die Erfahrung in Elemente, Prinzipien und Ursachen aufzugliedern und diese Elemente und Prinzipien in sich selbst und im Verhältnis zueinander zu bestimmen.

Die Aporie der topischen Interpretation angesichts einer praktischen Philosophie zeigt sich konkret dann, wenn es gilt, den logischen Status verschiedener Partien der *Nikomachischen Ethik* zu erklären. (Daß sich Aristoteles in seiner Ethik »immer der

Übereinstimmung seiner Thesen a) mit den gängigen Meinungen, b) mit dem sprachlichen Befund und c) mit der philosophischen Tradition versichert«[47], dieser Aspekt der topischen Tradition bleibt dabei unbestritten.) Zunächst sprengt Aristoteles die durch die Dialektik (im Sinne der *Topik*) vorbezeichnete Methode schon deshalb, weil seine Ethik Teile enthält, die primär nicht von praktischer, sondern von kognitiver Relevanz sind: die erste, die logisch ausgerichtete Kritik an der Ideenlehre Platons und der Akademie (I 4), die Methodenexkurse (besonders in I 1, I 2, I 7 und II 2) sowie die rein formal und transzendental zu verstehende Kontruktion eines Zieles, das am meisten Ziel ist (I 5). Darüber hinaus sind es jedoch auch und gerade die zentralen Teile, die zwar beiläufig, aber nicht ihrem Sinn und Zweck nach topisch beschrieben werden können.

3. Das methodologische Schlüsselwort dazu heißt in der *Nikomachischen Ethik* τύπος. Ursprünglich bedeutete es eine plastisch geformte, sinnlich aufzugreifende Gestalt, später wird es die Bezeichnung für eine umriß- oder grundrißhafte Rede[48]. Bei einer heutigen Interpretation bereitet der Ausdruck deshalb einige Schwierigkeiten, weil er von den verschiedenen indogermanischen Sprachen als Fremdwort aufgenommen worden ist, ohne dort immer ein Identisches zu meinen. Überdies kommt er im Corpus Aristotelicum selbst sowohl in einer allgemeinen als auch in einer für die Ethik spezifischen Bedeutung vor. Das Gemeinsame der aristotelischen Verwendung ist es, daß die als τύπῳ qualifizierte Aussage als unvollständig oder als nur eingeschränkt angemessen anzusehen ist. Eine ausformulierte Erkenntnis, die ihren Gegenstand gleichwohl nur im Grundriß (τύπῳ) erfaßt, bleibt hinter einem Kriterium von kognitiver Vollständigkeit zurück, gleichwie dieses Kriterium im Einzelfall präzis zu definieren ist. Der Gegenstand wird nicht in seinem ganzen Umfang, sondern allenfalls in seiner charakteristischen Grundform begriffen.

In der ersten und allgemeinen, für die Ethik und die praktische Philosophie noch unspezifischen Bedeutung[49] läßt sich die Rede von einer Grundriß-Erkenntnis durch drei Momente charakterisieren. Erstens gilt das Wesentliche der Sache als erfaßt; zweitens ist die vollständige Erkenntnis der Sache schon antizipiert und drittens steht die weitere, zur Vollständigkeit führende Erkenntnis noch aus.

Wie jedes dieser drei Momente in dem zweiten, dem für die praktische Philosophie schon charakteristischen Begriff des Grundrisses seine Spezifizierung erfährt, läßt sich am Beispiel der Tapferkeitsanalyse zeigen (III 9-12). Obwohl in deren Verlauf die Sache differenziert und detailliert untersucht wird, hindert es Aristoteles nicht, am Ende zu behaupten, was die Tapferkeit sei, lasse sich zwar ohne Mühe (οὐ χαλεπόν), aber doch nur im Umriß (τύπῳ) entnehmen[50]. Die Erörterung selbst hat die Aufgabe, jene im Begriff der Tapferkeit implizierte sittliche Normativität methodisch zu explizieren, daß man angesichts sehr unterschiedlicher Gefahrensituationen jeweils nicht willkürlich und rein emotional, auch nicht bloß zweckrational zu handeln habe, sondern unter einem Anspruch der Verbindlichkeit steht, der die Beschränkung der Rationalität auf die der Mittel aufhebt und zu der der Ziele hin transzendiert. Eine solche, je nicht für sich, sondern in einem situativen Kontext stehende sittliche Verbindlichkeit wird von Aristoteles mit Hilfe des Begriffs einer »Mitte für uns« (μέσον πρὸς ἡμᾶς: II 5-6) begriffen. Die Mitte bezieht sich entweder auf die Materie eines Handelns, im Fall der Gerechtigkeit auf das Nehmen und Geben von Geld, oder aber, wie bei der Tapferkeit, auf das subjektive Moment der Leidenschaften (πάθη), die man in einer Situation spontan äußert, allgemein auf die Gefühle und Empfindungen von Angst und Verwegenheit, von Begierde, Zorn, Mitleid und überhaupt von Freude und Schmerz. Wer nun in Gefahrensituationen bloß zurückschreckt, hat zuwenig, wer blind vorprellt, hat zuviel Mut, während jenes rechte Maß, das den tapfer und damit den sittlich Handelnden auszeichnet, sich nach seiner Leidenschaftlichkeit und den jeweiligen Umständen richtet. Deshalb kann dieses Maß nicht in einem einmal für immer und für jeden objektiv gültigen, in principio quantifizierbaren Wert, der »Mitte an sich« (τοῦ πράγματος μέσον: 1106 a 29-31) angegeben werden (1106 a 32). Trotzdem wäre es irreführend, den Ausdruck »Tapferkeit« deshalb für ungenau oder gar für äquivok zu halten. Wenn es auch nicht in der herkömmlichen Weise objektiviert werden kann, so liegt den verschiedenen Handlungen doch ein Identisches zugrunde: Tapfersein heißt, angesichts von Gefahren weder zu weit zurückzuschrecken noch ihnen leichtfertig und draufgängerisch zu begegnen, vielmehr – und ohne solche qualitativen Ausdrücke läßt sich die Sache nicht angemessen bestimmen – beherzt und umsichtig zu reagieren.

Um dieses Phänomen einer situationsvariablen und subjektbedingten Verbindlichkeit oder eines kontext- und personabhängigen Sollens zu begreifen, erzeugt Aristoteles ein begriffliches Spannungsfeld: die Dynamik zwischen einem Mehr, der Tollkühnheit, und einem Weniger, der Feigheit; er läßt das Denken dieses Spannungsfeld durchlaufen, um in der Negation des Mehr und des Weniger die Position, die Mitte, zu begreifen und um so in diskursiver Sukzession jenes simultane Wesen zu bestimmen, das unmittelbar gar nicht festzuhalten ist, das Sittlichsein eines Handelns. Insofern ist der Begriff der »Mitte für uns« ein dialektischer Begriff. Ohne die beiden Momente, eine faktische Situation und den ihr korrespondierenden sittlichen Anspruch, je für sich und konkret festzulegen, wird die ursprüngliche Synthesis der beiden Momente, das sittliche Handeln, allein in seiner Relationalität und dynamischen Gespanntheit gedacht, während die wechselnden Relata selbst (die Lage und die ihr entsprechende Verbindlichkeit) und damit auch die Konkretionen des sittlichen Handelns unbestimmt bleiben. Der aristotelische Begriff der »Mitte für uns« ist daher als die allgemeine Form konkreter sittlicher Formen zu interpretieren, als das Wesen von Sittlichkeit als Tugend, die in der Unbestimmtheit der Relata für den konkret je anderen Anspruch in den wechselnden Situationen offen ist, ohne einerseits das Handeln dogmatisch fixieren oder es andererseits relativistisch auflösen und für beliebig erklären zu müssen.

In Parenthese: Der hier verwendete Interpretationsbegriff der Dialektik soll nicht mißverstanden werden. Daß Dialektik nicht im Sinne der aristotelischen *Topik* gebraucht wird, versteht sich von selbst. Die Dialektik im Begriff der »Mitte für uns« entspricht ebensowenig dem Wechselspiel von trial and error (Popper, Albert) wie Hegels Begriff der Dialektik und den von ihm abhängigen Traditionen. Denn das logische Spannungsfeld, das mit Hilfe der in sich negativen Begriffe Mangel und Übermaß erzeugt wird, soll nicht zugunsten eines Dritten, der Position, wieder aufgehoben werden. Ähnlich wie in den frühen Dialogen Platons ist die Dynamik von Position und Negation als Ganzes im Denken festzuhalten, um die zur Untersuchung stehende Sache auch tatsächlich begreifen zu können. Wie man das Phänomen der Tapferkeit nur dann angemessen, nämlich in seiner sittlichen Qualität versteht, wenn man die Begriffe der Feigheit und der Tollkühnheit *zugleich* setzt und wieder aufhebt, so versteht man auch die Extreme nur dann als Extreme, wenn man zugleich die Negation der Extreme, die Mitte, setzt. Tapferkeit, Feigheit und Tollkühnheit sind korrelative Begriffe, deren Sinn sich nur in der wechselseitigen und simultanen Negation denken läßt.

Der ausdrücklich von der »Mitte an sich« abgehobene Begriff einer »Mitte für uns« benennt deshalb auch weniger ein Kriterium[51] als das Wesen[52] der sittlichen Tugend: das Selbstverhältnis zu den Leidenschaften (nicht deren Ausschaltung: A-pathie). Im Unterschied zu den bloßen oder naturwüchsigen Leidenschaften stellt die Tugend eine Art von emotionalem, nicht diskursivem Reflexionsverhältnis des Menschen dar, wodurch die Leidenschaften in eine vernünftige Ordnung gestellt werden und es dem Menschen möglich wird, sein Leitziel, das Glück, zu erreichen.

Da im Begriff einer »Mitte für uns« erst das Genus, das Wesen *jeder* Tugend begriffen wird, hat die Tapferkeitsanalyse die Aufgabe, den allgemeinen Begriff auf den spezifischen Situationstyp, auf Gefahrenlagen, zu applizieren. Im Verlauf der entsprechenden Erörterungen wird das mediale Wesen der Tugend als Tapferkeit in ihrem Unterschied sowohl zu den Fehlhaltungen angesichts von Gefahren als auch in ihrem Unterschied zu den anderen Tugenden differenziert und eindeutig[53] bestimmt. Wenn Aristoteles trotzdem von einem Grundriß-Wissen spricht, also eine eingeschränkte Erkenntnis behauptet, dann geht er von dem Tatbestand aus, daß seine Erörterungen von einem wissenschaftlichen Standpunkt aus gesehen zwar genau, von der zu erkennenden Sache, der konkreten tapferen Handlung, her aber unvollständig sind. Das Ergebnis der Erörterung ist nur eine relativ formale Erkenntnis. Zwar geht sie über jene Formalität hinaus, Tapferkeit sei eine »Mitte für uns«, indem sie den analogen Charakter von Sittlichkeit nicht bloß überhaupt, sondern angesichts eines fest umrissenen Situationstyps formuliert, nämlich der besonderen Klasse von Gefahrensituationen. Aber konkretes Handeln, eine individuelle Lebenswirklichkeit, bleibt ihr trotzdem verschlossen, und nur von ihr aus betrachtet nennt Aristoteles seine Erkenntnisse über die Tapferkeit zu Recht und mit Notwendigkeit ein umrißhaftes Wissen.

Das Recht dieser Aristoteles-Auslegung wird durch folgende Überlegung e contrario erhärtet. Wenn die Erörterung der Tugend nicht an der Lebenswirklichkeit selbst, sondern wissenschaftsimmanent am Begriff der Mitte gemessen würde, dann wäre zwar die Unterscheidung zwischen einer »Mitte an sich« und einer »Mitte für uns« notwendig, aber Aristoteles könnte sich mit einer Differentialanalyse dieser beiden Begriffe und der Erörterung begnügen, warum die Tugend nicht, wie die Mitte an sich oder das arithmetische Mittel, durch eine mathematische Formel, sondern warum sie als »Mitte für uns« nur durch eine qualitative Begriffsdynamik zu bestimmen ist. Statt einer Untersuchung, die sich über vier Bücher erstreckt (II 4 - V), wäre Aristoteles mit wenigen Kapiteln ausgekommen (II 4-5, Anfang von II 6 und – in bezug auf die Gerechtigkeit – V 6-7). Nur weil die Reflexion des Begriffs der Mitte keinen Selbstzweck hat, vielmehr der Auslegung der Lebenswirklichkeit unter dem Aspekt ihrer sittlichen Qualifizierung dient, folgt auf die Erörterung des Begriffs Mitte zunächst in einem Katalog eine noch undifferenzierte Bestimmung der verschiedenen Tugenden (II 7) und dann deren detaillierte und differenzierte Einzeluntersuchungen (III 9 - V). Dadurch wird aber kein immanenter Fortschritt an Wissenschaftlichkeit erbracht, wohl aber eine Approximation der Wissenschaft an konkrete Praxis. Dem Weitergehen liegt also nicht die Idee einer methodischen Perfektionierung des Wissens zugrunde, sondern jenes sittliche Engagement, das die Leitidee der aristotelischen Ethik überhaupt bildet.

Sofern auch hier noch sinnvoll von grundrißhafter Erkenntnis gesprochen wird, handelt es sich um eine genuin ethische Verwendung des Begriffs τύπος, die gegenüber der allgemeinen Verwendung folgende Spezifizierung und Präzisierung enthält. Der im Verlauf der Erörterungen zutage tretende Grundriß ist erstens die genaue Bestimmung jener analogen Selbigkeit, die das Wesen einer tapferen Handlung ausmacht und sie als sittliche konstituiert; zweitens ist die vollständig und umfassend bestimmte Sache die konkrete Lebenswirklichkeit tapferer Handlungen selbst; und drittens ist das weitere Bestimmen, das eigene Erfinden der jeweiligen »Mitte für uns«, keine philosophische Aufgabe mehr, sondern die Aufgabe des Handelnden selbst und seiner Entscheidung. Die im Begriff des Umrisses gesetzte Unbestimmtheit hat hier also den präzisen Sinn, daß der Gegenstand, die πρᾶξις κατὰ λόγον, ein Verhältnis ist, die Relation eines faktisch Vorkommenden zu einem Unbedingten, dem sittlich Guten, und daß dieses Verhältnis in seinem medialen Charakter genau bestimmt wird, während die Konkretion des Verhältnisses frei bleibt. Dieser methodisch erwirkte Freiraum ist jedoch nicht mehr begrifflich zu füllen, sondern allein durch Handeln, durch den konkreten Vollzug der aus sittlicher Tugend und aus Klugheit erfolgenden Praxis.

4. Wenn es, wie bei der Analyse der Tapferkeit (III 12, 1117 b 20-22), auch noch bei anderen Teiluntersuchungen der *Nikomachischen Ethik* (I 11, 1101 a 26-28; III 8, 1114 b 26 f.) und schließlich bei der Abhandlung als ganzer (I 1, 1094 b 19-21; II 2, 1104 a 1-3; X 10, 1179 a 33 f.) heißt, daß die Themen zwar nur im Grundriß, aber doch hinreichend erörtert seien, dann gilt nicht nur gegenüber dem Tapfersein, sondern gegenüber dem Gegenstand sittliches Handeln überhaupt das Grundriß-Wissen als die philosophisch angemessene Genauigkeit. Das methodologische Schlüsselwort der aristotelischen Ethik τύπος hat also eine dreifache Funktion. In einem *ersten* und allgemeinen Sinn bezeichnet es jenes unentfaltete Wissen, das sich methodisch verändern und verbessern läßt[54]. Bei ethischen Teilanalysen kennzeichnet es *zweitens* die sachentsprechende und allein sinnvolle Genauigkeit, gegenüber der, wie es an anderer Stelle heißt, weitere Detailuntersuchungen weitschweifig (μακρόν) und grenzenlos (ἀπέραντον) sind (I 11, 1101 a 26 f.): Der Grundriß ist gleichsam eine ungesättigte Erkenntnis, deren Sättigung nicht durch subtilere Theorien, sondern durch faktische Realisierung geschieht. Der Grundriß steht aber deshalb nicht im Gegensatz zur exakten Formel, die eher unter den Begriff des τύπος zu subsumieren als ihr konträr ist. Er steht vielmehr im Gegensatz zum Leben selbst. *Schließlich* heißt die Ethik als ganze eine Grundriß-Wissenschaft, weil in ihr der Verhältnischarakter des sittlichen Handelns genau bestimmt wird, während die materialgerechte Erfüllung nicht festgelegt und überhaupt nicht durch die Ethik fixiert wird, sondern sich erst und nur im konkreten Leben und angesichts der Vielzahl seiner empirischen Bestimmungsfaktoren enthüllt.

Wenn die spezifische Rationalität einer in sittlicher Absicht reflektierenden Ethik in einer Grundriß-Wissenschaft zu suchen ist[55], dann ist damit keineswegs eine Defizienz der methodischen

Disziplin und wissenschaftlichen Strenge behauptet. Eine eminent praktische Philosophie verfügt zwar in einer anderen Weise, gleichwohl in nicht geringerem Maß über Genauigkeit und Strenge als die theoretische Philosophie. Denn das Grundriß-Wissen bezeichnet keine weniger gültige oder nur unzureichend bewiesene Erkenntnis, keinen Versuch, der sich hier und dort noch im Irrtum befindet, und auch keine Einschränkung der Gewißheit oder allgemeinen Gültigkeit. Der Begriff steht überhaupt quer zu dem Problem, ob wissenschaftliche Erkenntnis fallibel oder infallibel ist. Gegenüber dieser Fragestellung zeitgenössischer Methodologie und Erkenntnistheorie indifferent, behauptet er, daß die praktische Philosophie einerseits – wie die theoretische auch – nach einer Erkenntnis suchen muß, die aufgrund der adäquaten methodischen Disziplin einer intersubjektiven Kontrolle zugänglich ist; und daß andererseits zugleich ihre Suche mit Notwendigkeit die Sache nie vollständig und umfassend einholen kann. Die wissenschaftliche Theorie wird nicht durch mehr – durch bessere oder andersartige – Theorie, sondern allein durch Praxis vollendet. Die geschichtlich konkreten Prozesse der Meinungs- und Willensbildung und damit auch der Entscheidungsfindung lassen sich durch keine philosophische Analyse ersetzen. M. a. W.: die Praxis als sittliche läßt sich durch keine noch so vollkommene Theorie auf bloße Theorie reduzieren. Jeder Anspruch auf Universalität und Absolutheit ist der Theorie angesichts sittlicher Praxis als dogmatisch nachzuweisen und entschieden abzusprechen.

Daß eine eminent praktische Philosophie notwendig eine Grundriß-Wissenschaft erfordert, bedeutet, daß der Grundriß sowohl die einzig mögliche als auch die einzig sinnvolle Genauigkeit darstellt. Denn nur dann ist die philosophische Erörterung des sittlichen Handelns selbst nicht von letztlich theoretischer oder technischer, sondern von sittlicher Relevanz, wenn sie die sittliche Leistung zugleich transparent macht und frei-läßt, wenn sie – im Beispiel – einerseits reflektiert, was Tapferkeit ist, und sie andererseits den Tapferen auch tapfer sein läßt, indem sie die Differenz zwischen der Erkenntnis des sittlich Guten und seinem Anerkennen und unbeirrten Verfolgen, indem sie diese für die Ethik fundamentale Differenz nicht nur aufdeckt, sondern auch in ihre Methodik aufnimmt und das konkrete Entdecken und Realisieren der jeweiligen »Mitte für uns« dem unerschrockenen

Charakter und dem klugen Überlegen des Handelnden selbst übergibt. Eine philosophische Reflexion, die sich der Praxis aus sittlichem Interesse heraus zuwendet und diese Zuwendung auf ihre methodischen Konsequenzen hin analysiert, muß zwischen jenem überschießenden Rationalitätsanspruch, der das menschliche Handeln vollständig in Theorie aufzuheben sucht und dadurch die Verantwortung für das Sittlichsein verdeckt, und jener Kapitulation des Denkens, die das Moment sittlicher Verantwortung für unerkennbar hält, eine Mitte suchen. Gewissermaßen windschief zu dem gewohnten Gegensatz von rational und irrational ist in einer Grundriß-Methodik diese genuine Rationalität gefunden. Die wissenschaftlich gewonnenen Orientierungsschemata für sittliches Handeln bestehen aus Strukturgittern oder besser – um jene objektivierenden Assoziationen abzuwehren, die sich mit dem Terminus Gitter einstellen können – aus Strukturformeln sittlich-politischer Praxis, durch die der Verhältnischarakter, die Relation eines faktischen zu einem normativen Moment, expliziert und das historisch und individuell Besondere, das in Grenzen veränderliche Ethos und vor allem die je anderen Lebensumstände innerhalb eines relativ konstanten Ethos freigegeben werden. Auf diese Weise bleibt der Entscheidungs- und Handlungsraum offen, und allein diese Offenheit ist die der Ethik angemessene Genauigkeit und Gründlichkeit. Durch sie wird man der sittlichen Verantwortung methodisch gerecht. Die ethischen Begriffe sind so gefaßt, daß sie Freiräume lassen, durch die die Verantwortung und damit das Sittlichsein des Handelnden gefordert und herausgefordert werden. Damit sind sie aber an sich selbst nicht theoretische oder technische, sondern praktische Begriffe.

5. Das methodische Problem der aristotelischen Ethik ist an ihre inhaltliche Durchführung nicht gebunden. Die Aufgabe, das sittliche Handeln so zu reflektieren, daß es zugleich die sittliche Leistung des Handelnden bleibt, ist davon unabhängig, ob man mit Aristoteles das sittlich Gute als die Qualität eines vernünftigen Strebens oder aber mit Kant als die eines vernünftigen Willens versteht[56]; sie ist auch davon unabhängig, ob man es, wie in der Ethik, in Relation zum Handeln selbst oder, wie in der Politik, in Relation zu den sozialen und politischen Institutionen des Handelns setzt, ferner auch davon unabhängig, ob, wie in der

antiken Polis, nur einige oder, wie im demokratischen Verfassungsstaat, alle als politisch frei gelten. Methodisch entscheidend ist nicht die Eigenart der Relata, sondern die Relation selbst, der Vorgriff eines historisch-faktischen Moments auf ein normativ Unbedingtes, das sittlich Gute. Wenn aber die Konzeption der Grundriß-Wissenschaft als solche nicht auf die Gesetze und Sitten der Griechen, überhaupt nicht auf ein bestimmtes Ethos festgelegt ist, wenn sie ferner diesseits des Gegensatzes einer Strebensethik zur Willensethik, einer fundamentalen Differenz zwischen Aristoteles und Kant, steht und wenn sie schließlich auch gegenüber dem thematischen Unterschied von Ethik und Politik indifferent ist, dann ist dieses Konzept nicht allein für die aristotelische Ethik maßgebend, sondern für jede Philosophie, die das Prinzip des Handelns, das Gute, im Verhältnis zu kultur- und situationsbedingtem Handeln und seinen Kommunikations- und Interaktionssystemen denkt. Für jede Philosophie also, die die sittliche Verantwortung für Praxis in ihrem empirischen Kontext reflektiert, bezeichnet der Begriff und die Methode einer Grundriß-Wissenschaft die der Sache angemessene Rationalität.

Obwohl also die Konzeption nicht auf Aristoteles zu beschränken ist, läßt sie sich jedoch nicht auf jede Ethik, nicht einmal auf jede Philosophie sittlicher Verantwortung übertragen. Insofern zum Beispiel eine transzendentale Ethik (Kant, Fichte) nicht das Handeln selbst, sondern allein sein Prinzip, den Begriff eines unbedingt Guten, analysiert, behandelt sie einen rein gedachten Gegenstand. Ihre Aufgabe erfüllt sich darin, in einer konsistenten logischen Konstruktion ein adäquates Modell des Gegenstandes zu entwerfen und zum Preis einer inhaltsarmen, von historischer Wirklichkeit abstrahierenden Theorie ihre Sache, das Unbedingte oder das Apriori sittlichen Handelns, nicht nur grundrißhaft, sondern vollständig darzustellen. Insofern die transzendentale Ethik allerdings auch ein Kriterium sittlichen Handelns benennt, den kategorischen Imperativ, und dieser sich auf sittliches Handeln bezieht, gilt auch dafür der Grundrißcharakter, eine Einsicht, die »Kant in der Behauptung aufbewahrt, daß der eigentümliche Gegenstand der Moral Maximen sind«[57].

Auch die sprachkritische Metaethik ist nicht direkt eine Grundriß-Wissenschaft. Indem sie sich als eine Analyse normativer Sprache und als eine Art Wissenschaftstheorie normativer Argumente etabliert[58], eliminiert sie durch ihre Fragestellung weitgehend jene Dimension, durch die sich die sprachlichen Phänomene nicht nur als sprachliche, sondern auch und gerade als moralische konstituieren, die Dimension einer unbedingten Verbindlichkeit angesichts historisch konkreter Praxis. Statt die dem Gegenstand »Sprache als Moral« immanente Beziehung eines faktischen Momentes auf die Idee eines sittlich oder schlechthin Guten reflexiv transparent zu machen, wird diese eher verdeckt. Zwar haben z. B. die auch im Kontext der Metaethik und selbst unter Rückgriff auf Aristoteles erfolgenden Untersuchungen zur Struktur des praktischen Syllogismus (Hare, Anscombe, v. Wright usf.)[59] auf das Zusammenspiel faktischer und normativer Elemente aufmerksam gemacht. Dabei ist aber das normative Element keineswegs notwendig sittlicher Natur, sondern kann jede Form von Regeln, Vorschriften usw. annehmen. Insofern untersucht die Metaethik oft gar nicht die spezifische Sprache der Moral. Und dort, wo sie es tut, kommt sie ohne ein explizites oder implizites Vorverständnis von Sittlichkeit nicht aus. Aber auch dann ist sie keine im eminenten Sinn praktische Philosophie, da sie an der Sprache der Moral primär nicht die Analyse des sittlichen, sondern die des sprach- und argumentationslogischen Aspektes intendiert und so ihre Sache nicht als einen genuin praktischen, sondern gewissermaßen als theoretischen Gegenstand, als eine andere Region von vorfindlichen Objekten, versteht. Damit entfällt aber die Intention, auf der die Grundriß-Wissenschaft basiert.

Aber auch die die metaethischen Untersuchungen komplementierende normativ-ethische Fragestellung konstituiert in der im anglo-amerikanischen Sprachraum vornehmlich diskutierten Form für sich noch keine genuin sittlich-praktische Philosophie. Methodisch von dem Interesse geleitet, dem durchschnittlichen Bewußtsein von sittlicher Verpflichtung zu Transparenz und Konsistenz zu verhelfen, sucht sie ein System wahrer, gültiger und jeder logischen Kritik standhaltender Prinzipien. Ob man dieses System pluralistisch konzipiert und mit W. D. Ross in seiner deontologischen Theorie eine Liste von gleichberechtigten, prima facie gültigen Pflichten aufstellt[60]; ob man ein höchstes, für alle Fälle gültiges Ziel sucht und es utilitaristisch als das allgemeine Wohlergehen interpretiert[61]; oder ob man mit John Rawls nichtutilitaristische Gerechtigkeitsprinzipien sucht[62] – in all diesen Fällen wird eine Art von Moral-Kodex, nämlich ein System höchster materialer Normen gesucht. Zweifelsohne ist ein solcher Kodex nicht ohne Orientierungs-Hilfe für faktisch Handelnde, und die erst in jüngster Zeit wieder lebhaft geführte Diskussion hat auch zu immer präziseren und konsistenteren Formulierungen der kontroversen Positionen geführt. Gleichwohl wird bei der Suche nach einem material höchsten Prinzip oder nach mehreren höchsten Prinzipien ein für das sittliche Handeln konstitutiver Aspekt methodisch eliminiert, nämlich daß sittliches Handeln – auf privater wie auf gesellschaftlicher und politischer Ebene – nicht nur einem Erkenntnisakt, einem in principio monologisch möglichen Ableitungsprozeß, sondern auch einem Anerkennungsakt entspringt. Um es in bezug auf den Utilitarismus zu präzisieren: Gleich wie die Maximierung des Allgemeinwohls hic et nunc zu bestimmen ist – zum sittlichen Handeln gehört nicht nur das Wissen um die materiale Bestimmtheit einer Pflicht, sondern auch die formale Seite, die Anerkennung von Pflicht überhaupt, die Annahme des Anspruchs, das Allgemeinwohl zu verfolgen, und zwar gerade auch dann, wenn es in Konflikt mit dem Selbst-Interesse steht. Wenn von deontologischen, von utilitaristischen Positionen aus oder auch von Rawls Orientierungsschemata für sittliches Handeln entwickelt werden, so geschieht es unter einem stark theoretisierenden Blickwinkel: Wie soll man, so der Utilitarismus, handeln, falls man das allgemeine Wohlergehen maximieren will? Daß das Handeln, sofern als sittliches vorgestellt, nicht nur einem kognitiven Akt des Erkennens, sondern auch und primär dem praktischen Akt des Anerkennens entspringt, wird aus der Ethik verdrängt.

Wenn aber das methodische Konzept der aristotelischen Ethik auch dann noch bleibende Gültigkeit verdient, wenn es nicht für jede vorfindliche Ethik, nicht einmal für jede normative Ethik tatsächlich maßgebend ist, dann gehört es zur Aufgabe einer praktischen Philosophie der Gegenwart, dieses Konzept angesichts der zeitgenössischen Lebensverhältnisse in Angriff zu nehmen. Denn so sehr man auch inhaltlich von Aristoteles lernen kann, wenn man seine Analysen von Überlegung, Freiwilligkeit und von Entscheidung, von Gerechtigkeit, Lust und Freundschaft in unsere Sprache und Vorstellungswelt übersetzt, so läßt sich doch nicht die geschichtliche Bedingtheit dieser Analysen, die Abhängigkeit von antiken Denkweisen und Lebensverhältnissen leugnen. Die Aufgabe bezeichnet deshalb auch mehr als nur ein Übersetzungsproblem. Was für eine vorrevolutionäre und vorindustrielle Gesellschaft Gültigkeit besitzt, ist für eine durch Wissenschaft und Technik bestimmte, gegenüber bloß naturwüchsigen und vor allem gegenüber politischen und sozialen Gewalt- und Unterdrückungsverhältnissen sensible Zeit noch problematisch. In dem Maße, wie es noch aussteht, in dem Maße ist es aber auch dringend, das Gute: Freiheit, Humanität, Gerechtigkeit oder wie auch immer man die Idee eines Unbedingten im Handeln näher qualifiziert, angesichts der zeitgenössischen Lebensverhältnisse, der Situation fortgeschrittener Industriegesellschaften, zu denken, um aus dem Interesse an sittlicher Orientierung und an formaler Emanzipation auch heute eine philosophische Ethik und politische Philosophie in sittlicher Absicht zu realisieren.

Anmerkungen

1 Vgl. für viele R. M. Hare, *The Language of Morals,* Oxford 1964, 1 f.: »In a world in which the problems of conduct become every day more complex and tormenting, there is a great need for an understanding of the language in which these problems are posed and answered. For confusion about our moral language leads, not merely to theoretical muddles, but to needless practical perplexities.« Auf die verschiedenen Positionen innerhalb der sprachanalytischen Ethik kann hier nicht eingegangen werden; vgl. G. C. Kerner, *The Revolution in Ethical Theory,* Oxford 1966; A. Pieper, Analytische Ethik. Ein Überblick über die seit 1900 in England und Amerika erschienene Ethik-Literatur, in: *Philosophisches Jahrbuch* 78 (1971) 144-176; G. Warnock, *Contemporary Moral Philosophy,* London 1967. Die Kritik wendet sich an dieser Stelle nur gegen die sogenannte Metaethik, nicht gegen die in der jüngsten Zeit in den Mittelpunkt moralphilosophischer Diskussion der USA und Großbritanniens getretene normative Ethik. Hinweise zur Auseinandersetzung mit deren Ansatz: mit der deontologischen, der utilitaristischen Ethik und der politischen Ethik J. Rawls' siehe unten (II 5).

2 So bei A. J. Ayer, *Language, Truth, and Logic,* London [13]1958, 103 ff.

3 Hare, a.a.O., iii: »Ethics, as I conceive it, is the logical study of the language of morals.«

4 Zur Formulierung der sog. Neutralitätsthese: C. L. Stevenson, *Ethics and Language,* New Haven [7]1958, 1; zur immanenten Kritik: H. Albert, Ethik und Metaethik (1961), jetzt in: H. A., *Konstruktion und Kritik,* Hamburg 1972, 127-167; H. Lenk, Der ›Ordinary Language Approach‹ und die Neutralitätsthese der Metaethik. Zum Problem der sprachanalyt. Ethik, in: *Das Problem der Sprache,* 8. Dt. Kongreß f. Philos., München 1967, 183-206.

5 Vgl. die wegweisenden Untersuchungen von J. Ritter, u. a.: ›Politik‹ und ›Ethik‹ in der praktischen Philosophie des Aristoteles, jetzt in: J. R., *Metaphysik und*

Politik, Frankfurt/M. 1969, 106 ff.; dann auch und ausführlicher G. Bien, *Die Grundbedingung der politischen Philosophie bei Aristoteles*, Freiburg–München 1973.

6 Für eine ausführlichere Diskussion s. Vf., *Praktische Philosophie – Das Modell des Aristoteles*, München–Salzburg 1971. Dort wird die beanspruchte Wissenschaftlichkeit nicht – wie R. Bubner unterstellt (Eine Renaissance der praktischen Philosophie, in: *Philosophische Rundschau* 22 [1975/6] 1-34 [21]) – allein in der Passage »Zum Verhältnis von Ethik und Erster Philosophie« eingelöst, sondern durch den differenzierten *Begriff* der praktischen Philosophie (a.a.O., Teil I; s. u. Abschn. I) sowie ihre Rationalität als Grundriß-Wissenschaft (a.a.O., Teil II; s. u. Abschn. II). – Sofern man die beiden Momente, einem planen Methodenverständnis folgend, für inkommensurabel hält, muß die in der Nikomach. Eth. praktizierte Methode ihren Interpreten nicht geringe Schwierigkeiten machen. Vor allem aber kommt man zu einem verzerrten Bild der in der Nikomach. Eth. tatsächlich ausgeübten Wissenschaftlichkeit, wenn man mit dem kantianisierenden J. Walter (*Die Lehre von der praktischen Vernunft in der griechischen Philosophie*, Jena 1874, 548 ff.) und mit E. Frank (The Fundamental Opposition of Plato and Aristotle, Amer. Journ. of Philol. 61 [1940] 182 f.) die aristotelische Ethik für eine rein theoretische Disziplin, oder aber mit G. Teichmüller (J. Walter kritisierend: *Neue Studien zur Geschichte der Begriffe* III, Gotha 1879, Nachdr. Hildesheim 1965, Kap. 1) und neuerdings auch mit Gauthier-Jolif (*L'Éth. à Nicom.*, II, 24 f.), W. F. R. Hardie (*Aristotle's Ethical Theory*, Oxford 1968, 31) und J. D. Monan (*Moral Knowledge and its Methodology*, Oxford 1968) sie für einen bloßen Akt der Phronesis hält, jenes vorphilosophischen sittlichen Wissens, das sich am besten noch mit Klugheit übersetzen läßt. Zum Disput zwischen Walter und Teichmüller vgl. schon E. Kress, *Die arist. Lehre vom nus praktikos und die Polemik Walters und Teichmüllers*, Bonn 1921; zur Kritik an Monan vgl. E. A. Schmidt, Sind die aristotelischen Ethiken praktizierte ΦΡΟΝΗΣΙΣ?, in: *Philosophische Rundschau* 17 (1970) 249-265.

7 Vgl. G. Bien, Das Theorie–Praxis-Problem und die politische Philosophie bei Platon und Aristoteles, in: *Philosophisches Jahrbuch* 76 (1968/69) 264-314 (300/2).

8 Aristoxenos, Harm. 44,5 ff.; hier nach H. J. Krämer, *Arete bei Platon und Aristoteles*, Heidelberg 1959 (Amsterdam ²1967), 404 f. u. 423 ff.

9 Zum Inhalt von Platons Altersvorlesung: Krämer, a.a.O. und K. Gaiser, *Platons ungeschriebene Lehre*, Stuttgart 1963, 73 ff. Zu Platon vgl. auch u. v. a. W. Wieland, Platon und der Nutzen der Idee. Zur Funktion der Idee des Guten, in: *Allgemeine Zeitschrift für Philosophie* 1 (1976) 19-33.

10 Vgl. auch H. Flashar, Die Kritik der platonischen Ideenlehre in der Ethik des Arist., in: *Synusia. Festschrift W. Schadewaldt*, Pfullingen 1965, 223-246.

11 Vorerinnerung zum 1. Hauptstück.

12 Dirlmeier nimmt der aristotelischen These (die Ethik ziele nicht auf Erkenntnis, sondern auf Handeln) ihre dezidierte Schärfe, wenn er sie bloß für den »unreifen Hörer« für gültig hält (*Nikomach. Eth.*, Darmstadt ³1964, 270), und vor allem unterschlägt er ihre thematischen und methodischen Konsequenzen.

13 Wenn Aristoteles das Gute als das definiert, wonach alles strebt (I 1, 1094 a 3; vgl. 1095 a 14 f.), dann versteht er den Begriff des Guten vom Begriff des Strebens her, und zwar zunächst ganz formal als dessen logisches Implikat. Das Gute bezeichnet jenes Zielmoment in einem Streben, um dessentwillen es geschieht und in dem es sich vollendet: das Worumwillen des Strebens.

14 ἐνέργεια, ein von Aristoteles selbst geschaffenes Kunstwort (K. v. Fritz, *Philosophie und sprachlicher Ausdruck bei Demokrit, Plato und Aristoteles*, Darmstadt 1966 [Orig. New York u. a. 1938], 65 f.), hat in der Ethik die Aufgabe, jenes logische Moment zu benennen, daß das Streben nicht bloß vorgestellt, sondern auch tatsächlich vollzogen wird.

15 Vgl. H.-G. Gadamer, *Platos dialektische Ethik*, Hamburg ²1968, 4.

16 Vgl. 1095 a 7.

17 Vgl. 1095 a 3.

18 Vgl. J. Ritter, Art. »Ethik«, in: *Histor. Wörterb. d. Philos.*, Bd. II, 759 f.

19 Vgl. *Grundl. z. Metaph. d. Sitten*, Vorrede.

20 H. Lenk, a.a.O.; mit dem kritischen Zusatz, daß auch das von Lenk entworfene Alternativ-Konzept (201 ff.) formal unter dieselbe Kritik fällt, die er an der sprachanalytischen Ethik ausübt. Denn ohne ein Vorverständnis von Sittlichkeit läßt sich auch die Aufgabe, Modelle für Moralsysteme oder für Systeme moralischer Argumentation zu entwerfen, nicht lösen.

21 Vgl. G. Funke, Art. »Ethos (I)«, in: *Histor. Wörterb. d. Philos.*, Bd. II, 812-815.

22 Zum Gegensatz φύσις-ἔθος bei Aristoteles: *Nikomach. Eth.* II 1, 1103 a 18-26.

23 Dies gilt auch gegenüber den konstruktivistischen Versuchen von P. Lorenzen, dann O. Schwemmer, F. Kambartel u. a., durch einen schrittweisen zirkelfreien Aufbau einer Sprache praktischer Vernunft die praktische Philosophie lehr- und lernbar zu machen. Der Versuch, praktische Vernunft ohne Rest auf methodische Disziplin reduzieren zu wollen, muß fehlschlagen. Praktische Vernunft wird durch eine konstruktivistische Ethik nicht originär evoziert. Allenfalls wird einer noch undisziplinierten und unreflektierten praktischen Vernunft ein Weg sprachlich-disziplinierter Verständigung vorgeschlagen. – Zur Auseinandersetzung mit der konstruktivistischen Ethik vgl. auch in diesem Band: Sind Moral- und Rechtsbegründung kommunikations-(konsens-, diskurs-)theoretisch möglich?

24 G. Bien, Die menschlichen Meinungen und das Gute, in: M. Riedel, Hrsg., *Rehabilitierung der praktischen Philosophie*, Bd. I, Freiburg 1972, 345-371 (360 f.). Daher kann im Gegensatz zu C. v. Bormann (*Der praktische Ursprung der Kritik*, Stuttgart 1974, 142 f.) die damals (Vf., *Praktische Philosophie* . . ., a.a.O., 88, Anm. 37) erhobene und auch nur in bezug auf die einschlägigen Kommentare zu *Nikomach. Eth.* 1095, a 3-6 erhobene These aufrechterhalten werden, diese Zirkelstruktur in der Ethik als praktische Philosophie sei bislang noch nicht bemerkt worden.

25 *Aristoteles*, Heidelberg 1966, 458; sofern Düring an dieser Stelle die arist. Analyse darüber hinaus noch als »theoretische« qualifiziert, ist dieses Epitheton entweder als ornamental und pleonastisch zu lesen oder aber als falsch zu kritisieren.

26 Dies wird in R. Bubners Kritik (a.a.O., 21) m. E. nicht hinreichend berücksichtigt.

27 Entsprechend den drei von Aristoteles unterschiedenen Arten der Klugheit: VI 8, 1141 b 29-33.

28 Bien, *Das Theorie–Praxis-Problem* . . ., a.a.O., 299.

29 Zu dieser Lebensform vgl. J. Ritter, *Die Lehre vom Ursprung und Sinn der Theorie bei Aristoteles*, a.a.O, 9-33.

30 J. Ritter, a.a.O., 64. Vgl. auch H.-G. Gadamer, der in *Wahrheit und Methode* (Tübingen ²1965) im Zusammenhang seiner systematisch orientierten Grundlegung einer philosophischen Ethik nachdrücklich die »hermeneutische Aktualität

des Aristoteles« herausarbeitet (295-307, vgl. 511); vgl. ders., Hermeneutik als praktische Philosophie, in: M. Riedel, a.a.O., 325-344.

31 Bien, *Das Theorie-Praxis-Problem* . . ., a.a.O., 284.

32 Vgl. R. Leonhart, Art. »Emanzipation«, in: Pauly-Wissowa . . . V, 2476-79.

33 *WW*, ed. Weischedel IV, 14 u. 30-33.

34 Vgl. dazu H. Kuhn, Der Mensch in der Entscheidung: Prohairesis in der Nikom. Ethik, in: ders., *Das Sein und das Gute*, München 1962, 275-295.

35 Vgl. II 2, 1104 a 3-10. – Die dort vertretene These, die Handelnden müßten selbst ihre jeweilige Lage bedenken (a 8 f.), impliziert ein »je anders«, das vom Dezisionismus und seinem Pathos der Ausnahme-Situation verschieden ist. Während nach der dezisionistischen Position die angemessenen Normen von einem als souverän geltenden Subjekt »selbstherrlich« je neu eingesetzt werden, betrifft das »je neu« und das »je anders« bei Aristoteles nicht die Normen bzw. die normativen Grundhaltungen (Tugenden) selbst, sondern die Konkretisierung der sittlichen Grundhaltungen in einer je verschiedenen Lage.

36 Daß für die Ethik wie für die theoretischen Disziplinen das genus der Methode identisch ist, die Differenz sich allein aus der Applikation eines allgemeinen Methodenprinzips auf die spezifische Situation der jeweiligen Pragmatie und ihres Gegenstandes begründet, ist gegen all die Deutungen zu wenden, die die Methodik der Ethik und der praktischen Philosophie aus dem Zusammenhang mit der theoretischen Philosophie vollständig lösen, so daß deren Gemeinsamkeit sich auf die des Wortes Philosophie reduziert, das aber, äquivok verwendet, in keiner Weise mehr eine sachlich-methodische Identität anzeigt. Im 2. Methodenabschnitt der *Nikomach. Eth.* (I 2, 1095 a 30 – b 13) unterscheidet Aristoteles mit Berufung auf Platon zwei Wege des Denkens, einen *von* und einen *zu* den Prinzipien (ἀπὸ τῶν ἀρχῶν - ἐπὶ τὰς ἀρχάς), spricht parallel dazu in einer für die Struktur des Denkens fundamentalen Differenzierung von dem für uns Bekannten und dem Bekannten an sich (τὰ μὲν ἡμῖν - τὰ δ'ἁπλῶς), einer Differenzierung, die ihrer universalen und fundamentalen Bedeutung wegen im Corpus Aristotelicum noch häufiger auftaucht (*Anal. post.* I 2, 71 b 33 ff.; *Top.* VI 4, 141 b 3 ff.; *Phys.* I 1, 184 a 16 ff.; *Met.* VII 3, 1029 b 3-5 u. a.). Dann behauptet er, daß am Anfang des forschenden Denkens das für uns Bekannte stehe und nennt damit das Stichwort für jene Methode, ein primäres, noch relativ undifferenziertes Wissen auf seine Elemente, Prinzipien und Ursachen hin aufzugliedern und zu hinterfragen, wie er es in *Phys.* I 1, 184 a 19-21 des näheren darlegt (vgl. auch H. Wagner, *Aristoteles' Physikvorlesung* [1967] 390 ff.). – Zur Bedeutung des Begriffs Analyse bei Aristoteles und zur Geschichte des Begriffs überhaupt: L. Oeing-Hanhoff, Art. »Analyse/Synthese«, in: *Histor. Wörterb. d. Philos.*, Bd. I, 232-248.

37 *Topik und Jurisprudenz*, München [1]1954, [4]1969 (zu Aristoteles: § 2). Viehwegs Anregung wurde von führenden Zivil- und Staatsrechtlern wie Wieacker, Esser und Coing, wie Schneider und Ehmke aufgegriffen. Zur Topik als verfassungsjurist. Methode vgl. M. Kriele, *Theorie der Rechtsgewinnung*, Berlin [2]1976, Kap. 5.

38 *Politik und praktische Philosophie. Eine Studie zur Rekonstruktion der politischen Wissenschaft*, Neuwied-Berlin [1]1963 ([2]1977), bes. Kap. III u. VI.

39 *Das Theorie-Praxis-Problem* . . ., a.a.O., bes. 299 ff.; *Die menschlichen Meinungen* . . ., a.a.O.; *Die Grundlegung* . . ., a.a.O., 111 mit Anm. 13. Es muß daher überraschen, wenn sich Bien gegen die vom Vf. vorgenommene Zuordnung zur topischen Methode verwahrt und dabei mit Bezug auf: *Das Theorie-Praxis-Problem* . . ., 200 mit Anm. 76, von einer »Richtigstellung« spricht (*Grundle-*

gung ..., zit. Stelle). Denn *Theorie–Praxis ...* erwähnt ausdrücklich den topischen Syllogismus und erläutert diesen – ganz in Übereinstimmung mit Aristoteles, *Top.* I 1 – als Schlußverfahren e concessis. Die in der *Grundlegung ...* erfolgte Bestimmung: »Die Methode der praktischen Philosophie verknüpft hermeneutische Topik mit deduktivem Beweisverfahren.« macht dagegen die Sache wieder unklar, weil die Qualifizierung der Topik als »hermeneutisch« nicht erläutert wird und eine Verknüpfung mit deduktiven Beweisverfahren für die Topik überflüssig, weil mit dem zu ihr gehörenden Element des Syllogismus eo ipso mitgegeben ist.

40 Analoge Kritik ist an der »statistischen« Deutung der aristotelischen Ethik zu üben. (O. Gigon, Aristoteles. *Die Nikomachische Ethik deutsch* [²1967] 309; ähnlich: H. Kuhn, Aristoteles u. d. Meth. d. pol. Wiss., in: *Zeitschr. f. Politik*, NF 21 [1965] 101-120; ferner schon J. A. Stewart, *Nic. Eth.*, p. I 27; H. H. Joachim, *Nic. Eth.*, p. 15, 23-26; W. F. R. Hardie, *Aristotle's ethical theory*, p. 32, u. F. Susemihl, in: *Berl. philol. Wochenschrift* 20 [1900] 1510).

41 Bes. *Anal. post.* I 2. – Vgl. I. Düring, a.a.O., 58 f. u. 92-102, W. D. Ross' und J. Barnes' Kommentare zur *Zweiten Analytik*, auch Vf., Einführung in die Wissenschaftstheorie der Zweiten Analytik, in: E. Rolfes, *Aristoteles' Lehre vom Beweis*, Hamburg ²1975, VII-XLII.

42 E. Rolfes, *Topik* (deutsch), Leipzig 1922, 1 u. ö.; einige Mißverständnisse der gegenwärtigen Diskussion gehen darauf zurück, daß auch W. Hennis ἔνδοξα mit »wahrscheinlich« übersetzt.

43 *Top.* 100 b 21-23.

44 Vgl. E. Kapp, Art. »Syllogistik«, in: *Realencyclopädie*, Bd. IV A, 1 Sp. 1046-1067; E. Weil, La place de la logique dans la pensée arist., in: *Revue de Métaphysique et de Morale* 56 (1951) 283-350.

45 Vgl. z. B. das Buch III der *Metaphysik*, auch Problembuch genannt; sein methodisches Prinzip, als erstes alle Schwierigkeiten zu überlegen, wird zu Beginn ausgesprochen (*Metaph.* III 1, 995 a 24 f.). Ein anderes Beispiel ist *Metaph.* I 3-10, wo Aristoteles die Ursachenlehre seiner philosophichen Vorgänger, Platons und der Vorsokratiker, diskutiert.

46 Vgl. oben Anm. 36.

47 Bien, *Das Theorie–Praxis-Problem ...*, a.a.O., 285.

48 Eine kurze, aber recht instruktive Geschichte des Wortes, auch über die Antike hinaus, bei J. E. Heyde, Typos. Ein Beitrag zur Bedeutungsgeschichte des Wortes Typus, in: *Forsch. u. Fortschritte* 17 (1941) 220-223; vgl. auch die detailliertere Untersuchung zu Aristoteles v. Vf., a.a.O. (1971), 171 ff.

49 *Metaph.* VII 3, 1029 a 7-9; *Nikomach. Eth.* V 1, 1129 a 6-11; *Pol.* V 2, 1302 a 18-20; u. v. a. m.

50 III 12, 1117 b 21 f.

51 Deshalb geht eine von dieser Prämisse ausgehende Kritik an Aristoteles vorbei, so z. B. die von F. Ricken, *Der Lustbegriff in der Nikomachischen Ethik des Aristoteles*, Göttingen 1976, 84 u. 145 Anm. 8 (dazu Vf., in: *Philos. Rdsch.* 23, 1978/79).

52 διὸ κατὰ μὲν τὴν οὐσίαν καὶ τὸν λόγον τὸν τὸ τὶῆν εἶναι λέγοντα μεσότης ἐστὶν ἡ ἀρετή: 1107 a 6 f.

53 Gegen die Vorstellung, die »Gestalten der Tugenden und die Struktur der ›Mitte‹« stellten »nur ein vages Schema« dar: H. G. Gadamer, Über die Möglichkeit einer philosophischen Ethik, in: *Sein und Ethos*, hrsg. v. P. Engelhardt, Mainz 1963, 11-24 (20).

54 R. Bubner übersieht in seiner Kritik (a.a.O., 20: das notwendig im Umriß verbleibende Wissen könne doch nicht mit Sinn wissenschaftlich überholt werden) die mehrfache Bedeutung von τύπῳ und daß τύπῳ in der ersten und allgemeinen Bedeutung sehr wohl überholt werden kann, nicht jedoch in den beiden anderen, den für die Ethik als praktischer Philosophie spezifischen Bedeutungen.

55 Einem möglichen Mißverständnis bleibt zu begegnen, der Vorstellung nämlich, der Begriff der Grundriß-Wissenschaft bezeichne, wissenschaftstheoretisch betrachtet, eine einzige Methode. Hier muß ein skizzenhafter Einblick in die methodische Vielfalt der aristotelischen Ethik genügen: (a) Da das sittliche Handeln nicht wie der Begriff des Unbedingten ein strikt gedachter Gegenstand ist, bedarf die praktische Reflexion, sofern sie nicht leer sein will, einer induktiven Basis, die die tatsächlich sittlich-politischen Erfahrungen auf einen Vorbegriff bringt. Durch die Induktion (und hier hat auch die *Topik* ihren Ort) gewinnt die Ethik ihren Vorbegriff von Gerechtigkeit und Tapferkeit, von politischem und betrachtendem Leben und von sittlichem Handeln überhaupt, ohne welches Vorwissen die Ethik keinen Ausgangspunkt besäße, weder für die Untersuchung als Ganzes noch für deren bestimmte Teile. – (b) Um den Vorbegriff philosophisch weiterzudenken und im Weiterdenken die im Vorwissen aufgebrochene Reflexion immanent zu vollenden, wird in einer formalen und transzendentalen Reduktion der Vorbegriff von Sittlichkeit überhaupt auf ein Prinzip, das kultur- und situationsbedingte Sollen auf ein unbedingtes Sollen zurückgeführt. Das sittliche Handeln entspringt einem freien Tätigsein, nach dem neuzeitlichen Verständnis einer autonomen Setzung, im aristotelischen Denken einem Tun, das sich selbst genug (αὐτάρκες) ist. – (c) Der Aufgliederung des Vorbegriffs von sittlichem Handeln überhaupt in Überlegung und Entscheidung, in Charakter- und Verstandestugenden, kurz: der Aufgliederung des ethischen Gegenstandes in seine Elemente und Prinzipien dient die Diairese; der Bestimmung der Elemente, Prinzipien und des ersten Prinzips in sich selbst dienen die Dialektik und Analogie. – (d) Die dialektische Methode begreift beim menschlichen Handeln das Verhältnis von Sein und Sollen; sie begreift praktische Vollzüge als sittlich. – (e) Die Identität der Verhältnisse, die Identität des Sittlichen in unterschiedlichen Vollzügen (in gerechtem und in tapferem Handeln, in dieser und in jener Handlung der Tapferkeit) begreift die Analogie. Durch die Dialektik, die Bestimmung eines Begriffs durch ein Verhältnis, versteht man gleichsam die Infrastruktur, durch die Analogizität die Makrostruktur des sittlichen Handelns. – (f) Der Begriff der Grundriß-Wissenschaft rechtfertigt sich schließlich in einer Deduktion aus dem Prinzip sachgerechter Klarheit und der Eigenart des ethischen Gegenstandes. – (Für eine ausführlichere Erörterung s. Vf., *Praktische Philosophie – Das Modell des Aristoteles,* a.a.O., Teil II). Im Gegensatz zu einer Wissenschaftstheorie, die jede wissenschaftliche Disziplin von einer gleichsam monolithischen Denkweise her bestimmt, findet sich in einer umfassenden Theorie des sittlichen Handelns eine Vielzahl von Denkwegen. Weil in der arist. Ethik außer den generellen Verfahren der Analogie und der Dialektik auch andere Verfahrensweisen: die Diairese, die Deduktion und die formale Reduktion vorkommen, steht sie quer zu den traditionellen Einteilungen in formale oder materiale, in transzendentale oder hermeneutische Ethiken. Ihre Idee der Grundriß-Wissenschaft bezeichnet das dem Pluralismus von Denkverfahren zugrunde liegende *eine* Prinzip ethischer als praktischer Rationalität.

56 Der Unterschied der arist. Ethik zur kantischen läßt sich natürlich an verschiedenen Aspekten festmachen. Die wesentliche methodische Differenz z. B. liegt darin, daß Kant in der *Kritik der praktischen Vernunft* nur das Prinzip des Handelns, das Moment des Unbedingten, analysiert, während Arist. – weshalb seine Moralphilosophie nicht bloß Ethik, sondern auch praktische Philosophie ist – das Moment des Unbedingten nicht bloß für sich, sondern auch und vornehmlich in Relation zu den verschiedenen Bereichen und Aspekten menschlichen Lebens denkt. Die *Kritik der praktischen Vernunft* entspricht, methodisch gesehen, nur einem sehr kleinen und eher atypischen Ausschnitt der Nikomach. Eth., nämlich dem Kap. I 5, das die Einleitungsfrage nach einem Ziel, das nicht um eines anderen, sondern um seiner selbst willen erstrebt wird (I 1, 1094 a 18/22), aufnimmt und im Begriff eines τέλος τελειότατον, eines τέλος αὐτάρκες usf. formal und transzendental zu Ende denkt. – Die über diesen methodischen Aspekt hinausgehende sachliche Differenz gründet darin, daß Kant die als uneingeschränkte oder reine Vernunft interpretierte Sittlichkeit angesichts eines Zwecke setzenden Willens diskutiert, während Aristoteles das Gute angesichts eines Ziele verfolgenden Strebens analysiert (I 1, 1094 a 3: ἀγαθόν οὗ πάντ᾽ ἐφίεται, wobei ἐφίεται unterminologisch für ὀρέγεται/ὄρεξις steht: vgl. I 2, 1095 a 14 f.). Deshalb denkt auch Kant das Unbedingte via reductionis als ein unbedingtes Anfangen, als die Autonomie des Willens, während Aristoteles das Unbedingte via eminentiae als ein höchstes Ziel von Streben, als die in sich selbst sinnvolle εὐδαιμονία bestimmt. Vgl. Vf., Sittliches Handeln – ein ethischer Problemaufriß, in: H. Lenk, *Handlungstheorien*, Bd. 2, München 1978. – Wenn man die Differenz beider Denker als die von Tugend- und Gesetzesethik (Kluxen) interpretiert oder den »Ausnahmefall des Konflikts (sc. von Pflicht und Neigung)« mit dem »Regelfall der Befolgung der Sitte« kontrastiert (Gadamer, Über die Möglichkeit . . ., a.a.O., 17), dann wird dort auf eine Konsequenz, hier auf eine vorwissenschaftliche Voraussetzung oder Anwendung aufmerksam gemacht, nicht aber präzis der argumentative Grund genannt, der die Differenz philosophisch hinreichend artikuliert; die Differenz von Kant zu Aristoteles wird plausibel, aber nicht strikt einsichtig. – Zu Kant vgl. auch in diesem Band: Kants kategorischer Imperativ als Kriterium des Sittlichen.

57 Mit Bezug auf diese Aristoteles-Untersuchungen des Vf.: R. Bittner, Maximen, in: *Akten des 4. Internationalen Kant-Kongresses . . .*, Berlin–New York 1974, Teil II 2, 485-498 (497, Anm. 11).

58 So ausdrücklich: R. B. Brandt, *Ethical Theory*, Englewood Cliffs/N. J. 1959, 7 f.

59 R. M. Hare, a.a.O.; ders., *Practical Inferences*, London 1971, bes. Kap. 1, 2 u. 4; G. E. M. Anscombe, *Intention*, Oxford ²1963; G. H. v. Wright, *An Essay in Deontic Logic . . .*, Amsterdam 1968.

60 *The Right and the Good*, Oxford 1930, 2. Kap.

61 Vgl. Vf. (Hrsg.), *Einführung in die utilitaristische Ethik*, München 1975; N. Hoerster, *Utilitaristische Ethik und Verallgemeinerung*, Freiburg–München 1977; und in diesem Band: Zur Theorie des Glücks . . .

62 Vgl. in diesem Band: Kritische Einführung in Rawls' Theorie der Gerechtigkeit; dort auch weitere Literatur.

3. Kants kategorischer Imperativ als Kriterium des Sittlichen*

Kants Beitrag zur Ethik hat heute nicht bloß geschichtliche Bedeutung. In der gegenwärtigen Auseinandersetzung um die Begründung sittlicher (moralischer) Normen wird Kant als systematischer Gesprächspartner in Anspruch genommen, und dies geschieht zu Recht. Denn Kant erfüllt die beiden Voraussetzungen, die man von einem anregenden Gesprächspartner erwartet. Erstens stimmt er mit jenen negativen Minimalbedingungen überein, die die zeitgenössische normative Ethik in der Regel für sich als gültig anerkennt: Wie die Vertreter der utilitaristischen Ethik, wie ferner Apel, Habermas und Rawls so stellt sich auch Kant in einen Gegensatz zu den verschiedenen Spielarten von Relativismus, Skeptizismus und Dogmatismus in der Moralphilosophie. Auch er geht davon aus, daß sittliches Handeln und sittliches Urteilen nicht eine Sache willkürlicher Dezision oder persönlichen Gefühls und auch nicht eine Frage der Herkunft, des Taktes oder der eingespielten Konvention seien. Vielmehr sieht er das menschliche Handeln unter letzte Verbindlichkeiten gestellt, für deren Einhalten man von anderen, aber auch von sich selbst zur Verantwortung gezogen wird. Es ist der Gegenstand einer zwar eigentümlichen, gleichwohl rationalen Argumentation. Ferner erblickt auch Kant eine Grundlage dieser Argumentation in dem einheitlichen Maßstab für Sittlichkeit, in dem Moralprinzip im Sinne einer höchsten Regel, eines letzten Beurteilungskriteriums für sittliches Tun und Lassen. Schließlich gilt das Sittliche als Überwindung von bloß subjektiven Interessen und Zwecken des jeweils Handelnden. Die Kontroverse mit Kant beginnt erst dort, wo sich die zeitgenössische Diskussion selbst nicht mehr einig ist, in der genauen Bestimmung der höchsten Regel. Und hier erfüllt Kant die weitere Voraussetzung eines guten Gesprächspartners: Zu der in weiten Teilen der internationalen Diskussion vorherrschenden utilitaristischen Ethik stellt seine Theorie des kategorischen Imperativs die bedeutsamste systematische Alternative dar.

* *Zeitschrift für philosophische Forschung* 31 (1977) 354-384 (überarbeitet). Für kritische Einwände danke ich besonders Rüdiger Bittner, Heidelberg.

So unterscheidet sich Kant von den meisten Klassikern der Philosophie darin, daß seine Hauptschriften zur Ethik historische und gegenwärtige Texte zugleich sind.

Diese Sonderstellung hat allerdings ihren Preis. Nicht bloß in jenem Kant-Verständnis, das ins allgemeine Bildungsgut eingegangen ist, sondern auch in der philosophischen Diskussion wird Kants Theorie des kategorischen Imperativs oft nur bruchstückweise rezipiert. Vor allem in der analytischen Kant-Auseinandersetzung[1] wird die Begründung des kategorischen Imperativs aus der Idee des schlechthin Guten[2] bzw. aus dem Begriff eines praktischen Gesetzes[3] meist ebenso übergangen wie die Autonomie des Willens als Bedingung der Möglichkeit des kategorischen Imperativs. Und selbst die bruchstückweise Rezeption ist noch durch manches Mißverständnis gebrochen. So behauptet man, Handlungen wie: täglich ein Lied zu singen, seien nach Kant sittlich geboten[4]. Weiterhin betrachtet man den kategorischen Imperativ als Test für die Pflichtgemäßheit und das heißt doch für die Legalität, nicht die Moralität der Handlungen. Auch wirft man Kant eine »souveräne Nichtachtung aller Folgen pflichtmäßiger Handlungen für das Glück der Beteiligten«[5], also eine Gleichgültigkeit gegenüber dem Wohl der Menschen vor. Schließlich hält man den kategorischen Imperativ nicht als reines Vernunftgebot, sondern nur als empirisch-pragmatisches Prinzip für überzeugend[6]. Angesichts solch gravierender Einwände und Vorwürfe mag es erlaubt sein, trotz der kaum noch überschaubaren Literatur den kategorischen Imperativ noch einmal, und zwar hier nur als Kriterium des Sittlichen zu erläutern. Zudem liegt diesen Erläuterungen nicht bloß das historische Interesse an einer kantgerechten Interpretation zugrunde. Sie haben auch eine systematische Intention.

Kant hat den kategorischen Imperativ mehrfach und dabei unterschiedlich formuliert. Die Verwirrung, die dadurch entstehen mag, löst sich auf, wenn man eine Grundformel und drei Unterformeln unterscheidet. Die Grundformel ist auch die bekannteste: »handle nur nach derjenigen Maxime, durch die du zugleich wollen kannst, daß sie ein allgemeines Gesetz werde« (GMS, S. 421). Die drei Unterformeln gelten als »drei Arten, das Princip der Sittlichkeit vorzustellen« (ebda., S. 436). Die eine bezieht sich auf die Form von Maximen. Da das Dasein der Dinge nach allgemeinen Gesetzen den formalen Begriff der Natur ausmacht, lautet der kategorische Imperativ auch: »handle so, als ob die Maxime deiner Handlung durch deinen Willen zum *allgemeinen Naturgesetze* werden sollte« (S. 421). Eine zweite Unterformel bezieht sich auf die Materie und geht von der vernünftigen Natur als Zweck an sich selbst aus: »Handle so, daß du die Menschheit sowohl in deiner Person, als in der Person eines jeden andern, jederzeit zugleich als Zweck, niemals bloß als Mittel brauchst« (S. 429). Die dritte Unterformel enthält schließlich die vollständige Bestimmung aller Maximen. Sie fordert, »daß alle Maximen aus eigener Gesetzgebung zu einem möglichen Reiche der Zwecke, als einem Reiche der Natur, zusammenstimmen sollen« (S. 436).

Da alle vier Formeln als äquivalent gelten (ebda.), kann man sich der Einfachheit halber auf die Grundformel und jene erste Unterformel konzentrieren, die das Naturgesetz als Typus des Sittengesetzes heranzieht (vgl. KpV, S. 67 ff.). Danach fordert der kategorische Imperativ zum Handeln nur nach solchen Maximen auf, die man als allgemeines (Natur-)Gesetz wollen kann. Diese Aufforderung enthält zwei Probleme. (I.) Was soll als allgemeines Gesetz gewollt werden können? (II.) Wie ist das als-allgemeines-Gesetz-Wollen-können gemeint? Das erste Problem betrifft den Gegenstand der Verallgemeinerung, die Maximen, das zweite das Verfahren der Verallgemeinerung, das anhand von Kants eigenen Beispielen erläutert werden soll.

I. Zum Gegenstand der Verallgemeinerung, den Maximen

Während es in bezug auf das Verfahren der Verallgemeinerung und Kants eigene Beispiele eine Fülle von Untersuchungen gibt, hält man eine nähere Analyse des Gegenstandes meist nicht für erforderlich[7]. Wie selbstverständlich geht man davon aus, die Verallgemeinerung beträfe jede Art von Handlungsregeln. Der kategorische Imperativ erkläre alle Handlungen für sittlich geboten[8] oder für sittlich erlaubt[9], die unter Regeln stünden, die sich verallgemeinern ließen. Dann aber fallen unter den Test der Verallgemeinerung auch selbstgesetzte Regeln wie: täglich ein Lied zu singen, die für sich genommen als sittlich irrelevant erscheinen.

Kant hat dieses Problem allerdings nicht. Denn er bezieht den kategorischen Imperativ nicht auf beliebige, auch sittlich irrelevante Regeln, sondern allein auf eine bestimmte Art, die Maximen. Zwar fehlt bei ihm eine genauere Erörterung dieses Begriffs. An verschiedenen Stellen gibt er jedoch Beispiele für Maximen (GMS, S. 422; KpV, S. 19, 27), und an anderen Stellen findet man eine ausdrückliche Definition (GMS, S. 420, 421; KpV, S. 19), wobei die letzte Stelle eine relativ deutliche Bestimmung enthält. Danach gehören Maximen, genauso wie praktische Gesetze, zur Gattung der praktischen Grundsätze (andernorts auch praktische Prinzipien genannt), – mit der spezifischen Differenz, subjektiv, nicht objektiv gültig zu sein.

Gemäß ihrer spezifischen Differenz ist die Maxime eine Bestimmung, die für ein individuelles Subjekt gilt. Sie ist die Bestimmung meines, deines oder seines Wollens, und zwar unabhängig davon, ob sie auch objektiv, d. h. als für den Willen eines jeden Vernunftwesens gültig anerkannt wird und dann ein praktisches Gesetz ist. Die Maximen, die sich die verschiedenen Individuen zu eigen machen, können deshalb sehr unterschiedlich sein. Allerdings müssen sie es nicht. Von einigen, eben den sittlichen Maximen gilt sogar, daß alle Subjekte sie sich zu eigen machen sollten und – sofern sie nur reine Vernunftwesen wären – es auch machen würden. Ohne daß es Kant ausdrücklich sagt, setzt sein Gedankengang also zwei Arten von Maximen voraus: solche, die nur subjektiv (bloße Maximen) und deshalb nicht sittlich sind, und solche, die mit einem praktischen Gesetz zusammenfallen, also zugleich subjektiv und objektiv gültig und damit sittlich sind.

Maximen sind aber nicht bloß subjektive Bestimmungen, sondern gehören auch zur Gattung der praktischen Grundsätze, die Kant als »Sätze« definiert, »welche eine allgemeine Bestimmung des Willens enthalten, die mehrere Regeln unter sich hat« (KpV, § 1). Aus dieser Definition sowie dem weiteren Hinweis, nach dem man sich etwas zur Maxime *macht*[10] und nicht einfach als Maxime *hat*, lassen sich weitere charakteristische Momente entnehmen:

Zunächst ein Moment, das sich eigentlich von selbst versteht. Da Kant mit Maximen *Willens*bestimmungen anspricht, setzt er voraus, daß es um ein Tun und Lassen geht, das willentlich: bewußt und freiwillig, erfolgt und für das man deshalb zur Verantwortung gezogen werden kann. Maximen beziehen sich nicht auf die bloße Abfolge von Naturereignissen und deren

Gesetzmäßigkeiten, sondern auf das Setzen und Verfolgen von Zwecken. Ein Verhalten, das sich bloß nach Maßgabe von physiologischen Reflexen, äußerer Gewalt oder Reiz-Reaktionsschemata abspielt, ist von vornherein ausgeschlossen.

Weiterhin: Da Maximen Grundsätze sind, beinhalten sie im Gegensatz zu einem rein zufälligen, willkürlichen, bloß aus der momentanen Situation entspringenden Wollen eine noch näher zu qualifizierende Gleichförmigkeit. Sie gelten nicht für einen unwiederholbar einmaligen Fall, sondern für eine Mehrzahl gleicher Fälle. Durch Maximen werden die Bestimmungsgründe des Wollens vereinheitlicht; in die Kontingenz des Setzens und Verfolgens von Zwecken wird eine gewisse Ordnung und Kontinuität gebracht.

Ferner: Weil Maximen vom Subjekt selbst zur Regel seines Wollens gemacht werden und das Subjekt nach deren *Vorstellung* handelt (vgl. GMS, S. 412), sind sie keine Regeln, nach denen das Wollen rein »objektiv«: dem Subjekt weder bewußt noch verfügbar abläuft. Maximen verdanken ihre Geltung der ausdrücklichen Setzung oder Anerkennung durch den Betreffenden. Es sind des Handelnden eigene, es sind selbstgesetzte Regeln. Mit Maximen bezeichnet Kant nicht irgendeine Art von Gleichförmigkeit, die ein Beobachter wahrnehmen kann bzw. mit der er das Wahrgenommene ordnet. Maximen sind kein Element bloß kausaler oder intentionaler Tatsachenbeschreibungen: keine objektiven Ursache-Wirkungs-Zusammenhänge und auch nicht die vom Beobachter beigebrachten Ordnungsschemata. Maximen werden nicht unterstellt; es sind die Gleichförmigkeiten, die der Akteur selbst herstellt, indem er sie zu den seinigen macht.

Außerdem ist die Maxime als Willensbestimmung keine Gleichförmigkeit unserer *Handlungen,* unseres Tuns und Lassens selbst, vielmehr eine Regel für die Bestimmungsgründe unseres *Wollens.* Dabei meint Wollen – um einem geläufigen Mißverständnis entgegenzutreten – bei Kant nicht bloß ein Wünschen (»ich hätte gern« oder »ich täte gern«). Kant ist nicht in dem Sinn ein Gesinnungsethiker, daß sein Prinzip des Sittlichen, der gute Wille, eine Welt tatloser Innerlichkeit bezeichnet, die in der politischen, gesellschaftlichen und persönlichen Welt ohne jede Äußerung bleibt. Der Wille ist kein »Jenseits« zur Wirklichkeit unseres Lebens, vielmehr ihr bestimmender Grund, soweit er im handelnden Subjekt selbst liegt, auch wenn die Manifestation des

Willens, die Handlung, wegen physischer, psychischer, intellektueller, wirtschaftlicher oder anderer Mängel hinter dem Gewollten zurückbleiben sollte. Die Handlung ist auch nicht bloß zufällige Nebenwirkung[11] oder eine quantité négligeable. Von einem Willen zur Hilfeleistung zum Beispiel kann man im Sinne Kants nicht sprechen, wenn jemand einen Ertrinkenden gern gerettet sähe, er aber weder – aus Angst – ins Wasser springt noch – aus Bequemlichkeit – fremde Hilfe holt. Zum Wollen gehört vielmehr »die Aufbietung aller Mittel, soweit sie in unserer Gewalt sind« (GMS, S. 394). Allerdings kann das Aufbieten der zur Verfügung stehenden Mittel den intendierten Zweck, das gewollte Resultat nicht garantieren. Die Hilfe kann zu spät, zu schwach oder – in einer vom Helfenden nicht übersehenen Weise – falsch kommen. Der Erfolg hängt nicht bloß von den Mitteln ab, die in unserer Gewalt sind, sondern auch von solchen, die unsere momentanen Kräfte übersteigen oder ganz außerhalb der Reichweite unserer Talente und Fähigkeiten sind. Unser Handeln spielt sich in einem natural und intersubjektiv bestimmten Kräftefeld ab, das nicht durch den Willen des handelnden Subjekts konstituiert ist, von ihm als empirischem Subjekt nicht einmal voll überschaut wird. Weil sich die Sittlichkeit nur auf den Verantwortungsraum des Handelnden, auf das ihm Mögliche bezieht, kann das nackte Resultat des Handelns, der objektive Erfolg selbst kein Gradmesser der Sittlichkeit sein. Deshalb behauptet Kant zu Recht, daß die Sittlichkeit nicht an der Handlung als solcher, sondern nur an der Qualität des zugrundeliegenden Willens auszumachen sei.

Schließlich: Sowohl nach ihrer wörtlichen Bedeutung als der (propositiones) maximae, das heißt als der innerhalb einer Kette von (praktischen) Syllogismen jeweils obersten und umfassenden Sätze, d. h. Sätze, die der Ableitung anderer Sätze dienen, ohne – zumindest in der jeweiligen Schlußkette – selbst noch einmal abgeleitet zu sein[12], als auch nach der zitierten Bestimmung der Maximen als praktischer Grundsätze (Prinzipien) handelt es sich bei ihnen nicht um irgendwelche selbstgesetzte Regeln[13]. Es geht vielmehr um die im jeweiligen Handlungskontext letzten, es geht um allgemeine Bestimmungsgründe, die deshalb noch »mehrere Regeln unter sich haben« (KpV, S. 19); um allgemeine Bestimmungsgründe allerdings, sofern sie noch eine inhaltliche Orientierung für menschliche Praxis bieten. Denn bei näherer Betrachtung der kantischen Begriffsverwendung erkennt man in Maximen einen mittleren Allgemeinheitsgrad zwischen gewöhnlichen Vorsätzen (unmittelbaren oder »untersten« selbstgesetzten Handlungsregeln) auf der einen Seite und einheitlichen, alle Bereiche und Aspekte der Lebensführung gleicherweise umgreifenden und insofern von spezifischen Inhalten ganz entleerten Gesamtentwürfen der Existenz auf der anderen Seite. Maximen unterscheiden sich von gewöhnlichen Vorsätzen (etwa: täglich um 7^h aufzustehen und um 22^h ins Bett zu gehen) dadurch, daß sie nicht erst von noch allgemeineren Willensbestimmungen (im Beispiel etwa von der Bestimmung, gesund zu leben) ihren Sinn erhalten. Sie sind nicht die untersten, die grundsätzlich sekundären oder abgeleiteten, sondern die jeweils primären, die fundamentalen Willensbestimmungen selbst. Dabei ist ihre Differenz zu gewöhnlichen Vorsätzen weniger quantitativ als qualitativ zu fassen. Maximen zeichnen sich nicht durch längere Geltung, in erster Linie auch nicht durch eine größere Zahl von Fällen aus, die sie umgreifen. Vielmehr wird in ihnen ausgesprochen, was für ein Mensch man sein will: jemand, der gesund, der rücksichtsvoll oder rücksichtslos, rachsüchtig oder großmütig, hilfsbereit oder gleichgültig lebt.

Indessen ist nicht jede solcher selbstgesetzten Regeln eo ipso eine Maxime im Sinne der jeweils fundamentalen Willensbestimmung. Der skizzierte Allgemeinheitsgrad ist eine notwendige, keine zureichende Bedingung. Denn ob eine selbstgesetzte Regel der jeweils nicht mehr abgeleitete, sondern der fundamentale Bestimmungsgrund ist, läßt sich dem objektiven Allgemeinheitsgrad der selbstgesetzten Regel allein nicht entnehmen. Die Tatsache, daß es sich jemand zur Regel macht, Notleidenden zu helfen, impliziert nicht, daß die zweifelsohne *allgemeine* Regel der letzte, nicht weiter abgeleitete Bestimmungsgrund des Willens ist. Die Regel kann noch von der höheren Regel abhängen, alles zu unterlassen, was soziale Ächtung oder Strafen im Jenseits einbringt. Dann aber wären diese höheren Regeln die eigentlichen Maximen. Nur wer deshalb hilfsbereit ist, weil er die Hilfsbereitschaft als solche will, hat die entsprechende allgemeine Regel auch zu seiner letzten Willensbestimmung, zu seiner eigentlichen Maxime gemacht.

Maximen beinhalten die Art und Weise, sein Leben als ganzes zu führen[14] – bezogen auf bestimmte Grundaspekte und allgemeine Situationstypen des Lebens: bezogen auf Beleidigungen, Hilfsbedürftigkeit usf. Durch diesen Bezug unterscheiden sich Maximen von einer noch höheren Allgemeinheitsstufe, von dem, was bei Aristoteles βίος (Existenzweise, Lebensform) oder bei Kierkegaard Existenzmodus heißt. Maximen entsprechen eher dem, was die Tradition Tugend oder Laster nennt: letzte Grundausrichtungen eines Lebens, sofern sie noch auf gewisse Bereiche der Lebenswirklichkeit hin spezifiziert sind; oder sie beziehen sich sogar – inhaltlich noch spezifizierter – auf nähere Aspekte solcher Grundausrichtungen. Denn wenn man Kants Beispiele für Maximen betrachtet (seine Naturgaben verwahrlosen zu lassen: GMS, S. 423; keine Beleidigung ungerächt zu erdulden: KpV, S. 19; sein Vermögen durch alle sicheren Mittel zu vergrößern: KpV, S. 27), so findet man weder selbstgesetzte Regeln von der Art: ich will ein Genußleben (βίος ἀπολαυστικός), ein auf Gelderwerb gerichtetes (βίος χρηματιστής), ein sittlich-politisches (βίος πολιτικός) oder ein theoretisches Leben (βίος θεωρητικός) führen[15]. Ebensowenig findet man Regeln der Art: ich will eine ästhetische, eine ethische oder religiöse Existenz leben (vgl. Kierkegaard). Und zwar fehlen solche Regeln nicht deshalb, weil Kant im Rahmen seiner an der Dichotomie Sittlichkeit-Nichtsittlichkeit orientierten Ethik andere »Existenzmodi« unterscheiden würde: ein Leben der Selbstliebe oder Heteronomie von einem Leben aus Uneigennutz oder Freiheit. Sie fehlen vielmehr, weil man mit Hilfe des kategorischen Imperativs allererst prüfen soll, welche Willensrichtungen »Teile« einer sittlichen Existenz sind und welche nicht. Zudem kann man nicht sagen, daß jemand eine direkte Vorstellung davon hat, wie er sein Leben führen soll, wenn er nur weiß, daß er es sittlich oder aus Eigennutz führen will. So verliert der Aufstieg zu noch allgemeineren Sätzen zugleich die Sache der Maxime aus dem Auge, nämlich inhaltlich bestimmendes Prinzip eines Lebens zu sein[16]. Die selbstgesetzte Handlungsregel, sittlich zu leben, bezeichnet keine spezifische Willensrichtung mehr, wohl aber die formale Qualität, die einer Mehrzahl allgemeiner Willensrichtungen gemeinsam ist.

Wie verhalten sich nun die allgemeinen Willensbestimmungen zu den Regeln, die sie nach Kant unter sich haben? Kants Bestimmung »mehrere Regeln unter sich haben« ist für sich genommen noch mehrdeutig. Sie kann entweder heißen, daß die Regel aus dem Grundsatz direkt ableitbar ist, oder aber, daß sie im Grundsatz ihr normatives Kriterium hat, aus dem sich erst mit Hilfe von produktiven Beurteilungsprozessen die besonderen Regeln gewinnen lassen. Wenn man einige Beispiele heranzieht, sieht man, daß die zweite Interpretation die sinnvolle ist.

In der Anmerkung zum § 1 der *Kritik der praktischen Vernunft* nennt Kant als Beispiel einer Maxime, »keine Beleidigung ungerächt zu erdulden«. Damit ist ein normatives Prinzip angesprochen, das für jedes sich auf Beleidigungen beziehende Wollen und Handeln maßgeblich ist, ohne daß man daraus irgendeine konkrete Absicht, Handlung oder Handlungsregel direkt ableiten könnte. Je nach dem Temperament und den momentanen Möglichkeiten des Beleidigten, je nach Art und Schwere der Beleidigung konkretisiert sich die Maxime in unterschiedlichen Absichten und Handlungen. Die Maxime bezeichnet eine allgemeine Willenshaltung, die einer Vielzahl und auch Vielfalt von Absichten und Handlungen ihren gemeinsamen Richtungssinn verleiht.

Diese Deutung läßt sich durch ein weiteres Beispiel erhärten, das Kant allerdings nicht selbst anführt, an der Maxime der Rücksichtnahme im Verkehr. Praktische Regeln, die von einem solchen Grundsatz bestimmt sind, ohne aus ihm unmittelbar abgeleitet werden zu können, wären etwa: vor Zebrastreifen zu halten, sobald Fußgänger die Straße zu überqueren trachten; bei liegengebliebenen Fahrzeugen nachzuschauen usf.

Während Maximen sich auf eine Vielzahl verschiedenartiger Situationen, auf einen ganzen Lebensbereich beziehen und für ihn das normative Leitprinzip aufstellen (z. B. Hilfsbereitschaft oder Gleichgültigkeit auf jede Art von Notsituation), wird in jenen praktischen Regeln, die eine Maxime »unter sich hat«, das normative Leitprinzip mit gewissen, regelmäßig wiederkehrenden Situationsarten innerhalb des Lebensbereiches vermittelt. Solche praktischen Regeln haben es mit den wechselnden Bedingungen des Handelnden in seiner spezifischen Lage zu tun. Sie stellen die nach Situationsarten variable Konkretisierung der allgemeinen Maxime für besondere Umstände dar. Als praktische Grundsätze abstrahieren die Maximen dagegen von den besonderen Umständen. Sie sind nicht durch die Situationsart mitbestimmt, wohl können sie auf sie angewendet werden. Sie sind das maß-gebende oder gestaltende Prinzip, nach dem man letztlich auf eine vorgefundene Situationsart antwortet.

Soweit einige Erläuterungen zum Begriff der Maxime. Auch

wenn diese Erläuterungen – durch den Mangel an näheren Bestimmungen von seiten Kants mitbedingt – noch nicht den letzten Grad präziser Begriffsklärung darstellen, reichen sie doch für den gegenwärtigen Zweck aus. Daß der kategorische Imperativ nicht selbstgesetzte Handlungsregeln als solche, sondern die ihnen zugrundeliegenden allgemeinen Willensbestimmungen auf ihre Verallgemeinerbarkeit prüft, ist sowohl für den kategorischen Imperativ als Kriterium des sittlichen Handelns als auch für das systematische Problem der Normenbegründung von Einfluß:

1. Zunächst bedeutet Kants Unterscheidung von Maximen und Regeln, daß eine Regel wie: täglich ein Lied zu singen, gar nicht der direkte Gegenstand des Moralkriteriums ist. Denn die Regel stellt einen gewöhnlichen Vorsatz, eine unmittelbare oder unterste Handlungsregel, und nicht eine allgemeine Willensrichtung dar. Bevor es sich überhaupt feststellen läßt, ob das tägliche Lied sittlich geboten, sittlich verboten oder sittlich erlaubt ist, muß man die Maxime aufsuchen, zu der die Regel gehört. Dabei läßt sich aber keine einheitliche Antwort finden. Denn nicht nur gilt es, daß ein und dieselbe Maxime (die der Hilfsbereitschaft oder der Gleichgültigkeit, die der Rücksichtslosigkeit oder der Rücksichtnahme, die der Rache oder der Großmut) in verschiedenen Arten von Umständen unterschiedliche Handlungsregeln erfordert. Es gilt ebenso, daß zu ein und derselben Handlungsregel mehr als eine Maxime denkbar ist. Maximen und praktische Regeln stehen zueinander nicht in der eindeutigen Relation von Ober- und Untermenge. Um es am Beispiel zu erläutern: Der eine wohnt in einem hellhörigen Mehrparteienhaus und singt am späten Abend, ohne auf das Ruhebedürfnis seiner Nachbarn Rücksicht zu nehmen, während sich einem anderen solche Fragen der Rücksichtnahme nicht stellen, weil er mit seiner Familie allein wohnt; er mag singen, um seiner Familie Freude zu machen. Wieder ein anderer singt täglich, um seine Stimme zu bilden, und ein vierter verzichtet darauf, um seine angegriffene Stimme zu schonen. Allgemein gesprochen: Je nach dem »intentionalen Kontext«[17] folgt ein Handeln gemäß der Regel anderen Maximen, so daß das tägliche Lied sowohl sittlich verboten als auch sittlich erlaubt, unter besonderen Umständen auch einmal sittlich geboten sein kann.

2. *Zum Verhältnis von Maxime und individueller Handlung:* Maximen stehen nicht bloß auf einer höheren Allgemeinheitsstufe als unmittelbare praktische Regeln. Als Willensgrundsätze, die von der besonderen Art der Umstände unabhängig gültig sind, haben sie auch einen anderen methodischen Status. Allerdings hat Kant weder auf diese Differenz aufmerksam gemacht, noch hat er den spezifischen methodischen Status von Maximen herausgearbeitet. Man kann ihn sich etwa folgendermaßen erläutern: Zugrunde liegt die Vorstellung, daß ein konkretes sittliches Urteil die Synthesis von zwei Momenten darstellt, von den je neuen Situationsbedingungen einerseits und der relativ invarianten Maxime andererseits. Mit der Maxime wird aus dem Konkreten das normative Leitprinzip herauspräpariert, also von dem anderen Moment, der streng genommen jeweils anderen Konstellation von Situationsfaktoren abstrahiert. Man konzentriert sich ganz auf das gleichbleibende normative Grundmuster. Dieses Grundmuster, die Rücksichtnahme oder Rücksichtslosigkeit, die Rache oder Großmut, eigens herauszustellen, hat seinen guten Grund. Denn erst auf dieser Abstraktionsstufe wird der normative Bestimmungsgrund als solcher, ohne die Ablenkung durch die wechselnden Situationsfaktoren, erkennbar. Zugleich sieht man ein, wieso unser Handeln verschieden sein und zugleich eine gemeinsame Qualität, die des Sittlichen oder des Nichtsittlichen, haben kann, ohne daß damit einem ethischen Relativismus auf der einen oder einem starren Regeldogmatismus auf der anderen Seite das Wort geredet würde. Die Maxime ist nämlich genau jenes identische (sittliche oder nichtsittliche) Einheitsmoment, das gegen den Relativismus spricht, und die Notwendigkeit, im konkreten Handeln die allgemeine Maxime mit den Besonderheiten der jeweiligen Situation und ihrer Bestimmungsfaktoren zu vermitteln, ist das andere Moment, das sich gegen jeden starren Regeldogmatismus wendet.

Damit hängt ein weiterer Aspekt zusammen. Als Grundsätze, die sowohl von den besonderen Umständen unabhängig formuliert und gültig als auch für eine ihnen gerecht werdende Realisierung bestimmt sind, fordern die Maximen eine eigene Art von Applikationsleistung. Sie machen es notwendig, die nur empirisch und je neu feststellbare geschichtliche Situation nach Maßgabe der normativen Vorgabe zu erschließen. Worin genau eine Handlung liegt, die der Maxime angemessen ist, läßt sich nicht situationsunabhängig einmal für immer präzise angeben. Eine Maxime umfaßt viele zum Teil höchst unterschiedliche Handlungen, die in den mannigfachen Situationen, in denen man sich vorfindet, den einen Grundsatz auf *verschiedene* Art befolgen. Welche konkrete Handlung aufgrund der Maxime geboten ist, was zum Beispiel die angemessene Hilfeleistung in der Not des Ertrinkens, Verhungerns usf. ist, das wird durch die Maxime weder vollständig ausgesprochen (wie in Vorsätzen der Art, täglich um 7 h aufzustehen, die entsprechende Handlung vorgeschrieben ist) noch ist sie – in den vom Vorsatz mitbestimmten Toleranzgrenzen – einfach dem Belieben anheimgestellt (wie es in Vorsätzen der Art, täglich ein Lied zu singen, grundsätzlich freigestellt bleibt, ob man morgens oder abends, laut oder leise, in Form einer Arie oder eines Schlagers usf. singt). In einer Maxime findet man weder die genaue Beschreibung einer konkreten Handlung noch deshalb einen Entscheidungsspielraum für freie Willkür. In ihrer Bestimmung der Verbindlichkeit liegt vielmehr eine eigene, allerdings methodisch wenig vertraute Art von Genauigkeit vor. Für sie hat Aristoteles den Begriff des Umriß- oder Grundriß-Wissens geprägt[18].

Ein Grundriß-Wissen zeichnet sich durch drei Momente aus: der (normative) Grundriß der Sache ist erkannt; die vollständige Bestimmung ist zwar gefordert, aber noch nicht geleistet; ihre Durchführung geschieht in einem eigenen Bestimmungsprozeß. In der Ethik hält Aristoteles ein solches Grundriß-Wissen deshalb für die allein angemessene Gründlichkeit, weil man nur so dem eigentümlichen Gegenstand der Ethik, dem gut und gerecht Handeln, Genüge leiste. Denn durch ein Grundriß-Wissen werden einerseits die »Strukturgitter« des sittlichen Handelns (bei Aristoteles vor allem die der verschiedenen Tugenden) begrifflich genau bestimmt und andererseits das historisch und individuell Besondere (das veränderliche Ethos, die je anderen Lebensverhältnisse und Umstände) freigegeben. Zugleich wird der Handelnde aufgefordert, in entsprechenden Beurteilungsprozessen die individuellen Gestalten sittlichen Handelns je neu und je selbst zu erfinden und im eigenen Tun und Lassen Wirklichkeit werden zu lassen[19].

Ähnliches gilt für Kant, auch wenn er dies nicht selbst gesehen hat: Die Maximen geben nur den allgemeinen Grundriß einer Handlung an. Die zur Konkretisierung erforderlichen produktiven Interpretations- und Beurteilungsprozesse nach Maßgabe der Maximen vorzunehmen ist Aufgabe der Urteilskraft. Aus ihrer Arbeit kann man *eventuell* gewisse Regeln gewinnen, z. B. in bezug auf Rücksichtnahme: ›in hellhörigen Mehrparteienhäusern nicht zu jeder Tages- und Nachtzeit in beliebiger Lautstärke zu singen‹ oder ›bei liegengebliebenen Fahrzeugen anzuhalten‹. Aus nachträglicher Verallgemeinerung von Resultaten gründlicher Beurteilungsprozesse gewonnen, bieten sie sich zwar besonders dort als Hilfe an, wo eine individuell vorgenommene genaue Beurteilung der vorliegenden Umstände als zu langwierig, zu kompliziert oder durch Parteinahme gefährdet erscheint. Weil es sich aber nicht um originäre Gebote, sondern um Faustregeln handelt, besitzen sie auch im Fall eines sittlichen Handelns nicht universale, sondern nur generelle Gültigkeit. Sie haben den Status von Orientierungshilfen, die den einzelnen von der persönlichen Beurteilung nicht grundsätzlich entlasten und denen gegenüber »Ausnahmen«, besser: individuelle Beurteilungen mit anderem Resultat nicht bloß erlaubt, sondern auch geboten sein können (wer z. B. einen akuten Schwerverletzten transportiert, sollte nicht bei liegengebliebenen Fahrzeugen anhalten). Werden die (Faust-)Regeln zu universell gültigen Normen verzerrt, so versperrt man sich gegenüber der bunten Mannigfaltigkeit von Handlungssituationen, gerade auch gegenüber einem möglichen Wandel der typischen Lebensumstände. (Sollten sich etwa die Lebensverhältnisse so entwickeln, daß ein liegengebliebenes Fahrzeug genauso eine Notsituation wie einen Verbrechertrick signalisieren kann, holt man besser öffentliche Hilfe, als daß man persönlich anhält.) Mit einem Wort: Wer solche Handlungsregeln verabsolutiert, erklärt sich, so Kant selbst in den *Reflexionen,* für unmündig und wird in bezug auf sich selbst zum Pedanten, in bezug auf andere aber zu einem ungeselligen und störrischen Mitmenschen (Reflexionen, S. 119).

3. Wenn die Verallgemeinerung Maximen betrifft und die Aufgabe, Maximen mit konkreten Situationen zu vermitteln, einer anderen Instanz, der (sittlichen) Urteilskraft, überantwortet ist, dann wird die Anwendung des kategorischen Imperativs auf konkrete Handlungen methodisch zu einer zweistufigen und das ganze Feld der Normenbegründung zu einer zweiteiligen, in sich noch jeweils gestuften Aufgabe. Die die gegenwärtigen ethischen

Diskussionen leitende existentielle Frage, was wir tun sollen, wird erst dann zureichend beantwortet, wenn folgendes Aufgabenfeld übernommen wird, das als ganzes noch von keiner der zeitgenössischen Ethiken erkannt und bearbeitet ist:

(a.1) Die Begründung: die Exposition und Legitimation, des kategorischen Imperativs als Moralkriterium. Dies ist eine der wichtigsten Aufgaben der *Grundlegung zur Metaphysik der Sitten* und der *Kritik der praktischen Vernunft,* die allerdings aus den Überlegungen hier ausgeklammert wurde[20]. Im Ausgang von der moralischen Erfahrung, das heißt dem Bewußtsein, zu Handlungen verpflichtet zu sein ohne Rücksicht auf entgegenstehende Antriebe oder auf die Chancen der Verwirklichung, wird diese Erfahrung einer schlechthin gültigen Verpflichtung mit Hilfe der Kategorien Objektivität, Notwendigkeit und Allgemeinheit interpretiert. Aus dieser Interpretation gewinnt man das Sittengesetz bzw. die höchste Regel, die aus dem Sittengesetz für endliche Vernunftwesen folgt, den kategorischen Imperativ. Man kann sich die Argumentation auch hypothetisch vorstellen: *Wenn* es das Bewußtsein schlechthin gültiger Verpflichtung gibt, *dann* handelt es sich um eine Verpflichtung, die unter dem Sittengesetz bzw. dem kategorischen Imperativ steht.

(a.2) Die Frage nach der subjektiven Bedingung der Möglichkeit von Sittlichkeit (Moralität), die Kant mit der Freiheit im transzendentalen Sinn, mit der Autonomie des Willens, beantwortet.

(b.1) Die Spezifikation von Moralität: die Legitimation von sittlichen bzw. die Disqualifikation von nichtsittlichen Maximen mit Hilfe des kategorischen Imperativs. Auf diesen Aspekt kommt es hier vornehmlich an, auf den kategorischen Imperativ als Kriterium des Sittlichen, wie er in den Beispielen der *Grundlegung* erscheint. Diese Aufgabe ist von der zeitgenössischen deutschsprachigen Ethik zwar angezielt, aber noch nicht realisiert worden. Weder in der konstruktivistischen Ethik noch bei Apel oder Habermas findet man nennenswerte Begründungen bestimmter sittlicher Maximen (Pflichten).

(b.2) Die Konkretisierung eines moralischen Handelns: die »Anwendung« von sittlichen Maximen in konkreten Situationen mit Hilfe einer (sittlichen) Urteilskraft, aristotelisch gesprochen: der φρόνησις, eine »sittlich-hermeneutische« Aufgabe, für die sich Kant aus verschiedenen Gründen herzlich wenig interessiert[21]. Allerdings findet man einige Hinweise zu dieser Aufgabe einer angewandten Ethik in der Rubrik »Casuistische Fragen«, die in der *Tugendlehre der Metaphysik der Sitten* jeweils auf die Begründung von sittlichen Pflichten folgt[22].

4. *Der kategorische Imperativ als Kriterium für Moralität, nicht für Legalität:* Die Unterscheidung von Maxime und Vorsatz bzw. Handlungsregel betrifft auch die Funktion, die der kategorische Imperativ nach Kant erfüllen soll. Immer wieder setzt man voraus, der kategorische Imperativ diene als Kriterium für die Pflichtgemäßheit von Handlungen. Kant geht bei seiner Begründung des kategorischen Imperativs in der *Grundlegung* aber von der Idee einer uneingeschränkten Verbindlichkeit aus. Die Verbindlichkeit heißt bei ihm Sittlichkeit oder Moralität und unterscheidet sich nicht allein von Pflichtwidrigkeit, sondern auch von bloßer Pflichtgemäßheit, der Legalität. Die *Reflexionen* bringen diesen Sachverhalt in die prägnante Formel: »Es kommt bei der Ethik nicht auf die Handlungen, die ich tun soll, sondern das principium an, woraus ich sie tun soll. Maxime« (Reflexionen, S. 119). Und in der *Metaphysik der Sitten* heißt es: »Die Übereinstimmung einer Handlung mit dem Pflichtgesetze ist die *Gesetzmäßigkeit* (legalitas) – die der Maxime der Handlung mit dem Gesetze die *Sittlichkeit* (moralitas) derselben.« (MS, S. 225) Dann aber soll der kategorische Imperativ nicht das Kriterium für Legalität, sondern für Moralität sein.[23]

Diesen selbst gestellten Anspruch könnte Kant dann nicht einlösen, wenn sich der kategorische Imperativ auf jede Art von praktischen Regeln bezöge. Denn Handlungsregeln müssen nicht selbstgesetzt sein. Dem bloßen Befolgen einer Regel läßt sich nicht entnehmen, ob die Regel als solche gewollt ist oder ob man ihr aufgrund von äußerer Gewalt oder rein aus Gewohnheit (konventionell) folgt. Aber auch selbstgesetzte Regeln als solche, sogar umfassende selbstgesetzte Regeln reichen als Gegenstand der Verallgemeinerung nicht aus, da sie nicht notwendig den *letzten* Bestimmungsgrund darstellen. Ehrlichkeit und Hilfsbereitschaft zum Beispiel können als solche gewollt sein; sie können aber auch einer davon verschiedenen Grundhaltung entspringen, etwa der Angst vor sozialer Ächtung oder der vor einer Bestrafung im Jenseits, Grundhaltungen, die sich nach Kant nicht verallgemeinern ließen. Die entsprechenden Handlungen wären bei aller Pflichtgemäßheit doch in allen Fällen bloß heteronom, also ohne die Qualität des Sittlichen. Nur weil der kategorische Imperativ nicht jede Art von Handlungsregeln, sondern allein die jeweils letzten, sich selbst zur Regel gemachten Willensbestimmungen, eben die Maximen, zum Gegenstand hat, ist er nicht bloß ein Test für die Pflichtgemäßheit. Er bedeutet vielmehr das, was er nach Kant auch bedeuten soll, die Anweisung: die Aufforderung zu und das Kriterium für Moralität.

Nur wenn man die grundlegende Differenz von Legalität und Moralität sowie Kants Interesse am letzteren beachtet, wird auch eine Eigentümlichkeit der kantischen Diskussion der Beispiele verständlich. *Kant* bezieht sich in der Grundlegung auf vier Pflichten: auf die Pflicht, sein Leben zu erhalten, die Pflicht zur Ehrlichkeit, die zur Kultur der eigenen Vermögen und die zur Wohltätigkeit. In allen vier Fällen prüft Kant mit Hilfe des kategorischen Imperativs nicht die jeweilige Gesamtklasse der pflichtgemäßen Handlungen, sondern nur eine bestimmte Teilklasse, da zu anderen Teilklassen auch eine Neigung bestehe. Um es an einem Beispiel zu erläutern: Wie es schon im Sprichwort heißt »ehrlich währt am längsten«, zahlt sich Unehrlichkeit auf die Dauer kaum aus. Wer unehrlich ist, läuft Gefahr, als Geschäftsmann seine Kunden zu verlieren (GMS, S. 397) und als Mitbürger seinen guten Ruf, damit auch seine Freunde und Bekannten. Ein Handeln, das ehrlich ist (bzw. der Selbsterhaltung, der Kultivierung der Vermögen oder der Linderung von Not dient), dokumentiert nicht eo ipso Sittlichkeit. Es kann ebensogut Ausdruck der Klugheit, also der Orientierung am eigenen langfristigen Glück sein. Falls sich überhaupt die Sittlichkeit eines Handelns genau feststellen läßt, dann jedenfalls nicht bei irgendeinem Befolgen der Pflichten, sondern nur dort, wo die natürliche Neigung zum Befolgen durch eine widerstreitende und zugleich stärkere Neigung unterdrückt wird: Die Neigung, sein Leben zu erhalten, durch Lebensüberdruß; die Neigung zur Ehrlichkeit durch augenblickliche Not usf. (GMS, S. 397 ff.). Nur in diesen Fällen, in denen die Einhaltung des Pflichtgebotes dem natürlichen Streben des Menschen nach Glück widerspricht, kommt der letzte Bestimmungsgrund des Handelns als solcher, eben die Maxime, zum Ausdruck. Nur hier läßt sich nicht bloß die Legalität, sondern auch die Moralität der entsprechenden Handlung prüfen.

In diesem Zusammenhang ist das zeitgenössische Prinzip der

Verallgemeinerung zu kritisieren. Insofern man das Prinzip direkt auf Handlungen bzw. Bedürfnisse und nicht auf Maximen bezieht, beruft man sich nicht bloß zu Unrecht auf Kant. Das Prinzip ist auch kein geeignetes Moralkriterium. Da jede Handlung und jedes Bedürfnis durch individuelle Faktoren mitbestimmt sind, können sie je anders sein und sind damit im strengen Sinn überhaupt nicht verallgemeinerbar. Vor allem aber prüft man mit dem Prinzip die äußeren Handlungen bzw. deren Regeln selbst und nicht die ihnen zugrundeliegende Motivationsstruktur.

5. Weil der kategorische Imperativ auf konkretes Handeln methodisch nicht direkt, sondern nur über den Weg von Maximen, also in zwei Schritten anzuwenden ist, kann man dem immer wieder erhobenen Vorwurf begegnen, Kants Ethik sei gegenüber den Konsequenzen von Handlungen und damit auch gegenüber dem tatsächlichen Wohlergehen konkreter Menschen unbekümmert[24]. Zunächst erscheint dieser Vorwurf nur allzu berechtigt. Denn Kant schließt Folgeüberlegungen und deren Beurteilung im Licht des eigenen oder allgemeinen Wohlergehens aus der Sittlichkeit nachdrücklich aus. Der Vorwurf erweist sich dann aber als unberechtigt, wenn man auf die Maximen achtet, die Kant selbst als sittlich begründet. Kant betrachtet die Beförderung des Wohlergehens anderer, die Maxime des Wohlwollens, als sittlich geboten, die dazu kontradiktorisch entgegengesetzte Teilnahmslosigkeit am Wohlergehen anderer als sittlich verboten (GMS, S. 423; MS, S. 387 f., 393 f., 448 f.). Nun ist es nach dem Prinzip des zu vermeidenden Widerspruchs (vgl. Prinzip vom ausgeschlossenen Dritten) logisch nicht möglich, daß ein Satz und zugleich sein kontradiktorischer Gegensatz wahr ist, – es sei denn, beide Sätze sprächen nicht über dasselbe und in derselben Hinsicht. Und genau diese Einschränkung trifft hier zu. Während die Begründung der Maxime des Wohlwollens als einer sittlichen Maxime, desgleichen die Bestimmung des Wollens durch die Maxime rein rational, also ohne empirisch-pragmatische Überlegungen geschehen muß, ist ein Handeln gemäß dieser Maxime, ist ihre Anwendung in einer konkreten Situation nur aufgrund solcher Überlegungen möglich. Wer das Wohlergehen anderer tatsächlich befördern und es nicht bei der leeren Behauptung belassen will, muß sich konkreten Menschen und ihren jeweiligen (elementaren) Bedürfnissen zuwenden, die sich nicht rein rational und

a priori, sondern nur empirisch feststellen lassen. Er muß sich überlegen, womit er angesichts der zur Verfügung stehenden Mittel einer Person A in ihrer gegenwärtigen Lage erfolgversprechend helfen kann. Zu diesen empirisch-pragmatischen Überlegungen gehört auch die Frage, die Kant selbst in dem Zusammenhang aufwirft, nämlich wieweit man den Aufwand treiben darf, ohne andere Verpflichtungen zu vernachlässigen oder selbst bedürftig zu werden (vgl. MS, S. 451 f.). Kurz, sowohl die allgemeine Legitimation als auch die persönliche Anerkennung einer sittlichen Maxime sind rein rational begründet, die konkrete Anwendung dagegen empirisch vermittelt. Nur die Zweistufigkeit im Verfahren der Anwendung des kategorischen Imperativs wird sowohl der Reinheit der sittlichen Maxime des Wohlwollens als auch der empirischen Bedingtheit der Hilfsbedürftigkeit und der Hilfsfähigkeit konkreter Menschen gerecht.

6. Ein letzter Hinweis: Bedeutungsvoll ist die Unterscheidung von Maxime und praktischer Regel auch für ein wichtiges, aber weitläufiges Problemfeld, das hier nur angedeutet werden kann: das der sittlichen Identität und damit zusammenhängend das der moralischen Erziehung und Beurteilung der Menschen. Da es sich bei Maximen um allgemeine Lebensgrundsätze handelt, die zugleich in den mannigfachen Situationen des Lebens den jeweiligen Umständen gemäß anzuwenden sind, wird durch sie die Biographie eines Menschen nicht in eine bald unübersehbare Mannigfaltigkeit von Regeln und noch weniger in unendlich viele Einzelhandlungen aufgesplittert. Durch Maximen werden vielmehr die Teile einer Biographie zu einheitlichen Sinnzusammenhängen verbunden, Sinnzusammenhängen, bei denen der kategorische Imperativ prüft, ob sie nicht bloß subjektiv, sondern auch objektiv, für jedes Vernunftwesen gültig und damit sittlich sind.

Während ferner das Einimpfen von Regeln die Erziehung in die Nähe einer Dressur rückt, schafft die Ausrichtung an normativen Leitprinzipien, eben Maximen, eine vernünftige Selbstbestimmung des Menschen und beläßt ihm zugleich den erforderlichen Freiraum für Unterschiede in Temperament, Fähigkeiten sowie den Situationen, in denen er sich vorfindet.

Weil schließlich Maximen von der jeweiligen Situation und auch den physischen, psychischen, intellektuellen und anderen Talenten und Fähigkeiten eines Menschen abstrahieren, kommt in ihnen der eigentliche Charakter oder die Grundhaltung eines Menschen zum Ausdruck. Nicht die konkreten Handlungsregeln, sondern erst die Maximen sind jene Lebensgrundsätze, nach denen man die sittliche Beurteilung eines Menschen (im Unterschied zu seiner physischen, psychischen, intellektuellen Beurteilung) vornehmen kann, um ihn als rachsüchtig oder aber großmütig, als rücksichtslos oder aber rücksichtsvoll, als eigensüchtig, rechtschaffen usf. zu qualifizieren.

II. Zum Verfahren der Verallgemeinerung (anhand von Kants eigenen Beispielen)

Während die Erforschung bloß subjektiver Maximen die Aufgabe empirischer Wissenschaften ist, untersucht die Ethik mit Hilfe des kategorischen Imperativs die Übereinstimmung oder Nichtübereinstimmung mit objektiven Gesetzen. Sie prüft, ob jene relative (subjektive) Allgemeinheit einer Maxime auch die absolute (objektive) Allgemeinheit bedeutet, die schlechthin für jedes Vernunftwesen gilt. Der kategorische Imperativ untersucht, ob der in einer Maxime gesetzte subjektive Sinnhorizont auch als objektiver Sinnhorizont, als vernünftige Einheit einer Gemeinschaft von Personen, gesetzt werden kann. Aus der bunten Vielfalt subjektiver Grundsätze werden auf diese Weise die vernünftigen bzw. die widervernünftigen ausgesondert. In der *Grundlegung* führt Kant das Verfahren anhand von vier Beispielen vor. Kant teilt die sittlichen Pflichten zum einen in vollkommene und unvollkommene Pflichten und zum anderen in Pflichten gegenüber sich selbst und solchen gegenüber anderen ein. Die Kombination beider Einteilungen ergibt insgesamt vier Klassen von Pflichten, zu denen Kant in der *Grundlegung* je ein negatives Beispiel diskutiert, das heißt: er bringt je ein Beispiel für eine nicht verallgemeinerungsfähige Maxime (S. 421 ff., 429 ff.): zu den vollkommenen Pflichten gegenüber sich selbst das Selbstmordverbot, zu den vollkommenen Pflichten gegenüber anderen das Verbot eines falschen Versprechens, zu den unvollkommenen Pflichten gegenüber sich selbst das Verbot, seine Talente und Fähigkeiten rosten zu lassen, und zu den unvollkommenen Pflichten gegenüber anderen das Verbot der Gleichgültigkeit gegenüber fremder Not.

Indem Kant nicht – positiv – die vernünftigen, wohl – negativ – die widervernünftigen Grundsätze der Willensbestimmung auszeichnet, verwendet er den kategorischen Imperativ nicht als Kriterium sittlich gebotener, sondern als Kriterium sittlich verbotener Maximen. Da, logisch betrachtet, nichtverbotene Maximen nicht geboten, wohl erlaubt, das heißt entweder geboten oder freigestellt sind, betrachtet Kant hier eindeutig die im kategorischen Imperativ geforderte Verallgemeinerungsfähigkeit als Kriterium sittlich verbotener und damit indirekt auch als Kriterium sittlich erlaubter, nicht aber – wie oft angenommen[25] – als Kriterium sittlich gebotener Maximen. Auf diesen Sachverhalt deutet auch das Wort »nur« in den meisten Formulierungen des kategorischen Imperativs hin. Der Satz »Handle *nur* nach derjenigen Maxime . . .« ist logisch äquivalent mit »handle *nicht* nach derjenigen Maxime . . .«, nicht aber mit »handle nach *jeder* Maxime . . .«[26]. Zudem sagt Kant ausdrücklich: »Die Handlung, die mit der Autonomie des Willens zusammen bestehen kann [und dafür gibt der kategorische Imperativ das Kriterium ab. O. H.], ist *erlaubt;* die nicht damit stimmt, ist *unerlaubt*« (GMS, S. 439).

In seiner Diskussion der vier Beispiele will Kant nun zeigen, wie man den kategorischen Imperativ als Kriterium sittlicher Maximen anwendet und daß diese Anwendung unsere gewöhnlichen Moralvorstellungen bestätigt (GMS, S. 423 f.). Daß Kant unsere gewöhnlichen Moralvorstellungen nicht korrigieren, sondern bestätigen will, bedeutet in diesem Zusammenhang, daß es ihm weniger darauf ankommt zu zeigen, welche Maximen verpflichtend sind. Diese Seite gilt vielmehr als schon bekannt und nicht kontrovers. Kant will primär den Pflichtcharakter, das Moment der Moralität als solcher, aufweisen. Er will zeigen, was es formaliter bedeutet, der Pflicht und nicht der Neigung, der Maxime der Sittlichkeit und nicht jener der Selbstliebe zu folgen.

Eine der neueren höchst scharfsinnigen Untersuchungen (Hoerster) geht von der auffallenden Ähnlichkeit des kategorischen Imperativs mit den Verallgemeinerungsprinzipien Hares und Singers aus und will durch Vergleich mit ihnen den kategorischen Imperativ – in seiner Funktion als Test des Sittlichen – auf Inhalt und Plausibilität hin überprüfen. Die entlang von Kants eigenen Beispielen durchgeführte Untersuchung kann – unter anderem – Kants Annahme bestätigen, daß der kategorische Imperativ unseren alltäglichen Moralvorstellungen zugrunde liege und daß er überdies keine »Leerformel« sei, aus der sich alles bzw. gar nichts ableiten ließe[27]. Allerdings fordere er in einigen Bereichen zu einem Handeln auf, das unseren moralischen Vorstellungen nicht entspreche. Dort erschienen jene Prinzipien überzeugender, denen der kategorische Imperativ zwar sehr ähnlich, aber nicht äquivalent sei, nämlich die Prinzipien der Verallgemeinerung.

Die eingeschränkte Rehabilitierung, die der kategorische Imperativ damit erfährt, hat jedoch Voraussetzungen, die einigen Grundannahmen der Ethik Kants widersprechen. Zu Recht geht diese Überprüfung des kategorischen Imperativs von Kants Unterscheidung zwischen vollkommenen und unvollkommenen Pflichten aus. Denn während im Falle von vollkommenen Pflichten die sittlich unerlaubte Maxime des Handelns als allgemeines Naturgesetz ohne Widerspruch nicht einmal *gedacht,* damit a fortiori auch nicht gewollt werden kann, kann bei unvollkommenen Pflichten, die sittlich verbotene Maxime als allgemeines Naturgesetz ohne Widerspruch lediglich nicht *gewollt* werden (GMS, S. 424). Dann werden zu beiden Fällen, dem Nichtdenkenkönnen auf der einen und dem Nichtwollenkönnen auf der anderen Seite, je zwei Deutungen vorgeführt, denen eines gemeinsam ist: Den Ausschlag bei der Legitimation von Pflichten mit Hilfe des kategorischen Imperativs geben Überlegungen, die nicht ohne die Kenntnis von Handlungsfolgen und deren Bewertung im Licht des menschlichen Wohlergehens, also nicht ohne empirische Kenntnisse und deren (sozial-)pragmatische Beurteilung auskommen. Damit wird aber das, was Kant mit dem kategorischen Imperativ beabsichtigte, von vornherein abgewehrt, nämlich ein reines, von empirischen Elementen freies Vernunftprinzip aufzustellen: ein Kriterium, das von den subjektiven Absichten der Menschen ganz unabhängig ist, gleich ob diese Absichten individueller, geschichtlich-gesellschaftlicher oder gattungsmäßiger Natur sind.

Der eine Fall, das Nichtdenkenkönnen, wird zunächst als Widerspruch der allgemeinen Praxis in sich, samt ihren gedachten, nicht tatsächlichen, gleichwohl nur empirisch erkennbaren Folgen und dann als Widerspruch zwischen der allgemeinen Praxis und der betreffenden Einzelhandlung interpretiert. In den entsprechenden Einzelanalysen erscheint das Selbstmordverbot überhaupt nicht, das Verbot des falschen Versprechens nur in der zweiten Deutung als einsichtig.

Der andere Fall, das Nichtwollenkönnen, wird erst als »logischer« Widerspruch im Begriff des Wollens gedeutet, wobei jedoch auch empirische Erwägungen angestellt werden, dann als pragmatischer Widerspruch, nach dem die allgemeine Praxis den (subjektiven) Zweck der (individuellen) Handlung vereiteln würde. Während in der »logischen« Deutung alle Beispiele Kants als verfehlt erscheinen, gelten sie in der pragmatischen Deutung wiederum bis auf das Selbstmordbeispiel als überzeugend.

Nun hat Kant mehrfach und nachdrücklich versichert, daß subjektive Zwecke, sofern sie zum Bestimmungsgrund des Willens gemacht werden, die Sittlichkeit des Handelns ganz untergraben würden. Die genannte Interpretation – sie soll insgesamt die empirisch-pragmatische heißen[28] – setzt nicht nur voraus, daß der kategorische Imperativ einigen Grundaussagen der kantischen Ethik widerspricht. Sie muß auch annehmen, daß Kant sein Hauptinteresse verfehlt, die Ethik auf reiner Vernunft zu gründen und jeden ethischen Empirismus, jede Vermischung von reiner Moral mit empirisch bedingter Anthropologie, zu kritisieren (GMS, Vorrede; KpV, Einleitung u. v. a. m.). Deshalb sollte man eine andere Deutung suchen, die nicht mehr die (Neben-)Folgen einer allgemeinen Anwendung der Maxime, sondern allein die Struktur der Maxime selbst in Betracht zieht. Zwar ist Kant gerade in seiner Beispieldiskussion nicht immer so klar und ausführlich, daß man ohne weiteres eine Deutung als die einzig richtige behaupten und jede andere als sicherlich falsch erklären kann. Allerdings scheint eine Deutung möglich zu sein, die Kant von dem (impliziten) Vorwurf fehlender Konsequenz in seiner Grundlegung einer Ethik befreit, auch wenn sie vielleicht auf andere Schwächen der kantischen Argumentation stoßen mag.

Das erste Beispiel, das *Selbstmordverbot* (GMS, S. 421 f.), gehört in den Bereich der vollkommenen Pflichten. Sein Kriterium ist also die verschärfte Bedingung, das Nichtdenkenkönnen des entsprechenden allgemeinen Gesetzes. Die empirisch-pragmatische Interpretation hält Kant vor, daß die Vorstellung (und auch das Wollen) einer Welt, in der jeder Lebensüberdrüssige sich tötet, keinerlei logische Schwierigkeiten biete[29]. Diese Interpretation ist richtig in dem, was sie behauptet, aber falsch in dem, was sie unterstellt. Zu Recht sagt sie, daß die allgemeine Befolgung der Handlungsregel, daß Lebensüberdrüssige sich töten, keinerlei logische Schwierigkeiten biete. Wenn aber diese richtige Einsicht einen Einwand gegen Kant darstellen soll, dann setzt man voraus, daß Kant die beobachtbare Selbstmordhandlung eines Lebensüberdrüssigen verallgemeinern will, indem er sie als strikt universales Gesetz einer Naturordnung denkt, und daß der Zusatz »aus Lebensüberdruß« die spezifische Differenz des Gesetzes angibt. Der kategorische Imperativ prüfe also eine Handlungsregel, nicht eine allgemeine Willensbestimmung, und zwar nicht die allgemeine Regel, nach der jedermann in jeder Situation Selbstmord begehen dürfe, sondern die besondere Regel, nach der man allein in der Situation des Lebensüberdrusses dazu sittlich befugt sei.

Gegen diese Deutung erheben sich zwei Einwände. Zum einen hält Kant den Selbstmord für grundsätzlich verboten (vgl. MS, S. 422 f.), so daß für ihn »aus Lebensüberdruß« keine spezifische Differenz der Regel »Selbstmord ist erlaubt« sein kann. Unter dem Aspekt, unter dem das Verbot hier diskutiert wird, unter dem Aspekt einer Pflicht gegen sich selbst (GMS, S. 421)[30], ist der Lebensüberdruß als spezifische Differenz auch wenig sinnvoll. Denn wer sonst sollte sich unter diesem Aspekt das Leben nehmen wollen als der Lebensüberdrüssige, da wir doch alle eine natürliche Neigung zur Erhaltung des Lebens haben (GMS, S. 397)? Zum anderen – und dieser Einwand ist der entscheidende – werden im kategorischen Imperativ keine Handlungsregeln, sondern allgemeine Willensgrundsätze geprüft. Kant fordert uns nicht auf, die Folgen eines allgemeinen Handelns nach dieser Regel, also eine Welt vorzustellen, in der sich jeder Lebensüberdrüssige tötet. Das würde zu einer Bevölkerungsabnahme und in dem (ganz unwahrscheinlichen) Extremfall zu einem Aussterben der Menschheit führen. Es hätte nur wünschenswerte oder widrige Folgen, wäre aber keineswegs undenkbar. Das im kategorischen Imperativ geforderte Gedankenexperiment bezieht sich dagegen auf die Struktur der Maxime selbst. Es gilt deshalb, den zum Selbstmord aus Lebensüberdruß gehörenden Grundsatz der Willensbestimmung zu erkennen, ihn als Gesetz einer ganzen Naturordnung vorzustellen und die Widerspruchsfreiheit der entsprechenden Naturordnung zu prüfen (vgl. KpV, S. 69).

Sich aus Lebensüberdruß das Leben zu nehmen heißt, es aus Selbstliebe (GMS, S. 422) bzw. aufgrund von Unlustempfindung zu tun. Läßt sich dieser Lebensgrundsatz als Gesetz für die ganze Natur, das heißt für alle mit der Empfindung von Lust und

Unlust begabten Wesen denken? Die Maxime »Selbstmord aufgrund von Unlustempfindungen begehen« als Naturgesetz gedacht hieße, daß jede, auch die kleinste Unlustempfindung nicht dazu führt, sie zu beheben, sondern dazu, daß man sich ausnahmslos und mit Notwendigkeit das Leben nimmt. Von diesem Gesetz behauptet Kant, daß es sich nicht als Prinzip einer Naturordnung denken lasse. Der entscheidende Begriff ist der Oberbegriff zu Lebensüberdruß, der Begriff der (Unlust-)Empfindung. Kant bestimmt ihn teleologisch, das heißt: er sucht die Funktion auf, die die Unlustempfindung im Rahmen von (animalischem) Leben hat. Hier findet er als die von den mehr oder weniger zufälligen momentanen Umständen und subjektiven Absichten unabhängige, insofern objektive »Bestimmung« der Unlustempfindung, »zur Beförderung des Lebens anzutreiben« (GMS, S. 422; vgl. MS, S. 424: »Die Liebe zum Leben [ist] von der Natur zur Erhaltung der Person bestimmt«)[31]. Die Unlustempfindung – so muß man sich den übermäßig kurzen Hinweis ergänzen – ist das Gefühl eines Mangels, verbunden mit dem Bedürfnis, den Mangel zu beheben und den Lustzustand zu erreichen. So wäre Hunger das Gefühl eines Nahrungsmangels, verbunden mit dem Bedürfnis, den Mangel zu beheben. Bei animalischen Wesen, deren Mangelzustände nicht ohne eigene Tätigkeiten überwunden werden, ist die Empfindung von Mißvergnügen die Anzeige eines Mangelzustandes und zugleich der notwendige Stimulus, der zu jenen Handlungen antreibt, die zur Überwindung des Mangels führen und in diesem Sinn das Leben befördern. Damit sind animalische Wesen als ein Funktionsganzes verstanden, deren Leben ohne den Stimulus der Unlust objektiv nicht denkbar ist. Dann aber kann man sich zwar ohne Widerspruch eine einzelne Selbstmordhandlung aus Lebensüberdruß denken, nicht aber ein Gesetz, nach dem das zugrundeliegende subjektive Prinzip, die Unlustempfindung, in jedem Fall und notwendig zu einem Sich-Töten führt.

Um einem möglichen Mißverständnis entgegenzutreten: Kants Argument macht nicht die dogmatische Voraussetzung, daß animalisches Leben ein naturnotwendiger Zweck und eine Welt ohne animalisches Leben naturwidrig sei. Kant hebt nicht auf die angeblich mißliche Folge einer allgemeinen Beachtung der Maxime ab, nämlich auf das Aussterben animalischen Lebens. Er behauptet nur eine eindeutige Zweck-Mittel-Relation zwischen animalischem Leben und der Unlustempfindung. Insofern ist das Argument hypothetisch: Unter der als objektiv gültig angenommenen Bedingung, daß animalisches Leben ein Funktionsganzes ist, das sich selber erhält, unter der weiteren und entscheidenden objektiven Bedingung, daß die Unlustempfindung jener Stimulus ist, ohne den die zum animalischen Leben notwendigen Tätigkeiten nicht zustande kommen, unter diesen beiden Bedingungen ist es nicht möglich, eine Natur zu denken, in der durch Gesetz jeder Fall von Unlustempfindung mit Notwendigkeit zum Sich-Töten treibt. Es wäre eine Natur, in der das animalische Leben eine Fehlkonstruktion wäre, da es weder entstehen noch fortbestehen könnte. Denn ein und dieselbe Empfindung wäre für zwei widersprüchliche Aufgaben bestimmt: für die Beförderung und für die Zerstörung von Leben zugleich (GMS, S. 422, Z. 8 ff.).

Ob man Kants teleologische Definition der Unlustempfindung anerkennen oder als teleologische Restannahme verwerfen muß, mag hier dahingestellt bleiben. Denn es soll in diesem Zusammenhang nicht um das Verbot des Selbstmordes selbst, sondern um das methodische Problem gehen, in welcher Form der kategorische Imperativ ein Kriterium des Sittlichen ist. Unter diesem Aspekt ergibt sich aber ein Doppeltes:

Zum einen untersucht Kant mit dem kategorischen Imperativ nicht ein naturales, rein objektiv beobachtbares Ereignis (daß jemand durch sich selbst umkommt). Das Ereignis ist vielmehr schon »sittlich aufbereitet«, d. h. es ist von vornherein als intentionales Handeln verstanden (jemand will sich selbst töten), und das intentionale Handeln ist auf die zugrundeliegende Maxime befragt. Erst diese Maxime (Selbstmord aufgrund von Unlustempfindungen) wird dem Test des kategorischen Imperativs unterworfen. Bei diesem Test ergibt sich aber genau das, was die empirisch-pragmatische Interpretation bestreitet: Die Verallgemeinerung der dem Selbstmord aus Lebensüberdruß zugrundeliegenden Maxime erweist einen Widerspruch in der Maxime selbst, und zwar einen solchen, der ausschließlich aus den zur Beschreibung der Maxime verwendeten Begriffen folgt. Es handelt sich, wenigstens unter Voraussetzung des kantischen Sprachgebrauchs, allein um einen Widerspruch im Denken, um einen rein logischen Widerspruch. Zur Logik der im kategorischen Imperativ geforderten Verallgemeinerung gehören weder empirisch-pragmatische Kenntnisse (Folgenüberlegungen und deren

Beurteilung im Licht des menschlichen Wohlergehens) noch als dogmatischer Rest Zwecke, die naturnotwendig sein sollen. Der kategorische Imperativ ist überhaupt kein empirisch-pragmatisches Kriterium. Er ist vielmehr – ganz in Übereinstimmung mit dem rationalen Grundinteresse Kants – ein Kriterium a priori sittlicher Maximen.

Zum anderen hat die apriorische Grundstruktur keinesfalls zur Folge, daß es sich bei Kants Aufstellung sittlicher Verbote um die jeder Kritik entzogenen Wahrsprüche einer transzendentalen Vernunft handelt[32]. Auch in Kants Ableitung sittlicher Maximen können sich Fehler und Irrtümer eingeschlichen haben. So ist die Anwendung des kategorischen Imperativs an die Bedingung geknüpft, daß der zur Diskussion stehende Fall, das bewußte und freiwillige Sich-Töten, mit Kants Begriff der Unlustempfindung notwendig beschrieben wird. Auch wenn der Rekonstruktionsvorschlag zeigen sollte, daß Kants Anwendung des kategorischen Imperativs nicht so unplausibel ist, wie sie zunächst erscheint, heißt dies nicht, daß hier keine Kontroversen mehr denkbar sind. Nur wären auch diese nicht von empirisch-pragmatischer Natur.

Analog verhält es sich im zweiten Fall eines Nichtdenkenkönnens, dem des *falschen Versprechens:* »Darf man, wenn man sich in Not befindet, ein Versprechen abgeben im Wissen und in der Absicht, es nicht zu halten?« (vgl. GMS, S. 402, 422). Hier ist zunächst eine Vorbemerkung notwendig. Denn in der Diskussion der Versprechensproblematik, wie man sie entweder im Anschluß an Kant oder in den Kontroversen um die utilitaristische Ethik[33] führt, wird zwar viel Scharfsinn aufgewendet, aber er richtet sich häufig auf das falsche Problem. Denn gewöhnlich wirft man die Frage auf: »Darf man – in gewissen Fällen wenigstens – ein Versprechen brechen oder ist es in jedem Fall unsittlich?« Das nackte Resultat: das Brechen eines Versprechens, ist als solches jedoch nicht das sittlich relevante Phänomen[34]. Weder ist ein Kind unsittlich, wenn es – ohne darum zu wissen – etwas verspricht, das seine Mittel und Fähigkeiten weit übersteigt und deshalb von ihm nicht eingehalten werden kann, noch ist es jemand, der sein Versprechen aufgrund höherer Gewalt nicht hält (etwa weil er auf dem Weg zu einem versprochenen Termin in einen Unfall verwickelt wird). Kant prüft mit dem kategorischen Imperativ nicht einen beobachtbaren Ereignisablauf, das Halten oder Brechen eines Versprechens, sondern einen Grundsatz der Willensbestimmung. Er untersucht, ob man ein falsches Versprechen tun darf, das heißt: ob man es abgeben darf im Wissen und in der Absicht, es nicht zu halten; Kant prüft einen Fall von Unwahrhaftigkeit oder Lüge (vgl. KpV, S. 21). (Gleiches gilt für das berühmte Beispiel der Unterschlagung eines Depositums: KpV, S. 27.)

Nach der pragmatischen Interpretation ist das Versprechen eine Institution im Sinne einer sozial verbindlichen Handlungsregel[35]. Solche Institutionen definieren Vorteile und Verpflichtungen, sie schaffen Erwartungen und ermöglichen eine Orientierung im sozialen Umfeld: eine Koordinierung des eigenen Handelns mit dem anderer und damit ein geregeltes Zusammenleben. Das Brechen von Versprechen untergräbt aber die Glaubwürdigkeit dieser Institution und, gesetzt den Fall, daß alle ihre Versprechen brechen, gibt es keinen mehr, der einem Versprechen glaubt. Bei einer Verallgemeinerung des Versprechensbruchs stürbe die Institution dahin und mit ihr eine Möglichkeit zu »vernünftigem« Miteinanderleben. So würde, in Kants Beispiel, auch der subjektive Zweck, den man mit seinem Versprechen erreichen wollte, die Hilfe aus der gegenwärtigen persönlichen Not, vereitelt.

Diese Überlegungen sind richtig, treffen aber nicht das genaue Problem. Denn empirisch-pragmatisch betrachtet ist es gleichgültig, woher der allgemeine Vertrauensschwund kommt, ob aus fehlender Aufrichtigkeit unter den Menschen oder daher, daß sie aufgrund mangelnder Voraussicht über die Schwierigkeiten, die das Einhalten des Versprechens mit sich bringt, ihre Versprechen trotz bester Absicht oft nicht halten können, was, rein moralisch betrachtet, noch nicht tadelnswert sein muß. Dann aber kann das bloße Brechen des Versprechens, ein objektiv beobachtbares Phänomen, nicht der entscheidende Punkt sein. Kant interessiert sich aber für den spezifisch moralischen Aspekt, für die Verallgemeinerung der dem falschen Versprechen zugrundeliegenden allgemeinen Willensbestimmung. Dabei sieht er zwei Dinge unmöglich werden: »das Versprechen und den Zweck, den man damit haben mag« (GMS, S. 422).

In der pragmatischen Interpretation taucht kein logischer Widerspruch auf. Denn eine Welt, in der man – aufgrund enttäuschter Erwartungen – keinem Versprechen und im Extremfall überhaupt keiner Rede traut, so daß die Menschen gar nicht mehr miteinander sprechen, mag nicht wünschenswert sein; logisch unmöglich ist sie jedenfalls nicht. Selbst wenn man annimmt, daß die Menschen ohne Rede nicht existieren könnten, eine Welt ohne Rede deshalb eine Welt ohne Menschen wäre, fände man nichts Denkunmögliches. Erst wenn man sich auf Kants rationale Intention einläßt und nicht auf die (widrigen oder wünschenswerten) Folgen und Nebenfolgen, sondern auf die Struktur der Maxime achtet, stößt man auf den logischen Widerspruch. Denn ein Versprechen beinhaltet, sich ausdrücklich eine Verpflichtung aufzuerlegen, wozu der Selbstverzicht gehört, das Einhalten von sozialpragmatischen (utilitaristischen) oder individualpragmatischen (Klugheits-) Überlegungen abhängig zu machen[36]. Wer ein Versprechen abgibt, unterwirft sich der entsprechenden Selbstverpflichtung, und diese Selbstverpflichtung ist logisch unabhängig davon, ob es von Dummheit oder Gerissenheit, von Verantwortung oder Verantwortungslosigkeit zeugt, daß man das Versprechen abgegeben hat. Weil es sich um eine Selbstverpflichtung handelt, ist das Gegebensein der Verpflichtung auch davon logisch unabhängig, ob die Institution Versprechen überhaupt sozial vertretbar ist oder ob eine Gesellschaft sie ächten sollte, wie sie es etwa mit gewissen Glücksspielen tut. Die Legitimation der Institution ist von der Legitimation des Haltens von Versprechen analytisch unabhängig. Wer bei einem »promise-game« mitspielt, ist auch dann den Regeln dieses »Spiels« unterworfen, wenn er entweder in diese besondere Partie oder gar in jede Partie dieses Spieltyps eigentlich nicht hätte eintreten sollen.

Ein Versprechen ist logisch gleichbedeutend mit einer Selbstverpflichtung. Ein falsches Versprechen beinhaltet aber, für sich keine Verpflichtung zu übernehmen, was als allgemeines Gesetz bedeuten würde, daß mit jeder Selbstverpflichtung zugleich keine Selbstverpflichtung verbunden ist. Das aber hebt den Begriff des Versprechens als einer Selbstverpflichtung auf, damit auch jeden Zweck, den man mit dem Versprechen intendiert, ganz gleich worin man den Zweck im Einzelfall sieht. Nach dieser Argumentation wird der Zweck nicht als Folge des Vertrauensschwundes, also aufgrund empirisch-pragmatischer Überlegungen, sondern wegen des Selbstwiderspruchs im Begriff, also aufgrund logischer Überlegungen unmöglich. Zudem kommt es nicht darauf an, ob die Existenz der Institution sozial wünschenswert ist oder nicht. Das ist zwar wie selbstverständlich vorausgesetzt, bildet aber keinen Teil des Arguments. Somit sind empirisch-pragmatische Überlegungen in der Begründung überflüssig. Der Widerspruch ergibt sich schon aus der Struktur der Maxime, aus den zu ihrer Beschreibung verwendeten Begriffen. Einem Versprechen, das man im Wissen und in der Absicht abgibt, es nicht zu halten, liegt eine in sich widersprüchliche Maxime zugrunde, deren Verallgemeinerung zu einem Naturgesetz sich nicht denken läßt. Denn ein Gesetz zu denken, nach der eine Selbstverpflichtung nicht tatsächlich eine Selbstverpflichtung darstellt, ist nicht möglich. Der pragmatischen Interpretation leistet Kant allerdings gelegentlich selbst Vorschub, so wenn er auf den Vertrauensschwund hinweist, der aus der Verallgemeinerung der Maxime folgt (GMS, S. 403). Mit solchen Hinweisen verdunkelt er aber seine eigene rein rationale Intention in der Ethik.

Bei den beiden anderen Beispielen handelt es sich um unvollkommene Pflichten. Ihr Kriterium ist das schwächere, das Nichtwollenkönnen. Im Fall der Verwahrlosung seiner Naturgaben denkt Kant an Südsee-Bewohner, die nicht arbeiten, um ihre Anlagen zu erweitern und zu verbessern, die vielmehr ihre Talente rosten lassen und ihr Leben ganz auf Müßiggang, Ergötzlichkeit und Fortpflanzung, mit einem Wort: auf Genuß abstellen (GMS, S. 423). Die Allgemeinheit der entsprechenden Maxime, die *Kulturunwilligkeit* als allgemeines Gesetz, führt nach Kant keinesfalls zu einem Widerspruch im Denken. Denn das menschliche Geschlecht könnte sehr wohl bestehen, nur könnte es keine Form von Kultur entwickeln.

Den behaupteten Widerspruch im Wollen zu präzisieren bereitet keine geringen Schwierigkeiten. Kant geht es nämlich nicht, wie man zunächst annehmen möchte, um einen Widerspruch in der »Oberflächenstruktur« des Begriffs des Wollens. Er denkt nicht an einen Widerspruch von der Art: »niemand kann wollen, zu etwas gezwungen zu werden«, das heißt niemand kann wollen, etwas gegen seinen Willen zu tun[37]. Ein solcher Widerspruch, den man eventuell mit der Unterscheidung von Willensbestimmungen erster und zweiter Ordnung auflösen könnte, ist in Kants Beispiel auch nicht zu entdecken. Man muß sich vielmehr die »Tiefenstruktur« des Willens klarmachen: Was heißt es, wollen zu können bzw. einen Willen zu haben, und läßt sich mit dem entsprechenden Begriff des Wollens die zur Diskussion stehende Maxime als allgemeines Gesetz vereinbaren?

Kant bestimmt den Willen als »ein Vermögen ..., der *Vorstellung gewisser Gesetze gemäß*, sich selbst zum Handeln zu bestimmen« (GMS, S. 427; vgl. ebda., S. 412 f.). Ein solches Vermögen kommt nur vernünftigen Wesen zu (ebda., S. 427). Diese Bestimmung impliziert nicht, daß es um *rein* vernünftige Wesen geht, wohl aber, daß bloße Naturwesen ausgeschlossen sind. Der Widerspruch ist im Begriff des Wollens als dem Charakteristikum eines praktischen Vernunftwesens zu suchen. Dabei hat ›Vernunftwesen‹ nicht die Bedeutung einer differentia specifica zu ›Wollen‹, so als ob es auch ein Wollen nichtvernünftiger, bloßer Naturwesen gäbe. ›Vernunftwesen‹ hat vielmehr explikative Bedeutung. Daß mit dem Begriff des Wollens der Begriff des praktischen Vernunftwesens angesprochen ist, läßt sich auch aus der Funktion des kategorischen Imperativs entnehmen. Der kategorische Imperativ soll prüfen, ob die Maxime auch ein praktisches Gesetz sei, ein praktisches Gesetz ist aber jener Grundsatz, der »für den Willen jedes vernünftigen Wesens gültig« ist (KpV, S. 19).

Wenn man auf diese Bestimmung des Wollens achtet, dann braucht man Kant nicht mehr die dogmatische Prämisse zu unterstellen, gewisse menschliche Ziele hätten eine Naturnotwendigkeit[38]. Kant setzt in seiner Argumentation nur jene Eigenart voraus, durch die sich ein Vernunftwesen von einem reinen Naturwesen begrifflich unterscheidet. Um wieder Kants äußerst knappe Argumentationsskizze etwas auszuführen: Von einem Überschreiten der bloßen Natur in die Dimension von praktischer Vernunft kann man erst dann sinnvoll reden, wenn man weder ausschließlich jene Ziele verfolgen noch beim Zielverfolgen allein jene Mittel einsetzen kann, die durch die naturgegebenen Instinkte und Kräfte vorgezeichnet sind. Zum Begriff eines praktischen Vernunftwesens gehört als Minimalbedingung, daß der eigene Handlungsspielraum nicht ausschließlich durch die Natur: durch das, was man von Geburt an hat oder durch rein biologische Prozesse entwickelt, gegeben und begrenzt ist. Ein über die Naturgrenzen hinaus erweiterter Handlungsspielraum steht aber nur dann zur Verfügung, wenn man die Naturausstattung nicht als einmal für immer fix und fertig vorgegeben betrachtet, sondern wenn man sie als Anlagen und Talente erkennt, die über den angeborenen oder rein biologisch ausgebildeten Handlungsspielraum hinaus zu entwickeln sind. So ergibt sich, auch ohne auf empirisch gestützte kulturanthropologische Forschungen zurückgreifen zu müssen, dieses Resultat: Eine Entwicklung (Kultivierung) der Talente und Fähigkeiten ist jenes von den wechselnden subjektiven Absichten unabhängige und insofern objektiv notwendige »Mittel«, ohne das ein Überschreiten der naturgegebenen (beim Menschen wohl sehr dürftigen) Grundausstattung an Instinkten und Kräften unmöglich ist. In Kants Formulierung: Anlagen und Talente sind Vermögen, die »zu allerlei möglichen Absichten dienlich und gegeben sind« (GMS, S. 423). Das bedeutet zugleich, daß sie nicht schon auf bestimmte, auf angeblich naturnotwendige oder auf einige der mannigfaltigen subjektiven Absichten festgelegt sind.

Würde nun die Kulturunwilligkeit zu einem allgemeinen Naturgesetz, dann wäre genau das ausnahmslos und notwendig verhindert, was den Menschen zu einem aktualen Vernunftwesen werden läßt, die Realisierung seiner Bildungs- und Kulturfähigkeit. Zwar kann man eine solche Ordnung der Dinge denken. Um einen logischen Widerspruch handelt es sich also nicht. Allerdings kann ein Wesen, das wollen kann, also ein praktisches Vernunftwesen, nicht eine prinzipielle Verhinderung seiner Anlagen und Talente wollen, ohne sich zugleich als Wesen, das wollen kann, ohne sich zugleich als praktisches Vernunftwesen aufzugeben. Wenn der Wille das Vermögen bezeichnet, in irgendeiner Weise selbst über Zwecke und Mittel seines Tun und Lassens zu befinden, wenn weiterhin das eigene Befinden darüber nicht ohne eine Entfaltung der Talente und Anlagen, ohne Kultur also, möglich ist und wenn schließlich zum Begriff des Wollens im Unterschied zu dem des Wünschens das Aufbieten aller Mittel gehört, soweit sie in unserer Gewalt sind (GMS, S. 394, S. 417), dann kann ein Wille kein Gesetz wollen, das eben die »Mittel« zum Wollen, das die Entfaltung der Anlagen grundsätzlich und vollständig verhindert. Ein entsprechender Wille widerspricht sich selbst, so daß man die Maxime der Kulturunwilligkeit nicht als allgemeines Gesetz wollen kann. (Das sittliche Verbot der Kulturunwilligkeit bedeutet allerdings nicht, daß man verpflichtet ist, seine Talente und Fähigkeiten insgesamt und auf das Höchste zu entfalten, ebensowenig wie man sittlich verbunden wird, sie in eine bestimmte Richtung zu entwickeln. Und ob die

Südsee-Bewohner tatsächlich die verbotene Maxime befolgen, ist auch nicht so sicher, wie es Kant annimmt.)

Analog verhält es sich bei dem weiteren Beispiel für ein Nichtwollenkönnen, bei der *Gleichgültigkeit gegenüber der Not anderer.* Zunächst eine Vorfrage: Für wen stellt sich überhaupt das Problem? In Not geraten kann ein Wesen, das wollen kann, ein praktisches Vernunftwesen, nur dann, wenn es kein reines Vernunftwesen, sondern in dem Sinn auch ein Naturwesen ist, daß es Bedürfnisse hat, die es zu befriedigen gilt, und dem die elementar notwendigen Mittel der Bedürfnisbefriedigung auch einmal fehlen können. Das Problem der Gleichgültigkeit oder Nichtgleichgültigkeit gegenüber der Not von seinesgleichen stellt sich nur bei endlichen Vernunftwesen bzw. vernünftigen Bedürfniswesen. Unter Abstraktion aller individuellen und geschichtlich-gesellschaftlichen, selbst gattungsmäßigen Besonderheiten der Menschen ist das Subjekt des Wollens, das in Not geraten kann, ganz allgemein ein vernünftiges Bedürfniswesen oder endliches Vernunftwesen. Die Bestimmung, von der Kant ausgeht, ist objektiver, nicht subjektiver Natur. Zudem wird die Bestimmung nicht von außen herangetragen. Sie ergibt sich vielmehr aus Überlegungen zum Begriff des Wollens und der Not selbst.

Nun braucht ein vernünftiges Bedürfniswesen als Bedürfniswesen Mittel, um seine Triebe, Bedürfnisse und Interessen zu befriedigen, Mittel, die es sich als Vernunftwesen in irgendeiner Form selbst beschaffen muß. Dies gilt gerade auch für die elementaren Bedürfnisse, unabhängig davon, worin sie im einzelnen liegen mögen. Dabei kann sich keiner sicher sein, zu jeder Zeit die für seine elementaren Bedürfnisse erforderlichen Mittel auch zur Verfügung zu haben. Ganz gleich, wie reich, wie stark oder wie selbstgenügsam ein Bedürfniswesen ist – jedes kann (durch Unfall, Raubüberfall, Naturkatastrophe usf.) in eine Situation geraten, die es in größte (wirtschaftliche, psychische, physische ...) Not bringt und aus der es sich nicht allein zu befreien vermag, vielmehr auf fremde Hilfe angewiesen ist. Mit welcher Wahrscheinlichkeit eine solche Notsituation zu erwarten ist, durch welche Art und welches Maß an Hilfe man aus ihr befreit werden kann – keinesfalls ist die Hilfe auf Wohltätigkeit im Sinne von Almosen und Sozialhilfe beschränkt –, ob man um die benötigte Hilfe nachsucht oder aus Stolz seine Not verbirgt: dies alles sind empirisch-pragmatische Fragen, die auf die subjektiven Besonderheiten abheben, aus einer rein rationalen Argumentation daher ausgeschlossen sind und in Kants allerdings nur spärlich angedeutetem Gedankengang zu Recht nicht auftauchen. Weiterhin schließt es der Begriff des endlichen, das heißt auch: in Raum und Zeit lebenden Vernunftwesens nicht aus, daß man mindestens gelegentlich den gleichen Wohnraum miteinander teilt. Schließlich ist man aufgrund der Vernunft fähig, fremde Not zu erkennen und ihr Abhilfe zu leisten. Diese Aspekte, die grundsätzliche Gefahr der Not und die gleicherweise grundsätzliche Fähigkeit zur gegenseitigen Hilfe, bedeuten, daß für endliche Vernunftwesen Hilfe in Not denkbar ist.

Nun läßt sich nach Kant zwar eine Naturordnung denken, in der jeder Notleidende ohne Hoffnung auf Hilfe bleiben muß (GMS, S. 423). Eine solche Naturordnung läßt sich aber nicht widerspruchsfrei wollen, und zwar gemäß folgender, für die Anwendung des kategorischen Imperativs in diesem Beispiel ausschlaggebender Überlegung: Wie gesagt rechnet es Kant zum Begriff des Willens im Unterschied zum Begriff des Wünschens analytisch dazu, sich nicht bloß Ziele zu setzen, sondern sie auch mit den erforderlichen und dem Wollenden möglichen Mitteln zu verfolgen. Nun gehört es zum Begriff der Notlage, daß man gewisse (physisch und/oder psychisch) lebenswichtige Ziele will und sie gleichwohl nicht aus eigener Kraft realisieren kann. Der Inbegriff der Mittel, um von der Not befreit zu werden, ist aber die Hilfe, unabhängig davon, worin im Einzelfall die Not und die dann erforderliche Hilfe liegen mögen. Dann aber kann ein Wille es nicht als Naturgesetz wollen, einerseits lebenswichtige Ziele zu wollen sowie einen Weg der Realisierung zu sehen, nämlich die Hilfe, und andererseits diesen einzigen Weg der Realisierung seiner Ziele grundsätzlich nicht zu wollen.

Kant behauptet nicht, man könne nicht wollen, im Fall der eigenen Not ohne Unterstützung zu sein[39]. Auch eine vernünftige Ordnung kann es bei endlichen Vernunftwesen gar nicht garantieren, daß die Hilfe weder ausbleibt noch zu spät, zu schwach oder falsch kommt. Ebensowenig geht Kant von der gegenseitigen Hilfe als einem Naturzweck des gemeinsamen Lebensraumes aus (man lebe zusammen, *damit* man sich gegenseitig helfen könne). Seine Begründung des sittlichen Verbots, gegenüber der Not anderer gleichgültig zu sein, setzt nur voraus, daß man keine

Naturordnung wollen kann, nach der ein Wille auf lebenswichtige Ziele aus ist und zugleich und grundsätzlich den Weg ihrer Realisierung verweigert. So scheint sich auch für das vierte Beispiel eine Rekonstruktionsmöglichkeit abzuzeichnen, die – in Übereinstimmung mit dem rationalen Grundinteresse der kantischen Ethik – auf empirisch-pragmatische Überlegungen zur Begründung sittlicher Maximen verzichtet.

Zitierte Literatur

Reflexionen: Texte zur Moralphilosophie aus Kants handschriftlichem Nachlaß, in: R. Bittner / K. Cramer (Hrsg.), *Materialien zu Kants ›Kritik der praktischen Vernunft‹*, Frankfurt 1975, 31-136.

H. B. Acton, *Kant's Moral Philosophy*, London 1970.

L. W. Beck, *A Commentary on Kant's Critique of Practical Reason*, Chicago-London [4]1966 (dt. München 1974).

R. Bittner, Maximen, in: *Akten des 4. Internationalen Kant-Kongresses*, Mainz 1974, hrsg. v. G. Funke, Berlin-New York 1974, Teil II.2, 485-498.

C. D. Broad, *Five Types of Ethical Theory*, London [10]1971, Kap. V: Kant.

R. Bubner, *Handlung, Sprache und Vernunft. Grundbegriffe praktischer Philosophie*, Frankfurt/M. 1976, Abschn. III 7 und IV 1.

K. Cramer, Hypothetische Imperative?, in: M. Riedel (Hrsg.), *Rehabilitierung der praktischen Philosophie*, Bd. I, Freiburg 1972, 159-212.

Th. Ebert, Kants kategorischer Imperativ und die Kriterien gebotener, verbotener und freigestellter Handlungen, in: *Kant-Studien* 67 (1976) 570-583.

W. K. Frankena, *Analytische Ethik. Eine Einführung*, München 1972 (Orig. 1963).

R. M. Hare, *Freedom and Reason*, Oxford [2]1965 (dt. Düsseldorf 1973).

J. Harrison, Kant's Examples of the First Formulation of the Categorical Imperative, in: R. P. Wolff (Hrsg.), *Kant. A Collection of Critical Essays*, London-Melbourne 1968, 228-245.

J. Harrison, The Categorical Imperative, ebd. 259-265.

D. Henrich, Die Deduktion des Sittengesetzes, in: *Denken im Schatten des Nihilismus, FS f. W. Weischedel*, Darmstadt 1975, 55-112.

O. Höffe, *Praktische Philosophie – Das Modell des Aristoteles*, München-Salzburg 1971.

O. Höffe, *Strategien der Humanität. Zur Ethik öffentlicher Entscheidungsprozesse*, Freiburg-München 1975.

O. Höffe (Hrsg.), *Einführung in die utilitaristische Ethik*, München 1975.

N. Hoerster, Kants kategorischer Imperativ als Test unserer sittlichen Pflichten, in: M. Riedel (Hrsg.), *Rehabilitierung der praktischen Philosophie*, Bd. II, Freiburg 1974, 455-475.

J. Kemp, Kant's Examples of the Categorical Imperative, in: R. P. Wolff (Hrsg.), *Kant. A Collection of Critical Essays*, London-Melbourne 1968, 246-258.

D. Locke, The Trivializability of Universalizability, in: *The Philosophical Review* 77 (1968) 25-44.
M. Moritz, *Kants Einteilung der Imperative,* Lund-Kopenhagen 1960.
H. J. Paton, *The Categorical Imperative,* New York [5]1965 (dt. Berlin 1962).
G. Patzig, Die logischen Formen praktischer Sätze in Kants Ethik, in: ders, *Ethik ohne Metaphysik,* Göttingen 1971, 101-126.
G. Patzig, Ein Plädoyer für utilitaristische Grundsätze in der Ethik, in: *Neue Sammlung* 13 (1973) 488-500.
A. Pieper, *Sprachanalytische Ethik und praktische Freiheit,* Stuttgart 1973.
J. Rawls, Zwei Regelbegriffe, in: O. Höffe (Hrsg.).
D. Ross, *Kant's Ethical Theory,* Oxford 1954.
M. G. Singer, *Verallgemeinerung in der Ethik,* Frankfurt 1975 (Orig. [2]1971).
H. Wagner, Moralität und Religion bei Kant, in: *Zeitschrift für philosophische Forschung* 29 (1975) 507-520.
T. C. Williams, *The Concept of the Categorical Imperative,* Oxford 1968.
R. P. Wolff, *The Autonomy of Reason. A Commentary on Kant's ›Groundwork of the Metaphysic of Morals‹*, NewYork u. a. 1973.

Anmerkungen

1 So bei Hare, Singer, Hoerster u. a.
2 So in *Grundlegung zur Metaphysik der Sitten* (= *GMS*), 1. und 2. Abschnitt. – Kant wird (bis auf die Reflexionen: siehe Literatur) nach der Akademieausgabe zitiert. *(KpV = Kritik der praktischen Vernunft; MS = Die Metaphysik der Sitten; RGV = Die Religion innerhalb der Grenzen der bloßen Vernunft.)*
3 So in KpV, §§ 1-8.
4 Broad, 127 f. und Frankena, 52, nach Hoerster, 456.
5 Patzig, 1973, 489.
6 Hoerster, Abschn. II-III.
7 Zu den Ausnahmen zählen Paton, 59 ff., und Singer, 282 ff., deren Analysen aber noch nicht zufriedenstellend sind. Für den Maximenbegriff sind auch die Erörterungen von Bittner und Bubner wichtig.
8 Broad, 127 f.; Frankena, 52 f.
9 Harrison, 231; Acton, 21; Hoerster, 456.
10 So ausdrücklich in *MS,* 225; *RGV* 21, 24; vgl. auch *GMS,* 412: »das Vermögen, *nach der Vorstellung* der Gesetze, d. i. nach Prinzipien, zu handeln«.
11 Pieper, 160.
12 Vgl. auch den prägnanten begriffsgeschichtlichen Anhang zum Maximenbegriff bei Bubner, 196 ff.
13 Im Gegensatz zu Bubner, 185 ff.; richtig dagegen Bittner, 487 ff.
14 Williams, 113, beschreibt den Prozeß der Klärung der eigenen Maximen als Prozeß der Ausbildung einer »philosophy of life«.
15 Vgl. *Nikomach. Eth.,* I 3 u. a.
16 Bittner, 490.
17 Singer, § IX 1.
18 Vgl. *Nikomach. Eth.* I 1, 1094 b 20 f.: »τύπῳ τἀληθὲς ἐνδείκνυσθαι«.

19 Zur praktischen Philosophie als Grundriß-Wissenschaft vgl. Vf., 1971, 2. Teil, und in diesem Band: Ethik als praktische Philosophie, Abschn. II.

20 Vgl. dazu Henrich u. a.; vgl. auch in diesem Band: Grundbegriff Sittlichkeit.

21 Zum Teil sieht Kant jenes Problem nicht, das sich aus dem besonderen methodischen Status der Maxime ergibt, zum Teil gehört die Strukturuntersuchung der sittlichen Urteilskraft in eine umfassende Handlungstheorie; gegenüber dem Nachweis, daß Sittlichkeit als Sittlichkeit ein rein rationales, kein empirisches Phänomen ist, gegenüber einer Kritik der praktischen Vernunft, hat Kant aber die Theorie der Handlung und ihrer historischen sittlich-politischen Bestimmtheit vernachlässigt. Deshalb fehlen bei ihm auch die zu einem vollständigen Handlungsmodell gehörenden Kategorien wie Situation oder kairos, ferner der zum Willensbegriff komplementäre Begriff des Strebens und der zum Sollensbegriff komplementäre Begriff des Könnens.

22 Vornehmlich in dieses Problemfeld gehört auch die Untersuchung vom Vf., 1975; vgl. auch in diesem Band: Strategien politischer Gerechtigkeit.

23 Vgl. auch Wagner, 515.

24 U. a. Patzig, 1973, 498 f.

25 So etwa Broad, 128; Moritz, 22, und Frankena, 52, wobei Moritz und Frankena überdies die Verallgemeinerungsfähigkeit direkt auf Handlungen, nicht auf Maximen beziehen wollen. Richtig dagegen Hoerster, 456, der von notwendiger und ausreichender Bedingung für die Erlaubtheit spricht, sich indessen auch auf Handlungen bezieht; ebenso richtig Ebert, 572 ff., der allerdings zu Unrecht Hoerster unterstellt, er sähe in der Verallgemeinerbarkeit »eine nur notwendige Bedingung für die Erlaubtheit« (Ebert, 583, wo Hoerster falsch zitiert wird).

26 Vgl. Hoerster, 456.

27 Hoerster, 465 f.

28 Ihr neigen auch J. S. Mill (*Utilitarismus,* Kap. I und V) und teilweise Singer, 303, u. v. a. m. zu.

29 Hoerster, 459.

30 Der Selbstmord gilt hier als ein Verstoß gegen die allgemeine Pflicht zur eigenen Vollkommenheit (vgl. *MS,* 421 ff.), was Singer, 281, nicht beachtet. Der Selbstmord kann aber auch ein Verstoß gegen die Pflicht sein, sich um das Wohlergehen der Mitmenschen zu bekümmern: des Ehepartners, der Eltern, der Kinder usf. (vgl. *MS,* 422).

31 Daher ist hier die Unterscheidung eines Instinktes der Selbsterhaltung von einem Prinzip der Selbstliebe (Kemp, 249 f.) nicht zulässig. Denn das Prinzip der Selbstliebe ist in Kemps Definition (»a calculated desire for pleasure and aversion from pain«, ebda.) nur auf Vernunftwesen, nicht auf alle mit der Empfindung von Lust und Unlust begabten Wesen anwendbar.

32 Vgl. Patzig, 1973, 499.

33 Vgl. die Beiträge von Rawls und Smart in: Vf. (Hrsg.), 96-120, 121-132.

34 So auch Kemp, 258, und Singer, 295.

35 Vgl. Rawls in: Vf. (Hrsg.), 103 ff.; Wolff, 166 ff., und schon Hume, *A Treatise on Human Nature,* Buch II, Teil II, Abschn. 5.

36 So zu Recht auch Rawls, a.a.O.

37 Singer, 306; Hoerster, 461.

38 Wolff, 169; Hoerster, 473.

39 Hoerster, 471.

4. Zur Theorie des Glücks im klassischen Utilitarismus*

Zum Prinzip allen persönlichen und politischen Handelns erklärt der klassische Utilitarismus (Bentham, J. S. Mill) das größte Glück. Obwohl der Schlüsselbegriff also Glück heißt, ist das Glück keineswegs immer zentrales Diskussionsthema im Rahmen der utilitaristischen Moral- und Rechtstheorie. Vor allem in der ersten gründlicheren Exposition, in Jeremy Benthams *An Introduction to the Principles of Morals and Legislation* (IPML)[1], wird der Autor zwar nicht müde zu betonen, daß privates, besonders öffentliches Handeln (Gesetzgebung und Verwaltung) dem Glück der Betroffenen zu dienen habe (IPML, I 2, III 3, VII 1, XIII 1 u. a.). Aber durch welche Art von Begriff das Kriterium Glück angemessen zu erfassen ist (etwa durch einen Vernunftbegriff, einen Verstandesbegriff oder aber ein Ideal der Einbildungskraft), worin Glück besteht, worin seine Bedingungen und Barrieren liegen, wie man sich des persönlichen und des sozialen Glücks vergewissert – solche Fragen werden von Bentham überraschenderweise gar nicht aufgeworfen und noch weniger ausführlich diskutiert. Über die unerwartete Gleichsetzung von Glück mit Lust, dann auch mit Gewinn, Vorteil und Gut (IPML, I 3) oder über die Skizze eines formalen Glückskalküls (IPML, IV) hinaus erfährt man wenig. Erst das zweite Hauptwerk des klassischen Utilitarismus, John Stuart Mills brillanter Essay *Utilitarianism* (Ut.)[2] wird unter dem Zwang, die Position gegen eine Fülle von Mißverständnissen zu verteidigen, für die direkte Klärung und Legitimation des Glücksbegriffs etwas ergiebiger. Zugleich ist Mill in seinem eklektisch-harmonisierenden, auch von der deutschen und der britischen Romantik (W. v. Humboldt, Th. Carlyle, B. Constant) nachhaltig beeinflußten Denken zwar differenzierter als Bentham, aber auch weniger konsequent.

Daß vor allem bei Bentham eine nähere Theorie des Glücks fehlt, liegt teilweise an dem noch zu erläuternden utilitaristischen

* Eine erste und kürzere Fassung in: G. Bien (Hrsg.), *Die Frage nach dem Glück*, Stuttgart 1978, 147-169.

Begriff des Glücks selbst, teilweise an seinem »Sitz im Leben«. Denn der Utilitarismus ist in seinem Kern die von einem rein säkularen Standpunkt aus unternommene Anweisung zum richtigen Handeln in persönlichen, vor allem in öffentlichen Angelegenheiten, deren tiefgreifende Reform in Richtung auf mehr Demokratie und mehr soziale Gerechtigkeit von den Vertretern des Utilitarismus in vielfältigen wissenschaftlichen wie politischen Aktivitäten gefordert und auch erfolgreich vorangetrieben wurde[3]. Der Utilitarismus stellt weniger eine spekulative Universitätsphilosophie, als eine auf konkrete politische Verhältnisse (so z. B. gegen die damalige Konzentration von Macht und Reichtum in den Händen einer dünnen Schicht von Geistlichen, Juristen und Angehörigen des Adels) gerichtete Rechts- und Gesellschaftskritik dar. Dazu kommt es, daß Bentham viel zu sehr von der Wahrheit des Utilitarismus und dessen Fähigkeit überzeugt war, das gesamte staatliche Wirken im Bereich der Administration, der Gesetzgebung und des Strafsystems normativ zu begründen, als daß er seine Moral- und Rechtsphilosophie von ihren Grundlagen an gründlich entfaltet und die alternativen Vorstellungen einer mehr als flüchtigen Kritik unterzogen hätte.

Die utilitaristische Glückskonzeption selbst steht im Kontext der Aufklärung des 18., dann des 19. Jahrhunderts und vor allem in der Tradition der britischen Moral- und Rechtsphilosophie, die besonders seit Thomas Hobbes eine normative Begründung von Moral und Recht sucht, die ohne Rückgriff auf die fragwürdig gewordenen Auskünfte der traditionellen Religion, der Metaphysik oder einfach der Intuition sich ausschließlich, wenn auch nicht immer in derselben Weise, (1) auf die Natur des Menschen, (2) auf allgemeine sittliche Erfahrungen sowie (3) auf Rationalität, auf Vernunft (reason) beruft. Und die Polemik gegen absolute Wahrheiten persönlicher, politischer oder theoretischer Natur, die – allerdings sehr oberflächliche und häufig wenig überzeugende – Kritik am Anspruch von Religion[4], Naturrecht[5], von Gewissen, gesundem Menschenverstand, moralischem Gefühl[6] usf., eine unfehlbare Beurteilungsinstanz zu sein, ist bei Bentham ausdrücklich gesellschaftskritisch motiviert. Ein Denken, so lautet das ideologiekritische Argument, das sich auf intuitiv plausible Instanzen beruft, kann als Vorwand für Gewalt- und Herrschaftsverhältnisse mißbraucht werden. Der Rückgriff auf Instanzen, die jeder Kritik entzogen sind, sei in offener oder versteckter

Form ein willfähriges Instrument der Unterdrückung (IPML, II 14 Anm.).

Erstens: Die Natur des Menschen, von der der Utilitarismus ausgeht und mit deren Hilfe er sein Gebäude der Glückseligkeit (fabric of felicitiy) zu errichten sucht, ist hedonistisch bestimmt. Vor allem Bentham nimmt ohne jede legitimierende oder problematisierende Diskussion als fraglos gültige Grundtatsache, gewissermaßen als Axiom an, daß alle Menschen zu jeder Zeit und durchgängig der souveränen Herrschaft von Lust (pleasure) und Unlust (Leid, Schmerz: pain) unterstellt seien. Und zwar gilt die Lust-Unlust-Herrschaft in zweifacher Hinsicht: Lust und Unlust bestimmen, was geschehen soll, und zugleich determinieren sie, was tatsächlich geschieht (IPML, I 1). So erscheint der Hedonismus in methodisch doppelter Funktion: als höchstes Beurteilungsprinzip des richtigen Handelns, als *ethischer* Hedonismus (nichts ist in sich gut [Zweck an sich selbst] außer der Lust), ebenso wie als Grundstruktur der menschlichen Motivation, als *psychologischer* Hedonismus (bewegt wird menschliches Verhalten letztlich durch nichts anderes als Lust; vgl. Mill: die Menschen streben stets nach Glück: Ut., III). Zugleich wird implizit die These vertreten, beide Bedeutungen des Hedonismus seien miteinander vereinbar. Handlungsvorschriften und Kausalabläufe des Verhaltens sind unter dasselbe hedonistische Prinzip gestellt. Wie bei Hobbes, der übrigens die hedonistische Anthropologie entschieden gründlicher entwickelt, und in schroffem Gegensatz zum Cambridger Neoplatonismus (Cudworth, Henry More) ist es nicht die Vernunft, die die Handlungsziele vorgibt, sondern die durchgängige Naturbedingtheit durch Lust und Unlust. Zwar ist das für den Utilitarismus entscheidende Moral- und Rechtsprinzip weder mit dem ethischen noch mit dem psychologischen Hedonismus *notwendig* verbunden, so daß man auch – wie etwa G. E. Moore[7] – widerspruchsfrei einen nichthedonistischen, einen sog. *idealen* Utilitarismus entwerfen oder einfach die Frage, ob Hedonismus oder nicht, offen lassen kann. Für den klassischen Utilitarismus von Bentham und J. S. Mill gilt aber der doppelte Hedonismus als konstitutives Element.

Zweitens: Das utilitaristische Moral- und Rechtsprinzip will die hedonistische Anthropologie nur ausdrücklich machen, um auf ihr ein System »vernünftiger« Gesetze aufzubauen, das die Erzeugung des größten Glücks aller Betroffenen zum einzigen Ziel und Kriterium hat. Denn die allgemeine sittliche Erfahrung, auf die sich Bentham beruft (vgl. IPML, I 12 u. a.), ist die Überzeugung der Menschheit, allein jene Praxis sei sittlich richtig, die nicht nur dem Glück der jeweils Handelnden, sondern dem (größten) Glück aller dient. Dieses utilitaristische Prinzip des »größten Glücks der größten Zahl« (IPML, I 1 Anm.) als letztes Kriterium von Moral und Recht findet sich ansatzweise schon bei Hutcheson, Helvetius, Beccaria, Priestley und – etwa gleichzeitig mit Bentham – bei Paley[8]. Mit ihm verbindet sich eine Umlenkung des naturalen Glücksverlangens vom eigenen Wohlergehen auf das der Mitmenschen, was den klassischen Utilitarismus in Konflikt mit seiner hedonistischen Anthropologie bringt. Vor allem aufgrund des utilitaristischen Moral- und Rechtsprinzips schien Bentham, nach Helvetius als dem Bacon der moralischen Welt, sich selbst für ihren Newton zu halten[9].

Drittens: Die Vernunft schließlich, die der klassische Utilitarismus für sich in Anspruch nimmt, ist vor allem bei Bentham eine Moralwissenschaft (»moral science«: vgl. IPML, I 1)[10], die nach dem Muster der als vorbildlich geltenden Naturwissenschaft[11] die erforderlichen Erfahrungen in bezug auf Lust und Unlust methodisch erhebt und nach Maßgabe eines hedonistischen Kalküls unparteiisch auswertet. Nach dem – ansatzweise schon bei Woolaston zu findenden[12] – quantitativen Glücksbegriff, verbunden mit der moralischen Arithmetik von Lust und Unlust soll das Leitziel menschlichen Handelns, das allgemeine Glück, endlich der ihm angemessenen rationalen, d. h. empirisch-analytischen Verfügung unterworfen werden.

I. Der hedonistische Glücksbegriff

Weil Bentham den für seine Position zentralen hedonistischen Glücksbegriff weder methodisch oder inhaltlich näher erläutert, noch – wie etwa Hobbes aus einer physiologischen Theorie heraus (vgl. Leviathan, Kap. I 6) – begründet hat, mußte sein Glücksbegriff die Kritiker geradezu herausfordern, Kritiker, denen Mill z. B. durch seinen qualitativen Hedonismus entgegentreten wollte. So hat man gegen Bentham oder den klassischen Hedonismus überhaupt eingewandt, nicht jedes menschliche Tun sei zweckgerichtet, vielmehr geschehe manches überhaupt nicht freiwillig, anderes sei zwar freiwillig, folge aber sozial vorfindlichen Mustern, so daß menschliches Handeln nicht immer als von Lust und Unlust bewegt gelten könne[13]. Überdies gäbe es auch andere Zwecke als Lust, die man um ihrer selbst willen verfolge, z. B. Geld, Sozialstatus, Erfolg, Wissen oder Schönheit[14]. Ferner denke man bei Lust vor allem an sinnliche Freuden, nicht aber an Gratifikationen, die aus wissenschaftlichen, künstlerischen oder humanitären Tätigkeiten erfolgen, wodurch man den Genußmenschen zum Menschen schlechthin hochstilisiere[15].

Solche Vorwürfe verkennen jedoch den sinnvoll verstandenen methodischen Status des utilitaristischen Hedonismus oder den hohen Formalitätscharakter seines Lustbegriffs. Der Mensch – so kann man sich die methodische Bedeutung des Hedonismus-Axioms erläutern – gilt als ein Bündel von Trieben, Bedürfnissen, Interessen, auch Sehnsüchten, die zur Befriedigung, zur Erfüllung, zum Gelingen drängen und deren Befriedigung, Erfüllung, Gelingen als Lust empfunden wird. Wonach auch immer der Mensch verlangt – nach materiellen Gütern, Gefühlszuständen, Lebensumständen usw. –, sofern er wirklich danach verlangt, sucht er eo ipso die Erfüllung dieses Verlangens, und die subjektive Empfindung der Erfüllung heißt Lust, die Empfindung des Ausbleibens der Erfüllung dagegen Unlust. Was Bentham und Mill allerdings so nicht gesehen haben: daß der Mensch Lust sucht und Unlust meidet, ist dann eher eine analytische als eine empirische These[16]. Empirisch dagegen ist die Frage, worin denn die Lust bzw. Unlust liegt. Dazu werden jedoch von Bentham bewußt keine Aussagen gemacht. Die Art der Interessen und ihr Inhalt bleiben grundsätzlich offen, und zwar aus zwei Gründen. Sie bleiben *einmal* offen, weil man nicht a priori, sondern nur aus Erfahrung sagen kann, worin man Befriedigung findet, so daß der Utilitarismus die empirische Erforschung von Lust und Unlust herausfordert, weil er sie nämlich für seine Anwendung voraussetzt, als philosophische Theorie die empirische Erforschung aber selbst nicht leistet. Das utilitaristische Konzept von Glück enthält eine strikte Trennung von empirischen und analytischen bzw. normativen Fragen, konzentriert sich ausschließlich auf die zweite Gruppe von Fragen und überläßt die erste Gruppe der entsprechenden Erfahrung und ihrer methodischen Erforschung, so daß es nur konsequent ist, wenn nähere Aussagen über die Elemente, Bedingungen, Voraussetzungen und Barrieren zum

Glück fehlen. Der Utilitarismus läßt *zum anderen* Art und Inhalt der Interessen offen, weil letztlich jeder einzelne für sich selbst Kriterium des Glücks ist, Glück also einen subjektrelativen Begriff darstellt. Dann aber bedeutet es die einzig sachangemessene Genauigkeit[17], den Glücksbegriff für die bunte Vielfalt menschlicher Interessen offenzuhalten.

Gleichwohl ist sich Bentham der Mannigfaltigkeit von Freuden durchaus bewußt. Er unterscheidet – rein formal gesehen – einfache und komplexe, selbstbezügliche und fremdbezügliche, primäre und sekundäre Freuden und entwirft – inhaltlich betrachtet – in bezug auf die einfachen Freuden eine reiche Palette von vierzehn Arten und weiteren Unterarten, allerdings ohne ein systematisches Prinzip für die Arten und ihre Vollständigkeit zu benennen, eine reiche Palette, die mit Sinnesfreuden, Freuden des Reichtums und der Kunstfertigkeit anfängt und über Freuden der Freundschaft, des guten Rufes und der Macht, der Frömmigkeit, des Wohlwollens, aber auch der Böswilligkeit bis zu Freuden der Erinnerung, der Einbildungskraft, der Erwartung, zu gesellschaftlich fundierten Freuden sowie Freuden der Entspannung reicht (IPML, V, vgl. X 14 ff.).

Diese Liste wird von Bentham jedoch aufgestellt, ohne die Menschen auf die eine oder die andere Art festzulegen, selbst ohne die verschiedenen Arten von vornherein moralisch zu bewerten. Bentham sucht vielmehr ein möglichst erschöpfendes Register aller Arten von Lust zu gewinnen, das noch von den allgemeinen moralischen Vorstellungen frei ist, wie sie sich in den eulogistischen und dyslogistischen Ausdrücken der Umgangssprache offenbaren. Deshalb kommen in dem Register der verschiedenen Arten von Lust neben unsozialen ebenso sozial neutrale, sogar sozial förderliche Freuden vor, die auch als solche anerkannt und keineswegs als versteckter Egoismus enttarnt werden. Darin unterscheidet sich Bentham von Hobbes und steht in der Nachfolge von Hume. Denn während Hobbes die sozialen Interessen, auch die scheinbar selbstlosesten Impulse als Aspekte oder Phasen des Eigeninteresses decouvriert, billigt Hume jedermann altruistische Interessen zu, und nicht deshalb, weil man im Gegenzug wieder davon profitiere, sondern weil sich jedermann mindestens partiell mit den Interessen anderer identifiziere[18]. Der utilitaristische Hedonismus ist also keineswegs mit Egoismus gleichzusetzen. Er behauptet nur, daß auch die genuin sozialen

Interessen die Interessen dessen sind, der sie hat und der deshalb bei ihrer Erfüllung Lust, bei ihrer Nichterfüllung aber Unlust empfindet. In diesem formalen und fundamentalen Sinn gelten alle menschlichen Impulse als selbstbezüglich. Weder legt sich der Utilitarismus auf Besitz und Konsum von materiellen Gütern oder auf Gewinnstreben fest, noch plädiert er einseitig für bloße Sinnlichkeit oder, allgemeiner, für passive Lust (aus Sinnesempfindungen und Bewußtseinszuständen) im Unterschied zu aktiver Lust (aus Tätigkeiten)[19], um damit einen vollen Begriff von Lust und Glück preiszugeben. Selbst Bentham vertritt keineswegs, wie ihm schon von seinen Zeitgenossen unterstellt wurde, einen vulgären Hedonismus, der bloß für sinnliche Freuden des Essens, Trinkens, des Ausspannens, des Schlafens oder der Sexualität plädiert, Freuden, die sich im Unterschied zu Lust aus intellektuellen, künstlerischen und sozialen Tätigkeiten im allgemeinen ohne große Anstrengung und besondere Erziehung bei jedermann einstellen und für die eine intensive, aber relativ kurzlebige Gratifikation charakteristisch sein mag. Noch weniger tritt Bentham für ein bedenkenloses Sichausleben ein. Auch der Vorwurf eines Marcuse[20] und Adorno gegen mancherlei Formen des Hedonismus, auf Grund eines verkümmerten Lustbegriffes werde der Versöhnung mit einer ungerechten Gesellschaft das Wort geredet[21], trifft den Utilitarismus nicht.

So greift eher der Vorwurf in die andere Richtung, Bentham lege sich zu große Zurückhaltung auf und die strikte Neutralität seines Hedonismus beinhalte einen (relativistischen) Pluralismus, der – gemäß dem berühmt-berüchtigten Aphorismus »quantity of pleasure being equal, pushpin is as good as poetry« – gegenüber den wesentlichen Unterschieden zwischen niederen und höheren, zwischen sinnlichen und geistigen Freuden gleichgültig bleibe. Dem ist jedoch diese Überlegung entgegenzuhalten: Da es bei der Lust um das Moment der Empfindung von Befriedigung, Erfüllung, Gelingen geht, kann auch nur eben dieses Moment selbst den Maßstab abgeben, und die Rede von höheren und niederen Freuden, von wahren und falschen Interessen ist – wenigstens unmittelbar – nicht möglich[22]. Trotz Mills Vorwurf, Bentham habe eine vage, weil undifferenzierte Meinung von der Lust, und im Gegensatz zu Mills Versuch, diesen angeblichen Mangel durch die Unterscheidung von höheren und niederen Freuden zu beheben, kommt Benthams Palette von Freuden zu Recht ohne die

Wahrheitsfrage aus. Lust ist eo ipso auf den jeweiligen Menschen bezogen, der zur Diskussion steht. Ob ein bestimmtes Tun oder Lassen, ob ein Sich-Befinden oder Sich-Verhalten dem Betroffenen Befriedigung verschafft, ist beim Lustbegriff die allein entscheidende Frage. Der hedonistisch definierte Glücksbegriff ist ein rein subjektiver Begriff, der durch (quasi-)objektive Kriterien wie »höher« und »niedriger« nicht verbessert, vielmehr inkonsistent wird. Benthams auf qualitative Differenzierungen in normativer Funktion verzichtender Hedonismus ist nicht die gröbere und undifferenziertere, sondern die konsequentere Position. Gegen Mills These, es sei besser, ein unzufriedener Mensch als ein zufriedengestelltes Schwein, besser ein unzufriedener Sokrates, als ein zufriedener Narr zu sein (Ut., II), ist einzuwenden: Im Rahmen einer hedonistischen Anthropologie liegt der letzte Grund dafür, nicht wie ein Schwein zu leben, darin, daß sich der Mensch als Mensch in seinen Bedürfnissen und Interessen vom Schwein unterscheidet und deshalb in der Lebensweise eines Schweines nicht seine Befriedigung, Erfüllung findet.

Eine Dimension immanenter Differenzierung läßt der mit Lust in eins gesetzte Begriff des Glücks allerdings doch zu. Während Hobbes das Glück als erfolgreiches Fortschreiten von Befriedigung zu Befriedigung definiert (Leviathan, Kap. I 11) und dabei die eine Befriedigung unterschiedslos dieselbe Bedeutung wie eine andere hat, erkennt Bentham, daß die Befriedigung (Lust) noch ein Mehr oder Weniger zuläßt. Sein folgerichtiger Hedonismus kann daher diese, aber auch nur diese Bewertungsdimension zulassen: die quantitative, das jeweilige *Maß* an Lust. Darin liegt auch der charakteristische Beitrag des klassischen Utilitarismus zur Theorie des Glücks, daß er den überkommenen hedonistischen Glücksbegriff quantitativ präzisiert und – wie noch darzustellen – den quantitativen Ansatz zu einem hedonistischen Kalkül verfeinert.

Im Utilitarismus ist das Glück als Ziel menschlichen Handelns nicht – wie im Vernunftbegriff von Glück – ein prinzipiell höchstes Ziel, ein absolutes Optimum, die endgültige Erfüllung allen menschlichen Verlangens[23]. Es meint auch nicht – wie beim Glück als Ideal der Einbildungskraft – die (der Mannigfaltigkeit, dem Grad und der Dauer nach) vollständige Erfüllung aller je auftretenden Interessen und Sehnsüchte: das vollkommene Heil, die totale Versöhnung. Unter Glück ist vielmehr – empirisch-pragmatisch – die maximale, eventuell sogar stets negative Gesamtlustbilanz verstanden, d. h. die mit einer Handlung verbundene gesamte Lust, vermindert um die mit ihr insgesamt verknüpfte Unlust. Dabei umgreift die Lustbilanz ausdrücklich auch sekundäre Lust/Unlust-Empfindungen, so daß das langfristige Glück und keineswegs bloß das des Augenblicks zählt. Über diesen quantitativen Maßstab, und konsequenterweise allein über diesen Maßstab, kommt dann, indirekt, doch eine Wahrheitsdimension in den Utilitarismus. Nicht nur lassen sich evtl. verschiedene Handlungen oder Klassen von Handlungen relativ grob als lust- oder als unlustbringend unterscheiden. Man kann sie weit feiner als mehr oder weniger lust- bzw. unlustbringend bestimmen. Darüber hinaus läßt sich auch dieses Mehr und Weniger noch nach Intensität, Dauer, Gewißheit der Lust usf. differenzieren. Maßstab ist nicht die Lust bzw. das Glück selbst, sondern das *größtmögliche Maß* an Glück. Dann aber kann man zwischen verschiedenen Freuden selbst eine normative Bewertung durchführen, sofern die einen mehr Freude versprechen, als sie zu halten vermögen, oder sofern sie langfristig mehr Leid als Freude bringen usf. Inwiefern das eine oder das andere zutrifft, läßt sich wieder nur durch Erfahrung, durch die Erfahrung von einzelnen, von Gruppen, vielleicht auch durch die Erfahrung der Menschheit feststellen. Der Glücksbegriff bleibt ein empirischer Begriff und öffnet sich zugleich über die jeweilige Interessen- und Bedürfnislage der Betroffenen, über ihren jeweiligen Kenntnisstand hinaus ebenso der methodischen Erfahrung empirischer Wissenschaften wie der in anderer Weise, aber ebenfalls methodischen Erfahrung eines bewußt gelebten Lebens.

In dem Zusammenhang läßt sich auch Mills Votum für die geistigen Freuden rehabilitieren, allerdings nur partiell. Zwar verbietet sich das Argument, an dem Mill am meisten liegt und das er als den höheren Grund bezeichnet, nämlich daß man bei geistigen Freuden in einem höheren Maße Mensch sei als bei sinnlichen Freuden; denn dieses Argument läuft dem von Mill ausdrücklich bekräftigten hedonistischen Grundansatz zuwider, nach dem allein Lust und die Abwesenheit von Unlust in sich sinnvoll sind (Ut., Kap. II). Zudem rekurriert es auf einen Dualismus von Sinnlichkeit und Geistigkeit, der – in einer von Mill selbst nicht näher explizierten, vielleicht recht fragwürdigen metaphysischen Anthropologie fundiert – die Leiblichkeit des

Menschen mißachtet. Aber eine andere Überlegung bietet sich an. Nach einem Argumentationstyp, der auch der antiken, etwa aristotelischen Ethik[24] nicht ganz fremd ist, könnten geistige Freuden insofern eine Überlegenheit gegenüber sinnlichen beanspruchen, als sie bei einem höheren Maß an Dauer und Sicherheit, bei einer größeren Unabhängigkeit von den doch sehr zufälligen Umweltbedingungen und bei weit weniger negativen Nebenfolgen (Kosten) ein langfristig gelungenes Leben versprechen. Allerdings hätte dieser Argumentationstyp im Rahmen des Utilitarismus den methodischen Status einer empirischen Hypothese, die sich die Überprüfung durch Erfahrung gefallen lassen muß, eine Überprüfung, die auch zeigen könnte, daß sich die Hypothese nur eingeschränkt bestätigen läßt, daß sie nämlich nur für Menschen gewisser Anlagen, eines bestimmten Bildungsstandes sowie unter besonderen sozialen und wirtschaftlichen Lebensumständen zutrifft.

Indem das *größte* Glück zum letzten Handlungsziel erklärt wird, setzt man voraus, daß es auch ein kleineres Glück gibt, wobei das größere nicht notwendig das kleinere umfaßt, so daß es zu *intra*personalen Lustkonflikten kommen kann. In der bestehenden Konfiguration von Bedürfnissen und Interessen mag die Erfüllung der einen die der anderen behindern und das langfristig größere Glück für den Augenblick seinen Preis an Verzicht fordern. Der utilitaristische Hedonismus braucht vor solchen Lustkonflikten aber nicht zu kapitulieren. Als *ethischer* Hedonismus läßt er zwei Lesarten zu. Nach der stärkeren ist jede Lust in sich gut, nach der schwächeren nichts außer Lust, so daß nur Lust, aber nicht jede Lust Selbstzweckcharakter hat. Mit der schwächeren Lesart ist aber das Prinzip des größten Glücks kompatibel. Es fordert den Menschen auf, das Maß der Befriedigung der einzelnen miteinander kollidierenden Interessen je für sich zu bestimmen und dann jene Interessen zu verfolgen, die das relative Maximum an Befriedigung versprechen[25]. Zugleich sieht man sich aufgefordert, die Erfüllung der anderen Interessen zu opfern. Weder ist jede Lust in sich gut noch sind es bestimmte Arten von Lust im Gegensatz zu anderen. In sich gut ist allein jene Konfiguration von Freuden, die jeder anderen Konfiguration durch ihre Lustbilanz überlegen oder zumindest nicht unterlegen ist.

Wenn aber nicht jede, sondern nur die größte Lust in sich gut ist, dann verliert die Vernunft ihre bloß instrumentale Bedeutung. Sie soll nicht allein die angemessenenen Mittel und Wege zur Erfüllung der Interessen suchen, sondern auch intrapersonale Konflikte lösen, die Auswahl der optimalen Interessenkonfiguration vornehmen und eine entsprechende Kontrolle über das rein naturale Lustverlangen ausüben. Folglich wird mit dem Prinzip der größten Lust der *psychologische* Hedonismus teilweise aufgegeben. Nicht die jeweils vorhandene Interessenlage selbst, sondern das langfristige Selbstinteresse ist entscheidend. Wie schon Sokrates im *Protagoras* erkannt hat, kann das Messen der Lust und das Handeln gemäß der größeren Lust selbst nicht mehr als Funktion der Lust, als Wirkung des bloßen Empfindens begriffen werden. Wenn nach dem psychologischen Hedonismus allein die gesuchte Befriedigung den Menschen zum Handeln bewegt, dann läßt sich ein Verzicht momentan möglicher Lust zugunsten eines langfristig größeren Wohlergehens nicht denken, eine Konsequenz, die Bentham und Mill nicht bemerkt haben. Im immanenten Übergang vom naturalen zum aufgeklärten, das Maximum an Lust suchenden Selbstinteresse kommt ein zum psychologischen Hedonismus verschiedenes, ein genuines Rationalitäts- oder Reflexionsmoment herein.

Selbstverständlich handelt es sich dabei nicht um die Leistung der autonomen Vernunft. Denn die Rationalität steht im Dienst der Lust, ihrer Maximierung und Sicherung. Es handelt sich vielmehr um aufgeklärte Klugheit, mit deren Hilfe sich das natürliche Luststreben mit besseren Mitteln fortsetzt. Adressat der Rationalitätsforderungen bleibt das natürliche Luststreben. Die Rationalitätsstruktur schließt sich also so eng wie nur möglich an das naturale Sein des Menschen an. Gleichwohl gilt es, daß nach dem utilitaristischen Glückskonzept zwar eine empirisch vorhandene Verteilung von Interessen aufgegriffen und keineswegs einer grundsätzlich anderen Motivation Platz gemacht werden soll. Das natürliche Aussein des Menschen auf Befriedigung im Erreichen des Erstrebten soll nur auf seiner eigenen Ebene aufgeklärt werden. Aber der Utilitarismus übersieht, daß in dieser Aufklärung zugleich ein erster Schritt der Genese genuiner Vernunft aus der Naturbestimmtheit des Menschen vorliegt. Qua Rationalität ist die Fortsetzung des natürlichen Luststrebens mit besseren Mitteln zugleich ein Transzendieren der bloßen Naturbestimmtheit.

Auch die emotionalen Voraussetzungen des aufgeklärten Selbstinteresses, die Selbstdistanz und Selbstkontrolle, kommen im Glückskonzept des klassischen, vor allem des Benthamschen Utilitarismus nicht in den Blick. Doch Sidgwick macht in seinem philosophisch weit anspruchsvolleren Beitrag zur Ethik auf die Mäßigung (temperance) als die Klugheit in der Kontrolle körperlicher Strebungen aufmerksam[26].

II. Schwierigkeiten des hedonistischen Kalküls

Wenn das gelungene Leben in Begriffen von Lust und Unlust definiert wird, dann hängt es letztlich von einer Meßkunst ab, wie weit das Leben gelingt[27]. Die Wissenschaft des Glücks besteht nicht mehr – wie noch bei Leibniz – aus Weisheit[28], sondern aus einem rationalen Kalkulationsverfahren. Dieses Programm einer Meßkunst in bezug auf Lust und Unlust wird in Benthams berühmtem hedonistischen Kalkül realisiert: Auf der Basis von Informationen über die Bedürfnis- und Interessenlage der einzelnen Betroffenen und angesichts alternativer Entscheidungsmöglichkeiten ist mit Hilfe des elementaren arithmetischen Instrumentariums von Addition und Subtraktion die Gratifikationsbilanz einer jeden Entscheidungsmöglichkeit zu berechnen. Und zwar geschieht dies nach Maßgabe von sieben Kriterien: (1) nach der Intensität der Lust bzw. Unlust, die die entsprechende persönliche oder öffentliche Handlung hervorruft, (2) nach der Dauer der Lust, (3) nach der Gewißheit oder Ungewißheit, mit der man die Gratifikation erwartet, (4) nach der Nähe oder Ferne, (5) nach der Folgenträchtigkeit und (6) der Reinheit, d. h. nach der Chance, daß die Lust sekundäre Lust oder aber Unlust zur Folge hat, (7) schließlich nach dem Wirkungsradius, d. h. nach der Zahl der Betroffenen. Sind Lust und Unlust für einen einzelnen bestimmt, so wird durch schlichte Subtraktion der Unlust- von der Lustmenge das individuelle (je nachdem positiv oder negativ ausfallende) Gesamtlustnetto und durch Addition der individuellen Lustnettos das kollektive Unlustnetto errechnet (IPML, IV). Der soziale (kollektive) Wert einer Handlung bemißt sich nach der mathematisch gleicherweise einfach wie exakt kalkulierbaren sozialen Lustbilanz. Das öffentliche Wohl ist nichts anderes als die Amalgamation der Privatwohle. Endlich vergleicht man die Lustbilanzen und wählt jene Entscheidungsmöglichkeit, der das maximale soziale Gratifikationsnetto zukommt.

Im folgenden soll die Brauchbarkeit dieses Kalküls geprüft werden. Damit steht nicht der klassische Utilitarismus als ganzer, sondern nur der vor allem von Bentham erhobene Anspruch zur Diskussion, eine operationale Definition des Glücks/Lustbegriffs gefunden zu haben. Für Benthams normatives Entscheidungsmodell spricht es, daß es nicht Voraussetzungen macht, die vom Standpunkt der modernen, probabilistisch definierten Entscheidungstheorie ohne weiteres als naiv bezeichnet werden müßten. Indem unter den Kriterien der Lustbewertung ausdrücklich jene Gewißheit oder Ungewißheit erscheint, mit der man die Gratifikation erwartet (IPML, IV 2 [3.]; vgl. auch IV 8), ist kein absolut sicheres Wissen über die gratifikationsrelevanten Resultate der Entscheidungsalternativen vorausgesetzt[29]. Die Schwierigkeiten des Kalküls liegen anderswo[30].

1. Zunächst stellt sich die Frage, worauf sich der Kalkül bezieht: auf einzelne Handlungen, auf Regeln von Handlungen oder auf Lebensformen (Lebensstrategien), auf das also, was bei Aristoteles βίος, bei Kierkegaard Existenzmodus heißt bzw. was – auf das öffentliche Handeln bezogen – die Verfassung, die politische Grundordnung einer Gesellschaft ausmacht. Die entsprechenden Formulierungen sind zwar nicht ganz eindeutig, ihre Interpretation ist daher kontrovers. Sie lassen aber bei Bentham nur die Alternative Handlungen – Handlungsregeln zu, während Mill zwar gelegentlich von Existenzweise (manner of existence, modes of existence: Ut., II) bzw. von Lebensplänen (plans of life: On Liberty, III) spricht, im allgemeinen aber doch eher auf Handlungsregeln abstellt. Sachlich gesehen erscheint es aber höchst problematisch, bei der Suche nach dem langfristig größten Glück, dem Glück eines ganzen Lebens, nicht auch den systematischen Zusammenhang von Handlungsregeln untereinander und ihre Abhängigkeit von einer umfassenderen Lebensperspektive bzw. einer politischen Grundordnung ins Auge zu fassen. Welche von alternativen Lebensformen bzw. politischen Verfassungen aber insgesamt glücklicher macht, läßt sich erst dann empirisch exakt entscheiden, wenn man *alle* Alternativen in ihrer Bedeutung für die jeweiligen Subjekte kennt. Das setzt voraus, daß man alle alternativen Lebensformen und politischen Verfassungen unter

günstigen wie ungünstigen Umständen durchlebt hat, was dem Menschen jedoch prinzipiell verwehrt ist. Dann aber ist das größte Glück von vornherein nicht in dem Sinn ein streng empirischer Begriff, daß es dem gewöhnlichen Repertoire empirisch-experimenteller Überprüfung unterworfen werden kann.

Bezieht man den hedonistischen Kalkül unmittelbar nicht mehr auf Handlungen oder Handlungsregeln (vgl. die zeitgenössische Diskussion um Handlungsutilitarismus: J. J. C. Smart, und Regelutilitarismus: J. O. Urmson, R. B. Brandt[31]), sondern auf allgemeine Lebensstrategien, so wird das Verhältnis des Menschen zu seinem größten Glück eine vermittelte Beziehung und die Berechnung des maximalen Glücks zu einem mehrstufigen Beurteilungsprozeß. An sachlich erster Stelle steht die Bewertung alternativer Lebensformen nach ihrem zu erwartenden Gesamtglückspotential. Die Entscheidung für konkretes Tun oder Lassen erfolgt nicht mehr in direktem Blick auf das maximale Glück, sondern nimmt direkt nur auf die Lebensformen Bezug. Dabei kann man sich – so eine weitere Beurteilungsstufe – auch mancher Handlungsregeln bedienen, die – aus eigenen oder fremden Erfahrungen gewonnen – zwischen den allgemeinen Lebensformen und der konkreten, streng genommen je anderen Situation vermitteln und die rechte Beurteilung eben dieser Situation leiten. Eine solche vermittelte Beziehung auf das größte Glück kann vielleicht auch eine Schwierigkeit zu lösen helfen, die ich das *hedonistische Paradox* nennen möchte. Stets und direkt nur Lust zu suchen heißt, sich dauernd auf sich selbst zurückzuwenden, immer mit sich selbst beschäftigt zu sein, was nach vielerlei Erfahrungen dem Glück auf die Dauer nur hinderlich ist. Wer dauernd nur an sein eigenes größtes Glück denkt, kann eher sicher sein, dieses Glück nie zu finden. Trifft dieses Paradox zu, dann fordert es das eigene Glück, die Anstrengung der Selbstvergessenheit auf sich zu nehmen, was dadurch erleichtert wird, daß man zwar die Grundform seines Lebens nach ihrem Gesamtglückspotential auswählen mag, das tägliche Tun und Lassen aber im weitgehenden Vergessen des Glücksverlangens aus der gewählten Grundperspektive des Lebens heraus führt.

2. Eine weitere Schwierigkeit des Kalküls liegt darin, daß der Begriff »Betroffener« nicht präzis bestimmt worden ist und sich auch kaum präzis bestimmen läßt. Denn wie soll man die direkt

Betroffenen im Vergleich mit den indirekt Betroffenen, wie die nachfolgenden Generationen im Vergleich mit den gegenwärtig Lebenden bewerten? Zudem: Schon weil man nicht voraussehen kann, wie weit die Folgen und Nebenfolgen einer Entscheidung genau reichen, kann man nicht die Bezugsgruppe abgrenzen, für die die Konsequenzen zu überlegen sind. Auch stellt sich die Frage, ob man nur die Menschen oder aber – mit Sidgwick[32] – alle mit Empfindung begabten Wesen (sentient beings) berücksichtigen soll.

3. Wieder eine andere und grundlegende Schwierigkeit findet sich in dem stillschweigend angesetzten Postulat der präzisen Meßbarkeit aller Gratifikationen. Man kann dieses Meßbarkeits-Postulat dahingehend interpretieren, daß man jede einzelne Gratifikation für kardinal quantifizierbar hält, d. h. daß man alle Gratifikationen in eine Rangfolge bringt und darüber hinaus die Rangdifferenzen kennt. Jede Lust, die man sucht, und jede Unlust, die man meidet, wird auf einer Präferenzskala geordnet, wobei Unlust als negative Lust und der Übergangspunkt von Lust zu Unlust, der Punkt vollständig neutralen Gefühls, als der hedonistische Nullpunkt gilt. Wenn sich jede Alternative durch präzise Größen darstellen und zudem auf einen gemeinsamen Nullpunkt beziehen läßt, dann wirft weder die Aufstellung einer individuellen noch die einer kollektiven Präferenzordnung grundsätzlich unlösbare Probleme auf. Ein solcher Kalkül ist jedoch so lange illusorisch, wie sich die entsprechende objektive Maßeinheit für subjektive Gratifikationswerte nicht exakt angeben läßt. Gewiß sind grobe Vergleiche von Lustgraden uns allen aus dem täglichen Leben bekannt. Benthams Kalkül setzt aber mehr voraus. Indem er Lustquanten addieren und subtrahieren will, setzt er nicht bloß irgendwelche, sondern kardinale Lustmessungen voraus. Eine solche Meßgenauigkeit ist aber nicht nur bislang unerreicht, sondern erscheint überhaupt als illusorisch. Selbst für den vergleichsweise leicht erfaßbaren Bereich wirtschaftlichen Nutzens gilt die Annahme, Nutzenmengen seien kardinal meßbar, als geradezu hoffnungslos realitätsfremd[33]. Zwar gibt Bentham, indem er die Aufgabe der subjektiven Gratifikationsmessung in sieben Elemente oder Dimensionen von Messungen aufgliedert, eine gewisse Hilfestellung für die Gratifikationsmessung, ohne jedoch die in bezug auf die Aufgliederung mindestens dreifache

Schwierigkeit zu sehen oder gar auszuräumen. Als erstes ist für jede Dimension ein Teilmaßstab erforderlich: einer für die Intensität, einer für die Dauer der Gratifikation usf., Teilmaßstäbe, die Bentham nicht erarbeitet hat und gegenüber deren Erarbeitungsmöglichkeit man weitgehend skeptisch sein muß. Als zweites sind empirische Kenntnisse in einer Genauigkeit erforderlich, die die Verwendung kardinaler Maßstäbe überhaupt möglich machen. Schließlich muß das Verhältnis der Teilmaßstäbe zueinander bestimmt werden, um die durch die Teilmaßstäbe gewonnenen Werte zu einem Gesamtgratifikationswert zusammenfassen zu können. Zu Fragen der Art: »Welcher Einheit von Gratifikationsdauer entspricht genau eine Einheit von Gratifikationsintensität?« liegen aber genausowenig objektiv gültige Kriterien vor wie zur Bestimmung der Einheit von Gratifikationsdauer oder -intensität als solchen.

Zwar kann man dort, wo sich Handlungsfolgen in bezug auf ihre Lustbilanz nicht kardinal quantifizieren lassen, Rangordnungen aufstellen, die Ränge nach ihrer Reihenfolge beziffern und so Präferenzskalen unter Verwendung von Ordinalzahlen gewinnen. Aber dieses Verfahren scheint nur bei wenigen und deutlich unterschiedenen Alternativen sowie angesichts einer geringen Zahl von Betroffenen praktikabel zu sein. Dort, wo sich noch Zwischenwerte zwischen den Alternativen finden lassen, ist das Verfahren zu grob. Und dort, wo der Kreis der Betroffenen sehr groß ist, kann es sogar zu falschen Entscheidungen führen. Denn in den Ordinalskalen kommt die Präferenzintensität nicht zum Ausdruck. Dann aber kann es geschehen, daß die Möglichkeit A, die von einer sehr knappen Mehrheit und nur minimal bevorzugt wird, für eine starke Minderheit aber in hohem Maße unangenehm ist, gewählt wird, obwohl gar nicht sie, sondern die andere Möglichkeit (B) das kollektive Gesamtnutzenmaximum erbringen würde.

4. Mit dem letzten Hinweis ist schon ein weiteres Problem angesprochen. Auch wenn das Meßproblem gelöst werden kann, bleibt die Schwierigkeit *interpersoneller Nutzenvergleiche*[34]. Selbst wenn jeder einzelne für sich eine widerspruchsfreie ordinale oder kardinale Präferenzskala aufstellen kann, bleibt die Frage, wie man die Skala des einen mit der des anderen verrechnen soll. Nicht alles, was an der Spitze der individuellen Präferenzen steht,

wird notwendigerweise mit gleicher Intensität erstrebt. Während der eine zu seinen Bedürfnissen keine Distanz hat, jede versagte Befriedigung daher eminent frustrationsreich empfindet, kann ein anderer seine Bedürfnisse stärker rationalisieren. Zudem: Selbst wenn man diesen schwer operationalisierbaren Aspekt der Selbstkontrolle ausklammert, bleibt die Tatsache bestehen, daß die Empfindungsintensitäten verschiedener Personen höchst unterschiedlich sein können, so daß jede Verrechnung, gerade auch die nach einem Egalitätsprinzip, ein in diesem Zusammenhang nicht legitimiertes Werturteil, eine hedonistische Ungleichbehandlung, weil gleiche Behandlung von ungleichen Personen darstellt. Zugleich ist das kollektive Gratifikationsmaximum bedroht.

5. Auch wenn man diese Schwierigkeiten des Glückskalküls übergeht und Bentham ein generell anwendbares Kalkulationsverfahren unterstellt, fragt es sich, ob die Kalkulation ihren Zweck garantiert, die für das Wohlergehen beste Handlungsalternative zu berechnen. Der hedonistische Kalkül will jeden normativen Disput auf eine Instanz beziehen, die eine Bestätigung oder zumindest Widerlegung durch evidente Beobachtungsdaten erlaubt. Als Beobachtungsdaten gelten jene Gefühle von Vergnügen und Mißbehagen bei den Betroffenen, die man mittels persönlicher Introspektion und auf Grund empirischer Sozialforschung am besten verfügbar machen kann. Darin liegt auch zweifelsohne der große Vorteil des Utilitarismus: Die konkreten Anweisungen für persönliches und politisches Handeln werden nicht rein deduktiv gewonnen, sondern berücksichtigen empirische Tatbestände und fordern deren methodische Erhebung. Die Handlungsanweisungen des klassischen Utilitarismus erfolgen aus der Verbindung von methodisch gewonnener Erfahrung und rationaler Kalkulation. Allerdings kann man im vornhinein, nämlich bei der Entscheidung für eine Handlung, nicht von den tatsächlich eintretenden, sondern nur von den bei bestimmten Handlungen *erwarteten* Lust/Unlustgefühlen ausgehen. Und hier fragt es sich, ob den durch Selbstbeobachtung gewonnenen und durch Sozialforschung abgefragten Lust/Unlusterwartungen der Betroffenen die Bedeutung von Protokollsätzen zukommt, die jeder Kritik enthoben sind. Ist das Feststellen der Erwartungen ein interpretationsneutraler Vorgang bloßen Protokollierens, und geben die protokollarisch dokumentierten Feststellungen tatsächlich eine

sichere, und sei es auch nur im probabilistischen Sinn sichere Kalkulationsbasis ab? Der hedonistische Kalkül des klassischen Utilitarismus verfährt in intentione recta. Die Betroffenen haben danach die Erwartungen ihrer Lust/Unlustempfindungen, deren Intensität, Dauer usw. deutlich vor sich, können sie richtig bestimmen, werden sie auch wahrheitsgemäß artikulieren und den Entscheidungsträgern getreu zur Kalkulation überantworten. Über die der Kalkulation zugrunde zu legenden Lust/Unlusterwartungen entscheiden die Betroffenen selbst. Kurz: Außer den Postulaten der universalen Meßbarkeit und interpersonellen Vergleichbarkeit aller Lust impliziert die operationale Glücksdefinition als weiteres das Postulat der *Präferenzsouveränität der Betroffenen.* Dieses Postulat hat Bentham am deutlichsten in seinem wirtschaftswissenschaftlichen, zwei Jahre vor der *Introduction* erschienenen Essay *In Defence of Usury* (1787) ausgesprochen. Er vertritt dort nämlich die These, jedermann könne das eigene Glück am besten selbst beurteilen.

Sicherlich stellt Bentham gegen die häufige Klage, ein Mensch wisse zu wenig von sich selbst, zu Recht die Gegenfrage, ob denn der Gesetzgeber mehr wisse (IPML, XVII 15). Andererseits ist diese Alternative: Präferenzsouveränität der Betroffenen oder paternalistische Führung durch den Gesetzgeber, noch unangemessen. Auch wenn man die Führung durch Gesetzgeber ablehnt, ist es weder notwendig noch empfehlenswert, die von den Betroffenen jeweils geäußerten Interessen als unhintergehbare Tatbestände zu übernehmen. Die momentanen Lust/Unlusterwartungen eines Individuums können durch Irrtümer über Tatbestände, sie können durch voreilige Urteile, illusionäre Erwartungen sowie durch emotionale Barrieren verzerrt sein[35]. Neben diesen Oberflächenverzerrungen, die durch bessere Information sowie durch Techniken der Innensteuerung[36] wenigstens im Prinzip kontrollierbar sind, gibt es auch Tiefenverzerrungen, die dem bewußten und freiwilligen Handeln entzogen sind: neurotische, psychotische und ideologische Entstellungen, die hinter dem Rücken der einzelnen einige ihrer Bedürfnisse und Interessen in den Aufmerksamkeitsraum vorschieben, um andere ganz aus ihm zu verdrängen. Ohne Hilfe von reflexiven, von kritisch-hermeneutischen Verfahren wie Psychoanalyse, Ideologiekritik u. a. lassen sich diese Verzerrungen aber weder aufdecken noch beheben.

Während Bentham die Problematik überhaupt nicht sieht, hat Mill zwar zwischen objektivem Glück und der Befriedigung praktisch geäußerter Interessen deutlich unterschieden, aber keine methodischen Konsequenzen in bezug auf den hedonistischen Kalkül bzw. den Anspruch einer operationalen Glücksdefinition gezogen[37]. Tatsächlich sind jedoch jene Präferenzen eines Individuums, die sein Interesse am eigenen Wohlergehen repräsentieren, weder in einer unfehlbaren Introspektion nur zu beobachten, noch liegen sie je schon wahrheitsgetreu artikuliert vor. In häufig genug sehr schwierigen Prozessen der Selbstgewinnung und Selbstklärung sind die Präferenzen allererst herauszupräparieren und in Prozessen der Selbstdarstellung anderen zu präsentieren. Aufgrund solcher Vermittlungsprozesse sind sowohl in einem noch persönlich kontrollierbaren als auch in einem schon krankhaften Sinn Selbsttäuschungen möglich; aufgrund der vermittelnden Sprache sind sozialkulturell bedingte Verzerrungen, aufgrund der persönlich kontrollierbaren und damit auch manipulierbaren Artikulation sind endlich auch taktische und strategische Überlegungen, dann auch ebenso Täuschung wie Betrug der Mitmenschen möglich – und sicherlich nicht unwahrscheinlich. Wenn es aber (sowohl mehr oberflächliche als auch tiefenstrukturelle) Täuschungen und Selbsttäuschungen gibt, verbietet es sich – gerade auch im Sinn der utilitaristischen Maxime –, die Betroffenen als einzige Entscheidungsinstanz für Präferenzen zuzulassen, die faktischen Artikulationen für jene zu halten, die dem Wohlergehen wirklich dienen, und sie kritiklos als Daten zu übernehmen.

Ferner entstehen im Zuge der Aufgabe, die individuellen Erwartungen zu erfüllen, kommunikative Bezüge, die keineswegs für die Erfüllung der Bedürfnisse und Interessen nur instrumentale Bedeutung haben. In den kommunikativen Bezügen wird nicht bloß das System der Erfüllung neutral organisiert, vielmehr werden auch bestimmte Erwartungen geweckt, andere transformiert und wieder andere in ihrer Präferenzintensität verändert. Obwohl Lust und Unlust individuell empfunden werden, sind die Empfindungen wie die Erwartungshaltungen durch die Umgebung mitgeprägt. Das im einzelnen höchst komplizierte Wechselverhältnis zwischen den Individuen und ihren sozialen Bezügen wird im hedonistischen Kalkül jedoch unterschlagen. Gewiß nimmt der Kalkül zu Recht an, daß eine soziale (kollektive)

Präferenzordnung unabhängig von den Präferenzordnungen der Individuen nicht sinnvoll ist. Die Gültigkeit sozialer Präferenzordnungen wird durch die individuellen Zielordnungen und letztlich durch die Lust/Unlusterlebnisse der Mitglieder der betreffenden Kommunität gestützt. Gleichzeitig gilt aber auch, daß individuelle Präferenzordnungen und Lust/Unlusterlebnisse von der Präferenzordnung einer Gesellschaft nicht unabhängig sind. Insofern aber Bedürfnisse, Interessen, mit ihnen auch die Lust/Unlusterwartungen und endlich die individuellen Gratifikationsempfindungen soziokulturell vermittelt sind, insofern sie sowohl eine Antriebskraft für historische und soziale Veränderungsprozesse als auch deren Ergebnis darstellen, darf eine verantwortliche öffentliche Entscheidungsfindung die Erwartungen, die aus dem mehr oder weniger zufälligen Stand der Sozialisation folgen, nicht als grundsätzlich sakrosankte Basisinstanz anerkennen. Andernfalls enthält die Entscheidungsfindung ein nicht weiter legitimiertes konservatives Vorurteil gegenüber dem jeweiligen persönlichen und sozialen status quo. Überdies kommt das persönliche Wohlergehen nicht schon dadurch dauerhaft zustande, daß man sich auf die augenblickliche Konfiguration von Wünschen und Interessen bezieht. Als Sinnkategorie menschlichen Daseins bezeichnet Glück ein erfülltes Leben, zu dem – wie es Mill im Unterschied zu Bentham nachdrücklich hervorhebt (vgl. *On Liberty*, Kap. III) – auch die Entwicklung, die Erweiterung und Verfeinerung der eigenen humanen: sprachlichen und formalen, emotionalen, sozialen und kreativen Fähigkeiten gehört. Der Mensch ist kein statisches Wesen, kein bloßes Bündel der jeweils gegebenen Triebe, Bedürfnisse und Interessen. Viel eher ist er ein offenes Wesen, das sich nicht auf einen bestimmten Stand von Glückserwartungen und Glücksfähigkeiten fixieren läßt, sondern die Erfüllung von Interessen wie auch deren Artikulation, Ordnung, Überprüfung und Verbesserung sucht und gerade darin erst in einem vollen Sinn glücklich wird (›a progressive being‹). Das menschliche Glück ist in einem lebenslangen, inhaltlich offenen Bildungs- und Selbstfindungsprozeß immer wieder neu zu bestimmen und zu verfolgen.

Schließlich ist mit der Annahme einer absoluten Präferenzsouveränität der Betroffenen nicht nur das individuelle, sondern auch und einmal mehr das kollektive Gesamtlustmaximum bedroht. Denn die Annahme der absoluten Präferenzsouveränität führt zu der schon grotesken Konsequenz, auch solche Interessen *gleichberechtigt* anzuerkennen, die ihrem Inhalt oder ihrer Intensität nach unsozial sind. In einem nicht weiter qualifizierten hedonistischen Kalkül müssen sowohl überspannte: exzentrische oder fanatische Intentionen als auch die verschiedenen Formen von Neid, Eitelkeit und Herrschsucht, von Aggression, Destruktion und Sadismus nicht bloß überhaupt, sondern auch mit gleichem Recht und Gewicht in die Kalkulation übernommen werden wie die sozial indifferenten oder die sozial engagierten Interessen. Sicher ist es nicht leicht, in jedem Fall genau anzugeben, welche Interessen überhaupt und welche ab einem bestimmten Grad von Intensität und Distanzlosigkeit als unsozial gelten müssen, sich für eine Berücksichtigung im Entscheidungsprozeß daher disqualifizieren. In diesem Zusammenhang ist auch nur die Tatsache entscheidend, daß es überhaupt Interessen gibt, die unmittelbar als solche sinnvollerweise nicht in den Kalkulationsprozeß einbezogen werden dürfen. Wenn es aber nicht angeht, alle Lust/Unlustempfindungen gleicherweise zu berücksichtigen, wenn man vielmehr gewisse von vornherein ausschließen und/oder nur eingeschränkt berücksichtigen darf, dann geben die Empfindungen in ihrem naturwüchsigen Vorhandensein nicht schon die richtige Grundlage der Kalkulation ab. Nicht erst in der Dimension der Befriedigung, sondern schon in der der Bedürfnisse und Interessen stellt sich das Problem normativer Legitimation.

Überblickt man diese Einwände, so läßt sich die Konsequenz nicht vermeiden: Der Begriff des Glücks ist nicht in *dem* Sinn ein empirischer Begriff, daß er sich auf die Befriedigung aller jeweils artikulierten subjektiven Präferenzen zurückführen ließe. Dem Anspruch des hedonistischen Kalküls, das utilitaristische Moral- und Rechtsprinzip operational zu definieren, liegt ein kruder (behavioristisch verkürzter) Empirismus zugrunde[38], der zwischen artikuliertem und tatsächlichem Interesse, der zwischen vermeintlichem und wohlverstandenem, zwischen naturwüchsig vorhandenem und sozial vertretbarem Interesse nicht unterscheidet[39] oder sich jeweils auf die eine Seite schlägt, obwohl nur die andere Seite das ermöglicht, was der Kalkül leisten soll: eine rationale Methode zur Bestimmung des größten persönlichen und sozialen Glücks.

Gewiß soll der sozioökonomische Kontext des klassischen Utilitarismus nicht übersehen werden. Bentham hat den hedonistischen Kalkül im spätfeudalen und frühkapitalistischen England aufgestellt. Angesichts der damals bestehenden Konzentration von Macht und Reichtum in den Händen einer dünnen Schicht Privilegierter enthält die in den Kalkül übersetzte Maxime, jeden ohne Unterschied zu berücksichtigen, eine geradezu revolutionäre Gesellschaftskritik. Der nur allzu berechtigte gesellschaftskritische Impuls verbindet sich im Kalkül allerdings mit der naiven Vorstellung, die fälligen gesellschaftlichen und politischen Reformen aufgrund rationaler Kalkulation quantitativ exakt bestimmen zu können. Tatsächlich aber besteht zwischen dem Resultat des Benthamschen Kalküls und seiner gesellschaftskritischen Intention, dem allgemeinen Wohlergehen, zwischen dem operationalen und dem normativen Aspekt des Utilitarismus keine notwendige Kongruenz. Wenn aber zwischen beiden Komponenten Konfliktsituationen denkbar sind, stellt sich die Frage, wem im Konfliktfall die Priorität gebührt. Hebt man den Kalkül in den Vordergrund, dann setzt die Rationalität der Methode ihren normativen Sinn, das Leitziel maximales Glück, aufs Spiel. Gibt man dem utilitaristischen Prinzip den Vorrang, so setzt das normative Ziel seine im engeren Sinn rationale Verwirklichung in Gefahr. In jedem Fall ist die Entwicklung eines tragfähigen operationalen Verfahrens zur Kalkulation menschlichen Glücks nicht gelungen. Der Anspruch, aufgrund einer exakten Informations- und Kalkulationsvorschrift das menschliche Glück berechnen und insoweit rational verfügbar machen zu können, ist bei weitem überzogen. Daß individuelle Präferenzen Daten sind, über die sich individuelle und öffentliche Entscheidungsträger nur informieren müssen, ist eine glatte Illusion. Ohne eine wissenschaftlich abgestützte Erschließung des Aktionsspielraums, vor allem ohne eine kritische Reflexion der Bedürfnisse und Ziele, und zwar sowohl aus eigenem wie aus sozialem Interesse, kommt es zu einer empfindlichen Verkürzung persönlicher wie öffentlicher Entscheidungsrationalität. Der als operationales Kriterium gedachte hedonistische Kalkül degeneriert bestenfalls zu einer – unter dem Interesse an Operationalität – höchst vagen kritischen und regulativen Idee[40, 41].

III. Zum utilitaristischen Moral- und Rechtsprinzip

Versteht man unter Philosophie kein dogmatisches Behaupten (»trockenes Versichern«), sondern zumindest den *Versuch* methodischen Argumentierens, so ist der klassische Utilitarismus in seinen zentralen Teilen kaum Philosophie. Der Mangel argumentativer Rede im Bereich des Hedonismus wurde erwähnt; das zweite Hauptelement des Utilitarismus, die kalkulatorische Definition von Vernunft (reason), ist – abgesehen von den erwähnten Schwächen des hedonistischen Kalküls – von Bentham auch bloß hingestellt und nicht weiter begründet worden; ein gewisses Begründungsdefizit besteht schließlich beim dritten Hauptelement, beim utilitaristischen (Moral- und Rechts-)Prinzip. Zwar sieht Bentham die mögliche Aufgabe, das Prinzip nicht bloß zu behaupten, sondern es auch zu begründen. Doch versteht er unter Begründen nur Beweisen und unter Beweisen die Ableitung aus schlechthin ersten Sätzen. Da aber das Prinzip im wörtlichen Sinn Prinzip, nämlich ein schlechthin erster Satz sein soll, sei es per definitionem nicht beweisbar (IPML, I 11). So begnügt er sich, darauf hinzuweisen, daß jede argumentative Ablehnung des utilitaristischen Prinzips sich gerade solcher Argumente bedient, die letztlich nur unter Annahme des Prinzips selbst triftig seien (I 13). Diese Strategie, den Opponenten eines Selbstwiderspruchs zu überführen, ist nicht bloß eine seit Sokrates/Platon in der Philosophie sehr beliebte, sondern auch eine argumentativ starke und didaktisch überzeugende Strategie. Leider wird sie von Bentham nicht gründlich genug entwickelt.

Mill widmet der Begründung des utilitaristischen Prinzips ein eigenes Kapitel (Ut., IV: Welcherart Beweis sich für das Nützlichkeitsprinzip führen läßt), in dem ebenfalls die Vorstellung eines direkten Beweises abgelehnt wird. Gleichwohl hält er eine rationale Stützung des Prinzips für möglich. Was er allerdings als Argumentation vorträgt, läßt sich genau in der Weise formulieren, die er im einleitenden beweistheoretischen Hinweis abgelehnt hat, nämlich als direkter Beweis oder als Ableitung im Sinne einer Deduktion. So kann es nicht überraschen, daß die in zwei Schritten entwickelte Argumentation fehlerhaft ist, und zwar in ihren beiden Schritten[42]. *Zunächst* wird aus dem Prinzip des psychologischen Hedonismus (der Mensch strebt letztlich nur nach Freude bzw. Glück) das Prinzip eines subjektiv-ethischen

Hedonismus abgeleitet (das, woran jemand Freude hat, ist für ihn auch gut), wobei der methodische Status des psychologischen Hedonismus unklar bleibt; zum einen erscheint er als empirische, zum anderen als analytische Wahrheit. Dann wird aus der behaupteten Konklusion das Prinzip eines objektiv-ethischen Hedonismus abgeleitet (das allgemeine Glück ist für alle gut). Das erste Argument folgt einem Fehlschluß, den man als empiristischen Fehlschluß bezeichnen kann: Was tatsächlich erstrebt wird, sei auch erstrebenswert. Das zweite Argument setzt das für individuelle Klugheitserwägungen zutreffende Kriterium, das persönliche Glück, mit dem für moralisches Handeln gültigen sozialen Kriterium, dem allgemeinen (kollektiven) Glück, gleich. Tatsächlich folgt aus der angenommenen Prämisse nur, daß für jeden irgendein Teil des kollektiven Glücks bzw. daß jeder Teil des kollektiven Glücks für irgend jemanden hedonistisch gut ist, nicht aber, daß das kollektive Glück insgesamt für jedes einzelne Glied des Kollektivs hedonistisch gut ist.

Im klassischen Utilitarismus fehlt nicht bloß eine triftige Legitimation des utilitaristischen Moralprinzips. Es fehlt – wenigstens bei Bentham – schon eine unzweideutige Formulierung des Prinzips. Das utilitaristische Prinzip gebietet nach Bentham das größte Glück mit dem Zusatz »of the party whose interest is in question« (IPML, I 2, vgl. XII 2). Dieser Zusatz wurde bislang nur universalistisch verstanden, wonach das Glück aller von der Handlung Betroffenen zu maximieren sei. Während diese Position für J. S. Mill und H. Sidgwick[43] (des bedeutendsten Utilitaristen nach Mill) zweifelsohne zutrifft, soll sie dagegen nach Lyons für Bentham nicht gelten[44]. Mit der in Frage stehenden Partei seien vielmehr jene gemeint, deren Verhalten man lenke, als Privatperson nur sein eigenes Verhalten, als Gesetzgeber oder Verwaltungsbeamter aber das Verhalten der Betroffenen. Hinter dem utilitaristischen Prinzip (die Interessen jener zu befördern, deren Verhalten man lenkt) sollen sich also zwei verschiedene Maßstäbe verbergen, einer für persönliche und einer für öffentliche Angelegenheiten. In Übereinstimmung mit der hedonistischen Psychologie sei eine Privatperson ausschließlich für ihr eigenes Glück zuständig, während das Wohlergehen der Gemeinschaft allein in der Verantwortung der Regierung liege[45]. Nach dieser »differential interpretation« wird das utilitaristische Prinzip zu einem reinen Klugheitsprinzip, zum Prinzip persönlicher bzw. sozialer (kollektiver) Klugheit. Eine wirkliche *Moral*philosophie, nämlich die Verpflichtung auch des persönlichen Handelns auf das Allgemeinwohl, entfiele – wenigstens bei Bentham – ganz. Zugleich lösten sich jene Aporien des Utilitarismus auf, die sich aus der Verknüpfung zweier heterogener Elemente ergeben, der hedonistischen Psychologie und des universalen Moral- und Rechtsprinzips. Indessen: Da persönlicher und öffentlicher Bereich sich teilweise überlappen, tauchen die Aporien bei Bentham doch an anderer Stelle, nämlich innerhalb des Handlungsprinzips wieder auf. Zudem gibt es andere Passagen, in denen Bentham deutlich fordert, immer auch das Wohl der Mitmenschen zu besorgen[46]. Da Mill und Sidgwick eindeutig die nichtindividualistische Interpretation des Prinzips verfechten und sie sich dabei ausdrücklich auf Bentham berufen, ist – wirkungsgeschichtlich gesehen – nur diese Lesart zu vertreten. Aus diesem Grund und weil der Bentham-Text selbst zweideutig ist, gehe ich im folgenden von der universalistischen Lesart aus[47]. Diese läßt selbst noch zwei Lesarten zu: Geht es um den kollektiven Gesamtnutzen (total happiness) oder um den durchschnittlichen Pro-Kopf-Nutzen (average happiness). Doch kann dieses Problem im folgenden eingeklammert bleiben[48].

Das utilitaristische Prinzip hat die methodische Bedeutung eines höchsten Beurteilungsmaßstabes menschlicher Praxis. Mit seiner Hilfe sollen Handlungen bzw. Klassen von Handlungen (Handlungsregeln) daraufhin geprüft werden, ob sie vom moralischen Standpunkt aus richtig oder falsch sind. Daher ist der Utilitarismus auch im Bereich der Moral, in der Sprache Kants, eine Theorie von Legalität, nicht Moralität. Ihm geht es in erster Linie um die moralische Richtigkeit von Handlungen, nicht um den moralischen Wert des Handelnden (vgl. Mill, Ut., II).

Im Rahmen seiner »legalistischen« Moralphilosophie nimmt Bentham die traditionelle Unterscheidung von Pflichten gegen sich selbst und Pflichten gegen andere auf (XVII 6). Da Pflichten gegenüber sich selbst nur jene Teile des Verhaltens betreffen, an denen niemand anderer als der Handelnde selbst interessiert ist, enthalten sie keine moralisierenden Gebote und Verbote, sondern – erfrischend nüchtern-realistisch – bloß Gebote und Verbote im Namen des eigenen langfristig größten Glücks. Weil außerdem inhaltliche Bestimmungen des Glücks von Unterschieden der Person und ihren Umständen abhängen und sich darüber keine

Apriori-Aussagen machen lassen, stellt Bentham zu Recht keinen Kodex von Pflichten gegen sich selbst auf. Die einzige Orientierungshilfe bleibt der formale hedonistische Kalkül.

Die Pflichten gegenüber anderen, auch Pflichten gegenüber seinem Nachbarn (duties to his neighbour) genannt, beziehen sich auf jenes Tun und Lassen, bei dem das Glück der Mitmenschen betroffen ist. Hierbei unterscheidet Bentham zwei Aspekte, das Glück seiner Mitmenschen zu berücksichtigen: den negativen Aspekt, die Redlichkeit (probity), die es verbietet, das Glück der anderen zu vermindern, vom positiven Aspekt, der Wohltätigkeit (beneficence), die die Vermehrung des Wohlergehens fordert. Nur – so stellt Bentham selbst die Frage – welche Motive kann jemand haben, sich um das Glück anderer zu bekümmern, sofern man von Gesetzgebung und Religion, also von diesseitigen und jenseitigen Sanktionen absieht (XVII 7). Ganz in Übereinstimmung mit seinem rationalen Hedonismus antwortet Bentham: Die einzigen Interessen, aufgrund derer man zu jeder Zeit und unter allen Umständen sicher ist, adäquate Motive zur Berücksichtigung fremden Glücks zu finden, sind die eigenen Motive. Das Glück der anderen erscheint also nicht als persönlichkeitsfremde Pflicht, sondern als eigene Neigung, und zwar zu allen Gelegenheiten als die *rein* soziale Neigung der Sympathie oder des Wohlwollens (vgl. V 10, I 25) und zu den meisten Gelegenheiten als die semisozialen Motive der Liebe der Freundschaft (love of amity, vgl. V 6, X 21) und der Liebe guten Rufes (love of reputation, vgl. V 7, X 22). Doch können diese sozialen bzw. semisozialen Motive mit sozialneutralen oder antisozialen Motiven konkurrieren; und Bentham ist keineswegs so optimistisch zu glauben, die sozialen bzw. semisozialen Motive seien dann immer die stärkeren. Bentham ist weder von einer spontanen Ausrichtung der Menschen auf das Glück aller überzeugt, noch glaubt er, daß die Menschen, bei denen ausnahmsweise eine solche spontane Neigung *vorherrscht*, die also über eine soziale Disposition verfügen, daß diese Menschen das größte Glück der Mitmenschen immer unfehlbar richtig verfolgten, so daß die rationale Kalkulation überflüssig würde. Auch Menschen guten Willens können sich irren, und zwar entweder über die Interessen ihrer Mitmenschen oder aber über die Mittel und Wege, die Interessen am besten zu befördern. Umgekehrt müssen bloß egoistische Motive dem allgemeinen Glück keineswegs zuwiderlaufen. Eine natürliche Interessenharmonie von Eigeninteresse und Allgemeinwohl ist möglich, aber keineswegs stets sicher. Bentham hängt nicht jenem naiven Liberalismus an – den übrigens entgegen einem häufigen Vorurteil auch die Klassiker des Liberalismus nicht vertreten haben[49] –, der aus dem Glauben an eine prästabilierte Harmonie zwischen individuellem und kollektivem Glück die Herstellung des größten Glücks allein aus der spontanen Entwicklung der Gesellschaft erwartet. Vielmehr muß man alle vier Fälle annehmen: die Förderung des Gemeinwohls bei egoistischen Motiven, dessen Schädigung bei egoistischen Motiven, die Förderung des Gemeinwohls bei altruistischen Motiven wie auch dessen Schädigung bei altruistischen Motiven (vgl. XI 9 ff.).

Wenn man aber nur eine gelegentliche und mehr zufällige Kongruenz von persönlichem und allgemeinem Wohlergehen annimmt, wie läßt sich dann noch – unter Voraussetzung der durchgängigen Lust-Unlust-Determination – die enthusiastisch angekündigte »fabric of felicity« (I 1) vollenden? Aufgrund seiner hedonistischen Anthropologie scheint der klassische Utilitarismus ganz allgemein in das Dilemma zu geraten, daß entweder die von ihm angesetzte durchgängige Lust-Unlust-Determination von allein zum allgemeinen Glück führt, womit das utilitaristische Prinzip überflüssig würde, oder aber die Determination das Höchstmaß an Allgemeinwohl verfehlt, womit es vergeblich wäre. Nun garantiert die Lust-Unlust-Determination keineswegs das allgemeine Glück. Ist also das utilitaristische Prinzip mit seiner Forderung, das Gemeinwohl zu maximieren, tatsächlich vergeblich?

Es bleibt noch ein Ausweg, nämlich die nicht natürlich gegebene Harmonie von persönlichem und kollektivem Glück künstlich herzustellen und das individuelle Glücksverlangen entweder durch Erziehung richtig zu formen oder es durch Sanktionen zu manipulieren. Der erste Weg wird von Bentham nur kurz erwähnt, gleichwohl als wichtig anerkannt, aber nicht weiter verfolgt (XVII 5). Bei Mill dagegen spielt es eine große Rolle, die Menschen durch Erziehung dazu zu bringen, aus sich heraus, nur durch die innere Sanktion des Gewissens geleitet (Ut., II, III), ihr Glück in einer Weise zu suchen, daß auch das Glück anderer befördert oder wenigstens nicht beeinträchtigt wird. Der andere Weg gabelt sich in zwei Unterwege. Sidgwick erblickt als einzige Möglichkeit, um die beiden rivalisierenden Prinzipien, das rationale Selbstinteresse der hedonistischen Psychologie und das utilitaristische Prinzip des Allgemeinwohls, miteinander zu versöhnen, die Annahme eines göttlichen Herrschers, der jeden belohne, wenn er das utilitaristische Prinzip befolgt, und jeden bestrafe, wenn er vom Prinzip abweicht[50]. Dann aber liegt die Befolgung des utilitaristischen Prinzips im aufgeklärten Selbstinteresse. Zugleich werden dem sittlichen Handeln Triebfedern unterlegt, die die Sittlichkeit – verstanden als ein Handeln aufgrund freier Anerkennung – untergraben. Zudem kann man sich in einer säkularisierten Welt nicht darauf verlassen, daß jedermann hinreichende Angst vor göttlichen Strafen hat.

Bentham verfolgt deshalb den anderen Unterweg, der allerdings ebensowenig ein Handeln aufgrund freier Anerkennung begründet. Er erklärt das »ausgedehnteste und aufgeklärte Wohlwollen zum ranghöchsten Motiv« (X § 4), verzichtet allerdings auf Appelle an die Individuen, das Allgemeinwohl doch zu befördern, sieht vielmehr im Recht – nach dem hedonistischen Kalkül – die zweite Stütze der »fabric of felicity«. Seine *Introduction*, die ursprünglich als Einleitung in eine Abhandlung »Elements of Critical Jurisprudence« (oder auch »Principle of Legal Polity«)[51] geplant war, enthält im Vorwort den Entwurf eines zehnteiligen Werkes, das die Prinzipien der der »fabric of felicity« genügenden Gesetzgebung vom Zivil- und Strafrecht über Verfahrensrecht bis zum internationalen Recht, Finanz- und Wirtschaftsrecht enthalten sollte. Weil die Regierung für das größte Glück der Regierten verantwortlich ist, aber nicht erwarten kann, daß es aus der spontanen Entwicklung der Gesellschaft, auch nicht aus öffentlicher Diskussion und politischen Kompromissen allein hervorgeht, und weil das zeitgenössische englische Rechtssystem als nichtkodifiziertes Recht teils der Willkür Tür und Tor öffnet, teils ständig hinter den Erfordernissen der Praxis hinterherhinkt, bedarf es der planenden, die komplexe Wirklichkeit in ihren Zusammenhängen überschauenden und die Folgen von Gesetzgebungsentwürfen mit Hilfe des hedonistischen Kalküls kalkulierenden Intelligenz. Die mangelnde Konvergenz von individuellem und kollektivem Glück soll durch ein rational kalkuliertes System von Sanktionen: von Belohnungen, insbesondere aber Strafen zustande kommen, die die noch am ehesten *langfristig* zutreffende natürliche Interessenharmonie auch kurz- und mittelfristig sicherstellen. Durch die Androhung von Strafen für

Handlungen, die dem Glück anderer schaden, werden die Motive der Handelnden manipuliert, jedoch nicht ihre Grundintentionen: ihre persönliche Konfiguration von asozialen, sozial neutralen und sozial förderlichen Dispositionen verändert. Weite Teile der *Introduction* haben genau diese Aufgabe, die für ein rationales Strafsystem erforderlichen Grundelemente: das Prinzip und die Methode, die Hauptbegriffe und die wichtigsten Probleme zu erörtern. Aber auch für die Wirtschafts- und Finanzpolitik hat Bentham rational kalkulierte Regierungsinitiativen gefordert.

Trotz Benthams Vorschlägen zu einer rationalen Straf-, Wirtschafts- und Finanzpolitik erscheint seine lapidare Forderung an die Regierung, das größte Glück der Regierten herzustellen, ebenso als Überforderung wie als Fehlführung der Politik. Denn durch das, was Bentham mit seinen Anhängern im Namen des utilitaristischen Prinzips gefordert und zum Teil auch politisch durchgesetzt hat: durch die Milderung des Strafvollzugs und die Begrenzung der Todesstrafe, durch die Erweiterung der öffentlichen Gesundheitsfürsorge und die Verbesserung der Armengesetze, durch die Erweiterung der demokratischen Mitwirkungsrechte und die Befreiung der Kolonien, auch durch J. S. Mills politische Forderungen: durch soziale Freiheit des Individuums (als der Voraussetzung für gesellschaftlichen Fortschritt), durch eine repräsentative Demokratie (als der besten Organisationsform des kollektiven Willens) und durch freie Verfügbarkeit des Privateigentums (als der Grundlage wirtschaftlichen Wohlstandes) wird nicht das Glück der Betroffenen selbst hergestellt, sondern wird über (wirtschaftliche, soziale und politische) Hindernisse und Barrieren, über ebensolche Voraussetzungen, wird auch über Spielräume und Aktionsfelder befunden, in denen die Elemente oder unmittelbaren Bedingungen von Glück, nämlich Identitätsbildungen, affektive Bindungen, gratifizierende Tätigkeiten und Interaktionen, möglich oder erleichtert, keineswegs aber öffentlich hergestellt werden. Das Regierungshandeln betrifft weniger das Glück selbst als jene limitierenden Grundbedingungen, die den Individuen in ihren verschiedenen Interessen und sozialen Bezügen die Chance zu einer Erfüllung ihrer Bedürfnisse und Wünsche und damit zu einem glücklichen Leben bieten. Öffentliches Handeln betrifft eine Globallage von Nutzenmöglichkeiten, die die Individuen selbst sehen, ergreifen und in persönliche Befriedigung umsetzen müssen.

Die damit angesprochene Grenze einer Gesetzgebung und Verwaltung, die utilitaristischen Kriterien folgt, ist von anderen Grenzen zu unterscheiden. Eine erste Grenze öffentlichen Handelns in bezug auf das menschliche Glück stellen schon die Knappheit der natürlichen und sozialen Ressourcen sowie die Kosten ihrer Ausschöpfung dar. Die Addition der Ansprüche aller gesellschaftlichen Gruppen kann die Politik rasch an das Äußerste ihrer monetären und personellen Möglichkeiten führen. Eine weitere Grenze ist mit Gehlens Konzept der Hintergrunderfüllung bezeichnet[52]: Gratifikationen nützen sich in dem Maß ab, wie sie gesichert werden. Eine dritte Grenze liegt in dem, was Rescher die hedonische Diskontierung nennt[53]: Mit der in unseren fortgeschrittenen Industriegesellschaften zu beobachtenden Eskalation der Erwartungen kann die Verbesserung der Lebensverhältnisse nicht Schritt halten, so daß trotz gesteigerter Wohlfahrt und verbesserter Sozialeinrichtungen die Menschen sich doch nicht glücklicher fühlen. Durch eine Inflation der Erwartungen bedingt, kann ihre Zufriedenheit sogar abnehmen. Von diesen drei Grenzen jeder Politik gegenüber dem menschlichen Glück ist als vierte die vorhin genannte zu unterscheiden. Nicht nur wegen der Knappheit der Ressourcen, der Hintergrunderfüllung und der hedonischen Diskontierung findet jede Politik, die das menschliche Glück herstellen will, eine Grenze. Sie findet sie auch deshalb, weil das Glück aus der aktiven, oft auch kreativen Auseinandersetzung mit den Bedingungen erwächst, die man jeweils vorfindet. Öffentliche Entscheidungen beziehen sich auf Gratifikationspotentiale, nicht auch auf ihre Realisation[54]. Während die Politik über die Chancen menschlichen Glücks mitentscheiden kann, muß sie das Ergreifen der Chancen, aber auch ihr Übersehen und Verfehlen den einzelnen überlassen. Was Bentham überhaupt nicht gesehen[55] und Mill zwar beobachtet, bei seinen Hinweisen auf die präzise Methode des Utilitarismus, des hedonistischen Kalküls, aber nicht hinreichend ausgewertet hat, ist die Konsequenz, daß das Glück der Betroffenen Kriterium allenfalls im methodischen Sinn eines Fluchtpunktes, intentio indirecta, nicht intentio directa einer rationalen Regierung ist[56].

Angenommen, mit Hilfe der beiden Faktoren, der als Kalkulation definierten Vernunft und des manipulativ bestimmten Rechts, ließe sich tatsächlich das Gebäude der Glückseligkeit festlegen, so handelt es sich zunächst um einen *Entwurf*, um einen rationalen Plan vernünftigen Rechts. Damit der Entwurf Wirklichkeit werde, bedarf es eines Gesetzgebers, der den Plan aufgreift und kraft seiner legislatorischen Gewalt die entsprechenden Gesetze erläßt. Und hier stellt sich noch einmal die Frage, wie sich die hedonistische Psychologie, die Lust-Unlust-Determination, mit dem utilitaristischen Prinzip, dem Wohlergehen aller, vereinbaren lasse. Da nach der hedonistischen Psychologie das tatsächliche Ziel jeder Regierung das größte Glück der Regierenden und nicht das der Regierten wäre, fragt es sich, wie man die Gesetzgeber dazu bringt, nicht bloß gelegentlich – im Falle einer Interessenkonvergenz –, sondern *stets* ihr Eigenwohl (ihr individuelles Wohl oder das ihres Standes, ihrer Partei, ihres Interessenverbandes) hintanzusetzen und nur das Gemeinwohl zu verfolgen.

In der *Introduction* hat Bentham dieses Problem noch gar nicht gesehen und einfach die Perspektive eines idealen Gesetzgebers eingenommen. Erst unter dem Einfluß von James Mill, dem Vater John Stuarts, hat er sich zu der schon von Hume inaugurierten Idee der »checks and balances« durchgerungen und für die Abschaffung der Monarchie und des House of Lords, für die Wahl des Premierministers durch das Parlament, für eine demokratische Kontrolle der Regierung durch allgemeine, gleiche, geheime, regelmäßige und häufige Wahlen plädiert, Gedanken, die zu ihrer Zeit so revolutionär waren, daß vor allem sie der Gruppe um Bentham den Namen »Philosophic Radicals« eintrugen. Als philosophisch-politischer Schriftsteller und als Abgeordneter des Unterhauses hat J. S. Mill den Gedanken weiter aufgegriffen und in berühmten Plädoyers für eine repräsentative Regierung, für Meinungs- und Pressefreiheit gekämpft (vgl. »Considerations on Representative Government«, 1861, ^{3}1865; »On Liberty«, 1859, ^{3}1864). Gleichwohl bleibt eine ausschließlich dem Allgemeinwohl verpflichtete Regierung ein Ideal, dem man sich durch bestimmte Formen der Gewaltenteilung und durch Kontrollen annähern kann, ohne sich des Zieles je sicher sein zu können, ein Problem allerdings, mit dem sich nicht bloß die utilitaristische Rechts- und Staatstheorie konfrontiert sieht.

IV. Kollektivwohl oder Gerechtigkeit

Gemäß der Formel des klassischen Utilitarismus »everybody to count for one, nobody to count for more than one« (vgl. Ut., V) soll jeder einzelne in seinen eigenen Interessen mit gleichem Gewicht berücksichtigt werden. Nicht länger mehr dürfen einzelne Personen, Gruppen, Stände oder Schichten vor anderen ausgezeichnet oder ihnen gegenüber diskriminiert werden. Diese Forderung beinhaltet nicht bloß für das spätfeudale und frühkapitalistische England eine revolutionäre Gesellschaftskritik. Auch heute noch stellt sie in ihrem egalitären und radikaldemokratischen Engagement eine Kritikformel gegen partikulare Interessen dar, die sich als allgemeine einrichten. Der Utilitarismus bleibt eine Kritikinstanz gegen Privilegien und Diskriminierungen, gegen chancenungleiche Verteilung gesellschaftlicher und politischer Rollen, gegen Überbleibsel oder neue Formen von feudalistischen und ständischen Strukturen.

Trotzdem erscheint das utilitaristische Prinzip nicht als adäquates Rechtsprinzip, vor allem nicht in bezug auf die Idee unveräußerlicher Menschenrechte (Grundrechte) und in bezug auf Fragen distributiver Gerechtigkeit[57]. Das vom klassischen Utilitarismus vertretene Prinzip des maximalen Gesamtglücks für eine Gesellschaft überträgt ein Rationalitätsmodell persönlichen Handelns auf öffentliches Handeln. Durch die Extrapolation der Struktur persönlicher Klugheit zur Struktur politischer Klugheit (im Sinne von kollektiver Klugheit) wird der Utilitarismus zu einer Art von Kollektivegoismus, dem eine Unterdrückung von Minderheiten erlaubt ist – sofern sie sich nur mit einer solchen Besserstellung der Mehrheit verbindet, daß die Gesamtgratifikationsbilanz größer ist als im Fall der rechtlichen Gleichheit. So schließt es das utilitaristische Glückskonzept nicht aus, daß unter bestimmten, wenn auch vielleicht nicht sehr wahrscheinlichen Randbedingungen, daß also bei einer bestimmten Präferenzstruktur der Betroffenen sowie unter gewissen sozioökonomischen Gegebenheiten eine Sklaven- oder eine Feudalgesellschaft und auch ein Polizei- und Militärstaat nicht bloß sittlich erlaubt, sondern sogar sittlich geboten sind, sofern sie nämlich das Kollektivwohl maximieren, auch wenn sie zugleich fundamentale Rechte von Individuen beeinträchtigen, die wir als unveräußerliche Menschenrechte betrachten. Das aber widerspricht der Grundidee politischer Gerechtigkeit, nach der jeder einzelnen Person eine unverletzliche Würde eignet, die sich in Menschenrechten auffächert, die als Grundrechte Bestandteil der Verfassungen werden sollen und die auch nicht durch das maximale Wohlergehen aller anderen beeinträchtigt werden dürfen. Hier erweist sich die Übertragung eines Individualmodells rationalen Glücksverlangens auf Kollektiva als illegitim. Die Interessen der Teile des Kollektivs, die Interessen der Individuen, dürfen nicht so gegeneinander verrechnet werden, wie ein Individuum seine rivalisierenden Partialinteressen gegeneinander aufrechnen, die einen gegenüber den anderen zurückstellen und so das maximale Gratifikationsnetto suchen kann.

Außerdem sind für den Utilitarismus zwei öffentliche Entscheidungen, die zum gleichen kollektiven Gesamtnutzen führen, gleichwertig, auch wenn die eine Entscheidung den Nutzen auf eine kleine Zahl von Personen, die andere ihn auf viele oder alle verteilt. Gewiß sind utilitaristische Erwägungen gegenüber Verteilungsproblemen nicht völlig neutral. Da nach dem Gesetz des abnehmenden Grenznutzens die Vervielfachung bestimmter Konsumgüter für eine Person nicht zu einer entsprechenden Vervielfachung der daraus resultierenden Gratifikation führt, kann unter bestimmten empirischen Annahmen sogar eine streng egalitäre Güterverteilung folgen. Nur bleibt es bestehen, daß das Leid des einen gegen das Wohlergehen des anderen verrechnet werden darf – und zwar ohne Kompensationszahlungen leisten zu müssen, wie es wenigstens neuere Entwicklungen der aus dem Utilitarismus hervorgegangenen Wohlfahrtsökonomie fordern[58]. Damit wird jede Person zum Baustein und Element eines Kollektivs degradiert, was eine Verletzung der Menschenwürde und der Grundrechte beinhaltet und deshalb das Prinzip Kollektivglück unter sittlichen, unter Gerechtigkeitskriterien unakzeptabel macht. Der Utilitarismus kehrt die sachliche Rangfolge von Gerechtigkeit und Kollektivwohl um. Während er nur Entscheidungen gleichen kollektiven Gesamtwohls, *wohlfahrts*indifferente Alternativen, für zusätzliche Gerechtigkeitsüberlegungen freigibt, erscheint die genaue Umkehrung eher richtig: nur Entscheidungen, die gleicherweise gerecht sind, *gerechtigkeits*indifferente Alternativen also, für kollektive Maximierungsüberlegungen freizugeben[59].

Auch bei dem für Bentham so zentralen Problem, der Rechtfertigung staatlicher Kriminalstrafe, überzeugt der Utilitarismus nicht. Nach Bentham muß die Strafe so bemessen sein, daß der erwartete Glücksgewinn – durch eine verringerte Häufigkeit von Straftaten und eine entsprechend verringerte Angst, Opfer einer Straftat zu werden – größer als der Glücksverlust ist, den der Straftäter durch die Strafe zu erleiden hat. Diesem Konzept liegt die richtige, gerade für Benthams Zeit angebrachte Intention zugrunde, beim Bestrafen auch auf die Interessen des Täters Rücksicht zu nehmen, zudem übermäßig hohen Strafen entgegenzutreten, widerspricht aber – als zureichende Rechtfertigung staatlicher Kriminalstrafe entworfen – der Vorstellung einer gerechten Strafe, nach der kleinere Vergehen geringer, größere aber stärker zu bestrafen sind, und zwar genau im Verhältnis zu ihrem Geringer- bzw. Größersein. Das gerechte Strafmaß hängt allein von der Höhe des Vergehens ab und nicht von der jeweiligen Maximierung der kollektiven Gratifikationsbilanz[60]. Ein konsequenter Utilitarismus gebietet sogar die Bestrafung, selbst die Tötung Unschuldiger, sofern dieses nur – unter den besonderen Umständen oder Typen von Umständen – das kollektive Glück befördert. (Weil der Utilitarismus als Gerechtigkeitstheorie also keineswegs überzeugen kann, hat Sidgwick ihn als einziges Handlungsprinzip verworfen und ein komplementäres Fairness-Prinzip, ein Prinzip der gerechten Verteilung, vertreten.)

Darüber hinaus wirft der Benthamsche Utilitarismus, sofern man die Lesart von Lyons bevorzugt, noch Probleme auf, die aber den klassischen Utilitarismus nicht insgesamt treffen. Insofern die Regierung nur für das Glück jeweils ihrer Bürger verantwortlich sein soll, gibt es keine Glücksverpflichtungen in bezug auf andere Gesellschaften (Staaten), Verpflichtungen, die aufgrund des sog. Nord-Süd-Gefälles heute zunehmend dringlich werden. Ebensowenig gibt es Glücksverpflichtungen gegenüber den noch ungeborenen Generationen. Es gibt also nicht das mit dem weiten Problemfeld des Umweltschutzes bezeichnete Gebot, auch an das Wohlergehen der Nachgeborenen zu denken. Verantwortung für die Lebenschancen späterer Generationen dürfte eine Regierung nur so weit übernehmen, wie diese Verantwortung im Privatinteresse der Lebenden (z. B. als potentielle Eltern, Großeltern usw.) liegt.

Schaut man auf die verschiedenen Elemente des Glückskonzepts des klassischen Utilitarismus zurück, so läßt sich sagen: Aufgrund der hohen Formalität und aufgrund der Offenheit für Beobachtung und Erfahrung zeichnet es sich durch zwei Qualitäten aus, die zu jeder problemangemessenen Theorie menschlichen Glücks gehören. Die immanenten Schwierigkeiten, die vor allem in Benthams Position zutage treten: die Schwierigkeiten des hedonistischen Kalküls, die der Verbindung des psychologischen Hedonismus mit dem utilitaristischen Moral- und Rechtsprinzip sowie inakzeptable Konsequenzen in bezug auf Gerechtigkeitsfragen, erweisen dieses Glückskonzept jedoch als insgesamt weder theoretisch noch sittlich-politisch tragfähig. Nach Helvetius als dem angeblichen Bacon der moralisch-politischen Welt hat diese keineswegs in Bentham schon ihren Newton gefunden[61].

Anmerkungen

1 1780 gedruckt, aber erst 1789 in geringer Auflage veröffentlicht; ed. J. H. Burns/H. L. A. Hart, London 1970.

2 1861 als Artikelserie in *Frazer's Magazine* erschienen. – Mill beansprucht auch, das Wort »utilitarian« zwar nicht erfunden, jedoch als erster in Umlauf gebracht zu haben. Übernommen habe er es aus John Galts erfolgreichem Roman *Annals of the Parish* (1821), wo es beiläufig vorkomme (*Autobiography*, chap. III; *Ut.*, II Anm.).

3 Zur politischen Bedeutung von Bentham und seinen politischen Freunden vgl. J. S. Mill, *Autobiography*, bes. chap. IV; L. Stephen, *The English Utilitarians*, 3 Bde., London 1900; E. Halévy, *The Growth of Philosophic Radicalism*, London 1972 ([1]1928; frz. 1901 ff.); M. P. Mack, *J. Bentham. An Odyssee of Ideas 1748-1792*, Bd. 1, London 1962; vgl. auch L. Radzinowitz, *A History of English Criminal Law: The Movement for Reform 1750-1833*, London 1948, c. 11; M. P. Mack, The Fabians and Utilitarianism, in: *The Journal of the History of Ideas* 16 (1955) 76-88.

4 Unter dem Titel »Prinzip der Askese« kritisiert Bentham eine eher satirische Version christlicher Moral nach deren angeblicher Maxime »handle so, daß es den Betroffenen Leid bringt« es binnen kurzem zur Hölle auf Erden komme: *IPML*, II 3 ff.

5 Unter Naturrecht versteht Bentham einen Kanon willkürlicher oder nichtssagender, gleichwohl a priori (ewig und unveränderlich) gültiger Normen, wie sie bei Blackstone im Anschluß an Justinian vertreten wurden. Danach ließe sich die Rechtslehre auf die drei Vorschriften reduzieren: we should live honestly, hurt nobody, render to everybody his due. Dabei handelt es sich jedoch um eine sehr krude Auffassung von Naturrecht; vgl. Vf., Politische Gerechtigkeit – Grundzüge einer naturrechtlichen Theorie, in: *Studia Philosophica* 38 (1978).

6 Unter dem globalen Titel »Prinzip von Sympathie und Antipathie«, auch »Prinzip der Launen« genannt (»handle so, wie du es augenblicklich für richtig hältst«) wendet sich Bentham gegen Ansätze, die wir heute als dogmatisch und/oder intuitionistisch bezeichnen würden. Wer die Äußerungen des Gewissens, des gesunden Menschenverstandes oder die des moralischen Gefühls nicht nur als praktische Orientierungshilfe betrachte, sondern sie auch zur systematisch letzten Auskunft über moralische Verbindlichkeit erkläre, verfälsche nicht nur subjektive und zudem schwankende Gefühlsäußerungen zu einer unfehlbaren Legitimationsinstanz. Er erhebe auch die Prinzipienlosigkeit zum Prinzip, so daß eine Argumentation, die intersubjektive Gültigkeit beabsichtige, von vornherein unmöglich sei: *IPML*, II 11-19.

7 *Principia Ethica*, Cambridge 1903, dt. Stuttgart 1970, Kap. 3; vgl. auch J. J. C. Sinart, Hedonistic and Ideal Utilitarianism, in: *Midwest Studies in Philosophy* 3 (1978) 240-251.

8 Hutcheson (*An Inquiry Concerning Moral Good and Evil*, 1725, sect. III, VIII), Helvetius (*De l'esprit*, 1758), Beccaria (*Dei Delitti e delle Pene*, 1764, Vorwort), Priestley (*Essay on the First Principles of Government* . . ., 1768) und Paley (*The Principles of Moral and Political Philosophy*, 1785). In Priestleys Schrift hat Bentham nach seinen eigenen Worten das für ihn entscheidende Stichwort für sein gleichermaßen theoretisches wie praktisch-politisches Lebenswerk gefunden (vgl. M. Warnock [Hrsg.], *Utilitarianism*, Cleveland/Ohio [7]1970, Introduction); Paley hat seinen Utilitarismus etwa zur gleichen Zeit wie Bentham und wohl unabhängig von ihm entwickelt, ist dabei jedoch Bentham nach Einheit, Konsistenz und methodischer Gründlichkeit weit unterlegen. – Zu den Vorläufern von Benthams Utilitarismus gehören auch Cumberland mit seiner vehementen Kritik an Hobbes' egoistischer Anthropologie und vor allem Hume, ebenso Locke (*An Essay Concerning Human Understanding*, Bk. I, chap. II, § 6).

9 Vgl. Mss. Univ. Coll. No. 32, nach E. Halévy, a.a.O., 19.

10 Auch Mill will mit dem beklagenswerten Zustand der Moralphilosophie Schluß machen und sie mit Hilfe des utilitaristischen Prinzips endlich auf den Pfad der Wissenschaft führen: *Ut.*, I.

11 So schon Hobbes (*De cive*, Vorwort an die Leser u. a.), Hume (vgl. schon den Titel »Treatise of Human Nature, being an attempt to introduce the *experimental* method of reasoning into moral subjects«, 1739-40) und Helvetius (*De l'esprit*, Vorwort: »On devait traiter la morale comme toutes les autres sciences et faire une morale comme une physique expérimentale«: *Œuvres complètes* I, Paris 1818 p. VII; und »Si l'univers physique est soumis aux lois du mouvement, l'univers moral ne l'est pas moins à celles de l'intérêt«: ebda. discours II, chap. 2, p. 49). Zu Bentham vgl. eine Bemerkung aus seinen Manuskripten: »The present work (bezieht sich wohl auf »An introduction«) as well as any other work of mine that has been or will be published on the subject of legislation or any other branch of moral science is an attempt to extend the *experimental method of reasoning* from the physical branch to the moral« (nach D. Baumgardt, *Bentham and the Ethics of Today*, with Manuscripts Hitherto Unpublished, Princeton/N.J. 1952, p. 24).

12 *The Religion of Nature delineated*, 1722, sect. II.

13 Z. B. G. H. v. Wright, *The Varieties of Goodness*, London [4]1972, p. 79 ff.

14 Für viele: J. C. Harsanyi, Rule Utilitarianism und Decision Theory, in: *Erkenntnis* 11 (1977) 25-53; auch schon H. Sidgwick, *The Methods of Ethics*, London u. a. [7]1907 ([1]1874, dt. 1909), Bk. I, chap. IV; G. E. Moore, a.a.O., Kap. III.

15 Schon Carlyle spricht in seinen *Latter-Day Pamphlets* 1850 von der »pig-philosophy«. Diese und andere zeitgenössischen Vorwürfe gegen Bentham hat Mill (*Ut.*, II) zurückgewiesen.
16 Peirce (*Collected Works*, 5.85-5.86) hat gegen den Hedonismus eingewandt, kein Begehren könne seine eigene Befriedigung begehren, ebensowenig wie ein Urteil sich selbst als wahr beurteilen könne. Indessen soll das Begehren nicht seine eigene Befriedigung begehren, wohl heißt »Begehren« – sofern es nur ein ernsthaftes Begehren meint – nach Befriedigung verlangen, wie »Urteilen« heißt, etwas als wahr behaupten. Ähnliches ist gegen G. E. Moore, a.a.O., Abschn. II 42, zu sagen.
17 Vgl. zu diesem Begriff Aristoteles' Prinzip sachgerechter Klarheit: Nikomach. Eth. I 1, 1094 b 11 ff.; dazu in diesem Band: Ethik als praktische Philosophie, Abschn. II.
18 *Inquiry Concerning the Principles of Morals*, sec. 6, App. II.
19 Vgl. v. Wright, a.a.O., 64 f., vgl. 92.
20 Zur Kritik des Hedonismus, in: ders., *Kultur und Gesellschaft 1*, Frankfurt/M. ²1965, 128-168.
21 Adornos Kennzeichnung der Unterhaltungsmusik im Unterschied zur »großen Musik« als »hedonistische Musik« (*Einleitung in die Musiksoziologie*, Reinbek ²1968, Kapt. IV) setzt einen vom utilitaristischen Hedonismus verschiedenen Hedonismus voraus.
22 Vgl. Moore, a.a.O., III 47; Kant, *Kritik der praktischen Vernunft*, § 3 Anm. I.
23 Vgl. in diesem Band: Grundbegriff Sittlichkeit, Abschn. III 3.
24 So hält Aristoteles die ἀρετή deshalb für unvollkommen, weil man mit ihr auch Mißgeschick erleiden und in das größte Unglück kommen könne: *Nikomach. Eth.* I 3, 1095 b 33 f.; und gegen Unterhaltungen, die dem Genuß dienen und an sich begehrenswert sind, wendet er ein, daß man freilich mehr Schaden als Nutzen von ihnen habe, da man ihretwegen Gesundheit und Vermögen vernachlässige: ebda. X 6, 1176 b 10 f.
25 Im Gegensatz zu W. Tatarkiewicz, *Analysis of Happiness*, Den Haag 1977, chap. II, läßt sich das relative Maximum nicht erst unter Voraussetzung des absoluten Maximums, sondern auch aus dem Vergleich von Alternativen gewinnen, von denen keine einzige das absolute Maximum zu sein braucht.
26 a.a.O., Bk. III, chap. IX (2).
27 Schon Sokrates spricht im *Protagoras* (357 a-b) diese Konsequenz einer hedonistischen Psychologie aus.
28 »*Weisheit* ist nichts anderes als die Wissenschaft der Glückseligkeit, so uns nämlich zur Glückseligkeit zu gelangen lehrt.« (Von der Glückseligkeit, in: *Philosophische Schriften*, ed. H. H. Holz, Bd. I, Darmstadt 1965, 391).
29 Vgl. auch IV 3 (5./6.) und IV 5, XII § 1-2, wo Bentham von »chance«, von »which appears« und von »either the certain consequences or the probable« spricht.
30 Die folgenden Überlegungen greifen z. T. auf die ausführliche Kritik zurück: Vf., *Strategien der Humanität. Zur Ethik öffentlicher Entscheidungsprozesse*, München 1975, Abschn. 4.3: Grenzen der utilitaristischen Sozialpragmatik.
31 Vgl. in: Vf. (Hrsg.), *Einführung in die utilitaristische Ethik*, München 1975, den 2. Teil: Die zeitgenössische Diskussion.
32 a.a.O., Bk. IV, ch. I (2).
33 Für viele andere: E. Sohmen, Grundlagen, Grenzen und Entwicklungsmöglichkeiten der Welfare Economics, in: E. v. Beckerath/H. Giersch u. a. (Hrsg.),

Probleme der normativen Ökonomik und der wirtschaftlichen Beratung, Berlin 1963, 68-98 (73).

34 Eine scharfe Kritik der Vorstellung, interpersonelle Nutzenvergleiche seien möglich, schon bei L. C. Robbins, *An Essay on the Nature and Significance of Economic Sciences*, London ²1935.

35 So hat schon Platon auf die Gefahr hingewiesen, nahe Lust zu überschätzen, ferne aber zu unterschätzen: *Protagoras*, 336 c-d; vgl. auch Mill, *Ut.*, II.

36 Vgl. R. B. Brandts Idee einer »kognitiven Psychotherapie«, in: *John-Locke-Lectures* (Ms.), 1974.

37 In seiner Gegenkritik gegen die vom Vf. (Einleitung zu: Vf. [Hrsg.], Einführung . . ., a.a.O., 7-34 [15 f.]) ansatzweise skizzierte Utilitarismus-Kritik (ausführlicher in Vf., *Strategien der Humanität*, a.a.O., Kap. IV) berücksichtigt D. Birnbacher (*Grazer Philosophische Studien* 3 [1977] 201-218 [206 f.]) m. E. weder hinreichend, daß die vorgebrachte Kritik des empirischen Status des Glücksbegriffs gegen *Benthams* hedonistischen Kalkül gerichtet ist, noch daß Mill zwar zwischen Glück und Zufriedenheit unterscheidet, aber keine entsprechenden methodischen Konsequenzen für den Kalkül zieht.

38 Vgl. auch H. Wasmus, *Ethik und gesellschaftliche Ordnungstheorie*, Meisenheim a. G. 1973, 95 ff.

39 Harsanyi (a.a.O.) hat neuerdings versucht, durch die Unterscheidung von expliziten und wahren Präferenzen und durch die Definition des sozialen Nutzens mit Hilfe des Begriffs der wahren Präferenzen solche Schwierigkeiten zu überwinden. Kritisch zu diesem Versuch Vf., Einige Schwierigkeiten in Harsanyis Präferenz-Utilitarismus, in: *Erkenntnis* 11 (1977) 431 f.

40 Gewiß wehrt Bentham die Forderung ab, sein Kalkulationsverfahren sei vor jedem moralischen Urteil und vor jeder gesetzgebenden oder richterlichen Tätigkeit streng durchzuführen (*IPML* IV 6). Allerdings wehrt er diese Forderung nicht deshalb ab, weil er das Verfahren für nicht exakt anwendbar und/oder für nicht immer richtig hält, sondern weil nicht immer genügend Zeit sei. Je mehr sich aber das bei der Entscheidung angewandte Verfahren dem hedonistischen Kalkül annähere, desto mehr werde es den Rang eines exakten Verfahrens einnehmen (ebd.).

41 Auch die Fortentwicklung der utilitaristischen Sozialpragmatik zur Wohlfahrtsökonomie und Sozialwahltheorie erweist sich als unangemessener Versuch, das menschliche Wohlergehen operational zu definieren; vgl. die knappe kritische Skizze in: Vf., *Strategien . . .*, a.a.O., Kap. 5. Auch die neueren Theorien haben kein präzises Kriterium für die Bezugsgruppe; auch sie beziehen sich in der Regel auf die jeweils gegebenen Präferenzaussagen der Individuen (revealed preferences) und haben das Problem interpersoneller Nutzenvergleiche nicht zureichend lösen können. Dazu kommt das Arrow-Theorem, nach dem es kein zufriedenstellendes Verfahren gibt, um selbst nur ordinale Präferenzen zu aggregieren (zur Diskussion dieses Theorems vgl. den instruktiven Bericht von L. Kern, Neuere Ergebnisse der Theorie kollektiver Entscheidungen, in: *Zeitschrift für die gesamte Staatswissenschaft* 133 [1977] 652-680).

42 Ich greife hier auf meine Hinweise zurück aus: Vf. (Hrsg.), a.a.O., 17 f.

43 a.a.O., Bk. IV, chap. 1-2.

44 *In the Interests of the Governed. A Study in Bentham's Philosophy of Utility and Law*, Oxford 1973.

45 Vgl. *IPML*, XVII 20: »Private ethics teaches how each man may dispose himself to pursue the course most conducive to his own happiness, by means of such

motives as offer of themselves: the art of legislation ... teaches how ... by the legislator.«

46 Z. B. *IPML*, XVII 8: »There is no case in which a private man ought not to direct his own conduct to the production of his own happiness, and of that of his fellow-creatures.«

47 Lyons (a.a.O., chap. 4) glaubt, Bentham sei von einer langfristigen natürlichen Interessenkonvergenz überzeugt. Zwar habe Bentham die Annahme einer solchen Konvergenz nicht ausdrücklich formuliert und sie noch weniger – so muß man hinzusetzen – legitimiert. Aber erstens sei diese Annahme für seine Zeit nicht ungewöhnlich und zweitens sei ohne sie keine kohärente Interpretation von *IPML*, XVII 8-9 möglich. Gegen diese Interpretation ist einzuwenden, daß Lyons die erste These nicht näher belegt und bei seiner zweiten These nicht voll überzeugt. Zwar kennt Bentham neben unsozialen und sozial neutralen auch genuin soziale Freuden. Da er aber über die tatsächliche Verteilung der verschiedenen Arten von Freuden bei den einzelnen Menschen keine Aussagen macht, bleibt die Möglichkeit eines Konflikts zwischen aufgeklärtem Selbstinteresse und dem Interesse am Wohlergehen der Mitmenschen bestehen.

48 Vgl. H. Sidgwick, a.a.O., Bk. IV, ch. 1; J. J. C. Smart, B. Williams, *Utilitarianism – For and Against*, Cambridge 1973, c. I 4.

49 Vgl. allgemein: K. G. Ballestrem, Zur politischen Theorie des klassischen englischen Liberalismus, in: *Zeitschrift der Vereinigung für Politische Wissenschaft* 17 (1976) 186-207.

50 a.a.O., Bk. IV, chap. 6, 5.

51 Vgl. H. L. A. Hart, Introduction zu: *IPML* (1970), XXXVII f.

52 Aufgegriffen von F. H. Tenbruck, *Zur Kritik der planenden Vernunft*, Freiburg-München 1972, Abschn. 2.3.1.

53 N. Rescher, *Welfare. The Social Issues in Philosophical Perspective*, Pittsburgh 1972, p. 57.

54 Vgl. Tenbruck, a.a.O., Abschn. 2.3, 3.7.

55 Da Bentham ausdrücklich das Ziel verfolgt, das Gebäude der Glückseligkeit durch Vernunft und Recht zu errichten (*IPML*, I 2), betrachtet im Gegensatz zu Birnbacher (a.a.O., 205) doch ein Utilitarist, nämlich mindestens Bentham, das Glück als direktes Ziel öffentlichen Handelns.

56 Allerdings hat Bentham an anderer Stelle doch einen ersten Schritt in die Richtung einer qualifizierten Beurteilung des utilitaristischen Prinzips getan, insofern er den Gesetzgeber auffordert, angesichts der Unterscheidung von Regeln der Redlichkeit und der Wohltätigkeit sich in erster Linie um die Redlichkeit, d. h. darum zu bemühen, daß das Privathandeln das kollektive Glück nicht vermindert (vgl. XVII 18), während die Vermehrung des Glücks der anderen, die Wohltätigkeit, weitgehend dem Privathandeln überlassen bleiben soll. Damit betrifft das öffentliche Handeln primär jenen von Popper (*Die offene Gesellschaft und ihre Feinde*, Bern [2]1970, Bd. 1, S. 387 f.) vertretenen negativen Utilitarismus, jedoch ohne daß Bentham sein ursprüngliches Programm deshalb modifiziert hätte. Kritisch zum negativen Utilitarismus: R. N. Smart, Negative Utilitarianism, in: *Mind* 67 (1958) 542 f.; J. W. N. Watkins, Negative Utilitarianism, in: *Aristotelian Society*, Suppl. Vol. 37 (1963) 95-114; A. D. M. Walker, Negative Utilitarianism, in: *Mind* 83 (1974) 424-428; auch Vf., *Strategien* ..., a.a.O., 262 f.

57 Zur Definition der Gerechtigkeit in Begriffen von Nützlichkeit bzw. Wohlwollen siehe *IPML*, X 40 Anm.

58 N. Kaldor, Welfare Propositions of Economics and Interpersonal Comparisons of Utility, in: *Economic Journal* 49 (1939) 549-552; J. R. Hicks, The Foundations of Welfare Economics, ebd. 696-712; T. Scitovsky, A Reconsideration of the Theory of Tariffs, in: *Review of Economic Studies* 9 (1941/42) 89-110 u. a.

59 Aus diesem Grund hat H. Sidgwick in Vorwegnahme zeitgenössischer Utilitarismus-Kritik (J. Rawls, *A Theory of Justice*, Oxford 1973, dt. Frankfurt/M. 1975, Kap. 3; D. Lyons, Grenzen der Nützlichkeit: Fairness-Argumente, in: Vf. (Hrsg.), a.a.O., 163-178) die These vertreten, daß zur moralischen Verpflichtung nicht nur das Wohlergehen aller Betroffenen, sondern auch eine gerechte Verteilung gehört: a.a.O., Bk. IV, chap. I (2).

60 Zur ausgedehnten Diskussion um die utilitaristische Straftheorie vgl. u. a. J. Rawls, Two Concepts of Rules, in: *The Philosophical Review* 64 (1955) 3-32 (dt. in: Vf., *Einführung* . . ., a.a.O., 96-120), Abschn. I; H. L. A. Hart, Prolegomenon to the Principles of Punishment, in: *Proceedings of the Aristotelian Society* 60 (1959-60) 1-16 (dt. in: H.L.A.H., *Recht und Moral,* Göttingen 1971, 58-86); H. J. McCloskey, Utilitarian und Retributive Punishment, in: *The Journal of Philosophy* 64 (1967) 91-110; S. Moser, Utilitarian Theories of Punishment and Moral Judgements, in: *Philosophical Studies* 8 (1957) 15-19.

61 s. o.

5. Kritische Einführung in Rawls' Theorie der Gerechtigkeit*

In der internationalen Diskussion sind Fragen der Gerechtigkeit (verstanden als Rechtsidee, nicht als Tugend) wieder in den Mittelpunkt einer intensiven Auseinandersetzung zwischen Moral- und Rechtsphilosophen, Wirtschafts- und Sozialwissenschaftlern gerückt. Gegenstand oder Bezugspunkt der Kontroversen ist – vor allem in der englischsprachigen Welt – meist die Gerechtigkeitstheorie von John Rawls. Aber auch für die deutschsprachige Diskussion ist Rawls' Beitrag von erheblicher Bedeutung. Denn die sich hier gegenwärtig rehabilitierende praktische Philosophie will die Fragen nach der rechten Gesellschaftsordnung weder dem Streit der Parteien und politischen Schriftsteller noch den empirischen Sozialwissenschaften überlassen. Die mit Ausdrücken wie Humanität, Freiheit, Gerechtigkeit und (praktische) Vernunft angezeigten sittlich-politischen Probleme sollen methodisch analysiert werden, damit die Philosophie nicht allein gegenüber den Wissenschaften, sondern auch gegenüber den sozialen Institutionen und Prozessen eine normativ-kritische Kompetenz ausübt. Zu dieser nicht nur theoretisch bedeutsamen Aufgabe hat aber John Rawls einen höchst eigenständigen Beitrag verfaßt.[1]

Überdies: Schon um zu einfache Vorstellungen von analytischer Ethik zu korrigieren, ist eine kritische Rezeption erforderlich. Denn im Gegensatz zu geläufigen Ansichten ist die analytische Ethik hier keineswegs (a) auf metaethische Untersuchungen festgelegt, die sich in bezug auf substantielle normative Fragen für inkompetent halten und auf die Aufgabe zurückziehen, Begriffe und Methoden zu klären, um moralphilosophische sowie ganz allgemein sprachliche Konfusionen aufzulösen. Diese metaethische Arbeit kommt eher zu kurz. Im Mittelpunkt steht vielmehr die Analyse normativer Probleme selbst. Und (b) die Theorie der Gerechtigkeit, die dabei entwickelt wird, vertritt nicht die im englischen Sprachraum vorherrschende Richtung der normativen

* Eine erste Fassung in: Vf. (Hrsg.), *Über John Rawls' Theorie der Gerechtigkeit*, Frankfurt/M. 1977 (überarbeitet).

Ethik, den Utilitarismus, sondern kritisiert ihn und tritt als seine systematische Alternative auf. Gerechtigkeit wird nicht im maximalen kollektiven Wohlergehen, sondern darin gesehen, daß die Grundordnung einer politischen Gemeinschaft ihre Mitglieder gleichermaßen an den Vorteilen und Lasten beteiligt. Zudem handelt es sich (c) nicht um ein Denken, das – so ein weiterer Vorwurf gegenüber analytischen Ethiken – naiv ahistorisch vorgeht. Rawls bezieht sich nachdrücklich auf die Klassiker der Ethik und der politischen Philosophie, wobei er weder ausschließlich noch in erster Linie auf die britische Tradition von Hobbes, Hume, Moore usw. zurückgreift. Er beruft sich besonders auf kontinentaleuropäische Denker, vor allem auf Rousseau und Kant. Allerdings sind diese Philosophen für Rawls nicht Autoritäten, die es bloß recht zu verstehen gilt. Es sind Autoren, bei denen man zwar grundlegende, auch heute noch gültige Einsichten findet, die man aber auf dem gegenwärtigen Niveau der Wissenschaften reformulieren und noch eigens systematisch fruchtbar machen muß.

Die Beachtung, die Rawls' Monographie verdient, gilt aber nicht bloß der Korrektur von Mißverständnissen über die analytische Ethik, sondern auch und noch mehr den gründlichen systematischen Analysen. In Deutschland ist die praktische Philosophie noch stärker mit sich selbst: mit ihrer historischen und methodischen Selbstverständigung als mit einer der Philosophie angemessenen Aufklärung jener Fragen beschäftigt, mit denen sich die primär außerhalb des akademischen Freiraumes handelnden und verhandelnden Bürger konfrontiert sehen. Insofern hat die zunehmende Beschäftigung der deutschsprachigen Philosophie mit Fragen der Moral, der Gesellschaft und der Politik etwas zu rasch den Titel »Rehabilitierung der praktischen Philosophie«[2] erhalten. Gewiß: Die in systematischer Absicht unternommenen philosophiehistorischen Untersuchungen von Klassikern wie zum Beispiel Aristoteles und Hobbes, Kant, Fichte und Hegel, die kritische Auseinandersetzung mit der englischsprachigen Tradition von Metaethik und utilitaristischer Ethik, die Beiträge zur philosophischen Anthropologie sowie die Sach- und Methodendiskussionen im Umkreis von kritischem Rationalismus, kritischer Theorie und Systemtheorie haben auch der philosophischen Ethik und politischen Philosophie neues Ansehen und Gewicht verliehen. Und doch: die öffentlich relevante Auseinandersetzung findet bis jetzt meist außerhalb, im Umkreis der Methodologie der Sozialwissenschaften oder eben in der angloamerikanischen Diskussion statt. Die deutschsprachigen genuin philosophischen Beiträge dagegen dringen selten über den Kreis der Fachkollegen hinaus. Und dies mit einem gewissen Recht. Denn zu dem, was als Kernbereich der praktischen Philosophie anzusehen ist, zu den normativen Problemen aus dem persönlichen Leben und dem Raum der Rechts-, Sozial- und Bildungspolitik, zu den Fragen von Herrschaft, Staat, Strafrechtsreform, zu Grundbegriffen wie Freiheit, Gleichheit und Gerechtigkeit, zu Toleranz, Autorität, Eigentum gibt es immer noch auffallend wenige substantielle Beiträge von seiten der akademischen Philosophie.

Gerade solche Fragen werden von Rawls aufgegriffen. Ohne sich in ausführlichen Methodendiskussionen oder der differenzierten Interpretation klassischer Texte zu verlieren und auch ohne ein antiszientistisches Pathos auszubreiten, formuliert Rawls zwei Prinzipien einer humanen Gesellschaft, sucht sie auf wissenschaftlichem Weg zu legitimieren und analysiert die Implikate und Konsequenzen der Prinzipien bis in die Details von Politik, Ökonomie und moralischer Psychologie, etwa bis zu einem politisch so aktuellen Problem, ob und unter welchen Bedingungen man auch einer demokratisch gewählten Regierung Widerstand leisten dürfe.

Als Grundbegriff einer humanen Gesellschaft gilt die Gerechtigkeit, wobei Gerechtigkeit hier nicht als subjektive Gerechtigkeit, als Kategorie einer Tugendlehre, sondern als objektive Gerechtigkeit, also als Kategorie einer politischen Ethik (im Sinne einer normativen Rechts- und Sozialphilosophie) verstanden ist. Die Untersuchung richtet sich nicht primär auf eine Qualifikation von Personen oder ihren Handlungen; sie konzentriert sich vielmehr auf fundamentale Beurteilungskriterien für Verfassungen, Gesetze und soziale Institutionen.

Wie kaum eine philosophische Position der letzten Jahrzehnte hat Rawls' Gerechtigkeitstheorie die Aufmerksamkeit der Ethik und politischen Philosophie, die ihrer Nachbarwissenschaften, selbst die der Öffentlichkeit auf sich gezogen und Stellungnahmen provoziert, in der – von großer, gelegentlich enthusiastischer Zustimmung[3] bis zu leidenschaftlicher Ablehnung – die ganze Palette philosophisch-politischer Kritik vertreten ist. Aber auch dort, wo Rawls scharf kritisiert wird, hat man seiner Monographie über Gerechtigkeit nicht den großen Respekt versagt. Man hat das Buch sogar in die Reihe der Klassiker aufgenommen[4]. In der Tat enthält die Abhandlung viele sorgfältig ausgearbeitete Argumentationen und kann deshalb Anregungen für mannigfache Diskussionen bieten. Daß die wort- und gedankenreiche Schrift so schnell zu einem maßgebenden Buch werden konnte, liegt natürlich auch an der angloamerikanischen Forschungspraxis. Rawls hat wesentliche Teile schon vorher ausgearbeitet, seit 1958 publiziert[5] und mit diesen Beiträgen bald eine intensive kritische Diskussion ausgelöst[6].

Aufgrund der Vielzahl und der Diversität der Argumentationen sperrt sich *Eine Theorie der Gerechtigkeit* einem raschen Zugriff. Deshalb die Grundgedanken vorab in vier Thesen:

I. Das fundamentale Kriterium politischer Institutionen ist Gerechtigkeit im Sinne von Fairneß.

II. Die Interpretation der Gerechtigkeit als Fairneß steht im Gegensatz zu der im angloamerikanischen Diskussionsraum vorherrschenden normativen Ethik, dem Utilitarismus.

III. Man kann die Konkurrenz zwischen der utilitaristischen und der Fairneß-Interpretation von Gerechtigkeit aufgrund eines operationalen Prüfungsverfahrens, einer unter idealen Bedingungen durchgeführten rationalen Klugheitswahl, wissenschaftlich verbindlich entscheiden.

IV. Methodisches Ziel einer wissenschaftlichen Ethik ist es, zwischen rational legitimierten (Gerechtigkeits-)Prinzipien und überlegten sittlichen Überzeugungen ein reflektives Gleichgewicht herzustellen.

I. Gerechtigkeit als Fairneß

Rawls stellt sich die Gesellschaft als ein System der Zusammenarbeit vor, das die Interessen jedes einzelnen Mitgliedes befördern soll. Eine solche »Kooperation zu wechselseitigem Vorteil« ist durch eine Identität der Interessen – die Zusammenarbeit soll für jeden ein besseres Leben möglich machen – und gleichzeitigen Interessenkonflikt charakterisiert: jeder will einen möglichst großen Anteil aus der gemeinsam hervorgebrachten »Nutzenmenge«. Die Prinzipien der Konflikt-Lösung, nach denen die Vorteile und die Lasten der gemeinsamen Arbeit festgelegt werden, sind mit den Prinzipien der (distributiven) Gerechtigkeit identisch. (Die Probleme der kommutativen und der legalen Gerechtigkeit sind allenfalls beiläufig behandelt. Wenn im folgenden von Gerechtigkeit gesprochen wird, so ist immer die distributive gemeint.)

In Übereinstimmung mit der philosophischen Tradition seit Platon und Aristoteles kommt der Gerechtigkeit die Bedeutung einer »ersten Tugend sozialer Institutionen« zu. Zwar gehören zu einer lebensfähigen Gesellschaft auch Stabilität, Koordination und Effizienz. Gerechtigkeit gilt nicht als zureichende, wohl als notwendige Bedingung und zugleich als jene Bedingung, der die absolute Priorität gebührt: Wie effizient und stabilisierend Gesetze und Institutionen auch immer sein mögen – wenn sie ungerecht sind, müssen sie, so Rawls, auf jeden Fall verändert werden.

In der Tat ist der höchste Anspruch, den wir für eine politisch-soziale Ordnung erheben, die Gerechtigkeit. Dieser Anspruch läßt sich weder durch andere Ansprüche außer Kraft setzen noch gegen sie aushandeln. Gerechtigkeit bezeichnet die unbedingte, die sittliche Forderung. Auch wenn die Gesetze und Institutionen einer politischen Gemeinschaft noch so gut Koordination, Effizienz und Stabilität verbürgen, zugleich aber als ungerecht erkannt werden, sind sie aufzuheben – vorausgesetzt, daß man überhaupt nicht bloß pragmatische, sondern auch sittliche Forderungen stellt. Allenfalls das Prinzip Freiheit, unter das sich die Philosophie und Politik der Neuzeit gestellt haben, könnte der Gerechtigkeit den Rang des höchsten Kriteriums streitig machen. Aber sofern man mit der liberalen Tradition unter Freiheit den politisch erlaubten Handlungsspielraum von Individuen und Gruppen versteht, ist auch die Verteilung der Freiheit auf die Individuen und Gruppen dem Anspruch der Gerechtigkeit unterstellt. Und sofern man die Einsicht Kants und des Deutschen Idealismus aufgreift und Freiheit als Prinzip der praktischen Vernunft denkt, sind Gerechtigkeit und Freiheit nicht zwei in der Politik konkurrierende Ansprüche. Es handelt sich vielmehr um zwei primär methodisch unterschiedene Begriffe. Während Gerechtigkeit ein sittlich-politischer Begriff ist, ist Freiheit hier ein transzendentaler Begriff, durch den die Gerechtigkeit ihre Präzisierung und Begründung erfährt: Die Gerechtigkeit ist in Begriffen von Freiheit zu denken und die Freiheit einer politischen Ordnung realisiert sich in ihrer Gerechtigkeit.

Um Prinzipien der Gerechtigkeit zu bestimmen, die Anspruch auf allgemeine Zustimmung haben, versucht Rawls, die klassischen Theorien des Gesellschaftsvertrages (Locke, Rousseau, vor allem Kant) auf einem höheren Grad der Abstraktion neu zu formulieren und sie, im Unterschied zu den klassischen Entwürfen, einmal bis in die Einzelheiten durchzukonstruieren[7]. Die Grundfrage von Rawls' vertragstheoretischer Begründung der Gerechtigkeit lautet: »Welche Prinzipien würden freie und rationale, nur an ihrem eigenen Interesse ausgerichtete Personen wählen, wenn sie in einem ursprünglichen Zustand der Gleichheit zusammenkommen, ihre Gesellschaftsform definieren und sich für Grundregeln entscheiden sollen, an die alle weiteren Vereinbarungen gebunden sind?« Gerechtigkeitsprinzipien lassen sich, so die Grundthese, aus dem rationalen Selbstinteresse ableiten, sofern es nur unter bestimmten idealen Bedingungen agiert: »The aim is to replace moral judgements by those of rational prudence« (p. 94). Indem die Gerechtigkeitsprinzipien als Resultat einer freien, gleichen und rationalen Wahl interpretiert werden, sollen die durch sie definierten sozialen Institutionen und Prozesse nicht bloß für jeden, sondern für jeden *gleicherweise* vorteilhaft sein. Vor allem soll keiner aus seinen natürlichen Talenten und seiner sozialen Lage Gewinne oder Nachteile erzielen. In diesem Sinn eines gleichen Vorteils für jeden gilt die Gerechtigkeit als Fairneß.

Der Vorteil, den alle aus einer durch Gerechtigkeitsprinzipien bestimmten Gesellschaft ziehen sollen, liegt nicht im gelingenden oder glücklichen Leben selbst. Schon bei Kant, mit dem sich Rawls am stärksten verbunden fühlt, hat der Staat nicht die Aufgabe, seine Mitglieder glücklich zu machen; der Staat ist auf Zwecke des Rechts, auf Freiheitssicherung durch Gesetze, beschränkt. Ähnlich erwartet Rawls von den Gerechtigkeitsprinzipien nicht, daß sie ein glückliches Leben gewährleisten. Zur gerechten Verteilung sollen nämlich soziale Primärgüter kommen (social primary goods), Güter, die (erstens) im Unterschied zu den natürlichen Primärgütern wie Gesundheit, Kraft, Intelligenz und Ideenreichtum überhaupt als gesellschaftlich bedingt gelten können (über die genaue Abgrenzung ließe sich sicher noch diskutieren) und von denen man (zweitens) annehmen kann, daß sie sich jeder rationale Mensch zur Ermöglichung seiner evtl. sehr persönlichen Glücksidee wünscht. Während die letzten Zielvorstellungen, die die Menschen haben, in hohem Maß differieren und die Rechtsordnung hier auch nicht eingreifen soll, lassen sich, so Rawls, allgemeine Vorbedingungen angeben, die für die verschiedensten Zielvorstellungen von Nutzen sein sollen: Rechte und Freiheiten; Chancen und Macht; Einkommen und Wohlstand; Selbstachtung (§§ 15 und 63). Diese Annahme von Rawls ist jedoch nicht ganz überzeugend. Nicht alle von ihm benannten »Güter« sind für jeden Menschen und für jeden gleicherweise gültig. Dies wird am augenfälligsten in den Armutsbewegungen der verschiedenen Epochen, deren Mitglieder freiwillig auf Einkommen und Wohlstand verzichten, weil sie dadurch nämlich ein glückliches Leben bedroht sehen, und ihr Lebensziel durch ganz andere »Güter« zu realisieren suchen.

Die beiden Prinzipien, die die Verteilung der Primärgüter regeln sollen, lauten in ihrer ersten Bestimmung:

»1. Jedermann soll gleiches Recht auf das umfangreichste System gleicher Grundfreiheiten haben, das mit dem gleichen System für alle anderen verträglich ist.

2. Soziale und wirtschaftliche Ungleichheiten sind so zu gestalten, daß (a) vernünftigerweise zu erwarten ist, daß sie zu jedermanns Vorteil dienen, und (b) sie mit Positionen und Ämtern verbunden sind, die jedem offenstehen.« (S. 81)

Die endgültige Bestimmung heißt:

»*Erster Grundsatz*

Jedermann hat gleiches Recht auf das umfangreichste Gesamtsystem gleicher Grundfreiheiten, das für alle möglich ist.

Zweiter Grundsatz

Soziale und wirtschaftliche Ungleichheiten müssen folgendermaßen beschaffen sein:

(a) sie müssen unter der Einschränkung des gerechten Spargrundsatzes den am wenigsten Begünstigten den größtmöglichen Vorteil bringen, und

(b) sie müssen mit Ämtern und Positionen verbunden sein, die allen gemäß fairer Chancengleichheit offenstehen.« (S. 336)

Das erste Prinzip bezieht sich auf Grund(Menschen)-Rechte, auf Freiheitsrechte und politische Mitwirkungsrechte, aber nicht auf die sog. sozialen Grund(Menschen)-Rechte; das zweite Prinzip betrifft materielle und nichtmaterielle Interessen. Beide Prinzipien gelten nicht unmittelbar unseren Alltagsproblemen, etwa der genauen Bestimmung von Löhnen und Gehältern, von Steuern, Aufnahmebedingungen für Ämter usw. Solche konkrete Fragen lassen sich nicht ohne die Kenntnis der jeweiligen empirischen Bedingungen und nur mit Hilfe oft schwieriger Beurteilungsprozesse lösen. Die Gerechtigkeitsprinzipien beziehen sich zunächst nur auf die Grundstruktur einer politischen Gemeinschaft: auf ihre Verfassung und ihre Sozial- und Wirtschaftsordnung. Und zwar begründen beide Prinzipien zusammen im wesentlichen einen liberalen und sozialen Rechtsstaat: eine konstitutionelle Demokratie, in die eine kompetitive Ökonomie eingebunden ist. Keineswegs gilt der freie Markt für sich als die gerechte Wirtschaftsordnung. Zu ihr gehören vielmehr auch politische Rahmenbedingungen, die – wie zum Beispiel Kartellbestimmungen und vieles andere – die Richtungen der wirtschaftlichen Tätigkeit mitsteuern.

Das erste Prinzip, das Prinzip der größten gleichen Freiheit, bestimmt, daß die Menschen- bzw. Grundrechte (aktives und passives Wahlrecht, Rede- und Versammlungsfreiheit, Gewissens-, Gedankenfreiheit, Recht auf Leben, auf Eigentum . . .) für alle gleich sind. Damit werden grundsätzlich Sklaverei und Leibeigenschaft abgelehnt, ebenso grundsätzlich religiöse, politische und andere Verfolgung, auch die rechtliche Diskriminierung von Minderheiten verurteilt. Das erste Prinzip fordert – positiv gewendet – für alle die gleichen möglichst ausgedehnten Grundfreiheiten, durch die jedem politische Mitwirkung sowie ein unantastbarer Raum der Selbstentfaltung zugebilligt werden.

Das zweite Prinzip wendet sich sowohl gegen Marxisten als auch gegen orthodoxe Liberale. Im Gegensatz zu einem planen Egalitarismus sollen Ungleichheiten, die sich aus Unterschieden der natürlichen und sozialen Startbedingungen ergeben, nicht grundsätzlich ausgeschlossen sein. Jedoch sind sie nicht im Bereich der Grundfreiheiten, sondern nur im wirtschaftlichen und sozialen Raum zugelassen, und auch dort nicht, um natürliche Vorrechte physischer, psychischer oder intellektueller Natur noch mit einem höheren Sozialprestige und einem größeren Anteil an den ökonomischen Gütern zu belohnen. Ungleichheiten gelten nach der endgültigen Formulierung der Gerechtigkeitsprinzipien nur dann als legitim, wenn sie den Nutzen der aufgrund ihrer natürlichen und sozialen Startchancen Benachteiligten steigern, genauer: wenn sie den am wenigsten Begünstigten den größtmöglichen Vorteil bringen, also das Minimum maximieren (daher: Maximin-Prinzip), und zwar so weit, wie es wegen des Problems der Gerechtigkeit zwischen den Generationen (vgl. § 44) mit dem Prinzip gerechten Sparens vereinbar ist (2 a: Differenzprinzip). Zugleich müssen die Ungleichheiten an Positionen und Ämter gebunden sein, die in dem Sinn für alle offenstehen, daß sie nicht nach Hautfarbe, Religion, Alter oder Geschlecht, sondern allein nach den dafür relevanten Faktoren wie Begabung, Vorbildung, Leistungsfähigkeit und -bereitschaft vergeben werden (2 b).

Beide Prinzipien werden nicht einander nebengeordnet, was schon rein formal ein drittes Prinzip, ein Prinzip zur Bewältigung von Konflikten zwischen den beiden ersten, erforderte. Dem ersten Prinzip kommt vielmehr absolute Priorität zu (erste Vorrangregel: Vorrang der Freiheit). Da die Freiheit als absolut höchstes menschliches Gut gilt, darf sie nicht gegen andere Güter ausgehandelt werden. Die Einschränkung von Grundrechten gegen partikulare oder auch kollektive ökonomische Vorteile ist in jedem Fall ungerecht. Freiheitsansprüche der einen dürfen nur gegen konkurrierende Freiheitsansprüche anderer, Grundfreiheiten dürfen nur wegen Grundfreiheiten und zur Realisierung der größten gleichen Freiheit eingeschränkt werden. – Im anderen Prinzip kommt dem zweiten Teilprinzip, der Forderung nach Offenheit aller Ämter und Positionen, die Priorität vor dem ersten Teilprinzip zu, jedoch diskutiert Rawls nicht den möglichen Einwand, das Prinzip der Offenheit stelle ein Unterprinzip des Prinzips der gleichen Freiheit dar.

Das erste Teilprinzip des zweiten Prinzips, das sogenannte Differenzprinzip, bereitet wohl die größten Schwierigkeiten. Die Probleme beginnen schon bei der Aufgabe, die Gruppe zu identifizieren, die nach ihren natürlichen und sozialen Startbedingungen am wenigsten begünstigt ist. Rawls unterschätzt die Schwierigkeiten, wenn er die Gruppe mit der niedrigsten Einkommens- und Besitzstandsgruppe gleichsetzt, was in etwa der Gruppe der Hilfsarbeiter entsprechen soll. In dieser Gleichsetzung stecken nämlich höchst fragliche Voraussetzungen. Wenn jemand aus freier Entscheidung auf Einkommen und Wohlstand verzichtet und sich einem Lebensstandard unterwirft, der eventuell weit unter dem eines Hilfsarbeiters liegt, so ist es weder die Aufgabe einer Sozial- und Wirtschaftsordnung, das materielle Wohlergehen solcher Personen und Gruppen zu steigern, noch hat der Staat ein Recht dazu. Denn er würde in die Freiheit eingreifen, auf Einkommen und Besitzstand zu verzichten, und damit dem ersten Gerechtigkeitsprinzip, dem der größten gleichen Freiheit, widersprechen.

Ferner sind die Mitglieder der Gruppe der Hilfsarbeiter nicht notwendigerweise mit denen identisch, die in bezug auf ihre natürlichen und sozialen Startchancen am wenigsten begünstigt sind. Sofern man davon ausgeht, daß die Menschen mindestens von einer bestimmten Zeit an zu einem gewissen Teil dafür verantwortlich sind, was sie aus vorgefundenen Bedingungen machen, ist die Einkommens- und Besitzstandsgruppe, der man angehört, ein Hinweis, aber kein auch nur annähernd verläßliches Kriterium für die Startchancen, unter denen man angetreten ist. Da es aber nach Rawls nicht zur Gerechtigkeit gehört, das Einkommen der Ärmsten als solcher zu heben, sondern darauf, Unterschiede in den natürlichen und sozialen Startchancen auszugleichen, ist auch in dieser Hinsicht seine nähere Erläuterung des zweiten Prinzips nicht zufriedenstellend.

Aus diesen Aspekten der Kritik folgt methodisch gesehen, daß sich die Idee der Gerechtigkeit – auch in der näheren Bedeutung von Fairneß – nicht so einfach operationalisieren läßt, wie es Rawls annimmt. Und inhaltlich betrachtet, ergibt sich, daß eine wichtige Aufgabe zeitgenössischer Demokratien, die Sozialstaatlichkeit, die unter anderem die Situation der Ärmsten zu verbessern sucht, aus Rawls' Ansatz der Gerechtigkeit allein nicht legitimiert werden kann. Die Rechtfertigung des über den Rechts- und Verfassungsstaat hinausgehenden Sozialstaates bedarf noch anderer Argumente als solcher, die auf der Idee der Fairneß basieren. Schließlich ist das zweite Prinzip auch deshalb nicht uneingeschränkt überzeugend, weil es beliebig große Differenzen zwischen dem Boden und der Spitze der wirtschaftlich-sozialen Hierarchie zuläßt, solange nur der Boden an diesen Differenzen »verdient«. Dies würde, auf das Verhältnis von Industrie- und Entwicklungsländern übertragen, bedeuten: Das gegenwärtige internationale Handelssystem könnte unter den uns bekannten Systemen die Entwicklungsländer noch am verhältnismäßig besten stellen, obwohl die Differenz zwischen den reichsten und den ärmsten Ländern im Laufe der Jahre eventuell kaum geringer wird, vielleicht sogar zunimmt. Das gegenwärtige System wäre dann zwar das relativ beste. Ihm das Prädikat »gerecht« zuzusprechen wirkt aber zynisch. Unter dem Aspekt der Gerechtigkeit scheint es eher geboten, nach einem anderen Handelssystem zu forschen, als mit dem gegenwärtigen sittlich-politisch zufrieden zu sein.

II. Kritik am Utilitarismus

Trotz einer Rehabilitierung der praktischen Philosophie ist es für die deutschsprachige Diskussion außergewöhnlich, daß mit Hilfe der Philosophie inhaltliche Aussagen über Gerechtigkeit gemacht werden. Der gegenwärtig von der Philosophie erhobene Anspruch auf normativ-kritische Kompetenz steht der tatsächlichen Leistung in der Regel erheblich nach. Will man nun von Rawls lernen, wie Philosophie ihre normativ-kritische Kompetenz tatsächlich realisieren kann, ist es notwendig, sein Buch »gegen den Strich« zu lesen und im Gegensatz zur erklärten Absicht, methodische Diskussionen höchst knapp zu halten (Vorwort), gerade auf die methodischen Probleme aufmerksam zu machen.

Zunächst noch eine Vorbemerkung. Die Bedeutung der beiden Prinzipien und die des vertragstheoretischen Ansatzes überhaupt versteht man erst, wenn man sich den angloamerikanischen Diskussionskontext vergegenwärtigt. Aufgrund einer Reihe von brillanten Vertretern (wie Bentham, J. S. Mill und Sidgwick) war die utilitaristische Ethik die vorherrschende und erst in den letzten Jahren wieder in den Mittelpunkt der Auseinandersetzungen gerückte normative Theorie (Urmson, J. J. C. Smart, Brandt, McCloskey, Singer, Lyons)[8]. Auch für die philosophische Bestimmung von Gerechtigkeitsprinzipien standen eigentlich nur der Utilitarismus und sein hedonistischer Kalkül sowie einige intuitionistische Einwürfe zur Verfügung. An dem mit allem analytischen Scharfsinn unternommenen Versuch, gewichtigen Einwänden gegen den Utilitarismus dadurch zu begegnen, daß man Unterscheidungen wie die zwischen Handlungs- und Regel-Utilitarismus einführte, hatte sich Rawls zunächst selbst beteiligt. Während er von Institutionen wie Versprechen und staatlichen Strafen glaubte, sie regel-utilitaristisch legitimieren zu können[9], hat er später auf eine prinzipielle Grenze aufmerksam gemacht:

Wie auch immer man den Utilitarismus verfeinert oder modifiziert, – die durch diesen Ansatz gewonnenen Prinzipien, so *Eine Theorie der Gerechtigkeit,* stehen in striktem Gegensatz zu dem, was man in der Regel unter Gerechtigkeit versteht.

Wegen der philosophiegeschichtlichen Bedeutung des Utilitarismus unterzieht ihn Rawls einer differenzierten Kritik (§§ 5, 27, 28, 30), um dann seinen eigenen konstruktiven Gegenentwurf vorzulegen. Dieser Gegenentwurf soll über die gleichen Vorzüge wie der Utilitarismus, nämlich über Klarheit und Systematik, verfügen und zugleich eine bessere Deutung unserer sittlichen Überzeugungen enthalten. Für den Utilitarismus liegt das höchste Ziel politischen Handelns im maximalen Wohlergehen aller Betroffenen. Ob man darunter den maximalen Gesamtnutzen (Bentham, Sidgwick; auf seiten der Nationalökonomen: Edgeworth, Pigou) oder den maximalen Pro-Kopf-Nutzen (J. S. Mill, Wicksell) versteht, ist für Rawls' Argumentationslinie nicht entscheidend. Denn in beiden Fällen ist die Gerechtigkeit nur dann und nur so weit gefordert, wie sie das Wohlergehen aller Betroffenen maximiert. Die Gerechtigkeit ist damit zur Funktion des kollektiven (nicht des persönlichen) Wohlergehens geworden. In Konsequenz gebührt dem kollektiven Befriedigungsniveau die Priorität vor der individuellen Freiheit. Eine Sklaven- oder eine Feudalgesellschaft und auch ein Polizei- und Militärstaat, die so geschickt organisiert sind, daß sie zwar extreme Eingriffe in den persönlichen Freiheitsraum und überdies extreme Ungleichbehandlung mit sich bringen, gleichwohl einen maximalen Gesamt- oder einen maximalen Pro-Kopf-Nutzen garantieren, wären nicht nur erlaubt, sondern sogar sittlich geboten. Mit Recht ist Rawls dagegen überzeugt, daß die Idee der Gerechtigkeit für jede einzelne Person eine Unverletzlichkeit fordert, die selbst durch das Wohlergehen der ganzen Gesellschaft nicht beiseite gesetzt werden darf.

Der Utilitarismus läßt sich als ein Kollektiv-Egoismus interpretieren, der seiner Tendenz nach einzelne oder Gruppen zu Mitteln der anderen degradiert. Eine Gesellschaft aber, die nicht auf der Ebene fundamentaler Gerechtigkeitsprinzipien den Menschen je als Zweck behandelt, läßt sich vom sittlichen Standpunkt aus nicht legitimieren. Gerechtigkeit ist nicht auf kollektive Wohlfahrt, politische Ethik nicht auf den Utilitarismus reduzierbar[10]. In seinem strikten Verdikt gegen jede Form von Sklaverei,

Leibeigenschaft und Kastensystemen hält Rawls bestimmte Menschen- bzw. Grundrechte für kompromißlos gültig.

Der Utilitarismus hat sein Kriterium einer vernünftigen Gesellschaftsordnung nicht selbst wissenschaftlich legitimieren können. Rawls kann sich gegenüber der utilitaristischen Position deshalb letztlich nicht auf immanente Unstimmigkeiten berufen. Er muß die mit der utilitaristischen Maxime gesetzte normative Vorstellung von Gesellschaft selbst kritisieren. Der Utilitarismus, so lautet das intuitiv überzeugende Grundmuster der Argumentation, gebietet eigentlich nur eine effiziente Administration sozialer Ressourcen, auch wenn sich die Effizienz nicht nach Maßgabe einzelner Individuen, Klassen oder Schichten bestimmt, sondern sich nach dem Kollektiv als ganzem richtet. Im Utilitarismus wird ein Individual-Modell rationaler Entscheidung auf die Ebene der Gesellschaft extrapoliert. Der Utilitarist fordert die Befriedigung von jenem kollektiven Interessensystem, das ein unparteiischer Beobachter angesichts der Mannigfaltigkeit gegebener individueller Interessen-Systeme konstruieren würde. Eine Verletzung von Menschen- bzw. Grundrechten wäre gerecht, sofern sie nur von einem überwiegenden ökonomischen oder sozialen Vorteil der Mehrheit begleitet ist.

Natürlich läßt sich einwenden, daß eine solche Situation historisch sehr unwahrscheinlich ist. Da dort, wo ein Existenzminimum gesichert ist, das Interesse an persönlicher Freiheit das an Gütern, Waren und auch das an gesellschaftlichen Positionen bei weitem übersteigt, kann die Einschränkung persönlicher Freiheit bei wenigen nur in Extremfällen von den damit verbundenen Vorteilen der Mehrheit aufgewogen werden. Aber auch dann, wenn die beiden Deutungen der Gesellschaft, die utilitaristische und die Fairneß-Deutung, in der Regel zu denselben Resultaten kämen, bleibt der Unterschied im Prinzipiellen bestehen. Die Institutionalisierung von Grundrechten ist für den Utilitaristen eine Frage der historisch variablen individuellen Präferenzen und ihrer Verrechnung zu einem kollektiven Gesamtnutzen. Was für den Utilitaristen noch als ein empirisches Problem gilt, ist aber für Rawls eine unbedingt gültige normative Vorgabe. Genau die Vorstellung, daß der Nachteil des einen durch den Vorteil des anderen aufzuwiegen sei, steht in einem fundamentalen Widerspruch zur Gerechtigkeit im Sinne von Fairneß. Nach dem Utilitarismus wird jeder als Teil eines Ganzen, des Kollektivs behandelt; unter Fairneß-Gesichtspunkten dagegen ist jeder als Individuum anzuerkennen: »The two principles of justice ... rule out even the tendency to regard men as means to one another's welfare« (p. 183).

III. Eine rationale Verfassungswahl

Die Konkurrenz zwischen der utilitaristischen Interpretation von Gerechtigkeit und ihrer Deutung als Fairneß will Rawls nicht nur mit intuitiv plausiblen Einwürfen, sondern auch auf dem Wege einer wissenschaftlichen Argumentation entscheiden. Er entwikkelt deshalb ein Prüfungsverfahren, mit dem sich nicht nur diese Konkurrenz austragen läßt, sondern mit dessen Hilfe überhaupt die richtigen Gerechtigkeitsprinzipien sollen bestimmt werden können. Dabei wird der vertragstheoretische Ansatz, dessen sich Rawls bedient, streng systematisch eingeführt und auf dem Niveau gegenwärtiger Wissenschaften neu formuliert.

Rawls definiert seinen Test als rationale Klugheitswahl. Er »übersetzt« die klassische Idee des Gesellschaftsvertrages in den Denk- und Sprachrahmen der zeitgenössischen Theorie rationaler Entscheidung (rational decision theory) und strategischer Spiele (game theory). Diese »Übersetzung« der Vertragsidee führt leicht zu Mißverständnissen. Zwar sind Entscheidungs- und Spieltheorie in Deutschland überhaupt noch kaum philosophisch diskutiert worden[11]. Aber schon zu einem relativ frühen Zeitpunkt hat Habermas die Theorien aufgegriffen und im Rahmen seiner ideologiekritischen Ausführungen als 2. bzw. 3. Stufe technologischer Rationalität interpretiert[12]. Damit fallen auch Entscheidungs- und Spieltheorie unter das Verdikt einer »positivistisch halbierten Vernunft« und sind für eine am »guten und gerechten Leben« interessierte philosophische Auseinandersetzung diskreditiert. Rawls' Theorie scheint ihren Gegenstand ab ovo zu verfehlen[13].

Für die moderne Entscheidungstheorie steht Rationalität im Gegensatz zu willkürlichem, emotionalem oder habituellem Bestimmtsein. Aufgrund einer immanenten Präzision der gewöhnlichen Vorstellung von rationaler Klugheitswahl (rational prudential choice) gilt eine Entscheidung dann als rational, wenn man mittels eines leidenschaftslosen Informations- und Kalkulationsprozesses ausschließlich den persönlichen Vorteil zu maximieren sucht, und zwar dadurch, daß man aus einer gegebenen Liste alternativ möglicher Handlungen jene wählt, die im Licht der eigenen Wert- und Zielvorstellungen den maximalen Wert oder Nutzen verspricht. In all ihren Spielarten und Entwicklungsstufen ist die rationale Entscheidung eine logische Operation auf der Basis empirischen Wissens und subjektiver Schätzungen im Modus der Spekulation auf den eigenen Erfolg: ein vom Selbstinteresse diktierter rein sachlicher Gewinnkalkül. (Dabei bleibt es offen, ob man das jeweilige Selbstinteresse inhaltlich als egoistisch, altruistisch oder sozial indifferent bezeichnen würde.)

Im theoretisch einfachsten Fall einer rationalen Entscheidung wählt ein einzelner Aktor unter verschiedenen Handlungsmöglichkeiten die für ihn nutzenmaximale. Von dieser elementaren Situation unterscheidet sich die Wahl von Gerechtigkeitsprinzipien nicht allein deshalb, weil die *Prinzipien* für Handlungen und nicht die Handlungen selbst gewählt werden sollen. Die Differenz liegt vor allem darin, daß die Prinzipien für mehrere die Wahl je für sich treffende Aktoren nutzenmaximal sein sollen. Deshalb scheint hier die Spieltheorie von Bedeutung zu sein.

Die Spieltheorie, ein von J. v. Neumann und O. Morgenstern erfundener Zweig der mathematischen Wirtschaftswissenschaften, hat Verfahren zur rationalen Analyse von Entscheidungen angesichts mehrerer Entscheidungsträger entwickelt. Auch nach der Spieltheorie beweist sich Rationalität in einem leidenschaftslosen Informations- und Kalkulationsprozeß. Für die komplizierten Fälle, daß es verschiedene Entscheidungsträger gibt, die je ihren eigenen Nutzen zu maximieren suchen, sich dabei wechselseitig beeinflussen und wenigstens in einigen Interessen miteinander kollidieren, für diesen Fall einer rationalen Entscheidungsfindung interdependenter Entscheidungsträger ist eine umfangreiche Methodologie, ein detailliertes und präzises Begriffs-Instrumentarium sowie eine Vielzahl von Problemstellungen und Lösungsvorschlägen entwickelt worden.

Daß sich Rawls die hochdifferenzierten und im Konzert der Einzelwissenschaften anerkannten Forschungszweige, die Entscheidungstheorie und die Spieltheorie, zunutze machen will, ist methodisch bedeutungsvoll. Der Ansatz bedient sich nicht bloß des Präzisionsniveaus der modernen Wissenschaft. Er siedelt auch – so scheint es – die Probleme der distributiven Gerechtigkeit in der eigentlich ökonomischen Sphäre von Nutzenkalkulation, von Ertrags-Maximierung und Verlust-Minimierung an. Durch die Annahme von Aktoren, die ihren eigenen Vorteil zu maximieren suchen, ist ein ursprüngliches Gefühl für oder ein originäres Interesse an Gerechtigkeit ausgeschlossen. Gerechtigkeitsgefühle haben nicht begründenden, sondern begründeten Status. Die Gerechtigkeitsprinzipien erscheinen als Produkt eines Interessenkalküls, als genaues Resultat von Überlegungen strategischer Rationalität. Daß die Gerechtigkeit als Derivat des Selbst-Interesses, daß sich ihre Prinzipien als Resultat einer Kalkulation persönlichen Nutzens rekonstruieren lassen, erscheint jedoch höchst unglaubwürdig. Denn Gerechtigkeit besteht doch eher in der Negation des Selbst-Interesses und in der Anerkennung eines wie auch immer näher definierten allgemeinen Interesses.

Indem Rawls den Gesellschaftsvertrag als rationale Klugheitswahl definiert, behauptet er ein Doppeltes. Es gehört (erstens) zum Begriff der Rationalität, die verschiedenen Spielarten von Egoismus auszuschließen (§ 23) und sich überhaupt für Gerechtigkeitsprinzipien zu entscheiden. Es ist (zweitens) rational, Gerechtigkeit im Sinne von Fairneß zu wählen (§ 26 ff.). M. a. W.: Es ist vorteilhafter, in einer durch Fairneß-Prinzipien bestimmten Gesellschaft als in jeder anderen Gesellschaft zu leben.

Da es bei einer rationalen Wahl darauf ankommt, aus einer gegebenen Liste von alternativen Handlungsstrategien jene auszuwählen, die für einen selbst die beste ist, setzt der entscheidungstheoretisch interpretierte Gesellschaftsvertrag voraus, daß man eine Liste hat, die nicht gerade alle, aber doch alle relevanten Alternativen enthält. Rawls schlägt 5 Haupt-Ansätze mit insgesamt 15 Wahlmöglichkeiten vor: außer seinen eigenen Gerechtigkeitsprinzipien vor allem die beiden Hauptarten des Utilitarismus, sowie intuitionistische und egoistische Vorstellungen in verschiedenen Varianten (p. 124, S. 146 f.). Eine solche Liste enthält wohl die in der angloamerikanischen Ethikdiskussion vorherrschenden Positionen. Gleichwohl kann man Ergänzungen oder zumindest Verbesserungen nicht a priori ausschließen. Rawls kann deshalb aus seiner rationalen Wahl kein absolutes Votum für die Fairneß-Prinzipien ableiten. Gemäß dem Ansatz bei der Idee einer strategischen Wahlrationalität sind die Fairneß-Prinzipien nicht die schlechthin richtigen Prinzipien von Gerechtigkeit. Sie sind nicht absolut, sondern nur relativ, in bezug auf die berücksichtigten Alternativen gültig. Das Resultat des wissenschaftlichen Testverfahrens kann nur heißen: die richtigen Gerechtigkeitsprinzipien ähneln eher den beiden Fairneß-Prinzipien als den anderen zur Wahl gestellten Vorschlägen.

Das rationale Spiel, mit dem Rawls den Gesellschaftsvertrag identifiziert, ist sowohl aufgrund seiner Aufgabe als auch aufgrund seiner Regeln kein gewöhnliches Spiel. Zum ersten handelt es sich hier um ein Meta-Spiel, um ein Spiel zweiter Ordnung, um ein Verfassungsspiel, in dem primär nicht *nach* Regeln, sondern *um* Regeln gespielt wird. Zum zweiten gehören auch zu einem Verfassungsspiel »Regeln«, die die Entscheidungs-Situation präzisieren und eine Lösung allererst möglich machen. Die Regeln oder Bedingungen, die die Situation der Verfassungswahl definieren, faßt Rawls unter dem Begriff der ursprünglichen Situation (original position, initial situation) zusammen. Dabei bezeichnet die ursprüngliche Situation weder einen vergangenen historischen Zeitpunkt noch eine wünschenswerte Lebensform. Sie ist vielmehr eine theoretische Konstruktion, die Rawls in der Absicht durchführt, allererst Kriterien für mögliche Lebensformen zu gewinnen.

Die ursprüngliche Situation ist zunächst durch bestimmte Umstände definiert, die eine Kooperation sowohl möglich als auch notwendig machen und damit die Gerechtigkeit überhaupt zu einem aktuellen Problem erheben (§ 22). Es muß, so die objektiven Umstände, mehrere Individuen geben, die zur selben Zeit auf einem bestimmten (definite) Raum leben, in ihren physischen und mentalen Fähigkeiten komparabel sowie in ihren natürlichen und sozialen Ressourcen so begrenzt sind, daß Formen der Zusammenarbeit nicht überflüssig werden. Die Individuen, so die subjektiven Umstände, haben ihre eigenen Lebenspläne (Glücksvorstellungen), die unterschiedliche Ziele und Zwecke und vor allem konkurrierende Ansprüche auf die natürlichen und sozialen Ressourcen zur Folge haben.

Ferner: Gerechtigkeitsprinzipien üben in der Gesellschaft eine Ordnungsfunktion aus. Dabei gehört es schon zu ihren formalen Voraussetzungen, daß fünf Bedingungen erfüllt sind, unter denen das heute vielfach vertretene Universalisierungskriterium eine notwendige, aber keine hinreichende Bedingung darstellt: Die Prinzipien müssen (1.) ihrer Form nach allgemein sein und (2.) universell angewendet werden; sie müssen (3.) öffentlich bekannt sein, (4.) konkurrierende Ansprüche regeln und (5.) innerhalb des praktischen Diskurses die Bedeutung einer letzten Berufungsinstanz einnehmen (§ 23). Da nun die verschiedenen egoistischen Ansätze (jeder muß meinen Interessen dienen; alle bis auf mich sollen gerecht handeln; jeder darf seine Interessen nach Belieben verfolgen) schon die formalen Bedingungen nicht erfüllen, scheiden sie an dieser Stelle als rationale Option aus.

Außer den objektiven und subjektiven Umständen der Gerechtigkeit, den formalen Voraussetzungen des Rechtsbegriffs und der Annahme, daß sich die Spieler im oben definierten Sinn rational entscheiden (§ 25), stellt Rawls an die Verfassungswahl vor allem zwei Bedingungen: (1.) Insofern durch das Verfassungsspiel die Regeln der Konflikt-Lösung allererst bestimmt werden sollen, muß das Spiel selbst noch diesseits aller Konflikte liegen, die Beschlußfassung daher einstimmig sein. (2.) Rawls setzt bei den Partnern des Verfassungsspiels ein Informationsdefizit (veil of ignorance) voraus (§ 24). Das Verfassungsspiel ist in der Terminologie der rationalen Entscheidungstheorie eine Entscheidung unter Unsicherheit (decision under uncertainty). Zwar verfügen die Spieler über sozialwissenschaftliche Kenntnisse, aber in einer Weise, daß die Kenntnisse keine individuelle, sondern nur allgemeine Bedeutung haben. Man hat sozialwissenschaftliches Gesetzeswissen ohne das komplementäre Wissen um die soziokulturellen und individuellen Randbedingungen, so daß Prognosen über die gesellschaftliche und persönliche Situation unmöglich sind. Die Spieler wissen, daß die Mitglieder einer Gesellschaft höchst unterschiedlich begabt sind, daß sie verschiedene Rollen spielen und ungleiche Rangstufen einnehmen. Sie kennen jedoch nicht ihren eigenen Platz im Spektrum dieser Möglichkeiten; sie können nicht einmal den alternativen Möglichkeiten die Wahrscheinlichkeiten ihres Eintreffens zuordnen, um ihre eigenen natürlichen und sozialen Chancen wenigstens zu kalkulieren. Kurz, die Spieler kennen weder ihre Positionen in der Gesellschaft noch ihre natürlichen Talente und Fähigkeiten. Sie wissen nicht, ob sie als König oder als Bettler, ob als Picasso, Einstein oder als geistig Behinderter leben.

Die Bedingungen des Verfassungsspiels werden von Rawls nicht selbst rational (entscheidungs- bzw. spieltheoretisch) abgeleitet, und das zu Recht. Ein Versuch, auch die Regeln des Verfassungsspiels spieltheoretisch zu begründen, würde nur einen infiniten Regreß eröffnen. In einer linear fortschreitenden Argumentationskette ist ein Spiel, das die Regeln aller Spiele festlegt, ein prinzipiell erstes Spiel, formallogisch gar nicht möglich. Wenn es überhaupt sinnvoll ist, den Begriff eines Spieles aller Spiele zu bilden, so wäre dies nicht im Sinne des Anfangs einer Reihe, sondern nur als ein transzendentales Prinzip der Reihe, als ein »transzendentales Spiel« möglich. Ein transzendentaler Begründungsversuch, eine Argumentation aus Vernunftprinzipien a priori, wird von Rawls aber nicht unternommen. So gesehen, muß das Verfassungsspiel den Ausgang bei Bedingungen nehmen, die selbst nicht rational begründet sind[14]. Die Konkurrenz zwischen Utilitarismus und Fairneß-Prinzipien kann nur partiell wissenschaftlich entschieden werden. Den aus einem vorwissenschaftlichen Raum stammenden Bedingungen kommt jedoch ein hohes Maß an Plausibilität zu. Denn sie operationalisieren die für einen allgemeingültigen Test zu erwartende Haltung der Unparteilichkeit. Durch das Gebot der Einstimmigkeit ist die Möglichkeit von Privilegien und vor allem auch von Koalitionsbildungen eliminiert: In der ursprünglichen Situation sind Herrschaftsverhältnisse von vornherein ausgeschlossen. Und aufgrund des Informationsdefizits sind Vitalität, Intelligenz, sozialer Status und andere natürliche oder soziale Zufälligkeiten (contingencies), die die Ungleichheit unter den Menschen, die vor allem ein Kleiner- oder Größer- und ein Stärker- oder Schwächersein verursachen, als möglicher Bestimmungsgrund ausgesondert. Auch seine tatsächlichen Triebe, Bedürfnisse, Neigungen und selbst seine Wert- und Sinnvorstellungen kennt man nicht. Man weiß nur, *daß* man Bedürfnisse und Ziele hat und daß man die zur Befriedigung bzw. Realisierung erforderlichen allgemeinen Voraussetzungen, die Primärgüter, zu maximieren trachtet.

Weil jeder seinen eigenen Nutzen maximieren will, scheidet (nach dem Egoismus) auch der Utilitarismus, der den Nutzen des Kollektivs maximiert, in der Verfassungswahl als rationale Option aus. Übrig bleibt das allgemeine Fairneß-Konzept: gleiche Vorteile und gleiche Nachteile für jeden. Damit sind aber noch nicht Rawls' genaue Formulierungen seiner Fairneß-Prinzipien legitimiert. Als letztes Element der rationalen Verfassungswahl fehlt noch die präzise Entscheidungsregel. Von den drei Formen rationalen Handelns, der Entscheidung unter (subjektiver) Sicherheit, der Entscheidung unter Risiko (die Resultate der Handlungsalternativen sind nicht gewiß, jedoch wahrscheinlich) und der Entscheidung unter Unsicherheit ist diese letzte Form die komplizierteste. Während für die Entscheidung unter Sicherheit eine einzige Entscheidungsregel existiert (maximiere deinen Nutzen) und dasselbe für die Entscheidung unter Risiko zutrifft (das sog. Bayessche Kriterium: maximiere den erwarteten Nutzen), gibt es für die Entscheidung unter Unsicherheit verschiedene Rationalkriterien. Die Verfassungswahl ist als Entscheidung unter Unsicherheit nicht eindeutig bestimmt.

Die prominentesten Entscheidungskriterien für die Entscheidung unter Unsicherheit sind die Maximax-Regel (die Regel des maximalen Maximum: maximiere den Nutzen der vorteilhaftesten Situation) und die Maximin-Regel (die Regel des maximalen Minimum: minimiere den Nachteil der ungünstigsten Situation). In der Verfassungswahl angewandt, favorisiert die Maximin-Regel den Boden der sozialen und ökonomischen Hierarchie, während die Maximax-Regel größere Nachteile auf dem Boden der Hierarchie gegenüber größeren Vorteilen an der Spitze billigt. Rawls vertritt für die Verfassungs-Wahl die risikovermeidende Maximin-Regel (p. 152 ff., S. 177 ff.). Als ob man gegen eine diabolische Natur spielt, soll man sich für eine Gesellschaftsordnung entscheiden, in der man in jedem Fall, das heißt auch dann noch große Vorteile erwarten kann, wenn einem der ausdrückliche Feind den Platz in der Gesellschaft festlegen würde und man am Boden der sozialen und ökonomischen Hierarchie leben müßte. Man entscheidet sich daher für Prinzipien, die auch dem schlechtest gestellten Mitglied der Gesellschaft ein möglichst hohes Minimum an Primärgütern garantiert. Die Entscheidung für die Maximin-Regel ist aber weder rational abgeleitet noch schlicht plausibel. Zwar ist es vielleicht überzeugend, daß jeder von der Gesellschaft ein ökonomisches und soziales »Existenzminimum« garantiert sehen will; daß dieses Minimum aber zu maximieren ist, wird ohne die empirische Annahme einer pessimistischen Welteinstellung auf seiten der Entscheidungsträger, ohne die Befürchtung, eher am Boden als an der Spitze der Hierarchie zu leben, rational nicht einsichtig. Auch unter der Annahme einer ursprünglich gleichen Wahlsituation sind Rawls' Gerechtigkeitsprinzipien durch die rationale Entscheidung allein nicht zu legitimieren. Sie bedürfen zu ihrer Begründung zusätzlicher empirischer Annahmen oder aber direkter moralischer bzw. moralphilosophischer Argumente.

IV. Das methodische Ziel: reflektives Gleichgewicht

Da die Bedingungen der Wahlsituation, vor allem das Informationsdefizit, die Wahl der Prinzipien präjudizieren, die Bedingungen aber nicht ihrerseits aus einer rationalen Wahl abgeleitet werden können, erscheint die Verfassungswahl zunächst als letztlich willkürlich. Jeder rein rationalistische Begründungsversuch von Ethik sieht sich demselben Dilemma konfrontiert: Die fundamentalen Prämissen, von denen der Begründungsversuch seinen Ausgang nimmt, entspringen einem Akt willkürlicher Dezision. Trotz aller Rationalität im Detail sind rein rationalistische Theorien als ganze irrational.

Rawls entgeht diesem durchaus fatalen Dilemma und dokumentiert damit, daß er seine Theorie trotz des entscheidungstheoretischen Denk- und Sprachrahmens nicht rein rational versteht. Zwar schreibt Rawls: »Man sollte nach einer Art moralischer Geometrie mit der ganzen Strenge streben, die dieser Ausdruck andeutet« (S. 143). Aber, sofern sich Rawls nur recht versteht, gilt diese Forderung allein für die Wahlebene, nicht auch für die Metaebene. Sie betrifft die Weise der Durchführung der Wahl, aber nicht die Definition der Wahlsituation und ihrer Kriterien, für die ein anderer methodischer Anspruch gilt, ohne daß Rawls dies hinreichend deutlich gemacht hätte. Rawls' Analyse nimmt insgesamt ihren Ausgang von einer normativ bestimmten Lebenswelt, genauer: von einem primären Wissen über sie, den alltäglichen Vorstellungen über Gerechtigkeit. Diese alltäglichen Vorstellungen sollen weder als solche legitimiert noch radikal verworfen werden. Sie werden auch nicht transzendental-reduktiv hinterfragt oder sprachanalytisch geprüft, schließlich nicht naturalistisch oder wesensmetaphysisch begründet.

Rawls' methodisches Ziel heißt reflektives Gleichgewicht, ein Ziel, das sich einer einfachen methodischen Operationalisierung entzieht. Der Begriff ist auch von Rawls nicht hinreichend präzis aufgeschlüsselt.[15] Rawls ist weniger ein Methodologe (Wissenschaftstheoretiker) als ein »Praktiker« von Ethik. Obwohl also Rawls seine Methode noch nicht adäquat explizieren kann, liegt dem Buch doch ein methodisches Konzept zugrunde, ein Konzept, das zudem eine bedeutsame Erweiterung des Begriffs der analytischen Ethik beinhaltet. Aus den alltäglichen Gerechtigkeitsvorstellungen gewinnt Rawls durch Abstraktion inhaltsärmere, »schwächere« Prinzipien, die aufgrund ihres höheren Abstraktionsgrades auf breitere Zustimmung rechnen können. Sie sind deshalb als vorläufige Definitionselemente der ursprünglichen Situation und des durch sie mitbestimmten rationalen Prüfungsverfahrens geeignet. Aus den relativ konsensfähigen Prämissen werden dann Gerechtigkeitsprinzipien abgeleitet, die zunächst nur probeweise gültig sind.

Methodologisch dem Status von wissenschaftlichen Hypothesen vergleichbar, werden sie mit einer empirischen Wirklichkeit, dem in der Gesellschaft aufzufindenden Minimalkonsens über Gerechtigkeit, konfrontiert und nach Erfordernissen dieser Wirklichkeit revidiert. Entsprechend werden dann auch die Prämissen, die ursprüngliche Wahlsituation, verändert. Doch sind die alltäglichen Vorstellungen von Gerechtigkeit im Unterschied zu den Beobachtungsdaten empirischer Wissenschaften keine für die wissenschaftliche Theorie strikt gültige Falsifikationsinstanz. Hier liegt kein einsinniges, sondern ein Rückkoppelungsverhältnis vor. Denn von den Prinzipien aus sind unsere Gerechtigkeitsüberzeugungen selbst zu überprüfen und die in der Regel vorliegenden Unstimmigkeiten, Widersprüche, auch Unsicherheiten und Verzerrungen zu eliminieren. Das Resultat dieses Rückkoppelungsprozesses, ein kohärentes System von Gerechtigkeitsüberzeugungen, heißt reflektives Gleichgewicht.

Auf dem Weg einer gegenseitigen Korrektur von rational gewonnenen Prinzipien und überlegten Alltagsurteilen über Gerechtigkeit, in einem Prozeß des Hin- und Hergehens zwischen (a) den Elementen der ursprünglichen Wahlsituation, (b) den Gerechtigkeitsprinzipien, die sich aus ihr ableiten lassen, und (c) den qualifizierten Überzeugungen (considered judgements) über Gerechtigkeit werden bald die ursprüngliche Situation und die Prinzipien, bald die qualifizierten Überzeugungen modifiziert. Und diese Aufgabe ist so lange durchzuführen, bis die rational legitimierten Prinzipien mit den modifizierten Gerechtigkeitsüberzeugungen koinzidieren und man sagen darf: Die Überzeugungen halten einer wissenschaftlichen Analyse stand (p. 20 f., S. 37-39). Damit wird die philosophische Untersuchung der Gerechtigkeit zu einem revolvierenden Denkprozeß. Ihre Themen tauchen immer wieder, wenn auch in verwandelter Form auf (die ursprüngliche Situation zunächst in § 4, dann in §§ 22-26; die Utilitarismus-Kritik erst in § 6, dann in §§ 27, 28, 30; die erste

Formulierung der Gerechtigkeitsprinzipien in § 11, die endgültige Formulierung in § 46); dies ist einer der Gründe, warum sich das Buch nicht so leicht lesen läßt.

Der Prozeß der reziproken Steuerung von rational legitimierten Prinzipien und überlegten Alltagsurteilen über Gerechtigkeit besteht vor allem darin, daß man wichtige der gegenwärtig oder früher diskutierten Konzeptionen (bei Rawls vor allem die utilitaristische und die Fairneß-Konzeption) und die dazu vorgebrachten Argumente abwägt, sie mit seinen eigenen, noch nicht wohlgeordneten Gerechtigkeitsurteilen konfrontiert, die Urteile – mit Blick auf die alternativen Konzeptionen – von Ungenauigkeiten, Inkohärenzen usf. freimacht, bis sie mit einem der bekannten Vorschläge übereinstimmen oder aber eine eigene Konzeption begründen.

Rawls' Theorie nimmt die Mitte zwischen einem rein induktiven Verfahren der Generalisierung von Erfahrungen (der eigenen und fremden Gerechtigkeitsurteile) und einem abstrakten Entwurf erfahrungsunabhängiger Prinzipien ein. Es handelt sich aber nicht um einen Kompromiß. Denn es kommt ein methodisches Element herein, das sich weder in der Induktion noch im abstrakten Entwurf findet: Durch das Rückkoppelungsverfahren wird den ursprünglichen Urteilen ein Lern- und Veränderungsprozeß zugemutet.

Welche Lern- und Veränderungsprozesse man mitmachen und in welcher Richtung man sie durchführen soll, ob man, ganz formal gesprochen, im Falle eines Widerspruchs zwischen A und B nur A oder nur B oder aber beide verändern muß, läßt sich nicht rational entscheiden. Das reflektive Gleichgewicht ist keine positive Entscheidungsinstanz; es hat eher die Bedeutung eines negativen Verfahrens. Es prüft alternative Vorschläge und eliminiert all jene, die den wissenschaftlichen Anforderungen (wie: konsistente Begriffsbildung und Nähe zu den alltäglichen Urteilen) nicht genügen; es kann aber nicht eine der alternativen Möglichkeiten als *die* richtige auszeichnen. Deshalb ist die Abhandlung auch bei aller Wissenschaftlichkeit ein sehr persönliches Buch. Es zeigt nicht nur, welche Lernprozesse rational vertretbar sind, sondern darüber hinaus, in welche Richtung Rawls' eigene Lernprozesse verlaufen sind.

Sowohl durch den vertragstheoretischen Ansatz als auch durch die entscheidungstheoretische Neuformulierung erscheinen die

Gerechtigkeitsprinzipien als einmal für immer ausbuchstabierte, als ahistorisch gültige Grundbestimmungen humaner Gesellschaft überhaupt. Aufgrund des methodischen Zieles »reflektives Gleichgewicht« ist dieses Verständnis zu korrigieren. Indem sich Rawls' Theorie auf gewöhnliche Gerechtigkeitsurteile bezieht, und sei es auch auf jene Urteile, die kompetente Personen nach reiflicher Überlegung fällen, bezieht sie sich auf eine historisch gewachsene Gestalt des Gerechtigkeitsbewußtseins – im günstigsten Fall auf das am weitesten fortentwickelte Gerechtigkeitsbewußtsein. Jedenfalls können die explizierten Prinzipien keine kulturinvariante Gültigkeit beanspruchen.

Die Theorie ist gegenüber den vorhandenen Gerechtigkeitsüberzeugungen aber nicht einfach affirmativ. Sie ist weder die bloße Legitimation dessen, was man ohnehin vertritt, noch ausschließlich die systematische Darstellung einer unsystematisch vorhandenen Überzeugungsvielfalt. Gegenüber den alltäglichen Vorstellungen, von denen die Theorie ihren Ausgang nimmt, ist sie Bild und Gegenbild zugleich. Indem sie die Modifikation und die Transformation neuer Überzeugungen anleiten kann, gewinnt sie konstruktive und bewußtseinsverändernde Kraft. Rawls gibt dafür selbst ein Beispiel: Wer aufgrund reiflicher Überlegung zur festen Überzeugung gekommen ist, daß religiöse Intoleranz und Rassendiskriminierung ungerecht sind, der findet durch das reflektive Gleichgewicht sowohl eine Legitimation seiner festen Überzeugungen als auch eine sittliche Orientierung. Entsprechend ist Rawls' Theorie nicht eine plane Stabilisierung bestehender Institutionen oder Prozesse. Rawls unterstellt keineswegs, die politisch-soziale Wirklichkeit der westlichen Demokratien sei schlicht gerecht. Er will nicht einfach bestimmten Rechtsordnungen ein gutes Gewissen geben, auf dem man sich ausruhen könnte. Ebenso wie das reflektive Gleichgewicht gewisse Aspekte vorhandener Rechtsordnungen legitimieren mag, ist es für andere Aspekte die Instanz der Kritik sowie die Aufforderung zu Veränderung und Verbesserung. Überall dort, wo die gesellschaftliche und politische Wirklichkeit mit den reflektierten Gerechtigkeitsüberzeugungen und ihren Prinzipien in Widerspruch gerät, wird also eine wissenschaftlich begründete Kritik möglich.

Was die gegenwärtig für die Bundesrepublik behauptete Rehabilitierung der praktischen Philosophie noch weitgehend in Aussicht stellt, wird hier tatsächlich realisiert: ein Stück normativkritischer Kompetenz. Man darf die normativ-kritischen Erwartungen jedoch nicht überschätzen. Die Kompetenz der Philosophie folgt aus ihrer in einem weiteren Sinn analytischen, nicht aus einer normsetzenden oder aus einer die Normen souverän richtenden Kompetenz.

Die mit dem Ausdruck reflektives Gleichgewicht angezeigte normativ-kritische Kompetenz philosophischer Ethik setzt als empirisches Faktum eine gewisse Übereinstimmung über das, was Gerechtigkeit inhaltlich heißt, voraus. In Zeiten radikalen Gesellschaftsprotests, in moralischen Krisenepochen oder in kulturellen Umbruchszeiten, ist die Voraussetzung eines Minimalkonsenses nicht mehr gegeben. Wo sich aber ein substantieller Minimalkonsens nicht finden läßt, greift Rawls' Methode nicht mehr. Sie greift auch dort nicht, wo zwar ein solcher Konsens noch besteht, man sich aber mit dem Hinweis auf dieses Faktum nicht zufriedengibt und man nach der Genese des Faktums, vor allem aber auch nach der Verbindlichkeit der Konsensinhalte forscht. Auf die Frage »Warum ist das, was man für gerecht hält, wahrhaft gerecht?« kann Rawls' Analyse keine letzte Antwort geben.

Nach Rawls verhält sich eine wissenschaftliche Theorie zu den Alltagsurteilen über Gerechtigkeit wie die Linguistik zum alltäglichen Sprechen: Wie man seinen vorwissenschaftlichen Sinn für grammatikalische Richtigkeit (sense of grammaticalness) durch eine wissenschaftliche Grammatik bis zu einem gewissen Grad korrigieren könne, so könne man seinen Sinn für Gerechtigkeit (sense of justice) durch eine philosophische Theorie verbessern (§ 3).

Diese Analogie trägt aber nur ein Stück weit: Während das, worüber sich einheimische Sprecher (native speaker) einig sind, tatsächlich deutsche oder englische Umgangssprache ist, ist das, was jedermann als gerecht beurteilt, nicht deshalb schon wirklich gerecht. Eine derartige empiristische Verkürzung ist nicht haltbar. Während es sinnlos ist, gegenüber praktizierten grammatikalischen Regeln einen Ideologieverdacht zu äußern und eine vom Bestehenden stark abweichende »normative Syntax« zu entwerfen, kann es sinnvoll sein, Gerechtigkeitsüberzeugungen – und gerade auch kollektiv gültige – kritisch zu befragen. Es gibt kaum einen Sinn, wenn eine Minorität behauptet, daß wir, um grammatikalisch richtig (nicht um gepflegt, brillant oder exakt) zu reden, eigentlich ganz anders sprechen müßten, als wir es gewohnt sind. Dagegen kann es vernünftig sein, daß eine verschwindend kleine Minorität – oder selbst ein einzelner – behauptet, man müßte über Gerechtigkeit in wesentlichen Punkten und vielleicht sogar radikal anders denken, als es bisher üblich war. Vorhandene Überzeugungen sind ein Indiz, aber kein Kriterium für Gerechtigkeitsprinzipien. Sie sind Ausgangs- und Bezugspunkt einer Gerechtigkeitstheorie, jedoch keine (letzte) Berufungsinstanz. Selbst ein bestehender Generalkonsens stellt keinen zureichenden Legitimationsgrund dar.

V. Klugheitswahl oder Vernunftwahl?

Die besonderen Bedingungen, unter denen die rationale Verfassungswahl stattfinden soll, die Definitionselemente der ursprünglichen Situation sowie die Entscheidungsregel, sind weder rational abgeleitet noch willkürlich gesetzt. Sie sind aus überlegten normativen Überzeugungen heraus entwickelt, ein Verfahren, das durch das Prinzip des reflektiven Gleichgewichts auch methodisch bezeichnet ist. Ist damit auch die Grundfigur des Rawlsschen Prüfungsverfahrens für Gerechtigkeitsprinzipien, das mit der Verwendung von entscheidungs- und spieltheoretischen Elementen verbundene Paradigma »rationale Klugheitswahl«, gerechtfertigt?

Durch den Rekurs auf den Denk- und Sprachrahmen der Entscheidungs- und Spieltheorie, so wurde gesagt, scheint Rawls die Gerechtigkeit aus dem rationalen Selbstinteresse konkurrierender Individuen abzuleiten (s. o. Abschn. III.). Bei näherer Betrachtung löst sich dieser Eindruck jedoch als ein allerdings naheliegendes Mißverständnis auf. Rawls hält die Gerechtigkeit keineswegs für ein Derivat des Selbstinteresses. Sein Rekurs auf Entscheidungs- und Spieltheorie ist auch nicht das Zugeständnis an eine neue Wissenschaft, die sich, jenseits von Schulstreitigkeiten, höchster Anerkennung erfreut. Rawls will vielmehr – ohne es so auszusprechen – den zur Vertragstheorie gehörenden Begriff des Naturzustandes auf dem Präzisionsniveau moderner Wissenschaft neu formulieren. In der klassischen Vertragstheorie, am deutlichsten bei Kant, bezeichnet der Naturzustand weder ein frühes historisches Stadium noch eine primitive Stufe der Kulturentwicklung, sondern ein bloßes Gedankenexperiment, eine theoretische Konstruktion: die Situation der Menschen, sofern sie – ohne eine verbindliche Rechtsordnung – ausschließlich nach ihrem Gut- und Rechtdünken handeln, dabei in Konflikte miteinander geraten können und für solche Fälle keinen kompetenten Richter haben. Der Naturzustand ist der Gegensatz zum Rechtszustand. Ein solcher Zustand entspricht aber dem Grundansatz der Entscheidungs- und Spieltheorie. Gemäß ihrem subjektiven Rationalitätsbegriff sind die Mitglieder einer politischen Gemeinschaft als in einem formalen Sinn egoistisch angesetzt: Sie verfolgen ihre eigenen Interessen, gleich ob diese in einem materiellen Sinn egoistisch, altruistisch oder sozial indifferent sind. Gemäß der Modifikation, die die Spieltheorie einführt, geht es um eine Mehrzahl von rationalen Egoisten, die wechselseitig ihre Ansprüche gegeneinander geltend machen. Die Wahl wird von freien Personen abgeschlossen, die keine Autorität übereinander haben.

Die Gerechtigkeitsprinzipien werden nun keineswegs aus diesem allgemeinen entscheidungs- und spieltheoretischen Ansatz abgeleitet. Gemäß der vertragstheoretischen Komponente findet die Wahl vielmehr unter besonderen, für die Entscheidungs- und Spieltheorie ganz ungewöhnlichen Randbedingungen statt. Die Randbedingungen sind im Begriff der ursprünglichen Situation zusammengefaßt und markieren den Übergang vom Naturzustand zum Rechtszustand. Um also ein vielleicht naheliegendes Mißverständnis zu vermeiden: Nicht die ursprüngliche Situation, sondern die Rationalitätsprämisse ist Rawls' Äquivalent für den klassischen Begriff des Naturzustandes.

Zu den ungewöhnlichen Randbedingungen gehört schon die Tatsache, daß es um die Wahl von Prinzipien geht, um Kriterien der Konfliktregelung also, die für alle und zu jeder Zeit gleichermaßen gültig sind. Überdies gehen in die Wahl nicht die vom jeweiligen Individuum und seiner konkreten Lage abhängigen Macht- und Drohpotentiale ein. Zu den Elementen der ursprünglichen Situation gehört ein Informationsdefizit, durch das bei den Entscheidungsträgern jede Individualität, ja sogar jede Partikularität ausgeblendet und ein symmetrisches Verhältnis aller Beteiligten entworfen wird. Die weitere Bedingung, die Einstimmigkeitsregel, verhindert eine Auflösung der Chancensymmetrie im Verlauf der Entscheidungsfindung. Man wählt gewissermaßen *sub specie aeternitatis.* Durch die ursprüngliche Situation setzt

Rawls, so könnte man auch sagen, eine ideale, nämlich eine herrschaftsfreie Wahlsituation und darüber hinaus eine rationale Entscheidung an, in die – durch das symmetrische Verhältnis aller Beteiligten – die Bedingungen eines »fair play« von vornherein hineinkomponiert sind. Durch das Verfassungsspiel wird die Gerechtigkeit bzw. die Fairneß einer Gesellschaftsordnung nicht begründet. Im Gegenteil sind sie – in der Form von Anfangsbedingungen – der Wahl je schon vorausgesetzt. Das Paradigma »rationale Klugheitswahl« führt also insofern auf eine falsche Fährte, als die Gerechtigkeit gerade nicht ein Derivat individueller Nutzenkalkulation ist. Sie ist vielmehr auch bei Rawls ihr a priori gültiges Korrektiv. Da die Rahmenbedingungen nicht durch die individuelle Nutzenkalkulation abgeleitet sind, sondern ihr gerade fundamentale Restriktionen auferlegen, kommt dem in den Rahmenbedingungen operational definierten Standpunkt der praktischen Vernunft der Primat zu.

Rawls' Gerechtigkeitsprinzipien sind in einem gewissen Sinn tautologisch. Sie sind nämlich nichts anderes als die Explikation der Vernunft-Attribute, die zuvor in die Definition der ursprünglichen Lage, in ihre kognitiven, emotionalen und empirischen Bedingungen eingegangen sind. Der Fairneß-Charakter der Konklusionen, der Gerechtigkeitsprinzipien, reproduziert nur den Fairneß-Charakter der Prämissen, der Ausgangsbedingungen. Dem rationalen Selbstinteresse gegenüber ist die Fairneß sowohl logisch als auch ethisch gesehen das Primäre. Der von Rawls entscheidungstheoretisch rekonstruierte Gesellschaftsvertrag ist in erster Linie eine vernünftige (sittliche) und erst in zweiter Linie eine nutzenkalkulatorische und so gesehen ökonomische Wahl.

Wenn man von rationaler Klugheitswahl in einem spezifischen und zudem neuzeitlichen Sinn des Wortes Klugheit spricht, wenn man also nicht die antike φρόνησις oder die mittelalterliche *prudentia* meint, dann setzt man voraus, daß es zwischen dem individuellen oder partikularen und dem allgemeinen Willen eine Differenz gibt und daß es angesichts dieser Differenz der Klugheit um das Individuelle oder Partikulare und der Vernunft um das Allgemeine geht. Mit Hilfe des Informationsdefizits hat Rawls aber jede Individualität und Partikularität ausgeblendet und durch diesen Kunstgriff als Subjekt der rationalen Wahl von vornherein ein allgemeines gesetzt. Pointiert gesprochen: Indem die Differenz von allgemeinem und individuellem bzw. partikularem Willen eingezogen ist, ist eine Klugheitswahl in dem spezifischen Sinn des Wortes Klugheit nicht mehr gegeben. In der ursprünglichen Situation können die rationalen Subjekte nicht ihren eigenen Nutzen maximieren, und zwar deshalb nicht, weil es hier gar keine Subjekte oder Gruppen mit einem eigenen individuellen oder gruppenspezifischen Nutzen gibt. Deshalb ist auch für die Verfassungswahl nicht das relativ komplizierte Instrumentarium der Spieltheorie, der Theorie rationaler Wahl in der Situation konkurrierender und zugleich interdependenter Entscheidungsträger, erforderlich. Die Wahl kann von einem einzigen rationalen Subjekt durchgeführt werden. Rawls' »Diskurs«-Situation macht keine geschichtlich konkreten intersubjektiven Beratungsprozesse notwendig.

Man kann die ursprüngliche Situation und vor allem ihr Informationsdefizit als funktional gleichwertiges Äquivalent des Gesichtspunktes der praktischen Vernunft lesen. Rawls bietet – ohne sich dessen bewußt zu sein und ohne es schrittweise zu explizieren – eine neuartige und höchst überraschende Rekonstruktion des »moral point of view« an, und zwar des »moral point of view« in bezug auf die Ordnung der Willkürfreiheit einer Mehrzahl von Individuen (Gerechtigkeit als Rechtsidee), nicht in bezug auf die Maximen des Handelns (Gerechtigkeit als Tugend). Durch das Informationsdefizit, verbunden mit der Einstimmigkeitsregel, setzt Rawls für die Wahl einen Zustand ursprünglicher Gleichheit voraus. Diese Gleichheit ist jedoch – recht verstanden – keine natürliche, sondern eine moralische. Sie entspricht einem Verzicht der Stärkeren auf ihre (physische, emotionale, intellektuelle oder andere) Überlegenheit und bedeutet insofern einen Akt wechselseitiger Anerkennung als freier und gleicher Personen.

Auch wenn man Rawls' Theorie dadurch plausibler macht, daß man sie als eine (implizite) Rekonstruktion des »moral point of view« liest, bleiben gewisse Bedenken bestehen. Rawls' Ansatz enthält nämlich eine irreführende Verfremdung. Was bei Rawls lapidar unter den (ungewöhnlichen) Randbedingungen der rationalen Entscheidung ausgebracht wird, muß im tatsächlichen Leben und unter seinen Bedingungen natürlicher, ökonomischer und sozialer Ungleichheit von den jeweiligen Entscheidungsträgern als Maxime tatsächlich anerkannt werden. Die fundamentale Aufgabe besteht gerade darin, nicht ausschließlich seinem Eigeninteresse zu folgen, vielmehr alle Gruppen und Individuen als gleichwertige Personen anzuerkennen, obwohl sie von der natürlichen, ökonomischen und der sozialen Perspektive aus ungleich erscheinen. Die Anerkennung ist unter den verschiedenen soziokulturellen Bedingungen und in den unterschiedlichsten Situationen – im Normalfall wie in der Situation einer einmaligen oder einer revolvierenden Verfassungsgebung – je neu zu realisieren. Die gewaltfreie, regelgeleitete und faire Lösung von Konflikten entspringt einer Grundhaltung, für die gerade nicht das rationale Selbstinteresse, sondern seine Negation, für die nicht die Nutzenkalkulation, sondern ein Interesse an einer fairness-geleiteten Kommunikation als solcher das Vorrangige ist. Was also primär eine positive und praktische Aufgabe ist, die Überwindung des natürlichen Interesses am je eigenen Vorteil, wird von Rawls durch die Bedingung des Informationsdefizits in ein negatives, zudem kognitives Problem umgedeutet: in einen Mangel an Wissen. Dadurch wird das Sachproblem der Gerechtigkeit in ihrem fundamentalen, dem sittlich-praktischen Aspekt verzerrt.

Rawls' Ansatz bei der rationalen Entscheidung ist deshalb erhellend und verstellend zugleich. Es ist das Verdienst von Rawls, daß er auf der einen Seite an einen Denk- und Sprachrahmen anknüpft, der im Kreis der Einzelwissenschaften verstanden und anerkannt wird, und daß er auf der anderen Seite die rationale Entscheidung durch die Bestimmungen der ursprünglichen Situation so umdeutet, daß sie fundamentaliter keine rationale, sondern eine vernünftige Wahl definieren. Die Grenze der Analyse liegt jedoch darin, daß sie die radikale Transformation, die aufgrund der Zusatzannahmen mit der Situation rationaler Wahl geschieht, nicht hinreichend deutlich werden läßt: Nicht nur am Beginn, sondern auch am Schluß der Untersuchungen spricht Rawls noch von rationaler Klugheitswahl (p. 584 ff., vgl. S. 634). Dadurch wird die Differenz zwischen einer Nutzenkalkulation und einer Wahl aus Vernunftinteresse verwischt und ein falscher Erwartungshorizont gesetzt, so als ob es in der Tat im rationalen Selbstinteresse liegt, sich gerecht und fair zu entscheiden.

Anhang:
Die Struktur der Ableitung – ein liberalistischer Fehlschluß (Barry)?

Unter den mannigfachen Auseinandersetzungen mit Rawls nimmt der Beitrag von Brian Barry *The Liberal Theory of Justice ...* (a.a.O., Anm. 4) eine Sonderstellung ein. Der vor allem durch *Political Argument* (1965) und *Sociologists, Economists, and Democracy* (1970) bekannt gewordene Autor ist von der Bedeutung der *Theorie der Gerechtigkeit* so überzeugt, daß er eine kurze Rezension für genauso wenig sinnvoll hält wie eine knappe Besprechung des *Leviathan* (a.a.O., S. IX). Wenn Barry deshalb eine eigene Monographie über Rawls geschrieben hat, dann jedoch nicht, weil er, von der Richtigkeit der Theorie überzeugt, sie explizieren und verteidigen will. Er hält Rawls' Argumentation in vielen Fällen für wenig gründlich und vor allem für nicht triftig: »The general drift of the book is ... that Rawls's ›theory of justice‹ does not work and that many of his individual arguments are unsound.« (ebd.)

Barry stellt Rawls' Theorie zunächst in ihren intellektuellen Kontext und gibt Rechenschaft über grundlegende Merkmale der Theorie, um dann den Anspruch zu prüfen, daß hier zwei Prinzipien von Gerechtigkeit formuliert und logisch stringent deduziert seien. Die Abhandlung schließt mit einer kritischen Diskussion der ökonomischen und politischen Institutionen, von denen Rawls glaubt, sie seien mit seinen Gerechtigkeitsprinzipien kompatibel, einer Diskussion der Wettbewerbswirtschaft und des auf dem allgemeinen Wahlrecht basierenden Systems repräsentativer Regierung. Indem Barry die Ableitung auf Klarheit, Konsistenz und Triftigkeit prüft, legt er Rawls von vornherein auf den Anspruch einer Art moralischer Geometrie (Rawls, p. 121, S. 143) fest. Das andere und methodisch umfassendere Interesse an einem reflektiven Gleichgewicht tritt bezeichnenderweise in den Hintergrund.

Barry analysiert nicht bloß die einzelnen Schritte in der Ableitung: die Ableitung der Primärgüter, der Priorität von Freiheit, der Chancengleichheit und der Maximin-Regel. Er untersucht ebenso die Natur, besser: die Grundstruktur der Ableitung als ganzer, und zwar im Kapitel 11: Das Wesen der Herleitung: Eine Kritik[16]. Zwischen der Prämisse der Ableitung und ihrer Konklusion zeigt sich, so Barry, logisch gesehen eine Kluft. Aus Rawls' Annahme von Primärgütern, Gütern, von denen jeder einzelne möglichst viel zu haben wünscht, folgt nicht, daß es rational sei, in der ursprünglichen Situation allgemein anzuwendende Distributions-Prinzipien zu wählen, die jedem eine möglichst große Menge der Primärgüter garantiere. Auch wenn es für jeden einzelnen vorteilhaft sein mag, ein Auto (oder Wohlstand, Macht, Glaubensfreiheit) zu haben, findet man nicht dort die beste Gesellschaftsordnung, wo möglichst viele Autos (möglichst viel an Wohlstand, Macht, Glaubensfreiheit) zur Verteilung gebracht werden.

Rawls macht sich nach Barry eines Fehlschlusses schuldig, der den liberalen Standardfehlschluß (standard liberal fallacy) umkehrt und in dieser Umkehrung nur eine neue Variation liberaler Fehlschlüsse darstellt. Der Fehlschluß wird von Barry so formalisiert: »Wenn jeder möglichst viel von X will, dann will er eo ipso auch eine Gesellschaft, die ihm möglichst viel von X garantiert«. Gegen diese Argumentation sei jedoch einzuwenden, daß ein individuelles Gut gerade nicht ipso facto auch ein kollektives Gut sei. Denn der individuelle Gebrauch von Primärgütern habe nicht bloß für den Nutznießer, sondern auch für Dritte eine Bedeutung. Bei der Wahl von Distributionsprinzipien seien deshalb die individuellen Vorteile (beim Auto die Mobilität) nicht für sich zu maximieren, sondern gegen die kollektiven Nachteile (Umweltverschmutzung und Gefährdung Dritter) abzuwägen.

Barry will also, und zwar ganz zu Recht, nicht bloß die individuellen Folgen, sondern auch die kollektiven Nebenfolgen berücksichtigen. Schon wenn man an die Dysfunktionalität eines autonomen wirtschaftlichen Wachstums denkt, ist Barrys Argument einleuchtend, daß durch individuelle ceteris paribus-Präferenzen die Wahl einer Gesellschaftsordnung nicht hinreichend bestimmt ist. Trotzdem ist Barrys Argumentation gegenüber Rawls nicht stichhaltig. Um bei seinem eigenen Beispiel zu bleiben: Sicher ist es richtig, daß man aus dem Interesse von Individuen an Autos nicht mit Notwendigkeit auf ein Interesse eben dieser Individuen an einer Gesellschaft mit möglichst vielen Autos schließen kann. Aber was sind die Gründe dafür? Ein Auto dient neben anderem der Mobilität, dann aber auch dem Spieltrieb, der Suche nach Anerkennung usw. Wenn es nun zu viele Autos gibt, die Straßen verstopft sind, der Lärm und die Abgase unerträglich werden, dann wird das Auto schon unter den Aspekten der Mobilität und des Spieltriebes dysfunktional: Bei verstopften Straßen ist die Bahn schneller. Und wenn sehr viele Menschen ein Auto und zudem ein großes, schnelles und teures haben, kann allenfalls der Nichtbesitz von Autos ein Statussymbol sein. Kurz, eine Auto-Gesellschaft garantiert nicht das, worumwillen jeder das Auto will: große Mobilität, Betätigung des Spieltriebes, sichtbares Übertrumpfen der Menge und dergleichen.

Nun geht es in Rawls' Begriff der sozialen Primärgüter aber gar nicht um so konkrete Güter wie Autos. Unter sozialen Primärgütern versteht Rawls gesellschaftlich bedingte Voraussetzungen, die in der Regel für die Realisierung eines jeden Lebensplanes erforderlich sind: Rechte und Freiheiten, Einkommen und Wohlstand, Selbstachtung. Überdies sollen die einzelnen Primärgüter nicht für sich maximiert werden, sondern das *Gesamtsystem* der Grundfreiheiten soll möglichst umfangreich bzw. die sozialen und wirtschaftlichen Ungleichheiten sollen *insgesamt* für die am wenigsten Begünstigten möglichst vorteilhaft sein. Die mögliche Dysfunktionalität einer Auto-Gesellschaft kompromittiert nicht den Begriff der sozialen Primärgüter, sondern Barrys Interpretation des Autos als eines sozialen Primärgutes bzw. die Reduktion eines Systems von Primärgütern auf eines seiner Elemente.

Grundlegender ist noch ein anderes Gegenargument: Die Gerechtigkeitsprinzipien betreffen gar nicht die Produktion (es soll möglichst viele Autos, möglichst viel Wohlstand, Macht, ... geben), sondern die Distribution: Gleich wieviele Autos, wieviel an Macht, Wohlstand existieren – die jeweils vorhandene Menge soll nach solchen Prinzipien verteilt werden, daß jeder einen möglichst großen Vorteil davon hat. Rawls schließt gar nicht von individuellen Gütern auf kollektive Güter; er schließt von der sittlichen Gleichheit aller Menschen und dem Interesse an Primärgütern auf die Forderung nach deren fairer Verteilung.

1 *A Theory of Justice,* Cambridge/Mass. 1971 (zitiert: p.), dt. *Eine Theorie der Gerechtigkeit,* Frankfurt/M. 1975 (zitiert: S.).

2 Vgl. M. Riedel (Hrsg.), *Rehabilitierung der praktischen Philosophie,* 2 Bde., Freiburg 1972, 1974; zu Bd. I vgl. Vf. in: *Philosophisches Jahrbuch* 80 (1973) 216-218.

3 Nur wenige Beispiele: »the most substantial and interesting contribution to the moral philosophy since the war«: St. Hampshire in: *New York Review of Books* (1972) – »the most searching investigation of the notion of justice in modern times«: K. J. Arrow in: *The Journal of Philosophy* 70 (1973) 245-263 (245); dt. in Vf. (Hrsg.), a.a.O., 199-223 (199).

4 »a remarkable thorough treatise which well deserves to be called a philosophical classic«: J. Feinberg, Duty and Obligation in the Non-ideal World, in: *The Journal of Philosophy* 70 (1973) 263-275. – B. Barrys Argument für eine eigene Monographie über Rawls' Buch: »A brief review is of little more value than would be a brief review of Hobbes' Leviathan« in: *The Liberal Theory of Justice. A critical examination of the principal doctrines in ›A Theory of Justice‹,* Oxford 1973, IX.

5 u. a. Justice as Fairness, in: *The Philosophical Review* 57 (1958) 164-194 (dt. in: John Rawls, *Gerechtigkeit als Fairneß,* Freiburg-München 1977, 34-83); The Sense of Justice, in: *The Philosophical Review* 62 (1963) 281-305 (dt. a.a.O., 125-164); Constitutional Liberty and the Concept of Justice, in: *Nomos,* Bd. VI: Justice, 1963; Distributive Justice, in: *Philosophy, Politics, and Society,* Hrsg. P. Laslett, W. G. Runciman, Bd. 3, Oxford 1967, 58-82 (dt. in: N. Hoerster, [Hrsg.], *Recht und Moral,* München 1977, 167-179); Distributive Justice: Some Addenda, in: *Natural Law Forum* 13 (1968) 51-71 (dt. in: J. R., a.a.O., 84-124); The Justification of Civil Disobedience, in: *Civil Disobedience,* Hrsg. H. A. Bedau, New York 1969, 240-255 (dt. in: J. R., a.a.O., 165-191).

6 u. a. R. P. Wolff, A Refutation of Rawls' ›Theorem on Justice‹, in: *The Journal of Philosophy* 63 (1966) 179-190; B. Barry, On Social Justice, in: *The Oxford Review* (1967) 29-52; Ch. Perelman, *Justice,* New York 1967, 39-51; N. Care, Contractualism and Moral Criticism, in: *The Review of Metaphysics* 23 (1969) 85-101; Ch. Frankel, Justice and Rationality, in: *Philosophy, Science, and Method,* Hrsg. S. Morgenbesser u. a., New York 1969, 400-414; R. L. Cunningham, Justice: Efficiency of Fairness, in: *The Personalist* 52 (1971) 253-282; M. Lessnoff, John Rawls' Theory of Justice, in: *Political Studies* 19 (1971) 65-80. Vgl. die Literaturhinweise in: *Gerechtigkeit als Fairneß,* a.a.O., 193 f. – Seit dem Erscheinen der Monographie hat die Zahl der (teilweise auch sehr kritischen) Beiträge sprunghaft zugenommen; vgl. die Auswahlbibliographie in: Vf. (Hrsg.), a.a.O., 297-303.

7 Vgl. in diesem Band: Zur vertragstheoretischen Begründung politischer Gerechtigkeit: Hobbes, Kant und Rawls im Vergleich.

8 Eine Dokumentation dieser Auseinandersetzung in den Sammelbänden: M. D. Bayles (Hrsg.), *Contemporary Utilitarianism,* New York 1968; Th. K. Hearn (Hrsg.), *Studies in Utilitarianism,* New York 1971; O. Höffe (Hrsg.), *Einführung in die utilitaristische Ethik,* München 1975 (mit Literatur).

9 Two Concepts of Rules, in: *The Philosophical Review* 64 (1955) 2-32 (dt. in: O. Höffe [Hrsg.], *Einführung . . .,* a.a.O., 96-120).

10 Vgl. auch in diesem Band: Zur Theorie des Glücks im klassischen Utilitarismus, Abschn. IV.

11 Eine detaillierte Darstellung der Entscheidungstheorie findet sich bei W. Stegmüller, *Probleme und Resultate der Wissenschaftstheorie* ..., Bd. IV, I: Personelle Wahrscheinlichkeit und Rationale Entscheidung, Berlin-Heidelberg-New York 1973; eine kurze pointierte Kritik des Ansatzes rationaler Wahl bei H. Rombach, Art. Entscheidung, in: *Handbuch philosophischer Grundbegriffe,* Bd. I, 361-373; vgl. auch in diesem Band: Rationalität, Dezision oder praktische Vernunft, sowie Vf., *Strategien der Humanität. Zur Ethik öffentlicher Entscheidungsprozesse,* Freiburg-München 1975, Teil I: Kritik am Paradigma Nutzenkalkulation.

12 *Theorie und Praxis,* Neuwied, Berlin [3]1969, 245 ff.

13 In den USA dagegen ist es nicht ungewöhnlich, die Entscheidungstheorie gerade auch im Rahmen der praktischen Philosophie zu verwenden: R. B. Braithwaite, *Theory of Games as a Tool for the Moral Philosopher,* Cambridge 1955; D. P. Gauthier, Morality and Advantage, in: *The Philosophical Review* 76 (1967) 460-475.

14 Vgl. in diesem Band: Zur Rolle der Entscheidungstheorie bei der Rechtfertigung von Gerechtigkeitsprinzipien ...

15 Allerdings ausführlicher in dem frühen Aufsatz: Outline of a Decision Procedure for Ethics, in: *The Philosophical Review* 60 (1951) 177-191 (dt. Ein Entscheidungsverfahren für die normative Ethik, in: D. Birnbacher/N. Hoerster [Hrsg.], Texte zur Ethik, München 1976, 124-138).

16 Dt. in: Vf. (Hrsg.), *Über J. Rawls' Theorie der Gerechtigkeit,* a.a.O., 43-56.

6. Zur vertragstheoretischen Begründung politischer Gerechtigkeit: Hobbes, Kant und Rawls im Vergleich*

Das Hauptproblem der klassischen politischen Philosophie ist zugleich das Grundproblem der politischen Welt: die Legitimation von Prinzipien der politischen Gerechtigkeit. Denn Prinzipien der politischen Gerechtigkeit geben an, gemäß welchen Bedingungen und Kriterien eine allseits verbindliche Rechts- und Verfassungsordnung, eine politische Grundordnung vernünftig und in diesem Sinn gerecht ist. Und gerecht zu sein, ist der höchste Anspruch, den wir für eine politische Ordnung erheben. Nun enthält auch eine durch und durch gerechte Ordnung Gebote und Verbote, die sich notfalls mit Zwang Geltung verschaffen, also die (Willkür-)Freiheit von jedermann beeinträchtigen. Insofern ist jede politische Grundordnung auch eine Herrschaftsordnung. Prinzipien politischer Gerechtigkeit zielen keineswegs auf Herrschaftsfreiheit, sofern man unter Herrschaftsfreiheit entweder das Fehlen jeder Rechts- und Verfassungsordnung oder aber bloß eine solche Ordnung versteht, die sich auch als durch und durch gerechte Ordnung in keinem Fall mit Hilfe von Sanktionen durchsetzen darf. Im Gegensatz zu Sozialutopien marxistischer oder nichtmarxistischer Herkunft, die nur herrschaftsfreie Gesellschaftsformen für sittlich legitim halten, gehen Prinzipien politischer Gerechtigkeit vielmehr davon aus, daß Herrschaft notwendig, aber nicht in jeder Form sittlich gerechtfertigt ist. Während sie Herrschaft im Sinne von Despotie und Unterdrükkung als strikt illegitim verwerfen, fordern sie eine Herrschaftsordnung, die Vernunftkriterien genügt. Politische Gerechtigkeit besteht nicht in der Überwindung, sondern in der qualitativen Umgestaltung von Herrschaft.

Nach dem Lösungsmuster, das im englischen Sprachraum seit

* Originalbeitrag. – Eine erste und kürzere Fassung wurde auf dem internationalen J. Rawls-Symposium (Bad Homburg 1976), überarbeitete Fassungen wurden 1977 an den Universitäten Gießen und Oldenburg vorgetragen. Den Diskussionsteilnehmern sei für kritische Einwände gedankt.

J. Bentham und J. S. Mill vorherrscht, ist eine politische Grundordnung dann gerecht, wenn sie das Wohlergehen aller Betroffenen maximiert. So plausibel es prima facie erscheint, Gerechtigkeit nach dem Wohlergehen der Betroffenen zu bemessen, so führt dieses, das utilitaristische Konzept, doch bei näherer Betrachtung zu Resultaten, die als offensichtlich ungerecht erscheinen. Denn im Utilitarismus gilt die Gerechtigkeit als Funktion des kollektiven Wohlergehens. In Konsequenz gebührt dem kollektiven Befriedigungsniveau die absolute Priorität vor der individuellen Freiheit. Eine Sklaven- oder eine Feudalgesellschaft und auch ein Polizei- und Militärstaat, die so geschickt organisiert sind, daß sie zwar extreme Eingriffe in den persönlichen Freiheitsraum und überdies extreme Ungleichbehandlung mit sich bringen, gleichwohl einen maximalen Gesamt- oder einen maximalen Pro-Kopf-Nutzen aller Betroffenen garantieren, wären nicht nur erlaubt, sondern sogar sittlich geboten. Im Gegensatz dazu sind wir überzeugt, daß die Idee der Gerechtigkeit für jede einzelne Person eine Unverletzlichkeit, ein Nichtunterdrücktwerdendürfen, fordert, was in den sog. Menschenrechten spezifiziert und als Grundrechte institutionalisiert wird und selbst durch das Wohlergehen der ganzen Gesellschaft nicht beiseite gesetzt werden darf.

Es scheint daher politisch wie philosophisch geboten zu sein, eine systematische Alternative nicht bloß zu den Utopien herrschaftsfreier Kommunikation, sondern auch zur utilitaristischen Gerechtigkeitstheorie zu entwickeln. Eine solche Alternative findet sich in der Vertragstheorie, wie sie vor allem im 17. und 18. Jahrhundert vertreten und neuerdings von John Rawls[1], dann auch James Buchanan[2] und Robert Nozick[3] wieder aufgegriffen wurde. Um die Tragfähigkeit dieses Konzepts zu erproben, sollen drei seiner Vertreter exemplarisch untersucht werden: zunächst Hobbes, der mindestens zum Teil eine pragmatische Begründung liefert, dann Kant, der eine reine Vernunftsbegründung unternimmt, schließlich Rawls, der die klassische Theorie auf dem Niveau der zeitgenössischen Wissenschaften neu formuliert, indem er sich eines Denk- und Sprachrahmens bedient, dessen wissenschaftliche Bedeutung heute wohl unbestritten ist, des der Entscheidungs- und Spieltheorie.

Bei aller Verschiedenheit der klassischen Vertragstheorien, gerade auch der von Hobbes und Kant, stößt man doch auf grundlegende Gemeinsamkeiten, die als Hintergrund thesenhaft skizziert werden sollen:

1. Ausgang der Vertragstheorien ist die Legitimationsbedürftigkeit staatlicher Verhältnisse. Die Theorien wollen dem Legitimationsbedürfnis nachkommen, also eine politische Grundordnung rechtfertigen; sie werfen nicht empirische, sondern normative Fragen auf. Die Vertragstheorien suchen weder eine historische Beschreibung dieser oder jener Staatsgründung noch eine empirische Theorie von Staatenbildung überhaupt. Der Vertrag, von dem sie sprechen, ist kein geschichtliches Ereignis wie etwa der Kontrakt der Pilgerväter nach ihrer Landung in Neuengland. Die Theorien unternehmen vielmehr eine Analyse der Bedingungen einer vernünftigen politischen Ordnung. (Nur in Parenthese: Die Legitimationsfrage aufzuwerfen ist für die Philosophie zwar eine selbstverständliche, häufig allerdings mehr akademische Aufgabe. Im geschichtlichen Kontext der klassischen Vertragstheorien dagegen, angesichts der konfessionellen Bürgerkriege in Großbritannien, der grundlegenden politischen Veränderungen in den Vereinigten Staaten und Frankreich, auch in Preußen, ist normative Staatstheorie ein auch politisch höchst brisantes Unternehmen.)

2. Nach ihrem Grundverständnis von Mensch und Welt stehen die Vertragstheorien in der Tradition der Renaissance. Als Ursprung aller staatlichen Legitimität und als letzter Maßstab jeder politischen Ordnung gilt das freie Individuum, wobei mit Freiheit zunächst die Handlungs- und Willkürfreiheit, nicht die Autonomie der Vernunft gemeint ist. Die Beweislast liegt auf seiten der politischen Ordnung. Sie ist das zu Legitimierende, das freie Individuum dagegen der Legitimationsgrund. Dabei handelt es sich hier um eine schon selbstverständliche Voraussetzung, die allenfalls beiläufig reflektiert wird, also gewissermaßen ein Axiom darstellt. Zugleich gründet hier schon der Gegensatz der Vertragstheorie zum Utilitarismus: Die politische Ordnung ist nicht vor der Gesamtheit, sondern vor jedem Individuum zu rechtfertigen. Letztlich zählt nicht das Kollektiv, sondern jeder Mensch als einzelner.

3. Die politische Ordnung bedeutet deshalb eine Einschränkung der einzelnen Menschen. Im Unterschied zum antiken, etwa aristotelischen Denken[4] ist der Staat (Polis) nicht mehr das Telos von Menschsein, sondern eher dessen Restriktion, eine Restrik-

tion allerdings, die im Gegensatz zu den Sozialutopien herrschaftsfreier Kommunikation als unvermeidlich gilt.

4. Aufgrund des Freiheits-Axioms kann die Einschränkung nur auf die Betroffenen selbst zurückgeführt werden; sie ist eine freie Selbstbeschränkung der Individuen. Modern formuliert, politische Ordnung läßt sich nur aus der möglichen Zustimmung aller Betroffenen rechtfertigen. Die Frage, die sich dann stellt, lautet: Wie kann man gegenüber freien Menschen eine politische Ordnung legitimieren, die ihrem »Wesen« nach doch eine fundamentale Einschränkung eben dieser Freiheit bedeutet? Oder: Wieso sollen die Menschen einer grundlegenden Einschränkung ihrer selbst zustimmen?

5. Die Antwort folgt einer bestimmten Grundfigur: (a) Der vorstaatliche Zustand, der sog. Naturzustand, hat in sich einen unannehmbaren Defekt. Die Vertragstheoretiker argumentieren e contrario (Was wäre, wenn es keine staatliche Ordnung gäbe?) und zeigen, daß der Zustand der Rechts- und Verfassungslosigkeit (Anarchie), in dem jeder seine eigenen Zwecke mit den ihm recht erscheinenden Mitteln verfolgt, untragbar ist. (b) Man behebt diesen untragbaren Zustand, indem jedermann und unter gleichen Bedingungen eine Einschränkung seiner Freiheit auf sich nimmt, die Idee der wechselseitigen Freiheitsbeschränkung. – (c) Eine freie und wechselseitige Freiheitsbeschränkung heißt aber Vertrag. Die politische Grundordnung geht also aus dem ursprünglichen Vertrag zwischen freien Menschen hervor.

Soweit einige Gemeinsamkeiten. Die Unterschiede zeigen sich vor allem in den näheren Bestimmungen des vorstaatlichen Zustandes, seines Ungenügens und der Art der politischen Ordnung, die das Ungenügen beheben soll.

I. Hobbes

Der Naturzustand, der den Vertrag e contrario notwendig macht, ist auch bei Hobbes kein (hypothetischer) Anfangszustand, der der Geschichte menschlicher Kulturentwicklung vorausgegangen sein soll. Er ist vielmehr die gedankliche Konstruktion eines Zusammenlebens, das – ohne Einschränkung durch eine staatliche Ordnung – von der allgemeinen Natur des Menschen allein, keineswegs von zusätzlichen sozioökonomischen Besonderheiten

(Depravationen) bestimmt ist. Auch wenn es Hobbes nicht immer hinreichend klar und deutlich herausstellt, ist sein Naturzustand doch weniger ein vorgeschichtlicher oder vorgesellschaftlicher als ein vorstaatlicher Zustand, der Zustand der Herrschaftslosigkeit (An-Archie), in dem sich der Mensch als Mensch, nicht als Bürger befindet.

Obwohl die Hobbes'sche Vertragstheorie aus einer bestimmten Anthropologie entwickelt wird, bilden Hobbes' Grundannahmen über den Menschen kein fragwürdiges metaphysisches Postulat, und noch weniger verdanken sie sich bloß einem pessimistischen Menschenbild. Die Natur des Menschen ist selbst eine gedankliche Konstruktion, die sich jedoch durch Erfahrung bestätigen lasse. Sie ist jene Grundstruktur, die hervortritt, sobald man bei konkreten Menschen nicht bloß von ihren individuellen Besonderheiten, sondern auch von allen geschichtlichen, gesellschaftlichen und vor allem staatlichen Überformungen absieht, so daß sich ein invarianter psychologischer Kern herausschält: der Mensch, sofern er außerhalb des *civil state* lebt. Dieser psychologische Kern ist selbst noch einmal auf physiologische Gesetze und sie wiederum sind auf Bewegungsgesetze der Mechanik zurückzuführen. Vom einfachsten Lebewesen bis zum Menschen und dem politischen Körper ist alles nichts anderes als »matter in motion«, als Stoff, der in ständiger – und sei es unmerklicher – Bewegung ist.

Eine solche naturalistische (mechanisch-physiologische) Bestimmung der Natur des Menschen hat methodische Gründe. Gemäß dem Wissenschaftsideal seiner Zeit, vor allem dem von Galilei und Harvey, geht Hobbes resolutiv-kompositiv vor. Das Explanandum, der Mensch bzw. die politische Ordnung, wird in seine Grundelemente zerlegt (der erste, der resolutive Teil) und aus ihnen wieder schrittweise aufgebaut (der zweite, der kompositive Teil). Allerdings soll hier, wie im »Leviathan«, die Resolutio als schon geleistet vorausgesetzt, überdies auch der kinematisch-physiologische Teil der Compositio übergangen werden, um gleich zur spezifisch menschlichen Bewegung zu kommen, der Handlung oder Praxis, die nach Hobbes aus dem Willen stammt. Dabei heißt Wille nicht mehr, wie in der Tradition, eine *vernünftige* Neigung, sondern eine rein naturwüchsige Antriebskraft, die – im Unterschied zu vegetativen Prozessen – mit Vorstellung verbunden ist. Wille heißt nichts anderes als ein

Begehren (appetite, desire) oder eine Abneigung (aversion), die aus einer Überlegung resultieren, und die Überlegung bezeichnet jenen Prozeß der Konkurrenz unterschiedlicher Leidenschaften (Begehren und Abneigung, Hoffnung und Furcht usw.), der bei der Antizipation der zu erwartenden Folgen entsteht. Der Wille ist für Hobbes das Begehren, das in diesem Widerstreit siegreich bleibt, wobei die Folgen allein vom persönlichen Standpunkt des Handelnden beurteilt werden. Das Vermögen, aufgrund von Erfahrung zukünftige Ereignisse, die Folgen von Handlungen, zu antizipieren und im Licht des eigenen Interesses zu beurteilen, heißt Klugheit (Leviathan, bk. I, chap. 3). Als Erkenntnisvermögen, das durch Erfahrung erworben ist und im Dienst des Selbstinteresses steht, kommt die Klugheit nur zu individuell, nicht zu streng allgemein gültigen, nicht zu konsensfähigen Einsichten. Ihr Ziel ist die Erhaltung von Leib und Leben, darüber hinaus auch das Glück, der ununterbrochen glückliche Fortgang bei dem, was man sich jeweils wünscht (I 6).

Da der Mensch – gemäß der physiologisch-psychologischen Rekonstruktion – nicht durch Vernunft, sondern ausschließlich durch das Selbstinteresse motiviert ist, kann der Beweggrund zur Errichtung der staatlichen Ordnung auch nur im rationalen Selbstinteresse gesucht werden. Der Vertrag und der aus ihm hervorgehende Staat haben den individual-pragmatischen Zweck, den natürlichen Menschen zu schützen und glücklich zu machen (Introduction).

Weil das Prinzip Selbstinteresse häufig mißverstanden wird, dazu eine Bemerkung: Das Selbstinteresse ist nicht notwendig auf pure Eigenliebe (Egoismus) im Gegensatz zu jeder Nächstenliebe (Altruismus) festgelegt. Auch Hobbes zählt neben unsozialen Leidenschaften wie Neid, Rache, nicht bloß sozial neutrale wie Hoffnung, Furcht, Zutrauen, sondern auch genuin soziale Leidenschaften wie Wohlwollen und Freigebigkeit auf (I 6). Selbstinteresse ist, formaler als Eigenliebe, der Inbegriff aller Begehrungen und Abneigungen, die sich rein naturwüchsig in einem Menschen bilden. Genuin soziale Regungen sind nicht ausgeschlossen. Jedoch haben sie nicht die Bedeutung von Forderungen, derentwegen man seine Neigungen auch einmal einschränken soll. Es sind vielmehr die aufgrund physiologisch-psychologischer Prozesse entwickelten sozialen Bestandteile in den Leidenschaften des Individuums. Denn nichts gilt durch sich selbst, sondern nur in bezug auf das jeweilige Subjekt als gut, böse oder schlecht (ebda.).

Das Selbstinteresse bzw. das Glücksverlangen befriedigt man nicht im Erreichen eines Ruhezustandes. Denn Ruhe ist gleichbedeutend mit Tod, Lebensfähigkeit dagegen mit Bewegungsfähigkeit. In einem weiteren radikalen Bruch mit der Tradition kommt es dem Menschen nach Hobbes letztlich nicht auf die tranquillitas animi, die ungestörte Seelenruhe, an (I 11). Selbsterhaltung und Glück stellen vielmehr eine Art von Fließgleichgewicht dar, das Entstehen von Wünschen, deren Erfüllung, das Neuentstehen von Wünschen, deren Erfüllung usw. Wegen der Unabschließbarkeit der Bedürfnisse und Wünsche und weil es nicht bloß um den gegenwärtigen Genuß, sondern auch um die Sicherstellung des Genusses von morgen geht (ebda.), gehört zur Natur des Menschen die Pleonexia: ein stetes Mehrhabenwollen, eine unbegrenzte Habsucht. Des zukünftigen Genusses ist man sich aber erst dann sicher, wenn man die Macht hat, die jeweils erforderlichen Mittel der Befriedigung sich zu eigen zu machen. Da man seine gegenwärtige Macht zu verlieren fürchtet, wenn man sie nicht vermehrt, haben die Menschen einen grenzenlosen Expansionsdrang, ein ruheloses Streben nach Macht (ebda.).

An dieser Stelle der Argumentation nimmt Hobbes einen Perspektivenwechsel vor. Er betrachtet die physiologisch-psychologisch begründeten Phänomene von Selbsterhaltung bzw. Glücksverlangen und von Habsucht bzw. Machtstreben in sozialer Perspektive. Danach werden Individuen, falls sie denselben Gegenstand zur Erfüllung ihrer Wünsche begehren, einander feind (I 13). Sofern sie denselben Gegenstand als unabdingbar für die eigene Lebenssicherung betrachten, verschärft sich ihr Wettstreit zum Kampf auf Leben und Tod. Da eine solche Verschärfung nie auszuschließen ist (über die Unabdingbarkeit der Dinge für die eigene Lebenssicherung befindet das Individuum selbst), lebt der Mensch im Naturzustand stets in Furcht vor einem gewaltsamen Tod, und diese Todesfurcht betrifft alle. Denn die Schwächeren können – durch List oder durch Verbindung mit anderen, die in gleicher Gefahr schweben – selbst den Stärksten töten. Auch Hobbes kennt also eine fundamentale Gleichheit aller Menschen, die in der Fähigkeit zu töten und der Möglichkeit getötet zu werden liegt (ebda.). Gegenüber dieser rein anthropologisch-pragmatisch, nicht sittlich bestimmten Gleichheit treten alle individuellen Besonderheiten zurück; sie sind, in der Sprache Rawls', hinter einem Schleier der Unwissenheit verborgen.

Daß der Mensch im Naturzustand tendenziell gewalttätig ist, bedeutet bei Hobbes nicht, wie man häufig annimmt, der Mensch sei genuin bösartig und füge seinen Mitmenschen gern Schaden zu. Die Grundleidenschaften des Menschen heißen keineswegs Neid und Haß, Gewalt und Feindschaft, sondern Streben nach Selbsterhaltung und Glücksverlangen. Aber diese Primärtriebe führen mit Notwendigkeit zu den anderen, zwar sekundären, gleichwohl unvermeidlichen asozialen Tendenzen. Der Mensch neigt zu Haß und Gewalt, solange er ausschließlich den eigenen Interessen folgt und dabei von keiner übergreifenden, von keiner staatlichen Macht eingeschränkt wird. Das uneingeschränkte Selbstinteresse führt in sozialer Perspektive zum Zustand eines mindestens latenten Krieges aller gegen alle (ebda.). Latenter Krieg und Todesfurcht bedeuten aber eine radikale Bedrohung des menschlichen Glücksverlangens.

Die Einsicht, daß das absolute Glücksstreben sich selbst im Wege steht, bezeichnet den Angelpunkt in Hobbes' Vertragstheorie. Die politische Ordnung wird wegen des immanenten »Widerspruchs« des Naturzustandes notwendig; der Staat ist deshalb erforderlich, weil das Beharren auf dem Selbstinteresse bzw. Glücksverlangen die Erfüllung eben dieser Grundintentionen verhindert oder zumindest radikal gefährdet. Die im Naturzustand geltende Freiheit, seine Kräfte zur Erhaltung seiner selbst beliebig zu gebrauchen, das Naturrecht auf alles (I 14), »entpuppt« sich bei näherer Analyse als Recht auf nichts. Der Naturzustand ist der Zustand der Rechtlosigkeit, in dem es keinen Besitz, kein Eigentum, kein Mein und Dein gibt. Das, was sich jemand erworben hat, gehört ihm nur solange, wie er imstande ist, es sich selbst zu sichern (I 13). Die Beendigung des latenten Krieges, die Errichtung eines Friedenszustandes, liegt daher im wohlverstandenen, im rationalen Selbstinteresse eines jeden.

Die affektive Disposition zum Frieden ergibt sich aus drei natürlichen, keineswegs in sich vernünftigen Leidenschaften: aus der Furcht vor einem gewaltsamen Tod, aus dem Verlangen nach den zu einem glücklichen Leben erforderlichen Dingen und aus der Hoffnung, sich diese Dinge durch Anstrengung auch wirklich zu verschaffen (ebda.). Allein, diese Disposition zum Frieden kennt noch nicht die dazu erforderlichen allgemeinen Bedingungen. Sie zu bestimmen ist Aufgabe der Vernunft (ebda.). Denn die Vernunft bildet im Unterschied zur Klugheit allgemein gültige und wahre Sätze – was nicht ausschließt, daß sich auch der erfahrenste Denker irren kann (I 5) –, und zwar als Resultat richtigen Rechnens mit allgemeinen Namen unter Ausschaltung der Leidenschaft des Rechnenden (ebda.). Die Vernunft hat rein instrumentale Bedeutung; darüber hinaus ist sie interesselos gedacht. Ohne handlungsbestimmende, ohne motivierende Kraft, ist sie kein praktisches, den Willen bestimmendes, sondern bloß ein theoretisches, ein Erkenntnisvermögen.

Zum Vertrag kommt es weder durch die Leidenschaften noch durch die Vernunft allein, sondern erst durch deren Verbindung (I 13), wobei den Leidenschaften der Primat gebührt. Die Grundorientierung des Menschen, die Abneigung gegen Krieg und das Verlangen nach Frieden, ist aus dem Streben des Menschen nach Selbsterhaltung und Glück begründet, während die Bestimmung der dazu geeigneten Mittel und Wege durch die Vernunft geschieht. Die Wahlmöglichkeit wird rein rational bestimmt; der *Begriff* der Alternative zum latenten Krieg, der Begriff einer allgemeinen Friedensordnung, stammt aus bloßer Vernunft. Die Realisierung der Wahl geschieht dagegen aufgrund der Leidenschaften; die *Anerkennung* der Alternative hat individual-pragmatische Gründe; die Aufforderung, den Naturzustand zu verlassen, wird von der Klugheit gemacht. Denn jeder kann es für sich einsehen: Durch das gemeinsame Verlassen des Naturzustandes wird er als einzelner besser gestellt, als wenn er im Naturzustand verharren würde.

Die von der Vernunft erkannten und zum Frieden führenden Grundsätze sind die 19 natürlichen Gesetze, von denen die drei ersten hier die wichtigsten sind. Das erste natürliche Gesetz stellt die Forderung auf, den Friedenszustand zu errichten. Hauptzweck der staatlichen Ordnung, ihr Prinzip und Kriterium, ist die Friedenssicherung als die elementare Bedingung von Selbsterhaltung und Glück. Ihr gegenüber erscheint alles andere als eine Nebensächlichkeit, die man vernachlässigen kann. In der Sprache Rawls': Das einzig entscheidende, an alle gleich zu verteilende soziale Primärgut ist der Friede. Zu ihm komplementäre Güter (Rechte und Freiheiten wie bei Kant oder Einkommen, Wohlstand und Selbstachtung wie *zusätzlich* bei Rawls) und deren gerechte Verteilung tauchen nicht auf.

Da das erste natürliche Gesetz erklärt, worin der gewünschte Zustand liegt, aber nicht, wie er erreicht werden kann, ist es für sich noch unzureichend. Sein Defizit wird durch das zweite Naturgesetz behoben, nach dem jeder von seinem Naturrecht auf alles abgehen soll – vorausgesetzt, auch die anderen sind dazu bereit – und sich mit jenem Maß an Freiheit zufriedengeben muß, das man auch den anderen einzuräumen gewillt ist. Hier erscheint die auch bei Kant und Rawls zentrale Idee der Wechselseitigkeit oder Fairneß, die schon in der Goldenen Regel angesprochen ist und von Hobbes in diesem Zusammenhang zitiert wird (I 14; vgl. I 15; II 17). Die Grenzen der menschlichen Freiheit liegen primär nicht in etwas außerhalb von Freiheit. Sie liegen nicht in ökonomischen Grenzen der Güterknappheit, die liberale Denker gern zur conditio humana rechnen, während marxistisch orientierte Philosophen die alternative Überflußgesellschaft für möglich halten. Sie liegen auch nicht in einer – evtl. selbst wiederum ökonomisch, etwa durch die Einführung des Privateigentums bedingten Depravation des Menschen (vgl. Rousseaus zweiten Diskurs). Die Grenzen der Freiheit liegen vielmehr in der Freiheit selbst, nämlich in der Freiheit von seinesgleichen. Allerdings stellt Hobbes diese Grundidee wieder in einen pragmatischen Kontext: Die wechselseitige Freiheitseinschränkung und gleichzeitige Freiheitssicherung dient der Selbsterhaltung (I 14), die als erster Grund aller natürlichen Gesetze gilt (I 15; vgl. II 17).

Manifest wird die wechselseitige Einschränkung von Rechten im Vertrag, vorausgesetzt, daß die Menschen ihre Verträge auch halten, was im dritten, den Begriff der Gerechtigkeit definierenden Naturgesetz angesprochen wird. Es stellt fest, daß vertragliche Abkommen auch erfüllt werden müssen.

Diese drei natürlichen Gesetze sind durch die Vernunft allein gewonnen – Hobbes' Vertragstheorie stellt eine in hohem Maß konsequente Vorstufe zu Kants Naturrecht als Vernunftrecht dar – und bedeuten allgemeine und wahre Bedingungen von Frieden, damit auch Bedingungen der Erhaltung des Menschengeschlechts (I 15). Zwar fordern sie es, garantieren es aber noch nicht, daß man die Verträge tatsächlich einhält und sie nicht etwa bloß zum Schein abschließt. Aufgrund der damit angesprochenen prinzipiellen Ungewißheit ist das Einhalten der natürlichen Gesetze erst eine moralische, eine bloß innerlich verbindende Pflicht und noch nicht die aus Klugheit und Leidenschaft hervorgehende politische Wirklichkeit. Behoben wird die prinzipielle Ungewißheit durch die Errichtung einer mit Zwangsgewalt ausgestatteten souveränen Macht. Erst durch die Einsetzung eines Souveräns, der die Bürger durch Belohnen und Bestrafen zur Erfüllung seiner Gesetze anhält (Introduction), wird der Friede tatsächlich gesichert. Der Gesellschaftsvertrag hat deshalb bei Hobbes die Einsetzung des Souveräns zum Inhalt. Dabei kann der Souverän ein Individuum (ein Monarch), aber auch eine Versammlung von Menschen sein (II 19 u. ö.), auch wenn Hobbes persönlich, allerdings erst aus zusätzlichen Überlegungen heraus, die Monarchie der Aristokratie und der Demokratie vorzieht (II 19).

Die Aufforderung, einen Souverän einzusetzen, birgt noch eine methodische Schwierigkeit in sich. Denn einerseits soll das Einhalten des Vertrages, die wechselseitige Freiheitseinschränkung, durch den Souverän garantiert werden; er ist also die Voraussetzung des Vertrags. Andererseits soll der Souverän durch den Vertrag erst eingesetzt werden; also dessen Resultat sein. Die vertragstheoretische Begründung von Souveränität erscheint als zirkulär. Hobbes hat diese Schwierigkeit gesehen und versucht, ihr durch die Idee des autorisierten Stellvertreters (Repräsentanten) zu begegnen. Alle Vertragspartner ernennen jemanden, dem sie all ihre Rechte übertragen und der fortan in ihrem Namen handelt. Der Gesellschaftsvertrag ist bei Hobbes ein Unterwerfungsvertrag. Und zwar einigen sich alle auf denselben Repräsentanten, auf einen einzelnen oder eine Gruppe.

Erst an dieser Stelle der Argumentation wird jene These Hobbes' begründet, die den antiliberalen, den absolutistischen Staat definiert und deshalb den leidenschaftlichen Widerspruch Rousseaus und anderer Denker (auch den Kants, vgl. Gemeinspruch, Abschn. II., Ak. Ausg. Bd. VIII, S. 292) herausgefordert hat, die These nämlich, daß sich mit dem Vertrag die Veräußerung aller natürlichen Rechte der Menschen verbinde, was, so schon Rousseau, doch nur ein Herr-Knecht-Verhältnis etabliert. Pointiert formuliert: Während der Mensch im Naturzustand ein Recht auf alles hat, hat er im staatlichen Zustand ein Recht auf Frieden und auf sonst nichts. Zwar bleiben die natürlichen Gesetze ein Maßstab zur Beurteilung der Vernünftigkeit der positiven Gesetze eines Staates. Die Vernunft bringt aber weder die positiven Gesetze hervor, noch ist man – unter Berufung auf die natürlichen, die Vernunft-Gesetze – von der Befolgung positiver Gesetze befreit. Trotzdem ist der allein durch Klugheit motivierte Mensch am Friedenszustand interessiert, weil dieser Zustand jeden weit besser stellt, als es der Naturzustand tut. Der als Stellvertreter qualifizierte Souverän erhält also die höchste und absolute (im Sinne von legibus solutus) Gewalt – mit der einzigen Einschränkung: Er hat diese Gewalt nur solange, wie er die Aufgabe erfüllt, das Leben der Bürger im Inneren und nach außen zu schützen. Diese Einschränkung ist die notwendige Folge des pragmatischen Ansatzes. Dort, wo der Souverän seiner Schutzaufgabe nicht mehr nachkommen kann, entfällt die Vertragsgrundlage. Dort, wo der Zweck nicht erfüllt wird, das Leben der Bürger zu erhalten und die Erhaltung zu sichern (vgl. I 14), endet die Gehorsamsverpflichtung (II 21); die Bürger erhalten – im Unterschied zu Kant – ein Recht auf Widerstand nicht bloß mit der Feder.

II. Kant

Die grundlegende methodische Klärung, die der Bereich der praktischen Philosophie durch Kant erfährt, betrifft auch die Vertragstheorie, die im übrigen einen sehr geringen Raum in Kants Philosophie einnimmt. Während inhaltliche Veränderungen gegenüber Hobbes – so die Idee der Unveräußerlichkeit der Menschen- und Freiheitsrechte – schon von den Vorgängern, besonders von Locke (Second Treatise, sect. 131, 134-140 u. a.) und Rousseau (Du contrat social, l. II, chap. 4) stammen, besteht Kants eigener Beitrag in einer bedeutenden Vereinfachung der Argumentation, vor allem in einer Klärung des methodischen Status, der der Idee des Gesellschaftsvertrages gebührt. Die Klärung gründet in Kants allgemeinem Ansatz der praktischen Philosophie, in der Unterscheidung von empirischen und rationalen Elementen, von dem, was zu einer praktischen Anthropologie, und dem, was zur reinen Moral (Metaphysik der Sitten) gehört (Grdlg. z. Met. d. Sitten, Vorrede). Durch diese Unterscheidung sind die wesentlichen Aussagen der kantischen Moralphilosophie vorbestimmt: daß Moralität ein rein rationaler Begriff ist, der sich keinesfalls aus empirischen Bedingungen ableiten läßt; daß das Prinzip von Moralität, die Autonomie des Willens, im Gegensatz zum Prinzip der Selbstliebe oder eigenen Glückseligkeit, zur

Heteronomie des Willens, von allem Empirischen frei ist; schließlich, daß die oberste Regel für moralisches Handeln der kategorische Imperativ ist. Daneben ist für Kants Vertragstheorie die Unterscheidung von Recht und Tugend zentral. Während die Tugend die Maximen[5], die persönliche Grundhaltung oder Gesinnungsart der Handelnden betrifft – die Gesetze sollen selbst Grund der Handlung sein –, bezieht sich das Recht auf äußere Handlungen verschiedener Menschen und deren gesetzmäßige Ordnung, unabhängig von der Gesinnungsart der Handelnden.

Nach Maßgabe dieser Unterscheidungen zählt die Vertragstheorie zum Bereich des Rechts, nicht der Tugend, und zwar zur reinen Philosophie, zur philosophischen Rechtslehre. Entsprechend ist der Gesellschaftsvertrag kein empirischer, sondern ein rein rationaler Begriff, eine Idee der praktischen Vernunft a priori, die sich nicht aus empirischen Grundannahmen über die Natur des Menschen ableiten, wohl auf sie anwenden lasse (Die Metaphysik der Sitten – Rechtslehre, Ak. Ausg. Bd. VI [= MS-RL], S. 217). Im Unterschied zu seinen Vorgängern, die den methodischen Status des Vertragsbegriffs teils nicht hinreichend klarmachen konnten, teils ihn anders ansetzen wollten, läßt Kant darüber keinen Zweifel mehr. Wie schon bei Hobbes so bezeichnet auch bei Kant der Vertrag kein historisches Faktum, das Ereignis der Einrichtung einer politischen Ordnung (etwa durch Beschluß und Verkündigung einer Verfassung). Im Unterschied zu Hobbes beinhaltet er aber nicht die Einsetzung eines absoluten Souveräns mit der pragmatischen Maßgabe, Frieden zu sichern. Der Vertrag ist vielmehr ausschließlich eine normative Idee der praktischen Vernunft, der letzte Maßstab zur Beurteilung der Rechtmäßigkeit positiven Rechts, so wie der kategorische Imperativ das höchste Beurteilungskriterium für die Moralität von Maximen ist. Der Vertrag wird bei Kant zu einer universalen Idee des Rechts (im Sinne von Vernunftrecht), zu jenem höchsten Kriterium der Richtigkeit öffentlicher Gesetze, dem auch der Souverän unterworfen ist. Der Vertrag umschreibt auch nicht, wie er es bei Rawls tut, eine idealisierte Situation, in der rationale und gleiche Individuen ihre Gerechtigkeitsprinzipien wählen. Denn er ist selbst schon *das* Gerechtigkeitsprinzip, *die* politische Grundnorm.

Von diesem Vernunftstatus des Vertragsbegriffs her gewinnen die anderen Elemente in Kants Vertragstheorie ihren Sinn. Der

Begriff des Naturzustandes gilt selbst als eine Vernunftidee a priori, als die rein rationale Konstruktion eines Zustandes, der zu dem des konstitutionellen, des durch öffentliches Recht bestimmten Zustandes im Verhältnis der Kontradiktion, genauer: der Privation steht. Der Naturzustand ist die Vernunftidee eines Zustandes der Recht- und Verfassungslosigkeit, in dem jeder das tun kann, was ihm recht und gut dünkt, gleich ob es nur seinem eigenen Glück oder auch dem seiner Mitmenschen, ob es allen oder keinem dient (MS-RL, § 44). Zwar schließt Kant im Unterschied zu Hobbes im Naturzustand nicht Besitz und Eigentum aus, doch hat man darauf bestenfalls ein provisorisches Recht, das nicht durch die Androhung von Sanktionen gegen Übergriffe geschützt ist (MS-RL, §§ 9, 44), so daß diese Differenz mehr eine sprachliche als eine sachliche ist.

Doch in den anderen, den Grundbestimmungen des Naturzustandes, nimmt Kant gegenüber Hobbes eine sachliche Veränderung, vor allem eine Vereinfachung der Argumentation vor. Ob der Mensch nur nach Selbsterhaltung und dem eigenen Glück strebt (Hobbes) oder ob er auch die Interessen anderer (Butler, Hume u. a.) berücksichtigt, ob er – falls er Egoist ist – dies von Natur aus (Hobbes) oder aufgrund einer geschichtlichen Entwicklung (Rousseau) ist, ob er strikt vereinzelt (vgl. D. Defoes Robinson Crusoe, 1719) oder in natürlichen Gemeinschaften lebt, ob er mehr zu Gewalt oder eher zu Friedfertigkeit neigt: diese schier endlosen Streitigkeiten im Gefolge von Hobbes erfahren bei Kant nicht ihre kompetente Lösung, sondern ihre Auflösung; in dieser Form sind sie für die anstehende Problematik ganz irrelevant.

Kant hebt die Elemente heraus, die allein entscheidend sind: Weil und insofern die Menschen zur gleichen Zeit denselben Wohnraum teilen, kommen sie nicht umhin, sich wechselseitig zu beeinträchtigen. Es *kann* also zu Streitfällen kommen – im übrigen: wenn es keinen Streitfall gibt, liegt auch kein Rechtsfall vor –, und zwar selbst dann, wenn alle Menschen gutartig und rechtliebend sind. Denn im vorstaatlichen Zustand gibt es keinen entscheidungskompetenten: keinen gemeinsam anerkannten und über die Streitfälle das rechtsverbindliche Urteil fällenden Richter. Jeder einzelne ist vielmehr Richter in eigener Sache, so daß sich Gewalttätigkeiten zur Lösung von Konflikten nicht grundsätzlich ausschließen lassen. Kurz, auch ohne die Menschen anthropologisch auf Glücksverlangen und Machtstreben festzulegen, kann Kant sagen: Solange man sich wechselseitig beeinflußt und dabei bloß nach dem eigenen Gut- und Rechtdünken handelt, sind weder Individuen noch Gruppen, noch ganze Völker vor Konflikten untereinander und Gewalttaten gegeneinander sicher. Weder Leib und Leben noch Hab und Gut, überhaupt kein Freiraum persönlicher Lebensführung sind letztlich geschützt. Dieser Zustand steter Konfliktgefahr gründet allein in der freien Willkür, verbunden mit der Gemeinsamkeit des Lebensraumes. Menschen, die in wechselseitigem Einfluß miteinander leben, stehen grundsätzlich und nicht erst aufgrund von Zusatzbedingungen in der Gefahr von Konflikten mit ihresgleichen.

Zwar vertritt man nicht bloß im Umkreis des Marxismus (Marcuse, Macpherson), sondern auch im liberalen Lager (schon Hume, neuerdings Rawls) die Meinung, daß Konflikte erst beim Zutreffen von zwei kontingenten Zusatzbedingungen drohen: wenn nämlich erstens die Subjekte unterschiedliche Bedürfnisse, Interessen und Sinnvorstellungen haben und wenn zweitens die objektiven, die wirtschaftlichen Umstände (noch) nicht die einer Überflußgesellschaft sind. Wer diese Meinung vertritt, muß vernünftigerweise auch annehmen, daß bei Nichtzutreffen der Zusatzbedingungen, daß also bei einer Harmonie unserer Interessen verbunden mit der Situation der Überflußgesellschaft die Anwendungsbedingungen von Recht und Staat, der Zustand der Konfliktgefahr, entfielen. Wer überdies das Bestehen der Zusatzbedingung für nicht notwendig hält (so die marxistischen im Unterschied zu den liberalen Denkern), für den ist die recht- und verfassungslose, daher auch herrschaftsfreie Kommunikation nicht bloß denkmöglich, sondern das Streben nach ihr sogar sittlich-politisch geboten.

Indessen sind die beiden Zusatzbedingungen keineswegs erforderlich. Menschen streiten sich nicht allein deshalb, weil es von einer Sache zu wenig Exemplare gibt, sondern – weit grundsätzlicher – weil sie überhaupt Bedürfnisse und Interessen haben, zu deren Befriedigung sie Mittel benötigen, und weil sie angesichts desselben Lebensraumes ihren begehrlichen Blick auf ein und dasselbe Mittel werfen können. Die Konfliktgefahr ist mit der conditio humana als solcher gegeben. Nicht die Herrschaftsfreiheit, sondern die gerechte Herrschaft ist das sinnvolle Ziel philosophischer wie politischer Bemühungen.[6] Zwar sind sich Kant und Hobbes in der inhaltlichen Bestimmung des Naturzustandes einig. Es handelt sich um einen latenten Kriegszustand. Nur gewinnt Kant diese Bestimmung auf einem einfacheren Weg. Er schließt Hobbes' anthropologisch-pragmatische Überlegungen aus und argumentiert mit der schwächeren, gleichwohl zureichenden und schon deshalb sinnvolleren Prämisse. Nicht psychologisch begründete Grundannahmen über die Natur des Menschen, über das Verlangen nach Selbsterhaltung und Glück, und noch weniger deren physiologische und kinematische Ableitung, sondern nur ein nicht öffentlich-rechtlich geregeltes Gutdünken innerhalb desselben Lebensraumes sind anzunehmen, um das mögliche Entstehen von Konflikten und Gewalttätigkeiten zu erklären. Kant begründet den Kriegszustand allein aus dem Begriff der Willkürfreiheit und des gemeinsamen Lebensraumes. Zudem hat diese schwächere Annahme eine argumentative Bedeutung, der die anthropologischen Grundannahmen Hobbes' entsprechen könnten, ohne daß es Hobbes hinreichend deutlich gemacht hätte. Die skizzierten Annahmen dienen Kant nicht zur Ableitung des *Begriffs* der Gerechtigkeit, sondern zur Ableitung ihres *Problems* und ihrer *Anwendungsverhältnisse*. Dort, wo es keine Konflikte und keine tendenzielle Gewalt gibt, ist nicht ein anderer Gerechtigkeitsbegriff, sondern gar keiner erforderlich.

Als Zustand tendenziell gewaltsamer Konfliktlösung ist der Naturzustand keine zufriedenstellende Form des Zusammenlebens. Er fordert, wie bei Hobbes, seine Überwindung heraus, allerdings sind das Kriterium der Defizienz und das Ideal der Überwindung von denen Hobbes' verschieden. Hobbes hat einen individual-pragmatischen, Kant dagegen einen rein rationalen Maßstab. Nach Hobbes gefährdet der Naturzustand das menschliche Verlangen nach Selbsterhaltung und Glück, was Kant zwar nicht bestreitet, aber nicht für ausschlaggebend hält. Denn als anthropologisch-pragmatischer Zweck ist Glück bloß ein bedingt, nicht ein schlechthin oder unbedingt gültiges Kriterium. Kants Maßstab ist der unbedingte Anspruch, der sich mit dem Begriff der praktischen Vernunft verbindet. Hobbes geht es im Vertrag um die Errichtung einer das Glück jedes einzelnen ermöglichenden Ordnung der Konfliktbewältigung, die er mit einem durch den absoluten Souverän garantierten Friedenszustand identifiziert. Kant dagegen sucht eine rein vernünftige Ordnung, den Rechtszustand, der nicht Staat überhaupt, sondern Republik, d. h. ein konstitutioneller Staat im Gegensatz zu einer Despotie, ist. Zum Rechtsstaat gehört die Friedenssicherung zwar hinzu, aber erstens spricht Kant in diesem Zusammenhang nur den inneren Frieden an (die Garantie des äußeren Friedens wäre Aufgabe eines *internationalen* Rechtszustandes), zweitens stellt der innere Frieden nur ein abgeleitetes, wenn auch notwendiges Element des Rechtszustandes dar, und drittens wird dieses Element nicht aus pragmatischen, sondern ausschließlich aus Rechtsüberlegungen begründet. Pointiert gesprochen: Bei Hobbes schließt man den Vertrag, weil jeder dabei besser wegkommt, bei Kant dagegen, weil er der praktischen Vernunft, der wechselseitigen Anerkennung der Menschen als Personen, als Rechtssubjekten entspricht. Die *Ordnung* der Willkürfreiheiten (keineswegs die Willkürfreiheiten selbst!) erhält die Qualität der Freiheit im Sinne von Selbstbestimmung, von Autonomie der praktischen Vernunft.

Als in diesem Sinne vernünftig gilt eine soziale und politische Ordnung, die durch ein strikt allgemeines Gesetz bestimmt ist. Die universale Gesetzlichkeit ist, wie beim kategorischen Imperativ, das zugleich notwendige und hinreichende Kriterium für (praktische) Vernunft. (Dabei hat die universale Gesetzlichkeit die Bedeutung eines Negativkriteriums. Sie ist keineswegs ein Algorithmus, der die richtigen Verfassungsbestimmungen und Gesetze eindeutig und positiv zu bestimmen erlaubt. Sie ist vielmehr ein Maßstab, der gewisse Regeln der Konfliktbewältigung als ungerecht ausschließt, ohne – bis auf Ausnahmefälle, in denen es nur zwei Möglichkeiten gibt – eine spezifische Regel vorzuschreiben. Die Vertragsidee ist ein Kriterium des rechtlich Erlaubten und Verbotenen, nicht des rechtlich Gebotenen.) Nur der Gegenstand, auf den sich die allgemeine Gesetzlichkeit bezieht, ist verschieden. Als Kriterium von Moralität betrifft der kategorische Imperativ Maximen, die Lebenseinstellung also, in der die Pflicht zugleich der Beweggrund des Willens ist (etwa die Gerechtigkeit als Tugend). Im Unterschied dazu bezieht sich das Rechtsprinzip (die Gerechtigkeit als Rechtsidee) nur auf die äußeren Handlungen (MS-RL, S. 230 f.) und läßt auch andere Triebfedern als die Pflicht zu, weshalb das Recht – wie bei Hobbes der Staat – mit der Befugnis zu zwingen verbunden ist (MS-RL, S. 230 ff.; ebda., § 44). Um jeden zum Einhalten der

Gesetze zu bewegen, werden Strafen angedroht, aus Angst vor denen man die Gesetze halten soll.

Indem das Recht (nach seinem Vernunftbegriff, nicht nach seinem positiven Begriff) »der Inbegriff der Bedingungen (ist) unter denen die Willkür des einen mit der Willkür des anderen nach einem allgemeinen Gesetz der Freiheit zusammen vereinigt werden kann« (MS-RL, S. 230), vermag es von der natürlichen Absicht des Menschen auf Glück abzusehen. Ob man nur sein eigenes Glück oder auch das anderer verfolgt, ob man dazu die rechten Mittel einsetzt oder ganz offensichtlich in die Irre geht: im Gegensatz zu einer paternalistischen Regierung, die ihre Bürger wie Unmündige behandelt, bleiben diese Dinge dem Gutdünken eines jeden überlassen.

Eine Ordnung der Konfliktbewältigung, die dem Kriterium der universalen Gesetzlichkeit genügt, ist für Kant eine Ordnung, die gleichsam durch einen allgemeinen oder gemeinschaftlichen Willen gesetzt ist. Deshalb kann er in seiner Begründung des Rechts auf den traditionellen Begriff des Gesellschaftsvertrages zurückgreifen und sagen, das Recht sei eine Ordnung, die durch den Gesellschaftsvertrag begründet ist (MS-RL, § 46 u. ö.). Genaugenommen unterscheidet Kant zwei Typen von Verträgen (Gemeinspruch, Ak. Ausg. Bd. VIII, S. 289), die sich wie Gattung und Art zueinander verhalten. Gesellschaftsvertrag im allgemeinen Sinn, pactum sociale, heißt jeder Vertrag, durch den eine Menge von Menschen sich zu einem gemeinschaftlich zu befördernden Zweck verbindet. Der Gesellschaftsvertrag im spezifischen Sinn, pactum unionis civilis, hat dagegen nicht etwas Beliebiges zum Zweck, sondern das, was an sich Zweck ist, die Einrichtung des Rechtszustandes.

Wenn der Gesellschaftsvertrag den Rechtszustand begründen soll, so ist Begründen nicht in einem empirischen Sinn verstanden. Wie schon erwähnt, ist der Vertrag kein historisches Ereignis, das den Naturzustand als historische Epoche ablöst und den Rechtszustand hervorbringt. Der Gesellschaftsvertrag ist überhaupt kein Begriff (möglicher oder tatsächlicher) Erfahrung. Er ist ein rein rationaler, dabei kein theoretischer, sondern ein praktischer: ein normativer und kritischer Begriff. Er bedeutet das Kriterium zur Beurteilung der Rechtmäßigkeit, nicht der positiven Geltung und auch nicht der Wohlfahrtsgemäßheit öffentlicher Zwangsgesetze.[7] Dabei betrifft er nicht bloß Gesetze erster Ordnung (Gebote, Verbote, Verfahrensvorschriften), sondern auch Gesetze zweiter Ordnung (Regeln zur Lösung von Streitfällen oder Vorschriften über die Entstehung von Gesetzen), in erster Linie aber die Prinzipien der Grundordnung einer politischen Gemeinschaft, die Prinzipien ihrer (geschriebenen und/oder ungeschriebenen) Staatsverfassung.

Ebenso wie der kategorische Imperativ fordert die Idee des Gesellschaftsvertrages zu einem Gedankenexperiment auf, hier zur Beurteilung der Prinzipien der Staatsverfassung auf ihre Rechtmäßigkeit. Die Idee fordert zur Überlegung auf, ob ein Volk (ein gemeinschaftlicher Wille) sich selbst wohl ein solches Gesetz auferlegen könnte. Modern gesprochen: Jedes Gesetz soll auf seine universale Konsensfähigkeit überprüft werden. Für diese normativ-kritische Funktion hat Kant selbst einige »Kostproben« geliefert. So hat er das Vorrecht des Adels, eine prinzipiell höhere politische Stellung als das Bürgertum einzunehmen, als unberechtigt verworfen (MS-RL, S. 328 f.). Denn ein ererbtes Privileg beruhe nicht auf dem Verdienst dessen, der es ererbt habe, sondern bestenfalls auf dem Verdienst seiner Vorfahren. Da dessen Verdienst aber nicht biologisch vererbt (»angeartet«) werde, sei die Vererbung dieses Verdienstes, eben die Institution des Adels, ein grundloses Privileg, eine willkürliche Einschränkung der Freiheit der anderen, dem deshalb der allgemeine Volkswille nicht zustimmen könne. Was Kant gegen die Adelsprivilegien einwendet, gilt analog gegenüber Bevorzugungen oder Diskriminierungen nach Geschlecht, Rasse, Glaube usw.: Jeder soll zu jeder Stufe eines Standes gelangen dürfen, wozu ihn sein Talent, Fleiß und Glück hinbringen können (Gemeinspruch, S. 292). Ebenso hat Kant Leibeigenschaft (Erbuntertänigkeit)[8], eine despotische Regierung (Gemeinspruch, S. 290 f.), auch einen staatlich verordneten unveränderlichen Kirchenglauben (Ak. Ausg. Bd. XXIII, S. 133) als dem Vernunftprinzip von Recht widersprechend kritisiert.

III. Rawls

Wenn Rawls seine Gerechtigkeitstheorie als verfahrensmäßige Deutung Kants versteht, dann bezieht er sich vor allem auf Kants Begriff der Autonomie und des kategorischen Imperativs, die er als gültige Grundbegriffe der praktischen Philosophie anerkennt und deshalb auch seiner eigenen Gerechtigkeitstheorie zugrunde legt (Theory of Justice, § 40 u. ö.). Im folgenden soll Rawls' Anspruch geprüft werden, mit Hilfe des Denk- und Sprachrahmens der rationalen Entscheidungstheorien Kants Gerechtigkeitstheorie zu rekonstruieren, während alle anderen Probleme der Rawlsschen Theorie außer Betracht bleiben. Zwei Fragen gilt es zu untersuchen:

(1) Wodurch entsteht nach Rawls das *Problem* der Gerechtigkeit? und damit sachlich verknüpft: Auf welche *Materie* beziehen sich seine Gerechtigkeitsprinzipien bzw. welchen *Anwendungsbereich* haben sie?

(2) Welchen *Begriff* von Gerechtigkeit vertritt Rawls: Stammen seine beiden Gerechtigkeitsprinzipien ausschließlich aus Vernunftüberlegungen a priori oder treten wie bei Hobbes empirisch-pragmatische Überlegungen hinzu?

1. Rawls bezieht seine Gerechtigkeitstheorie auf die Grundordnung einer jeden Gesellschaft, wobei die Gesellschaft als ein (durch Regeln festgelegtes) Unternehmen zur Förderung des gegenseitigen Vorteils definiert wird. In diesem Unternehmen gibt es sowohl Interessenharmonie – denn die Zusammenarbeit soll allen ein besseres Leben ermöglichen – als auch Interessenkonflikt, nämlich in bezug auf die Verteilung der Rechte und Pflichten sowie der gemeinsam erzeugten und dem besseren Leben eines jeden dienenden Güter (§ 1). Von den letzteren, den sog. sozialen Primärgütern, will jeder – so die Rationalitätsprämisse – möglichst viel haben, was zu Konflikten führt. Wie bei Hobbes und Kant, so entsteht auch bei Rawls das *Problem* der Gerechtigkeit aus der Unvermeidbarkeit menschlicher Konflikte (vgl. § 23). Nur unterzieht sich Rawls nicht mehr – wie Hobbes und Kant – der Aufgabe, aus einer Idee des Naturzustandes die Unvermeidbarkeit der Konflikte schrittweise zu erweisen. Die expliziten Überlegungen betreffen mehr die Art und Weise, wie man die Konflikte lösen soll. Trotzdem wird nicht Kants – oder auch Hobbes' – Theorie von Naturzustand und Konfliktentstehung übernommen. Rawls führt vielmehr stillschweigend eine Veränderung ein.

Im Unterschied zu Hobbes und Kant bewertet Rawls das vorstaatliche und vorrechtliche Zusammenleben, den Naturzustand (ein Ausdruck, den Rawls allerdings selbst nicht verwendet), zunächst nicht negativ als konfliktträchtig, sondern positiv als kooperativ. Zugleich nimmt er Kants gegenüber Hobbes vereinfachte und deshalb argumentativ stärkere Theorie der Konfliktgenese (aus dem Begriff der Willkürfreiheit mehrerer Individuen) zurück und bezieht sich – über den Zweck der Kooperation – wieder wie Hobbes auf das Glück der Betroffenen: Die Kooperation in der Gesellschaft soll dem Vorteil aller dienen. Indessen unterscheidet sich Rawls' Bezug auf das menschliche Glück auch wieder von Hobbes', so daß implizit eine dritte Theorie von Naturzustand und Konfliktgenese vorliegt. Während Hobbes das vorrechtliche Zusammenleben als wechselseitige Beeinträchtigung freier, je an ihrem eigenen Glück orientierter Individuen versteht, betrachtet Rawls schon die vorrechtliche Gesellschaft als Zusammenarbeit zu gegenseitigem Vorteil, zu der nur noch die Regeln der Zusammenarbeit und der Verteilung der Produkte der Zusammenarbeit fehlen. Erst dabei kommt es zu Konflikten, und zwar aus dem individual-pragmatischen Grund bzw. der Rationalitätsprämisse, daß jeder einen möglichst großen Anteil an den gemeinsam erarbeiteten Gütern wünscht.

Mit dieser stillschweigend vorgenommenen Veränderung verbindet sich ein Legitimationsdefizit. Kants und auch Hobbes' Prämisse, die Willkürfreiheit einer Mehrzahl von Individuen, ist in einem bestimmten Sinn nicht hintergehbar. Ohne diese Annahme gibt es keinerlei Konflikte und damit keinerlei Gerechtigkeitsprobleme. Rawls' Prämisse dagegen hat nicht diese methodisch schlechthin fundamentale Bedeutung. Denn auch wenn es keine Kooperation zu wechselseitigem Vorteil gibt, läßt sich die Entstehung von Konflikten aus dem Willkürhandeln der Menschen nicht verhindern, und auch solche Konflikte erfordern zu ihrer Lösung Prinzipien der Gerechtigkeit. Zwar nennt Rawls objektive und subjektive Umstände, die eine Zusammenarbeit sowohl möglich als auch notwendig machen (§ 22). Aber diese Umstände (eine gewisse Knappheit [moderate scarcity] der natürlichen und anderen Hilfsmittel usw.) sind unspezifisch. Sie zeigen eher, warum der Mensch überhaupt arbeiten muß, um zu überleben. Sie zeigen nicht, warum es besser oder gar notwendig sein sollte, zu kooperieren statt für sich allein zu arbeiten, und warum aus der Kooperation mit Notwendigkeit Konflikte entstehen sollen.

Um das angedeutete Legitimationsdefizit zu beheben, müßte

Rawls einmal mehr auf den Begründungsansatz der klassischen Vertragstheorie, den methodischen Individualismus, zurückgreifen und e contrario, aus der Annahme eines strikt nichtkooperativen Zustandes, die Notwendigkeit oder wenigstens den Vorteil von Kooperation und mit ihr die Entstehung von Konflikten aufweisen. Als Ergänzung und Korrektiv zu Hobbes und Kant ließe sich wohl zeigen, daß der Zustand streng vereinzelter Menschen nicht bloß Recht und Staat, sondern auch eine wirtschaftliche Kooperation erforderlich oder zumindest sinnvoll macht, eine Kooperation, die selbst wiederum Rechtsfragen, und zwar Rechtsfragen eines neuen Typs, Fragen der gerechten Güterverteilung, aufwirft.

Mit der stillschweigend veränderten Bestimmung des Naturzustandes verbindet sich ein neuer Begriff der Materie, der Anwendungsverhältnisse der Gerechtigkeit. Zwar sollen die Gerechtigkeitsprinzipien weiterhin Konflikte regeln. Aber die Konflikte beziehen sich nicht auf die wechselseitige Beeinträchtigung von etwas, das dem Menschen von Natur aus und daher auch als einzelnem zukommt, von Lebens- und Freiheitsräumen – so Hobbes und Kant –, sondern auf die Verteilung gemeinsam erarbeiteter und allseitig erstrebter Güter. Zu diesen sozialen Primärgütern zählt Rawls Rechte und Freiheiten, Einkommen und Wohlstand sowie Selbstachtung. Sie alle gelten als universale Bedingungen jeder Art von Lebensplänen (man könnte auch sagen: von Glücksstrategien). In der klassischen Vertragstheorie ist aber von solchen sozialen Primärgütern keine Rede. Darüber hinaus schließt Kant alle Fragen von Glück und Wohlfahrt als empirische Fragen aus der philosophischen Rechtslehre wie überhaupt aus der praktischen Philosophie vollständig und nachdrücklich aus. Er war nämlich der Überzeugung, daß es keine allgemein und unfehlbar gültigen Mittel oder Vorbedingungen gebe, glücklich zu werden (vgl. Grundlg., Ak. Ausg. Bd. VI, S. 418 f.); bestenfalls gebe es generell gültige Erfahrungswerte. Als ein rationales und nicht empirisches Unternehmen des menschlichen Geistes habe es die Philosophie allein mit universal gültigen »Tatbeständen« zu tun. Auch der Rechtsbegriff enthält als Vernunftbegriff a priori keinerlei empirisch-pragmatische Bedingungen. (Um hier einem naheliegenden Mißverständnis entgegenzutreten: Dadurch, daß Kant das Recht zum universalen Vernunftprinzip staatlicher Ordnung erklärt, somit die strenge

Idee der Rechtsstaatlichkeit begründet, schließt er sozial- und wohlfahrtsstaatliche Aufgaben zwar aus dem eigentlichen, dem Vernunftzweck von Staat, aber nicht aus den Staatstätigkeiten überhaupt aus.[9])

Bei der Materie des Rechts scheint Rawls nicht bloß von Kant abzuweichen, sondern ihm geradezu fundamental zu widersprechen. Inwieweit dieser erste Eindruck recht behält, ist allerdings zu prüfen. Denn eine Teilklasse von Rawls' sozialen Primärgütern, die Rechte und Freiheiten, deckt sich genau mit Kants und auch Hobbes' Begriff der Anwendungsverhältnisse von Gerechtigkeit. Indem Rawls die Gerechtigkeitsprinzipien auch darauf bezieht, ist – von Kant her betrachtet – dieser Bezug selbst richtig, seine Begründung allerdings erscheint als falsch. Nach Kant sind die Rechte und Freiheiten weder Bedingungen des individuellen menschlichen Glücks, noch gelten sie als Produkte gemeinsamer Arbeit. Es sind vielmehr Elemente der Freiheit, die ohne jeden Bezug auf Glück bloß aus dem Begriff einer vernünftigen Ordnung von Willkürfreiheiten abgeleitet sind und deshalb einem jeden rechtmäßig zustehen, unabhängig davon, worin jemand sein persönliches Glück sucht.

Ferner hält Rawls die Rechte und Freiheiten nur für eine Teilklasse der Rechtsmaterie, während sie nach Kant die Gesamtklasse ausmachen. Indem Rawls Einkommen und Wohlstand als soziale Primärgüter interpretiert, hält er sie für universal gültige Bedingungen menschlichen Glücks, die zudem Produkte gemeinsamer Anstrengung sind. Gegen diese Deutung sprechen schon die verschiedenen Armutsbewegungen der Geschichte, vielleicht auch wieder der Gegenwart, deren Mitglieder aus freier Entscheidung auf Einkommen und Wohlstand verzichteten und in der entsprechenden Lebensweise ihr Glück suchen. Bei Einkommen und Wohlstand handelt es sich keineswegs um universal gültige Vorbedingungen von Glück, um *Primär*güter, sondern allenfalls um generell gültige Bedingungen, die weder für jeden noch für jeden gleicherweise von Nutzen sind. Darüber hinaus sind sie nicht notwendig und ausschließlich das Produkt von Kooperation. Ein größeres Einkommen kann sich mindestens zum Teil daraus ergeben, daß man mehr arbeitet als andere, und Wohlstand ist kein direktes Produkt von Arbeit, sondern entsteht erst aus dem (mehr oder weniger großen) Verzicht darauf, alle Arbeitsprodukte bzw. deren Tauschäquivalente vollständig zu konsumieren. Solange man aber neben den kooperativen Anteilen an der »Produktion« von Einkommen und Wohlstand auch individuelle Anteile zu unterscheiden vermag, kann deren Verteilung auch nach anderen Kriterien als nach Rawls' Kriterium der Maximin-Regel bzw. dem Differenzprinzip gerecht sein, etwa teilweise nach Verdienst, gleich wie dieses Kriterium noch des näheren zu bestimmen ist.

Solche kritischen Überlegungen schließen es nicht aus, daß Einkommen und Wohlstand – allerdings in methodisch veränderter Form – doch Gegenstände von Gerechtigkeitsprinzipien sein können. Statt sie als universell gültige Glücksbedingungen zu behaupten, lassen sie sich als generell gültige Freiheitsbedingungen deuten, als Bedingungen, ohne die sich die angestrebten gleichen Rechte und Freiheiten, etwa der auch von Kant geforderte freie Zugang zu allen Ämtern und Positionen, nicht oder nicht zureichend *realisieren* lassen. Und zwar könnten sie entweder wegen der allgemeinen Situation des Menschen oder aufgrund der heutigen soziokulturellen Verhältnisse für die Freiheit von fundamentaler Bedeutung sein.

Rawls' Unklarheit in bezug auf die Rechts*materie* erscheint in seinen Gerechtigkeitsprinzipien wieder. Das erste Prinzip bezieht sich ausschließlich auf Freiheiten, nach Hobbes und Kant auf die direkte Aufgabe des Rechts also, und fordert die gleiche Verteilung aller – insgesamt möglichst umfangreichen – Grundfreiheiten. Das zweite Prinzip zerfällt in zwei, von Kant her gesehen, heterogene Teile. Der zweite Teil bestimmt nämlich die Offenheit aller Positionen und Ämter für jeden, was Kant ebenso fordern, aber unter das erste Prinzip subsumieren würde. Der erste Teil, das Differenzprinzip, nach dem soziale und ökonomische Ungleichheiten zum Vorteil eines jeden sein sollen, bezieht sich dagegen, sofern es überhaupt als Rechtsproblem verstanden wird, auf ökonomische und soziale *Bedingungen der Realisierung* von Rechten und Freiheiten. Die in den westlichen Industriegesellschaften allmählich vorgenommene Erweiterung der Staatsaufgaben von der Rechts- und Verfassungsstaatlichkeit auf Sozialstaatlichkeit ist nicht eo ipso eine Verkennung der eigentlichen, der Rechtsaufgabe des Staates. Zwar liegt die unmittelbare Rechtsaufgabe in der Sicherung der (größten) gleichen Freiheit. Aber die gerechte Verteilung von Einkommen und Wohlstand kann eine vermittelte, eine zur Realisierung konkreter Freiheit notwendige

Rechtsaufgabe sein[10] – wozu es übrigens bei Kant schon Ansätze gibt[11] –, auch wenn die Sozial- und Wohlfahrtsaufgaben moderner Staaten aus Rechtsüberlegungen allein kaum abgeleitet werden können. Eine solche sachlich gestufte Bedeutung der Gerechtigkeitsprinzipien erkennt Rawls auch in gewisser Weise an, wenn er dem ersten Gerechtigkeitsprinzip absolute Priorität vor dem zweiten zubilligt (§ 11). Die Zuordnung des Prinzips II 2 zu Prinzip I übersieht er allerdings ganz.

2. Gelingt es Rawls, die Gerechtigkeitsprinzipien rein rational, ohne empirisch-pragmatische Überlegungen abzuleiten? (Der andere Anspruch Rawls', mit seiner Theorie die gewöhnlichen wohlüberlegten Gerechtigkeitsvorstellungen systematisch erklären zu können, bleibt hier außer Betracht.[12]) Indem sich Rawls der modernen Entscheidungs- und Spieltheorie bedient, stellt er die Wahl von Gerechtigkeitsprinzipien in den normativen Grundrahmen einer rationalen Klugheitswahl. Nach dem Ansatz der Entscheidungstheorie kommt es nämlich darauf an, nicht willkürlich, gefühlsmäßig oder rein aus Gewohnheit, sondern in dem Sinn rational zu handeln, daß man sich alternative Handlungsmöglichkeiten überlegt und mit Hilfe logisch-mathematischer Instrumente jene Möglichkeit auswählt, von der man erwarten kann, daß sie den Wählenden am relativ besten stellt. Gemäß dem subjektiven Rationalitätsbegriff liegt das Kriterium der Richtigkeit oder Rationalität der Wahl im größten persönlichen Nutzen. In der Spieltheorie wird dieser Ansatz für Situationen fortentwickelt, in denen es verschiedene Wählende gibt, die je ihren eigenen Nutzen zu maximieren trachten, sich dabei wechselseitig beeinflussen und beim Verfolgen ihrer Interessen wenigstens teilweise in Konflikt miteinander geraten. Auch nach der Spieltheorie zeigt sich Rationalität in einem vom Selbstinteresse bestimmten leidenschaftslosen Informations- und Kalkulationsprozeß. So scheinen die Gerechtigkeitsprinzipien in der Sphäre des Ökonomischen: der Ertragsmaximierung und Verlustminimierung, angesiedelt zu sein. Wenn aber Rawls die Gerechtigkeit als Derivat des Selbstinteresses rekonstruiert, dann scheint er von vornherein Kants Begriff der Gerechtigkeit zu verfehlen, der als Idee der reinen praktischen Vernunft die Negation von Selbstinteresse und die Anerkennung eines wie auch immer näher definierten allgemeinen Interesses beinhaltet.

Einer solchen Interpretation leistet Rawls selbst Vorschub. Doch handelt es sich bei ihr vielleicht um ein Mißverständnis, mindestens um ein Teilmißverständnis. Mit dem Bezug auf Entscheidungs- und Spieltheorie muß Rawls die Gerechtigkeit keineswegs aus dem rationalen Selbstinteresse konkurrierender Individuen ableiten wollen. Noch weniger muß es sich bei dem Rekurs um das Zugeständnis an eine neue Wissenschaft handeln, die sich jenseits von Schulstreitigkeiten größter Anerkennung erfreut. Man kann Rawls vielmehr so deuten, daß er den zur Vertragstheorie gehörenden Begriff des Naturzustandes auf dem Niveau moderner Wissenschaft präzis formulieren will. Der Naturzustand bezeichnet bei Hobbes und Kant die Situation von Menschen, sofern sie nach ihrem Gut- und Rechtdünken handeln (bei Hobbes mit dem individual-pragmatischen Zusatz: zur Erhaltung ihrer selbst), dabei in Konflikte miteinander geraten können und für solche Fälle keinen entscheidungskompetenten Richter haben. Dieser Zustand entspricht dem Grundansatz der Entscheidungs- und Spieltheorie. Gemäß ihrem subjektiven Rationalitätsbegriff sind die Wählenden in einem formalen Sinn egoistisch. Sie verfolgen ihre eigenen Interessen, gleich ob diese in einem materialen Sinn egoistisch, altruistisch oder sozial indifferent sind. Und entsprechend der Fortentwicklung, die die Spieltheorie mit sich bringt, geht es um eine Mehrzahl von rationalen Egoisten, die wechselseitig ihre Ansprüche gegeneinander geltend machen. So bedeutet die Benutzung entscheidungs- und spieltheoretischer Begriffe und Methoden keine Abweichung von Hobbes und Kant, sondern eher die Präzisierung und Verfeinerung des begrifflichen Instrumentariums. Und auch das oben[13] erwähnte Legitimationsdefizit gegenüber der Kooperationsprämisse ließe sich mit Hilfe von Entscheidungs- und Spieltheorie beheben.

Daß die Gerechtigkeit für rationale Egoisten aber nicht bloß zum Problem, zur Aufgabe wird, sondern von ihnen auch gewählt werden soll, scheint Rawls von Kants reiner Vernunftlegitimation des Rechts wieder abzurücken und ihn in die Nähe von Hobbes' Annahme einer Konvergenz von Klugheit und Vernunft zu bringen. Indessen werden die Gerechtigkeitsprinzipien bei Rawls nicht aus dem allgemeinen entscheidungs- und spieltheoretischen Ansatz abgeleitet. Die Wahl findet nämlich unter besonderen, für Entscheidungs- und Spieltheorie ganz ungewöhnlichen

Randbedingungen statt. Zunächst geht es nicht um die Wahl konkreter Handlungen, sondern um die Wahl von Prinzipien, die alle nur je auftretenden Konflikte für alle Menschen auf gleiche Weise lösen sollen, daher Kants (und auch Hobbes') Bestimmung der Vernunft als eines streng allgemeinen Vermögens entsprechen und für jeden einzelnen tiefgreifende Einschränkungen bei der Erfüllung der persönlichen Interessen nach sich ziehen. Vor allem aber findet die Wahl nicht nach Maßgabe der vom jeweiligen Individuum in der augenblicklichen Situation verfügbaren Macht- und Drohpotentiale statt. Denn Rawls setzt für die Wahl einen Zustand ursprünglicher Gleichheit voraus.

Die Wahl findet unter einem bestimmten Informationsdefizit, dem sog. Schleier der Unwissenheit, statt, durch den Rawls Kants Autonomie-Begriff in die rationale Wahl einbringen will (§ 40), allerdings ohne das Informationsdefizit mit entscheidungstheoretischen Mitteln legitimieren zu können.[14] Rawls' Bezug auf Kant bleibt jedoch auch hier unklar. Denn Rawls spricht von Autonomie, ohne die für Kant zentrale Unterscheidung von Recht und Tugend (Moral) einzuführen. Unmittelbar von Autonomie spricht Kant nur bei moralischen Subjekten, während Rechtssubjekte als Rechtssubjekte weder unter der im kategorischen Imperativ angesprochenen Forderung nach Verallgemeinerbarkeit der *Maximen* stehen noch über die von einer solchen Forderung vorausgesetzte Autonomie des Willens verfügen. Die Mitglieder einer Rechtsgemeinschaft müssen die Gesetze nicht autonom befolgen, sie können es auch heteronom, aus Angst vor Strafe, tun. Das Recht bezieht sich auf die Freiheit der Menschen im Sinne ihrer Willkürfreiheit, nicht auf ihre Autonomie der praktischen Vernunft. Allerdings setzt auch Rawls' Argumentation nicht voraus, daß die Rechtssubjekte autonom handeln. Rawls' Argumentation spricht die Qualität der praktischen Vernunft nur den Gerechtigkeitsprinzipien zu. Nicht die Handelnden selbst, wohl die Ordnung ihrer Konfliktlösung soll vernünftig (autonom) sein. Die praktische Vernunft qualifiziert die Struktur der institutionalisierten *äußeren* Relation zwischen den Subjekten, nicht – wie in der Moral – die Subjekte selbst. Die Prinzipien der Verfassung sollen dem Anspruch der Vernunft auf universale Gültigkeit genügen. Dieser von Rawls so nicht herausgearbeitete, aber seiner Gerechtigkeitstheorie zugrunde zu legende Gedanke entspricht Kants Intention der Vertragsidee, nach der der gemeinschaftliche Wille aller Betroffenen die Gesetze, sofern sie gerecht sein wollen, soll gegeben haben können. Rawls bleibt also auf dem Boden der kantischen Rechtsphilosophie, obwohl die von ihm explizit nicht eingeführte Unterscheidung von Moral und Recht seinen direkten Bezug auf Kants Autonomie-Begriff zunächst unverständlich macht, überdies *ein* Grund dafür sein kann, daß die zum Recht gehörende Zwangsmacht für ihn eine untergeordnete Rolle spielt und nur mit Hobbes (§ 38), nicht auch mit Kant in Zusammenhang gebracht wird.

Nun zur Erläuterung des Informationsdefizits selbst: Nach Rawls hat man zwar allgemeine sozialwissenschaftliche Kenntnisse und weiß, daß es in einer Gesellschaft bei den natürlichen Talenten und Fähigkeiten, bei den sozialen Rollen und Rangstufen usw. große Begabungsunterschiede gibt. Man kennt jedoch nicht den eigenen Platz im Spektrum dieser Möglichkeiten. Man hat sozialwissenschaftliches Gesetzeswissen ohne das komplementäre Wissen um die soziokulturellen und individuellen Randbedingungen, so daß Prognosen über die gesellschaftliche und persönliche Situation unmöglich sind. Zusammen mit der Forderung, die Wahl müsse einstimmig erfolgen, wird somit eine fundamentale Gleichheit aller definiert. Weder können sich einige gegen andere zusammenschließen und Regeln wählen, die nicht im Selbstinteresse eines jeden liegen; Unterdrückungsverhältnisse sind in der ursprünglichen Situation von vornherein ausgeschlossen. Noch sind Vitalität, Intelligenz, sozialer Status und andere natürliche und sozioökonomische Zufälligkeiten, die die Ungleichheit unter den Menschen, die vor allem ein Kleiner- oder Größersein und ein Stärker- oder Schwächersein verursachen, ein möglicher Bestimmungsgrund der Wahl. Statt dessen befindet man sich in einer völlig symmetrischen Situation, die überdies Koalitionsbildungen und damit eine Verzerrung der ursprünglichen Symmetrie (Gleichheit) im Fortgang der Wahl nicht zuläßt.

Insofern die Wählenden weder ihre individuellen noch ihre soziokulturellen Bedingungen kennen, sind es keine konkreten Individuen, die die Wahl der Gerechtigkeitsprinzipien nach Maßgabe ihrer persönlichen Interessen treffen könnten. Da alle Unterschiede zwischen den gesellschaftlichen Gruppen und Individuen aus der Wahlsituation herausdefiniert sind, handelt es sich beim Wählenden um eine Art von allgemeinem Gattungssubjekt; es handelt sich keineswegs um reine, um bedürfnislose Vernunftwesen, sondern um Vernunftwesen, die zwar Bedürfnisse, die sogar die für den Menschen charakteristischen Bedürfnisse haben (ein Teil des sozialwissenschaftlichen Gesetzeswissens bezieht sich gerade darauf), die aber über keine partikularen und individuellen Bedürfnisse verfügen. Die Differenz zwischen dem allgemeinen Menschen und dieser oder jener besonderen Gruppe oder individuellen Person ist vollständig »eingezogen«. Durch diesen Kunstgriff gelingt es Rawls, eine für die Wahl von Gerechtigkeitsprinzipien geeignete, weil strikt symmetrische Situation zu konstruieren. Trotzdem garantiert die so bestimmte Gleichheit aller noch nicht, daß es sich tatsächlich um eine reine Vernunftwahl handelt.

Auch Hobbes kennt nämlich eine grundlegende Gleichheit, gegenüber der alle natürlichen, wirtschaftlichen und sozialen Unterschiede soweit zurücktreten, daß sie in der Wahl selbst vernachlässigt werden können: die Fähigkeit zu töten und die Möglichkeit getötet zu werden. Während aber Hobbes einen anthropologisch-pragmatischen Begriff von Gleichheit hat, kann man Rawls' Gleichheitsbegriff ethisch interpretieren und damit in die Nähe von Kant rücken: keine naturale Gleichheit, sondern die Gleichheit der Menschen als »moralischer« Personen, hier im Sinne von Rechtssubjekten (§ 4 u. ö.). Dann, aber auch nur dann entspräche Rawls' Gleichheit dem Verzicht des physisch, ökonomisch, emotional, intellektuell oder sonstwie Stärkeren auf seine Überlegenheit und bedeutete insofern einen Akt wechselseitiger Anerkennung der Menschen als freier und gleicher Personen, wie er im Recht in bezug auf die Ordnung der Konfliktbewältigung, nicht auch auf die Willkürfreiheit der Menschen, realisiert werden soll. Allerdings wird dieser positive und praktische Akt in ein negatives und theoretisches Element umgedeutet, in das mit dem Schleier der Unwissenheit bezeichnete Informationsdefizit. Damit wird aber die Vernunftqualität der Wahlsituation wenn nicht gar verzerrt, so doch zumindest verdeckt. Nach Kant ergibt sich Recht nicht aus einem rationalen Selbstinteresse, dem bestimmte Informationen mangeln, sondern aus der in einer vernünftigen Rechtsordnung manifest gewordenen wechselseitigen Anerkennung der Menschen als gleicher Rechtssubjekte.

Faßt man die verschiedenen Vergleichspunkte zusammen, so erscheint es als eine unzulässige Simplifizierung, Rawls' Gerechtigkeitstheorie als bloße Neuformulierung und Präzisierung der kantischen Vertragstheorie zu bezeichnen. Vielmehr verbinden sich wesentliche Übereinstimmungen mit nicht unbedeutenden Veränderungen, die keineswegs nur der Klärung und Verbesserung kantischer Gedanken dienen. Überdies: Weil die Vertragstheorie Hobbes' und Kants sich in wesentlichen Stücken gleichen – so darin, daß der Begriff der (nicht-positiven) Gerechtigkeit ein reiner Vernunftbegriff ist –, weist Rawls' Theorie nicht bloß Gemeinsamkeiten mit Kant, sondern auch mit Hobbes auf. Dort allerdings, wo sich Kant und Hobbes unterscheiden und Rawls nicht – wie bei der impliziten Bestimmung des Naturzustandes – einen eigenen Weg geht, kann man ihn – nach einer klärenden (Um-)Interpretation – näher zu Kant als zu Hobbes rücken: *Entweder* hält man den Menschen letztlich für nur am eigenen Vorteil und besseren Leben orientiert und sieht ihn sich die dafür erforderlichen allgemeinen Mittel zu beschaffen suchen. Identifiziert man diese Mittel mit einem allgemeinen Friedenszustand und hält einen absoluten Souverän für dessen notwendige und zureichende Bedingung, dann setzt man diesen Souverän ein und bleibt gleichwohl vom rationalen Selbstinteresse allein bestimmt. Das ist Hobbes' Position. *Oder* aber die Gerechtigkeitsprinzipien werden aus keinem anderen Grund gewählt, als daß sie eine vernünftige Ordnung von sich wechselseitig beeinflussender Willkür schaffen. Das ist Kants Position, der Rawls – trotz mancher Abweichungen und Unklarheiten – doch noch am nächsten kommen will. Allerdings ist bei Kant die Vertragsidee selbst das Gerechtigkeitsprinzip, während nach Rawls die Vertragsidee erst jene ursprüngliche Situation definiert, in der die Gerechtigkeitsprinzipien gewählt werden. Aber auch hier steht er Kant näher als es zunächst den Anschein hat. Denn Rawls' Gerechtigkeitsprinzipien sind in einem gewissen Sinn tautologisch. Sie sind – soweit seine Theorie konsequent ist – nichts anderes als die Explikation der Gerechtigkeits-Attribute, die zuvor in die Definition der ursprünglichen Situation, in ihre kognitiven, emotionalen und empirischen Bedingungen, eingegangen sind. Der Gerechtigkeitscharakter der Prinzipien reproduziert nur den Gerechtigkeitscharakter der ursprünglichen Situation.

Mit der Einführung des Denk- und Sprachrahmens der Entscheidungstheorie kann die klassische Vertragstheorie gewiß präziser formuliert und insoweit verbessert werden. Indem aber der methodische Status der Entscheidungstheorie nicht genügend geklärt und auch Kants methodische Einsichten (vor allem die Unterscheidung des Rationalen vom Empirischen, dann auch die des Rechts von der Tugend) nicht hinreichend deutlich aufgegriffen werden, bleibt Rawls' Gerechtigkeitstheorie mit Zweideutigkeiten behaftet. Eine Ausarbeitung der vertragstheoretischen Begründung politischer Gerechtigkeit, die gleichermaßen dem klassischen wie dem zeitgenössischen Problembewußtsein gerecht wird, steht immer noch aus.

Anmerkungen

1 *A Theory of Justice,* Cambridge/Mass. 1971; dt. *Eine Theorie der Gerechtigkeit,* Frankfurt/M. 1976; *Gerechtigkeit als Fairneß,* hrsg. v. Vf., Freiburg-München 1977. Aus der Fülle der Literatur: N. Daniels (Hrsg.), *Reading Rawls. Critical Studies of ›A Theory of Justice‹,* Oxford 1975; Vf. (Hrsg.), *Über John Rawls' Theorie der Gerechtigkeit,* Frankfurt/M. 1977, dort weitere Literatur.

2 *The Limits of Liberty. Between Anarchy and Leviathan,* Chicago-London 1974.

3 *Anarchy, State, and Utopia,* Oxford 1974; dt. *Anarchie, Staat, Utopia,* München o. J. (1976); vgl. Vf., Eine provokative Theorie des Minimalstaats, in: *Neue Zürcher Zeitung,* 11. 2. 1977, 35.

4 *Politik* I 2; vgl. in diesem Band: Grundaussagen über den Menschen bei Aristoteles; auch Vf., Politische Gerechtigkeit – Grundzüge einer naturrechtlichen Theorie, in: *Studia Philosophica* 38 (1978), Abschn.: Das antike Modell.

5 Vgl. R. Bittner, Maximen, in: *Akten des 4. Internationalen Kant-Kongresses,* Mainz 1974, Teil II 2, 485-498; sowie in diesem Band: Kants kategorischer Imperativ als Kriterium des Sittlichen, Abschn. I.

6 Vgl. Die Utopie des guten Herrschers. Eine Diskussion zwischen Jürgen Habermas und Robert Spaemann, *Merkur* 26 (1972), jetzt auch in: R. S., *Zur Kritik der politischen Utopie,* Stuttgart 1977, 127-141; siehe auch in diesem Band: Herrschaftsfreiheit oder gerechte Herrschaft?

7 Vgl. *Refl.* 7738, Akad. Ausg. Bd. XIX, 503: »Contractus originarius als die Richtschnur, principium, exemplar des Staatsrechts. Es muß aus ideen nicht aus facis auch nicht den Gründen des flores eines Staats, d. i. dem Wohlstande, hergeleitet werden.«

8 Für viele andere Stellen: »Die Leibeigenschaft ist der Tod der Persohn aber das Leben des Thiers. Es geht an bey einem Todesverbrechen. Aber es kann nicht auf contract gegründet werden, denn der muß alles iuridischen Zutrauens und aller obligation unfähig seyn, der keine rechte behalten kann.« (*Refl.* 7886, Akad. Ausg. Bd. XIX, 545.) Vgl. *MS-RL* 399 f.

9 Vgl. *Refl.* 7430, Akad. Ausg. Bd. XIX, 372: »Das Heil des Staats is ganz was anderes als des Volks. Jenes geht auf das Ganze in Ansehung ihrer subordination unter Gesetze und der Verwaltung der Gerechtigkeit, dieses auf die privatglück-

seligkeit eines jeden; das letztere zu besorgen gehört zu den Verdiensten eines Fürsten.« Siehe auch *Refl.* 7938, Akad. Ausg. Bd. XIX, 560: »Im Staatsrecht ist nicht das Glück der Bürger (denn das mögen sie selbst besorgen) sondern das Recht derselben, was das princip der Verfassung ausmacht. Der Wohlstand des Ganzen ist nur das Mittel, ihr Recht zu sichern und sie dadurch in den Stand zu setzen, sich selbst auf alle Weise glücklich zu machen.«

10 Eine solche Überlegung spricht auch gegen Nozicks These, nur ein Minimal- oder Nachtwächterstaat sei sittlich legitim (a.a.O., Anm. 3), eine These, die selbst hinter den klassischen, nämlich sozial engagierten Liberalismus eines A. Smith, J. Bentham oder J. S. Mill zurückfällt.

11 Vgl. Anm. 9.

12 Vgl. dazu in diesem Band: Kritische Einführung in Rawls' Theorie der Gerechtigkeit, Abschn. IV.

13 Abschn. III 1.

14 Hier ist ein direkter Bezug auf den Vernunftbegriff von Recht erforderlich. Vgl. E. Tugendhat, Bemerkungen zu einigen methodischen Aspekten von Rawls' »Theorie der Gerechtigkeit«. Vortrag auf dem internationalen J. Rawls-Symposium, Bad Homburg 1976 (Mskr.) sowie in diesem Band: Zur Rolle der Entscheidungstheorie bei der Rechtfertigung von Gerechtigkeitsprinzipien ...

7. Zur Rolle der Entscheidungstheorie bei der Rechtfertigung von Gerechtigkeitsprinzipien – Kritische Überlegungen im Anschluß an Rawls*

I.

Zu den bedeutendsten und zugleich höchst kontroversen Problemen der politischen Ethik gehört die Rechtfertigung von Prinzipien der politischen Gerechtigkeit. Um die Kontroversen methodisch zu lösen und endlich wissenschaftlich legitimierte Gerechtigkeitsprinzipien zu gewinnen, greift man in jüngster Zeit auf die normative Entscheidungstheorie und ihr hoch entwickeltes analytisches Instrumentarium zurück. Allerdings verwendet man die Entscheidungstheorie, ohne ihre methodische Bedeutung für die neue Aufgabe hinreichend zu reflektieren. Im Gegensatz zu der mit dem Rückgriff auf die normative Entscheidungstheorie verbundenen impliziten Behauptung, auch die Rechtfertigung von Gerechtigkeitsprinzipien sei ihrem Kern nach eine rationale Wahl, vertrete ich die These, daß es hier nicht um eine rationale, sondern um eine Vernunftwahl (moralische Wahl) geht. Die Entscheidungstheorie kann deshalb bestenfalls einen abgeleiteten Teil des Rechtfertigungsprozesses übernehmen. Sein erster und systematisch wichtigster Teil besteht aus logischen Analysen zum Begriff der Gerechtigkeit bzw. zum moralischen oder Vernunftstandpunkt in bezug auf die Ordnung der politisch-sozialen Welt.

Die These wird im Anschluß an Rawls' Gerechtigkeitstheorie entwickelt, das wohl bekannteste Beispiel dafür, daß die gegenwärtige politische Ethik auch bei der Legitimation von Gerechtigkeitsprinzipien sich des entscheidungstheoretischen Ansatzes bedient.

Ich bin mir bewußt, daß der Rückgriff auf Rawls zu Mißverständnissen Anlaß geben kann. Denn Rawls erhebt genaugenommen zwei methodische Ansprüche, allerdings ohne deren Verhältnis hinreichend deutlich zu machen. Auf der einen Seite will er die Prinzipien darlegen, auf deren Grundlage kompetente

* *Erkenntnis* 11 (1977) 411-425 (durchgesehen).

Personen nach reiflicher Überlegung ihre Gerechtigkeitsurteile fällen: die methodische Idee des reflektiven Gleichgewichts. Auf der anderen Seite arbeitet er mit dem Instrumentarium der Entscheidungstheorie, mit dessen Hilfe die in den klassischen Theorien des Gesellschaftsvertrages (Locke, Rousseau, vor allem Kant) vorgenommene Begründung von Gerechtigkeitsprinzipien neu, und zwar in präziserer Form formuliert werden soll. Um aber die methodische Rolle der Entscheidungstheorie für die Rechtfertigung von Gerechtigkeitsprinzipien für sich zu klären, wird im folgenden das entscheidungstheoretische Element in Rawls' Gerechtigkeitstheorie von den anderen methodischen Elementen isoliert und allein für sich betrachtet. Es wird also nicht behauptet, daß Rawls seine Begründung von Gerechtigkeitsprinzipien ausschließlich oder auch nur in erster Linie mit Hilfe der Entscheidungstheorie vornehme. Überhaupt ist keine umfassende Beurteilung der Rawlsschen Gerechtigkeitstheorie intendiert.[1] Es soll vielmehr die Vorstellung kritisiert werden, die Übernahme des entscheidungstheoretischen Instrumentariums gewähre der philosophischen Ethik die für sie wesentliche legitimatorische Kraft. Aber auch zum anderen methodischen Element, zur Idee des reflektiven Gleichgewichts, werden – wenn auch in äußerster Knappheit – Bedenken angemeldet (Abschn. III).

Rawls bezeichnet die Wahl von Gerechtigkeitsprinzipien ausdrücklich als eine rationale Wahl in dem engen Sinn von Rationalität, wie er in der Wirtschaftstheorie üblich ist. Die Gerechtigkeitstheorie gilt als der vielleicht wichtigste Teil der Theorie der rationalen Entscheidung überhaupt (Rawls, § 3). Zumindest für den traditionellen Moral- und Rechtsphilosophen hat diese Grundannahme eine überraschende Konsequenz: Wenn die Gerechtigkeit das Resultat einer rationalen Entscheidung sein soll und Rationalität im wirtschaftstheoretischen Sinn definiert wird, dann verliert die Gerechtigkeitstheorie (und eventuell die philosophische Ethik insgesamt) ihre wissenschaftliche Eigenständigkeit und degeneriert zu einem Zweig der Wirtschaftstheorie. Gewiß: Da die Wirtschaftstheorie ein hohes Maß an analytischer Klarheit erreicht hat und sie sich deshalb im Kreis der Wissenschaften einer Hochachtung erfreut, deren sich die politische Ethik nicht rühmen kann, mag diese Konsequenz wünschenswert sein. Aber: Da die Prämissen zweifelhaft sind, ist die Konsequenz auch kaum haltbar.

Rawls' Verwendung der Entscheidungstheorie ist nicht umstritten. Doch die bisherige Kritik bezieht sich in der Regel auf spezifische Annahmen, insbesondere auf die Maximin-Regel bzw. das Unterschiedsprinzip. Während dort die generelle Tauglichkeit der Entscheidungstheorie für die Legitimationsaufgabe anerkannt wird, soll sie hier in Frage gestellt werden.

Obwohl die normative Entscheidungstheorie seit der Begründung durch Bayes und Bernoulli mannigfache Ausarbeitungen, Weiterentwicklungen und Veränderungen erfahren hat,[2] ist sie doch in ihrem Grundansatz gleich geblieben. Es kommt darauf an, nicht willkürlich, emotional oder rein gewohnheitsmäßig, sondern in dem Sinn rational zu handeln, daß man angesichts alternativer Handlungsmöglichkeiten jene Möglichkeit wählt, von der der Wählende erwarten kann, daß sie ihn nach gegebener Lage der Dinge am relativ besten stellt. Die normative Entscheidungstheorie zeigt, wie man mittels eines leidenschaftslosen Kalkulationsprozesses sein eigenes Interesse (gleich ob man es inhaltlich als egoistisch, altruistisch oder sozial indifferent bezeichnen würde) am besten befördert. Die Rationalität einer Wahl ist in Begriffen von Handlungsfolgen, von (objektiven oder subjektiven) Wahrscheinlichkeiten und von Nutzen bzw. Wünschbarkeiten (bezogen auf den/die Wählenden) definiert. Die bekannteste Rationalitätsregel lautet: Wähle jene Handlung, die einen maximalen Erwartungswert an Nutzen bzw. Wünschbarkeit hat.

Rawls und anderen Vertretern des entscheidungstheoretischen Zugangs in der politischen Ethik ist beizupflichten, daß uns die Prinzipien der Gerechtigkeit nicht durch eine Art Intuition gegeben und daher unmittelbar gewiß sind, sondern daß sie aufgrund von rationaler Argumentation legitimiert werden müssen. Allerdings ist es noch zu prüfen, ob die Rationalität dieser Argumentation dem Rationalitätsbegriff der Entscheidungstheorie gleichzusetzen ist. Sind es wirklich die charakteristischen Elemente der entscheidungstheoretischen Rationalität: Eigeninteresse, Handlungsfolgen, vor allem aber Wahrscheinlichkeiten und Wünschbarkeiten, die letztlich für die Rechtfertigung von Gerechtigkeitsprinzipien, also dafür verantwortlich sind, daß die Prinzipien so und nicht anders lauten? Da es in den folgenden kurzen Erörterungen um Metaüberlegungen zur Entscheidungstheorie geht, können alle technischen Feinheiten außer Betracht bleiben.

II.

Die Wahl, die hier zu Diskussion steht, ist keine gewöhnliche Wahl. Sie richtet sich nicht auf konkrete Handlungen, sondern auf die fundamentalen Prinzipien von Handlungen, genauer: auf die Grundkriterien der Struktur einer politischen Gemeinschaft, auf die Prinzipien ihrer Verfassung, ihrer Sozial- und Wirtschaftsordnung. Es geht um eine Prinzipien-Wahl. Gleichwohl gehören auch zu dieser Wahl bestimmte Regeln oder Bedingungen, die die Wahlsituation definieren. Da die Wahlbedingungen oder Metaregeln (bei Rawls die Elemente der ursprünglichen Situation) das Resultat der Prinzipien-Wahl determinieren – unter anderen Bedingungen wählt man andere Gerechtigkeitsprinzipien –, ist es entscheidend, welche Bedingungen man einführt. Rawls nennt vier Bedingungen bzw. Gruppen von Bedingungen: (1) die Anwendungsverhältnisse der Gerechtigkeit: die objektiven und subjektiven Umstände, die die menschliche Zusammenarbeit sowohl möglich als auch notwendig machen (§ 22); (2) dic formalen Bedingungen für den Begriff des Rechten (§ 23); (3) den Schleier der Unwissenheit (§ 24); und (4) die Rationalität der Wählenden im entscheidungstheoretischen Sinn von Rationalität (§ 25). Die Gerechtigkeitsprinzipien werden aus dem rationalen Selbstinteresse abgeleitet, sofern es unter idealen Bedingungen (vor allem unter der Bedingung 3) agiert.

Bei der Erörterung der methodischen Rolle der Entscheidungstheorie für das Rechtfertigungsverfahren kann man zunächst Rawls' spezifische Interpretation der Wahlbedingungen einklammern. Denn wenn man auch andere Wahlbedingungen einsetzt, bleibt doch folgender methodischer Umstand gewahrt: Um Gerechtigkeitsprinzipien zu legitimieren, muß man irgendwelche Bedingungen annehmen und zugleich die Annahmen rechtfertigen. Die Legitimation besteht daher aus zwei verschiedenen Argumentationsschritten, wobei dem ersten der Primat gebührt: Sie besteht *erstens* aus der Legitimation der Wahlbedingungen (der ursprünglichen Situation) und *zweitens* aus der Durchführung der Wahl unter Voraussetzung der Wahlbedingungen, einer Durchführung, die wegen der vierten Bedingung eine rationale Wahl ist. Dann aber findet die Rechtfertigung der Gerechtigkeitsprinzipien letztlich nicht innerhalb der ursprünglichen Situation, sondern zuvor, nämlich im Entwurf der ursprünglichen Situation statt. Die Rechtfertigung besteht weniger darin, unter gegebenen Wahlbedingungen die Gerechtigkeitsprinzipien zu wählen, als in der Wahl der Wahlbedingungen selbst. Sie besteht in einer Wahl zweiter Ordnung oder einer Metawahl. Man muß deshalb einen Schritt weiter zurückgehen und fragen, ob die Rechtfertigung der Wahlbedingungen, ob die Legitimation der Elemente der ursprünglichen Situation, selbst wieder als eine rationale Wahl vorgestellt und deshalb mit entscheidungstheoretischen Mitteln vorgenommen werden kann. Zweifelsohne kann man sich eine solche Metawahl denken, nämlich als eine Wahl zwischen verschiedenen Bedingungen der Prinzipienwahl. Aber Rawls geht diesen Weg nicht. Indem er es unterläßt, zur Prinzipienwahl noch eine Metawahl zu konstruieren, unterschlägt er die methodisch wesentliche Tatsache, daß die Einführung der ursprünglichen Situation selbst einen Wahlakt darstellt, und zwar einen Wahlakt zwischen verschiedenen Positionen von Moralphilosophie, z. B. zwischen Rawls' eigenem entscheidungs- und vertragstheoretischen Ansatz und der Theorie des unparteiischen Beobachters oder zwischen Rawls' Interpretation der ursprünglichen Situation und einer denkbaren Alternative zu ihr. Zugleich übersieht Rawls den wirklichen Grund der Kontroversen zwischen ihm, dem von ihm so vehement abgelehnten Utilitarismus und anderen sozialethischen Positionen. Ebenso übersieht er den angemessenen Weg, die Kontroversen methodisch zu beheben.

Obwohl man sich also eine Metawahl vorstellen kann und man bei einer verfahrensmäßigen Deutung der Rechtfertigung von Gerechtigkeitsprinzipien dies auch muß, könnte es keine rationale Wahl im entscheidungstheoretischen Sinn von Rationalität sein. Denn wenn Rationalität zu den Wahlbedingungen der Wahl 1. Ordnung, der Prinzipienwahl, gehören soll, kann sie nicht zugleich eine Wahlbedingung der Wahl 2. Ordnung, der Metawahl, sein, es sei denn, man hält eine petitio principii nicht für einen logischen Fehlschluß. Die Rationalitätsforderung ist vielmehr der Gegenstand der Metawahl, ihr angebliches oder tatsächliches Resultat. Sie betrifft allenfalls die Durchführung der Wahl in der ursprünglichen Situation, nicht die Legitimation der ursprünglichen Situation und ihrer Definitionselemente. Im Verfahren der Rechtfertigung von Gerechtigkeitsprinzipien kommt dem entscheidungstheoretischen Begriff von Rationalität keine begründende, sondern höchstens eine abgeleitete, eine begründete

Funktion zu. Genau dies wird aber von Rawls und anderen Verfechtern des entscheidungstheoretischen Ansatzes in der politischen Ethik übergangen: Der grundlegende erste Schritt, die Definition der ursprünglichen Situation und damit verbunden die Einführung der Wahl als einer rationalen, kann selbst nicht mehr aufgrund einer rationalen Wahl legitimiert werden. Unter der entscheidungstheoretischen Perspektive betrachtet nimmt die Rechtfertigung von Gerechtigkeitsprinzipien ihren Ausgang bei Bedingungen, die selbst nicht mehr entscheidungstheoretisch begründet werden können.

Insoweit, d. h. unter alleiniger Verwendung des entscheidungstheoretischen Instrumentariums, ist die Rechtfertigung von Gerechtigkeitsprinzipien trotz aller Rationalität im Detail doch letztlich irrational.

III.

Da die rationale Wahl bestenfalls einen abgeleiteten Teil des Rechtfertigungsverfahrens darstellt, erhebt sich die Frage, was denn der grundlegende Teil sei. Obwohl dieser Beitrag in erster Linie den methodischen Stellenwert der Entscheidungstheorie für die politische Ethik klären möchte, sollen wenigstens einige vorläufige Bemerkungen zur anderen Aufgabe gemacht werden, bei denen auch Rawls' Idee des reflektiven Gleichgewichts zur Sprache kommt. Meine These lautet: Die Metawahl erfordert keine Berechnungen von Wahrscheinlichkeiten und Wünschbarkeiten, überhaupt keine Überlegungen über die Folgen von Handlungen, vielmehr Analysen zum Begriff der distributiven Gerechtigkeit bzw. zum moralischen oder Vernunftstandpunkt in bezug auf die Grundordnung der politisch-sozialen Welt. Die Elemente der ursprünglichen Situation lassen sich nicht aus einer rationalen Wahl, sondern – wenn überhaupt – aus entsprechenden Begriffsanalysen ableiten. Dafür finden sich nicht bloß Beispiele in der zeitgenössischen Metaethik, sondern ebenso in der klassischen Moral- und Rechtsphilosophie eines Aristoteles oder Kant, die mit Analysen zum Begriff des Guten beginnen und daraus normative Grundprinzipien entwickeln.[3] Rawls dagegen unternimmt keine Begriffsanalysen, weder nach aristotelischem noch nach kantischem oder anderem Muster. Zwar *sammelt* er die Elemente auf, die er für allgemein anerkannte Charakteristika des moralischen oder Vernunftstandpunktes in bezug auf Gerechtigkeitsprobleme hält, aber die entsprechende *Analyse* fehlt.

Für die Rechtfertigung von Gerechtigkeitsprinzipien schlage ich ein zweiteiliges Verfahren vor, wobei jeder Teil noch in sich gestuft ist: als erstes ein analytisches oder reduktives, als zweites ein deduktives Verfahren:

(1) Ich stimme Rawls und anderen Autoren zur normativen analytischen Ethik darin zu, daß die Analyse mit wohlüberlegten Urteilen über Gerechtigkeit beginnen *kann* (jedoch nicht muß). Allerdings ist Rawls' mit der Idee des reflektiven Gleichgewichts bezeichnetes, ein kohärentes System von Gerechtigkeitsvorstellungen anzielendes Verfahren nicht überzeugend.[4] Denn *einerseits* läßt es sich nicht ausschließen, daß auch kompetente Personen ihre Gerechtigkeitsurteile nach unterschiedlichen Prinzipien fällen, so daß man entweder zu keinem, nämlich zu keinem *gemeinsamen* kohärenten System oder aber zu mehreren alternativen Systemen von Gerechtigkeitsvorstellungen gelangt. Besonders zu Rawls' Unterschiedsprinzip gibt es alternative Grundsätze, die mehr, andere, die weniger Gleichheit fordern, zugleich auf nicht geringe Zustimmung rechnen können und unterschiedliche kohärente Systeme konkreter Gerechtigkeitsüberzeugungen begründen. Allgemein gesprochen: Kontroversen sind auch über die Prinzipien denkbar, und sie müßten nicht, was Rawls allein zulassen könnte, eo ipso auf Inkompetenz oder Mangel an reiflicher Überlegung auf seiten von einer der kontroversen Parteien beruhen. *Andererseits* führt das reflektive Gleichgewicht nicht zur Begründung von Gerechtigkeitsprinzipien überhaupt, sondern weit eher zur widerspruchsfreien Rekonstruktion einer historischen Gestalt des Gerechtigkeitsbewußtseins, bei Rawls etwa jener Gestalt, die im Selbstverständnis freiheitlicher und demokratischer Rechts- und Sozialstaaten zum Ausdruck kommt, vielleicht sogar nur jener Gestalt, die dem Selbstverständnis der liberalen oberen Mittelschicht der Vereinigten Staaten dieses Jahrhunderts entspricht. Eine solche historische Gestalt des Gerechtigkeitsbewußtseins erfüllt aber nicht jene Grundbedingung, die man an schlechthin höchste Gerechtigkeitsprinzipien stellt, nämlich kultur- und geschichtsinvariant gültig zu sein. Kurz, die wohlüberlegten Gerechtigkeitsurteile haben eine Bedeutung für den Anfang einer normativen Ethik. Der Wert einer letzten Berufungsinstanz kommt ihnen jedoch nicht zu.

Um den Einwänden zu entgehen, denen das reflektive Gleichgewicht ausgesetzt ist, schlage ich ein zweistufiges Abstraktionsverfahren vor:

(1.1) Die wohlüberlegten Urteile über einzelne Gerechtigkeitsprobleme sind als Ausdruck konkreter Gerechtigkeitsnormen zu betrachten, die die Anwendung fundamentaler Gerechtigkeitsnormen auf die spezifischen Randbedingungen (auf die grundlegenden geographischen, wirtschaftlichen, gesellschaftlichen und anderen Lebensbedingungen sowie auf den gegebenen Stand der empirischen Kenntnisse) darstellen. Indem man aus den konkreten Normen die Randbedingungen herauslöst, isoliert man die normativen Elemente für sich und gewinnt die fundamentalen Normen selbst.

(1.2) In einem weiteren Schritt abstrahiert man von den spezifischen Inhalten und konzentriert sich ausschließlich auf die formale Gemeinsamkeit von Grundnormen, nämlich auf ihren Anspruch, universal richtig oder unbedingt gut zu sein. Ein Gerechtigkeitsgrundsatz ist ein prinzipiell nicht mehr überbietbares, er ist ein sittliches Kriterium für die politisch-soziale Welt. Er fordert eine Struktur von Konfliktbewältigung, die als solche und nicht erst aufgrund eines anderen und höheren Zwecks verantwortbar ist und der deshalb jedermann zustimmen kann.

Diese beiden Abstraktionsschritte zusammen explizieren den moralischen oder den Vernunftstandpunkt; und diesen Standpunkt für sich zu bestimmen ist die erste Aufgabe des zweistufigen Verfahrens, unabhängig davon, ob die knappe Skizze des Verfahrens und die grobe Charakterisierung des Resultats schon in die richtige Richtung weisen oder noch nicht.

(2.1) Im zweiten Teil des Rechtfertigungsprozesses kommt es zunächst darauf an, durch eine Explikation des moralischen Standpunktes die Idee des uneingeschränkt Guten zu einem Grundkriterium zu operationalisieren, etwa – mit Kant – zum kategorischen Imperativ bzw. zur Idee der universalen Zustimmungsfähigkeit (Die Metaphysik der Sitten, Rechtslehre, § 40), vielleicht aber auch – mit Rawls – zu den Definitionselementen der ursprünglichen Situation.

(2.2) Mit Hilfe des Grundkriteriums gilt es dann, Leitprinzipien der politisch-sozialen Welt zu bestimmen. Hier haben die beiden Gerechtigkeitsprinzipien von Rawls ihren methodischen Ort. Man muß die universalen Bedingungen der gegenseitigen Anerkennung von Personen und ihrer freien Entfaltung explizieren, etwa das, was wir die Grund- und Freiheitsrechte, die Menschen- und Bürgerrechte nennen.

(2.3) In einem dritten Schritt geht es darum, nach Maßgabe der Leitprinzipien und aufgrund einer – in der Regel höchst komplizierten – Analyse und Beurteilung der besonderen Situation einer Gesellschaft (ihrer Lebensbedingungen und empirischen Kenntnisse) konkrete Normen für die verschiedenen Lebensbereiche, für die Berufs- und Arbeitswelt, das Bildungswesen usf. zu legitimieren und so den »deduktiven« Teil des Rechtfertigungsverfahrens zu Ende zu führen.[5]

Um die Quintessenz der bisherigen Überlegungen zu formulieren: Die Wahl der Gerechtigkeitsprinzipien findet unter Bedingungen statt, die nicht das Resultat einer rationalen Wahl, sondern das einer Begriffsanalyse sind. Man wählt die Gerechtigkeitsprinzipien in erster Linie nicht deshalb, weil sie den Erwartungswert an Wünschbarkeit maximieren, sondern, weil sie eine angemessene Explikation des Vernunftstandpunktes in bezug auf konkurrierende Ansprüche darstellen. Letztlich werden die vorgeschlagenen Prinzipien nicht mit der Idee einer rationalen Klugheitswahl, sondern mit dem Vernunftstandpunkt bzw. mit der Idee der Gerechtigkeit selbst verglichen. Trotz der jüngsten Versuche, die grundlegenden Kontroversen der politischen Ethik mit Hilfe der Entscheidungstheorie zu lösen, bleibt diese primär auf andere methodische Verfahren angewiesen. Statt einen spezifischen Zweig der Wirtschaftstheorie auszumachen, ist die politische Ethik eine davon verschiedene Aufgabe der Philosophie.

IV.

Da eine Gerechtigkeitstheorie letztlich aus dem Vernunftstandpunkt heraus begründet wird, erhebt sich die Frage, ob das vierte Element der ursprünglichen Situation, die Rationalitätsbedingung, sich als ein notwendiges oder zumindest als ein mögliches Element des Vernunftstandpunktes legitimieren läßt. Um diese Frage zu beantworten, bedarf es nicht einer vollständigen Theorie des Vernunftstandpunktes, was eine komplizierte und höchst kontroverse Angelegenheit ist. Es bedarf nicht einmal einer umfassenden Rekonstruktion der Moralphilosophie (eigentlich:

Rechtsphilosophie!) Kants, dessen Position Rawls neu zu formulieren beansprucht (Rawls, § 40 u. a.)[6]. Es genügt, das Element der Rationalität mit den anderen Elementen der ursprünglichen Situation zu vergleichen, die im Unterschied zur Rationalitätsbedingung hinreichend plausible Elemente einer verfahrensmäßigen Deutung des Vernunftstandpunktes sind. Ein solcher Vergleich zeigt, ob die Elemente wenigstens verträglich sind, was eine Minimalbedingung für den Vernunftstandpunkt bedeutet.

Betrachtet man Rawls' Elemente der ursprünglichen Situation, so stößt man nicht bloß vom Standpunkt Kants aus auf zwei heterogene Gruppen. Auf der einen Seite befinden sich Elemente, die mit der Idee der Fairneß konform gehen und die die Umstände und formalen Bedingungen eines jeden Begriffs von Gerechtigkeit zu explizieren suchen. Diese Elemente, vor allem der Schleier der Unwissenheit, beinhalten wesentliche Einschränkungen des Selbstinteresses der Wählenden. Sie führen insgesamt zu einer Wahl, die nicht von Selbstinteresse, sondern eben von Fairneß bestimmt ist. Auf der anderen Seite steht die Rationalitätsbedingung, die gerade das Selbstinteresse als letztes Kriterium anerkennt. Wenn aber beide Gruppen von Definitionselementen der ursprünglichen Situation in entgegengesetzte Richtung weisen, kann man sich kaum vorstellen, daß sie für ein und denselben Begriff, den der distributiven Gerechtigkeit, gleicherweise zutreffen sollen. Zum Zweck begrifflicher Klarheit empfiehlt es sich eher, beide Gruppen als zu verschiedenen Begriffen zugehörig zu identifizieren und die erste mit Gerechtigkeit, die andere aber mit Wohlergehen odgl. zusammenzubringen.

Dem Versuch von Rawls und anderen Vertretern der entscheidungstheoretischen Begründung von Gerechtigkeitsprinzipien, die Idee der Fairneß mit der der rationalen Wahl zu verbinden, liegt das Interesse zugrunde, moralische Substanz mit analytischer Klarheit zu vereinigen. Dieser Versuch muß jedoch mißlingen, weil es sich um zwei verschiedene Ideen handelt. Die Einführung des Rationalitätselementes in die Wahlbedingungen führt nicht bloß zu einem Verlust an moralischer Substanz, sondern auch zu einer entscheidenden Verzerrung des Gerechtigkeitsstandpunktes, was zugleich einen Verlust an analytischer Klarheit bedeutet. Der Begriff der Rationalität beinhaltet nämlich, persönliche Vorteile zu suchen, während der Begriff der Fairneß uns auffordert, den persönlichen Vorteil als höchstes Handlungskriterium aufzugeben und – mindestens zum Teil – auch im Interesse anderer zu handeln.

Ich bestreite nicht, daß Rationalitätserwägungen – und demzufolge entscheidungstheoretische Überlegungen – für das Wohlergehen einer Gesellschaft wichtig sind, wohl bestreite ich, daß sie ein genuines Element des Gerechtigkeitsbegriffs bedeuten. Rawls selbst verweist auf weitere Kriterien für eine lebensfähige Gesellschaft: Koordination, Effizienz und Stabilität (Rawls, § 1). Während entscheidungstheoretische Verfahren für diese und andere Aufgaben sehr hilfreich sind, trifft es für die Rechtfertigung von Gerechtigkeitsprinzipien wohl nicht zu.

V.

Selbst wenn man die zuletzt angedeuteten Bedenken nicht teilt und die Rationalitätsbedingung doch als Element des Gerechtigkeitsbegriffs anerkennt, spielen entscheidungstheoretische Überlegungen nur im abgeleiteten Teil des Rechtfertigungsprozesses eine Rolle und selbst bei diesem nicht in bezug auf alle Aspekte der Wahl. Denn die meisten Alternativen, die Rawls mit seinen eigenen Prinzipien konfrontiert, werden direkt – ohne entscheidungstheoretische Erwägungen – disqualifiziert.

Von den vier Gruppen der Wahlbedingungen zeigt die erste Gruppe, die Anwendungsverhältnisse, auf welches Problem sich die Gerechtigkeitsprinzipien beziehen und daß es sich dabei um ein reales Problem der Menschen handelt. Rawls' im Anschluß an Hume und andere vertretene These lautet: Gerechtigkeitsprobleme betreffen konkurrierende Ansprüche auf die Produkte gemeinsamer Arbeit, und solche konkurrierenden Ansprüche entstehen deshalb, weil für die Menschen Zusammenarbeit sowohl möglich als auch notwendig ist. Die Anwendungsverhältnisse definieren den Gegenstandsbereich von Gerechtigkeitsprinzipien, und zwar ohne daß man irgendwelche Wahrscheinlichkeits- und Wünschbarkeitserwägungen anzustellen hätte. Ihrem methodischen Anspruch nach gehören die Anwendungsverhältnisse zu den nicht mehr hintergehbaren Voraussetzungen eines jeden menschlichen Handelns. Gegenüber allen Wahlakten haben sie einen *a priori* Status. Im übrigen werden – sofern die Anwendungsverhältnisse nicht zutreffen – nicht andere Gerechtigkeitsprinzipien gewählt, sondern die ganze Aufgabe, die Wahl von Gerechtigkeitsprinzipien, wird gegenstandslos.

Die zweite Gruppe der Wahlbedingungen, die formalen Bedingungen für den Begriff des Rechten, definieren jene Minimalbedingungen, die jeder Satz erfüllen muß, sofern er ein Grundsatz der Gerechtigkeit sein will. Aufgrund dieser Bedingungen werden eine Vielzahl von Optionen ausdrücklich ausgeschieden, nämlich alle Spielarten von Egoismus, aber wiederum ohne auf Wahrscheinlichkeiten und Wünschbarkeiten zu achten, vielmehr als *a priori* gültige Einschränkung jedes Trachtens nach persönlichem Nutzen.

Schließlich werden durch den Schleier des Nichtwissens Fragen persönlicher Wünschbarkeit ausdrücklich ausgeschaltet. Gemäß dem Schleier der Unwissenheit kennt man weder seine natürliche und gesellschaftliche Lage noch die besondere Situation und Ordnung der Gesellschaft, in der man lebt. Zwar verfügt man über sozialwissenschaftliches Gesetzeswissen, allerdings ohne das komplementäre Wissen um die soziokulturellen und individuellen Randbedingungen, so daß jede Prognose über die besondere gesellschaftliche und/oder persönliche Situation und eine darauf basierende Kalkulation von spezifischen Wahrscheinlichkeiten und Wünschbarkeiten von vornherein unmöglich sind.

Nur durch die Rationalitätsbedingung kommen entscheidungstheoretische Überlegungen in Rawls' Wahl der Gerechtigkeitsprinzipien herein. Dadurch soll die einzige Alternative ausgeschieden werden, die nicht schon durch andere, durch nichtentscheidungstheoretische Erwägungen ausgeschlossen ist: die Position des Utilitarismus in ihren verschiedenen Varianten. Aber die Argumentation, die Rawls hier vorträgt und die seines Erachtens zur Maximin-Regel bzw. dem Unterschiedsprinzip führt, ist vom Standpunkt der Entscheidungstheorie selbst fragwürdig.

VI.

Rawls ist davon überzeugt, daß die Umformung des Problems der Rechtfertigung von Gerechtigkeitsprinzipien in ein Problem der rationalen Wahl ihm die entscheidende Waffe gegen den Utilitarismus liefere. Denn es sei im wohlvertretenen Selbstinteresse eines jeden, sich gegen den Utilitarismus und für Rawls' Gerechtigkeitsprinzipien zu entscheiden (§§ 26 ff.). Indessen:

Selbst wenn man mit Rawls in seiner anti-utilitaristischen Intention konform geht, kann man sich dabei nicht auf entscheidungstheoretische Argumente als solche berufen. Denn solange man ausschließlich von der Idee der Rationalität ausgeht und empirische oder quasi-empirische, zudem recht kontroverse Überlegungen zur Risikobereitschaft der Wählenden ausschließt, bezeichnen nicht die Prinzipien von Rawls, sondern bezeichnet das utilitaristische Prinzip des maximalen Durchschnittsnutzens das Beste, was ein jeder für sich erwarten kann. Denn eine politisch-soziale Ordnung, deren Durchschnittsnutzen für die Betroffenen höher als der jeder anderen bekannten politisch-sozialen Ordnung ist, hat auch den maximalen Erwartungswert an Wünschbarkeit für jedes Individuum.[7]

Zum absoluten Primat der Grundfreiheiten gegenüber ökonomischen und sozialen Gütern: Rawls' intuitive Argumente, die er gegen den Utilitarismus ins Feld führt, sprechen keineswegs gegen den Utilitarismus selbst, sondern allenfalls dafür, daß eine bestimmte Art und Weise, den maximalen Durchschnittsnutzen zu berechnen, fehlgeht. Rawls behauptet, daß jedermann mehr an grundlegenden Freiheiten als an sozialen und ökonomischen Vorteilen interessiert sei. Deshalb würde keiner eine Einschränkung seiner Grundfreiheiten zugunsten von sozialen und ökonomischen Vorteilen annehmen, die Vorteile könnten noch so hoch sein, wie sie wollten. Falls diese These über die Präferenzstruktur der Menschen zutrifft – eine zureichende Begründung vermißt man –, dann schlägt sie sich in den entsprechenden Graden an Wünschbarkeit von Grundfreiheiten und von sozialen und ökonomischen Vorteilen nieder. Daraus folgt, daß solche Gesellschaftsordnungen, die Rawls zu Recht als eminent ungerecht betrachtet, auch vom utilitaristischen Prinzip des Durchschnittsnutzens ausgeschlossen würden, nämlich nicht nur Gesellschaftsordnungen, die Sklaverei erlauben, sondern auch solche, die irgendwelche Beeinträchtigungen von Grundfreiheiten zulassen, sofern sie nur durch größere soziale und/oder ökonomische Vorteile ausgeglichen werden. Und solche Gesellschaftsordnungen sind in dem Sinn *a priori* ausgeschlossen, daß sie sich allein aufgrund der genannten Präferenzstruktur verbieten, ohne daß man – wie es Rawls glaubt – zusätzliche Annahmen einführen müßte. Falls jedermann mehr an Grundfreiheiten als an sozialen und ökonomischen Vorteilen interessiert ist, dann kann der maximale Durchschnittsnutzen keine Beeinträchtigung der Grundfreiheiten erlauben.

Zum Unterschiedsprinzip: Es wird nicht durch entscheidungstheoretische Überlegungen für sich legitimiert. Ohne die zusätzliche empirische Annahme einer pessimistischen Welteinstellung auf seiten der Wählenden, ohne deren Befürchtung, eher am Boden als an der Spitze der sozial-ökonomischen Hierarchie zu leben, wählt man viel eher das utilitaristische Prinzip des maximalen Durchschnittsnutzens als das Unterschiedsprinzip.[8] –

Diese knappen Hinweise haben vorläufigen Charakter. Sie sollen nur darauf aufmerksam machen, daß selbst dort, wo Rawls tatsächlich entscheidungstheoretische Argumente verwendet, sie nicht so ohne weiteres zu seinen Gerechtigkeitsprinzipien führen (vgl. auch Harsanyi u. a.). Rawls' Kritik des Utilitarismus begründet sich nicht aus der Idee der Rationalität – diese scheint viel eher den Utilitarismus zu bekräftigen – als aus anderen Argumenten. Auch in diesem Zusammenhang bedarf es eher begrifflicher Analysen als entscheidungstheoretischer Überlegungen. Entscheidungstheoretische Erwägungen können vielleicht zeigen, warum aus der Idee der Rationalität entweder die utilitaristischen oder Rawls' Prinzipien der Gerechtigkeit folgen. Aber damit wird nicht die Frage beantwortet, ob die Rationalitätsprämisse hier überhaupt angemessen ist. Falls sich das utilitaristische Prinzip der Gerechtigkeit aus der Rationalitätsprämisse ableiten läßt, so spricht dies nicht von vornherein gegen Rawls' Prinzipien. Es kann ebenso gut gegen Rawls' Versuch sprechen, für seine Gerechtigkeitsprinzipien von einer ursprünglichen Situation aus zu argumentieren, für die der Rationalitätsbegriff ein wesentliches Element darstellt. Wenn die utilitaristischen Prinzipien sich mit Notwendigkeit aus Rawls' Entwurf der ursprünglichen Situation ergeben, so könnte dies ebenso Anlaß sein, von Wahlbedingungen auszugehen, für die die Rationalitätsprämisse nicht gilt. So findet man sich einmal mehr von entscheidungstheoretischen Erwägungen zu Analysen des Gerechtigkeitsbegriffs zurückgeworfen. Kurz: Indem Rawls einen solch starken Nachdruck auf den entscheidungstheoretischen Ansatz legt, verzerrt er die tatsächliche Struktur der Argumentation. Die Bedeutung der Entscheidungstheorie für die Rechtfertigung von Gerechtigkeitsprinzipien ist weit geringer als es manche Entscheidungstheoretiker annehmen.

Literatur

Daniels, H. (Hrsg.), *Reading Rawls. Critical Studies of ›A Theory of Justice‹*, Oxford 1975.

Hansson, B., The Appropriateness of the Expected Utility Model, in: *Erkenntnis* 9 (1975) 175-193.

Harsanyi, J. C., Can the Maximin Principle Serve as a Basis for Morality? A Critique of John Rawls's Theory, in: *The American Political Science Review* 69 (1975) 594-606.

Höffe, O., *Strategien der Humanität. Zur Ethik öffentlicher Entscheidungsprozesse*, Freiburg-München 1975.

Höffe, O. (Hrsg.), *Über John Rawls' Theorie der Gerechtigkeit*, Frankfurt/M. 1977.

Jeffrey, R. C., *The Logic of Decision*, New York [2]1967; dt. *Logik der Entscheidungen*, Wien-München 1967.

Rawls, J., *A Theory of Justice*, Oxford 1972; dt. *Eine Theorie der Gerechtigkeit*, Frankfurt/M. 1977.

Stegmüller, W., *Probleme und Resultate der Wissenschaftstheorie und Analytischen Philosophie*, Bd. IV/1: Personelle Wahrscheinlichkeit und Rationale Entscheidung, Berlin-Heidelberg-New York 1973.

Tversky, A., A Critique of Expected Utility Theory: Descriptive and Normative Considerations, in: *Erkenntnis* 9 (1975) 163-173.

Vickers, J. M., Utilities and its Ambiguities, in: *Erkenntnis* 9 (1975) 287-311.

Anmerkungen

1 Für eine umfassendere Beurteilung durch den Vf. vgl. in diesem Band: Kritische Einführung in Rawls' Theorie der Gerechtigkeit; zur gegenwärtigen Rawls-Diskussion vgl. die von Daniels und Höffe herausgegebenen Sammelbände (dort weitere Literatur).

2 Grundlegende Darstellungen bei Jeffrey und Stegmüller; einige der neuesten kritischen Überlegungen bei Tversky, Hansson, Vickers u. v. a. m.; vgl. auch Vf., 1975, Teil I: Kritik am Paradigma Nutzenkalkulation, sowie in diesem Band: Rationalität, Dezision oder praktische Vernunft.

3 Aristoteles beginnt seine Ethik mit der Bestimmung des Guten als des Worumwillen, d. h. als des Zieles, jeden Strebens und identifiziert das höchste Worumwillen, das sittlich Gute, mit einem Ziel, das nur noch für sich selbst, nicht auch für etwas anderes gut ist. Dieses Ziel, das Glück im Sinne von autarkeia, gilt als Prinzip und Kriterium allen menschlichen Handelns (*Nikomach. Eth.*, Kap. I 1-6; X 6-9). Kant interpretiert das moralisch Gute als das, »was ohne Einschränkung für gut könnte gehalten werden« (*Grundlegung zur Metaphysik der Sitten*, 1. Abschn.) bzw. als objektives oder praktisches Gesetz, das »für den Willen jedes vernünftigen Wesens gültig« ist (*Kritik der praktischen Vernunft*, § 1) und bestimmt dann als Kriterium sittlicher Verbindlichkeiten den kategorischen Imperativ und als subjektive Bedingung der Möglichkeit sittlichen Handelns die Freiheit im transzendentalen Verstand.

4 *Kritische Einführung* . . ., a.a.O., Abschn. IV.

5 Vgl. in diesem Band: Strategien politischer Gerechtigkeit.

6 Vgl. in diesem Band: Zur vertragstheoretischen Begründung politischer Gerechtigkeit: Hobbes, Kant und Rawls im Vergleich.

7 L. Kern hat in seiner Diskussionsbemerkung zum Referat (*Erkenntnis* 11 [1977] 449 f.) zu Recht darauf aufmerksam gemacht, daß hier die Anerkennung der Annahme der gleichen Wahrscheinlichkeit aller sozialen Zustände (Laplace-Regel) vorausgesetzt ist. Im Unterschied zu Überlegungen zur Risikobereitschaft folgt diese Annahme m. E. aber aus wahrscheinlichkeits- und damit auch genuin entscheidungstheoretischen Erwägungen, nicht aus empirischen oder quasi-empirischen Zusatzannahmen.

8 Vgl. auch Vf., Zur Bedeutung entscheidungstheoretischer Denkfiguren für die Begründung von Recht, Abschn. III (Vortrag auf der Tagung der Internat. Verein. f. Rechts- und Sozialphilos., dt. Sektion, München 4. 9. 1978).

8. Sind Moral- und Rechtsbegründung kommunikations-(konsens-, diskurs-) theoretisch möglich? – Einige Thesen*

In der zeitgenössischen Diskussion zur Begründung normativer Grundsätze von Moral und Recht stehen zwei Familien von Theorien bzw. Theorieansätzen im Mittelpunkt: die nutzenkalkulatorische und die kommunikative Familie. Während die einen sittlich richtiges Handeln bzw. sittliche Normen (moralische oder rechtliche Grundsätze) aus der Kalkulation individuellen oder kollektiven Nutzens zu begründen suchen, sehen die anderen das höchste normative Kriterium, das Prinzip von Moral und Recht, in Prozessen gelingender Kommunikation. Die kalkulatorischen Positionen sind vor allem im englischen Sprachraum und im Umkreis ökonomischen Denkens beheimatet; dazu gehören insbesondere der Utilitarismus in seinen verschiedenen Varianten, die Sozialwahltheorien (Wohlfahrtsökonomie) und in *dem* Sinn auch Rawls, als er sich des entscheidungs- und spieltheoretischen Grundrahmens bedient. Gegen diese nutzenkalkulatorischen Ansätze läßt sich schon einwenden, daß sie ihr normatives Prinzip (die utilitaristische Maxime, die Kriterien der Sozialwahlfunktionen bzw. die Elemente der ursprünglichen Situation) nicht selbst nutzenkalkulatorisch begründen und deshalb bestenfalls eine Teilaufgabe im Begründungsprozeß übernehmen können.[1] Überdies läßt sich gegen diese Teilaufgabe selbst, gegen die nutzenkalkulatorischen Moral- bzw. Rechtskriterien, einwenden, daß sie die Handlungsalternativen und vor allem die individuellen Interessen zwar insgesamt evtl. als variabel, jedenfalls in bezug auf Legitimationsverfahren jedoch als fertige Daten voraussetzen. Eine kritische Distanz sowie eine Reflexion und Veränderung der Individualinteressen ist aus dem Verfahren grundsätzlich herausgenommen.[2]

Diesen Mangel an Interessenreflexion suchen die kommunikativen Ansätze zu beheben, Ansätze, zu denen in jüngster Zeit vor

* Originalbeitrag (basiert auf Thesen, die für den 16. Weltkongreß für Philosophie – Düsseldorf, 27. 8.-2. 9. 1978 – vorbereitet worden sind).

allem die von der konstruktivistischen Ethik (P. Lorenzen, O. Schwemmer, F. Kambartel u. a.) entwickelten Modelle transsubjektiver Beratung gehören, ferner Habermas' immer wieder neue Ansätze zu einer Theorie herrschaftsfreier Kommunikation, auch Apels Gedanken zur idealen Kommunikationsgemeinschaft und schließlich in *dem* Sinn auch Rawls' Gerechtigkeitstheorie, als sie auf vertragstheoretische Ansätze zurückgreift.

Kommunikation meint ganz allgemein, weder einander gleichgültig zu sein noch gegeneinander, vielmehr miteinander zu agieren. Kommunikation als Grundstruktur von Normenbegründung verstanden – andere mögliche Aufgaben bleiben hier außer Betracht[3] – sucht angesichts konkurrierender Normen (normativer Grundsätze) weder eine gewaltsame noch eine autoritäre Lösung, sondern stattdessen das Sich-miteinander-Beraten – mit dem Generalinteresse (Basiswillen), zu einer gemeinsamen, von allen anerkannten Überzeugung über die Grundsätze zu gelangen. Die gemeinsame Überlegung mit dem Ziel, eine Übereinstimmung, einen Konsens zu finden, gilt als das höchste normative Kriterium für die sittliche Richtigkeit der Grundsätze von Moral und Recht (wobei im allgemeinen nicht ein beliebiger Konsens, sondern ein unter *idealen* Bedingungen zustande gekommener Konsens als Kriterium gilt).

Nun hat eine umfassende Theorie der Begründung von Moral- und/oder Rechtsnormen mindestens folgende vier aufeinander bezogene Aufgaben:

(1) die Explikation der Begriffe von Moral und Recht (Was sind moralische bzw. rechtliche Normen [Grundsätze] im Verhältnis zueinander und zu anderen Normen [normativen Grundsätzen]?);

(2) die Konstitution des Moral- bzw. Rechtssubjekts (Was ist [sind] die subjektiven Bedingung[en] der Möglichkeit sittlichen [moralischen, rechtlichen] Handelns? d. h. wodurch konstituiert sich ein sittliches [moralisches, rechtliches] Subjekt?);

(3) die Begründung: die Explikation und/oder Legitimation, eines höchsten Kriteriums sittlicher Grundsätze, die Aufstellung des Moral- bzw. Rechtskriteriums;

(4) die Spezifikation von Sittlichkeit: die Legitimation von sittlichen bzw. die Disqualifikation von nichtsittlichen Grundsätzen mit Hilfe des Moral- bzw. Rechtskriteriums.

Angesichts dieser Unterscheidung einer vierfachen Aufgabe

geht es in Kommunikations-(Konsens-, Diskurs-)Theorien nicht um das gesamte Feld von Moral- bzw. Rechtsbegründung, sondern primär nur um einen Teil, nämlich um die vierte Aufgabe; es geht um ein (prozedurales) Kriterium zur Überprüfung von Normen (Grundsätzen) als sittlicher bzw. nichtsittlicher. *Kommunikationstheorien sind nicht Begründungstheorien schlechthin, sondern vor allem Geltungs- und nicht auch Explikations- und Konstitutionstheorien von Moral und Recht.*

In bezug auf diese Teilaufgabe lassen sich bei den Kommunikationstheorien idealtypisch zwei verschiedene Formen unterscheiden, Theorien, die ein historisch-faktisches Miteinanderreden oder -überlegen, die eine *reale* Kommunikation für das höchste normative Kriterium halten, und solche, die es in einer unter besonderen Bedingungen stehenden, die es in einer *idealen* (idealisierten) Kommunikation sehen. Zwar gehören die philosophisch ernst zu nehmenden Kommunikationstheorien nur zum Muster idealer Kommunikation. Da sich aber diese Theorien idealer Kommunikation selbst einer (impliziten) Kritik von Theorien realer Kommunikation verdanken und um die Theorien idealer Kommunikation gegenüber naiven Vorstellungen und deren Kritik zu verteidigen, beginnt die folgende thesenhafte Skizze einer Analyse mit dem Grundmuster realer Kommunikation.

I. Theorien realer Kommunikation: pragmatische und ethische Kritik

Nimmt man einen realen Kommunikationsprozeß als Kriterium für Moral und Recht, so lassen sich gegen eine solche Auffassung – in lockerer Folge – mindestens sechs Argumente anführen:

1. Ein erstes Argument gegen diesen Theorieansatz beruft sich auf die uns allen vertraute Erfahrung, daß nicht jedes Miteinanderreden und -überlegen zu einem Konsens führt. Gerade auch im Bereich normativer Konflikte und selbst bei einem generell vorhandenen (Basis-)Willen (Generalinteresse), den Konflikt zu beenden, können die jeweils vertretenen normativen Grundsätze einerseits so deutlich verschieden und andererseits so tief verwurzelt sein, daß eine Einigung faktisch nicht möglich wird. Selbst die Fragen nach den letzten Verbindlichkeiten erweisen sich in den entsprechenden Debatten um die »Grundwerte« einer sitt-

lich-politischen Gemeinschaft als kontrovers. Aus vielerlei Gründen, die als solche hier nicht näher ausgebreitet werden müssen, führt reale Kommunikation weder notwendig noch bloß faktisch, weder immer noch auch nur meistens zu einem Konsens.

2. Zudem machen wir alle die Erfahrung knapper Zeit: Menschliches Handeln steht sowohl in seinen persönlichen wie in seinen öffentlichen Aspekten unter einem Entscheidungszwang. Eine Situation fordert zu einem Tun oder Lassen auf, und nicht jede Situation läßt beliebig viel Zeit zur Entscheidung über das Tun oder Lassen bzw. die sie leitenden normativen Grundsätze. Wir alle brauchen mannigfache Güter, die hergestellt und verteilt werden müssen; wir suchen Informationen; Kinder, Jugendliche und Erwachsene brauchen Bildungseinrichtungen usw., so daß es normative Grundsätze des Wirtschafts-, Presse-, Bildungswesens ... allemal braucht und diese Institutionen nicht einfach so lange suspendiert werden können, bis man sich bei allen Beteiligten und Betroffenen auf gemeinsame Grundsätze geeinigt hat. Überdies gilt ganz allgemein gesprochen auch hier der Grundsatz: ars longa, vita brevis: die Suche nach Verständigung kann lang, das Leben aber sehr kurz sein.

3. Ferner gilt der Konsens zunächst nur für diejenigen, die an seinem Zustandekommen Anteil gehabt haben; in der Regel ist aber nicht jeder Betroffene auch Beteiligter der Konsensprozesse. Was in den Beratungspraktiken einiger Eingeborenenstämme oder in den Landgemeinden kleinerer schweizerischer Kantone angenähert realisiert sein mag, ist bei größeren Territorien und mehr Einwohnern schon technisch-organisatorisch nicht durchführbar. Auch gibt es prinzipielle Hindernisse. Solange es Geisteskranke, Pflegefälle und vor allem auch (Klein-)Kinder gibt, existieren Personengruppen, die – unabhängig von der jeweiligen Gesellschaftsstruktur – ihre eigenen Interessen nicht adäquat zu Gehör bringen können.

4. Aber auch wenn es überhaupt zu einem Konsens kommt, dieser sogar rechtzeitig gefunden wird und überdies alle Betroffenen an ihm beteiligt waren, gibt es Argumente, die gegen einen realen Konsens als höchstes normatives Kriterium sprechen. Denn die emotionalen und intellektuellen Kompetenzen können bei den Teilnehmern der Kommunikation höchst unterschiedlich verteilt sein. Weil aber Informationsstand, Auffassungsgabe und intellektuelle Lernfähigkeit, weil Konzentrationsfähigkeit und

Beharrlichkeit bzw. Nachgiebigkeit, weil die verbalen und präverbalen Fähigkeiten der Gesprächsführung ebenso wie argumentative Kompetenzen in hohem Maß divergieren können und da der endlich erzielte Konsens von eben diesen Divergenzen wesentlich mitbestimmt ist, kann er nicht in dem Minimalsinn von Vernünftigkeit ein vernünftiger Konsens genannt werden, daß in dem erzielten Konsens alle Beteiligten *gleicherweise* präsent sind. Auch in einer Beratung entscheidet nicht immer der gute Wille und das bessere Argument. Oft genug setzen sich jene Beratungsteilnehmer durch, die berühmter sind, die mehr Anhänger haben, die emotional stärker, die rhetorisch gerissener und/oder argumentativ überzeugender sind. So steht jeder historisch-faktische Konsens im Verdacht, auf die Weise eines »Diskussions- und Argumentationsdarwinismus« zustande gekommen zu sein.

5. Weiterhin kann reale Kommunikation und damit auch der aus ihr resultierende Konsens durch Faktoren wie: Selbsttäuschung über eigene Interessen, Irrtümer über Tatbestände, voreiliges Urteilen und emotionale Barrieren verzerrt sein. Und außer solchen Oberflächenverzerrungen können auch Tiefenverzerrungen: strukturelle Vorurteile, ideologische Befangenheit, neurotische und psychotische Faktoren mit am Werk sein.

6. Schließlich können in einen realen Konsens Elemente von Täuschung, von Lüge und Betrug, von Gewalt oder Gewaltandrohung, von Sanktionen eingehen. Solche Faktoren stehen aber in einem offensichtlichen Widerspruch zur Aufgabe einer Moral- und Rechtsbegründung. Dann aber ist dieser Schluß unumgänglich: *Ein naturwüchsiger Kommunikations- und Einigungsprozeß ist als solcher kein geeignetes Moral- und Rechtskriterium.*

II. Theorien idealer Kommunikation: ein Begründungszirkel

Wegen der ethisch-pragmatischen Schwierigkeiten, mit denen die Theorien realer Kommunikation konfrontiert sind, gehen die entscheidenden Vertreter des kommunikativen Ansatzes von einem normativen Begriff, von einem Begriff idealer Kommunikation aus. Nicht jedes beliebige Miteinandersprechen, nicht jede naturwüchsige Übereinstimmung gilt als höchstes Kriterium normativer Grundsätze, sondern allein eine Kommunikation (ein

Konsens), die unter idealen Bedingungen stattfindet. Die genaue Formulierung dieser Bedingungen ist bei den verschiedenen Vertretern recht unterschiedlich: Rawls stellt 1951 (Outline of Decision Procedure for Ethics, in: The Philosophical Review 60) Kriterien des kompetenten Moralbeurteilers und 1971 (A Theory of Justice) verschiedene Elemente der ursprünglichen Situation (original position), so vor allem den Schleier der Unwissenheit (veil of ignorance), auf; die Vertreter der konstruktivistischen Ethik setzen einerseits voraus, daß alle Betroffenen auch Teilnehmer der Beratung sind, und gehen andererseits von einem kommunikativen Interesse bei jedem Teilnehmer, einem Interesse an Konfliktbewältigung, aus; Habermas spricht von der vierfachen Chancensymmetrie der idealen Sprechsituation und Apel erklärt die argumentative Überprüfung zu jenem Prototyp von Sprachspiel (Lebensform), nach deren Grundmuster die Moral- und Rechtsbegründung vor sich zu gehen haben. Weitere explizite oder implizite Voraussetzungen idealer Kommunikation bestehen darin, daß Leib und Leben der Kommunikationspartner als unverletzlich gelten, daß man bewußt, freiwillig und täuschungsfrei den Konsens sucht usw.

Mit diesen Bedingungen (Vorbedingungen oder Strukturmerkmalen) sind fundamentale normative Grundsätze benannt, denen der Kommunikationsprozeß unterliegt, sofern er als Kriterium für Moral- und Rechtsbegründung taugen soll. Ohne diese Bedingungen im einzelnen auf ihre Plausibilität für sich und im Verhältnis zueinander zu prüfen, läßt sich rein formal sagen: Die Theorien idealer Kommunikation befinden sich in einem Zirkel. Denn mindestens ein Teil jener normativen Grundsätze, die auf ihre Gültigkeit allererst geprüft werden sollen, werden schon als gültig vorausgesetzt; *normative Elemente, für die doch noch ein Kriterium gesucht ist, gehen in die Definition eben dieses Kriteriums ein.* Überdies sind es nicht irgendwelche normativen Elemente, sondern gerade jene fundamentalen und schlechthin gültigen normativen Elemente, die als normative *Grund*sätze der Hauptgegenstand einer Moral- und Rechtsbegründung sind. Nicht eine Kommunikation (ein Diskurs) unter den genannten Bedingungen, sondern das Verfahren zur Begründung eben dieser Bedingungen stellt die erste Aufgabe der Normenbegründung dar, jene Aufgabe, die Moral- und/oder Rechtsbegründung heißt.

Die Aufgabe der Moral- und Rechtsbegründung ist deshalb eine

Stufe radikaler anzusetzen. Sie beginnt mit einer formalen Analyse des Begriffs des *sittlich* Guten als des schlechthin oder unbedingt Guten, um zunächst aus der großen Palette normativer Grundsätze die spezifisch sittlichen Grundsätze herauszuheben und sie dann für sich zu bestimmen und um schließlich im Durchgang durch eine solche Begriffsanalyse (Explikation des *moral point of view*) in bezug auf Moral zur Autonomie des Willens bzw. zur Universalisierbarkeit von Willensgrundsätzen, den Maximen[4], und in bezug auf Recht zur Idee wechselseitiger Einschränkung und Sicherung von Freiheit nach streng allgemeinen, nach universaliter zustimmungsfähigen Grundsätzen (etwa den Menschenrechten bzw. Grundrechten) zu gelangen.[5] Solche Maximen bzw. Rechtsgrundsätze mögen sich als Bestimmungselemente (idealer) Kommunikation erweisen. So sind die zu den Rechtsgrundsätzen gehörenden Menschen- bzw. Grundrechte allgemeine Voraussetzungen der gegenseitigen Anerkennung von Personen und ihrer freien Entfaltung, durch die die Personen vor Übergriffen sowohl der Staats-(Herrschafts-)Organe als auch der Mitbürger geschützt werden; und in diesem Sinn handelt es sich um allgemeine Bedingungen von (idealer) Kommunikation. Deshalb muß man – unter Einklammerung der oben genannten Explikations- und Konstitutionsaufgaben – sogar mindestens drei Ebenen in der Normenbegründung unterscheiden:

(1) Die Aufstellung eines Moral- bzw. eines Rechtskriteriums: der Universalisierbarkeit von Willensgrundsätzen (Moral) bzw. von Grundsätzen der Konfliktbewältigung (Recht).

(2) Die Begründung von Grundsätzen der Moralität bzw. der politischen Gerechtigkeit nach Maßgabe des Moral- bzw. Rechtskriteriums. Dazu gehört auch die Aufgabe zu zeigen, warum die Beziehung zwischen Menschen vom Standpunkt der Moralität bzw. Gerechtigkeit her gesehen eine Kommunikationsstruktur haben soll und worin diese Kommunikationsstruktur liegt.

(3) Die Vermittlung solcher normativer Leitprinzipien mit konkreter Lebenswirklichkeit, eine Vermittlung, die gemäß den Resultaten von (2) eine kommunikative Grundstruktur haben mag.[6]

Das genannte Kriterium der Universalisierbarkeit (von Willensgrundsätzen bzw. Konfliktlösungsgrundsätzen) unterscheidet sich nun darin von den Kommunikationstheorien, daß dieses Kriterium keinen Einigungsprozeß geschichtlich handelnder und verhandelnder Personen beinhaltet, weder einen Einigungsprozeß unter realen noch einen unter idealen Bedingungen. Es handelt sich vielmehr um ein Gedankenexperiment, ein Gedankenexperiment, das die Bedingungen (idealer) Kommunikation allererst legitimiert. Nicht in der realen oder der idealen Kommunikation, sondern in einem solchen Gedankenexperiment (oder einem analogen Kriterium) findet sich der höchste Maßstab von Moral und Recht.

Anmerkungen

1 Zu Rawls vgl. in diesem Band: Zur Rolle der Entscheidungstheorie bei der Rechtfertigung von Gerechtigkeitsprinzipien.
2 Näherhin Vf., *Strategien der Humanität. Zur Ethik öffentlicher Entscheidungsprozesse,* Freiburg-München 1975, Teil I: Kritik am Paradigma Nutzenkalkulation.
3 Zur kommunikativen Grundstruktur öffentlicher Entscheidungsprozesse vgl. in diesem Band: Strategien politischer Gerechtigkeit; zur Kritik der konstruktivistischen Ethik unter diesem Aspekt siehe Vf., Strategien . . ., a.a.O., Kap. 9.
4 Vgl. in diesem Band: Kants kategorischer Imperativ als Kriterium des Sittlichen.
5 Vgl. in diesem Band: Herrschaftsfreiheit oder gerechte Herrschaft? Abschn. IV.
6 Vgl. Anm. 3.

9. Anhang: Kritische Überlegungen zur Konsensustheorie der Wahrheit (Habermas)*

I.

Eine Ansicht, die im Widerspruch zu allgemein anerkannten Vorstellungen steht, heißt paradox. Diese wörtliche Bestimmung trifft auf die jüngste, die Konsensustheorie der Wahrheit mit ihrem Versuch zu, ihren Gegenstand aus der Beziehung von Aussagen auf das Urteil anderer zu erläutern. Gewiß ist der Ausdruck »Wahrheit« sowohl im umgangssprachlichen wie im wissenschaftlichen und philosophischen Reden nicht eindeutig. Indessen greift die Konsensustheorie selbst jene Bedeutung heraus, die wir mit dem Ausdruck Wahrheit vornehmlich verbinden: Wahrheit im Sinne von Aussagenwahrheit. Trotz dieser grundsätzlichen Gemeinsamkeit wendet sie sich gegen das, was man gewöhnlich unter einer wahren Aussage versteht: nicht eine Behauptung, sofern sie Zustimmung findet, vielmehr eine, die Sachverhalte behauptet, wie sie tatsächlich zutreffen. Ähnlich charakterisiert die Grundformel, die sich bis in die Gegenwart als Ausgangs- und Bezugspunkt der philosophischen Diskussion behauptet hat, die Adäquationsformel, die Wahrheit als Übereinstimmung von Denken und Sache (veritas est adaequatio intellectus et rei)[1]. Der Konsens gilt hier weder als Grund noch als Kriterium von Wahrheit, vielmehr in genauem Gegensatz die Wahrheit als Grund und Kriterium eines legitimen Konsenses. Zwar ist die Adäquationsformel noch in hohem Maße vage. Sie läßt offen, was mit Denken (intellectus) und Sache (res) gemeint, wie die Beziehung der adaequatio (auch: correspondentia, conformitas, convenientia) des näheren zu verstehen und vor allem auch philosophisch zu legitimieren sei. Aber die Konsensustheorie ist nicht deshalb paradox, weil sie die Adäquationsformel erläutern und begründen will. Sie ist es, weil sie die Formel nur als *negativen* Bezugspunkt gelten läßt. Die Konsensustheorie in ihrer jüngsten Gestalt, in Habermas' Beitrag zur Festschrift für Walter Schulz[2], tritt nicht als Fortsetzung, sondern allein in

* *Philosophisches Jahrbuch* 83 (1976) 313-332 (durchgesehen).

Abgrenzung zu jener Position auf, die von der Adäquationsformel ausgeht, der Korrespondenztheorie.

Auch wenn sich Habermas von anderen Vertretern einer Konsensustheorie kritisch absetzt, ist er sich mit ihnen doch in wesentlichen Punkten einig. Für die pragmatische Wahrheitstheorie eines Peirce, für die Konzeption der interpersonalen Verifikation von Kamlah und Lorenzen sowie für Habermas' Konsensus- oder Diskurstheorie ist folgendes charakteristisch.

1. Sie beziehen sich ausschließlich oder in erster Linie auf Aussagenwahrheit.

2. Sie definieren diese durch ein Verfahren der Feststellung von wahren Aussagen.

3. Dieses Verfahren geht von der Gesprächssituation aus und ist an der geglückten Übereinstimmung orientiert.

4. Übereinstimmung meint letztlich nicht ein historisch-faktisches Ereignis; sie ist normativ als wahrer Konsens oder sachgemäße Übereinstimmung verstanden.

5. Als wahrer Konsens gilt die potentielle Übereinstimmung aller oder aller, die kompetent sind.

(Die Unterschiede zwischen den einzelnen Vertretern betreffen in erster Linie den Anspruch, den sie mit ihrer Position verbinden, sowie die Aussagen über das Verifikationsverfahren.)

Habermas' eigener Beitrag zu einem Problemkomplex, der im philosophischen Denken seit je einen besonderen Rang einnimmt, der Wahrheitsproblematik, besteht aus zwei Teilen[3]. In der philosophischen Diskussion hat man, so der erste, der kritische Teil (besonders die Abschnitte I-III), verschiedene Wahrheitstheorien vertreten, die zwar jeweils richtige Beobachtungen enthalten, aus ihren Beobachtungen jedoch falsche Schlußfolgerungen gezogen haben und deshalb der Aufgabe einer Wahrheitstheorie nicht gerecht werden. Die bisherigen Wahrheitstheorien (außer der Korrespondenztheorie auch die Evidenztheorie, die semantische und die transzendentale Wahrheitstheorie, die pragmatische sowie die analytische Wahrheitstheorie) sind letztlich allesamt zu verwerfen. Man muß sie, so der zweite, der konstruktive Teil (besonders die Abschnitte IV-V), durch eine neue Wahrheitstheorie, eben durch Habermas' Variante der Konsensustheorie (S. 218 u. a.), auch Diskurstheorie genannt (S. 264, Anm. 33), ersetzen.

Der so in äußerster Verkürzung skizzierte Gedankengang entwickelt keine Korrektiv-Theorie, die lediglich einen bisher vernachlässigten Aspekt zur Sprache bringen soll. Er enthält vielmehr den Anspruch, in der Konsensustheorie finde sich der Ansatz der einzig angemessenen Wahrheitstheorie. Ob dieser Anspruch Habermas' tatsächlicher Leistung entspricht, – zu diesem Fragenkomplex sollen drei ineinander verschränkte Überlegungsreihen vorgetragen werden:

1. Ist die Suche nach einer einzigen, in sich homogenen Wahrheitstheorie überhaupt sinnvoll?

2. Kommt Habermas' Konsensustheorie tatsächlich ohne Elemente jener Theorien aus, die er ablehnt, ohne Elemente einer transzendentalen Theorie sowie einer Kohärenz- und einer Korrespondenztheorie der Wahrheit?

3. In welchem Sinn wird durch Habermas eine Konsensustheorie der Wahrheit begründet?

II.

1. Den Anspruch, die einzig richtige Wahrheitstheorie zu entwikkeln, haben andere moderne Wahrheitstheoretiker zu Recht entschieden von sich gewiesen[4]. Ein solcher Anspruch hat nämlich mindestens zwei sachliche Schwierigkeiten. Während auf der einen Seite der Ausdruck »Wahrheit« noch so unbestimmt ist, daß für die Aufgabe einer Wahrheitstheorie eine einzige klare Lösung gar nicht möglich erscheint, ist auf der anderen Seite der Ausdruck »(philosophische) Theorie« so umfassend, daß eine in sich nicht weiter differenzierte Konzeption kaum als sinnvoll gelten kann[5].

Habermas beginnt seinen Aufsatz mit der Vorfrage: ›Wovon dürfen wir sagen, es sei wahr oder falsch, von Sätzen, Äußerungen oder Aussagen? (S. 211) Bevor diese Frage entschieden wird, schon durch die begrenzte Auswahl des Alternativenspektrums wird der allgemeine, noch mehrdeutige und unscharfe Ausdruck »Wahrheit« von vornherein auf eine bestimmte Bedeutung, die Aussagenwahrheit, festgelegt. Dieser jede umständliche Einleitungsbemerkung vermeidende Anhang folgt zwei methodisch sinnvollen hermeneutischen Maximen. Er setzt bei dem geläufigsten Verständnis von Wahrheit, der Aussagenwahrheit (Urteilswahrheit, objektiven Wahrheit), an und stellt mit der Konkurrenzsituation die eigenen Überlegungen in den Zusammenhang einer kritischen Diskussion anderer philosophischer Positionen. Allerdings wird diese Diskussion stark verkürzt; denn ebenso wie in der analytischen Sprachphilosophie, dem logischen Positivismus und der Philosophie der normalen Sprache, steht auch bei Habermas die Aussagen- oder Darstellungsfunktion der Sprache im Mittelpunkt, während ihre Bedeutung für die Existenzerschließung vernachlässigt ist.

Da die Aussagenwahrheit einen Invarianzanspruch meint, Sätze (semantische Wahrheitstheorie) und Äußerungen (Austin) aber episodischen Charakter haben, entscheidet Habermas die Konkurrenz zugunsten der Aussagen (Strawson), sofern sie in einen konstativen Sprechakt eingebettet sind. Wahrheit, so bestimmt er nach dem Muster von Rechtsansprüchen, ist ein Geltungsanspruch, den wir mit konstativen Sprechakten verbinden (S. 211 f.)[6]. In dieser Bestimmung verbirgt sich Habermas' Antwort auf die Frage, was Wahrheit sei[7]. Zugleich wirft sie eine neue Frage auf, nämlich wie man Geltungsansprüche einlösen oder legitimieren könne. Und genau auf diese *andere* Frage nach der Legitimation oder Verifikation von Aussagen sucht die Konsenstheorie eine Antwort.

Die Frage, was Wahrheit eigentlich sei (nature of truth), oder auch nur die, was wir unter Wahrheit verstehen (meaning of truth), kann man aber nicht so rasch abtun, um gleich auf ein Verfahren der Überprüfung (test of truth) zuzusteuern. Insofern philosophische Grundbegriffe im allgemeinen πολλαχῶς λεγόμενα sind, bedarf es zunächst einer differenzierenden Sprachanalyse, um die im umgangssprachlichen und wissenschaftlichen Reden vorkommenden Verwendungen festzustellen und um gegenüber der anfänglichen Bedeutungsvielfalt das genaue Thema zu präzisieren. Diese noch mehr propädeutische Aufgabe setzt Habermas gewissermaßen als geschenkt voraus; Wahrheit gilt ganz selbstverständlich als Aussagenwahrheit. Dadurch sind andere Verwendungen ausgeschlossen. Insofern man umgangssprachlich aber auch von wahrem Gold oder einem falschen Freund spricht und auch bei Kunstwerken, den Religionen, selbst bei Gefühlen, Gebärden und vor allem auch bei Lebensformen die Wahrheitsfrage aufwirft, gehört zu einer umfassenden Wahrheitstheorie die Untersuchung, inwieweit es sich bei solchen Redeweisen um elliptische Formulierungen (so bei wahrem Gold), inwieweit es sich um analoge oder schlicht um äquivoke Verwendungen handelt. Auf jeden Fall ist es erforderlich, die Bedeutungsvielfalt zu explizieren und sie entweder in eine umfassende Konzeption zu integrieren oder die Beschränkung der Überlegungen auf eine bestimmte Bedeutung zu rechtfertigen[8].

Um die anderen Aspekte und Perspektiven der Wahrheitsproblematik nicht einfach wegzudefinieren, müßte man etwas tiefer ansetzen und den Begriff der Wahrheit so bestimmen, daß er nicht von vornherein ausschließlich die Aussagenwahrheit meint. Wenn man den Sinn von Wahrheit in der Erschließung von Wirklichkeit, im Zur-Erscheinung-Bringen von Seiendem, letztlich des wahrhaft Seienden (ὄντως ὄν) sieht und im simultanen Sich-zur-Erscheinung-Bringen einer Person, wenn man also Wahrheit auf Wirklichkeit *(ontologischer Wahrheitsbegriff)*[9] und auf Personsein *(subjektiver Wahrheitsbegriff)* im Modus ihrer Erschließung und Manifestation bezieht, dann ist Wahrheit nicht von vornherein auf diskursive Rede festgelegt. Wahrheit meint nicht bloß die objektive Wahrheit des Verstandes, die sich im rationalen Erkennen eines Erkenntnismaterials erfüllt und in einer Aussage manifest wird. Die Aufgabe, Seiendes und Personsein offenbar zu machen, ist aber auch von anderen Verhaltensweisen zu übernehmen, so daß man ebenso bei Kunstwerken, Religionen oder Lebensformen von einer allerdings eigentümlichen Weise der Wahrheit sprechen kann, ohne deshalb den Ausdruck äquivok, vielmehr um ihn analog zu verwenden.

Darin liegt die Bedeutung etwa von Gadamers Werk *Wahrheit und Methode*[10], daß es gegenüber der neuzeitlichen Vorherrschaft des Wahrheits- und Wirklichkeitsbegriffs der Naturwissenschaften auch für die Kunst und die geschichtliche Überlieferung eine Dimension von Wahrheit offenzulegen und in ihrer Eigenart zu bestimmen sucht. Die grundlegende Leistung ist auch dann anzuerkennen, wenn man gegen einzelne Aspekte Bedenken äußern muß, so: daß hier Praxis auf Wirkungsgeschichte, Sprache auf Verstehen verkürzt werde oder daß – mit Habermas – die »Tiefenhermeneutik« kritischer Wissenschaften (Psychoanalyse, Ideologiekritik . . .) nicht in den Blick komme[11].

Daß Habermas das Begriffsfeld verengt und damit interessante Perspektiven zur Wahrheitsproblematik unterschlägt, zeigt sich vielleicht am deutlichsten im Vergleich zum *subjektiven* (ethischen, existentiellen) *Wahrheitsbegriff*. Das Verhältnis zur Wahrheit ist nämlich nicht bloß theoretischer Natur. Zur Wahrheit gehört auch ein Moment willentlicher Zustimmung. Worauf vor allem *Kierkegaard* hingewiesen hat: die Beziehung zur Wahrheit hat ethische Voraussetzungen und ethische Konsequenzen. Für gewisse Bereiche hält Kierkegaard die ethische Dimension sogar für die alles entscheidende, vor der die Dimension der objektiven Wahrheit belanglos werde. Für das Christentum und die mit ihm gestellte Frage nach der ewigen Seligkeit sei Wahrheit primär keine intellektuelle: spekulative oder historische, vielmehr eine existentielle Leistung: etwas, das sich durch Aneignung konstituiert[12]. In bezug auf Habermas formuliert: Sofern man die Wahrheitsfragen, die sich im praktischen Diskurs stellen, die Fragen nach der Richtigkeit von Normen, Institutionen und Lebensformen, nicht abstrakt auffaßt, gelten sie der Art und Weise, wie eine Person, auch eine Gesellschaft ihr Leben führen. Mit Kierkegaard: Wahrheit liegt, vom Subjekt her gesehen, im Existieren; Wahrheit ist ein Existenzakt, und dieser ist je unabgeschlossen.

Während Kierkegaard den subjektiven Wahrheitsbegriff nicht als Ersetzung des objektiven versteht, sondern als dessen Korrektiv, unternimmt *Nietzsche* eine Radikalisierung und gleichzeitige Absolutsetzung des subjektiven Wahrheitsbegriffs. Nietzsche geht von dem Ereignis aus, das seiner Meinung nach die (objektive) Wahrheit in eine Krisis geführt hat, dem Ereignis des europäischen Nihilismus. Zum Versuch, dieses geschichtliche Ereignis aufzuklären und kraft Aufklärung zu überwinden, gehört wesentlich ein neues Bewußtsein von Wahrheit, ein subjektiver Wahrheitsbegriff, der gegenüber dem objektiven zunächst nicht eine Relativierung, sondern eine Verschärfung der Wahrheitsfrage darstellt. Die (objektive) Wahrheit wird auf ihren Legitimationsgrund hinterfragt[13] und dieser in einem vorgängigen Willen zum Erkennbar-Machen gesehen[14]. Die objektive Wahrheit wird also nach ihrer Funktion für das untersucht, was absoluten Wert hat, für das sich steigernde Leben: den sogenannten Willen zur Macht. Unter diesem für Nietzsche sich selbst legitimierenden Kriterium kann die (objektive) Wahrheit der vorstellenden Vernunft als eine der zentralen Erhaltungs- und Wachstumsbedingungen für das Leben gelten. Das Leben, ein stetes Werden, wird durch die objektive Wahrheit zwar auf eine einengende Perspektive fixiert, die sich aber dann rechtfertigt, wenn sie für ein Wesen lebensfördernd ist. Wahrheit ist die lebensnotwendige perspektivische Fälschung im Dienste der Steigerung des Machtgefühls[15], die sich in wachsender Lebenslust ausdrückt[16].

2. Selbst wenn man die objektive Wahrheit (Aussagenwahrheit) für den einzigen Sinn der Wahrheit hält, stellt sich noch eine andere Aufgabe als die einer Theorie der Überprüfung von Wahrheitsansprüchen. Wer das Verfahren sucht, mittels dessen man diese oder jene Aussage als wahr einlösen kann, macht schon die Voraussetzung, daß Wahrheit überhaupt ein sinnvoller Anspruch ist. Für das Alltagsbewußtsein mag diese Voraussetzung selbstverständlich sein. Zur Philosophie gehört es aber, auch Selbstverständliches zu hinterfragen. Die Untersuchung dieser Voraussetzung auf ihre Bedingungen der Möglichkeit ist Aufgabe einer transzendentalen Analyse menschlicher Erkenntnis. Sie stellt sich die philosophisch fundamentale Frage, wie die Beziehung menschlicher Erkenntnis auf Wirklichkeit widerspruchslos gedacht werden kann, damit der Wahrheitsanspruch von Aussagen nicht als prinzipiell sinnlos erscheint. Die damit angesprochene *transzendentale Wahrheitstheorie* hat Habermas kritisiert (S. 230-234). Dabei bezieht er sich offensichtlich auf *Kant*. Die transzendentale Wahrheitstheorie wird deshalb zu Recht als Konstitutionstheorie der Erfahrung interpretiert. Diese könne allerdings, so wendet Habermas ein, die Rolle einer Wahrheitstheorie nicht übernehmen. Denn transzendentale Wahrheitstheorien nähmen die Wahrnehmung als Paradigma von Erkenntnis, höben auf den Objektivitätsanspruch der Wahrnehmung ab und brächten so einerseits das Spezifische von Erkenntnis, die begriffliche Organisation des Erfahrungsmaterials, nicht zum Ausdruck und vertauschten andererseits die Bedingungen der Objektivität möglicher Erfahrung mit den Bedingungen der diskursiven Einlösung von Wahrheitsansprüchen. Mit anderen Worten: Kants transzendentale Analytik sei (1) die Konstitutionstheorie lediglich für einen Ausschnitt von Erkenntnis, und zwar für jenen, bei dem sich Wahrheitsfragen noch gar nicht stellen, für die Wahrnehmung; (2) verwechsle sie eine Konstitutionstheorie von Erfahrung überhaupt mit einer Theorie (diskursiver) Einlösung bestimmter Erfahrungen.

Diese Argumentation ist irreführend, weil richtig in dem, was sie behauptet, und falsch in dem, was sie unterstellt. Es ist richtig, daß sich bei Wahrnehmungen Wahrheitsfragen nicht in einer der

Aussagenwahrheit entsprechenden Form stellen; indessen rechnet Kant die Erfahrung, deren Konstitutionsbedingungen er untersucht, nicht zur Welt der Wahrnehmungen. Es ist ebenso richtig, daß die (transzendentalen) Bedingungen der Objektivität möglicher Erfahrung nicht mit den (formalen) Bedingungen der diskursiven Einlösung von Wahrheitsansprüchen gleichzusetzen sind. Allerdings wird das von Kant auch weder behauptet noch nahegelegt. Dann aber wird weder Kants als »Logik der Wahrheit« (Kritik der reinen Vernunft, 2. Aufl., S. 87) bezeichnete Konstitutionstheorie der Erfahrung, die transzendentale Analytik, durch Habermas als Beitrag zu einer umfassenden Wahrheitstheorie gegenstandslos, noch verliert Habermas' Versuch einer Theorie der Einlösung von Wahrheitsansprüchen schon durch Kants transzendentale Kritik jede Bedeutung. (Das schließt nicht aus, daß Habermas' eigene Position ohne transzendentale Überlegungen philosophisch unbefriedigend bleibt.) Zwar beziehen sich sowohl Kant als auch Habermas auf denselben Gegenstand, auf die eingeschränkte Bedeutung von Wahrheit als nichtanalytischer Aussagenwahrheit (vgl. für Kant: Kritik der reinen Vernunft, 2. Aufl., S. 190 f.). Aber während Habermas davon ausgeht, daß menschliche Erkenntnis in ihren einzelnen Aussagen der Irrtumsmöglichkeit unterworfen, also wahr oder falsch sein kann, und deshalb fragt, wie man wahre von falschen Aussagen unterscheiden kann, interessiert sich Kant für die systematisch fundamentalere Frage, wie Erkenntnis überhaupt zu einem Gegenstandsbezug kommt, so daß die Dichotomie von wahrem und falschem Bezug sich allererst eröffnet. *So sinnvoll es ist, zwischen Konstitutions- und Geltungsproblematik zu unterscheiden, so wenig macht es Sinn, eine philosophische Wahrheitstheorie auf den zweiten Bereich zu beschränken.*

Kants Lösung der Konstitutionsproblematik enthält zugleich eine Kritik des naiven realistischen Verständnisses der Adäquationsformel: Orientierungspunkt der als Übereinstimmung von Denken und Gegenstand bestimmten Wahrheit ist zwar der Gegenstand, aber dieser ist kein An-sich, sondern wird durch das Denken selbst mitkonstituiert. Zur Wahrheit im Sinne der Übereinstimmung unserer Begriffe mit dem Objekt führen die reinen Verstandesbegriffe, die Kategorien, und die transzendentalen Schemata – der Grund aller Wahrheit liegt in der Apriorität der Gesetze des reinen Verstandes –, und diese subjektiven Bedingungen des Denkens können deshalb objektive Gültigkeit haben, weil sie das Objekt selbst der logischen Form nach erzeugen. (Zugleich gilt aber auch, daß Wahrheit nur dann erreichbar ist, wenn sie auf Empfindungen als jener Bedingung von Erfahrung rekurriert, durch die uns allererst Gegenstände in der Anschauung gegeben werden.)

Kants transzendentale Wahrheitstheorie zeigt nicht nur, daß Wahrheit ein sinnvoller Anspruch an menschliche Erkenntnis ist; sie führt auch zu einem Wahrheitskriterium, allerdings nicht zu einem solchen, das Habermas sucht. Die transzendentale Dialektik der *Kritik der reinen Vernunft* hat gezeigt, daß bestimmte Urteile die Wahrheitsfrage im Sinne einer objektiven Erkenntnis oder Erfahrungserkenntnis gar nicht zulassen, wenn sie nämlich Aussagen über reine Vernunftbegriffe (transzendentale Ideen): über Gott als das höchste Wesen, über die Welt als den Inbegriff aller Erscheinungen, über Freiheit als unbedingte Kausalität oder über die Unsterblichkeit der Seele, machen.

Transzendentale Wahrheitstheorien sind nicht allein im Sinne einer transzendentalen Kritik möglich. Schon bei Platon, Aristoteles, selbst bei Parmenides finden sich transzendentale Überlegungen zur Wahrheitsproblematik[17], und bei Fichte, Husserl oder Heidegger[18] werden kantische Gedanken aufgegriffen und kritisch fortentwickelt. Gemeinsam ist transzendentalen Ansätzen die Frage nach den Möglichkeitsbedingungen von Wissen, sofern es wahres Wissen sein soll, und die dazu komplementäre Frage nach den Bedingungen der Möglichkeiten alles Seienden, sofern es als wahr erkannt werden soll. Wahrheit gilt hier als das Telos von Wissen, als die Aktualisierung dessen, was das Seiende und das Bewußtseiende an ihnen selbst sind. Der fundamentale Gegensatz zur Wahrheit ist nicht die Falschheit, sondern das Verschlossensein, das Verborgensein dessen, was ist.

Den Grund der Wahrheit hat Kant in der Subjektivität des Erkennens gesehen. Mit dem Titel »Konsensustheorie der Wahrheit« könnte – dann jedoch in Abweichung von Habermas' tatsächlichem Gedankengang – auch gemeint sein, daß der Grund der Wahrheit in der intersubjektiven Konstitution von Erkennen liege. Damit würde aber keine Differenz zwischen einer transzendentalen und einer nicht-transzendentalen Wahrheitstheorie, vielmehr eine Verschärfung der transzendentalen Konstitutionsproblematik bezeichnet, die Verschärfung von Kants im Rahmen einer Kritik unternommenen Theorie zu einer systematisch angelegten, zudem auf einem fortentwickelten Problembewußtsein beruhenden, gleichwohl transzendentalen Wahrheitstheorie. So hat zum Beispiel Fichte gezeigt, daß Subjektivität wesentlich Freiheit sei und Freiheit sich wesentlich in einem Kommerzium von Freiheiten realisiere.

Folgt man diesen ersten Differenzierungsvorschlägen – der Unterscheidung von objektivem, subjektivem und ontologischem Wahrheitsbegriff, von Begriffsexplikation, transzendentaler Konstitution und diskursiver Legitimation –, dann ist die Konsensustheorie sowohl in bezug auf den verengten Wahrheitsbegriff, den der Aussagenwahrheit, als auch in bezug auf die Aufgabenstellung, die Einlösung von Geltungsansprüchen, keine Wahrheitstheorie schlechthin. Die Mannigfaltigkeit von Wahrheitstheorien, die Habermas vorfindet, verlangt nicht lediglich einen Wettstreit um die einzig richtige Theorie. Sie macht ein differenziertes und gestuftes Beurteilungsverfahren erforderlich, ein Verfahren, das eine Komplexion von Fragen und Methoden nicht bloß zuläßt, sondern von der Sache her gebietet[19]: *Habermas' Beitrag zur Wahrheitstheorie ist schon deshalb philosophisch unzureichend, weil er weder eine Explikation noch eine Reflexion der Grenzen seiner Fragestellung enthält. Überdies sind für eine umfassendere Wahrheitstheorie gerade auch solche Überlegungen vonnöten, die Habermas für eine Wahrheitstheorie glaubt verwerfen zu müssen, so die einer transzendentalen Kritik.*

III.

Konzentriert man sich auf den geltungstheoretischen Aspekt im Problemfeld Wahrheitstheorie, dann kann man ganz allgemein dort von einer Konsensustheorie sprechen, wo Wahrheit vom Verständigungs- und Einigungsprozeß sprach- und handlungsfähiger Subjekte abhängig gemacht wird. In dieser Formulierung bleibt es allerdings noch unklar, welche Rolle die Übereinstimmung hinsichtlich der Wahrheit spielen soll und inwiefern die näher bestimmte Rolle eine Konsensustheorie der Wahrheit begründet. Da sich bei Habermas verschiedene Aussagereihen finden[20], muß eine kritische Erörterung den Weg einer schrittweisen Rekonstruktion der Position nehmen.

Zunächst eine Vorbemerkung: In diesem Zusammenhang sei nicht bestritten, daß das von Habermas skizzierte Verfahren zur Einlösung der Wahrheitsansprüche seinen Ausgang von alltäglichen Kommunikations- und Interaktionszusammenhängen nehmen und zu ihnen wieder zurückführen soll. Wahrheitsfragen entstehen nach Habermas dort, wo Behauptungen, die gemacht werden, und Gebote, die bestehen, keine allgemeine Zustimmung (mehr) finden (S. 214 f.)[21]. In Argumentationsprozessen, die von Handlungszwängen abgekoppelt sind, den sogenannten theoretischen und praktischen Diskursen, werden die in den Behauptungen und Geboten enthaltenen Wahrheitsansprüche überprüft und als legitim bestätigt oder als illegitim verworfen. Damit wird durch Diskurse nicht bloß die Möglichkeit einer neuerlichen, sondern auch und primär die einer vernünftigen Übereinstimmung gegeben. Der Sinn des Diskurses liegt nicht in Übereinstimmung überhaupt – das ließe auch andere, vielleicht weit geeignetere Wege zu. Der Diskurs hat vielmehr die Aufgabe, naturwüchsige Übereinstimmungen ihrer Zufälligkeiten und Verzerrungen zu entkleiden, um nicht bloß ein faktisches, sondern auch ein vernünftiges: ein durch Wahrheit der Aussagen und Richtigkeit der Normen geprägtes Zusammenleben zu ermöglichen. So gesehen begründet aber der Bezug des Diskurses auf alltägliche Kommunikation und Interaktion keine Konsensustheorie. Die diskursiv gewonnene Wahrheit gilt als Kriterium der alltäglichen Verständigungsprozesse, nicht die Verständigung als Kriterium der Wahrheit. Die Berechtigung einer Konsensustheorie erweist sich doch nicht im Verhältnis von Diskurs und umgangssprachlicher Verständigung, sondern allein im Diskurs selbst und seinem Wahrheitskriterium.

Indem Habermas die Einlösung von Geltungsansprüchen an Argumentationsprozesse bindet, greift er jene Tradition der Philosophie auf, die eine Erkenntnis, die den Namen mit vollem Recht verdient, die eine wahre Erkenntnis an ihre Begründbarkeit bindet. Allerdings ist dieses allgemeine Begründen (λόγον διδόναι) nicht eo ipso ein konsensusabhängiges Kriterium. Begründen heißt, die Einlösung der Wahrheitsansprüche von dem Zufall und der Willkür eines historischen Einigungsprozesses, von Manipulation, Betrug, Selbsttäuschung, struktureller Gewalt usf.

abzukoppeln, während Übereinstimmung ein historisches Ereignis ist, das den Raum für nicht-argumentative und insofern nicht-rationale Elemente eröffnet. *Die Ansprüche der beiden Kriterien Argumentation und Übereinstimmung konkurrieren miteinander.* In dem Maß, wie die Übereinstimmung als solche zählt, wird die Forderung nach Argumentation zurückgedrängt, und umgekehrt: die intentionale Bestimmung als Abweisen jedweder historischer Zufälligkeiten läßt für genuine Kommunikations- und Einigungsprozesse keinen Freiraum. Habermas will jedoch beides vermitteln. Und zwar soll ein vernünftiger Konsens – darin liegt der spezifische Anspruch der Diskurslogik – weder allein aus rein logischen Gründen (bloßer Konsistenz) noch durch ein Außen: die Evidenz von Erfahrungen, erklärt werden. Die Erklärung erfolgt aus formalen, gleichwohl nicht formallogischen Eigenschaften des Diskurses selbst.

Zur Diskurslogik gehören bei Habermas vor allem drei Elemente:

1. ein bestimmtes Schema von Argumentation;
2. substantielle Sprachkritik und Selbstreflexion;
3. die Bedingungen der idealen Sprechsituation, die einen Wechsel der Diskursebenen und damit die Sprachkritik und Selbstreflexion ermöglichen sollen.

Im Durchgang durch diese Hauptelemente der Diskurslogik ist zu prüfen, ob es Habermas doch gelingt, die konkurrierenden Ansprüche von Argumentation und Einigung zu vermitteln, er also tatsächlich eine Konsensustheorie begründet, oder ob er nicht den Anspruch der Argumentation so ernst nimmt, daß für genuine Einigungsprozesse kein Freiraum bleibt. Dann würde gerade die Überzeugungskraft seiner Diskurslogik den Anspruch auf eine Konsensustheorie in Frage stellen.

Erstens: Nach dem Argumentationsschema, das Habermas im Anschluß an *Toulmin* vorträgt (S. 242 f.)[22], kommt es darauf an, nach Maßgabe einer Schlußregel (einer Gesetzeshypothese oder einer Handlungsnorm) aus den entsprechenden Gegebenheiten Schlußfolgerungen zu ziehen. So wird die Aussage »Harry ist ein britischer Staatsbürger« dadurch legitimiert, daß man sich auf die *Gegebenheit* bezieht, daß Harry in Bermuda geboren wurde, ferner auf die *Schlußregel,* daß jemand, der dort geboren ist, im allgemeinen zu einem britischen Staatsbürger wird. Die Schlußregel ihrerseits erfährt eine Rechtfertigung aus den Bestimmungen des britischen Staatsbürgerschaftsrechtes. Das ganze Argument lautet also: »Weil jemand, der in Bermuda geboren wurde, nach britischem Recht *im allgemeinen* die britische Staatsbürgerschaft erhält und weil Harry in Bermuda geboren wurde, ist die Aussage, Harry sei ein britischer Staatsbürger, *vermutlich* (das von Habermas unterschlagene »presumably«) wahr« (vgl. S. 242 f.). In Analogie zu diesem Beispiel aus der Rechtspraxis werden im theoretischen Diskurs Behauptungen über Ereignisse aus Ursachen dieser Ereignisse, aus Gesetzeshypothesen über Ursache-Wirkungs-Zusammenhänge sowie aus der Stützung der Gesetzeshypothesen durch wiederholte Beobachtungen der angenommenen Ursache-Wirkungs-Zusammenhänge (Induktion) gerechtfertigt.

Ein solches Argumentationsschema ist weder prinzipiell neu – es entspricht im theoretischen Bereich dem Standardmodell, dem Hempel-Oppenheim-Schema naturwissenschaftlicher Erklärung[23], verbunden mit einer induktiven Stützung der Gesetzeshypothese, und im praktischen Bereich der Legitimationsfigur des Regelutilitarismus[24], sofern man die »Erfüllung akzeptierter Bedürfnisse« (S. 244) zum Begriff des allgemeinen Wohlergehens extrapoliert –, noch ist es auf einen genuinen Einigungsprozeß bezogen. *Argumentation nach diesem Schema ist als erstes deduktiv und insofern konsensusunspezifisch.*

Zwar interessiert sich Habermas nur für jene Fälle, in denen das Argument weder unmöglich noch zwingend, vielmehr triftig, das heißt möglich ist. Es sind Fälle, in denen die Schlußregel (»wer in Bermuda geboren ist, wird im allgemeinen britischer Staatsbürger«) aus dem britischen Staatsbürgerschaftsrecht eine plausible (». . . im allgemeinen . . .«), aber nicht eine notwendige Rechtfertigung erfährt. Damit wird das traditionelle Deduktionsschema und sein rein formaler Wahrheitsbegriff aber nur scheinbar gesprengt. Denn in Habermas' Klasse von Fällen sind die Schlußregel, die im Schluß als Ausgangssatz erscheint, sowie die Konklusion selbst nur plausibel. Das deduktive Schema bleibt erhalten; es vermittelt nur jenes Maß an Überzeugungskraft, das in den Prämissen steckt, nämlich Plausibilität. Deduktion dient der Entfaltung von Implikationen der Prämissen; sie führt zu formaler, nicht zu materieller Wahrheit.

Zweitens: Neu oder doch charakteristisch ist erst der Hinweis, daß sich die Argumentation eines bestimmten Sprachsystems bedient, das die Beschreibung des zum Diskurs stehenden Phänomens leitet und durch das die Daten, auf die man sich bezieht, unvermeidlich selegiert sind (S. 247). Deshalb ist Erfahrung, so Habermas, keine schlechthin unabhängige Instanz der Überprüfung. Sie folgt vielmehr kognitiven Schemata, die mit den dabei verwendeten Sprachsystemen schon vorgegeben sind. Die einzelnen Aussagen (Regeln, Hypothesen) werden nicht unmittelbar mit der Realität konfrontiert, sondern zunächst nur mit dem Sprachsystem, dem die Elemente des Arguments angehören. Daß eine Aussage wahr ist, wenn sie mit einem System anderer Aussagen zusammenstimmt, diese Behauptung kennzeichnet aber gerade den kohärenztheoretischen Ansatz zur Wahrheitstheorie. Was Habermas bei seinem Versuch der Begründung einer einzigen in sich homogenen Wahrheitstheorie nicht zulassen und deshalb auch nicht aussprechen kann: *seine eigene Diskurslogik kommt bei der Einlösung von Wahrheitsansprüchen nicht ohne ein kohärenztheoretisches Element aus.*

Man könnte das für die Argumentation verwandte Sprachsystem als einen Konsens interpretieren, der immer schon, wenn wir argumentieren, »hinter unserem Rücken« stattgefunden hat. Allerdings folgt aus dieser Interpretation noch nicht, daß Habermas' Diskurslogik eine Konsensustheorie der Wahrheit begründet. Denn Habermas sieht das Sprachsystem als Resultat von gattungsgeschichtlichen Bildungsprozessen, die es diskursiv zu überprüfen gilt. Außerdem drücken für ihn die Grundprädikate bewährter Begründungssprachen kognitive Schemata aus, die sich in Auseinandersetzung des Persönlichkeits- und des Gesellschaftssystems mit der Natur herausbilden. Wenn man diese mit Berufung auf Piaget vorgenommene materialistische Deutung anerkennt und die Auseinandersetzung mit der Natur als Arbeit bezeichnet, die von Auseinandersetzungen der Menschen untereinander, die von genuinen Kommunikations- und Interaktionsprozessen abzuheben ist, dann ist der Hintergrundkonsens die Folge von nicht-kommunikativen, nämlich von gattungsgeschichtlich relevanten psychischen und sozialen *Arbeits*prozessen. Nicht die naturwüchsige Herkunft, sondern allenfalls die diskursive Überprüfung des Sprachsystems kann eine Konsensustheorie begründen.

Während in einem ersten Schritt die Kohärenz von Einzelaussagen mit dem Sprachsystem festgestellt wird, will Habermas in einem weiteren Schritt das Sprachsystem mit der Realität konfrontieren und dabei prüfen, ob es ihr gerecht wird oder ob es in irgendeiner Weise die Wirklichkeit verdeckt, unterdrückt, verzerrt. Diese Aufgabe, das verwendete Sprachsystem ins Bewußtsein zu heben und seine Angemessenheit an die Realität zu bestätigen oder, im Falle der Unangemessenheit, es nach Maßgabe der Realität zu verändern, bezeichnet Habermas als Sprachkritik und Selbstreflexion. Nun liegt eine erste Schwierigkeit mit diesem Diskurselement in der Einschränkung der Wahrheit auf Aussagenwahrheit. Denn unter dieser Prämisse ist die Sprachkritik gar nicht für alle Wahrheitsfragen, gerade auch nicht für Habermas' eigene Beispiele relevant. Eine Problematisierung der Behauptung, Harry sei ein britischer Staatsbürger, verweist die Einlösung der Behauptung an das britische Recht. Die Wahrheitsfrage ist hier von vornherein und ausschließlich in bezug auf ein geltendes Recht: das britische Nationalitätsrecht, evtl. noch auf seine Kohärenz mit anderen britischen Rechtsbestimmungen und das dadurch bezeichnete Sprach- und Begriffssystem, das der britischen Rechtsordnung, gestellt. Dazu gehört auch die Frage, welche Gegebenheiten relevant sind: der Geburtsort, die Staatsbürgerschaft der Eltern, usf. Eine reflexive Kritik oder Bestätigung mag für vielerlei Probleme sinnvoll sein, aber für die Frage, ob Harry de facto britischer Staatsbürger ist oder nicht, bleiben sie ohne Belang.

Insofern es in dem anderen Beispiel, dem der Ausdehnung von Wasser (S. 244), um quantitative Beziehungen zwischen Erhitzen und Ausdehnen zu gehen scheint – worauf sich das Beispiel bezieht, wird nicht ganz klar –[25], ist eo ipso eine Beziehung des Volumens von Körpern auf ihre Temperatur und damit das Sprachsystem der Thermodynamik angesprochen. Auch hier ist eine reflexive Veränderung des Sprachsystems gegenüber dem Wahrheitsanspruch der ursprünglichen Aussage ohne Bedeutung. – Das gleiche trifft für Habermas' drittes Beispiel zu. Nicht der Rekurs auf die Regel »Darlehen sind zurückzugeben« und ihre utilitaristische Legitimation, sondern der Hinweis, daß ich das Geld bis zu einem bestimmten Zeitpunkt zurückzuzahlen *versprochen* habe, begründet die moralische Verpflichtung. Weil »ein Versprechen abgeben« heißt, sich selbst gegenüber anderen eine

Verpflichtung aufzuerlegen, stehe ich in dieser Verpflichtung. Wie schon die entsprechende Diskussion im Umkreis des Utilitarismus[26], so ist auch Habermas in gewisser Weise »besides the point«. Sein Beispiel ist ein Fall von wahrhaftiger Rede, die Rechtfertigungsproblematik deshalb grundlegender als die Legitimation der sozialen Institution »Kreditwesen«.

Allgemein gesprochen ist die Sprachkritik dort wahrheitsirrelevant, wo der Wahrheitsanspruch einer Aussage sich lediglich auf deduktive Beziehungen zwischen Regel, Randbedingungen und Ereignis sowie auf Fragen der Kohärenz der Regeln untereinander erstreckt. Soll die Aufgabe einer reflexiven Sprachkritik wahrheitsrelevant sein, dann muß sich die Aussage, die zur Diskussion steht, überhaupt ohne Veränderung ihres genauen Gehaltes mit einer vom Sprachsystem unterscheidbaren Realität und damit auch mit einem anderen Sprachsystem in Verbindung bringen lassen (wie auch immer die Realität und ihr Verhältnis zum Sprachsystem des näheren gesehen und widerspruchslos gedacht werden kann).

Die weitere Schwierigkeit der Sprachkritik besteht darin, daß sie selbst dort, wo sie wahrheitsrelevant ist, keine Basis für eine Konsensustheorie abgibt. Denn als Maßstab gilt gerade eine konsensusunabhängige Korrespondenzbeziehung, die Angemessenheit des Sprachsystems an die Objektbereiche (so im theoretischen Diskurs) bzw. an die Bedürfnisstruktur der Betroffenen (so im praktischen Diskurs), in beiden Fällen also eine Beziehung der Korrespondenz von Sprache und Realität.

Auch das zweite Element der Diskurslogik, die Sprachkritik, begründet keine Konsensustheorie der Wahrheit. Die schon explizierten analytischen und kohärenztheoretischen Momente werden vielmehr durch ein korrespondenztheoretisches Moment ergänzt. *Die Adäquationsformel ist für Habermas nicht bloß ein Ausgangspunkt* (s. o. Anm. 7), *sondern auch ein bleibender Bezugspunkt seiner Geltungstheorie von Wahrheitsansprüchen.* Sobald es im Diskurs über die Übereinstimmung von Aussagen mit Aussagensystemen hinaus auch um die Beziehung von Aussagen auf Realität gehen soll, ist die Ergänzung des kohärenztheoretischen Ansatzes durch den korrespondenztheoretischen vonnöten.

Sprachsysteme sind hinsichtlich ihrer sachlichen Angemessenheit nicht durch sich selbst gerechtfertigt. Das, was als Bürgschaft der Angemessenheit gilt, ist vielmehr außerhalb, es ist die Realität selbst. Wenn man nun diese Korrespondenzbeziehung zwischen Sprachsystemen und Objektbereichen realistisch interpretiert – eine Möglichkeit, die Habermas nicht explizit ausschließt –, dann gerät man in die Grundaporie jeder erkenntnistheoretischen Zwei-Reiche-Lehre. Wenn man eine sprachlich verfaßte Welt von Aussagen einer sprachfreien Welt von Objektbereichen (und Bedürfnissen) gegenüberstellt, dann läßt sich weder erklären, wie die Sprachsysteme in eine Beziehung zu den Objektbereichen treten, noch wie die Objektbereiche als Kontrollinstanz für etwas schlechthin Heterogenes, die Sprachsysteme, fungieren können. Denn jede Berufung auf die Realität an sich geschieht selbst im Modus der Sprache. Im Theoretischen kann menschliche Erkenntnis den Bereich der Sprache nicht zu den Dingen an sich transzendieren, und im Praktischen sind Bedürfnisse erstens immer schon mehr als eine innere Natur, da sie von soziokulturellen und individuellen Entwicklungsprozessen abhängig sind; aufgrund dieser Abhängigkeit sind sie zweitens keine sakrosankte Basisinstanz; und drittens ist das bloße Gegebensein von (evtl. höchst unsozialen) Bedürfnissen für sich noch kein hinreichender Legitimationsgrund, sie auch zu befriedigen, so daß für den praktischen Diskurs die Korrespondenzbeziehung nicht bloß schwierig zu denken, sondern überhaupt abzulehnen ist.

Nach Habermas besteht eine grundsätzliche Parallelität von praktischem und theoretischem Diskurs. Nun ist es eine in der philosophischen Tradition immer wiederkehrende Einsicht, daß der Bereich des Theoretischen und der des Praktischen zwar eine Selbigkeit haben – in beiden Fällen handelt es sich um eine Beziehung zwischen Bewußtsein und Gegenständen –, daß die Art der Beziehung jedoch grundverschieden ist. Zum Erkennen gehört es, daß sich das Bewußtsein nach den Gegenständen richtet, zum (sittlichen) Handeln, daß sich die Gegenstände nach dem Bewußtsein orientieren. In der Sprache Kants: das sittliche Handeln gründet – unter Ausschluß jeder Bestimmung durch Neigungen und ihre Gegenstände oder Zwecke – in der Autonomie der Vernunft. *Insofern Habermas' Konsensustheorie der Korrespondenzbeziehung nicht entraten kann, läuft sie Gefahr, zuviel zu behaupten, nämlich das korrespondenztheoretische Element nicht nur für den theoretischen, sondern auch für den sittlich-praktischen Bereich als konstitutiv anzusehen.*

Bei einer näheren Erörterung des korrespondenztheoretischen Elementes in Habermas' Diskurslogik bestätigt es sich übrigens, daß transzendentale Überlegungen zur Konstitution von Erkennen und sittlichem Handeln keine beliebige Ergänzung zur Geltungsproblematik darstellen. Die Aporien im Verhältnis von Erkennen und Gegenstand einerseits, die im Verhältnis von sittlichem Handeln und Bedürfnissen andererseits fordern die transzendentalen Analysen geradezu heraus. Die Aporien der Korrespondenztheorie lösen sich erst dann auf, wenn man eine Erkenntnistheorie nicht auf dem vorstellenden Denken des Alltagsbewußtseins aufbaut, sondern dieses zu einem kritisch-spekulativen Denken hin übersteigt. Kant hat gezeigt, daß der letzte Orientierungspunkt der Wahrheit nicht im Gegenstand als einem An sich, sondern im Denken selbst zu suchen ist. Dessen subjektive Bedingungen können deshalb objektive Gültigkeit haben, weil sie das Objekt selbst der logischen Form nach erzeugen. In der Kritik der naiv-realistischen Interpretation der Adäquationsformel ist *Hegel* noch einen Schritt weiter gegangen. Die *Phänomenologie des Geistes* hat darauf aufmerksam gemacht, daß die Realität nicht nur vom erkennenden Subjekt überhaupt, sondern auch von der Art seiner Erkenntnis abhängt. Wenn sich aber mit dem Erkenntnis(Sprach)-System auch die beiden Relata der Adäquationsformel, das Sein und das Denken, verändern, dann findet sich hier nicht nur wie bei Kant eine neue, eine aporiefreie Deutung der Adäquationsformel. Es findet sich hier auch eine Kritik jedweder statischen Begriffe von Sein und Denken. Wie für Habermas so ist auch für Kant die nichtanalytische Aussagenwahrheit der Gegenstand der Wahrheitstheorie. Die damit tendenziell verbundene statische Beziehung von Aussage und Sachverhalt ist nach Hegel zu relativieren. In der dialektischen Verflüssigung des Verhältnisses von Sein und Bewußtsein wird jeder bewegungslose Gegensatz von wahr und falsch kritisiert und ein neuer, ein spekulativer Wahrheitsbegriff als erforderlich erwiesen.

Drittens: Folgt man den Struktureigenschaften der Diskurslogik, so gehört – entgegen Habermas' Selbstverständnis – zur wahren Aussage eine mindestens zweifache Beziehung: die Beziehung zu anderen Aussagen mit der Qualität der Kohärenz sowie die Beziehung zur Realität mit der Qualität der Korrespondenz. Soll der schon auf diese Weise eingeschränkte Begriff der Konsensustheorie noch einen Sinn haben, dann müßte eine weitere Beziehung konstitutiv sein: die der Aussagen auf das Urteil anderer mit der Qualtität der übereinstimmenden Zustimmung.

Die zur Korrespondenz mit der Realität tendierende Sprachkritik vollzieht sich nach Habermas in einer schrittweisen Selbstreflexion des erkennenden bzw. handelnden Subjektes. Auf (a) den Eintritt in Diskurse durch ein Problematisieren von Behauptungen oder Geboten/Verboten folgt (b) eine theoretische Erklärung (theoretischer Diskurs) bzw. theoretische Rechtfertigung (praktischer Diskurs) des Problematisierten, (c) ein Abwägen der Angemessenheit alternativer Sprachsysteme (metatheoretischer bzw. metaethischer Diskurs) sowie (d) eine Erkenntniskritik bzw. erkenntnispolitische Willensbildung (S. 252-254). Diese vier Stufen des theoretischen/praktischen Diskurses sollen durch eine Kommunikationsform möglich werden, die sowohl von äußeren kontingenten Einwirkungen als auch von systematischen Verzerrungen frei ist. Der Diskurs, so das dritte Grundelement, mit dem sich Habermas von Peirce sowie von Kamlah und Lorenzen absetzt[27], ist an eine herrschaftsfreie, die sogenannte *ideale Sprechsituation* gebunden. Durch vier Momente einer symmetrischen Verteilung der Chancen, Sprechakte zu wählen und auszuführen, durch Chancensymmetrie in bezug auf die Verwendung kommunikativer, konstativer, repräsentativer und regulativer Sprechakte (S. 255 f.), soll die zur Sprachkritik und Selbstreflexion erforderliche Freizügigkeit zwischen den Diskursebenen gewährleistet werden. Zugleich gilt die ideale Sprechsituation als zureichendes Kriterium der Unterscheidung eines wahren Konsenses von einem falschen Konsens.

Die ideale Sprechsituation betrachtet den Diskurs unter dem Aspekt einer Beziehung der Sprecher untereinander, der Chancensymmetrie, so daß sich in diesem letzten Element der Diskurslogik die intendierte konsensusspezifische Dimension zu eröffnen scheint. Nun hat man gegen die ideale Sprechsituation eingewandt, daß man sie weder jemals vollständig erreichen noch jemals eindeutig identifizieren könne[28]. Zu diesen noch mehr pragmatischen Einwänden wäre auch die Frage zu rechnen, durch welche Art von Institutionen Diskursresultate in politische Wirklichkeit transferiert werden sollten[29]. Meine Einwände im Rahmen einer Wahrheitstheorie[30] gehen indessen weiter. Auch wenn man Habermas' Position stark machen will und die ideale Sprechsituation als vollständig realisierbar und eindeutig identifizierbar annimmt, sieht sie sich mindestens zwei Einwänden gegenüber.

Auf der einen Seite fehlt eine Legitimation der Bedingungen der idealen Sprechsituation. Durch die Annahme einer idealen Sprechsituation werden Fundamentalnormen als selbstverständlich angesetzt, obwohl der Diskurs doch jene Instanz sein soll, durch die die Normen allererst zu rechtfertigen sind. Die impliziten Verpflichtungen, das Leben der Diskursteilnehmer zu schützen, sie nicht bewußt zu täuschen, vielmehr wahrhaftig zu sein, sowie die weitergehenden Verpflichtungen, die im Begriff der idealen Sprechsituation eo ipso mitgesetzt sind, bilden in dem Sinn keinen möglichen Gegenstand des Diskurses, daß sie immer schon dessen Voraussetzung sind. Es ist die Aporie jedes nichtreflexiven Begründungsversuches, daß in die Methode der Legitimation normative Voraussetzungen eingehen, die doch erst ausgewiesen werden sollen. Um einen Diskurs über den Diskurs und damit einen infinitiven Regreß zu vermeiden, müßte man auf transzendental-reflexive Methoden zurückgreifen und etwa in einer transzendentalen Hermeneutik die Fundamentalnormen legitimieren, indem man sie reflexiv als das expliziert, was wir in Kommunikations- und Interaktionsprozessen immer schon voraussetzen bzw. tun. Habermas indessen scheint weder den Regreß noch die methodische Aufhebung des Regresses, die transzendentale Argumentation, zu wollen[31].

Auf der anderen Seite schafft die ideale Sprechsituation nur etwas wie die »politischen« Rahmenbedingungen dafür, daß überhaupt argumentiert und eine zwanglose Zustimmung erreicht werden *kann.* Die ideale Sprechsituation gewährleistet bestenfalls, daß Überredung, Täuschung, Manipulation usf. als Bestimmungsgründe ausgeschlossen werden. Die Ausräumung von Kommunikationsverzerrungen garantiert aber noch nicht das Gelingen der im Rahmen einer Überprüfung von Geltungsansprüchen intendierten Sprachkritik und des davon abhängig gemachten inhaltlichen Konsenses. Zunächst vergißt man über den intersubjektiven die subjektiven Bedingungen für Selbstreflexion: eine entsprechende intellektuelle Kompetenz der Diskursteilnehmer sowie ein Interesse (zweiter Ordnung), diese Kompetenz auch gegen das momentane Selbstinteresse[32] einzusetzen. Aber selbst wenn man analog und komplementär zur idealen Sprechsituation einen *idealen Sprecher* annimmt, sind erst notwendige, noch nicht zureichende Bedingungen für Übereinstimmung erfüllt. Mit der Situation, daß jeder mit gleichem Recht und gleicher Kompetenz seine Meinungen und Interessen artikuliert, ist noch kein Verfahren gegeben, mit dessen Hilfe man kontroverse Meinungen und Interessen behandelt, um – statt sich in einer permanenten Diskussion zu verlieren – eine Übereinstimmung zu finden. Diese Frage nach einem positiven Entscheidungsverfahren über Wahrheitsansprüche innerhalb des mit der idealen Sprechsituation (und dem idealen Sprecher) angezeigten Rahmens weist zurück zur Binnenstruktur des Diskurses. Man kommt zur legitimen Übereinstimmung mit Hilfe des Toulminschen Argumentationsschemas und der Sprachkritik. Mit anderen Worten: *Kriterium der Wahrheit bleiben bei Habermas die schon erwähnten Momente der Kohärenz und der Korrespondenz.*

Soll im Rahmen der Legitimationsproblematik unter Konsensustheorie der Wahrheit nichts anderes gemeint sein, als daß in den Begriffen von Argumentation und Diskurs für Herrschaftsbeziehungen kein Raum bleibt, so klingt die Aussage eher trivial. Das kann aber nicht gewollt sein, wenn anders die Polemik gegen abweichende Wahrheitstheorien ein sinnvolles Motiv hat. Wenn dagegen in dem emphatischen Sinn eine Konsensustheorie gesucht ist, daß der Konsens das Wahrheitskriterium oder zumindest ein Moment von ihm darstellen soll, dann stimmt ein solcher Anspruch nicht mit dem überein, was nach Habermas selbst die Grundelemente der Diskurslogik bildet. Allerdings kann man die Konsensustheorie noch in einem anderen, zwar abgeschwächten, gleichwohl nichttrivialen Sinn verstehen. Danach gilt die Übereinstimmung nicht als Grund oder Kriterium der Wahrheit, vielmehr als ihr Zeuge oder Bürge (vgl. S. 258). Der Diskurs bliebe auf Wahrheit und letztlich allein auf sie verpflichtet. Sein einziges Motiv wäre die (kooperative) Wahrheitssuche, sein einziger Zwang der des besseren Argumentes, wobei die Kriterien des Besser kohärenz- und korrespondenztheoretisch definiert bleiben könnten.

Ein Bürge soll für etwas oder jemanden einstehen. Dort, wo eine Sache oder eine Person nicht so sicher erscheinen, soll eine (größere) Sicherheit geboten werden. Auf die Wahrheitsproblematik angewendet bedeutet dies, daß der Konsens eindeutig auf Wahrheit verweisen und sie zugleich sicherer zeigen müßte, als es durch die Forderung nach Kohärenz und Korrespondenz geschehen könnte. Nun kann man zwar einen Konsens empirisch feststellen. Jedoch meint Habermas nicht irgendeine faktische, insofern sehr zufällige, wenn auch beobachtbare Übereinstimmung. Der Konsens meint auch nicht das, was bei Aristoteles ἔνδοξον heißt, eine Ansicht, die allen, den meisten oder den Weisen als wahr erscheint (Topik I 1). Der Konsens, der allein als Bürge anerkannt wird, ist vielmehr durch Begründung, das heißt durch das Toulmin-Schema und das Moment der Sprachkritik, damit aber durch Kohärenz und Korrespondenz definiert.

Weil Habermas keinen naturalen, sondern einen normativen Begriff von Konsens hat, ist dieser kein eigenständiger Gewährsmann. *Der Begriff des Konsenses eignet sich deshalb weder als Kriterium noch als Bürge für Wahrheit, weil er bei Habermas selbst nur mit Bezug auf Wahrheit und ihre Kriterien der Kohärenz und der Korrespondenz zu bestimmen ist.* Wie vor ihm schon Peirce auf der einen, Kamlah und Lorenzen auf der anderen Seite so bindet auch Habermas die Einlösung von wahren Aussagen an den Prozeß der Verständigung geschichtlich handelnder Menschen. Die Aporie dieser Ansätze liegt darin, daß sie entweder die Wahrheit von historischen Zufälligkeiten abhängig machen, das heißt dem verzerrenden Zugriff von Rhetorik, Suggestion, Manipulation, Täuschung und Selbsttäuschung aussetzen; dann aber geht der Invarianzanspruch von Wahrheit verloren. Oder sie führen normative Qualifikationen des Konsenses ein, Qualifikationen, die wie: unbegrenzte Forschergemeinschaft (Peirce), kritische Nachprüfung kompetenter Beurteiler (Kamlah, Lorenzen), potentielle oder begründete Zustimmung (Habermas) bei näherem Zusehen erstens kein operationales Legitimationskriterium darstellen und zweitens das Charakteristische von Konsens auflösen: das Resultat eines geschichtlichen Einigungsprozesses konkreter Personen (und nicht abstrakter Kommunikatoren) zu sein. –

Die kritischen Überlegungen zur Konsensustheorie der Wahrheit in ihrer jüngsten Gestalt bei Habermas betrafen drei ineinander verschränkte Fragen. Die Antworten lassen sich in drei Thesen zusammenfassen:

These 1: Weil im Ausdruck »Wahrheitstheorie« ein in sich gestuftes Feld von Problemen angesprochen ist, erscheint die

Suche nach einer einzigen, in sich homogenen Wahrheitstheorie nicht als sinnvoll.

These 2: Ein umfassenderer Begriff von Wahrheitstheorie macht gerade auch solche Überlegungen erforderlich, die Habermas für eine Wahrheitstheorie glaubt verwerfen zu müssen, so die einer transzendentalen Kritik. Darüber hinaus kommt Habermas' eigene Theorie nicht ohne Elemente jener Theorien aus, die er ausdrücklich ablehnt, ohne Elemente einer Kohärenz- und einer Korrespondenztheorie.

These 3: Der Begriff des Konsenses eignet sich deshalb weder als Kriterium noch als Bürge für Wahrheit, weil er für Habermas nur normativ verstanden einen Sinn hat, dann aber selbst nur mit Bezug auf Wahrheit und ihre Kriterien der Kohärenz und der Korrespondenz zu bestimmen ist.

Anmerkungen

1 Thomas von Aquin, mit Berufung auf Isaac Israeli: *De veritate* I 1 (vgl. S. Th. I, q. 16, a. 2 ad 2; I, q. 21, a. 2 ad 2). – Vorläufer dieser Adäquationsformel: Platon, *Crat.* 385 b, *Soph.* 263 b; ferner Aristoteles, *Metaph.* IV 7, 1011 b 26 ff. u. a. – In der Gegenwart ist die Adäquationsformel Ausgangs- und Bezugspunkt ebenso für die Korrespondenztheorie (B. Russell, *Probleme der Philosophie* [engl. 1912], Frankfurt/M. 1967, Abschn. 12; M. Schlick, Das Fundament der Erkenntnis, in: *Erkenntnis* 4 [1934]; J. L. Austin, Truth, in: *Proceedings of the Aristotelian Society,* Suppl. Vol. XXIV [1950]) wie für die semantische Wahrheitstheorie (A. Tarski, Die semantische Konzeption der Wahrheit und die Grundlagen der Semantik, Abschn. 14, in: J. Sinnreich, *Zur Philosophie der idealen Sprache,* München 1972, 53-100 [77 f.]) sowie für die Redundanz- und die Kontexttheorie (F. P. Ramsey, Facts and Propositions, in: *The Foundations of Mathematics,* London 1931, 138-155; P. F. Strawson, Truth, in: *Proceedings of the Aristotelian Society,* Suppl. Vol. XXIV [1950]). Ein Unterfall der Korrespondenztheorie ist die Abbildtheorie, wie sie etwa Wittgenstein im *Tractatus* vertritt; die Idee der Korrespondenzwahrheit ist (in der gegen logische Paradoxien geschützten Form, wie sie ihr Tarski gegeben hat) auch bei K. Popper als semantisch unerläßlich anerkannt: *Conjectures and Refutations,* London [3]1969, 215-250.

2 *Wirklichkeit und Reflexion,* Pfullingen 1973, 211-265.

3 Die folgende Erörterung bezieht sich auf Habermas' Beitrag in der Schulz-Festschrift, a.a.O. Vgl. aber auch: J. Habermas, Der Universalitätsanspruch der Hermeneutik, in: *Hermeneutik und Dialektik (Festschrift für H.-G. Gadamer),* hrsg. v. R. Bubner, K. Cramer, R. Wiehl, Tübingen 1970, Bd. I, 73-104; Vorbereitende Bemerkungen zu einer Theorie der kommunikativen Kompetenz, in: J. Habermas/N. Luhmann, *Theorie der Gesellschaft oder Sozialtechnologie,*

Frankfurt/M. 1970, 101-141; ferner M. Horkheimer, Zum Problem der Wahrheit, in: *Kritische Theorie. Eine Dokumentation*, hrsg. v. A. Schmidt, Bd. I, Frankfurt/M. 1968, 228-276. Zur Konsensustheorie der Wahrheit allgemein: W. Kamlah/P. Lorenzen, *Logische Propädeutik*, Mannheim u. a. 1967, Kap. IV; W. Kamlah, Der moderne Wahrheitsbegriff, in: *Einsichten. Festschrift für G. Krüger*, Frankfurt/M. 1962, 107 ff.; *neue hefte für philosophie*, H. 2/3: Dialog als Methode, Göttingen 1972, darin besonders: R. Wiehl, Dialog und philosophische Reflexion, 41-94; K. Lorenz, Der dialogische Wahrheitsbegriff, 111-123; und vor allem auch C. S. Peirce, *Schriften*, 2 Bde., hrsg. v. K.-O. Apel, Frankfurt/M. 1967, 1970.

4 Tarski, a.a.O., 77 f.; vgl. W. Stegmüller, *Das Wahrheitsproblem und die Idee der Semantik*, Wien 1957, 15 f.

5 Diesen zweiten Aspekt hat Tarski nicht gesehen. Deshalb kann es nicht nur, mit Tarski (a.a.O., 78), mehrere unvereinbare, aber gleichermaßen klare und präzise Wahrheitskonzeptionen geben, sondern auch mehrere, einander ergänzende Überlegungen zum selben Begriff der Wahrheit.

6 Insofern die Aussagen daraufhin überprüft werden sollen, ob die behaupteten Sachverhalte existieren oder nicht (212), wird lediglich ihr propositionaler Gehalt zur Diskussion gestellt, nicht auch die spezifisch pragmatische Dimension, die Einbettung der Propositionen in (konstative) Sprechakte. *Damit erscheint die pragmatische Dimension in der Wahrheitsdefinition als redundant.* Vgl. auch: »*Sachverhalte* stehen im Diskurs zur Diskussion« (248).

7 Habermas vermeidet es, in der Explikation des Wahrheitsbegriffs an die Adäquationsformel anzuknüpfen. Statt dessen führt er den Begriff zirkulär und vergleichsweise trivial ein; denn der Ausdruck »Geltungsanspruch« meint nichts anderes als die Prätention, wahr zu sein. Und dort, wo Habermas über diese Trivialität hinausgeht (Aussagenwahrheit ist die Prätention von Aussagen, wahr zu sein), kommt er *nicht ohne* Formulierungen aus, die die *Adäquationsformel* anerkennen. So heißt es z. B.: »aber wahr ist eine Aussage dann und nur dann, wenn sie einen wirklichen Sachverhalt oder eine Tatsache wiedergibt« (212).

8 Zur mehrfachen Bedeutung von Wahrheit bei Artistoteles vgl. *Nikomach. Ethik*, Buch VI, wo Aristoteles fünf Weisen des ἀληθεύειν unterscheidet und differenziert darstellt; zur mehrfachen Bedeutung von Falschsein: *Metaph.* V 29, 1024 a 17 - 1025 a 14. Über drei Aspekte des Begriffs der Wahrheit bei Thomas von Aquin: *De veritate* I 1 (vgl. auch S. Th. I, q. 16). – Auch Habermas erkennt an, daß Wahrheit nicht bloß Aussagenwahrheit meint (219-223). Die vier Bedeutungen, die er untersucht: (semantische, grammatische, phonetische) Verständlichkeit, Wahrhaftigkeit, Richtigkeit, (Aussagen-)Wahrheit, sind jedoch am Leitfaden der Geltungsansprüche eines wahren Konsenses gewonnen. Sie können sich weder auf den gewöhnlichen Sprachgebrauch berufen, noch lassen sie für Kunstwerke oder Religionen eine eigentümliche Weise der Wahrheit zu. Im übrigen finden sich bei Habermas selbst Verwendungen des Ausdrucks »wahr«, die in seiner Konzeption der Aussagenwahrheit nicht berücksichtigt sind. So spricht er von der »Idee des wahren Lebens« (Der Universalitätsanspruch, a.a.O., 100) oder vom »wahren Konsens« (Vorbereitende Bemerkungen, a.a.O., 123).

9 Thomas von Aquin, *De veritate* I 1 (mit Bezug auf Augustinus, *Solil.* II 5): »veritas est id quod est.« In diesen Zusammenhang gehört auch die – transzendental zu verstehende – Grundaussage der abendländischen Philosophie seit Parmenides über die Selbigkeit von Denken und Sein.

10 Tübingen [2]1965.

11 Der Universalitätsanspruch, a.a.O.; zur Gegenkritik: H.-G. Gadamer, Rhetorik, Hermeneutik und Ideologiekritik. Metakritische Erläuterungen zu ›Wahrheit und Methode‹; ders., Replik, beides in: *Hermeneutik und Ideologiekritik*, Frankfurt/M. 1971, 283-217. – Zur Wahrheit des Kunstwerkes: M. Heidegger, Der Ursprung des Kunstwerkes, in: *Holzwege*, Frankfurt/M. [4]1963, 7-68.

12 Vgl. *Abschließende unwissenschaftliche Nachschrift* ..., hrsg. v. H. Diem, W. Rest, Köln [2]1959, 204 ff.

13 Zur Genealogie der Moral, *Werke*, Ed. Schlechta, Bd. II, 891.

14 Aus dem Nachlaß der Achtzigerjahre, *Werke*, Bd. III, 543 (sog. »Wille zur Macht«, Nr. 517).

15 *Werke*, Bd. III, 919 (Wille zur Macht, Nr. 534).

16 *Werke*, Bd. III, 744 (Wille zur Macht, Nr. 434); Bd. III, 750 (Nr. 688).

17 Zu Platon: vor allem *Politeia* 504 a ff., 514 a ff.; zu Aristoteles: *Metaphysik* Buch XII; zu Parmenides: *fr.* 1 ff.

18 Zu Fichte sind die verschiedenen Ausarbeitungen der *Wissenschaftslehre*, aber auch die *Transzendentale Logik* u. a. heranzuziehen; zu Husserl die *Logischen Untersuchungen* ([4]1928), VI; *Formale und transzendentale Logik* (1929); zu Heidegger: *Sein und Zeit*, Tübingen [10]1963, § 44; *Vom Wesen der Wahrheit*, Frankfurt/M. [4]1961. – Zu Husserl und Heidegger vgl. E. Tugendhat, *Der Wahrheitsbegriff bei Husserl und Heidegger*, Berlin 1967.

19 Die elementare Pluralität der Fragen und Methoden zum Problemfeld der Wahrheit ist von jener gestuften Pluralität von Wahrem zu unterscheiden, die sich innerhalb der ontologischen Wahrheitstheorie findet. Wenn Thomas von Aquin vor dem Hintergrund der christlichen Schöpfungstheorie von einem minimum vere (anorganische Materie) und einem maximum vere (Gott) spricht und damit zugleich die Pole eines Spektrums von Wahrem bezeichnet (*De veritate* I 1 u. a., vgl. auch ebd. I 6), dann meint hier verum die Dignität oder das Maß an Seiendheit bzw. Wahrheit, die einem Seienden (ens) zukommen.

20 Vgl. T. McCarthy, A Theory of Communicative Competence, in: *Philosophy of the Social Sciences* 3 (1973) 135-156.

21 Dabei wird allerdings nicht berücksichtigt, daß die Herausforderung zu einer Legitimation von Behauptungen und Geboten, nämlich Fragen, Bedenken und Zweifel nicht erst im sozialen Umfeld, sondern auch im »Gespräch« einer Person mit sich selbst entstehen können. Und das ist nicht bloß psychologisch, sondern auch prinzipiell zu verstehen. Da menschliche Erkenntnis der Möglichkeit des Irrtums unterworfen ist – weil weder die Aussagen ihre Rechtfertigung in sich selbst tragen noch das subjektive Fürwahrhalten schon die objektive Wahrheit sichert –, ist die Rechtfertigung von Wahrheitsansprüchen prinzipiell vonnöten. Darin liegt auch die genuin theoretische Aufgabe von Wissenschaft und Philosophie, daß sie grundsätzlich in Erfahrung bringen wollen, *was* der Fall ist und *warum* es ist, auch wenn dem keine technische, psychische oder soziale Relevanz innewohnt.

22 *The Uses of Argument*, Cambridge 1958, bes. chap. III-V. – Toulmin will die Logik aufspüren, die in den Schlußfolgerungen des wissenschaftlichen und täglichen Sprechens steckt. Dabei orientiert er sich – im Gegensatz zur vorherrschenden Theorie der Logik – am Modell der Jurisprudenz anstatt dem der Mathematik (vgl. dazu schon Ch. Perelman/L. Olbrechts-Tyteca, *La nouvelle rhétorique. Traité de l'argumentation*, Paris 1958, Brüssel [2]1970). Während es der traditionellen Logiktheorie ausschließlich um analytische Argumente gehe,

seien in der Praxis des Argumentierens gerade die davon verschiedenen, die substantiellen Argumente relevant. Toulmins Versuch zu zeigen, daß es sich bei diesen anderen Argumenten nicht um versteckte oder verkürzte Syllogismen, also doch um analytische Argumente handelt, die aufgrund ihrer Form allein schlüssig sind, kann allerdings noch nicht überzeugen. Schon die erste, die aristotelische formale Logik ist von der zeitgenössischen Praxis des Argumentierens ausgegangen. In den gegenwärtigen Begründungsversuchen zu einer pragmatischen Logik, zu denen auch Toulmin zählt, könnte man sich also auf Aristoteles berufen. Jedoch findet sich bei Aristoteles – etwa in der *Topik* – keine veränderte, vom Syllogismus abweichende Binnenstruktur der Logik, sondern nur eine pragmatische Außenstruktur: ihr »Sitz im Leben« ist der Disputierbetrieb in der Akademie, der in der Syllogistik (einschließlich der der topischen Schlüsse) gerade sein formalisiertes Instrumentarium gewinnen soll. Vgl. auch in diesem Band: Ethik als praktische Philosophie, Abschn. II 2.

23 Aus dem Explanans »wenn p, dann q« und der Randbedingung »nun p« folgt das Explanandum »also q«. – Deduktive Argumentationsstrukturen sind seit der Antike bekannt und schon in den Ersten Analytiken des Aristoteles formalisiert.

24 Danach ist eine Handlung moralisch verbindlich, wenn sie mit einer Regel zusammenstimmt, die ihrerseits das allgemeine Wohlergehen befördert. Vgl. Vf. (Hrsg.), *Einführung in die utilitaristische Ethik,* München 1975, Einleitung (Abschn. III), sowie Teil II.

25 Wenn man es wörtlich nimmt, steht die Behauptung zur Diskussion »Das Wasser in diesem Topf dehnt sich aus« (244). Dann aber bedarf es nicht einmal der Gesetze der Thermodynamik, sondern nur einer Beobachtungsreihe, die etwa mit Hilfe eines Meßtopfes auszuführen ist.

26 Vgl. J. Rawls, Zwei Regelbegriffe, in: Vf. (Hrsg.), a.a.O., 103 ff.

27 Dort, wo Peirce von der potentiellen Zustimmung einer unbegrenzten Forschergemeinschaft, dem konditionalen Idealismus, spricht (vgl. *Schriften,* a.a.O., Bd. I, 220, 349, 362 ff., Bd. II, 492) und Kamlah und Lorenzen eine kritische Nachprüfung durch kompetente Beurteiler fordern (*Logische Propädeutik,* a.a.O., 117 ff.), führt Habermas den Begriff der idealen Sprechsituation ein. – Peirces Position enthält allerdings eine Zweideutigkeit. Das, was in die Zeit schematisiert erscheint (»in the long run«), die Überprüfung von Wahrheitsansprüchen, erhält durch die Qualifikationen »potentielle Zustimmung« und »unbegrenzt« den methodischen Status eines Totalitätsbegriffs; es wird also zu einem Ziel, das empirisch grundsätzlich nicht voll realisierbar ist. Dann aber verliert der Wahrheitsbegriff bei ihm seine kriteriologische Bedeutung und wird, recht verstanden, zu einer im Sinne Kants regulativen Idee der Vernunft.

28 W. Schulz, *Philosophie in der veränderten Welt,* Pfullingen 1972, 173 ff.; A. Beckermann, Die realistischen Voraussetzungen der Konsensustheorie von J. Habermas, in: *Zeitschrift für allgemeine Wissenschaftstheorie* 3 (1972) 63-80; vgl. auch J. Habermas, Wahrheitstheorien, a.a.O., 259.

29 Zu einem Modell der Vermittlung von Wissenschaft und Politik vgl. Vf., *Strategien der Humanität. Zur Ethik öffentlicher Entscheidungsprozesse,* Freiburg-München 1975, Kap. 10-12, bzw. in diesem Band: Strategien der Gerechtigkeit.

30 Zu den Einwänden im Rahmen einer Ethik politischer Entscheidungsfindung vgl. die Kritik am Erlanger Beratungsmodell: Vf., *Strategien der Humanität,* a.a.O., Abschn. 9.2.

31 Habermas legt eine Scheu gegenüber der transzendentalen Methode zu Tage,

obwohl er ihr an anderer Stelle de facto nahekommt: *Legitimationsprobleme*, a.a.O., S. 151 f. und Anm. 160.

32 Vor allem dieses nichtdiskursive Moment, das genuin sittlich-praktische Moment der gegenseitigen Anerkennung, darf man nicht übersehen.

Zweiter Teil:
Grundbegriffe und -probleme

10. Grundbegriff Sittlichkeit*

I. Rekonstruktion des Vorstellungsfeldes

I.1 *Gesellschaftsprotest als sittliches Problem:* Der Pluralismus moral- und rechtsphilosophischer Theorien ist nicht ganz so ärgerlich, wie er angesichts ihres Anspruchs auf rationale Argumentation erscheint. Wenn es zu den Aufgaben der praktischen Philosophie, der Moral- und Rechtsphilosophie, gehört, ein generelles Vorverständnis von Sittlichkeit kritisch-systematisch über sich selbst aufzuklären; wenn ihr Anliegen darin besteht, die sich im gewöhnlichen Handeln oder Sprechen manifestierenden und artikulierenden allgemeinen Vorstellungen von Sittlichkeit auf die mit ihnen gegebenen Probleme und Aporien, auf ihre Bestandteile, Elemente und Prinzipien hin zu analysieren und gegebenenfalls einen letzten Beurteilungsmaßstab von Sittlichkeit zu formulieren, dann entscheidet über ihren »Wert« nicht nur die logische Stringenz und argumentative Triftigkeit, sondern auch die »Sensibilität«, mit der ein historisch vermitteltes Problem- und Vorstellungsfeld aufgenommen und zum Ausgang der Überlegungen gemacht wird. Kants Reflexion der Sittlichkeit (Moralität) ist zum Beispiel nicht nur deshalb von der eines Nietzsche verschieden, weil sie ihrer eigenen, durch die transzendentale Methode bezeichneten Logik folgt, sondern auch weil sie einen spezifischen Frageansatz voraussetzt. Kant interessiert sich für das Problem, wie die gewöhnliche Vorstellung von Pflicht (das Bewußtsein, zu Handlungen angehalten zu sein ohne Rücksicht auf entgegenstehende Antriebe oder auf die Chancen der Verwirklichung) trotz der Sinnlichkeit des Menschen: trotz der Tatsache, daß er durch Triebe und Leidenschaften bestimmt ist, gerechtfertigt werden könne[1]. Nietzsches Frage dagegen, wie sich die Vorstellung einer Verbindlichkeit des Daseins – denn das zumindest beinhaltet die Idee der Sittlichkeit – inmitten der Erfahrung der Unverbindlichkeit geschichtlichen Werdens noch einsichtig machen lasse, ist durch die zeitgenössische Situation des europäischen Nihilismus geprägt[2]. Entsprechend mag es für eine gegenwärtige, nicht an

* Art. Sittlichkeit, in: H. Krings u. a. (Hrsg.), *Handbuch philosophischer Grundbegriffe*, Bd. III, München 1974, 1341-1358 (überarbeitet und erweitert).

sittlich-politischer Folgenlosigkeit interessierten Reflexion sinnvoll sein, beim Phänomen des politischen und sozialen Protestes anzusetzen. Energischer als Kant und Nietzsche und im Gegensatz zu einer neuzeitlichen Tendenz, Sittlichkeit in romantischer Reduktion auf Innerlichkeit festzulegen, erinnert ein solcher Ansatz, daß der Ausdruck »Sittlichkeit« ein Derivat von »Sitte« ist und schon sprachlich ein genuin soziales Phänomen anzeigt.

Wenn man den seit den Sophisten immer wiederkehrenden Staats- und Gesellschaftsprotest als die Forderung interpretiert, bestehende politische und soziale Verhältnisse in bessere zu transformieren, so sind damit zwei Dinge vorausgesetzt: (erstens) daß die politische und soziale Ordnung mindestens zum Teil der menschlichen Verfügung unterworfen ist, und (zweitens) daß die Verfügung nicht beliebig und willkürlich geschehen soll. Dann aber stellt sich philosophisch die Frage, wie im Kontext einer solchen Verfügung über Strukturen menschlicher Kommunikation und Interaktion deren Verbindlichkeit und Verpflichtung angenommen und gedacht werden kann.

I.2 *Das allgemeine Ereignis der Negation:* Prima facie erscheint der Gesellschaftsprotest als ein exzeptionelles Ereignis. Aus der Gesellschaft wird gegen die Struktur eben dieser Gesellschaft ein fundamentaler Einspruch erhoben. Was ihre Moral- und Rechtsordnung ausmacht: der Inbegriff ihrer geschriebenen und ungeschriebenen Verhaltensregeln, Wertmaßstäbe und auch Sinnvorstellungen, jener normative Bezugsrahmen, von dem hier nicht nur individuelles Tun und Lassen (gegenüber den Mitmenschen, sich selbst und der Natur), sondern auch die Verfaßtheit sozialer Prozesse und Institutionen bislang ihre Rechtfertigung oder Disqualifikation erfuhren, wird nicht mehr anerkannt. Gesellschaftsprotest – und insofern handelt es sich tatsächlich um etwas Außergewöhnliches – ist wesentlich Systemprotest, in dem nicht nur diese oder jene Verhaltensweise und Überzeugung kritisiert werden, sondern die Bezugskriterien selbst, die die gewöhnliche Kritik oder auch Rechtfertigung leiten. So wird im zeitgenössischen Protest gegen eine durch Effizienz- und Leistungsdenken bestimmte spätkapitalistische Gesellschaft der Inbegriff des bisher Verbindlichen abgelehnt und seine Transformation in eine neue, vom Prinzip herrschaftsfreier Kommunikation bestimmte Moral gefordert. Andererseits ist ein solcher Protest nur der extreme Fall eines allgemeinen Phänomens, durch das man den Menschen auf die unorthodoxe Weise definieren kann, daß man nicht von charakteristischen Vermögen oder spezifischen Bedürfnissen und Interessen spricht, sondern daß man ein Ereignis beschreibt: Ob man ein Mißgeschick bedauert, ob man jemanden kritisiert oder ihm Vorwürfe macht, ob man Einzelhandlungen oder auch Institutionen kritisiert – die formale Selbigkeit, die solch alltäglichem Geschehen nicht weniger innewohnt als dem außergewöhnlichen des Systemprotestes, liegt darin, daß Menschen über (persönliche oder institutionelle) Praxis urteilen, sie hätte nicht so geschehen sollen, wie sie tatsächlich geschehen ist.

Diese Urteile können sich auf drei Ebenen fortschreitender Radikalität artikulieren: als Urteile über einzelne Handlungen; als solche über Normen der Handlungen: ihre Gesetze, Sitten und Institutionen; oder – qua Gesellschaftsprotest und Moralkritik – als Urteile über die Grundsätze der Normen selbst. Wenn man diesen Akt der Negation tatsächlicher Praxis als ein Urteilen bezeichnet, dann nicht im kognitiven Sinn von Urteil. Denn der Akt der Negation steht primär nicht im Kontext einer Vermehrung von Wissen, sondern in dem einer Verbesserung von Handeln. Es geht zwar gleichermaßen um Einsicht, aber nicht um Einsicht in Dinge, Dingsysteme oder Sachverhalte, sondern um Einsicht in Praxis, in Normen von Praxis oder in Systeme von Normen. Solche praktischen Urteile realisieren die Weigerung, ein Gegebenes als bloße Gegebenheit hinzunehmen. Unabhängig davon, ob sich im Einzelfall das Urteil auch rechtfertigen läßt; vor der konkreten Entscheidung über seine tatsächliche oder angemaßte Legitimität, läßt sich schon sagen, daß das Gegebene als ein faktisch Gegebenes aufgelöst und in Relation zu einem Moment des Aufgegebenen, des Gesollten gesetzt wird. Damit wird in ein und demselben Akt jene fundamentale Unterscheidung realisiert, die man schlagwortartig die Differenz von Sein und Sollen oder die von de facto- und de jure-Geltung nennen kann, und zugleich deren genuiner Zusammenhang.

Im Ereignis, daß man über tatsächliche Kommunikation und Interaktion normativ disputiert und urteilt, wird für die Praxis eine Instanz des Guten und Richtigen vorausgesetzt, eine Instanz, die vom Tatsächlichen sowohl verschieden als auch für es verbindlich ist. Das Ereignis setzt ferner voraus, daß die Praxis dem Verantwortungsbereich der jeweiligen Subjekte (Individuen oder

Gruppen und Gesellschaften) zugerechnet wird, und zwar Subjekten, die in der gleichen Weise wie der Urteilende selbst der Instanz des Verbindlichen unterworfen sind und ihr folgen sollen. Die Instanz hat also die doppelte Funktion, das Kriterium für das gute und richtige Handeln zu sein, und der Grund, das Gute und Richtige auch anzuerkennen und tatsächlich auszuführen. Sie ist Instanz der Beurteilung und zugleich Instanz der Realisation, in der Sprache der Tradition: principium diiudicationis et executionis boni. – Weiterhin wird eine Forderung angenommen, die die Subjekte einsehen und dann ihr entsprechen oder aber ihr sich entziehen können; es geht um einen Anspruch, der »objektiv« gerechtfertigt sein mag, ohne deshalb schon »subjektiv« die Handelnden in ihrer Entscheidung wirklich zu bestimmen. Um es paradox zu formulieren: es ist eine Notwendigkeit, die nicht notwendig ist; es ist eine praktische, keine theoretische Verbindlichkeit; ein Imperativ, kein Naturgesetz.

Vor jeder weiteren Analyse ist damit schon eines gezeigt: Wenn sich menschliche Praxis nicht bloß hinnehmen, sondern auf ihre Richtigkeit befragen läßt, dann gilt sie weder als rein instinktmäßig festgelegt noch als eine Frage bloß subjektiver Willkür; sie gilt nicht ausschließlich als das Problem von persönlichem Gefühl, von Geschmack, Einstellung oder subjektiver Präferenz, nicht als Gegenstand bloß souveräner Dezision, noch – wie es die Ereignisse von Moralkritik und Gesellschaftsprotest zeigen – allein als eine Sache der Herkunft, des Taktes oder der eingespielten Konvention. Menschliche Praxis ist immer auch etwas, das unter Verbindlichkeiten steht und für deren Einhalten man von sich selbst oder anderen zur Rede gestellt und zur Verantwortung gezogen werden kann. Menschliche Praxis ist immer auch zu verantwortende Praxis.

Zwar steht der Mensch sowohl in seinem persönlichen wie seinem öffentlichen (politischen) Handeln unter mannigfachen biologischen, psychologischen und sozio-kulturellen Bedingungen. Keineswegs ist er frei im Sinn von indeterminiert. Als nicht festgelegtes: als weltoffenes und instinktverarmtes oder sogar instinktentbundenes Wesen (s. u. Abschn. 3.1) ist er durch diese Bedingungen aber nicht vollständig festgelegt. Indem er sich zu seiner natürlichen und geschichtlich-gesellschaftlichen Umwelt ebenso wie zu den physiologischen, in gewissem Sinn auch zu den psychologischen Faktoren seiner selbst, indem er sich zu seinen Trieben, Bedürfnissen und Interessen, zu seinen Begabungen, Fähigkeiten und Leidenschaften in ein Verhältnis setzen kann; indem er nämlich all dies erkennen und benennen, es beurteilen, dazu Stellung nehmen, es anerkennen oder verwerfen und auf dessen produktive und kreative Aneignung oder aber – in (selbst-)erzieherischen, therapeutischen, politischen und anderen Prozessen – auf dessen Veränderung hinarbeiten kann; indem der Mensch naturwüchsige Bedürfnisse befriedigt oder gesellschaftlich-kulturell gebildete Interessen erfüllt; indem er sie verstärkt, abschwächt oder sublimiert; indem er Akzente und Prioritäten setzt; indem er – durch Arbeit – die zur Erfüllung der Bedürfnisse und Interessen erforderlichen Güter sich zubereitet und zur Zubereitung der Güter, zu deren Verteilung und Schutz sowie zum gemeinsamen Genuß formelle (Institutionen) und informelle Kommunikationsbeziehungen schafft sowie im Rahmen dieser Beziehungen agiert: in dieser ganzen Palette wissentlich-willentlicher Praxis manifestiert sich der Mensch als praktisches Sprach- und Vernunftwesen, das für sein Tun und Handeln sowie für deren Zusammenhang, seine persönliche, soziale und politische Existenz selbst Verantwortung trägt.

Für ein Handeln, für das man mindestens zum Teil verantwortlich ist, kann man zur Rechenschaft gezogen werden. Zur Rechenschaft ziehen heißt aber, sich Gründe nennen lassen, Gründe, die der Handelnde schon klar und deutlich präsent hatte oder über die er sich erst im nachhinein klar werden muß, und zwar Gründe, durch die ein Tun oder Lassen als gelungen: als gut und gerecht, oder aber als mißlungen: als schlecht, falsch, ungerecht und böse, erscheinen kann. Als wissentlich-willentliches Tun und Lassen steht menschliches Handeln von vornherein in einer, wenn auch eigentümlichen, nämlich praktischen Dimension des Wahren und Falschen: es ist argumentations- und wahrheitsfähig. Gegen die verschiedenen Formen von Dezisionismus und Konventionalismus, von individuellem und kollektivem Emotivismus bleibt zu erinnern, daß auch die Sache Sittlichkeit grundsätzlich Gegenstand einer wenn auch eigentümlichen, so doch rationalen Argumentation ist.

I.3 *Der Begriff einer uneingeschränkten Verbindlichkeit:* Dem Akt der Negation liegen verschiedene Formen des Verbindlichen und Verpflichtenden zugrunde. Er allein konstituiert noch nicht

Sittlichkeit. Wenn die instrumentale oder taktische Kritik sich gegen sachliche Fehler richtet, weil ihnen zufolge das jeweils anvisierte, aber in diesem Zusammenhang nicht weiter legitimierte und insofern beliebige Ziel verfehlt werde; wenn die pragmatische Kritik zwar Ziele selbst verwirft, aber nur deshalb, weil deren Erreichen dem Individuum, der Gruppe oder dem Staat zum eigenen Schaden gereiche – dann handelt es sich hier um begrenzte oder bedingte Verbindlichkeit: Die Praxis gilt deshalb als nicht gut, weil sie der Absicht, der sie dienen soll, nicht gerecht wird. Wendet sich die Kritik gegen Verletzungen der geltenden Rechtsnormen oder gegen Verstöße der »guten Sitten« (»das gehört sich nicht, ist unanständig, taktlos . . .«), dann handelt es sich immer noch um normativ begrenzte Verbindlichkeiten, sofern nämlich die Kritik das Tun und Lassen am Bestehenden als Bestehendem, am positiven Recht, am sozial Üblichen oder eventuell an dem mißt, wofür Recht und Sitte angeblich da sind: an einem geordneten Zusammenleben, an einer Vermehrung des materiellen Wohlstandes usw. Die Kritik kann sich aber auch gegen den zugrunde liegenden Typ der Absicht selbst richten. Und nur eine solche uneingeschränkte oder unbedingte Verbindlichkeit, durch die das Handeln vor das Forum einer instrumental und pragmatisch entschränkten, vor die Instanz einer umfassenden Rationalität gezogen wird, ist traditionell mit dem Wort »sittlich« belegt.

Sittlich heißt nicht jede Verbindlichkeit, sondern auschließlich jene uneingeschränkte Form, kraft derer eine Praxis nicht bloß im Vergleich und in Beziehung auf ein anderes, sondern für sich und als sie selbst auf ihren Sinn und ihre Verantwortbarkeit beurteilt wird. Dabei geht es sowohl um die »objektive« Seite des Handelns: um die Gesetze, Sitten, Bräuche und Institutionen, letztlich um die politische Grundordnung einer Gemeinschaft, als auch um die »subjektive« Seite: um die Vorsätze, Intentionen, Maximen und Charaktere der Handelnden; es geht sowohl um die (politische) Gerechtigkeit als Rechtsidee als auch um die Moralität. Der Begriff der Sittlichkeit markiert den Anspruch, daß nicht nur dieser oder jener Ausschnitt oder Aspekt menschlicher Praxis, sondern daß menschliche Praxis als ganze vor das Forum der Vernunft: vor das Forum der Verbindlichkeit, rationalen Argumentation und Rechtfertigung gezogen werden soll.

I.4 *Sittlichkeit als Humanität:* Da es nicht bloß willkürlich, sondern vor allem auch letztlich sinnlos wäre, Fragen der Verantwortlichkeit und Richtigkeit menschlicher Praxis aufzuwerfen und sie zugleich grundsätzlich auf die Dimensionen des Technischen und Pragmatischen oder auf die mehr oder weniger zufällig vorhandenen Gesetze und Sitten zu beschränken, bezeichnet Sittlichkeit einen unabweisbaren Anspruch an den Menschen. Menschliche Praxis erschöpft sich nicht darin, Funktion für etwas anderes zu sein, sondern sucht selbst »richtig«, sinnvoll zu sein. Die Vorstellung einer Praxis, die schlechthin und als ganzes, die für sich selbst verantwortbar ist, gibt es daher auch, ohne daß man sich letztlich auf eine außermenschliche Instanz: auf Gott, ein göttliches Gebot und dergleichen beruft. Die Idee der Sittlichkeit, formal als die einer uneingeschränkten Verbindlichkeit zu interpretieren, ist nicht erst in theologischen oder metaphysischen Begriffen als solchen zu umschreiben. Der letzte Maßstab menschlichen Handelns ist nicht notwendig ein Trans-Humanum, sondern läßt sich schon als eine dem Menschen als praktischem Vernunftwesen, als eine seinem Tun und Lassen immanente Verbindlichkeit, als »wirkliches« oder »wahres« Menschsein, als Humanität vorstellen. (Dabei bezeichnet Humanität das Menschsein nicht, wie es sich tatsächlich verhält, sondern wie es sich sinnvollerweise verhält, wie es sich verhalten *soll.*) Man könnte auch von einer »immanenten Transzendenz« sprechen. Sittlich handeln heißt, eine Idee von humanem Leben realisieren.

Die Sittlichkeit bezeichnet keine Verpflichtung, die abseits von den Aufgaben des mehr oder weniger täglichen Lebens zu erfüllen wäre. Sie beschränkt sich auch nicht auf bestimmte Bereiche und Aspekte des Lebens, weder – kleinbürgerlich – auf Sexualität noch – heroisch – auf außergewöhnliche, auf Grenzsituationen. Sittlich sein heißt, sein Leben in all seinen Phasen und Dimensionen schlechthin verantwortbar führen. Sittlichkeit ist eine Verpflichtung, die sich nur im Vollzug des Lebens selbst, angesichts der spezifischen Lebensbereiche und konkreten Situationen sowie im Rahmen und als Struktur der sozialen Prozesse und Institutionen artikuliert. Die konkrete Bestimmtheit einer persönlichen oder institutionellen Praxis, die sittlich sein will, sieht sich jedoch nicht allein durch die Idee »Sittlichkeit« bestimmt, sondern ist auch von persönlicher Begabung und Temperament, von sozioökonomischen und geopolitischen Bedingungen, kurz von dem Ensemble der empirisch-faktischen Bestimmungsfaktoren abhängig. Sittlich handeln heißt, im Prozeß von Kommunikation und Interaktion und im jeweiligen sozio-kulturellen Kontext dieses Prozesses die unbedingte Aufgabe des *homo humanus* gehaltvoll zu realisieren.

II. Die Herausforderung durch den ethischen Nihilismus

II.1 *Ethischer Nihilismus und Nihilismus als geschichtliche Erfahrung:* Der die Sittlichkeit exemplifizierende Akt der Negation wird als solcher nicht immer anerkannt. Das geschieht am radikalsten dort, wo die Idee einer uneingeschränkten Verbindlichkeit systematisch geleugnet wird, im ethischen Nihilismus. Allerdings darf der ethische Nihilismus nicht mit dem Nihilismus als geschichtlicher Erfahrung gleichgesetzt werden. Der Nihilismus als geschichtliche Erfahrung ist das Resultat der Entwertung aller bisher angenommenen obersten, dem Leben und Sterben Sinn gebenden sittlich-politischen Grundsätze. Dort, wo die bisherigen Normen und Werte ihre Geltung verlieren, weil das sie tragende Prinzip, etwa der Glaube an Gott (vgl. Nietzsches Satz: Gott ist tot) oder an die unverletzliche Würde jedes Menschen, fragwürdig geworden ist, erscheint das Leben insgesamt als sinnlos, und der Nihilismus wird zur bedrückenden Erfahrung einzelner oder ganzer Gruppen und Gesellschaften. Das Gefühl der Leere und Sinnlosigkeit des Lebens kann zu unbeschränktem Egoismus, zu Verbrechen, Selbstmord oder apathischer Gleichgültigkeit gegenüber dem eigenen Leben und dem anderer führen. Die mögliche Erfahrung der Sinnlosigkeit zeigt, daß dem Menschen der Sinn seines Lebens nicht naturhaft vorgegeben ist, sondern von ihm gesucht und anerkannt oder gestiftet werden muß. Der Nihilismus läßt sich deshalb weder durch Kritik an der Diagnose eines Zerfalls herrschender Moral und Sitte noch durch die Beschwörung brüchig gewordener Grundsätze *prinzipiell* überwinden, sondern nur durch den Aufweis eines tatsächlich allgemein verbindlichen und deshalb auch allgemein überzeugungsfähigen Lebens- und Moralprinzips.

Im Unterschied zum Nihilismus als geschichtlicher Erfahrung, als historischem Ereignis, meint der ethische Nihilismus die Negation von Sittlichkeit überhaupt. Durch ihn wird das die

Sittlichkeit dokumentierende Faktum, daß Menschen über Praxis als solche urteilen, sie hätte nicht so sein sollen, wie sie tatsächlich ist, nicht selbst bestritten. Das Faktum wird jedoch mit anderen Sachverhalten konfrontiert, so daß es seine »Beweiskraft« verlieren soll und die Vorstellung von Sittlichkeit als fundamentale Selbsttäuschung erscheint. Die Unterscheidung von sittlich guten und bösen Handlungen oder Charakteren wird ebenso geleugnet wie die zwischen gerechten und ungerechten politisch-sozialen Ordnungen.

II.2 *Nihilistische Fehlschlüsse:* Die Argumente des ethischen Nihilismus lassen sich in drei Gruppen einteilen:

II.2.1 Trotz der angeblich unbedingten Gültigkeit, so lautet das erste und schwächste Argument, wird ständig gegebenen Verbindlichkeiten zuwider gehandelt. Der Mangel kategorischer Verpflichtung erweist sich gewissermaßen durch die Tat. Diesem *naiven Nihilismus* liegt der Fehlschluß von mangelnder Geltung zu mangelnder Gültigkeit zugrunde, das Mißverständnis, ein Sollensanspruch bestehe nur dann zu Recht, wenn er auch tatsächlich erfüllt werde. Der Anspruch ist aber gerade deshalb ein sittlicher, weil er weder als Naturgesetz existiert, dem gemäß immer und überall gehandelt wird, noch als historischer, gesellschaftlicher oder rechtlicher Zwang, dem man sich nicht entziehen kann, vielmehr als eine Forderung, deren Befolgen in die Verantwortung und Entscheidung des Handelnden gestellt ist.

II.2.2 Die zweite Position, der *Nihilismus des Weltmannes,* pocht auf die Konkurrenz historisch relevant gewordener Moral- und Rechtsordnungen. Ob aufgrund eigener Beobachtung oder vergleichender ethnographischer und kulturhistorischer Studien[3] – um die diachronische wie synchronische Mannigfaltigkeit und Widersprüchlichkeit der verschiedenen Moral- und Rechtsordnungen zu dokumentieren, bedarf es nur des populären Vergleichs gegenwärtiger und vergangener Sexual- und Ehevorschriften. Ganz allgemein kann man eine Eskimo-Moral gegen eine Hopi-Moral, die Moral einer Agrargesellschaft gegen die einer Industriegesellschaft ausspielen; man kann Herren- und Sklavenmoralen, kleinbürgerliche und großkapitalistische unterscheiden und meint damit je ein System von Gesetzen und Institutionen, das die für den angesprochenen Personenkreis tatsächlich geltenden Verbindlichkeiten umfaßt. Ferner läßt sich bei Normen ein

Abnützungs- und Veränderungsprozeß beobachten, ein Prozeß, der sich teilweise naturwüchsig vollzieht, teilweise aber, wie in den Emanzipationsbewegungen der Neuzeit, bewußt und kontrolliert.

Solche Argumente eines kulturellen Relativismus betonen die Verschiedenheit von Verhaltensnormen, fordern auch – zu Recht – Achtung vor den unterschiedlichen Kulturen und ihren Traditionen, unterschlagen aber häufig schon die ebenfalls empirisch feststellbaren Gemeinsamkeiten zwischen den verschiedenen Kulturen (wie zum Beispiel das Inzestverbot, die Ablehnung von Lügen, die moralische Anerkennung von Hilfsbereitschaft und Tapferkeit). Überdies impliziert der kulturelle Relativismus als solcher noch keinen *ethischen Relativismus*, der zugleich eine nihilistische Position darstellt. Der ethische Relativismus wird erst dadurch gewonnen, daß man die deskriptiv gültige Konkurrenz von Moral- und Rechtsvorstellungen sowie von ihrer Praxis auch für sittlich gültig hält. Aus dem Vorhandensein divergierender Vorstellungen schließt man auf die Berechtigung der Divergenz; man leitet aus dem kulturellen Relativismus einen ethischen Relativismus ab, der allgemeingültige Verpflichtungen bestreitet.

Um die Triftigkeit einer solchen Ableitung zu überprüfen, sind drei Arten von moralischer Veränderung zu unterscheiden: Die Mannigfaltigkeit dessen, was als verbindlich gilt, resultiert (erstens) aus dem Unterschied zwischen den verschiedenen Situationen und Lebensbereichen, so daß – unbeschadet der allgemeinen Gesetze – das, was hier und jetzt verbindlich ist, in anderer Weise erscheint. Dann aber handelt es sich nur um den Sachverhalt, daß sittliche Verbindlichkeiten nicht als individuelle Vorschriften artikuliert werden, sondern als allgemeine Grundsätze, die mittels einer »sittlichen Urteilskraft« (*Aristoteles:* φρόνησις, Klugheit[4]) auf konkrete Fälle zu applizieren sind. Auch wenn sich die Fälle verändern, so bleiben sich die Regeln, die Normen selbst doch gleich.

Die Veränderung resultiert (zweitens) aus einer Veränderung der empirischen Randbedingungen. Sofern die persönlichen Bedürfnisse und Interessen, sofern die für die jeweilige Gesellschaft charakteristischen geographischen, klimatischen, ökonomischen, technischen und anderen Situationsfaktoren, auch sofern die überlieferten Glaubensüberzeugungen oder die empirischen Kenntnisse über die wahrscheinlichen Folgen eines Handelns wechseln, verändern sich auch die Inhalte der Normen, zwar nicht die der primären Normen, der höchsten Grundsätze, wohl aber jener »Zwischenregeln« oder »sekundären Normen«, die die relativ unbestimmten normativen Grundsätze unter den wechselnden empirischen Randbedingungen anwenden. Auch hier läßt sich die Idee einer unbedingten Verbindlichkeit noch aufrechterhalten. Sobald man die beobachteten Normen als spezifische Anwendungen allgemeiner Grundsätze erkennt, ist es nicht mehr erstaunlich, sondern wird es geradezu notwendig, daß die beobachteten Normen nicht immer und überall dieselben sind. Und umgekehrt: Dort, wo man trotz veränderter Randbedingungen an denselben *speziellen* (konkreten) Normen festhält, verrät man die einstmals bestimmenden *allgemeinen* normativen Grundsätze.

Allerdings können sich nicht bloß die Zeiten (die empirischen Randbedingungen), sondern (drittens) auch die Grundsätze selbst verändern. So gehört zum Beispiel angesichts von Beleidigungen die Maxime der (Blut-)Rache zum Grundsatz der Vergeltung, die der Verzeihung und Versöhnung dagegen zum Grundsatz der Nächsten- und Feindesliebe. Die Tatsache, daß sich Moral- und Rechtsordnungen auch in principio unterscheiden und widersprechen können, scheint noch am ehesten das Recht zu geben, die sittliche Skepsis bis zur strikten Leugnung von Verbindlichkeit überhaupt zu radikalisieren. Gleichwohl bedeutet die Feststellung prinzipieller Unterschiede zwischen verschiedenen Moral- und Rechtsordnungen keineswegs, daß sich die Unterschiede auch sittlich rechtfertigen lassen. Man begeht vielmehr einen naturalistischen Fehlschluß, wenn man aus dem empirisch-prinzipiellen Relativismus einen ethischen (normativen) Relativismus ableitet, nach dem die verschiedenen Prinzipien nicht bloß existieren, sondern auch gleicherweise sittlich richtig seien.

II.2.3 Der Nihilismus einer dritten Argumentationsfigur, der *Nihilismus des Aufklärers*, bleibt auf der Ebene vergleichender Ethnographie nicht stehen, sondern hinterfragt jede Moral- und Rechtsordnung auf ihren verborgenen Zweck, um so die Unmittelbarkeit ihrer Geltung zu erschüttern. Der Nihilismus des Aufklärers ist eine Form von Moral- und Gesellschaftskritik. Durch sie verlieren ganz allgemein die Gebote und Verbote der jeweiligen Moral- und/oder Rechtsordnung ihren Tabucharakter.

Moral- und Rechtskritik entstehen dort, wo eine Gesellschaftsordnung und ihre leitenden Wertvorstellungen zu zerfallen beginnen. Sie verschärfen den Zerfall oder suchen ihn aufzuhalten: Sie sind entweder entlarvend, indem sie einen kompromittierenden Grund, oder rechtfertigend, indem sie einen legitimierenden Grund aufzeigen. Beim Nihilismus des Aufklärers handelt es sich um die negative Spielart, um entlarvende Moral- und Rechtskritik. Sie machen auf einen Zweck aufmerksam, der den Zwecken widerspricht, die für die jeweilige Moral- und/oder Rechtsordnung substantiell sind: zum Beispiel auf den Neid der Götter (Sophisten), auf den Egoismus der Herrschenden (Thrasymmachus in Platons *Staat*, 338 f.; Marxismus) oder auf die Ressentiments der Schwachen (Kallikles in Platons *Gorgias*, 491 f.; Nietzsche). Zur entlarvenden Moral- und Rechtskritik gehört es auch, die anscheinend selbstlosesten Regungen wie Mitleid und Nächstenliebe als bloße Rationalisierungen des Selbstinteresses (Hobbes, La Rochefoucauld), das Gewissen als eine nach Innen verlegte fremde Stimme (Freud, Adorno), eine Lebensordnung als entfremdend (Marx) oder angeblich freie Entscheidungen als biologisch, psychologisch und ökonomisch-gesellschaftlich determiniert (Darwin, Nietzsche, Freud, Marx) zu demaskieren. Ziel der entlarvenden Moral- und Gesellschaftskritik ist die Desillusionierung überlieferter Illusionen, der Nachweis eines falschen Bewußtseins. Sie intendiert Aufklärung, die den Menschen aus seiner selbstverschuldeten, von den politischen und religiösen Mächten bewußt oder unbewußt beförderten Unmündigkeit befreien will. Indem man Moral- und Rechtssysteme als Wunsch- und Schutzinstitutionen oder als Herrschaftsinstrumente durchschaut, betreibt man eine zugleich demaskierende wie destruierende Moral- und Rechtskritik. Durch das Aufdecken einer kompromittierenden Herkunft oder Zielsetzung gilt die Sache selbst als kompromittiert, Moral und Recht werden wie Falschspieler entlarvt.

Doch gleich ob diese Moral- und Rechtskritik im Einzelfall richtig ist oder nicht: Die aufklärerische Kritik einer bestimmten Moral- oder Rechtsordnung impliziert noch keinen Nihilismus, eine Negation von sittlicher Verbindlichkeit überhaupt. Der sich auf eine entlarvende Moral- und Rechtskritik berufende Nihilismus des Aufklärers macht sich vielmehr einer unzulässigen Extrapolation schuldig. Einigen Varianten liegt schon folgender Fehlschluß zugrunde: Kompromittierende Ursachen des Entstehens oder Fortbestehens einer Moral, Ursachen ihrer *Geltung* also, werden mit kompromittierenden Gründen ihrer *Gültigkeit* identifiziert, als ob die Gültigkeit des Gebots der Nächstenliebe zum Beispiel schon durch den (angeblichen) Nachweis desavouiert sei, daß die Verkünder des Gebotes weniger an Nächstenliebe als an Machtausübung interessiert seien. Ein solcher Nachweis könnte zwar die Legitimation der Prediger, nicht aber die Verbindlichkeit der gepredigten Gebote und Verbote aufheben. Zudem gilt für alle Varianten des aufklärerischen Nihilismus, daß »hinter dem Rücken« der Kritik das Geleugnete immer schon präsent ist. In dem Versuch, eine Moral nicht aus bloßer Willkür, sondern aufgrund einer überzeugenden Argumentation bloßzustellen, wird die Idee der Sittlichkeit selbst gesetzt. So kann zum Beispiel die Aufklärung über einen verdeckten Herrschaftsanspruch nur dann eine Moral kompromittieren, wenn entweder der Herrschaftsanspruch selbst oder das Verschleiern dieses Herrschaftsanspruches, wenn also die Absicht der Moral oder der Betrug über die Absicht als Unrecht gilt. Oder anders formuliert: Ein falsches Bewußtsein bemißt sich an der Idee eines richtigen Bewußtseins. Mit der Ablehnung bestehender Verbindlichkeiten verbindet sich deshalb – zumindest implizit – eine Bejahung der Idee unbedingter Verbindlichkeit. Die Aufhebung einer Moral- und Rechtsordnung geschieht im Namen von Moralität und Gerechtigkeit. Dann aber wird zwar eine gegebene Moral verworfen, zugleich aber dem Gegebenen gegenüber eine Instanz von Richtigkeit und Unrichtigkeit geltend gemacht. Ohne sie würde die Ablehnung zum Akt eines zufälligen und überzeugungslosen Gutdünkens. In seinem Anliegen der Moral- und Rechtskritik hat der Nihilismus auch gegen sein ausdrückliches Wissen, durch die bloße Struktur der Argumentation schon die Idee eines An-sich-selbst-Richtigen, die Idee einer uneingeschränkten Verbindlichkeit anerkannt. So leistet der Nihilismus in seiner Kritik die Negation einer bestehenden Moral und zugleich die Affirmation von sittlicher Verbindlichkeit. Darin zeigt sich die universale Gültigkeit des Begriffs »Sittlichkeit«, daß die Instanz einer unbedingten Verpflichtung auch dort geltend gemacht wird, wo man sich der Verbindlichkeit einer Moral mit allgemeingültigen Gründen zu entziehen sucht.

III. Das Problem der Begründung von Sittlichkeit

III.1 *Die anthropologische Deutung:* Es ist ein Verdienst der neueren Anthropologie, daß sie der menschlichen Vernunft und Sprache, damit auch der Sittlichkeit, die in der neuzeitlichen Moralphilosophie, vor allem bei Kant und Fichte, der Natur strikt entgegengesetzt wird, eine Naturbasis nachgewiesen hat. Nach der Interpretation empirisch gewonnener Befunde ist der Mensch ein »Mängelwesen« (Herder, vgl. aber auch Kant selbst[5]): organisch mittellos, weil ohne »natürliche« Waffen (zur Verteidigung, zum Angriff oder zur Flucht), ohne ein Haarkleid oder eine andere ererbte Anpassung an die Witterungsverhältnisse, dazu mit Sinnen begabt, deren Leistungsfähigkeit von den »Spezialisten« im Tierreich weit übertroffen wird[6]. In seinem Instinktbereich verarmt und verunsichert und als Neugeborener ganz hilflos, ist der Mensch ein Wesen, das »unfestgestellter als irgendein Tier sonst« (Nietzsche[7]) in seinem Überleben gefährdet und sowohl für Anarchie als auch für Manipulationen offen ist. Unter diesen einzigartigen biologischen Bedingungen sind Moral und Recht: ist das Ensemble von Gesetzen, Sitten und Institutionen jene »Instanz, die Direktiven und Stabilisationskerne im Menschen setzt«, damit die nicht organisch und instinktmäßig gesicherte Unstörbarkeit des Lebens auf einer Basis gegenseitigen Vertrauens garantiert werde (Gehlen[8]). Die alle partikularen Interessen übersteigende sittliche Verbindlichkeit erscheint als Instrument der Selbsterhaltung, ethische Impulse gelten als Sozialregulationen[9], als der »künstliche« Schutz einer aufgrund ihrer Naturausstattung vom Untergang bedrohten Spezies. Vernunft und Sittlichkeit sind in die biologischen Bedingungen des Menschen gewissermaßen hineinkomponiert; sie sind durch präzis anzugebende physische Eigenschaften geradezu erzwungen.

Eine solche auf erfahrungswissenschaftlichen Tatbeständen basierende, vor allem von Arnold Gehlen vertretene Erklärung der Sittlichkeit als Mangelausgleich, als Instinktverlängerung und Instinktersatz hat seine Grenzen. Schon rein anthropologisch betrachtet ist die Kategorie »Mangelausgleich« irreführend. Denn sie versteht Moral und Recht sowie deren Prinzip, die Sittlichkeit, gleichsam als eine Krücke, nämlich als Ausgleich eines Verlustes. Dieses Verständnis setzt eine phylogenetische Verfallsgeschichte voraus, was empirischen Befunden zu widersprechen scheint. Die mangelnde Spezialisierung der Organe und die Instinktentbundenheit gehen nicht auf den Verlust von Fähigkeiten zurück, die die stammesgeschichtlichen Vor- oder Frühformen des Menschen besessen haben und die im Laufe der Stammesgeschichte, etwa durch den Prozeß der Domestikation/Zivilisation verlorengingen. Vielmehr handelt es sich beim Menschen um eine Art, die *archaisch* unspezialisiert ist, d. h. die einen bestimmten Spezialisierungsprozeß erst gar nicht durchgemacht hat. Zudem handelt es sich bei der geringen Spezialisierung und Instinktarmut nicht bloß um einen Mangel, sondern ebenso um ein Privileg, um den Tatbestand nämlich, daß die Organe vielseitig verwendbar sind (so ist z. B. »unsere nackte Haut . . . ein reich mit Sinnesorganen versehenes Gebilde geworden«[10]), und daß an die Stelle der Erbmotorik, der Instinkte, eine Erwerbsmotorik, nämlich Vernunft, Sprache, Kultur, treten. Der Mensch ist nicht an eine eng begrenzte Umwelt gebunden, sondern weltoffen. Aufgrund des ungewöhnlich hohen Maßes an Plastizität seiner biologischen Natur hat er einen außergewöhnlich weiten Spielraum, in dem er als einzelner, als Klein- und als Großgruppe unterschiedlich sich entwickeln und realisieren – aber auch verfehlen kann. So stellt die skizzierte Eigenart des Menschen ein Vorrecht, aber auch ein erhöhtes Risiko dar; und Moral und Sitte lassen sich nicht einfach als Mangelausgleich, aber doch als Reduzierung des Risikos durch Institutionalisierung und Internalisierung gewisser Verhaltensweisen verstehen.

Jedoch auch dieses Verständnis wird nur *einem* Aspekt des Phänomens gerecht. Moral und Sitte sowie ihr normatives Prinzip, der Begriff der Sittlichkeit, sprengen das durch den Ausgang bei biologischen und kulturgeschichtlichen Daten vorgezeichnete Vorstellungsfeld eines Funktions- und Regelkreises kollektiver Selbsterhaltung. Das bloße Überleben und dessen Medium, das System der Beherrschung innerer und äußerer Natur, ist beim Menschen sowohl anerkannt als auch immer schon transzendiert, und zwar zu jener Dimension hin, in der das Zusichselbstkommen des Menschen nicht nur als Überleben in sozialer Konformität, sondern darüber hinaus auch als Glück, als Gerechtigkeit und als Freiheit bestimmt wird. Eine anthropologische Deutung, die letztlich bloß an der für den Menschen spezifischen Art des Überlebens orientiert ist, verdeckt die Tatsache, daß die Kategorie des Überlebens ihrer Extension nach eine limitative ist, deren

Gehalt durch die Weigerung gedacht ist, unterzugehen. Wird diese Weigerung logisch in eine Vorschrift transformiert (»man soll nicht untergehen«), so läßt sich mit ihrer Hilfe eine Klasse von Normen mit dem Argument ausscheiden, daß sie der Selbsterhaltung zuwiderlaufen; vielleicht lassen sich sogar einige positive Minimal-Normen definieren: Regeln, die den freien Gebrauch von Gewalt begrenzen und ein Minimum an Ehrlichkeit und Fairneß fordern. Wenn auch die Überlebenschancen der Menschen an die der Gattung und die der Gattung an ein durch Moral und Recht zu stabilisierendes Verhältnis des Vertrauens gebunden sind, so gehören zu einem zureichenden Begriff von Sittlichkeit doch weitere Qualifikationen. Änderungen von Moral sind nicht nur Re-aktionen auf neue Umweltbedingungen. Sofern sie durch Moralkritik oder Gesellschaftsprotest inauguriert werden, sind sie nicht bloß vormoralische, sondern selbst moralische Phänomene. Außerdem ist die Sittlichkeit als eine nichtnaturnotwendige Stabilisierung ein intersubjektiv geschaffenes »Produkt«. Will man die Menschheit nicht zu einem fiktiven Übersubjekt hypostasieren, so ist die Sittlichkeit von den Mitgliedern der Gattung: den Individuen, Gruppen und Gesellschaften, entweder je neu und je selbst als ihr Eigenes zu akzeptieren (sei es implizit oder sei es, wie in einer Traditions- oder Moralkrise, explizit) oder als ein Fremdes von sich zu weisen. Die Selbsterhaltung ist nicht nur die Naturbasis für Sittlichkeit, sondern auch einer der Gegenstände sittlicher Entscheidung. Daß eine Suspension des Überlebens als letzter Bestimmungsmacht weder individuell noch kollektiv gesehen eine Utopie ist, wird durch die Lebensweise jener »Außenseiter«, der Asketen, Heroen und Märtyrer genauso dokumentiert wie durch die Vielzahl der um »höherer Werte« willen geführten Kriege. Die Sittlichkeit hat biologische und kulturgeschichtliche Bedingungen, ohne jedoch aus ihnen ableitbar zu sein.

III.2 *Die utilitaristische Vorstellung eines rationalen Glücksstrebens:* Gegenüber der Minimal-Deutung von seiten der Anthropologen, aber auch der Soziologen, die dazu neigen, Moral auf Integration und auf Stabilität sozialer Systeme festzulegen,[11] versucht die utilitaristische Ethik eher eine Optimal-Interpretation. Ausgehend von der Idee eines höchsten Zieles oder eines in sich selbst wertvollen Gutes erklärt diese Ethik entweder all die

Handlungen oder aber all die Regeln von Handlungen[12] für sittlich verbindlich, die das höchste Ziel nicht nur für den Handelnden selbst, sondern für alle von der Handlung Betroffenen befördern[13]. Die gewöhnlichen Vorstellungen von sittlicher Verpflichtung sollen dadurch systematisiert und von einem höchsten Moralkriterium, dem sog. Moralprinzip, aus erklärt werden. Für die durchschnittliche Moralvorstellung ist diese Theorie sicher ein gut Stück plausibel. Die Idee der Sittlichkeit ist in Relation zu tatsächlicher Praxis gedacht und weder in grotesker Privatisierung auf folgenlose Innerlichkeit reduziert (»es gut meinen«), noch auf solche Pflichtvorstellungen festgelegt, die sich analog dem Gemeinspruch *fiat iustitia, pereat mundus* gegenüber den voraussichtlichen Folgen einer Handlung und damit auch gegenüber dem tatsächlichen Wohlergehen der Menschheit unbekümmert zeigen. Ferner ist die Theorie gegen jene Dogmatismen gerichtet, die das subjektive Gefühl, eine politische Autorität oder einen Kanon angeblich a priori und daher universell gültiger Normen zur nicht mehr hinterfragbaren Moral-Instanz erklären. Zudem gegen politische Privilegien gerichtet, hat die utilitaristische Formel vom »größten Glück der größten Zahl« nicht nur moral- und rechtsphilosophische Bedeutung, sondern auch und historisch primär die einer revolutionären Gesellschafskritik[14]. Der Vorwurf des Wertnihilismus (N. Hartmann[15]) ist daher unangemessen, ebenso der des ethischen Hedonismus, sofern darunter eine Theorie verstanden wird, nach der allein das physische Wohlbehagen, zudem nur das eigene, menschliches Ziel ist.

Eine Schwierigkeit, mit der die utilitaristischen Theoreme konfrontiert zu sein scheinen, ist schon die Unbestimmtheit der Vorstellung »Glück«. Je nach Temperament, Erziehung, je nach Phantasie und Erfahrung versteht man darunter Gesundheit oder Reichtum und Macht, soziale Anerkennung oder Bildung oder eine beliebige Kombination dieser und anderer Ideale. Darüber hinaus ist es ungewiß, ob die objektive Realisation auch subjektiv zu dem führt, was man Glücklichsein nennt, zu einem Maximum an Wohlbefinden und Zufriedenheit. Allerdings sind schon in der ersten systematischen Exposition durch Bentham derartige Schwierigkeiten unterlaufen. Von dem Ziel geleitet, auch im Bereich von Moral und Recht empirisch-analytisch nachprüfbare Aussagen zu gewinnen, denkt Bentham den Begriff des Glücks nicht als reines Ideal, das als solches prinzipiell unbestimmt bleibt, sondern operationalisiert den Begriff zur höchstmöglichen Befriedigung aller oder wenigstens aller relevanten, aber tatsächlich vorhandenen Bedürfnisse und Neigungen. So wird es, bei aller Schwierigkeit im Detail, wenigstens der Idee nach möglich, die vorhandenen Wünsche nach ihrer Intensität, Dauer usw. zu bewerten und den Gesamtnutzen einer Handlung sowohl in bezug auf den einzelnen als auch auf das betroffene soziale System als ganzes zu kalkulieren[16]. Auf der Basis eines solchen hedonistischen Kalküls wird der Inhalt moralischer Verpflichtungen einer rationalen Überprüfbarkeit unterworfen.

Sieht man einmal davon ab, daß man Handlungen wie Selbstmord, Rausch, Lügen nicht nur unter dem Aspekt sozialen Wohlergehens, sondern auch unter dem der persönlichen Vollkommenheit auf ihre sittliche Erlaubtheit hin befragen und gleichwohl mit der durchschnittlichen Vorstellung von sittlicher Verpflichtung konform gehen kann; klammert man also das Problem aus, ob von der utilitaristischen Position aus sich eventuell nur ein unvollständiges Moral-Prinzip formulieren ließe, dann bleiben noch andere Einwände: (a) die Verknüpfung des klassischen Utilitarismus mit der Psychologie eines egoistischen Hedonismus und (b) die Immunisierung der vorhandenen Handlungsinteressen gegen eine Kritik aus »sittlicher Absicht«.

(a) Wenn man mit Bentham Schmerz und Freude (pain and pleasure) für die einzigen Motive menschlicher Praxis hält[17], wird das Selbstinteresse zum einzigen Prinzip der Motivation erklärt und »Vernünftigkeit« auf Zweckmäßigkeit bzw. Klugheit reduziert. Soll nun das Glück aller Betroffenen permanent und konsistent, d. h. auch dann verfolgt werden, wenn es sich nicht für den Handelnden auf die Dauer auszahlt, dann muß ein aufgeklärtes oder rationales Selbstinteresse mit dem allgemeinen Interesse zur Koinzidenz gebracht werden. Dies geschieht bei Bentham durch einen »Mechanismus«, der für jeden Konfliktfall von Selbst- und Allgemeininteresse so weit gesetzliche Strafen androht, daß ein sozial verderbliches Handeln keinen persönlichen Nutzen abwirft. Dann aber stellt sich einerseits die Frage, wer den Gesetzgeber (der den »Mechanismus« herzustellen hätte) zwingt, auf seine partikularen Interessen zu verzichten, und andererseits das Problem, daß hier das Handeln nicht vom Utilitätsprinzip selbst, sondern durch die Angst vor Strafe motiviert ist: Der genuin moralische Akt, die ungezwungene Anerkennung des Richtigen als solchen, läßt sich aus einem auch noch so aufgeklärten Selbstinteresse nicht ableiten; mit anderen Worten, es gibt keine zureichenden vormoralischen Gründe, moralisch zu sein.

(b) Wenn man die vorhandenen Handlungsintentionen als Basis eines hedonistischen Kalküls akzeptiert, dann verschleiert man die Möglichkeit von Manipulation oder auch nur ideologischer Täuschung (Täuschung durch partikulare oder kollektive Vorurteile) und unterschlägt damit die Unterscheidung zwischen dem, was faktisch begehrt wird, und dem, was begehrenswert ist. Ohne gleich a priori deduzieren zu wollen, was wirklich begehrenswert ist, wird durch eine solche Unterscheidung in kritischer Absicht nur daran erinnert, daß nicht nur gegebene Normvorstellungen, sondern daß auch faktische Bedürfnisse und Interessenlagen nicht die infallible Instanz eines Ansich darstellen. Selbst historisch und gesellschaftlich vermittelt, sind sie der Gefahr naturwüchsiger oder auch kontrollierter Verzerrung ausgeliefert und daher ihrerseits grundsätzlich der Idee der Verbindlichkeit zu unterstellen.

Obwohl es zweifelsohne zu den sittlichen Verbindlichkeiten gehört, das Wohl der Mitmenschen zu berücksichtigen, enthält die klassische Position des Utilitarismus weder die zureichende Formulierung eines höchsten Moralprinzips, noch eine strikt einsichtige Begründung kategorischer Verbindlichkeit.

III.3 *Der aristotelische Begriff eines Strebens, das in sich selbst sinnvoll ist:* Eine andere Strategie, die Idee »Glück« als sittliches Prinzip reflexiv einzuholen, läßt sich am Anschluß an Aristoteles (Nikomach. Eth. I 1-6, X 6-9) einschlagen. Wenn man humane Aktivität als ein Streben[18], als die spontane Bewegung auf ein Ziel hin versteht, dann kann man, je nach dem Verhältnis der Bewegung zum Ziel, ganz formal zwei Arten von Handeln und entsprechend zwei Arten von Verbindlichkeit unterscheiden. Das eine ist die instrumentale oder technische Verbindlichkeit eines »linearen« Strebens, die Verbindlichkeit jeder Form von Hervorbringen, Herstellen oder Machen, deren Sinn in den Konsequenzen, in dem außerhalb des Prozesses existierenden eigenständigen Werk oder Resultat liegt. Dazu zählt auch das utilitaristische Ziel eines Zustandes maximaler Bedürfnisbefriedigung und minimaler Frustration. Das andere ist die Verbindlichkeit eines »reflexen« Strebens, das, nach der formalen Figur einer Rückwendung auf sich selbst, sein Ziel innerhalb des Strebens, in einer dem Handeln immanenten Vollkommenheit sucht; es ist das Modell eines Strebens, das nicht für ein anderes, sondern in sich selbst als sinnvoll gilt. Die entsprechende Idee von Verbindlichkeit ist die einer uneingeschränkten Rationalität, nach der nicht die Befriedigung von beliebigen Handlungsintentionen, sondern die der normativ gebildeten zu suchen ist. Dabei gilt als »Norm« das Ethos, das System der im Prozeß von Kommunikation und Interaktion frei gebildeten und ungezwungen anerkannten Institutionen, Regeln und Verhaltenserwartungen. Voraussetzung eines sittlichen Handelns ist dann, daß aufgrund formeller oder informeller Erziehungsprozesse dieses Ethos internalisiert ist und man nicht nur das ökonomisch, sondern auch das politisch Gebotene und das intersubjektiv Vereinbarte sich als solches zum Ziel nimmt.

Wenn im Anschluß an diesen Theorieansatz ein Begriff von Glück gebildet wird, dann nicht empirisch-pragmatisch der Begriff eines Maximum an Vergnügen, sondern transzendental der Vernunft- oder Totalitätsbegriff von Ziel: der Begriff eines prinzipiell nicht überbietbaren, eines qualitativen, nicht eines quantitativen Maximums. Aristoteles denkt den Begriff des Glücks (εὐδαιμονία), indem er die jedem Streben immanente Zielbestimmtheit bis zu ihrem inhaltlichen und formalen Primum, dem Sichselbstgenugsein (αὐτάρκεια), extrapoliert. Ein solcher via eminentiae gebildeter Begriff ist nicht selbst das Ziel eines empirischen Strebens, sondern das Prinzip aller Strebensziele; er markiert nicht mehr ein empirisches Ziel, sondern ein logisches Optimum, die Erfüllung von Neigung überhaupt. Es ist der Begriff jenes Zieles, durch den zu jedem empirischen und vor allem dem sittlichen Streben die Bedingung der Möglichkeit gesucht wird, solche Strebensakte als sinnvoll zu denken: der qualitative Begriff einer vollständigen Erfüllung, der Begriff eines Umwillen, das nichts mehr zu wünschen übrig läßt.

Es ist also möglich, das Glück als Prinzip sittlichen Handelns zu denken. Voraussetzung ist jedoch, daß die sittliche Praxis nach dem Modell eines reflexen Strebens gefaßt wird; vorausgesetzt ist ferner, daß der Begriff des Erfülltseins, der Begriff des Glücks, nicht als ein Aposteriori, sondern als ein Apriori, nicht als ein empirischer, sondern als Vernunft- oder Totalitätsbegriff gedacht wird. Nur er wird der Unbedingtheit des Sittlichen logisch gerecht.

III.4 *Der Begriff einer reinen Willensbestimmung:* Die Interpretation des sittlichen Handelns als eines Strebens, das in sich selbst sinnvoll ist, geht davon aus, daß sich menschliche Praxis durchgängig als ein Streben interpretieren läßt. Sofern die Interpretation in sich stimmig und zugleich in ihrem Erkenntniswert nicht leer sein will, setzt sie voraus, daß der Mensch – durch Triebe, Bedürfnisse und Leidenschaften bedingt – immer schon Ziele sieht und verfolgt und daß es für den Fall sittlichen Strebens ein ökonomisch-politisches Normgefüge, gewissermaßen einen spontanen sozialen Konsens, ein Ethos gibt, durch den das einzelne Tun und Lassen immer schon ein Ziel hat und daher auch sinnvoll als ein spontanes Zulaufen auf solche Ziele, als ein Streben, gedeutet werden kann. Wenn es sich aber nicht mehr darum handelt, innerhalb eines relativ invariablen, naturwüchsigen und quasi-kosmischen Rahmens die intersubjektiv anerkannten Ziele zu verfolgen, sondern wenn dieser Rahmen selbst, vielleicht sogar radikal in Frage steht; wenn sich nicht nur die Bedürfnisse, die Mittel ihrer Befriedigung und die Art der Mittel wandeln; wenn man vielmehr wie in den Phänomenen von Moralkritik und sittlich-politischem Protest, das überkommene Moral- und Rechtsgefüge bezweifelt oder wenn man, wie im Setzen von Prioritäten, ausdrücklich über Ziele entscheidet, dann handelt es sich um Vorgänge, die begrifflich komplizierter sind als ein Streben. Das Modell eines gegensatzlosen Bejahens von Zielen greift nicht mehr. Das Streben erfährt eine Distanz in sich selbst; es wird eine Differenz in der Antriebsquelle des Handelns begründet, die nach Kant »Willen« genannt wird.

Der Ausdruck Willen wird hier bewußt terminologisch verwendet. Er bezeichnet nicht jedes naturwüchsige Wollen oder Begehren, sondern allein ein Begehren, das in ein Verhältnis zu sich selbst gesetzt ist und kraft dieses Selbst-Verhältnisses nicht bloß die Erfüllung eines Begehrens suchen, sondern ebenso das Begehren als ganzes anerkennen oder verwerfen kann. Der Ausdruck bezeichnet auch nicht eine empirische oder quasi-empirische Geistsubstanz, die para-mechanische: mentale und private Ursache einer dann öffentlich sichtbar werdenden Wirkung, des Handelns. Eine solche Vorstellung hat G. Ryle zu Recht als Kategorien-Irrtum kritisiert[19]. Es geht hier vielmehr um den Begriff eines Selbstverhältnisses im Begriff des Begehrens oder um die logische Bedingung der Möglichkeit, das Streben und sein Ziel zu suspendieren. Der Wille ist das andere der Strebensbewegung, durch das sie als eine strikt nichtnotwendige begründet wird.

Soll der Wille ein sittlicher sein, ist er aufgefordert, sich nach Regeln und nicht willkürlich oder zufällig zu bestimmen. Sollen diese Regeln selbst als sittliche gedacht werden, darf auch die Absicht, der sie dienen sollen, nicht willkürlich sein. Dann aber scheiden solche Regeln aus, deren einziges Ziel die Befriedigung aller Neigungen und Bedürfnisse ist. Zwar ist es nicht unsittlich, seinen Neigungen nachzugeben, wohl aber, sich das Nachgeben zum Prinzip zu machen, gleich welche egoistischen oder zerstörerischen Interessen damit verbunden sind. Unsittlich ist der explizite oder implizite Grundsatz, sich einem Vorhandenen ohne Distanz, ohne Reflexion und Kontrolle zu unterwerfen. Positiv gewendet: Die Willensbestimmung ist dann als uneingeschränkt verbindlich denkbar, wenn sie von den Neigungen als letzter Bestimmungsmacht unabhängig wird, wenn sich der Wille nicht durch ein anderes, sondern durch sich selbst, wenn er sich rein oder autonom bestimmt. Prinzip ist nicht mehr der Inbegriff des *Erreichens* aller Ziele, das Glück als Autarkie, sondern der Grund des *Selbstsetzens* von Zielen: die Freiheit im transzendentalen Sinn als Autonomie des Willens.

IV. Sittlichkeit als Autonomie

IV.1 *Die Negation natürlicher, historischer und gesellschaftlicher Heteronomie:* Der auf der Basis einer Theorie des Willens gewonnene Begriff von Sittlichkeit als Autonomie enthält vor jeder Applikation, rein für sich genommen als erstes Moment die Negation, den Widerspruch zu Willkür und Heteronomie. Dabei nennt der Begriff der Negation nicht, wie anfangs, ein mögliches Geschehen, sondern ganz formal jene transzendentallogisch notwendige Bedingung, ohne die die Begriffsbildung sich in Widersprüche verwickelte. Während das Ereignis der Negation eine alternativ mögliche historische Erscheinungsweise von Sittlichkeit darstellt – nicht bloß in der Kritik unrichtiger Praxis, sondern auch und primär im richtigen Handeln selbst manifestiert sich Sittlichkeit –, bezeichnet der formale Begriff von Negation ein ahistorisch gültiges Strukturmoment. Kant hat in seiner Theorie die Sittlichkeit vor allem in Gegensatz zur latenten Willkür im handelnden Subjekt gedacht, zur Gefährdung vernünftigen Handelns durch die Macht der Triebe, Leidenschaften und der Gefühle von Sympathie und Antipathie. Das entsprechende sittliche Bewußtsein, das sich in der Vorstellung dokumentiert, zu bestimmten Handlungen ohne Rücksicht auf entgegenstehende Antriebe und die Chancen der Verwirklichung verpflichtet zu sein, übersetzt die Idee der Sittlichkeit in den Imperativ an das Sinnenwesen »Mensch«, seine Bedürfnisse zu überschreiten. Der Überschritt darf aber nicht nur auf den Bedürfnisaspekt bezogen werden; er gilt ebenso – und dafür sind die nach-absolutistischen Gesellschaften besonders sensibel – für den Menschen als Geschichts- und Gesellschaftswesen. Neben dem Widerspruch zur natürlichen Heteronomie bedeutet der Überschritt auch den Gegensatz zu sozialer und politischer Willkür: die Unabhängigkeit des Willens nicht nur von sinnlichen Antrieben, sondern auch von geschichtlichen und gesellschaftlichen Zwängen als *letzten* Bestimmungsgründen. In Relation zu wirtschaftlichen, sozialen und politischen Kommunikations- und Interaktionssystemen gedacht, bedeutet Autonomie, daß sich der Wille »aus Prinzip« weder dem Gesetz des Reicheren, Stärkeren oder Einflußreicheren unterwirft, noch grundsätzlich die Maxime seines Handelns dem Alten und Gewohnten, der Tradition und dem Herkommen entnimmt. Als quasi-naturwüchsige Verhaltensmuster können diese unter dem Deckmantel intersubjektiven Einverständnisses die Tatbestände von Privilegien verschleiern und vorgegebene Muster der Produktion, Distribution und Herrschaft für sakrosankt erklären. Kurz: Wer aus (explizitem oder implizitem) Grundsatz stets dem geschichtlich Gewordenen und sozial Üblichen folgt, handelt ebenso wenig sittlich wie der, der sich prinzipiell von seinen momentan vorherrschenden Neigungen bestimmen läßt.

Die Aufforderung zu diesem zweifachen Überschreiten richtet sich an ein Wesen, das weder seine sinnliche Bestimmbarkeit noch seine geschichtlich-gesellschaftliche Herkunft grundsätzlich abstreifen kann. Der Mensch bleibt vielmehr stets ein Bedürfnis- sowie ein Geschichts- und Gesellschaftswesen. Deshalb hat Sittlichkeit beim Menschen immer auch imperativischen Charakter. Sie ist ein Anspruch, dessen Erfüllung sich kein Mensch einmal für immer und vollständig sicher sein kann. Sittlichkeit meint die unbedingt gültige Aufforderung (daher kategorischer Imperativ), je neu seine Bedürfnis- und Gesellschaftsnatur zu überschreiten, und zwar so radikal, daß der Mensch nur in diesem Überschreiten zu seinem eigentlichen Selbst, zu seinem sittlichen Wesen bzw. seiner praktischen Vernunftnatur findet.

Das radikale Überschreiten, in dem der Mensch zu sich selbst kommt, impliziert ein Doppeltes: die Distanz zur Bedürfnis- und Gesellschaftsnatur und aus dieser Distanz heraus deren Negation als letztlich leitender Bestimmungsmacht. Die Distanz für sich begründet noch nicht die Sittlichkeit; sie eröffnet nur die Alternative der Negation oder Affirmation, der Autonomie oder Heteronomie, ohne eine Entscheidung zum Überschreiten oder zur Verweigerung des Überschritts zu fällen. Die Distanz allein begründet Freiheit als Möglichkeit der Alternative. Erst die Negation kraft Distanz verläßt die Indifferenz und begründet die Sittlichkeit bzw. die Freiheit als Autonomie des Willens.

Die skizzierte begriffliche Konstruktion darf nicht empirisch mißverstanden werden. Der Begriff der Autonomie für sich selbst genommen impliziert nicht das Gebot, Vitalität, Sensibilität und andere vorrationale Fähigkeiten zugunsten einer dann totalitären und leeren Rationalität zum Verschwinden zu bringen, so als ob sich eine »lautere« Reflexion der Sittlichkeit moralisierend auf die Seite der Askese und des Puritanismus schlagen müsse. Als ein Moment, ohne das der Begriff »Sittlichkeit« nicht zureichend gedacht werden kann, gehört der hier gebildete Begriff der Negation zunächst nicht in die Dimension des Empirischen, sondern in die des Logischen. Doch ist der Begriff nicht empirisch folgenlos. Aber seine richtige Applikation macht vermittelnde Beurteilungsvorgänge erforderlich, die in bezug auf die wechselnden historischen Situationen eigens durchgeführt werden müssen und keine einfache Parteinahme für Askese und Puritanismus erlauben.

IV.2 *Formale und fundamentale Emanzipation:* Man kann für den transzendentalen Akt einer formalen und fundamentalen Negation auf der historischen und sozialen Ebene sowie für den entsprechenden Akt auf der persönlichen Ebene einen Begriff von Emanzipation bilden. Ein solcher Begriff ist jedoch von dem historisch-politischer Emanzipationsbewegungen zu unterscheiden. Insofern sich die Negation in der Weigerung realisiert, ein Geltendes qua Geltendes für gültig zu halten, ist sie nur eine formale und keine inhaltliche Negation, nicht die Befreiung von bestimmten Tabus usw., sondern die Freisetzung des Menschen von seiner Bedürfnis- und Gesellschaftsnatur als letzten Bestimmungsmächten. Genausowenig wie sich aus dem Begriff der Sittlichkeit schon eine Askese-Moral ableiten läßt, läßt sich aus ihm die Forderung deduzieren, sich von jeder Art historischer und sozialer Verbindlichkeit zu befreien, um – in einer Bewegung »negativer« Romantik – Traditionslosigkeit, Protest, Gesellschafts- und Moralkritik sowie politische Revolution zu den sittlichen Ereignissen und Qualitäten katexochen hochzustilisieren. Vielmehr setzt jede inhaltliche Emanzipation, sofern sie als verbindlich gedacht werden soll, begrifflich jene formale und fundamentale Emanzipation voraus, die eine kategorische Verbindlichkeit allererst ermöglicht. Aus dieser kraft Distanz realisierten Negation der Bedürfnis-, der Gesellschafts- und der Geschichtsnatur wird ein sittliches Verhältnis zu eben diesen Bestimmungsmächten begründet, ein Verhältnis, ohne das die empirischen Alternativen von Negation und Affirmation sich nicht als möglich denken lassen. Welche der Alternativen dann tatsächlich sittlich angemessen ist, läßt sich ohne Berücksichtigung der verschiedenen empirischen Bestimmungsfaktoren in einer umfassenden Situationsanalyse nicht entscheiden.

IV.3 *Die Realität der Sittlichkeit als Tugend und Recht:* Sittlichkeit meint keine natürliche Fähigkeit des Menschen, auch keinen Besitz, überhaupt nicht etwas, das man einmal für immer erwerben könnte. Es ist der universale und permanente Anspruch, die formale und fundamentale Negation im Leben tatsächlich zu realisieren. Ein zureichender Begriff autonomer Willensbestimmung impliziert daher nicht nur das Moment einer Negation, sondern auch das der historischen Realisation, kraft derer die Negation nicht in der Dimension bloßer Absicht verharrt, sondern wirklich gesetzt und anerkannt wird. Auch wenn diese Aktualisierung permanent gefährdet ist, kann sie gleichwohl in der Sphäre des mehr Persönlichen aufgrund fortgesetzter Übung jene Festigkeit der Haltung annehmen, die qua Festigkeit im Begriff des Charakters gedacht ist. Ein »Mann von Charakter« ist ein »Mensch von Grundsätzen«; er ist jemand, der gewöhnlich seinen eigenen Vorstellungen von dem, was richtig ist, folgt. Sofern dieser Charakter sich in der Überwindung sinnlicher, aber auch bloß sozialer Antriebe realisiert, spricht man von sittlichem Charakter oder von Tugend: von der moralischen Stärke in der Befolgung sittlicher Maximen, von dem überlegten und geübten Vorsatz, nicht seinen momentanen Trieben, Leidenschaften und Bedürfnissen, auch nicht dem Gewohnten und sozial Üblichen als solchem zu folgen, sondern sie unter das Gesetz der Autonomie der praktischen Vernunft zu stellen.

Auch wenn der Ausdruck Tugend seit einiger Zeit als abgewertet gilt, so hat die Sache selbst ihre ethisch zentrale Bedeutung keineswegs verloren. Die Abwertung mag gegenüber einer zu starken Hervorhebung sittlich peripherer instrumentaler oder bürgerlicher Tugenden (Ordnungsliebe, Sparsamkeit, Pünktlichkeit, Fleiß) ihr Recht haben. In bezug auf die sittlich zentralen Tugenden, die den sittlichen Maximen korrespondierenden Haltungen, hat sie es jedoch nicht. Mit Tugend ist das bleibende Ideal der Erziehung und Selbsterziehung zu einer menschlich vortrefflichen Persönlichkeit bezeichnet. Tugend beinhaltet primär weder die Unterdrückung aller spontanen Neigungen noch den Rückzug der Person in weltabgewandte Askese und auch nicht die Konservierung geschichtlich überholter oder die Überbewertung instrumenteller Verhaltensnormen. Tugend ist die Disposition der emotionalen und kognitiven Fähigkeiten und Kräfte einer Person, kraft sittlicher Kompetenz aus sittlichen Willensgrundsätzen heraus ihr Leben zu führen.

Aber welche Willensgrundsätze sind sittlich? Gesucht sind Willensgrundsätze, die die Qualität der Autonomie verdienen. Da für die Autonomie die Negation partikularer und individueller Bestimmungsmächte charakteristisch ist, manifestiert sie sich – positiv gewendet – in strenger Allgemeinheit. Autonom ist eine Praxis, die nicht bloß für dieses oder jenes Individuum, für diese oder jene Gemeinschaft gültig ist, die vielmehr von allen Individuen und Gruppen und unter allen Umständen als gleichermaßen gültig angesehen werden kann, kurz: die dem Kriterium strikter Verallgemeinerbarkeit (Universalisierbarkeit) genügt. Ob man das eigene Handeln oder das der Mitmenschen beurteilt, ob man die sittliche Richtigkeit vor dem Vollzug des Tuns oder nach vollbrachter Tat prüft: der Beurteilende sieht sich zu dem Gedankenexperiment aufgefordert, ob das Handeln einem Willensgrundsatz, einer Lebenshaltung entspringt, die als streng allgemeines Gesetz gedacht und gewollt werden kann.[20]

Die komplementäre Notwendigkeit, mögliche Konflikte zwischen verschiedenen Individuen nicht willkürlich, nach Maßgabe der jeweiligen Machtverhältnisse, sondern so zu entscheiden, daß sie dem Anspruch der Sittlichkeit auf unbedingte Gültigkeit genügen, begründet den (Vernunft-, nicht positiven) Begriff des Rechts. Der Begriff des Rechts stellt die prinzipielle Lösung der Aufgabe dar, wie sich Willkürfreiheit verschiedener Individuen miteinander vereinbaren läßt und die Vereinbarung als eine sittliche gedacht werden kann. Im Begriff des Rechts wird nicht die Willkür selbst, sondern eine vernünftige oder autonome politische Ordnung der Willkürfreiheit gesetzt. Die Willkürfreiheit verschiedener Individuen steht aber dann in der Beziehung einer vernünftigen politischen Ordnung, wenn die Willkür des einen in dem Maß eingeschränkt und zugleich gesichert wird, in welchem sie mit der entsprechenden Einschränkung und Sicherung der Willkür jeder anderen nach streng allgemeinen Grundsätzen vereinbar wird. An die Stelle von individuellem und partikularem Gutdünken treten Regeln und Gesetze als Bestimmungsgründe für das Zusammenleben, Regeln und Gesetze, die ihrerseits streng allgemeinen Grundsätzen, etwa den Menschenrechten als Grundrechten, genügen[21]. Aus den sittlichen bzw. vernünftigen Grundsätzen des Rechts läßt sich jedoch kein materiales Rechtssystem unmittelbar gewinnen. Die Bestimmung konkreten Rechts hängt vielmehr auch von ökonomischen, politischen und kulturellen Faktoren sowie von den Interessen und Zielvorstellungen der Betroffenen ab. Es kann daher grundsätzlich nicht einmal für immer oder a priori ausbuchstabiert werden.

V. Zur Fortsetzung der Analyse in einer praktischen Philosophie wissenschaftlich-technischer Zivilisation

Eine Philosophie, die bei der formalen Rekonstruktion des Begriffs »Sittlichkeit« stehen bleibt, wird der Eigenart ihres Gegenstandes nicht gerecht; sie ist daher methodisch unbefriedigend. Denn dem möglichen »Gewinn«, das Leitprinzip sittlicher Praxis klar und deutlich bestimmt und auch gegen die Bedrohung durch Nihilismen oder durch jene Dialektik gesichert zu haben, die unter dem Stichwort der Ausnahme sich in konkreten Situationen von der kategorischen Verbindlichkeit frei zu disputieren sucht, steht als »Preis« die Abstraktion des allgemeinen Prinzips von dem gegenüber, wofür sie Prinzip ist: der empirischen Mannigfaltigkeit. Eine Reflexion dagegen, die sich auch methodisch unter den Anspruch ihres Gegenstandes stellen will, verfolgt das Interesse, den Begriff nicht nur widerspruchsfrei zu bilden, sondern ihn darüber hinaus so zu denken, daß die Reflexion dem Sittlichsein selbst dient. Wenn sie sich also polemisch gegen ein rein kognitives Erkenntnisinteresse wendet und sich nicht nur von der Idee der Perfektionierung des Wissens, sondern auch von dem Ideal der »Verbesserung« des Handelns (im sittlichen Sinn von »gut« und »besser«) leiten lassen will, dann hat sie die anfängliche methodisch bedingte Abstraktion zurückzunehmen und das Prinzip in *den* Kontext zu übersetzen, für den es das Begründende ist: in tatsächliche historische Praxis. Der Begriff der Autonomie ist deshalb mit der allgemeinen menschlichen Lebenswelt zu konfrontieren, und aus dieser Konfrontation sind sittliche Grundsätze der subjektiven wie der objektiven, also der moralischen wie der politischen Praxis zu gewinnen. Darüber hinaus sind die Grundsätze für die konkreten zeitgenössischen Verhältnisse, für die Situation der wissenschaftlich-technischen Zivilisation fruchtbar zu machen. Dazu gehört es, das Material, das die Sozialwissenschaften bereitstellen, aufzuarbeiten; dies aber nicht, um eine Diagnose des gegenwärtigen Zeitalters zu finden. Vielmehr ist das empirische Material in Beziehung zum Begriff der Autonomie zu setzen, um dadurch Orientierungsschemata für eine Praxis zu gewinnen, die sich dem Anspruch der Sittlichkeit stellt. Deshalb eliminiert sie nicht, wie die empirisch-analytischen Wissenschaften, die Dimension der Sittlichkeit, noch begnügt sie sich, in einer rein formalen Analyse, den Begriff der Sittlichkeit kontextfrei in sich selbst zu denken. Sie zielt aber auch nicht auf die Konstruktion eines zeitlos gültigen Sittenkatalogs oder eines utopischen Endzieles der Geschichte, überhaupt nicht auf eine direkte Lebenshilfe oder Lebensschulung, womit sie nur hinter den Begriff der Autonomie zurückfallen und ihre eigene Prinzipien-Analyse unterbieten würde.

Wenn auch die entsprechende Ausarbeitung die Reflexion eines philosophischen Grundbegriffs übersteigt, ist die Formulierung der Aufgabe das Verbindungsglied, das die immanente Fortsetzung einer rein formalen Analyse in eine auch historisch ausgerichtete anzeigt. Eine methodische Bedingung wäre es, daß die

Orientierungsschemata, die dem Handelnden aus sittlichem Engagement und aufgrund philosophischer Reflexion gegeben werden, als solche »Strukturgitter« des sittlichen Handelns entworfen werden, die die Relation eines Faktischen zur unbedingten Verbindlichkeit, der Negation jeder Heteronomie, explizieren und zugleich den individuellen Kontext der Negation, das situativ Besondere der je anderen Lebensverhältnisse, Umstände und Interessen der Überlegung und Entscheidung der jeweils betroffenen Individuen, Gruppen und Gesellschaften freigeben.[22]

Ein Beispiel für eine solche Reflexion wäre eine sittlich engagierte Theorie der Struktur öffentlicher Entscheidungsprozesse. In ihr würde weder die empirische Frage aufgenommen, wie Entscheidungsprozesse heute tatsächlich ablaufen, noch die strategische Frage, wie die Prozesse ablaufen müssen, sofern nur Ziele wie Sicherheit und Wohlstand maximiert werden sollen. Zu untersuchen wäre es vielmehr, wie die Prozesse zu denken sind, falls ihre Rationalität nicht auf instrumentale oder strategische reduziert, sondern auch auf jene intentionalen und praktischen Fragen erweitert wird, in denen es um die Humanität und vor allem die politische Gerechtigkeit von Gesellschaft und Politik geht. Sicher ist die humane oder sittliche Dimension nicht abseits von der zweckrationalen vorzustellen. Auch die Beratung und Entscheidung sittlich-praktischer Probleme ist institutionell und technisch vermittelt. Der Versuch, die Gesellschaft ohne Planungsinstanzen und politische Institutionen zu humanisieren, bliebe privat und folgenlos. Überdies ist eine sinnvolle Kritik an Profit-Maximierung, an Sicherheits- und Wohlstandsdenken nicht im planen Gegensatz zu diesen Norm-Vorstellungen zu sehen, um sie durch andere abzulösen. Eine Industrie-Gesellschaft muß auch technisch-ökonomisch funktionieren. Nur ist sie durch die Idee technisch-ökonomischen Funktionierens, durch die Idee der effizienten Organisation kollektiver Selbsterhaltung unterdeterminiert. Nicht die Idee des Funktionierens selbst, sondern ihre tatsächliche oder angemaßte totalitäre Bestimmungsmacht ist zu kritisieren. Der Prozeß der öffentlichen Entscheidungsbildung soll nicht nur wirksam ablaufen, so daß agonal konkurrierende Interessen irgendwie einen handlungsbereiten Willen bilden. Er muß vielmehr so strukturiert und organisiert sein, daß Prinzipien politischer Gerechtigkeit mit den Funktionsanforderungen hochkomplexer Industriegesellschaften und ihrer jeweiligen soziokulturellen Situation vermittelt werden können und diese Vermittlung so weit wie möglich methodisch durchgeführt wird.[23]

Anmerkungen

1 Vgl. *Grundlegung zur Metaphysik der Sitten,* Vorrede.
2 Vgl. z. B. Aus dem Nachlaß, in: *Werke,* Ed. Schlechta, Bd. III, 852 ff.
3 Eine Übersicht über anthropologische und völkerkundliche Tatsachen und ihre Diskussion im Licht einer ethischen Theorie bei A. Macbeath, *Experiments in Living,* London 1952.
4 *Nikomach. Eth.* VI 5 und VI 8 ff.
5 J. G. Herder, *Abhandlung über den Ursprung der Sprache* (1772); I. Kant, *Idee zu einer allgemeinen Geschichte in weltbürgerlicher Absicht* (1784), 3. Satz.
6 Vgl. A. Gehlen, *Anthropologische Forschung,* Hamburg 1961, 46-48.
7 Vgl. *Zur Genealogie der Moral* (1887), a.a.O., Bd. II, 862.
8 a.a.O., 23 f.
9 A. Gehlen, *Moral und Hypermoral,* Frankfurt/M. ³1973, 9.
10 A. Portmann, *Um das Menschenbild,* Stuttgart 1964, 14.
11 Vgl. T. Parsons, *The Social System,* Glencoe/Ill. 1951, 41 f.
12 Die zeitgenössische Diskussion unterscheidet diese zwei »Spielarten«: den Regel- und den Handlungsutilitarismus. Vgl. M. D. Bayles (Hrsg.), *Contemporary Utilitarianism,* New York 1968; Vf. (Hrsg.), *Einführung in die utilitaristische Ethik,* München 1975, Teil II; N. Hoerster, *Utilitaristische Ethik und Verallgemeinerung,* Freiburg-München ²1977, Kap. I.
13 J. Bentham, *An Introduction to the Principles of Morals and Legislation* (1789), chap. I 2; dt. in: Vf. (Hrsg.), a.a.O., 35 f.
14 Vgl. auch in diesem Band: Zur Theorie des Glücks im klassischen Utilitarismus.
15 *Ethik,* Berlin 1926, 79.
16 Bentham, *An Introduction* . . ., a.a.O., chap. IV, dt. 49 ff.
17 a.a.O., chap. I 1, dt. 35.
18 Vgl. in diesem Band: Kategorie Streben.
19 *The Concept of Mind,* London 1949, chap. III (dt. *Der Begriff des Geistes,* Stuttgart 1969).
20 Näher in diesem Band: Kants kategorischer Imperativ als Kriterium des Sittlichen.
21 Vgl. auch in diesem Band: Herrschaftsfreiheit oder gerechte Herrschaft? Abschn. IV.
22 Vgl. in diesem Band: Ethik als praktische Philosophie, Abschn. II.
23 Dazu in diesem Band: Strategien politischer Gerechtigkeit.

11. Kategorie Streben*

Konstruiert man für den Bereich philosophischer Begriffe so etwas wie ein System sozialer Schichten, dann läßt sich der Prädikator Streben kaum zur Prominenz zählen, zu jenen Ausdrücken, die wie »Aufklärung«, »Kritik« oder »transzendental« mit ihrem bloßen Nennen philosophische Bedeutung und Autorität beanspruchen. Weder in einem gegenwärtigen noch in einem vergangenen Diskussions-Kontext verbindet sich mit dem Ausdruck jene Fülle von Problemstellungen und Problemlösungen, die es erlaubt, von einem unmittelbaren Sich-Zeigen philosophischer Relevanz zu sprechen. »Streben« kennt, wenigstens im Deutschen, weder wie »a priori« oder wie »Subjektivität« eine vornehmlich terminologische Bedeutung, noch hat es wie »Aporie«, »Form« oder »Selbstbewußtsein« im Verlauf seiner Geschichte neben oder vor jedem umgangssprachlichen Gebrauch eine bleibende terminologische Verwendung gefunden. Überhaupt gehört der Ausdruck selten zu einem wissenschaftlich präzisierten Sprechen, ohne deshalb aus der Alltagssprache zu stammen, für die er zu gewählt klingt. Sprachsoziologisch zählt er eher zum Wortschatz des Gebildeten, aus dem er dann in das Schülervokabular und zum geringschätzigen »Streber« abgesunken ist.

Sofern die Qualifikation als ethische Grundkategorie die These impliziert, es handle sich um einen für den Vollzug der ethischen Reflexion fundamentalen Begriff, ist diese These hier eminent appellativ zu verstehen: als die Aufforderung, nicht nur in einer Reflexion auf den Vorstellungsgehalt die Relevanz des Begriffs zu realisieren, sondern auch und propädeutisch in einer Bedeutungsanalyse den Ausdruck überhaupt als Terminus, als Begriff, zu rekonstruieren.

* Art. Streben, in: H. Krings u. a. (Hrsg.), *Handbuch philosophischer Grundbegriffe*, Bd. III, München 1974, 1419-1430 (überarbeitet und erweitert).

I. Streben als spontane und finale Aktivität

In seiner verbalen Verwendung ist »streben« ein zweistelliger Prädikator – »P strebt« ist ohne Zweifel eine elliptische Formulierung –, der gewöhnlich mit einem präpositionalen »nach« gebraucht wird. Wenn es ganz formal heißt, A strebt nach R, dann bedeutet dies, daß sich etwa (A) in Bewegung befindet, daß die Bewegung gerichtet ist und die Richtung ein Ziel hat, gleich wie das Ziel (R) des näheren gesehen und bestimmt ist. Nun kann eine solche finale Aktivität durch äußeren und inneren Zwang oder aber aus persönlichem Antrieb zustandekommen. Während jenes ein Gestoßen- oder Getriebenwerden meint, eine Bewegung durch Gewalt, liegt bei diesem der Ursprung der Bewegung im Bewegenden selbst. Streben heißt, mit eigenen Kräften und aus sich heraus, aus individueller Spontaneität ein Ziel zu verfolgen; es meint, sich etwas, das man sieht und bejaht, zuzuneigen, nach ihm auszugreifen, um im Erreichen, Besitzen oder Ausführen zur relativen Ruhe und Erfüllung zu kommen. Somit ist ein Streben durch die drei Momente der Aktivität, der Finalität und der individuellen Spontaneität zu definieren.

Ob im Sinne einer Ortsbewegung, einer physischen oder psychischen Entwicklung, ob in einem primären oder in einem metaphorischen Verständnis – gemäß dem Moment der Aktivität geht es nicht nur um ein Potential an Energie und Geschicklichkeit, kraft derer sich ein Ziel erreichen ließe, sondern um das In-Gebrauch-Nehmen des Potentials. Streben bedeutet keine bloße Vorliebe, Neigung oder Disposition, sondern ausschließlich ein Tätigsein, sofern es tatsächlich ausgeübt wird; keine Fähigkeit oder Kompetenz, sondern ein individuelles Geschehen, eine Dynamik, sofern sie sich aktuell vollzieht und im Vollzug selbst ihre Realität dokumentiert. – Das Ziel, auf das das Streben zuläuft, ist ganz allgemein das Worumwillen der Aktivität: sei es ein geographischer Ort, eine onto- oder phylogenetische Entwicklungsstufe, sei es die Befriedigung von Natur- und Kulturbedürfnissen oder ein sittlich-politisches Ideal. Für das Moment der Finalität als solches ist es auch gleichgültig, ob sich das Ziel exakt definieren läßt oder ob es, noch ganz unbestimmt, nur gefühlt oder geahnt wird. Weder die Deutlichkeit des Ziels noch seine sittliche Qualität oder seine materiale und formale Originalität und auch nicht die Anpassung der Zielbewegung an die gegebenen Verhältnisse definieren ein Streben, sondern allein die Ausrichtung einer Aktivität auf einen relativen Endzustand. – Daß beim Verb »streben« passive Bildungen nicht möglich sind, weist schon sprachlich darauf hin, daß der Ursprung des Strebens nicht außerhalb, sondern beim Strebenden selbst zu suchen ist. Streben meint eine Bewegung, die vom strebenden Individuum selbst angefangen, oder eine Veränderung, die aus ihm hervorgebracht wird: eine Selbstbewegung oder Selbsttätigkeit.

II. Streben als »reflektierte« Tätigkeit

II.1. *Zweckmäßigkeit und Streben:* Soll der so rekonstruierte Begriff auf seine Erklärungskraft und Applikationsfähigkeit hin untersucht werden, dann bietet er sich zunächst als naturphilosophische Grundkategorie an. Vor allem das vorwissenschaftliche Bewußtsein interpretiert biologische Phänomene von einem Ziel oder Zweck her. Deshalb scheint es nur konsequent zu sein, solche Aktivitäten als finale zu beschreiben, sie zwar von typisch humanen zu unterscheiden, gleichwohl aber für organische Prozesse den Begriff eines »vegetativen« und für Instinkthandlungen den eines »animalischen« Strebens zu bilden. Prima facie scheint diese Deutung vorhumaner Prozesse auch im Einklang mit der biologischen Forschung zu stehen. Wenn vegetatives Leben gegen anorganisches durch die beiden Kriterien des anabolischen Stoffwechsels, der Umwandlung niederer Strukturen in höhere, und der Selbst-Reproduktion abgegrenzt wird[1], dann wird hier kein bloßer Besitz von Eigenschaften vorgestellt, auch nicht nur ein Potential für Leben, sondern das Leben selbst, eine charakteristische Form von Aktivität. Und dieser Aktivität wird ein strategisches Ziel, ein präzises Um-Willen zugeschrieben: dem als anabolischen Stoffwechsel qualifizierten System physiko-chemischer Prozesse insgesamt die Erhaltung des Individuums, dem System der Selbst-Reproduktion insgesamt die Erhaltung der Art. Ferner ist diese offensichtlich zweckmäßige Aktivität nicht, wie Erosionsvorgänge, durch »äußere« Kräfte, sondern durch inhärente Steuerungsmechanismen, durch die eigene Organisationsstruktur bestimmt. Entsprechend werden die für animalisches Leben spezifischen Instinkthandlungen (vgl. Trinkweisen, Brut- und Pflegeinstinkte, Balzformen usw.)[2] als zweckmäßig vorgestellt. Unmittelbar dienen sie der Nahrungsaufnahme, der Aufzucht der Nachkommen oder der Fortpflanzung, letztlich wieder der Erhaltung des Individuums oder der Art. Beide Zwecke werden mittels einer Motorik autonomer physiologischer Prozesse erreicht: mittels eines Bewegungsablaufes, der durch Erbkoordination starr festgelegt, aufgrund äußerer Reize zwar ausgelöst, aber nicht geleitet wird[3]. In einem Organismus bzw. einer Instinkthandlung hat ein System physiko-chemischer Prozesse einen solchen Komplexitätsgrad erreicht, daß das System sein Überleben in einer ihm eigentümlichen, durch die Organisationsstruktur selbst determinierten Bewegungsweise verfolgt. Aufgrund dieser Eigenart ist es möglich, das System nicht nur kausalanalytisch, als einen Wirkungszusammenhang, sondern auch funktional, als einen zweckmäßigen Zusammenhang, zu beschreiben. Der Funktionszusammenhang läßt sich jedoch nicht aus fiktiven Entelechien: aus einer nicht physikochemischen, sondern teleologisch orientierten Klasse von Ursachen begreifen (vgl. Drieschs vitalistischer Standpunkt gegenüber dem mechanistischen seines Lehrers Haeckel[4]). Er realisiert sich vielmehr ausschließlich mittels der empirisch zu beobachtenden und kausalanalytisch zu erklärenden Wirkungsreihen.

Die in einem Funktions-Ganzen organisierte Zweckmäßigkeit ist aber von einem individuell-spontanen Zielverfolgen begrifflich zu unterscheiden. Denn bei einem *art*mäßig determinierten Bewegungsablauf ist das Moment *individueller* Spontaneität eo ipso ausgeschlossen. Schon die für die Verhaltensforschung so zentralen Phänomene der Leerlaufreaktionen und der unvollständigen Verhaltensweisen im Umkreis von Instinktbewegungen[5] zeigen, daß das Individuum in seinem Verhalten nicht durch Selbsterhaltung und noch weniger durch Arterhaltung motiviert ist. Der jeweilige Bewegungsablauf verläuft in seiner individuum- oder arterhaltenden Zweckmäßigkeit ohne Wissen und Willen des jeweiligen Indivuums, so daß der Bewegungsablauf gerade nicht dem, der tätig ist, selbst, sondern seinem Organisationssystem und dessen Gesetzen zuzurechnen ist. Dann aber ist ihm auch das Moment der Finalität allenfalls sehr bedingt zuzusprechen; die Selbsterhaltung ist gerade nicht in dem Sinn Zweck, daß sie vorgestellt, anvisiert und daß ihretwillen der entsprechende Bewegungsablauf initiiert wird. Sie ist nicht der bewußte und bejahte Zweck der Handlung, sondern bloß ihr *Resultat*, das zwar generell erreicht werden mag, aber nicht weil es individuell erstrebt wird, sondern weil ein höchst komplex organisiertes System diese Leistung ermöglicht – sie aber auch, wie es die Geschichte ausgestorbener Arten dokumentiert, unter veränderten Umständen nicht mehr zustande bringt.

Überhaupt heißt Streben nicht, mit einem Ziel oder Zweck bloß konform zu gehen, sondern den Zweck auch zu beabsichtigen: ihn als das mögliche Ergebnis zu antizipieren, das Antizipierte zu bejahen und zu erreichen zu suchen. Nach dem Begriff des Strebens ist das Individuum in ein Verhältnis zu sich selbst gesetzt. Insofern aber dieses vorläufig als Absicht qualifizierte Selbstverständnis weder im Begriff des Organismus noch in dem der Instinkthandlung und auch nicht in dem kybernetischer (sich aufgrund von Rückkoppelungseffekten selbst regulierender) Systeme impliziert ist, lassen sich solche Bewegungsabläufe allenfalls in einem metaphorischen Sinn, nicht aber genuin als Strebensbewegungen prädizieren. Wenn nach dem Strebensbegriff der Tätige in ein Verhältnis zu sich selbst gesetzt ist, so wird hier nicht ein rein objektiver, einerseits zweckmäßiger, andererseits in sich distanzloser Prozeßverlauf, sondern eine Rückwendung dessen, der tätig ist, auf sich selbst vorgestellt: das Sehen und Verfolgen der Ziele als solcher, wodurch eine reflektierte Aktivität begründet wird, auch wenn die Reflexion im Einzelfall noch so rudimentär gegeben sein mag.

II.2. *Streben als wissende und freiwillige Aktivität:* Sucht man den Begriff einer reflektierten Tätigkeit zu explizieren, so findet man als erstes ein kognitives Moment. Zu behaupten, jemand strebe z. B. nach Reichtum oder Gesundheit, obwohl er weder eine Vorstellung davon hat, was Reichtum oder Gesundheit sind, noch weiß, wie man dazu kommen kann, ist weniger empirisch als bedeutungslogisch unmöglich. Nicht deshalb heißt eine Aktivität Streben, weil man nur von außen: aufgrund neutraler Prüfung sagen kann, daß die Aktivität sicher oder höchstwahrscheinlich zu einem Ziel führt. Nicht der objektive Zusammenhang von Aktivität und Ziel ist entscheidend, vielmehr der subjektive: eine Vorstellung des Zieles und die Meinung, daß man aufgrund einer bestimmten Tätigkeit dem Ziel näherkommt. Zweifellos ist im Strebensbegriff als solchem nicht vorausgesetzt, daß man das Ziel schon vorher klar und deutlich sieht statt es nur intuitiv zu fühlen, auch nicht, daß die Meinung über die Ziel-Mittel-Relation – der Kontrolle einer rationalen Überlegung unterstellt – die subjektive Gewißheit einer Überzeugung oder die objektive einer begründeten Erkenntnis aufweist. Insofern impliziert der Strebensbegriff zwar ein Moment des Wissens, aber keineswegs die methodische Disziplinierung und Perfektionierung des Wissens zur Wissenschaft.

Auch wenn ein kognitives Moment mit vorgestellt ist, so ist doch im Streben als ganzem nicht ein theoretischer Akt gedacht. Dem Streben geht es weniger darum, Gegenstände vorzustellen, als darum, ein Vorgestelltes zu bejahen und es somit aus eigenem Interesse heraus zu realisieren. Der Begriff enthält daher als zweites ein praktisches Moment, ein Moment des Willentlichen: die Affirmation oder Anerkennung des Zieles (das Vorgestellte soll wirklich sein) und die Freiwilligkeit in der Ausführung der entsprechenden Aktivität. Dabei kann das Moment des Willentlichen ähnlich wie das des Wissentlichen unterschiedliche Grade und Formen annehmen. Zum Streben gehört schließlich begrifflich mehr als eine Vorstellung und mehr als ein Interesse am Vorgestellten. Man kann nicht konsistent behaupten, jemand strebe, obwohl er entweder keine Kraft hat oder aber sich scheut, sie anzuwenden, um sich auf den Weg nach dem Erstrebten zu machen. Ob sich das gesuchte Resultat tatsächlich einstellt, das Handeln also den gewünschten Erfolg hat, mag von Einflüssen abhängen, die sich nicht immer: in dieser Situation nicht oder überhaupt nicht, kontrollieren lassen. Aber jenes energetische Moment ist logisch unabdingbar, daß zum Streben eine Initiative und zur Initiative eine Dynamik gehört, ohne die keine Bewegung zustande kommt. Im Strebensbegriff wird nicht eine abstrakte Reflexion gedacht, ein Selbstverhältnis, sofern es für sich und rein formal genommen ist, und schon gar nicht in paramechanischer Interpretation (vgl. G. Ryle[6]) eine selbständige mentale Instanz, die die Fähigkeit hat, körperliche Bewegungen zu verursachen. Vielmehr wird ein Selbstverhältnis angesichts einer Bewegung vorgestellt: die Reflexivität als Qualifikations- und Strukturmerkmal einer aktuellen Tätigkeit.

II.3 *Streben und Appetenzverhalten:* Falls man den Strebensbegriff als Interpretationsbegriff für Leben überhaupt negiert und trotzdem im Feld naturwissenschaftlicher Forschungspraxis nach einem Begriff sucht, der dem des Strebens zumindest nahekommt, stößt man auf den ethologischen Begriff des Appetenzverhaltens. An funktionell einheitlichen Bewegungsabläufen trifft die Verhaltensforschung eine theoretisch scharfe Unterscheidung zwischen den Instinkthandlungen und jenem Verhalten, das den »Appetit« nach einer Instinkthandlung dokumentiert. Während es sich dort um artspezifische endogene Automatismen handelt, geht es hier um Einzelhandlungen, die mit einer gewissen Lernfähigkeit gekoppelt und deshalb aufgrund von Erfahrung veränderlich sind[7]. Sofern dieses adaptiv variable Appetenzverhalten auf ein Ziel zugeht, könnte man es unter den Strebensbegriff subsumieren wollen. Und zwar ist der Zweck weder die Erhaltung der Art noch die des Individuums, sondern der Ablauf der Instinktbewegung selbst, die als affekt- und lustgeladene Aktivität Befriedigung verspricht. Da man auf Ersatzobjekte umsteigen kann, wird diese Zweckrichtung selbst bei veränderter Situation beibehalten. Trotzdem ist das Verhältnis zu dem, was hier Zweck heißt, als ein Drang oder Appetit vorgestellt, als ein zwar individuell variables, gleichwohl naturwüchsiges, distanzloses Verlangen, das weder die kognitive noch die praktische Bedingung des Strebensbegriffs erfüllt. Sofern es um den Drang geht, eine Reizsituation auszulösen, ist das Ziel vom Individuum selbst (im Unterschied zum beobachtenden Forscher) nicht im Modus der Antizipation vorgestellt, noch steht das Individuum zur Realisation in einem Verhältnis der Freiwilligkeit. Um in der Tierpsychologie nicht einer anthropomorphisierenden Begriffsbildung zu verfallen, ist bei aller Parallelität zwischen Streben und naturhafter Appetenz doch diese Differenz aufrechtzuerhalten.

III. Streben als Grundbegriff humaner Praxis

Die Analyse ergab bisher ein positives und ein negatives Resultat. Während der Begriff einer finalen und individuell-spontanen Aktivität sich als der einer bewußten und freiwilligen Tätigkeit zeigte, führte der Versuch, ein Erklärungsfeld für den Begriff zu finden, lediglich zu einem negativen Befund. Als naturphilosophische Kategorie, als Interpretament allgemeiner oder spezifischer biologischer Phänomene, ist er ungeeignet. Aufgrund dieses negativen Befundes soll das Problem der Applikationsfähigkeit selbst hinterfragt werden. Vor der Frage, ob die Prädikation bestimmter Prozesse als Streben zu Recht geschieht, also unabhängig davon, ob man im Einzelfall den Begriff einer finalen und individuell-spontanen Bewegung richtig anwendet, gilt es zu untersuchen, aus welchem Interesse heraus ein solcher Begriff überhaupt gebildet wird. Es ist jener Gedankengang zu rekonstruieren, in dem der Begriff des Strebens allererst hervorgebracht wird, um dann eine Auskunft darüber zu erhalten, welchen Sinn es hat, den Begriff zu bilden und zu applizieren.

III.1 *Erkenntnistheoretische Vorüberlegung:* Durch den Vorstellungsgehalt »Streben« wird ein vom empirisch-analytischen Standpunkt aus höchst komplexer Bewegungsablauf als eine Einheit gedacht und diese Einheit als eine individuell-zielgerichtete und -zielbewußte Selbstbewegung bestimmt. Die in dem Begriff synthetisch anwesenden Momente der Aktivität, der individuellen Spontaneität und der Finalität sind aber weder räumlich die drei Teile, noch zeitlich die drei Phasen eines empirischen Ganzen. Als Momente einer semantischen Rekonstruktion handelt es sich überhaupt nicht um drei in der Anschauung getrennt auftretende, je für sich beobachtbare Eigenschaften von Objekten wie die Farbe, die Härte oder die Größe eines Materials. Gegen ein planes ontisches Mißverständnis ist zu betonen, daß eine Begriffsanalyse zunächst keine Erfahrungserkenntnis vermittelt, deshalb primär keinen empirischen, vielmehr einen analytischen Wert hat; sie dient einer klaren und in sich konsistenten Begriffsbildung. Die drei Momente, die die Kategorie »Streben« definieren, sind nicht als Charakteristikum empirischer Objekte, als Tatbestände, die ihnen theorie- und interpretationsfrei inhärent sind, gefunden worden, sondern als die drei logischen Momente einer Vorstellung von Objekten. Wenn Streben als eine spontane Zielbewegung oder als eine wissende und freiwillige Aktivität definiert wird, dann wird hier nicht ein Objekt oder eine Klasse von Objekten beschrieben, sondern die Vorstellung einer Bewegungsart logisch analysiert. Pointiert gesprochen: Die Momente der Vorstellung und damit der Vorstellungsgehalt »Streben« selbst kommen nicht natürlicherweise vor; er existiert allein im Denken. Daraus folgt aber nicht, daß das Denken bestimmte Bewegungsabläufe aus sich selbst heraus deduziert. Denn gleich wie die Prozesse tatsächlich ablaufen – wenn sie zu Recht unter den

Begriff des Strebens subsumiert werden können, handelt es sich um individuell-spontane und -finale Aktivitäten. Wie sie sich im einzelnen vollziehen, das kann nur durch empirische Untersuchungen im Rahmen der Verhaltenswissenschaften festgestellt werden. Gerade weil die Erörterung der Kategorie, sofern sie vor jeder Applikation rein für sich genommen wird, keine Erfahrungs-Erkenntnis vermittelt, ist sie – gegen eine Hypertrophie analytischer Reflexion – auf eine formale Auskunft darüber beschränkt, wie eine Strebensbewegung widerspruchslos zu denken ist.

III.2 *Streben als Grundfigur verantwortlichen Handelns:* Stellt man eine Aktivität als bewußt und freiwillig, als wissentlich-willentlich vor, so wird sie eo ipso dem Handelnden selbst zugerechnet, und zwar in dem präzisen Sinn, daß er als der für sie verantwortliche Urheber gilt. Ob man den Betreffenden tatsächlich zur Verantwortung zieht, ob man sein Tun ausdrücklich billigt, mißbilligt, formellen oder informellen Sanktionen unterwirft, eine solche Reaktion ist begrifflich nicht entscheidend. Wichtig ist allein, daß es zwar nicht empirisch unmöglich, wohl aber logisch unsinnig ist, jemanden zu loben, zu tadeln, zu ehren oder zu strafen, kurz: ihn für die Handlung zur Verantwortung zu ziehen, ohne zugleich vorauszusetzen, daß diese Aktivität eine verantwortliche ist. Grundsätzlich ist es aber nur dann sinnvoll, von Verantwortlichkeit zu sprechen, wenn wenigstens jene zwei begrifflichen Momente als erfüllt gelten: (erstens) daß dem Handelnden Wissen über sein Tun als solches zuzuschreiben ist und (zweitens) daß die Handlung nicht aus Zwang, physischer oder psychischer Gewalt, sondern aus persönlichem Antrieb zustande kommt. Da durch diese beiden Momente aber der Strebensbegriff definiert ist, sind durch ihn die Minimalbedingungen für verantwortliches Handeln genannt. Ein Denken, das den Begriff »Streben« bildet, verfolgt das Interesse, Praxis als verantwortliche zu begreifen. Interpretiert man Verantwortlichkeit als typisch humane »Eigenschaft«, so wird darüber hinaus intendiert, die Einmaligkeit des Menschen innerhalb des Kosmos zu verstehen. »Streben« ist die Grundkategorie einer Theorie humaner Lebensweise und gehört zum Kreis jener Begriffe, die, latent oder manifest, der Selbstidentifikation und Selbstverständigung des Menschen als Gattungswesen dienen. Doch ist der Begriff der Verantwortlichkeit und damit auch die Einzigartigkeit des Menschen hier nicht rein für sich selbst, sondern als Qualifikation von Bewegungsabläufen gedacht. Ganz im Einklang mit der klassischen Weise des Definierens läßt sich der Strebensbegriff per genus (Bewegung) und differentia specifica (bewußt und freiwillig) rekonstruieren. Wenn man mit der einer jeden globalen Kennzeichnung gegenüber gebotenen Vorsicht die neuzeitliche Philosophie als Frage nach dem Selbstbewußtsein bestimmt, dann ist es für den Begriff des Strebens charakteristisch, daß er von einem Denken gebildet wird (vgl. Aristoteles[8]), das gerade nicht Kategorien wie Selbstbewußtsein, Subjektivität usw. gesondert und rein für sich in den Mittelpunkt stellt. Auch ist »Streben« kein Begriff, den das Denken hervorbringt, um primär sich selbst: seine Funktion und Methode zu reflektieren. Als ein Begriff, der unter den der Bewegung zu subsumieren ist, steht er gewissermaßen »windschief« zu einem vordringlich vom Problem der Subjektivität her bestimmten Fragen. »Streben« thematisiert die Sonderstellung des Menschen im Universum und zugleich seine komplementäre Seite: den Zusammenhang mit der Natur und ihrer allgemeinen Struktur von Bewegung.

In dem Sinne, in dem dem Strebensbegriff das Interesse zugrunde liegt, Handeln als verantwortliches zu denken, ist dem ethologischen Begriff des Appetenzverhaltens das Erkenntnisinteresse zuzuschreiben, an funktionell einheitlichen Handlungsabläufen das Moment des Individuellen von dem des Artspezifischen zu unterscheiden, um gegenüber einer Reduktion animalischer Prozesse auf Erbmechanismen eine Dimension von Lernfähigkeit aufzudecken, ohne deshalb schon Tieren das genuin Humane, die Verantwortlichkeit, zusprechen zu wollen.

III.3 *Zwei Grundformen von Streben:* Herstellen und Handeln (Praxis): Bei dem als Streben qualifizierten verantwortlichen Handeln lassen sich, je nach dem Verhältnis von Tätigkeit und Ziel, strukturell zwei verschiedene Grundformen unterscheiden. Beim »linearen« Streben (actio transiens), dem *Herstellen* (Machen oder Hervorbringen, in bestimmten, keineswegs aber allen Zusammenhängen: Arbeiten), richtet sich die Strebenstätigkeit auf ein Ziel, das – aus der Tätigkeit hervorgehend – an dessen Ende in irgendeiner Form als ein selbständiges Objekt, als ein außerhalb des Herstellungsprozesses existierendes Werk, Produkt oder Resultat dasteht. Tätigsein weist in dem objektiven Sinn über sich hinaus, daß es nicht um seiner selbst, sondern um eines anderen, nämlich um des Resultats willen, durchgeführt wird. Das Resultat (z. B. das Produkt eines Industriebetriebs), seine Brauchbarkeit, ist zugleich Kriterium und Maßstab für das Gelingen, Glücken, für die Richtigkeit des Herstellens.

Anders verhält es sich beim »reflexiven« Streben (actio immanens), dem *Handeln* im engeren Sinn, der Praxis. Bei einer Praxis, z. B. beim Sehen, Nachdenken oder Spazierengehen, beim Sich-Unterhalten oder Musizieren, aber auch beim tapferen, freigebigen oder gerechten Handeln, realisiert das Streben – nach der formalen Figur einer Rückwendung auf sich – sein Ziel im Tun selbst. Das Erreichen oder Gelingen mißt sich an der Qualität des Vollzugs. Deshalb handelt es sich hier strukturell um eine Tätigkeit, die nicht von außen, durch das Resultat, begrenzt wird, sondern sich in sich selbst vollendet – oder auch verfehlt. Maßstab und Kriterium sind nicht ein vom Prozeß verschiedenes Resultat; vielmehr ist es der Prozeß selbst in seiner immanenten Vollkommenheit; Maßstab ist das *gut* Sehen, das *schön* Musizieren, das *gerecht* Handeln usw. Die Praxis ist nicht für und durch ein anderes, sondern in sich selbst gelungen oder mißlungen, geglückt oder mißglückt, sinnvoll oder nicht sinnvoll.

Diese auf Aristoteles[9] zurückgehende Unterscheidung von Herstellen und Handeln im Sinne von Praxis hat eine gewisse Ähnlichkeit mit der auf Marx zurückgehenden Differenz von Arbeit und kommunikativer Interaktion (Habermas)[10], ist aber zugleich formaler und grundsätzlicher, deshalb auch einleuchtender. Weder ist Interaktion grundsätzlich von Arbeit abgespalten, noch müssen alle Verbindlichkeiten menschlicher Praxis auf Gesprächsregeln reduziert und alle nichtsprachlichen Momente menschlichen Tuns und Lassens zu Arbeit erklärt werden.

III.4 *Praxis als humanes (sittliches) Handeln:* Ob man an die Produktion von Gütern, an die rationale Befriedigung von Bedürfnissen oder an die Realisation politischer Ideen denkt – im allgemeinen stellt man sich beim Streben ein Ziel vor, das aus dem Tätigsein hervorgehen und am Ende in irgendeiner Form als selbständiges Werk oder Resultat übrigbleiben soll. Das Übersichhinausweisen einer finalen Bewegung, dieser formale Charakter der Transzendenz in jeder Strebenstätigkeit, wird hier nach der Figur einer »linearen Transzendenz« konzipiert. Eine solche Strebensbewegung geht in dem objektiven Sinn über sich hinaus, daß sie nicht um ihrer selbst, sondern um eines anderen, nämlich des gelungenen Resultats willen existiert. Wenn man dieses zweckrationale Modell von Streben verabsolutiert, führt es trotz seiner Plausibilität logisch in eine Aporie. Stellt man nämlich an die zweckrational verstandene Strebenstätigkeit die Frage, worumwillen ihr Resultat hervorgebracht werden soll, wäre auf ein anderes, höheres Resultat zu verweisen, dessen Gelingen das erste befördert und von dem es seinen Sinn gewinnt, ein Verweisen, das sich dem Prinzip nach ins Unendliche iterieren läßt. Dann aber läßt sich kein Ziel angeben, das, in sich selbst sinnvoll, den endlosen Regreß vermeidet. Auf der Basis eines zweckrational verstandenen Strebens kann Verantwortlichkeit nicht zureichend verstanden werden. Dieser begrifflichen Aporie entgeht allein ein Denken, das das formale Verhältnis von Streben zu seinem Ziel auch nach einem nicht-linearen oder »reflexiven« Modell von Transzendenz vorstellt. Nach der Figur einer Rückwendung auf sich selbst sucht das Streben die dem Handeln immanente Vollkommenheit; es sucht nicht die Befriedigung von beliebigen Handlungsintentionen, sondern die der normativ gebildeten: z. B. einen Umgang mit Besitz und Geld, der primär nicht Reichtum maximieren, sondern gerecht sein will: das Streben im eminenten, dem sittlichen Sinn von Praxis.

Bei allem Wissen um die Notwendigkeit der Techniken und Künste gilt, daß verantwortliches Leben, sofern es als sinnvoll gedacht werden soll, letztlich nicht als Herstellen, sondern als Handeln im engeren Sinn, als Praxis, verstanden werden muß. Diese Einsicht kann auch auf der Basis des Strebensbegriffs rekonstruiert werden. Vorauszusetzen ist nur, daß das Streben nicht bloß nach dem vorherrschenden Modell einer linearen, sondern auch nach dem einer reflexiven Transzendenz gedacht wird.

Daß das Leben selbst die Struktur von Praxis, nicht von Herstellen hat, läßt sich auch unmittelbar einsehen. Denn wer lebt, stellt nicht etwas her, sondern vollzieht Leben. Letztes Kriterium des Lebens ist kein vom Leben verschiedenes Werk, sondern das Leben selbst, die ihm immanente Chance, Begabung und Intention, die ihm eigentümliche Vollkommenheit. Das letzte Ziel und der höchste Zweck liegen im gelungenen, im geglückten Leben.

Doch auf welche Weise versichert man sich eines gelungenen, eines geglückten Lebens?

Durch die natürlichen Antriebskräfte des Menschen, durch seine Triebe, Bedürfnisse und Leidenschaften, durch Hunger und Durst, Schlafbedürfnis und Sexualität, durch Zorn, Angst, Neid, Eifersucht und Haß, durch Sympathie und Antipathie sind Ziele oder Handlungsrichtungen bestimmt, zu denen sich der Mensch jeweils gedrängt findet, bei deren Realisierung er Freude oder Schmerz empfindet. Nun stehen die natürlichen Antriebskräfte mit ihren momentanen Impulsen jeweils für sich und bilden keineswegs von selbst untereinander einen inneren Zusammenhang, der die harmonische Realisierung der verschiedenen Einzelziele eines Individuums und noch weniger die einer Gemeinschaft von Individuen garantiert. Deshalb können die natürlichen Antriebskräfte einander widerstreiten; sie können in dysfunktionaler Weise verkümmern oder hypotroph werden. Überhaupt richten sie sich ausschließlich auf das konkret einzelne und das augenblicklich Angenehme und berücksichtigen weder Folgen noch Nebenfolgen der Befriedigung des momentanen Handlungsimpulses. Weil aber der Bezug auf das ganze Leben des Handelnden sowie auf das Leben seiner Mitmenschen strukturell nicht gegeben ist, ist ein gelungen-glückliches Leben grundsätzlich bedroht. Wer »aus Prinzip« bloß seinen momentan vorherrschenden naturwüchsigen Impulsen folgt, wer sich von ihnen grundsätzlich unmittelbar und vollständig bestimmen läßt, der verfehlt ein insgesamt gelungenes, ein humanes Leben und handelt insofern zutiefst unvernünftig. Seine Bedürfnisse und Leidenschaften führen ein Eigenleben, gegenüber dem jede Instanz der Bildung, Überlegung und Kontrolle machtlos bleibt. In der antiken Ethik spricht man von einem Leben nach Maßgabe der Leidenschaft (κατὰ πάθος ζῆν). Prototyp einer solchen Lebensführung ist der Unbeherrschte, der gegebenenfalls auch wider besseres Wissen eine gelungene Existenz verfehlt.

Dagegen kann das Leben dann gelingen, wenn man – im Gegensatz zu einer unmittelbaren Bestimmung durch die naturwüchsigen Antriebskräfte – sich von ihnen in ihrer Unmittelbarkeit und Naturwüchsigkeit distanziert, sich in ein Verhältnis zu ihnen setzt und kraft dieses Selbstverhältnisses, der praktischen Vernünftigkeit, solche Einzelziele verfolgt, die untereinander und mit denen der Mitmenschen einen konsistenten Zusammenhang, eine Ordnung, ein kohärentes System bilden und somit ein insgesamt glückliches Leben ermöglichen. Auf der Grundlage des Strebensbegriffs entspricht eine solche Lebensführung dem in einem emphatischen Sinn humanen, dem sittlichen Handeln. Das rechte Handeln: das vernünftige oder sittliche Tun und Lassen, bildet mit dem glücklichen Leben eine selbstverständliche Einheit.

Mit (praktischer) Vernünftigkeit ist hier keine ganz neue Antriebskraft bezeichnet, keine Quelle von Zielen abseits aller Bedürfnisse und Leidenschaften. Es handelt sich im Gegensatz zu einem Dualismus von Vernunft und Leidenschaft keineswegs um ein striktes Jenseits zu den natürlichen Antriebsquellen, das aus deren Unterdrückung oder gar Ausmerzung lebt. Vernünftigkeit wird hier nicht zu einer eigenen Entität hypostasiert. Das vernunftgemäße oder sittliche Leben (κατὰ λόγον ζῆν) ist kein bedürfnis- und leidenschaftsloses Leben, das – ohne Antriebe und Empfindungen – auch gar kein Leben mehr sein könnte. Es ist auch nicht das Leben eines »emotionalen Krüppels«, der in seinen Gefühlen und Empfindungen unterentwickelt oder schon wieder verdorrt ist. Durch Vernünftigkeit bzw. Sittlichkeit werden nicht Vitalität, Sensibilität und Emotionalität kompromittiert und disqualifiziert, womit man nur deren Rehabilitierung durch Psychoanalyse und andere Unternehmungen notwendig macht, die im Gegensatz zu einer sich überschätzenden Vernunft einer neuen Machtverteilung und Wertschätzung das Wort reden. Vernünftig oder sittlich handeln heißt deshalb auch nicht, sich »moralisierend« auf die Seite von Askese, Puritanismus und Vitalitätsschwäche zu schlagen. Es bedeutet – sowohl grundsätzlicher als auch gegenüber der Mannigfaltigkeit menschlicher Temperamente und Situationen offen – die vermittelte Beziehung zu den natürlichen Antriebskräften, die sowohl im Widerspruch zur vermittlungslosen Leidenschaftlichkeit wie zu ihrer Ausschaltung (A-pathie) steht. Sittlich Handeln und sittlich Leben meinen eine Existenzweise, in der der Mensch sich selbst in die Hand nimmt, Herr seiner selbst ist und daher ein im vollen Sinn verantwortliches und gelungenes Leben führt.

Zu einem so bestimmten humanen (sittlichen) Leben gehören zwei ineinander verschränkte Momente. Einerseits muß man jene Ziele verfolgen, die mit dem Gesamtzusammenhang aller Einzelziele harmonieren. Andererseits gilt es, die zu den rechten Zielen gehörenden situationsangemessenen Mittel und Wege zu erkennen. Das *eine* Moment setzt einen kohärenten Zusammenhang aller einzelnen Strebensbewegungen voraus, einen Zsammenhang, der sich aus einer Ordnung der natürlichen Antriebskräfte ergibt. Eine solche Ordnung bringt der Mensch weder von Geburt aus mit, noch bildet sie sich durch rein biologische Entwicklungs- und Wachstumsprozesse aus. Ebensowenig wird man der Partikularität und Hartnäckigkeit seiner rein naturwüchsigen Antriebskräfte durch einen einmal für immer gefaßten heroischen Entschluß zur Vernunft oder durch die methodisch angeleitete schrittweise Einübung eines konsistenten Systems praktischer Sprache Herr.[11] Die den Standpunkt des Momentanen und Partikularen aufhebende Ordnung als Bestimmungsprinzip des eigenen Handelns gewinnt man vielmehr erst durch einen längeren praktischen Lernprozeß, durch fortgesetztes Einüben in das rechte Handeln, ein Einüben, das – nach den entscheidenden frühkindlichen und kindlichen Phasen der Zuwendung, Fürsorge und Erziehung, des Lobens und Tadelns, Vormachens und Nachmachens, des Versuchens und der Erfahrung des Gelingens oder Mißlingens – später auch deutliche Elemente der Selbsterziehung enthält. Aufgrund fortgesetzter Übung wird die rechte Ordnung der natürlichen Antriebskräfte, wird das rechte Maß an Lust und Schmerz, an Vorsicht, Zuversicht usw., werden das Sehen und das Verfolgen der rechten Ziele zu einem festen Bestandteil der Person, zur sittlichen Haltung oder sittlichen Disposition, die auch sittliche *Tugend* heißt. Sittliche Tugend meint also ein charakterliches Können, eine praktische Kompetenz, die – je nach dem in Frage stehenden Lebensbereich – z. B. Tapferkeit oder Unerschrockenheit in Gefahrensituationen, Besonnenheit in bezug auf sinnliche Freuden oder Gerechtigkeit bei Tausch und Verteilung von Gütern heißt. Die sittlichen Tugenden bezeichnen die allgemeine Grundausrichtung auf das gelungen-glückliche Leben, womit das menschliche Handeln in seiner ganzen Variationsbreite und Wechselhaftigkeit abgedeckt werden kann.

Kraft der praktischen Kompetenz der sittlichen Tugenden ist der Mensch aus sich heraus und grundsätzlich auf die rechten Ziele und Zwecke ausgerichtet. Die rechte Grundausrichtung garantiert aber noch nicht das Sehen der situationsentsprechenden Einzelziele und der ihnen angemessenen Wege der Realisierung. Die konkreten Einzelziele und die ihnen entsprechenden

Mittel und Wege findet man erst durch Überlegung, wobei die durch fortgesetzte Übung erworbene Kompetenz der Überlegung sittliche Einsicht oder Klugheit (φρόνησις, prudentia) heißt.

Das humane (sittliche) Handeln realisiert sich also durch das Zusammenspiel zweier auf einander bezogener Kompetenzen, einer charakterlichen Kompetenz, der sittlichen Tugend, und einer kognitiven Kompetenz, der (sittlichen) Klugheit.

III.5 *Das Prinzip vernünftigen Strebens: Glück (Eudaimonie):* Wenn man, um das Prinzip eines jeden Strebens aufzudecken, die im Streben implizierte Zielbestimmtheit bis zu ihrem inhaltlichen und formalen Primum hin extrapoliert, dann bildet man den Begriff eines Um-willen, das nichts mehr zu wünschen übrig läßt, den Begriff des Glücks. Glück im Sinn von »Glücklichsein« (εὐδαιμονία, felicitas, happiness), nicht von »Glück haben« (εὐτυχία, fortuna, luck), ist ein Äußerstes und Letztes, nach dem der Mensch strebt. Obwohl alle Menschen nach Glück verlangen, ist die nähere Bestimmung und Ausgestaltung des Glücks höchst unterschiedlich. Die einen suchen das Glück in Reichtum und Macht, andere in Freundschaft oder Liebe, wieder andere in wissenschaftlicher Forschung, Kunst oder Meditation. Wegen der individuellen und geschichtlich-kulturellen Mannigfaltigkeit menschlicher Interessen und Sinnvorstellungen können die Glückserwartungen und Glückserfahrungen auch nicht einheitlich sein. Die Einheit des Begriffs Glück ist zunächst nur eine formale. Glück ist kein dominantes, sondern ein inklusives Ziel. Es handelt sich nicht um die Spitze einer Hierarchie von Zielen, sondern um den Inbegriff der Erfüllung der dem Menschen wesentlichen Bedürfnisse, Wünsche und Interessen. Das Glück ist kein direkter Gegenstand menschlichen Strebens, sondern die Begleiterscheinung im Fall des Gelingens der verschiedenen konkreten Strebensbewegungen: die Qualität eines sinnvollen, weil gelungenen Lebens.

Unter Glück wird also ein Maximum an Zufriedenheit und Wohlbefinden vorgestellt, wobei der Begriff des Maximums und damit auch der Begriff des Prinzips menschlichen Strebens noch zu präzisieren ist:

(a) Als *Ideal der Einbildungskraft,* als Prinzip unserer Wünsche und Phantasie, ist Glück die – der Mannigfaltigkeit, dem Grad und der Dauer nach – vollständige Erfüllung aller je auftretenden Bedürfnisse, Interessen und Sehnsüchte. Glück herrscht dort, wo alles menschliche Verlangen endgültig gestillt ist. Ein solches Glück, das gleichbedeutend ist mit dem vollkommenen Heil, der totalen Versöhnung und dem ewigen Frieden, ist für den Menschen vorstellbar, aber nicht erreichbar. Es ist im emphatischen Sinn utopisch, da es alle Beschränkungen und Widersprüche der Wirklichkeit als endgültig aufgehoben ansieht, also keine Konflikte mehr zwischen den Neigungen desselben Menschen, zwischen denen verschiedener Menschen und zwischen Mensch und Natur zuläßt. Glück als eine Idee der Einbildungskraft, als utopisches Prinzip des bloßen Wünschens oder Hoffens, führt leicht zur Resignation, nach der »die Absicht, daß der Mensch glücklich sei, im Plan der Schöpfung nicht enthalten« ist.[12]

(b) Vor allem im Umkreis von Hedonismus und Utilitarismus herrscht ein *empirisch-pragmatischer Begriff* von Glück vor. Glück gilt als der Zustand, der – angesichts der jeweils gegebenen Handlungsmöglichkeiten – tatsächlich erreichbaren relativ größten Interessen- und Bedürfnisbefriedigung. Oft wird er von dem neuzeitlichen Optimismus begleitet, das Glück der Menschen könne rational berechnet und hergestellt werden (hedonistischer Kalkül).[13] Da die augenblicklichen Wünsche und Hoffnungen durch mannigfache Faktoren kognitiver, emotionaler und sozialer Natur verzerrt sein können, garantiert deren Erfüllung aber keineswegs schon das Glück. Das Glück ist vielmehr in einem lebenslangen, inhaltlich offenen Bildungs- und Selbstfindungsprozeß immer wieder neu zu bestimmen und zu verfolgen, wobei die Entwicklung der eigenen Möglichkeiten und Fähigkeiten dazu gehört.

Das Glück liegt weniger, wie nach dem »epikureischen« Ideal, im Besitz und/oder Verzehr lustbringender Dinge noch allein, wie im asketischen Ideal, in dem durch Verminderung der Begierden zu erreichenden Gleichgewicht von Begierde und Befriedigung. Es setzt auch nicht die Befreiung von allen unseren Sorgen und Problemen voraus. Das Glück als Überbietung des gewöhnlichen Lebens stellt sich viel eher dort ein, wo man sich erfüllt, bestätigt, erfreut, erhoben findet. Es tritt dort ein, wo ein starkes Verlangen befriedigt, wo etwas Unerwartetes zuteil wird oder wo man seiner selbst in einer ursprünglichen Einheit mit anderen Menschen und/oder mit der Natur inne wird. Glück als nicht notwendig das Gewöhnliche überbietender und deshalb nicht bloß momentaner Zustand, sondern als Grundzug eines tätigen Lebens verstanden, findet sich dort, wo man Pläne verfolgt, die eine harmonische Erfüllung der eigenen Interessen erwarten lassen, und wo man in diesen Plänen vorankommt; dort, wo man das tun kann, was man gern und gut tut, und wo man dieses so vollkommen wie möglich tut. Glück ist eine aktive Freude, zu der auch die kreative Auseinandersetzung mit den Bedingungen gehört, die man jeweils vorfindet.

(c) Der hedonistische Begriff eines Zustandes maximaler Befriedigung und minimaler Frustration bezieht sich auf die jeweils vorhandenen Bedürfnisse und Interessen. Sofern im Modell eines »reflexiven« oder sittlichen Strebens eine Kritikinstanz gegenüber jedem bloß Vorhandenen, vor allem gegenüber den latent willkürlichen Handlungsintentionen, mitgedacht ist, ist im entsprechenden sittlichen Begriff von Glück die Maximierung nicht auf die tatsächlich vorhandenen Bedürfnisse und Interessen beschränkt. Sie ist vielmehr auf das Streben überhaupt erweitert. Im Hedonismus wird nur ein relativ höchstes Ziel gedacht. Dagegen stellt erst der Begriff eines nicht bloß faktisch, sondern eines prinzipiell nicht überbietbaren höchsten Zieles, der Begriff dessen, was schlechthin wert ist, erstrebt zu werden, das Prinzip jedweden Strebens dar. Hier wird der Begriff des Glücks weder als utopisches Prinzip des bloßen Wünschens oder Hoffens noch als quantitatives und relatives Maximum gefaßt, sondern als *Vernunft-* oder Totalitäts*begriff*, als Begriff eines logisch Unbedingten im Streben. Nur ein solcher nicht empirischer, sondern apriorischer Begriff des Glücks wird der Unbedingtheit des Sittlichen logisch gerecht. Als Idee einer vollständigen Erfüllung humanen Strebens kommt diesem Begriff des Glücks die Qualität des Sich-selbst-genug-seins (αὐτάρκεια) zu, eine philosophisch rein formal und transzendental zu verstehende Qualifikation eines Zieles, über das hinaus kein Ziel mehr gedacht werden kann. Autarkie bezeichnet nicht persönliche Bedürfnislosigkeit oder wirtschaftliche Unabhängigkeit, sondern die Qualität des In-sich-Sinnvollen. Glück als Autarkie ist das schlechthin höchste oder unbedingte Ziel, das sittliche Prinzip von allem als Streben gedeuteten Handeln. Es ist das höchste Gut oder der Lebenssinn des Menschen, sofern der Mensch überhaupt Ziele und Zwecke verfolgt.

Mit Bezug auf dieses Prinzip lassen sich Grundformen menschlichen Lebens (βίοι, Existenzweisen) und auch Grundhaltungen (Tugenden) als sittlich oder nichtsittlich beurteilen.[14] Will man aber die Offenheit menschlichen Lebens nicht dogmatisch beschneiden, so kann man gleichwohl den Inhalt sittlichen Tuns und Lassens nicht einmal für immer ausbuchstabieren. Worin die Erfüllung menschlichen Strebens tatsächlich und in concreto liegt, das bleibt von individuellen, geschichtlich-kulturellen und -epochalen Faktoren abhängig und ist zum Teil Prozessen intersubjektiver Beratung und Entscheidungsfindung überantwortet.

IV. Kritik am Strebensbegriff

Will man den Strebensbegriff und sein Prinzip, das Glück, nicht nur immanent explizieren, sondern auch kritisch betrachten, zeigt sich, daß er von einer nicht mehr hinterfragten Voraussetzung, der (individuell-)spontanen Finalität menschlichen Handelns lebt. Als Streben interpretiert, wird humaner Praxis immer schon ein Ziel zugesprochen. Die Deutung sittlichen Handelns als vernünftigen Strebens lebt von der Voraussetzung, daß der Mensch – durch Triebe, Bedürfnisse und Leidenschaften sowie seine politisch-soziale Umwelt bedingt – immer schon Ziele sieht und verfolgt und daß er im Fall sittlichen Handelns durch entsprechende Erziehungsprozesse jene charakterlichen und kognitiven Kompetenzen erworben hat, kraft deren er nicht blind den naturwüchsigen Impulsen folgt, sondern sie in eine rechte Ordnung gebracht hat und deshalb die richtigen Ziele trifft und überlegt realisiert.

IV.1 *Streben und Trieb:* Wenn nach S. Freud im Begriff des Triebes jene Kräfte gedacht werden, die »die körperlichen Anforderungen an das Seelenleben repräsentieren«[15], dann wird hier ausdrücklich eine vor- und unterbewußte Ursache von Aktivität angenommen, der, sofern sie die Dimension des Triebes nicht übersteigt, vom Begriff selbst her weder Wissen noch Freiwilligkeit zukommt. Auch ein Handeln aus Leidenschaft geschieht zwar nicht unterbewußt, gleichwohl ist es nicht von aktuellem Bewußtsein begleitet, und bei Affekthandlungen kann man allenfalls von sehr rudimentärem Bewußtsein sprechen. So gesehen wäre es unsinnig, etwas für ein Triebgeschehen, eine Affektreaktion, ein Handeln aus Leidenschaft oder gar für einen bloßen Reflex zu halten und zugleich und in derselben Hinsicht den Ausführenden überhaupt für verantwortlich bzw. für vollverantwortlich zu erklären. Im Einzelfall mag es sicher sehr schwierig sein, die Kriterien des Bewußthabens und der Freiwilligkeit festzustellen. Die philosophische Reflexion ersetzt auch nicht die oft sehr komplizierten Beurteilungsvorgänge; wohl aber kann sie den begrifflichen Rahmen klären, innerhalb dessen sich die Beurteilungsvorgänge abspielen müssen, damit sie sich als intellektuelle Handlungen nicht selbst widersprechen.

Wie dem Strebensbegriff das Interesse zugrunde liegt, Praxis als verantwortliche zu denken, so dem Triebbegriff, eine im Strebensbegriff selbst nicht hinterfragte Voraussetzung aufzudecken und damit eine Grenze von Verantwortlichkeit zu benennen. Wenn im Streben eine zielgerichtete Aktivität vorgestellt wird, dann bleibt hier unbefragt, woher die Aktivität denn ihre Energie nimmt, welche Kraft es denn ist, die die Ziele verfolgen läßt. Nach Freud liegt die »letzte Ursache jeder Aktivität« in Trieben, d. h. in solchen aus der Organisation des Körpers stammenden Bedürfnissen, die vor und unabhängig von jedem Wissen zu nichts als ihrer Befriedigung drängen. Es sind vor-humane, gleichwohl aber nicht anti-humane, rein naturhafte: biologische Phänomene, die weder selbst erworben noch bewußt übernommen, vielmehr ererbt sind.[16] Dem *Ich* bleibt die Aufgabe, zwischen dem Inbegriff der Triebe, dem *Es,* und der Außenwelt zu vermitteln und die frustrations- und risikoärmste Art der Befriedigung herauszufinden. Die Hauptleistung des *Überich,* des Inbegriffs der internalisierten soziokulturellen Normen, besteht in der Tabuisierung oder Einschränkung bestimmter Bedürfnisse oder Weisen der Befriedigung.[17] Diesem Modell dreier Instanzen der menschlichen Psyche gilt jede menschliche Aktivität vor jedem Bewußthaben als schon vorstrukturiert; eine allgemeine, wenn auch nur vorläufige und unbestimmte Zielrichtung, die Befriedigung, ist vorgezeichnet und die Verantwortung auf die Vermittlung von Es, Realität und Überich bzw. auf die Art, vielleicht noch die Intensität der Befriedigung beschränkt. Gegenüber einem Versuch, menschliche Verantwortung zu totalisieren, wird auf biologische und soziokulturelle, jeweils der unmittelbaren Kontrolle entzogene Vor- und Rahmenbedingungen jeder Aktivität aufmerksam gemacht.

IV.2 *Die Idee einer Distanz des Strebens in sich selbst, der Begriff des Willens:* Eine radikalere und zugleich diametral entgegengesetzte Korrektivfunktion kommt dem neuzeitlichen Willensbegriff zu, der vor allem durch Kant und den deutschen Idealismus in den Mittelpunkt philosophischer Reflexion gerückt ist. Auch in einem durch den Triebbegriff korrigierten Strebensmodell hat menschliches Handeln je schon sein Ziel. Es ist einerseits durch das Es: durch Triebe und Bedürfnisse, und andererseits durch das Überich: die internalisierten soziokulturellen Normen bestimmt. Über Erziehungsprozesse ist der Mensch an das jeweils gegebene Ethos, an die geltende Moral, d. h. an das System von Verhaltensnormen und Institutionen zurückgebunden, das sich in einem mehr naturwüchsigen Prozeß der Kommunikation und Interaktion herausgebildet hat, kraft formeller und/oder informeller Erziehungsprozesse internalisiert worden ist und auf diese Weise die rechte Ordnung der natürlichen Antriebskräfte verbürgt. Dann aber gelten die rechten Ziele zwar nicht als absolut starr, jedoch als relativ invariabel vorgegeben.

Gewiß kann auch eine auf dem Strebensbegriff basierende Theorie des sittlichen Handelns eine Veränderung der Gesamtheit der in einer Kommunität als sittlich geltenden Handlungsmuster, des gelebten Ethos, denken. Sie kann es jedoch nur aufgrund von Faktoren, die dem sittlichen Handeln als solchem äußerlich sind: aufgrund einer Veränderung der Bedürfnisse, einer Veränderung der Mittel der Befriedigung und/oder einer Veränderung der Art der Mittel (Geschmacks-, Mode-Wechsel). Zweifelsohne haben viele Veränderungen eines Ethos nichtsittliche: physische, ökonomische, geopolitische und andere Gründe. Solche Gründe sind aber keineswegs für alle Veränderungen verantwortlich. In Phänomenen wie Moralkritik aus Moralität oder sittlich-politischem Protest, im Geben eines »neuen Gesetzes« (vgl. Neues Testament), in Verfassungsreformen, politischen Revolutionen oder in einem ausdrücklichen Neusetzen persönlicher und politischer Wertprioritäten werden nicht mehr im Rahmen eines gelebten Ethos Ziele verfolgt. Vielmehr steht hier der sittlich-politische Grundrahmen selbst zur Entscheidung. Ein überliefertes System von Institutionen und Verhaltensmustern und der ihnen korrespondierenden Strebenstätigkeiten wird in bezug auf die Prinzipien selbst zur Disposition gestellt. Ein solcher Vorgang kann nicht selbst wiederum als ein Handeln kraft internalisierter Grundausrichtungen, als ein spontanes Bejahen und Verfolgen von Zielen, eben als eine Strebenshandlung gedacht werden. Es liegt vielmehr eine Distanz des Strebens in sich selbst, d. h. eine Willenshandlung, vor. Im Begriff des Willens wird jenes andere Moment menschlicher Aktivität vorgestellt, kraft dessen Ziele nicht bloß verfolgt, sondern auch und allererst gesetzt werden. Auf diese Weise wird menschliches Handeln als eine strikt nichtnotwendige Bewegung begründet; es verdient die Qualifikation der Selbstbestimmung.

Die Begriffe des Strebens und des Willens thematisieren beide die Verantwortlichkeit menschlichen Handelns. Während der Strebensbegriff die Minimalbedingungen nennt: Bewußtsein und Freiwilligkeit, erhält die Idee der Verantwortlichkeit erst durch den Willensbegriff ihre neuzeitlich Schärfe und Radikalität: die Qualität der Freiheit im Sinne von Autonomie des Willens. Zugleich ist der Strebensbegriff mehr als der nicht zu Ende gedachte Willensbegriff. Verantwortliches Handeln besteht aus beiden Momenten: aus dem Setzen und aus dem Verfolgen von Zielen. In einem vollständigen Modell humaner Praxis bezeichnen Willen und Streben zwei komplementäre Aspekte.

Anmerkungen

1 Vgl. E. Ungerer, Die Erkenntnisgrundlagen der Biologie, in: *Handbuch der Biologie,* hrsg. v. L. v. Bertalanffy, Bd. I 1, 1-94 (70-74); A. Portmann, Die Ordnungen des Lebendigen im Deutungsversuch der Biologie, in: *Aspekte des Lebendigen,* Freiburg i. Br. 1965, 150-190 (158 f.).

2 Genaugenommen ist es irreführend, Instinkte (z. B. Paarungs-, Brut-, Beuteinstinkte) nach ihrer Funktion zu benennen, da an einer solchen Leistung (Paarung, Brüten, Beutemachen) in der Regel mehrere voneinander unabhängige Instinkte sowie nichtinstinktive Elemente beteiligt sind. – Daß man das konventionelle Erklärungsprinzip der Arterhaltung evtl. durch die »egoistische« Tendenz des Individuums zur Verbreitung der eigenen Gene in der Population ersetzen muß, um die evolutive Entstehung sozialer Verhaltensweisen verständlich machen zu können, dazu: W. Wickler/U. Seibt, Vom Egoismus der Gene, in: *Mannheimer Forum* 77/78, Mannheim o. J., 65-121; dies., *Prinzip Eigennutz,* Hamburg 1977.

3 Für viele andere: K. Lorenz, Über den Begriff der Instinkthandlung, in: *Folia Biotheoretica* 2 (1937) 17-50 (19).

4 Zur Vitalismus-Kritik vgl. P. Feyerabend, Naturphilosophie, in: *Fischer-Lexikon Philosophie,* Frankfurt/M. 1958, 203-227 (225 ff.). Zum Verhältnis von

kausaler und teleologischer Betrachtung vgl. W. Stegmüller, Einige Beiträge zum Problem der Teleologie und der Analyse von Systemen mit zielgerichteter Organisation, in: *Synthese* 13 (1961) 5-40. Zur Rehabilitation teleologischen Denkens: R. Spaemann, Naturteleologie und Handlung, in: *Zeitschrift für philosophische Forschung* 32 (1978) 479 ff.

5 K. Lorenz, *Gesammelte Abhandlungen*, Bd. I, München 1965, 290 f.

6 Vgl. *The Concept of Mind*, London 1949, chap. 3 (dt. Stuttgart 1969).

7 K. Lorenz (1965) a.a.O., 295 f.

8 In der *Nikomach. Eth.* ist der Strebensbegriff Grundkategorie der Praxis. Vgl. Vf., *Praktische Philosophie. Das Modell des Aristoteles*, München 1971, Kap. I 1.

9 *Nikomach. Ethik* I 1, 1904 a 3-5; VI 5, 1140 b 3-7.

10 Z. B. Arbeit und Interaktion, in: ders., *Technik und Wissenschaft als ›Ideologie‹*, Frankfurt/M. [2]1969, 9-47.

11 Insofern ist der Anspruch der konstruktivistischen Ethik (auch Erlanger Schule genannt) zu verwerfen, durch eine (auch noch so plausible) Methode rationaler Sprachkritik und Argumentation praktische Vernunft lehr- und lernbar zu machen.

12 S. Freud, *Das Unbehagen in der Kultur* (1930), Kap. 2.

13 Vgl. in diesem Band: Zur Theorie des Glücks im klassischen Utilitarismus.

14 Vgl. in diesem Band: Grundaussagen über den Menschen bei Aristoteles, Abschn. III.

15 *Abriß der Psychoanalyse* (1938/9), Kap. I 2.

16 Ebd., Kap. I 1.

17 Ebd.

12. Rationalität, Dezision oder praktische Vernunft

*Zur Diskussion des Entscheidungsbegriffs in der Bundesrepublik Deutschland**

I. Einleitung

I.1 Der Begriff der Entscheidung, der aufgrund seiner historischen Zusammengehörigkeit mit dem *Dezisionismus* und dem politischen Engagement seiner Vertreter noch vor einigen Jahren als kompromittiert galt[1], ist wissenschaftlich wieder diskussionsfähig geworden. Vor allem im anglo-amerikanischen Sprachraum und überhaupt in einer an mathematisch-statistische Theorien anknüpfenden, des Dezisionismus daher ganz unverdächtigen Verwendung hat er sich als Grundbegriff einer reich differenzierten Forschungspraxis bewährt. Er bildet hier den sprachlichen Referenzpunkt einer die Rationalität menschlicher Wahl explizierenden Forschungsrichtung, für die sich die lapidare Bezeichnung *»Entscheidungstheorie«* (decision theory) eingebürgert hat.

Die beiden aus grundverschiedenen Denktraditionen und Wissenschaftssprachen stammenden Ansätze, der dezisionistische und der rationalistische, haben sich gegenseitig bisher wenig beachtet. Von dieser Phase wechselseitiger Ignorierung abzugehen gehört zu den Zielen dieses Berichts. Einige der gegenwärtig in der Bundesrepublik entwickelten Theorien und Modelle der Entscheidung sollen dargestellt, auf die Diskussion vor allem im anglo-amerikanischen Raum bezogen und unter dem Aspekt betrachtet werden, was sie für eine philosophische Theorie gesellschaftspolitischer, rechts- und bildungspolitischer, kurz: öffentlich zu verantwortender Entscheidungen beitragen. Dieser kritische Durchgang kann sich schon deshalb nicht auf den engeren Raum der fachphilosophischen Analyse beschränken, weil ihre Beiträge zur Entscheidungsproblematik nicht sehr zahlreich sind. Überdies gebietet es ein Interesse an interdisziplinärer For-

* *Philosophisches Jahrbuch* 80 (1973) 340-368 (durchgesehen und erweitert).

schung, die Diskussion auch auf jene Nachbardisziplinen zu erweitern, die sich – wie die Wirtschafts- und Sozialwissenschaften – intensiv und detailliert um eine Explikation des Entscheidungsbegriffs bemüht haben. Gleichwohl muß ein so spezialisiertes, zugleich vielfältig und hochdifferenziert entwickeltes Forschungsgebiet wie die Theorie richterlicher Entscheidungsfindung ausgespart bleiben[2]. Auch die empirischen Untersuchungen tatsächlich ablaufender Entscheidungsprozesse gehören insofern nicht in diesen Bericht, als er nicht die Deskription historisch-faktischer Phänomene, sondern die Analyse des Begriffs solcher Phänomene zur Diskussion stellt.

I.2 Die zeitgenössische Diskussion: ihre Themenstellung, ihre vorherrschenden entscheidungslogischen und gesellschaftskritischen Erkenntnis-Interessen sowie die damit verknüpften Wissenschafts-Sprachen gewinnen ein deutlicheres Profil, wenn man sie vor dem Hintergrund einer früheren Auseinandersetzung sieht. Der *3. Deutsche Kongreß für Philosophie* in Bremen (1950), der in einem seiner Symposien unter dem Titel »Situation und Entscheidung«[3] der Entscheidung selbst eine zentrale Rolle einräumte, zeigt sich als bruchloser Ausläufer der Diskussion während des Krieges und vor ihm und damit zugleich als Dokument der relativen Isolierung deutschsprachiger Philosophie seit den 30er Jahren gegenüber anglo-amerikanischem und marxistisch orientiertem Denken.

Das Phänomen der Entscheidung wurde – mit Landgrebe – dadurch charakterisiert, daß eine für sich genommen mehrdeutige Lage gedeutet, aufgrund der Deutung strukturiert und als eine bestimmte Einheit interpretiert wird[4]. Die Entscheidung ist die Reaktionsform auf eine multivalente, d. h. auf eine mehrere Möglichkeiten enthaltende und in mehrfacher Richtung auffordernde Situation[5]: Der Horizont des Wissens wie der der maßgebenden Wertungen und Normen wird eingegrenzt, so daß ein Handeln zustande kommt, ein Handeln, das in einem doppelten Verständnis menschliche Freiheit dokumentiert: die Entscheidung ist formal frei, insofern durch sie die Unentschiedenheit aufgehoben und überhaupt ein Handeln gewählt wird. Aber nicht nur in dem Daß, sondern auch in dem Inhalt, in den verschiedenen möglichen »Wertbereichen« des Wählens wird durch die Entscheidung eine Indifferenz aufgehoben (materiale Freiheit)[6]. – Ein auf diese

Weise erst allgemein bestimmtes Phänomen erfuhr nun jene doppelte Interpretation, die Lotz – um die zunächst konkurrierend zu verstehenden Deutungen zu vermitteln – als engeren und als weiteren Begriff der Entscheidung behauptete[7]. Die engere, die existenzphilosophische und einem Dezisionismus nahekommende Interpretation läßt den Begriff der Entscheidung nur für solche Not- und Krisensituationen zu, in denen bislang maßgebliche Wertungen ihre Selbstverständlichkeit verlieren und damit ihre Kraft, den Menschen zum Handeln zu determinieren, einbüßen. Der Handelnde sieht sich auf sich selbst gestellt und muß sich, in einem emphatischen und außergewöhnlichen Sinn des Ausdrucks, *entscheiden.* Demgegenüber sieht die andere und weitere Interpretation menschlicher Praxis schon in dem täglichen Sich-Neuentschließen ein Entscheiden realisiert. Dann aber ist das Entscheiden nicht auf Ausnahmesituationen beschränkt, sondern gilt auch für den »Normalfall« des Lebens. Nach der von Landgrebe skizzenhaft vorgetragenen transzendental-phänomenologischen Interpretation bezeichnet die Entscheidung sogar eine Grundstruktur menschlichen Handelns überhaupt[8].

Wenn in der existenzphilosophischen Interpretation der Entscheidung die Reduktion menschlichen Handelns auf bloß gewohnheitsmäßiges Verhalten abgelehnt wird, wenn sich auf der anderen Seite die Kritik gegen die Verewigung und Verabsolutierung des Krisenbewußtseins wehrt und auf künstlerische Schaffensprozesse, auf die Geborgenheit des Lebens (Bollnow), auf traditions- und intuitionsgeleitetes Handeln (Landmann) weist, so ist trotz ihrer kontroversen Aspekte beiden Positionen eines gemeinsam: Der Begriff der Entscheidung ist in den Kontext einer essentialen Anthropologie gestellt. Ob im emphatischen oder im gewöhnlichen Sinn des Ausdrucks – Sich-Entscheiden-Können ist das Qualifikationsmerkmal humanen Lebens; der Begriff dient der Selbstverständigung über die Einzigartigkeit der Stellung des Menschen im Kosmos. Gegenüber diesem Interesse an der Selbstdeutung einer Gattung tritt das Interesse an Methodenreflexion, an Begriffsdifferenzierung und Begriffsklassifizierung zurück. Auch die ökonomische und die gesellschaftspolitische Dimension der Entscheidung sowie die Möglichkeit von Formalisierungen kommen nicht in den Blick.

II. Theorien rationaler Entscheidung

II.1 Die wohl einzige wissenschaftliche Analyse der Entscheidungsproblematik, die auf eine längere und inzwischen hochentwickelte Forschung zurückblicken kann, ist mit der rationalen Interpretation der Entscheidung verknüpft: Wie läßt sich bei gegebenen Zielpräferenzen aus alternativen Handlungsmöglichkeiten die beste bestimmen? Daß sich mit den Theorien rationaler Entscheidung eine über die Grenzen von Schul- und Lehrmeinungen hinaus verständliche Begrifflichkeit und zugleich einige in sich konsistente Modellvorschläge verbinden, wird sogar dort nicht bezweifelt, wo die kognitive Valenz der Theorie bestritten oder zumindest stark eingeschränkt wird. Wenn jene Analysen und Modelle, die dem rationalen Ansatz verpflichtet sind, sich kurz »Entscheidungstheorie« (decision theory) nennen, dann dokumentiert dieser Titel das Selbstvertrauen der Wissenschaftler, die die Theorie entwickelt haben, und zugleich ein Defizit an ausgearbeiteten konkurrierenden oder komplementären Theorien. Trotzdem läßt sich nicht leugnen, daß die generell akzeptierte Bezeichnung irreführend ist, da sie nicht jede, nicht einmal jede wissenschaftliche Untersuchung von Entscheidung meint. Während der nicht weiter qualifizierte Ausdruck Entscheidungstheorie suggeriert, es handle sich hier um den Sammeltitel einer noch diffusen Vielfalt von Problemstellungen und Methoden, die nur durch eine selbst nicht näher präzisierte Thematik zusammengehalten wird, liegt tatsächlich ein terminus technicus vor, der phänomenologische, ethische und überhaupt primär qualitative Ansätze von vornherein eliminiert und sich auf formalisierte, prinzipiell in ein Kalkül transformierbare Konzepte beschränkt. Dieses Untersuchungsfeld, das in seinen Anwendungen von Problemen der Glücksspiele und des Schachspielens über die Betriebswirtschaft und den militärischen Raum in den Bereich der Wissenschaften, der Politik und selbst der Ethik reicht, ist zu einer eigenen wissenschaftlichen Disziplin geworden, deren Vorarbeiten schon mehr als zwei Jahrhunderte zurückliegen[9], deren Zusammenfassung von zunächst gesonderten, nämlich vor allem mathematischen, moralphilosophischen und nationalökonomischen Ansätzen zu einer gemeinsamen interdisziplinären Forschungsrichtung aber relativ neu, wenig mehr als drei Jahrzehnte alt ist. Heute stellt sich die Entscheidungstheorie ihrem Kern nach als ein Zweig der mathematischen Statistik und der theoretischen Ökonomie dar. Gleichwohl bietet sie durch ihre vielfältigen Anwendungsgebiete ein komplizierteres Bild, das man im Anschluß an P. Suppes in folgendem Schema darstellen kann[10]:

	Individualentscheidung	*Gruppenentscheidung*
Normative Theorien	Neoklassische Ökonomie Statistische Entscheidungstheorie Moralphilosophie	Spieltheorie Wohlfahrtsökonomie Politische Theorie
Deskriptive Theorien	Experimentelle Entscheidungsstudien Lerntheorie Untersuchung von Wählerverhalten	Sozialpsychologie Politische Wissenschaft

Die deskriptiven Theorien untersuchen die tatsächlich ablaufenden Prozesse der Entscheidung und das faktische Verhalten von Entscheidungspersonen und -gruppen. Sie bemühen sich um beschreibende und erklärende Aussagen und zielen auf hypothetische Entwürfe von Regelmäßigkeiten tatsächlichen menschlichen Handelns. Den normativen Theorien dagegen geht es um Regeln und Strategien, um Techniken, Programme und Kalküle *richtigen* Entscheidens, gleich wie die Richtigkeit des näheren zu sehen und zu bestimmen ist. Im folgenden liegt der Schwerpunkt auf den normativen Theorien. Die auf den ersten Blick recht disparaten Forschungsrichtungen haben ihre Gemeinsamkeit in der fundamentalen Problemstellung. Gesucht ist ein Handeln, das sich nicht naturwüchsig vollzieht: kein affektives, emotionales oder habituelles Geschehen, kein unorientiertes oder inkonsistentes Handeln, sondern ein Tun, das einer leidenschaftslosen Information und Kalkulation entspringt. Näherhin ist die Situation der Entscheidung als die einer rationalen Wahl definiert: Eine einzelne Person oder eine Gruppe von Personen sieht sich mit der Aufgabe konfrontiert, aus tatsächlich vorhandenen alternativ möglichen Handlungen jene Handlung auszuwählen, die für die vorliegende Situation im Licht der faktisch gegebenen Wert- und Zielvorstellungen ein Maximum oder Optimum an Wert, Nutzen oder Befriedigung verspricht.

Genaugenommen wird durch diese Definition nicht die moderne Entscheidungstheorie selbst, sondern nur ihr klassischer oder naiver Vorläufer definiert, der durch folgende zwei »realistischen« Zusatzannahmen zu einer kritischen Entscheidungstheorie[11] werden soll: 1. setzt man heute voraus, daß der Handelnde nur unvollständige Information über den gegenwärtigen Weltzustand besitzt – eine *Entscheidung unter Unsicherheit;* und 2. daß sich die Umstände, die das tatsächliche Ergebnis der Handlung bestimmen werden, nur begrenzt vorhersagen und kontrollieren lassen – die *Entscheidung unter Risiko.* Beide Prämissen, so die Vertreter der rationalen Entscheidungstheorie, machen schon je für sich Wahrscheinlichkeitstheorie oder induktive Logik erforderlich[12]; und kombiniert, als *Entscheidung unter Ungewißheit und Risiko,* bilden sie das Hauptthema der modernen Entscheidungstheorie.

Geistes- und wissenschaftsgeschichtlich gesehen, verdankt sich die Entscheidungstheorie der Konvergenz mehrerer Entstehungslinien. Die Definition der Entscheidungssituation als einer rationalen Wahl kann ihre Herkunft aus der mathematischen Wahrscheinlichkeitstheorie, aus der klassischen Nationalökonomie sowie dem moral- und rechtsphilosophischen Ansatz des Utilitarismus nicht verleugnen. Utilitaristisch ist es, daß alternativ mögliche Handlungen nicht für sich, sondern nach ihren Konsequenzen und mit dem Ziel beurteilt werden, ein Optimum zu erreichen. Schon Bentham, der die erste systematische Exposition der utilitaristischen Theorie schrieb, ging von einer Formalisierung, einem sog. hedonistischen Kalkül (felicific calculus), aus[13]. Aus der klassischen Nationalökonomie stammt die damit verwandte Fiktion eines *homo oeconomicus,* d. i. eines Menschen (oder einer Gruppe von Menschen), die 1. nur ihren eigenen Vorteil und 2. ein Maximum an Vorteil suchen: die Fiktion eines zugleich egoistisch und rational Handelnden. Auf die mathematische Wahrscheinlichkeitstheorie schließlich geht die Annahme zurück, daß man in der Regel unter Unsicherheit und Risiko handelt, und zwar in dem präzisen Sinn, daß die Folgen des Tuns von Umständen abhängen, die der Handelnde weder vollständig kennen, noch vollständig beherrschen kann. Übrigens dokumentiert der Beitrag des als Klassiker angesehenen Bernoulli, daß auch mathematische Theorien einem vorrationalen, hier zugleich trivialen Lebensinteresse entspringen können. Die von Bernoulli in den Schriften der Petersburger Akademie veröffentlichte Untersuchung zur mathematischen Wahrscheinlichkeitstheorie (1738) verstand sich als Theorie rationalen Handelns im Glücksspiel[14].

Die probabilistische Grundfigur moderner Entscheidungstheorie geht schon auf Th. Bayes zurück[15]. Nach seinem Modell wird auf der Basis der vom Handelnden angenommenen Wahrscheinlichkeit für die relevanten Umstände der Handlung und auf der Basis des Maßes der sogenannten Wünschbarkeit (Ophelimität oder Desiderabilität) der möglichen Folgen einer jeden Handlungsalternative ein Erwartungswert der Wünschbarkeit berechnet. Das Bayessche Prinzip der Rationalität lautet nun: Führe eine der Handlungen aus, für die sich ein maximaler Erwartungswert der Wünschbarkeit ergibt[16].

Wenn das Prinzip nicht nur so global formuliert, sondern auch tatsächlich angewandt werden soll, findet sich die Theorie jedoch erheblichen Schwierigkeiten konfrontiert. Diese Schwierigkeiten zu überwinden und präzise Methoden anzugeben, wie sich Wahrscheinlichkeiten und Wünschbarkeiten in concreto numerisch festmachen lassen, hat die neuere Entwicklung der Entscheidungstheorie geleitet, wobei zunächst vor allem die Arbeiten von Ramsey, Finetti und Savage, von v. Neumann/Morgenstern und A. Wald den Forschungsgang bestimmt haben[17].

In all ihren Spielarten und Entwicklungsstufen ist die rationale Entscheidung eine logische Operation auf der Basis empirischen Wissens und subjektiver Schätzungen im Modus der Spekulation auf den Erfolg: ein rein sachliches Gewinnkalkül. Während es der Entscheidungstheorie im engeren Sinn um die Gewinnmaximierung individueller Aktoren geht, behandelt der als *Wohlfahrtsökonomie* (welfare economics) bezeichnete Zweig neoklassischer Wirtschaftswissenschaften das Gewinnkalkül von Gruppen. Das Problem lautet: Wenn von den Mitgliedern einer Gruppe oder Gesellschaft die Präferenzskalen zu alternativen Handlungen gegeben sind – nach welchen Prinzipien kann man dann von individuellen Präferenzen zu einer kollektiven Präferenzskala übergehen? Die *Wohlfahrtsfunktionen* stellen nun die Lösungsmodelle dar: mathematisch formulierte Regeln, die zu jedem Querschnitt individueller Präferenzordnungen eine Präferenzordnung für die Gesellschaft angeben[18]. Ein solcher sich vor allem auf die Infinitesimalrechnung stützender mathematischer Apparat geht gewissermaßen von einem einzigen, in sich homogenen, nämlich an kollektiver Nutzenmaximierung interessierten Kollektivwillen aus. Rationales Handeln im Kontext sozialer Kommunikation und Interaktion ist aber nicht mit kollektiver Ertrags- und Konsummaximierung identisch. Selbst in dem einfachen Modell einer liberalen Tauschwirtschaft gehen die Wirtschaftssubjekte nicht von rein privaten, sondern von wechselseitig bestimmten Annahmen über ihr Handeln aus und hängen in ihrem Erfolg von den Handlungen anderer ab, die das eigene Tun teilweise zu unterstützen, teilweise aber auch zu durchkreuzen suchen.

Aufgrund dieser Unzulänglichkeit der neoklassischen Wohlfahrtsökonomie haben Neumann und Morgenstern die herkömmliche Entscheidungstheorie ein zweites Mal nachhaltig verändert und sie zu dem ihrer Meinung nach am weitesten fortgeschrittenen und anspruchsvollsten Zweig ausgearbeitet, zur Theorie der strategischen Spiele, kurz *Spieltheorie* (game theory) genannt. Die Spieltheorie – und darin liegt ihre wissenschaftlich revolutionäre Neuerung – gibt die Fiktion eines sozialen Vakuums auf. Die Kontrolle der Handelnden über die Ergebnisse ihrer Handlung ist nicht nur durch ein Informationsdefizit und die Subjektivität von Schätzungen beschränkt, sondern akzeptiert als dritte Eingrenzung den Einfluß anderer Aktoren auf den Handlungsablauf. Diese Aktoren sind keine ergebnisneutralen Mitspieler, sondern Opponenten oder Kooperatoren, Handelnde also, die das Ziel positiv oder negativ zu beeinflussen suchen: »Kein Individuum kann allein sein eigenes Schicksal oder das der Gemeinschaft bestimmen, noch hängt es, wie in Glücksspielen, allein vom zufälligen, anscheinend indifferenten Verhalten der Natur ab.«[19] Die Spieltheorie ist insbesondere die Theorie rationaler Entscheidung in der Situation sozialen Konflikts zwischen Individuen oder auch zwischen Institutionen und Gesellschaftssystemen. Ihr Vorbild sind nicht mehr – wie in der Entscheidungstheorie im engeren Sinn – die Gücksspiele (Lotterie, Würfeln, Wetten) und auch nicht – wie in der Wohlfahrtsökonomie–

die Versicherungen, vielmehr sind es strategische oder Kampfspiele: Schach, Poker, ein Wahlkampf oder die Auseinandersetzungen mit der Lobby. Die Entscheidung der Aktoren betrifft nicht mehr einzelne Handlungen, sondern Handlungs*strategien:* Regeln für eine Sequenz von Handlungen, wobei die möglichen Reaktionen des gleichfalls rational kalkulierenden Opponenten schon in die Regeln eingearbeitet sind[20].

Der Neuansatz der Theorie schlägt sich in einer veränderten mathematischen Struktur nieder. Die ersten Ansätze zu einer Mathematisierung der Sozialwissenschaften, die Entscheidungstheorie im engeren Sinn, hatte sich auf jene Form der Mathematik verlassen, die vorher in der Physik, vor allem in der Mechanik, verblüffende Resultate erzielt hatte: auf die sowohl Infinitesimalrechnung wie Funktionentheorie umfassende Analysis. Die spieltheoretische Grundprämisse, daß man den Ausgang eines Handelns nicht allein bestimmen kann, bedeutet in der Sprache der Mathematik, daß eine vollständige Kontrolle der in den Kalkülen auftretenden Variablen nicht möglich ist. Folgerichtig spielt in der neuen Theorie die Analysis nur mehr eine untergeordnete Rolle, während die Methoden der Kombinatorik, der Mengentheorie und der Topologie in den Vordergrund rücken[21].

Die Entwicklung der Entscheidungstheorie ist jedoch nicht nur durch theorieimmanente Gründe, sondern auch, und wissenschaftspolitisch wohl primär, durch äußere, durch allgemein politische Konstellationen bestimmt worden. Wenn auch schon einige grundlegende Werke vorher geschrieben waren, ist die Entscheidungstheorie gewissermaßen ein Kind des 2. Weltkrieges. Vor allem die USA sahen sich in und nach dem 2. Weltkrieg Problemen konfrontiert, bei denen die Kosten von Fehlentscheidungen jene immensen Ausmaße annehmen konnten, die die Einbeziehung wissenschaftlicher Methoden in den Prozeß der Meinungs- und Willensbildung und schließlich der Entscheidungsfindung für wirtschaftspolitisch unumgänglich erwiesen. Heute weist die Theorie einer rationalen Auswahl geeigneter Maßnahmen weit über diese Anwendungsgebiete hinaus. Die Menge der entscheidungstheoretisch zu analysierenden Situationen umfaßt die des Politikers nicht weniger als die des Militärs und des Wirtschaftlers, die des Wissenschaftlers[22] genauso wie des Schachspielers; nach R. B. Braithwaite, neuerdings auch Gauthier, vor allem aber John Rawls ist die vielleicht fortgeschrittenste Form, die Spieltheorie, sogar ein nützliches Werkzeug des Ethikers[23]. Obwohl das Interesse besteht, die Entscheidungslogik in eine anwendbare Kunstlehre des Entscheidens umzuformen[24], ist Morgenstern, einer der führenden Forscher, überzeugt, daß z. B. die Spieltheorie bisher nur auf einfache ökonomische, politische und militärische Fälle anwendbar sei[25].

Die Entscheidungstheorie im weiteren, auch Spieltheorie und Wohlfahrtsökonomie miteinschließenden Sinn sucht also Modelle vernünftigen oder besser rationalen Handelns, wobei die mögliche Differenz von Vernünftigkeit und Rationalität häufig unterschlagen wird. Rationalität ist wie selbstverständlich auf Zweckrationalität festgelegt. Die Grunddefinition der Entscheidungssituation, die einer rationalen Wahl, ist selber in keiner Weise hinterfragt. Entweder wird ihr jenes Maß an Plausibilität und Überzeugungskraft unterstellt, die es lediglich erforderlich macht, die Definition weiter zu präzisieren und schließlich zu formalisieren, die aber jede Form von Begründung oder Rechtfertigung für überflüssig erklärt, oder aber sie erhält den Wert eines prinzipiell auswechselbaren Axioms, das im Kontext einer mathematischen Theorie nichts anderes leistet, als eine bestimmte Menge formaler Folge-Sätze zu determinieren. In dem einen Fall läßt sich, ganz formal gesehen, d. h. ohne die Definition für inhaltlich unplausibel oder gar falsch zu erklären, der Vorwurf eines Abbruchs der Reflexion und damit eines dogmatischen Verfahrens nicht vermeiden, und in dem anderen Fall ist die Applikationsfähigkeit der Theorie, ist ihre Erklärungskraft für tatsächliche Praxis ungeklärt.

II.2 Die Geschichte der Rezeption der Entscheidungstheorie in der Bundesrepublik Deutschland ist der Geschichte der Rezeption der Wissenschaftstheorie und der analytischen Philosophie nicht unähnlich. Sofern nämlich Neumann und Morgenstern zu den bahnbrechenden Theoretikern gehören, tritt das seit einigen Jahren als typisch anglo-amerikanischer Sprachstil entgegen, was einige Jahrzehnte vorher von deutschsprachigen Wissenschaftlern mitinitiiert und mitentwickelt wurde. Gleichwohl sind die Bedingungen der Rezeption, wenigstens der philosophischen Rezeption, nur begrenzt günstig. Denn geistesgeschichtlich gesehen stammen die Vorläufer, besonders die Utilitaristen und die Vertreter der klassischen Nationalökonomie, mehr aus jenem angelsächsischen Denk- und Sprachraum, der in der philosophischen Diskussion in der Bundesrepublik überwiegend eine schlechte Presse erhielt. Überdies waren auch nicht jene militärisch-wissenschaftlichen Großprojekte gegeben, die aufgrund ihrer immensen Kosten und der präzisierbaren Alternativhandlungen dem strategischen Denken und damit auch der Entscheidungstheorie politischen Einfluß verschafften. Schließlich war auch der Kontakt zur fremdsprachigen Forschung gestört. Spätestens seit Anfang der 60er Jahre hat sich diese Situation jedoch vor allem im Umkreis der Wirtschaftswissenschaften: der Statistik, der reinen Ökonomie und der Betriebswirtschaft, verändert. In einem Prozeß intensiver Rezeption haben besonders jüngere Wissenschaftler das Defizit an Kenntnissen und Kommunikation aufgearbeitet und in einer breiten Publikationstätigkeit der wissenschaftlichen Öffentlichkeit vorgelegt. Neben Übersetzungen einiger Standardwerke[26] findet sich eine Vielzahl von Monographien und lehrbuchartigen Darstellungen, von denen im folgenden nur einige der wichtigsten herausgegriffen werden.

II.3 Im Rahmen der »Studiengruppe für Systemforschung Heidelberg« hat *H. Rittel* eine zwar kurze, für die erste Rezeption und Auseinandersetzung aber höchst wichtige Schrift verfaßt: »Überlegungen zur wissenschaftlichen und politischen Bedeutung der Entscheidungstheorie« (1963). Nach dem Vorbild amerikanischer Publikationspraxis, neueste Forschungsergebnisse erst einem engeren Kreis von Experten zugänglich zu machen, ist diese programmatische Schrift zunächst nur in Manuskriptform zirkuliert. Obwohl eine überarbeitete Fassung später veröffentlicht wurde[27], ist der Beitrag bei den meisten der später vorzustellenden Autoren nicht einmal als Titel zitiert.

Rittel schreibt keine Darstellung, sondern legt einen Zwischenbericht über die Beziehungen der Entscheidungstheorie zum System der Wissenschaft sowie zur Praxis der politischen Entscheidung vor[28]. Zunächst rekonstruiert er die Herkunft der Entscheidungstheorie, jedoch weniger ihre theoriegeschichtliche als ihre politische Herkunft. Wie die anderen neuen Wissenschaften, wie Operations-Research, Kybernetik, Informationstheorie und System-Engineering, wurde die Entscheidungstheorie im 2. Weltkrieg politisch relevant, als die moderne Kriegführung organisatorische und technische Aufgaben stellte (Entwicklung des

Radars, Versorgung kontinentaler Kriegsschauplätze), deren Lösung die Kompetenz der Militärs und Ingenieure überschritt. Erfunden für Situationen unter konkretem Handlungszwang, in denen Wissenschaftler nicht nur im traditionellen Sinn als Berater, sondern als mitverantwortliche »Entscheidungshilfen« fungierten[29], ist durch die neuen Wissenschaften, so Rittel, nicht nur der Prozeß der Entscheidungsfindung, sondern auch der Begriff von Wissenschaft nachhaltig verändert worden. Sofern man die Bezeichnung nicht für den traditionellen Typus reservieren will, ist das herkömmliche Ideal der Wissenschaft als einer autonomen Provinz zum Sonder- und Extremfall, die pragmatisch engagierte, dem historischen Wandel und dem Wechselspiel der politischen Kräfte unterworfene Wissenschaft dagegen zum »Normalfall« geworden[30]. – Eine solche Aussage ist jedoch primär nicht systematisch, sondern theoriepolitisch zu lesen. Sie repräsentiert sowohl das große zahlenmäßige Engagement amerikanischer Wissenschaftler in politischen Entscheidungsprozessen als auch den ungebrochenen Wissenschaftsoptimismus der 50er und frühen 60er Jahre in den USA. Inzwischen sind jedoch auch in den Vereinigten Staaten äußerst kritische Stimmen laut geworden[31].

Rittel weist der Entscheidungstheorie zwei Aufgaben zu: 1. alternative Handlungsmöglichkeiten zu erschließen; 2. (im allgemeinen gilt dies als die Zentralaufgabe) die Symmetrie der Ratlosigkeit angesichts der Alternativen zugunsten einer Lösung abzubauen[32]. Für die 2. Aufgabe konstruiert man Modelle für Entscheidungsprozesse, wobei die Konstruktion von der Zielvorstellung ausgeht, daß man den Entscheidungsaufwand einer Maschine übertragen möchte. Diese Vorstellung ist zunächst nur als Fiktion zu verstehen, die die verschiedenen Entscheidungstypen zu einem analytischen Sezierobjekt werden läßt und die Übersetzung der Handlungsalternativen in wohldefinierte und quantitativ gegeneinander abwägbare Möglichkeiten leitet. Darüber hinaus gewinnt aber die wirkliche Übertragung an Computer zunehmende Bedeutung: »Die Simulationstechniken sind die moderne Entsprechung zum Sandkasten der klassischen Generalstäbe.«[33]

Dem ist noch hinzuzufügen, daß nicht nur militärische, sondern auch ökonomische und bildungspolitische Probleme simuliert werden: die traditionellen »Kriegsspiele« werden durch »Friedensspiele« ergänzt. Trotzdem sind die Schwierigkeiten nicht zu unterschätzen. Weder lassen sich, wie Rittel selbst einräumt, subjektive Nutzenvorstellungen verschiedener Personen eindeutig miteinander vergleichen und gegeneinander aufrechnen (das Problem einer interpersonalen Nutzenverrechnung), noch lassen sich aus politischen Zielen (Steigerung des Wohlstandes, Sicherung des Weltfriedens, usf.) konkrete Entscheidungsanweisungen deduzieren. Denn diese Ziele verraten weder etwas über den erfolgversprechenden Weg, noch über die Kosten und die möglicherweise sinnvollen Umwege[34]. Eine solche Situation birgt aber eine Gefahr in sich, der Rittel selbst erliegt, daß nämlich die nicht oder nur schwer operationalisierbaren Ziele im Modus der Negation oder auch nur des Vergessens eliminiert werden. In der Bildungspolitik z. B. könnten in der Sprache der Entscheidungstheorie Bedarfsprobleme und ihre Relation zu den Ausbildungseinrichtungen diskutiert werden, während normative Probleme der Chancengleichheit oder der Mündigkeit ausgespart blieben oder über das Niveau von Lebenssicherung, Stabilität und Anpassungsfähigkeit nicht hinauskämen.

Rittel sieht die wichtigste Rolle der Entscheidungstheorie, vor allem in ihrer spieltheoretischen Entwicklungsstufe, darin, daß sie angesichts von Zielkonflikten Aushandlungsprozesse setzt und aufgrund ihrer Modelle solche Prozesse kultiviert und präzisiert. Zweifelsohne kann die damit korrespondierende, selbst rational zu nennende Motivation, Konflikte, die nicht lohnen, gar nicht auszutragen, friedliche Kommunikation fördern. Indem sie aber – sofern sie nur konsequent bleibt – im gleichen Atemzug fordert, Konflikte, die sich lohnen, auch auszutragen, stellt sie die partikulare Interessenbefriedigung über die universale, das Selbstinteresse über ein genuin kommunikatives. Solange die Entscheidungstheorie für sich kultiviert und nicht in eine übergreifende Theorie überlegten und verantwortlichen Handelns integriert wird, ist die tragende Motivation – dem lauteren Selbstverständnis vieler ihrer Vertreter zum Trotz – sittlich nicht strikt neutral, sondern in einem genuinen Sinn nichtsittlich. Ihr oberstes Ziel bleibt die Befriedigung des Selbstinteresses, auch wenn es nicht naturwüchsig, sondern kalkuliert verfolgt wird.

II.4 Während sich erste Kenntnisnahmen und Auseinandersetzungen mit der Entscheidungstheorie schon in der ökonomischen Statistik finden[35], stammt die erste umfassende Darstellung aus dem Raum der reinen oder theoretischen Ökonomie. In der Monographie von *G. Gäfgen* (Theorie der wirtschaftlichen Entscheidung. Untersuchungen zur Logik und ökonomischen Bedeutung des rationalen Handelns, Tübingen 1963, ²1968) werden die neueren Entwicklungen aufgenommen, unter dem Aspekt der Ökonomie analysiert, ausgewertet und in Form eines elementaren und systematischen Lehrbuchs dargestellt[36]. Dabei wird die Entscheidungstheorie sowohl in sich selbst abgehandelt als auch zur Weiterentwicklung und Revision der Wirtschaftstheorie herangezogen. Während die ökonomie-theoretische Relevanz der Entscheidungstheorie hier nicht so wichtig sein mag, ist die Diskussion der »methodischen Grundlagen« auch von philosophischer Bedeutung.

Zunächst ist eine für jede, auch für eine kritische Auseinandersetzung unabdingbare präzise Abgrenzung des Gegenstandsbereichs erforderlich. Gäfgen definiert ihn durch sechs Momente: 1. Die Entscheidungstheorie bindet sich nicht an eine bestimmte psychologische Position, etwa an die der Rational- und Assoziationspsychologie des 19. Jahrhunderts. Von jeder oft kruden Psychologisierung emanzipiert, behandelt sie keine psychischen Vorgänge oder Zustände, sondern ausschließlich Wahl*modelle*. 2. Die Wahlmodelle beschränken sich nicht auf ein bloß adaptives Tun, sondern umfassen jede Form von teleologischem Verhalten: Bewegungen, die zu einem vom Standpunkt des Handelnden aus »befriedigenden« oder gar optimalen Zustand führen. 3. Von den teleologischen oder zweckkonformen Verhaltensmodellen wird selbst nur jener Teil behandelt, in dem ein zielkonformes Handeln nicht nur objektiv vorhanden, sondern auch subjektiv gewählt ist. 4. Obwohl auch die zeitgenössische Wirtschaftstheorie – vielleicht mit Ausnahme der Konsumtheorie – fast ausschließlich Entscheidungsmodelle mit sogenannter substantieller Rationalität enthält, obwohl sie also mit einem inhaltlich fixierten Standard der Normalität von Werten oder Zielen operiert (wie dem Gewinn als Kriterium unternehmerischer und dem Sozialprodukt als Kriterium wirtschaftspolitischer Entscheidung), genügt der Entscheidungstheorie die formale, gegenüber Zielen, Werten und Zwecken angeblich strikt neutrale Wahl-Rationalität. 5. Die Entscheidungstheorie stellt sich weder ausschließlich noch primär auf den Standpunkt des neutralen Beobachters (objektive Rationalität), sondern läßt Modelle zu, die nicht von den tatsächlichen Gegebenheiten, sondern vom Informations- und Beurteilungsstand des Handelnden ausgehen (subjektive Rationalität). Die Rationalität ist nicht in einem absoluten, sondern nur in einem relationalen Sinn, nämlich in Relation zum Wissen, den Zielen und den Normvorstellungen des Handelnden definiert. Eine Kritik der Informations- und Bewertungsbasis fällt also aus den entscheidungstheoretischen Untersuchungen über ein normatives Entscheidungskriterium bewußt heraus. 6. Sofern in einer planen Kritik der Entscheidungstheorie dieser ein Absolutheitsanspruch unterstellt und dann als dogmatische Ideologie verworfen wird, bleibt zu betonen, daß zumindest bei Gäfgen kein Anspruch auf eine allgemeine Theorie des menschlichen Handelns erhoben wird (G., S. 23). Es wird nicht einmal beansprucht, Modelle bestimmter Handlungstypen aufzustellen (etwa mit M. Weber Modelle zweck- oder wertrationalen Handelns im Unterschied zu denen von affekt- oder traditionsbestimmtem Tun). Vielmehr wird nur ein Handlungsaspekt analysiert, von dem angenommen ist, daß er bei vielen, wenn auch nicht allen Handlungstypen vorhanden ist. Ihr Gegenstand ist, in der neukantianischen Terminologie, kein »Erfahrungsobjekt«, sondern ein »Erkenntnisobjekt«.

Der durch diese 6 Momente definierte Gegenstand hat nach Gäfgen nicht nur große Ähnlichkeiten mit dem Gegenstand der reinen Ökonomik, sondern ist mit diesem sogar identisch. Diese überraschende Konsequenz widerspricht zwar der populären Auffassung, die den Gegenstand nicht analytisch, als einen kognitiven Aspekt an der Wirklichkeit, sondern ontisch, als eine tatsächlich abtrennbare Lebenssphäre interpretiert, etwa als den vom Familienleben, vom Kunst- und Wissenschaftsbereich realiter verschiedenen Raum des Gelderwerbs und der Befriedigung materieller Bedürfnisse. Aber eine solche Auffassung stößt sowohl auf erkenntnistheoretische als auch auf jene pragmatischen Bedenken, daß – im Widerspruch zur tatsächlich geübten wissenschaftlichen Praxis – nicht nur Industriesoziologie und Werbepsychologie, sondern auch der Bereich naturwissenschaftlicher Technik zur Ökonomik zu rechnen wären, während etwa die Preisbildung für künstlerische und wissenschaftliche Dienstleistungen aus ihr eliminiert werden müßte. Deshalb ist es sinnvoll, den ökonomischen Gegenstand, das Wirtschaften (als Benutzung knapper Mittel für die Bedürfnisbefriedigung), ganz formal »als eine Verteilung gegebener Mittel auf alternative Ziele, die ihrerseits keineswegs einen irgendwie ökonomischen Charakter tragen« (G., S. 46), zu definieren. Dann aber wird die wirtschaftliche Entscheidung, gleich ob von einzelnen oder von Gruppen, ob von kommerziellen Unternehmen oder von politischen Verbänden gefällt, tatsächlich mit der Situation rationaler Wahl identisch und die Konstruktion der Modelle rationaler Entscheidung fällt in den Aufgabenbereich der Ökonomik.

Bevor Gäfgen in seiner Monographie die Grundzüge der Haupttypen wirtschaftlicher Entscheidung darstellt, untersucht er die Metafrage, welchen Sinn und welchen Erkenntniswert eine solche Theorie habe. Rein analytisch lassen sich drei Interpretationen unterscheiden: die Entscheidungstheorie als explikative, als deskriptive und als präskriptive Theorie (G., S. 52 f.). *Explikativ* verstanden, ist die Theorie eine reine Logik der Entscheidung, die – wie Gäfgen selbst – analytisch-deduktiv die logischen Implikationen rationaler Wahl in der Form leerer Kalküle entwickelt, Kalküle, aus denen die Entscheidungen des Autors abgeleitet werden können, sofern ihre Leerstellen (die Variablen für Situation und Wertsystem) besetzt werden. Zugleich kann sie als Vorstufe erfahrungswissenschaftlicher oder empfehlender Aussagen und als sprachlicher Referenzpunkt dienen. Die Forschung im Rahmen der Entscheidungstheorie hat sich vor allem dieser Aufgabe gewidmet und hier zweifelsohne ein höchst differenziertes Instrumentarium entwickelt[37]. So optimistisch sich Gäfgen deshalb gegenüber der entscheidungslogischen Forschung stellt, so vorsichtig und zurückhaltend verhält er sich gegenüber ihrer möglichen Anwendung.

Als *deskriptiver* Theorie, als Hypothese rationaler Wahl zur Erklärung tatsächlich beobachtbaren Verhaltens, gesteht Gäfgen ihr empirisch bestenfalls sehr schwache und überdies kaum bestätigte Aussagen zu, so daß sie als Basis einer empirisch verwendbaren Theorie des volkswirtschaftlichen Ablaufs teils als unbrauchbar, teils als überflüssig zu gelten hat (G., S. 78). Dann aber bleibt ihr noch die präskriptive oder *normative* Funktion: die Entscheidungstheorie als Instrument der Wirtschaftsberatung, wobei sie jedoch auch hier erst dann zur Anwendung gelangen kann, wenn die Sozialökonomie, die empirischen Zweige der Wirtschaftswissenschaften, ihr als Hilfswissenschaften zur Seite treten und empirisch gültige Modelle des Wirtschaftsablaufs liefern können.

Gemäß der analytischen Definition der Ökonomie fallen aber nicht nur Probleme des Gelderwerbs, der Produktion, Distribution und Verwendung materieller Güter in den Aufgabenbereich einer solchen entscheidungstheoretisch fundierten Wirtschaftsberatung, sondern auch das Verhalten von Wählern, Parteien und Regierungen, sofern sie nur auf ein ökonomisches Kalkül im Rahmen gegebener Sozialwahlmechanismen zurückgeführt werden (vgl. G., S. 457 f.)[38].

Eine solche Zurückführung impliziert zweifelsohne eine reduktive Interpretation des Wähler- und Regierungsverhaltens. Vor allem Fragen einer normativen Orientierung, die über die formale Rationalität von Entscheidungskalkülen hinausgehen, bleiben ausgespart. Diese Beschränkung ist dem Verfasser aber bewußt; er expliziert sie als eine notwendige Selbstbeschränkung (vgl. G., Abschn. I, 1, IV). In strikter Arbeitsteilung wird es dem Zutrauen mancher Philosophen überlassen, Probleme der praktischen Vernunft in die Analyse mit einzubeziehen.

Eine weniger strikt analytische Exposition der Entscheidungstheorie findet sich bei *W. Krelle* (Präferenz- und Entscheidungstheorie, Tübingen 1968). Ähnlich wie Gäfgen intendiert Krelle, auf der Basis einer Axiomatik des rationalen Verhaltens eine weitgehend geschlossene Theorie aufzustellen. Er hält sich aber nicht an die analytische Selbstbeschränkung auf eine rein formale Wahlrationalität.

Als komplettierenden Teil stellt Krelle der eigentlichen Entscheidungstheorie eine Nutzen- oder Präferenztheorie voran. Die Präferenztheorie untersucht, ganz allgemein gesprochen, welche Axiome (der Vollständigkeit, der Transitivität, der Reflexivität) die formale Konsistenz von Präferenz- oder Wünschbarkeitsordnungen garantieren. Krelle unterstellt nun, daß es »Ziel jeder Entscheidung einer Person ist, ihr Befriedigungsniveau zu heben« (K., S. 28), und daß das »Ziel einer Wirtschaftspolitik ... die Maximierung des Befriedigungsniveaus aller Personen der Volkswirtschaft *auf die Dauer*, das heißt ohne Berücksichtigung von Übergangsschwierigkeiten« sei (K., S. 62). Sicherlich stellt es einen Fortschritt dar, wenn Krelle nicht vom objektiven Ertrag einer Entscheidung, sondern vom Befriedigungsniveau, dem subjektiv erlebten Gratifikationswert, ausgeht. Wenn aber die Gratifikationsmaximierung als einziges und höchstes Ziel behauptet wird, dann liegt eine Allaussage vor, deren deskriptive (»jeder ist tatsächlich darauf aus«) oder deren normative (»jeder soll darauf aus sein«) Rechtfertigung nicht geleistet wird und daher, als Rest dogmatischer Metaphysik, gegenüber einer Kritik ungeschützt bleibt.

Die Frage der Anwendbarkeit der Entscheidungstheorie wird durch detaillierte Kriterien beantwortet. Sie hat, so Krelle, überall dort praktische Bedeutung, wo (a) die Entscheidungssituation einen gewissen Grad von Kompliziertheit überschreitet und (b) für die Entscheidungsvorbereitung genügend Zeit zur Verfügung steht, in der Entscheidungssituation selbst aber ein schneller Entschluß verlangt ist; oder dort, wo es (a) um einmalige, aber sehr wichtige Entscheidungen geht und (b) für die Entscheidung selbst hinreichend Zeit bleibt. Hier arbeiten, wie es Experimente vor allem von W. Edwards erhärten, entscheidungstheoretische Verfahren erheblich besser als das intuitive Urteil selbst erfahrener Männer; denn der Mensch ist ein »konservativer Datenverarbeiter«.

Die von Krelle angebotenen Kriterien sind recht abstrakt. Denn an welchen gegenwärtig relevanten Entscheidungsvorhaben diese Kriterien zutreffen, wieweit unternehmerische Entscheidungen, wieweit die Wirtschafts-, die Bildungspolitik oder die Städteplanung, wieweit also privat oder öffentlich relevante Entscheidungsprozesse sich rationaler Entscheidungshilfen bedienen können, bleibt genauso ungeklärt wie in dem streng analytisch komponierten Konzept von Gäfgen.

Man hat der Entscheidungstheorie vorgeworfen, daß sie von einem individualistischen und soziokulturell statischen Ansatz ausgehe (vgl. Abschn. III.1). Um dieser Kritik zu begegnen, hat sich Krelle um eine Dynamisierung der Nutzenfunktionen bemüht (2. Kap.; ders., Dynamics of Utility Function, in: J. R. Hicks, W. Weber [Hrsg.], Carl Menger and the Austrian School of Economics, Oxford 1973, S. 90-128). Mit dem Ziel, die soziale Veränderlichkeit menschlicher Nutzenvorstellungen in mathematischen Funktionen darzustellen, entwickelt Krelle ein System von einfachen linearen Differentialgleichungen, das die Meinungs- und Parteienbildung beschreiben soll. Um andere Faktoren, wie die Unverfügbarkeit persönlich verantworteter Entwicklungen, zu berücksichtigen, führt er Zufallsterme ein – insgesamt ein beeindruckendes Zeugnis für die Entwicklungsfähigkeit formaler Theorien.

Mit der Dynamisierung der Nutzenfunktionen nimmt die systematische Grundlage der Entscheidungstheorie, die Nutzentheorie, soziokulturelle Lern- und Veränderungsprozesse in die Theorie auf. Die Lern- und Veränderungsprozesse werden aber nicht zu einem Bestandteil des Entscheidungsprozesses; sie sind ihnen jeweils vorgelagert; es sind exogene Prozesse. Auch wenn die Zielfunktion nicht statisch, sondern dynamisch interpretiert wird, bleibt die Grundstruktur der rationalen Wahl erhalten; ihr Anfang lautet weiterhin: »Gegeben sei die Zielfunktion . . .« Nun kann man die Dynamisierung fortsetzen, auf den Entscheidungsprozeß selbst erweitern und ein mehrstufiges Entscheidungsverfahren entwerfen (u. a. S. Sturm, Mehrstufige Entscheidungen unter Ungewißheit. Zur Theorie adaptiver Prozesse, Meisenheim/G. 1970; G. Menges/H. Diehl, Entwicklung eines allgemeinen dynamischen Entscheidungsmodells, in: Statistische Hefte, NF 8 [1967] 173-182). Die dann angesetzten Lern- und Veränderungsprozesse beziehen sich aber nur auf eine zunehmende Informationsgewinnung in bezug auf Aktionsspielräume und Ereigniswahrscheinlichkeiten, nicht auf eine reflexive Veränderung der Zielfunktion. Diese bleibt als fertiges, wenn auch nicht notwendig statisches Datum angesetzt.

Ein reflexives Verhältnis gegenüber den Zielfunktionen ist aber schon deshalb geboten, weil wirtschaftliche und vor allem politische Ziele durchwegs der Klarheit und Genauigkeit entbehren, die für eine rationale Wahl erforderlich sind. Sie stellen, terminologisch gesprochen, in der Regel schlecht definierte, noch gar nicht operationale Entscheidungsprobleme dar. Zum unverzichtbaren Fundament rationaler Wahl gehören aber präzise und definitive Zielvorstellungen. Tatsächlich besteht im allgemeinen nicht erst über die Zielordnung, sondern noch elementarer, nämlich in bezug auf den Inhalt der Ziele, Unklarheit. Das gilt sogar für wirtschaftspolitische Entscheidungen (vgl. F. Holzheu, Zur Zielproblematik in den Jahresgutachten des Sachverständigenrats zur Begutachtung der gesamtwirtschaftlichen Entwicklung, in: Zeitschrift für die gesamte Staatswissenschaft 127 [1971] 609-620). Und der teils introspektiv, teils in Auseinandersetzung mit anderen Personen unternommene Versuch, sich über seine eigenen Ziele Klarheit und Sicherheit zu verschaffen, ist oft genug auch ein Prozeß der Selbstveränderung. Zudem ist man ständig von der Möglichkeit bedroht, emotionalen Schwankungen, individuellen und kollektiven Selbsttäuschungen, Fehlinterpretationen und Manipulationen zu erliegen. Ferner neigt man dazu, gegenüber seinen manifesten Wünschen die latenten Bedürfnisse und Interessen zu vergessen. Die Wünsche und Ziele, die man im Augenblick sieht, müssen aber nicht einmal mit denen übereinstimmen, die eine im Namen des wohlverstandenen Selbstinteresses durchgeführte Überlegung zutage fördert. Selbst im Rahmen eines wohlverstandenen Selbstinteresses macht sich der Reflexionsmangel einer rationalen Entscheidung bemerkbar. Er weist auf einen strukturell deformierten Entscheidungsprozeß.

II.5 Auf einem interdisziplinären Symposium 1974 in Ottobeuren[39] suchten zum ersten Mal bedeutende Vertreter der Mikroökonomie, der Makroökonomie und der Psychologie gemeinsam das Arbeitsfeld empirischer Entscheidungsforschung abzustekken. In den Referaten (und den anschließenden Diskussionen) zur Abgrenzung des Phänomenbereichs der Entscheidung (H. Thomae), zum Stand der empirischen Forschung aus psychologischer (H. Feger), makroökonomischer (D. Aldrup) und mikroökonomischer Sicht (R. Wossidlo), zu wissenschaftstheoretischen Fragen der Entscheidungsforschung (G. Fleischmann) und zu drei spezielleren methodischen und theoretischen Ansätzen, von denen je einer mikroökonomischer (C. C. Berg), psychologischer (G. Kaminski) und makroökonomischer (W. Kirsch) Herkunft war, erwiesen sich die traditionellen Disziplinen zumindest in einer Richtung als durchlässig: Die Beiträge der auch empirisch arbeitenden Ökonomen (Berg, Kirsch, Pfaff, Wossidlo) ließen erkennen, daß sie so manche der einschlägigen psychologischen oder sozialpsychologischen Theorien und experimentellen Befunde rezipiert hatten und eine eigenständige Weiterentwicklung in Verbindung mit Ansätzen der ökonomischen Forschungstradition versuchten. Die Psychologen dagegen konzentrierten sich mehr auf ihre eigenen Theorien oder Befunde und interessierten sich noch wenig für die wirtschaftswissenschaftlichen Forschungen. – Obwohl das Symposium auf empirische Entscheidungsforschung zielte, kam es kaum zur Diskussion über konkrete empirische Erforschung der Genese wirtschaftspolitischer Entscheidungen.

Zwei andere interdisziplinäre, zugleich auch internationale Symposien untersuchten die normative Entscheidungstheorie in ihrer Bedeutung für eine politische Ethik. Im Frühjahr 1976 fand in Bad Homburg (F. Reimers-Stiftung) zwischen Philosophen, Wirtschaftswissenschaftlern und Rechtsphilosophen ein *J. Rawls-Symposium* statt, bei dem – im Beisein von J. Rawls selbst – historische, methodologische und substantielle Aspekte einer – schon weltweit diskutierten – Gerechtigkeitstheorie erörtert wurden, die sich auch des entscheidungs- und spieltheoretischen Denk- und Sprachrahmens bedient. Allerdings stand dieser Aspekt nicht im Mittelpunkt der Tagung (Beiträge von O. Höffe, J. Rawls, T. M. Scanlon, O. Schwemmer, J. Sneed, R. Stuhlmann-Laeisz, E. Tugendhat, B. Williams, R. Zippelius; noch nicht publiziert[40]). – Im Juni desselben Jahres veranstaltete die Bayerische Akademie der Wissenschaften auf der Reisenburg ein Symposium *Decision Theory and Social Ethics*, bei dem Wirtschaftswissenschaftler, Wissenschaftstheoretiker und (vor allem analytisch orientierte) Philosophen die vielfältigen Möglichkeiten des entscheidungstheoretischen Ansatzes vor allem für Fragen angewandter Sozialethik erkundeten, während die Aufgabe, die sich Rawls gestellt hat, die Begründung von sozialethischen Prinzipien, ebenso in den Hintergrund trat wie die nur gelegentlich thematisierte kritische Frage nach den Grenzen der Entscheidungstheorie für die Sozialethik (Publikation der mehr philosophischen Beiträge: K. Baier, G. A. Cohen, J. C. Harsanyi, O. Höffe, R. C. Jeffrey, F. v. Kutschera, T. M. Scanlon, W. Spohn, W. Stegmüller, E. Ullmann-Margalit, L. A. Zadek, in: Erkenntnis 11 (1977), der mehr ökonomischen Beiträge dagegen in: H. W. Gottinger/W. Leinfellner [Hrsg.], Decision Theory and Social Ethics. Issues in Social Choice, Dordrecht–Boston 1978)[41].

II.6 Der von Gäfgen konstatierte minimale deskriptive Wert entscheidungstheoretischer Modelle ist für die neueste Entwicklung gewissermaßen zum Ärgernis, nämlich zum Anlaß geworden, die Entscheidungstheorie in Richtung einer wirklichkeitsnahen Theorie rationalen Wählens fortzuentwickeln. Auf diesem Weg sollen zum Beispiel betriebswirtschaftlich tatsächlich praktikable Modelle entworfen werden. Diese sogenannten *heuristischen Entscheidungsmodelle* sollen menschliches Verhalten bei der Lösung von Wahlproblemem exakt, das heißt in einem Computerprogramm abbilden, so daß die Entscheidungs*vorbereitung* dem Menschen, die Entscheidung selbst der Maschine überlassen bleibt. Eine solche Weiterentwicklung der Entscheidungstheorie zu den schon von Rittel anvisierten Simulationsprogrammen geht von einem *beschränkten Rationalverhalten* des Menschen aus. Der Informationsstand des Entscheidungsträgers, so die erste Prämisse, ist begrenzt; (zweitens) macht die Verbesserung Kosten, und (drittens) sind die Verarbeitungsmöglichkeiten: die Denk- und Rechenfähigkeiten des Menschen, selbst wieder limitiert.

In einer Monographie (Heuristische Entscheidungsmodelle. Neue Techniken des Programmierens und Entscheidens für das Management, Wiesbaden 1971), in der *H. G. Klein* im Anschluß an den aktuellen Stand der amerikanischen Forschung das Problem, die Methode und ihre Anwendungsmöglichkeiten entwikkelt, ist dieser sich – wenn auch nur in wenigen Randbemerkungen – einer doppelten Grenze bewußt: Erstens ist jeder vorschnellen Euphorie gegenüber festzuhalten, daß die Differenz zwischen den kognitiven Leistungen des Menschen und den heute vorliegenden Simulationsprogrammen noch sehr groß ist (Kl., S. 69). Schon die Anwendungsbeispiele, die Klein aus dem Produktions-, Absatz-, dem Verwaltungs- und Informationssektor eines Unternehmens anführt (die Abstimmung eines Montagebandes, Lagerhausstandortprobleme, Zahlungsmitteleingangsverkehr), demonstrieren, daß selbst im betriebswirtschaftlichen Bereich erst sehr wenige Probleme maschinell lösbar sind[42]. Überdies sind mathematische Modellanalysen überhaupt nur dann interessant, wenn die Entscheidungsaufgaben kompliziert genug sind, um den Programm- und Rechenaufwand zu rechtfertigen, wenn weiterhin die Aufgabe so einfach strukturiert ist, daß die problemrelevanten Variablen streng operationalisierbar und damit im quantitativen Modellansatz beherrschbar bleiben, und wenn es sich schließlich überhaupt um quantitative Optimierungsprobleme, d. h. vor allem um ein Billiger und/oder ein Schneller handelt. Solche Problemkonstellationen sind sicher ein unabdingbarer Bestandteil auch von öffentlich relevanten Entscheidungsprozessen. In fest umrissenen Teilbereichen und Teilaspekten der Politik, primär im ökonomischen und politischen Mikro-Bereich dienen die rationalen Verfahren als wirksame Entscheidungshilfen. Überdies verstärken sie den Zwang zur präzisen Problemanalyse und Problemdefinition und erleichtern die Effektivitätskontrolle laufender Programme. Solange man also die rationalen Techniken und Strategien wissenschaftspragmatisch beurteilen und damit auch relativieren kann, sind sie von großem Wert. Sie enthalten, so läßt es sich auch formulieren, zumindest indirekt die Empfehlung, sich umfassend zu informieren, Informationen konsistent zu bewerten sowie nach einer Regel zu handeln, die wenigstens nicht hinter den Informationsstand und das Wert- und Präferenzsystem zurückfällt. Negativ gewendet bedeutet das aber auch, daß die rationalen Theorien keine vollständigen und zureichenden Modelle öffentlich zu verantwortender Entscheidungsfindung darstellen. Außerdem tritt bei sogenannten Problemen übergroßer Komplexität – das sind z. B. langfristig bedeutsame, an ihrer Entwicklung aber nicht abschätzbare Verwaltungs- und politische Entscheidungen – grundsätzlich die Entscheidungstheorie zugunsten von Systemtheorie ab[43].

Die Entscheidungstheorie hat eine weitere Grenze in ihrem methodischen Ansatz selbst. Im Prozeß der heuristischen Entscheidungsfindung macht man sich ein begrenztes, zwar möglichst angenähertes, in jedem Fall aber vereinfachtes Modell der wirklichen Situation. Computergesteuerte Entscheidungen sind nur im Hinblick auf dieses Modell rational. Das aber heißt: Die Verkürzungen und Verzerrungen, die das Modell gegenüber der Wirklichkeit enthält, werden nicht ausgeräumt, sondern verfestigt. Aus diesem Grunde müßte es in die Methode der Entscheidungsfindung aufgenommen werden, die Verkürzungen nicht nur ständig zu reflektieren, sondern sie auch zu kontrollieren, indem sie durch angemessene, nicht mehr simulative Verfahren ausgeglichen oder rückgängig gemacht werden.

III. Kritik an den Theorien rationaler Entscheidung

Genuin philosophische Auseinandersetzungen mit dem rationalen Ansatz sind in Deutschland kaum zu finden[44]. Besonders fehlt eine Diskussion, die die methodische Selbstbeschränkung der Entscheidungstheorie auf eine formale Explikation des Rationalitätsbegriffs zunächst akzeptiert, deren kognitive und praktische Relevanz erkennt und anerkennt, um den Ansatz schließlich nicht einfach zu verwerfen, sondern ihn im Rahmen einer mehrdimensional differenzierten Theorie von Entscheidung in modifizierter Form zu integrieren. Rein analytisch kann man in der Auseinandersetzung mit der rationalen Entscheidungstheorie drei Haupt-Typen unterscheiden: eine Kritik an ihrem formalen Apparat, eine solche an ihrem deskriptiven und eine dritte an ihrem präskriptiven oder normativen Wert.

III.1 Der entscheidungstheoretischen Revision der Nationalökonomie steht *H. Albert* ausdrücklich kritisch gegenüber. Im Gegensatz zur These einer einheitlichen und geschlossenen Nationalökonomie konstatiert er die scharfe Trennung von vier logisch distinkten, im Vokabular leider partiell identischen »Sprachspielen«: 1. eine »Metaphysik des Nutzens«, die Spekulationen über Wert und Nutzen anstellt; 2. eine liberale Ideologie des Erwerbs, eine marxistische Ideologie der Ausbeutung oder eine »naive« Ideologie der Wohlfahrtsökonomie; 3. eine Soziologie des Marktes, die im Ausgang von der Preistheorie Aussagen über tatsächliches Marktverhalten trifft; 4. eine Logik der Entscheidungen, die vor allem alternativ-analytische Modelle des ökonomischen Kalküls aufstellt. Auf der Basis dieser Unterscheidungen vertritt er die doppelte These, (erstens) daß innerhalb einer empirisch-analytischen Konzeption allein das 3. und 4. Sprachspiel wissenschaftliche Relevanz behalten, und (zweitens) daß eine auf Erklärung der Marktphänomene zielende Theorie sich nicht auf Entscheidungslogik fundieren läßt[45].

Albert hat sich in mannigfacher Weise mit dem Rationalitätsmodell der Entscheidungstheorie auseinandergesetzt. In den verschiedenen Aufsätzen und dann im »Traktat über Kritische Vernunft« (Tübingen 1968) unter dem Titel »Politische Arithmetik und kalkulatorische Politik« wendet er sich jedoch nicht gegen die Entscheidungstheorie als ganze – ihre spieltheoretische Interpretation wird gar nicht diskutiert –, sondern vornehmlich gegen ihre wohlfahrtsökonomische Variante[46]. Nach der neoklassischen Wohlfahrtsökonomie soll sich das Leitziel der politischen Ökonomie, das als optimale Befriedigung rein privater Bedürfnisse und Interessen definierte Allgemeinwohl, mittels eines mathematischen Kalküls und auf der Basis empirisch verifizierbarer, sich in Kauf- und Wahlakten eindeutig dokumentierender Einzelbedürfnisse und Einzelinteressen exakt bestimmen lassen. Dann aber ist es möglich, volkswirtschaftliche und politische Entscheidungen und in der letzten, vor allem durch K. J. Arrow, dann A. K. Sen[47] und anderen repräsentierten Entwicklungsstufe, der sogenannten *Sozialwahltheorie* (Social Choice Theory), auch Probleme der politischen Verfassung einer Gesellschaft in Informations- und Kalkulations-Probleme zu überführen. Politische Entscheidungen lassen sich quasi-induktiv rechtfertigen, und Argumente, die das Feld von Empirie und Logik überschreiten, sind aus den wohlfahrtsökonomischen Modellen vollständig eliminiert. Seit K. Popper reagiert der *Kritische Rationalismus* auf solche angeblich unfehlbare Rechtfertigungsstrategien nicht nur in der Wissenschaftstheorie, sondern auch in der Sozial- und der politischen Philosophie »allergisch«. Albert schließt sich der Popperschen Kritik-Intention an[48]. Deshalb wendet er sich in seiner Argumentation nicht gegen den formalen Apparat der Wohlfahrtsökonomie (Sozialwahltheorie), gegen immanente Unstimmigkeiten oder Unzulänglichkeiten. Albert bestreitet nicht einmal, daß die wohlfahrtsökonomischen Kalküle die präzise und detaillierte Explikation eines Rationalitäts-Begriffs darstellen. Wohl stellt er sich gegen eine Überschätzung der rein entscheidungslogischen Formalismen überhaupt[49], wenn er ihre deskriptive und ihre präskriptive Relevanz, kurz: ihren Anspruch, auf soziale und politische Wirklichkeit applikabel zu sein, strikt leugnet. Die Wohlfahrtsökonomie arbeitet nämlich, so Albert, mit jener extremen Reduktion sozialer Komplexität, die die genuin politische Dimension aus ihrem Modellansatz grundsätzlich eliminiert: mit der Fiktion einer infalliblen Konsumenten- und Wählersouveränität. Diese wissenschaftlich nicht weiter legitimierte Fiktion ist aber als doppelte Naivität zu entlarven.

Um eine ausgewogene Beurteilung bemüht, hält Albert der Theorie jedoch zuvor zugute, daß sie die anthropologische und empirische Wendung im neuzeitlichen Denken mitgemacht und die Probleme ökonomischer und politischer Entscheidungen in einer Weise analysiert habe, die – auf eine systematische Information über die Bedürfnisse und Interessen der Betroffenen angewiesen – mit den Methoden und Resultaten der empirisch-analytischen Wissenschaften kompatibel sei. Dann zeigt er als erstes, wie die Frage der faktischen Realisierbarkeit der mathematischen Kalküle unterschlagen wird. Die Realisierung eines als soziale Wohlfahrtsfunktion interpretierten mathematischen Apparates ist nämlich auf ein soziales und politisches Vakuum angewiesen: auf strikt macht- und herrschaftsneutrale institutionelle Vorkehrungen, was nur aufgrund der Fiktion einer gemeinsamen und in sich homogenen sozialen Wertskala plausibel ist. Sofern aber schon die wohlfahrtsökonomisch akzeptierte Knappheit der meisten Güter viele Bedürfnisse und Interessen nicht allein intrasubjektiv, sondern auch intersubjektiv unvereinbar macht, bedarf es sozialer Entscheidungen, die die verschiedenen Bedürfnisse und Interessen mit den Befriedigungsmöglichkeiten in Einklang bringen, sowie institutionell geregelter Verfahren, die solche Entscheidungsprozesse zustande bringen und wirksam machen. Dem wohlfahrtsökonomischen Ansatz hält Albert deshalb entgegen: »Die Gesellschaft kann nicht ohne weiteres als eine kooperative Einheit mit gemeinsamer Wertskala und natürlicher Interessenkonvergenz aufgefaßt werden, deren Funktionieren nur technische Probleme und darüber hinaus das Problem der ökonomischen Effizienz aufwirft« (Traktat, S. 171).

Die weitere Naivität beruht nach Albert in der individualistischen und auch statischen Annahme rein privater, zudem jeweils fertiger Bedürfnisse und Interessen, obwohl sie doch, durch soziokulturelle Faktoren geprägt, zwar nicht ausschließlich, aber doch immer auch die Resultate von Kommunikations- und Interaktionsprozessen sind. Sofern die Bedürfnisse aber selbst soziokulturell formbar sind und überdies Irrtümern, Täuschungen und Manipulationen unterliegen, verbietet es sich, sie für sakrosankt zu erklären, sie fragebogenmäßig zu übernehmen und ohne weitere Prüfung und Diskussion als Basis politischer Entscheidungen zu akzeptieren. Indem politische Entscheidungen durch machtneutrale mathematische Modelle interpretiert werden, geht man von einer unzulässigen, die tatsächlichen Schwierigkeiten verschleiernden Simplifizierung der Realität aus. Aufgrund der Fiktion eines sozialen Vakuums wird die fundamentale Differenz zwischen der logischen Konstruierbarkeit eines Modells und seiner historisch-sozialen Realisierbarkeit unterschlagen. In ihrer »Transformation realsoziologischer in formale Probleme entscheidungslogischen Charakters« verfolgt die Wohlfahrtsökonomie die Tendenz, eine politische Soziologie durch eine »politische Algebra« zu ersetzen[50].

Wenn man sich auf die wohlfahrtsökonomische Interpretation der Entscheidungstheorie beschränkt und diese unter der Voraussetzung ihrer Anwendbarkeit beurteilt, ist Alberts Argumentation und seinem zumindest latenten Ideologieverdacht gegen entscheidungslogische Formalismen partiell zuzustimmen. Zu

Recht wird die Reduktion menschlicher Handlungsintentionen auf rein private Bedürfnisse und Interessen kritisiert, die in die Entscheidung unmittelbar aufgenommen werden sollen. Sofern nämlich Bedürfnisse und Interessen soziokulturell vermittelt sind und deshalb sowohl ein Movens wie ein Produkt historischer und sozialer Veränderungsprozesse darstellen, können sie nicht als prinzipiell sakrosankte und infallible Basisinstanz akzeptiert werden. Die Präferenzgefühle eines Individuums haben nicht die Valenz selbstevidenter Einsichten. Daß historische Gesellschaftsstrukturen nicht nur bestimmte Personengruppen privilegieren und ihnen einen überproportionalen Anteil an den Mitteln der Bedürfnisbefriedigung zubilligen, sondern daß sie auch bestimmte Klassen von Bedürfnissen zu Lasten anderer auszeichnen, wird in rein mathematischen Modellen unterschlagen. Dagegen ist die Machtneutralität der Modelle nicht als ein Gegenargument einsichtig. Die in die Entscheidungstheorie eingewobene Fiktion eines Macht-Vakuums ist doch der Kunstgriff, um rationale von irrationalen, um Entscheidungen, die dem Allgemeinwohl dienen, von solchen zu unterscheiden, die dem zufälligen und willkürlichen Kräftespiel gesellschaftlicher und politischer Machtfaktoren entspringen.

Sofern man den ausdrücklich formalen Anspruch der Entscheidungstheorie akzeptiert und z. B. Gäfgen zubilligt, daß seine Darstellung primär einen Explikationsversuch für den Begriff einer formalen Wahlrationalität repräsentiert, wenn man Arrow konzediert, daß er eigentlich nur den Begriff der sozialen Wohlfahrt explizieren und auf immanente Schwierigkeiten (so in dem berühmten »Impossibility-Theorem« auf die Unverträglichkeit von fünf je für sich plausiblen Bedingungen einer Sozialwahlfunktion) aufmerksam machen will, so müßte sich Alberts Kritik auf den Vorwurf reduzieren, daß in der Wohlfahrtsökonomie ausschließlich realitätsferne Modelle entwickelt werden. Da die Vertreter der Wohlfahrtsökonomie wie überhaupt die der *normativen* Entscheidungstheorie auf empirische Erklärungskraft verzichten, können sie Alberts Argumentation zustimmen, jedoch ohne die kritische Valenz zu verstehen. Überdies wäre angesichts des Albertschen Vorwurfs und der in ihm implizierten Verfremdung des Selbstverständnisses der Entscheidungstheorie jene Fortentwicklung der mathematischen Ökonomie relevant, die sich selbst als Kritik an einer Vakuum-Fiktion verstanden hat, nämlich die an der Existenz gesellschaftlicher Konflikte orientierte Spieltheorie. Deren Diskussion und Kritik fehlt aber bei Albert.

Von derselben Position des kritischen Rationalismus aus formuliert *D. Aldrup* (Das Rationalitätsproblem in der politischen Ökonomie, Tübingen 1971)[51] seine Argumente gegen einen ungebrochenen Rationalismus der zeitgenössischen Entscheidungstheorie. Von dem letztlich sittlich-politischen Interesse geleitet, die Willkür ökonomischer und politischer Entscheidungen in ihre Schranken zu weisen, unterzieht er die Theorie ökonomischer oder rationaler Entscheidung einer detaillierten, nach drei Problemkomplexen geordneten Kritik. Erstens sieht er in der Präferenztheorie angesichts der Prämisse einer Wähler- bzw. Konsumentensouveränität eine rationale Entscheidung ab ovo ausgeschlossen; zweitens vermißt er bei dem Problemkreis »Informationssuche« die explizite Forderung nach einer objektiven Kriterien folgenden subjektiven Erwartungsbildung; drittens und fundamentaliter kritisiert er am Rationalkriterium das Festhalten am Paradigma einer »vorgängigen Erfolgssicherung im Wahlverhalten« (Ald., S. 79). Auch die fortgeschrittenste Entwicklung der Entscheidungstheorie hält noch am traditionellen Rationalitätsmodell der Ökonomie fest: Angesichts gegebener Ziel- und Möglichkeitsvorstellungen ist mit Hilfe mathematischer Kalküle die Effizienz des Handelns zu maximieren. Selbst die Spieltheorie rekurriert, wenn auch auf sehr formale Weise, noch auf letzte Entscheidungsgründe und höchste Gewährsinstanzen, nämlich auf Strategien, die optimal sind (Ald., S. 33). Gegenüber dieser schon intuitiv nicht befriedigenden Vorstellung individuellen und kollektiven Handlungserfolges fordert Aldrup, wie schon vor ihm Popper, Albert und der in Deutschland weniger bekannte Bartley[52], eine fundamentale Veränderung der Weltsicht und eine ihr korrespondierende Veränderung der wissenschaftlichen Methodik und Kategorialität. Vor allem ist das Paradigma einer rationalen Erfolgsgarantie durch einen methodischen Revisionismus zu ersetzen, das experimentierende Verhalten soll an die Stelle der Kalkulation, das »ernsthafte, strenge und unablässige Überprüfen« an die Stelle von sicheren Begründungen treten. Lösungsvorschläge, die stets alternativ zu erarbeiten sind, haben grundsätzlich nur den Rang von Hypothesen. Technologisch durchgearbeitet, sind sie den Entscheidungsträgern zur Wahl zu stellen und von diesen jeweils so auszuführen, daß sie ständig revidiert werden können.

Als sozialpolitische Theorie gesehen kann der kritische Rationalismus seine Herkunft aus dem Raum einer Forschungslogik und der partiellen Kritik am Wiener Kreis nicht verleugnen. Die Position ist überall dort intuitiv plausibel und wissenschaftlich fruchtbar, wo überschießende Ansprüche, wo Absolutheitspostulate und – angesichts konkreter wissenschaftlicher Theorien oder politischer Entscheidungen – unbezweifelbare Legitimationsforderungen auftreten. Nicht nur gegenüber der Entscheidungstheorie, sondern auch gegenüber der kritischen Theorie und einem aufgeklärten Dezisionismus[53] ist der kritische Rationalismus als Korrektiv-Theorie wichtig. Denn sofern bei Habermas und bei Lübbe die Analyse der technologischen Problematik in den Hintergrund tritt, stellt sich der Eindruck ein, als ob in der Sphäre der Mittel ein gesichertes Wissen verfügbar und bei politischen Entscheidungen nur die *Bewertung* der Alternativen kontrovers sei. Das politische Handeln, am augenfälligsten schon das wirtschaftspolitische, vollzieht sich jedoch auch in einem Feld konfligierender Theorien, von denen oft nicht hinreichend genau gesagt werden kann, ob und inwieweit sie sich bisher schon bewährt haben. M. a. W.: in politischen Auseinandersetzungen liegen nicht nur miteinander streitende politische Interessengegensätze, sondern vielfach auch Kontroversen über die inhaltliche Richtigkeit der verwendeten Hypothesen und über die Richtigkeit von Beobachtungsaussagen vor. Die auf seiten der Wissenschaft gehegte Vorstellung, daß die Frage der Eignung von Mitteln nicht nur in der Zuständigkeit der Wissenschaft liege, sondern von dieser auch eindeutig entschieden werden könne, entspringt aber einer autoritären Wissenschaftsauffassung. Nach einer solchen Überzeugung stammen viele Mängel der Politik daher, daß ihre Sachwalter – aus welchen Gründen auch immer – die von seiten der Wissenschaft angebotenen richtigen Maßnahmen nicht befolgen, sondern zu weniger geeigneten, aber politisch opportunen Mitteln greifen. Dieser Theorie einer Verschwörung der Politik gegen die Autorität der Wissenschaft widerspricht jedoch schon der von Popper und seinen Schülern nachgewiesene Konkurrenzcharakter auch des theoretischen Wissens.

Der kritische Rationalismus erweist sich jedoch als eigentümlich abstrakt und unbestimmt, wenn es gilt, tatsächliche Entscheidungsprobleme intellektuell aufzuarbeiten, um ihre differenzierte logische Struktur zu analysieren, vor allem aber auch um die ethische Dimension freizulegen und die Probleme einer normativen Orientierung für Entscheidungsprozesse in die wissenschaftliche Reflexion mit einzubeziehen. Angesichts sozial- und bildungspolitischer Probleme und der ihnen korrespondierenden vielschichtigen Entscheidungsprozesse[54] (etwa angesichts der nicht a priori kompatiblen Zielprojektionen: Anpassung des Bildungssystems an die Bedürfnisse fortgeschrittener Industriegesellschaften, Chancengleichheit und mündiger Bürger) ist die bloße Negation von dogmatischen und szientistischen Positionen sowie die wiederholte Forderung, einen gegenüber dem Pluralismus von Bedürfnissen, Interessen und politischen Gruppen offenen, durch sozialtechnologisch durchgearbeitete Alternativen die Probleme der Realisierbarkeit berücksichtigenden[55] Prozeß der Entscheidungsfindung zu inaugurieren, philosophisch unbefriedigend.

III.2 Aufgrund des eingestandenermaßen geringen empirisch-deskriptiven Wertes der Entscheidungstheorie ist der entgegengesetzte Versuch bedeutsam, tatsächliche Entscheidungsprozesse wie Sezierobjekte im Detail zu analysieren, um auf der Basis einer solchen »Anatomie von Entscheidungen« ein primär nicht formal, sondern deskriptiv gültiges Modell zu entwickeln. Dieser Aufgabe hat sich eine betriebswirtschaftliche Arbeitsgruppe unter der Leitung von *E. Witte* unterzogen und am Beispiel der Erstbeschaffung von EDV-Anlagen unternehmerische Entscheidungsprozesse untersucht (Mikroskopie einer unternehmerischen Entscheidung, 1969)[56].

Da eine unternehmerische Entscheidung »durch Komplexität und eine im voraus nicht bekannte, lösungstechnisch nicht beherrschbare Problemstruktur« (W., S. 490 f.) qualifiziert gilt, verdient dieses Beispiel auch über den engeren Raum betriebswirtschaftlicher Forschung hinaus Interesse. Überdies beschränkt sich die Studie nicht auf eine plane Datenerhebung. Vielmehr geht sie von Kategorien und Hypothesen aus, die dem zeitgenössischen Stand der Entscheidungstheorie entsprechen, und zwar so, daß sie die Entscheidungstheorie als Hypothese zur Erklärung tatsächlichen Entscheidungsverhaltens auffaßt, diese Hypothese an der Wirklichkeit überprüft und damit zumindest en passant eine qualifizierte Kritik von einem empirischen Ansatz aus leistet.

Gegenüber naiven Vorstellungen erweist sich die unternehmerische Entscheidung nicht einmal näherungsweise als personal wie temporal punktueller Akt. Es handelt sich statt dessen um einen multipersonalen, multitemporalen und multioperationalen Prozeß, einen Prozeß, der sich überdies fast nie in »face-to-face-groups« abspielt und daher nicht als individualpsychologisches oder gruppentheoretisches Problem abgetan werden kann, sondern sich als ein strikt organisatorisches Problem stellt (W., S. 492). Und von seiner Struktur her sind im Entscheidungsprozeß zwei Typen von Bewegungskräften zu unterscheiden: Personen, die Machtbefugnisse haben (in der Sprache der Studie: Machtpromotoren) von Personen mit objekt-spezifischem Fachwissen (Fachpromotoren).

Eine Entscheidungstheorie, die sich am Paradigma eines rationalen Wahlaktes ausrichtet, konzentriert sich im wesentlichen auf den letzten Entschluß und deutet alle vorgelagerten Operationen als Informations- und Planungsprozeß. Ein solches hypothetisches Bild der Isolierbarkeit des Finalentschlusses von der Entschlußvorbereitung – in der Sprache der Entscheidungstheorie heißt es »gegeben sei die Zielfunktion . . .« – wird durch den empirischen Befund empfindlich gestört. Denn am Anfang eines komplexen novativen Entscheidungsprozesses steht keine eindeutige Zielsetzung, sondern im Gegenteil Zielunsicherheit. Dann aber ist der Entscheidungsprozeß zugleich ein vorsichtiger und zögernder Zielsuchprozeß, und die Finalentscheidung kann allenfalls durch ein Nein die Sanktionierung des nahezu reifen Prozesses verweigern. Bei einer solchen Negation darf sie jedoch nicht vergessen, daß der Entscheidungsprozeß unter betriebswirtschaftlichen Aspekten selbst eine Investition ist, die bei komplexen und novativen Problemen in die monetäre Größenordnung des Entscheidungsobjektes selbst hineinreicht.

Die Studie prüft auch den spieltheoretischen Ansatz auf seine empirische Relevanz – mit dem Ergebnis, daß dessen Modelle in einem novativen Entscheidungsprozeß versagen. Da die Partner des Spiels sich nicht mit verdeckten Karten gegenübersitzen, um Zug um Zug die Aktionen des Gegners vorauszusehen und zum eigenen Vorteil zu bekämpfen, wird ein novatives Entscheidungsproblem – wenn man schon beim Paradigma des Spielens bleiben will – viel eher wie ein neues Spiel gelernt, das man mit offenen Karten spielt. Genausowenig wie bei betriebswirtschaftlichen Problemen, so könnte man vorsichtig extrapolieren, ist der spieltheoretische Ansatz bei öffentlichen Entscheidungsprozessen zufriedenstellend, zum einen da man auch dort kaum einen kurzfristigen Sieg und schon gar nicht eine Vernichtung, sondern eher einen dauernden Mitspieler sucht und zum anderen weil eine methodische Besinnung auf die angemessenen Ziele fehlt. Am ehesten sind noch Wahlkämpfe und Probleme militärischen Gleichgewichts (Abrüstungsgespräche), vielleicht auch Tarifverhandlungen mit den Mitteln der Spieltheorie wenigstens approximativ analysierbar.

III.3 Im Rahmen der Schrift »Zur Kritik der planenden Vernunft« (Freiburg/Br. 1972) trägt *F. H. Tenbruck* eine detaillierte Auseinandersetzung mit den rationalen Handlungsmodellen vor. Die Abhandlung als ganze will angesichts einer Planungseuphorie Argumente zusammentragen, die sich zu einem Plädoyer gegen eine Vorstellung der Verfügbarkeit menschlicher Geschichte ordnen. Der suggestive Titel-Begriff Kritik ist also weniger im neutralen Sinn (als ausgewogene Beurteilung von Wert wie Unwert, von Chancen wie von Schranken planender Vernunft) zu verstehen als in dem umgangssprachlichen Sinn, daß ausschließlich die Gegenargumente gegen eine Sache vorgetragen werden sollen. Am Ende steht die planende Vernunft eigentlich nur kompromittiert da. Über ihren Grenzen ist die partielle Legitimität unterschlagen oder vergessen.

Das, was Tenbruck die Planungseuphorie nennt und was zu entlarven er sich anschickt, dokumentiert sich einem objektiven und einem subjektiven Faktor: in einer neuerlichen Ausweitung und Beschleunigung der Planungspraxis und den exzessiven Erwartungen, die man daran knüpft. Die rapide Vermehrung der technischen und organisatorischen Mittel, sowie der Einsatz nicht nur der Naturwissenschaften, sondern auch der Sozial- und Humanwissenschaften in den Planungs- und Entscheidungsprozessen hat längst jene neue Phase der planenden Vernunft eingeleitet, in der nach der natürlichen Umwelt nun auch die soziale Welt in den Raum menschlicher Verfügung einbezogen wird. Dem korrespondiert die Hoffnung, die von einer optimistischen Aufklärung intendierte Zielprojektion einer umfassenden Gesellschafts- und damit auch Geschichtsplanung sei endlich realisierbar. Ob sich diese Hoffnung mit einer pragmatischen oder einer kritischen Interpretation des Planungszieles verbindet – Tenbruck hält sowohl die Erwartung einer gesellschaftlichen Herstellbarkeit des Glücks wie die von der Mündigkeit des Menschen für »naiv« und »illusionär« (T., S. 139).

In einem solchen Kontext von Skepsis und Polemik gegen die planende Vernunft steht die subtile und differenzierte Erforschung der »Grenzen der Gültigkeit rationaler Handlungsmodelle« (Abschn. 3.7). Tenbruck nennt drei Problemkreise und zeigt, wie sie in rationalen Konzepten des Handelns keinen zureichenden oder überhaupt keinen Platz finden können: 1. Fragen nichtinstrumentellen Könnens, 2. Zurechnungsfragen, 3. die Ertragsschätzung.

ad 1: Tenbruck weist auf eine Dimension des Könnens hin, auf habituelle Techniken der Innensteuerung, die – wie Willensstärke, Belastbarkeit und Geschicklichkeit – für das Resultat des Handelns konstitutiv sind, die gleichwohl, und zwar ganz im Gegensatz zu instrumentellem Können, nicht als berechenbar einsetzbare Mittel dem Entschluß vorgegeben sind. Vom Subjekt selbst beeinfluß- und optimierbar, sind sie sowohl unsichere wie veränderliche Größen, die sich erst im Gebrauch bestimmen, im voraus daher überhaupt nicht disponibel und strikt genommen auch nicht kalkulierbar sind. Damit ist, so Tenbruck, noch nicht die Falschheit, wohl aber die Verengung rationaler Handlungskonzepte dokumentiert. Falsch wird das Konzept erst dort, wo eine Verschätzung der Könnensanforderungen qua objektiver Werte des Kalküls die Inangriffnahme der Handlung erst ermöglicht, wo die Irrationalität oder Kontra-Rationalität selbst ein sinnvolles Mittel der Innenstrategie darstellt.

ad 2: Nicht nur quantitative, sondern auch qualitative Verschätzungen können sinnhafte Handlungsstrategien darstellen. So ist es nach Tenbruck experimentell bewiesen, daß die systematische Verschätzung der Situation, z. B. die Interpretation eines Glücksspiels als eines Geschicklichkeitsspiels, die Erfolgschance nicht, wie es das Rationalitätsmodell annehmen müßte, mindert, sondern gerade optimiert.

ad 3: Tenbruck geht von der Annahme aus, die rationalen Handlungsmodelle wollten nicht nur über die objektive Seite, über die Handlungsausgänge, sondern auch über die subjektiven

Folgen, nämlich über die Gratifikationen disponieren. Tatsächlich stelle aber der Ausgang bloß eine Globallage von Nutzungsmöglichkeiten dar, deren Realisierung auf überwiegend nichtrationale Handlungstechniken angewiesen ist. Dann läßt sich der Handlungsertrag grundsätzlich nur sehr begrenzt berechnen, dies um so mehr, als der Mensch im nachhinein die Situation neu definieren und seine Präferenzen umändern kann: »Die Entscheidung läßt die Durchführung, die Realisierung und die Interpretation der Erträge offen« (T., S. 134). Damit ist der Traum einer durch rationale Entscheidungen vorweggenommenen und stabilisierten Zukunft irreal.

Tenbruck wie Albert gründen ihre Kritik auf eine von den rationalen Entscheidungsmodellen angeblich unterschlagene Differenzierung: Albert auf die zwischen Denkmöglichkeit und sozialer Realisierbarkeit, Tenbruck auf die zwischen gedachter Wirklichkeit und ihrem tatsächlichen Erlebnis. Nach Albert gründen rationale Modelle in der Fiktion eines sozialen, nach Tenbruck in der Fiktion eines energetisch-affektiven Vakuums.

Zweifelsohne sind diese Vakuum-Fiktionen in der Entscheidungstheorie gemacht, jedoch methodisch nicht ohne Absicht, so daß eigentlich nicht die rationale Theorie selbst, sondern nur jene Vorstellungen kritisiert werden, daß durch rationale Modelle die Wirklichkeit menschlicher Planungs- und Entscheidungsprozesse zureichend oder approximativ erfaßt sei. Tenbrucks Kritik trifft am ehesten die tatsächliche oder vermeintliche zeitgenössische Hintergrundideologie, wie sie von Planungsstäben, Entscheidungsträgern und von Verwaltungsstellen, die solche Planungsstäbe einsetzen, oder von der Öffentlichkeit, die die Planungsgremien fordert, dann vertreten wird, falls sie den von Tenbruck zu Recht kritisierten überschießenden Optimismus daran knüpfen. Eine Theorie rationalen Handelns, die sich ihrer sachlichen und methodischen Grenzen nicht bewußt ist, wird, ihrem Anspruch auf Rationalität zum Trotz, selbst irrational. Wenn man die rationalen Modelle einmal als die Übersetzung des neuzeitlichen, bei Kant allerdings strikt transzendental-ethisch gemeinten Autonomie-Anspruchs in eine Sozialpragmatik versteht, dann findet man bei Tenbruck eine detaillierte soziologische und sozialpsychologische Widerlegung des neuzeitlichen sozialpragmatisch interpretierten Anspruchs, der Mensch sei autonomer Träger seiner Geschichte.

Abgesehen davon, daß sich auch Tenbrucks Argumente eher gegen eine frühere, noch naive Entwicklungsstufe der rationalen Handlungsmodelle als gegen die neueren, probabilistisch und spieltheoretisch interpretierten Theorien richtet, ist seine Kritik der planenden Vernunft so auf die rationalen Modelle fixiert, daß er die Möglichkeit von nicht oder wenigstens nicht ausschließlich rationalen Modellen gar nicht diskutiert. Wenn nach der Vorherrschaft existenzphilosophischer und dezisionistischer Modelle sich seit einigen Jahren die rationalen Modelle ausbreiten, wenn nach jahrzehntelanger Planungsfeindlichkeit eine kürzere Periode der Planungseuphorie eintritt, so dokumentieren diese Vorgänge zunächst ein vorangegangenes Defizit an rationalen Theorien und die deshalb notwendige Korrektur. Soll sich in einer neuerlichen Korrektur die Erwartung an Planung auf die für den Erfolg erforderliche Nüchternheit einpendeln, wäre Planung angesichts weniger illusionärer Hoffnungen auf ihren Wert und ihre Grenzen zu beurteilen und wären ferner Planungs- und Entscheidungsmodelle zu entwerfen, die die normative Leitidee Rationalität auf die von Vernunft, Freiheit und Gerechtigkeit hin transzendieren, Modelle, die sich methodisch nicht als bloße Informations- und Kalkulations-, sondern auch als Lern- und Kommunikationsprozesse verstehen, die sich ferner intentional als »Strategien der Humanität (Gerechtigkeit)« begreifen und die überdies in einem methodenkritischen Selbstbewußtsein zugleich ihre Chancen wie ihre Grenzen reflektieren[57]. Zu den Vorbedingungen könnte es gehören, in einigen Fallstudien solche Planungsinstitutionen zu analysieren, die eo ipso nicht oder nur zum geringeren Teil Planungsaufgaben übernommen haben, die sich allein mit rationalen Methoden lösen lassen[58].

III.4 Ansätze der *kritischen Theorie* im Rahmen einer Diskussion des Entscheidungsbegriffs zu erörtern, stößt deshalb auf Schwierigkeiten, weil die kritische Theorie sich im allgemeinen auf einer anderen Ebene der Theoriebildung bewegt. Von dem Interesse an gesamtgesellschaftlicher Analyse geleitet, schenkt sie solch partikularen Problemen wie der Logik oder der Ethik von Entscheidungsprozessen bestenfalls mittelbare Beachtung. Gleichwohl findet sich in einem früheren Beitrag von *J. Habermas* (Dogmatismus, Vernunft und Entscheidung. Zu Theorie und Praxis in der verwissenschaftlichten Zivilisation, [1]1963)[59] eine explizite Auseinandersetzung mit Fragen und Aporien, wie sie durch die Entscheidungstheorie aufgeworfen werden (S. 245-251). Auch Habermas stellt seine Argumentation in einen umfassenderen Kontext. Unter den veränderten Bedingungen fortgeschrittener Industriegesellschaften und zeitgenössischen Wirtschaftsverständnisses gilt es, eine nicht nur thematisch, sondern auch intentional als praktisch bestimmte Philosophie zu erneuern. Aus diesem Interesse an einer normativ-kritischen Erkenntnis, an einer Erkenntnis, die auf wissenschaftliche Orientierung im Handeln abzielt, plädiert er angesichts der Entscheidungstheorie dafür, die von dieser realisierte Isolierung von Vernunft und Entscheidung rückgängig zu machen, und zwar vor allem deshalb, weil sie gesellschaftlich gefährlich sei. Die höchste sittlich-politische Norm, die auch für Entscheidungsprozesse gültig und in ihrer Theorie daher zu berücksichtigen ist, die Idee eines guten oder richtigen Lebens, wird in der Nachfolge von Marx als eine von Naturzwang und Herrschaft emanzipierte Form des sozialen Verkehrs interpretiert. Sofern nun die tatsächlichen Gesellschaftsverhältnisse und zugleich die gesellschaftlich vorherrschenden Ideologien sich gegen das Interesse der Vernunft an Mündigkeit, Autonomie und gegen ein von Dogmatismus befreites Bewußtsein renitent verhalten, hat sich die erste Phase der gesuchten methodisch angeleiteten Lebenspraxis einer Gesellschafts- und Ideologiekritik zuzuwenden.

In diese Phase fällt die Kritik an der Entscheidungstheorie, wie sie Habermas etwa bei Gäfgen realisiert sieht. Wenn man den gelegentlich etwas heftigen und beinahe prophetischen Stil herausdestilliert, eröffnet sich folgende Dimension der Kritik. Habermas unterscheidet vier Stufen der Rationalisierung, denen eines gemeinsam ist: die möglichst universale Ausdehnung technologischer Rationalität und damit die Eliminierung genuin praktischer Fragen, Fragen der normativen Orientierung, aus dem Raum wissenschaftlich disziplinierten Redens. Nach der Kritik der ersten Stufe, der technologischen Rationalität im engsten Sinn, folgt Habermas den Entwicklungsstadien der Entscheidungstheorie. Auf der zweiten Stufe steht nämlich die Entscheidungstheorie im engeren Verständnis: das Modell einer formalen Wahlrationalität; auf der dritten die Spieltheorie, sofern sie die formale Rationalität auf jene strategischen Lagen erweitert, in denen ein rationales Verhalten angesichts eines gleichfalls rational überlegenden Gegners kalkuliert wird (der Aspekt möglicher Koalitionsbildungen bleibt also eliminiert); schließlich kommt Habermas zu jenen Theorien, die den Entscheidungsaufwand einer Maschine zu übertragen suchen. Für diese 4. Stufe ist jedoch anzumerken, daß sie sich für Habermas nicht, wie in den heuristischen Modellen (vgl. oben Abschn. II.6), auf tatsächlich oder annähernd »wohldefinierte« (d. h. auf strikt operationalisierbare) Entscheidungsprobleme beschränkt, sondern gesellschaftliche Organisationen und makrosoziale Systeme miteinbezieht. Auf diese Weise wird, so Habermas, das entscheidungstheoretische Modell der Rationalität bis zu seiner Universalisierung und Absolutsetzung in der »schlechten Utopie einer technischen Verfügung über Geschichte« (H., S. 250) ausgeweitet. Und primär angesichts einer solchen exzessiven Extrapolation trägt Habermas seine Gegenargumente vor. Streng genommen findet sich hier also weder eine Kritik am deskriptiven noch am präskriptiven Wert der Entscheidungstheorie, und schon gar nicht eine an ihrem mathematischen Apparat. Überhaupt wendet sich Habermas nicht gegen die Entscheidungstheorie selbst, sondern gegen die theorie- und gesellschaftspolitischen Konsequenzen eines sich auf entscheidungstheoretische Rationalität reduzierenden Wissenschafts- und Politikverständnisses. Er inauguriert eine Metakritik, die zu Recht die Eliminierung jener normativen Fragen aus der wissenschaftlichen Theorie indiziert, die die der »Effektivität von Leistungen und der Ökonomie der Mittelanwendung« (H., S. 257) überschreiten. Damit werde aber die aufgeklärte Diskussion in einer politischen Öffentlichkeit durch Summierung (so die Entscheidungstheorie im engeren Sinn) oder Kompromiß (so die Spieltheorie) ersetzt (H., S. 247). Genuin normative Probleme sind grundsätzlich aus der kontrollierenden Reflexion ausgeschlossen und bleiben entweder irrationalen Dezisionen oder – wie in der Rationalisierung 4. Stufe – nicht weiter legitimierten Zielgrößen wie Selbstbehauptung, Stabilität oder Anpassungsfähigkeit überlassen. In jedem Fall ist, so Habermas, das Interesse an einem vernünftig hergestellten Konsensus nicht einmal in den Blick genommen: es ist schon verworfen, bevor es überhaupt erörtert wurde.

In einer solchen Metakritik wird die methodische Selbstbeschränkung der Entscheidungstheoretiker auf formale Richtigkeit des Denkens, auf das logische Kalkül und auf den Anspruch, in die Variablen des Kalküls ließen sich objektivierte und systematisierte Erfahrungen einsetzen, mit dem philosophischen Standpunkt des logischen Positivismus gleichgesetzt. Der Entscheidungstheorie wird unterstellt, daß sie als Philosophie – wissenschaftstheoretisch als Szientismus, politiktheoretisch als Technokratie – und nicht als einzelwissenschaftliche, vornehmlich als ökonomische Forschung auftritt; ihr wird unterstellt, daß sie eine umfassende Theorie menschlichen Entscheidens und Handelns anstrebt – ein Anspruch, den die Entscheidungstheoretiker in der Regel für sich nicht stellen, den aber Habermas wohl implicite für sich selbst erhebt. Habermas' kontrafaktische Unterstellung eines universalen Handlungsmodells kann man aber auch als Plädoyer für eine sozial*philosophische* Theorie der Entscheidungsprozesse lesen. Sofern der Versuch, wie es Habermas überzeugend darlegt, scheitert, ökonomische Forschungsansätze zu einer universalen Theorie der Entscheidung zu extrapolieren, spricht er sich e contrario und mit Recht für eine (praktisch-)philosophische Theorie der Sache aus.

III.5 Während sich Albert primär gegen den Autonomie-Anspruch einer bloß entscheidungslogisch definierten Ökonomie und die darin implizierte Immunisierung gegen erfahrungswissenschaftliche Erkenntnisse wendet, hat Habermas in einer Radikalisierung der Kritik das der Entscheidungstheorie zugrunde liegende Paradigma zweckrationalen Handelns überhaupt angegriffen. Auf der gleichen Abstraktionsebene und von einem ähnlichen Interesse an Ideologie-Kritik geleitet, trägt *C. Rolshausen* (Rationalität und Herrschaft. Zum Verhältnis von Marktsoziologie und Entscheidungslogik, Frankfurt/M. 1972) seine Gedanken vor. Näherhin richtet er sich auf jene Neubegründungen der politischen Ökonomie, die sich an die Entscheidungslogik anschließen, vor allem an die Theorien von Perroux, Albert, Parsons und Luhmann, dann auch auf die von Festinger und Etzioni[60]. Bei ihnen tritt, so Rolshausen, die Entscheidungslogik nicht mehr gesondert auf, sondern verbindet sich mit einer Soziologie des Marktes. Gegenüber »Immunisierungsstrategien von Sprachspielen, die empirisch gewonnene Kritik ausschließen« (R., S. 105), werden hier die ursprünglich uninterpretierten entscheidungslogischen Kalküle »soziologisiert« (ebd.) und damit grundsätzlich für Kritik durch erfahrungswissenschaftliche Erkenntnisse geöffnet. Rolshausen setzt sich also nicht mehr mit den immanenten Fortentwicklungen der Entscheidungstheorie, mit Wohlfahrtsökonomie und Spieltheorie, auseinander; er kritisiert nicht mehr die Entscheidungstheorie, sofern sie als Forschungszweig für sich auftritt; sondern er untersucht jene Verbindung mit einer Soziologie des Marktes, die die Theorie wesentlich modifiziert und so von vornherein gegen zentrale Kritikfiguren – etwa die von Albert – schützt. Doch auch in dieser Transformation der Entscheidungslogik bleibt die Theorie dem Paradigma zweckrationalen Handelns und den mit ihm gegebenen theoretischen Unzulänglichkeiten verhaftet. Die Entscheidungstheoretiker gehen von einer anthropologisch invarianten Handlungsstruktur aus (R., S. 15), abstrahieren folgerichtig von historischen Erfahrungen und Klassenlagen (ebd.) und entwickeln dadurch eine Theorie, in der kapitalistische Rationalität und Herrschaft zum »unentrinnbaren Schicksal« hypostasiert werden (R., S. 106).

Rolshausen verbirgt nicht, daß er von strikt Marxschen Prämissen aus argumentiert. Das Prinzip der Geschichte sieht er in der Produktion (R., S. 107), den arbeitenden Menschen hält er für das real sich erzeugende Subjekt der Geschichte (R., S. 106) und die Soziologie wird als jene Wissenschaft bestimmt, die gesellschaftliche Herrschaftsverhältnisse reflektieren und ihre Auflösung betreiben soll (R., S. 104). Im Lichte solcher Intentionen erweisen sich die Rationalitätsdefinitionen der neueren politischen Ökonomie bloß als »Strategeme kluger Anpassung«, durch die der Bestand gegebener Gesellschaftssysteme und die in ihnen realisierten Herrschaftsmuster gesichert bleiben (R., S. 108, vgl. S. 29).

Selbst wenn man in der Nachfolge von Marx Rolshausens Argumentations*interesse* teilt und der neueren politischen Ökonomie dann vorwerfen muß, daß sie die kritische und emanzipatorische Aufklärung der gegebenen Herrschaftsmuster hintansetzt, wird durch den vorliegenden Beitrag nicht ganz deutlich, wie in einer immanenten Kritik der politischen Ökonomie und ihres Grundmusters von Zweckrationalität der Marxsche Ansatz geltend zu machen ist. Das, was am Ende der Monographie als künftige Aufgabe genannt wird, die »Perspektive einer materialistischen Begründung der Welt als Krisenzusammenhang wiederzugewinnen« (R., S. 107), hat – in dieser Weise bloß behauptet – nicht mehr als dogmatischen Wert; und die theoretischen Bemühungen um diese Aufgabe sind in jenem methodischen Sinn instrumental, daß ihr Ziel schon vorweg gesetzt ist, so daß der Analyse und Reflexion nur noch übrigbleibt, den Weg zu diesem Ziel ausfindig zu machen. Daß eine Veränderung der historisch-gesellschaftlichen Verhältnisse oder eine neue wissenschaftliche Sicht das genannte Krisentheorem überholen könnte, kommt gar nicht in den Blick. Doch auch wenn der Vorwurf noch eine argumentative Durcharbeitung erfordert, bleibt er, solange er nicht widerlegt ist, in hypothetischer Form bestehen, daß durch jenes mit der Entscheidungstheorie in allen ihren Entwicklungen und Modifikationen mitgesetzte Paradigma der Zweckrationalität »hinter ihrem Rücken« gegebene Herrschaftsverhältnisse stabilisiert werden.[61]

IV. Kritischer Dezisionismus (Lübbe)

Eine genuin philosophische und zudem nicht auf die Kritik anderer Modelle konzentrierte Theorie der Entscheidung findet sich bei *H. Lübbe*, dessen stilistisch brillante Beiträge zu diesem Problemfeld unter dem Titel »Theorie und Entscheidung« (Freiburg/Br. 1971) gesammelt vorgelegt wurden. Durch den Untertitel »Studien zum Primat der praktischen Vernunft« geben sie sich als ein pointierter Beitrag zur praktischen Philosophie aus.

Die Aufsätze aus dem Umkreis einer politischen Philosophie lassen sich als die Explikation einer einzigen These lesen, einer These, die sich in der Divergenz der unterschiedlichen Anlässe und Problemkontexte überzeugender liest als in einer systematisch konzipierten Monographie: Zur geschichtlichen Existenz des Menschen und vor allem zu seiner politischen Praxis gehört notwendig ein dezisionistisches Moment. Daß diese Behauptung nicht intuitiv plausibel klingt, liegt weniger an der hier zugespitzten und damit verkürzten Formulierung. Vielmehr ist der Begriff der Dezision in der Situation ökonomischer, gesellschaftlicher und politischer Unsicherheit zwischen den beiden Weltkriegen vor allem durch C. Schmitt und E. Jünger zum Grundbegriff eines Denkens geworden, das sich seinem eigenen Selbstverständnis nach gegen die permanente Diskussion in der bürgerlich-liberalen Gesellschaft wandte und in abstrakter Negation des »ewigen Gesprächs« den Begriff der Entscheidung in den Mittelpunkt stellte, einer Entscheidung, aus deren souveräner Macht heraus

Normen und Gesetze nicht befolgt, sondern allererst gesetzt oder gestiftet werden. Lübbe beabsichtigt nun keinesfalls, dieser politisch wie philosophisch kompromittierten Theorie, dem sogenannten *Dezisionismus*, zu einer späten und unverhofften Legitimation zu verhelfen. Er will vielmehr den Begriff der Entscheidung als für eine Theorie politischer Praxis unentbehrlich nachweisen, *obwohl* der Begriff die kategoriale Stütze einer Vorstellungsweise bildete, auf die sich die Diktatur berufen konnte (L., S. 7 ff.). Zugleich soll zwischen zwei Denkmodellen eine Vermittlungsposition aufgebaut werden, die sich bislang kompromißlos gegenüberstanden, zwischen dem technokratischen und dem dezisionistischen Modell, zwischen der Totalisierung des Sachverstandes und der Totalisierung von Souveränität und Herrschaft in der Politik. Der Dezisionismus wird also weder kritiklos übernommen noch pauschal abgelehnt, um in kontradiktorischer Negation der Idee einer absoluten Souveränität die in einem fundamentalen Sinn anti-politische Technokratie: institutionell die Vorherrschaft von Planungs- und Beratungsgremien, logisch die unumstößliche Evidenz wissenschaftlicher Argumente, den reinen Sachzwang, zu behaupten.

Methodisch, so könnte man deshalb meinen, ist Lübbe dem verpflichtet, was Hegel die bestimmte Negation genannt hat: Argument und Gegenargument, die Extreme von dezisionistischer und technokratischer Position sind nicht schlicht falsch, sondern verweisen auf ein vermittelndes Drittes. Aber die für die Hegelsche Dialektik bestimmenden Begriffe von These und Antithese, von Vermittlung und bestimmter Negation, sind von Lübbe nicht ohne Absicht vermieden. Denn bei Hegel handelt es sich eindeutig um logische Kategorien, während hier weniger mit logischen als mit politischen und hermeneutischen Argumenten operiert wird. Methodenpolitisch gesehen geht es weniger darum, beiden Positionen immanente Widersprüche nachzuweisen, als die idealtypisch gewonnenen Denkmodelle mit der politischen Wirklichkeit und den politischen Konsequenzen ihrer ideologischen Vorherrschaft zu konfrontieren. Dadurch soll das wieder zu seinem Recht kommen, was sich nach Lübbe *zwischen* den beiden Polen abspielt, die politische Realität. Die eigene Position der Mitte wird nicht in einer Synthese oder Vermittlung hochstilisiert, sondern pragmatisch und in bewußter Anlehnung an die Sprache politischer Liberalität »Kompromiß« genannt (L., S. 12).

Die Eigenart einer Theorie menschlichen Handelns, ihre Erklärungskraft wie ihr methodisches Interesse manifestierten sich schon in jenem Grundbegriff, der die kategoriale Stütze der jeweiligen Analysen und Reflexionen bildet. Obwohl Lübbe Studien zum Primat der praktischen Vernunft vorlegen will, ist seine zentrale Kategorie nicht, mit Kant und dem Deutschen Idealismus, die Autonomie des Willens oder, mit der kritischen Theorie, der Begriff von Emanzipation bzw. herrschaftsfreier Kommunikation. Auch der in der anglo-amerikanischen Tradition des Utilitarismus vorherrschende und in den rationalen Theorien (Wohlfahrtsökonomie, Sozialwahltheorie) sedimentierte Begriff des Glücks aller Betroffenen liegt Lübbe fern; schließlich auch ein Interesse, wie das von J. Rawls, Prinzipien der Gerechtigkeit methodisch zu bestimmen. Lübbe stützt sich überhaupt nicht auf einen sittlich-politischen Prinzipienbegriff, weder auf ein politisches Ideal noch auf ein Kriterium von Praxis, sondern in gewisser Parallele zu Aristoteles' Analyse der προαίρησις (Nikomach. Eth. 1111 b 4 - 1112 a 17; 1139 a 31 - b 13), aber nicht der aristotelischen Ethik insgesamt, geht er von dem Begriff eines für sich noch naturalen, eines vor-sittlichen Phänomens aus, vom Begriff der Entscheidung.

In der nicht chronologisch, wohl aber systematisch ersten Studie »Zur Theorie der Entscheidung« (1965) trägt Lübbe die Grundzüge einer Phänomenologie der Entscheidung vor. Dabei ist es bezeichnend, daß seine Kompromiß-Theorie nicht nur überhaupt am Begriff der Entscheidung festhält, sondern auch die Entscheidungssituation ähnlich definiert, wie es der Dezisionismus getan hat. Dann aber ist es nur konsequent zu sagen: »Die Entscheidung überspringt einen Mangel an rationalen Bestimmungsgründen. Sie ist deswegen nicht irrational. Die Vernunft der Entscheidungssituation besteht gerade darin, sich zum Handeln zu bestimmen, obwohl ausreichende Gründe, so und nicht anders zu handeln, fehlen.« (L., S. 21).

Lübbes Definition der Entscheidungssituation enthält folgende drei Momente:

1. Die klassische Entscheidungssituation des Entweder–Oder: Angesichts alternativer Handlungsmöglichkeiten gilt es, sich auf eine festzulegen und sie sich zu eigen zu machen.

2. Die qualifiziertere Situation, von der auch die moderne Entscheidungstheorie ausgeht, eine Wahl angesichts von Unsi-

cherheit und Risiko: Man muß sich festlegen, obwohl die Vorzüge und Nachteile der alternativen Handlungsmöglichkeiten nicht völlig durchschaubar sind.

3. Das Handeln ist unaufschiebbar, überdies die Zeit zum Überlegen befristet. Die Entscheidung steht – und davon abstrahieren die rationalen Modelle – unter Handlungszwang und Zeitdruck.

Das Paradigma einer solchen Entscheidung ist nach Lübbe jene Situation des orientierungslos Verirrten, wie sie schon Descartes in seinen *Règles de la Méthode*, und zwar im Kontext der Idee einer »morale par provision« beschrieben hat (Règles, III). Von Descartes her gesehen ist es jedoch zumindest eine Verkürzung der Sache, in dieser Situation nur von einer Dezision zu sprechen, denn die Maxime der Entschlossenheit, für die Descartes dort plädiert, entspringt selbst einer Art von Nutzenkalkulation. Sie bestimmt zwar nicht positiv, wie man mit größter Wahrscheinlichkeit glücklich wird, wohl aber negativ, wie man die schlechteste der Möglichkeiten, hier das Verharren in der Indifferenz, vermeidet.

Lübbes Definition unterscheidet sich von Theorien, die die Entscheidung auf Informations- und Kalkulationsprobleme reduzieren und sie im Idealfall in einen Algorithmus, in ein präzises Rechenverfahren übersetzen, um dann den Entscheidungsaufwand einer Maschine übertragen zu können. Überhaupt grenzt er sich gegen alle die Modelle ab, die die Entscheidung für eine durch Theorie determinierte Wahl halten und damit die politische Praxis eindeutig aus politischer Theorie deduzieren wollen. Für Lübbe ist die Entscheidung weder ausschließlich noch primär ein kognitives Problem. Sie läßt sich weder aus empirischen und formalen noch aus normativen Momenten und auch nicht aus deren Zusammenspiel erklären, sondern besteht wesentlich aus einem voluntativen Akt, aus einer Dezision, die ein Handeln erzeugt und natürliche oder soziale Wirklichkeit determiniert. Für jede konkrete politische Entscheidung sind die kognitiven Momente bestenfalls notwendige, keinesfalls aber hinreichende Bedingungen.

Lübbes Definition von Entscheidung wird durch eine komplementäre Definition von Politik beleuchtet. In dem Beitrag »Rationalisierung der Politik« (1968) ordnet er der Politik als handlungstheoretischen Ort jene Lage zu, in der »die Zwecke und

Ziele noch strittig sind und außerdem die Situation so komplex, daß die in ihnen fälligen Entscheidungen risikobelastet sind« (L., S. 55). Gegenüber einer spontanen oder naturwüchsigen Interessenkonvergenz der Mitglieder einer Gesellschaft skeptisch, geht Lübbe – ähnlich wie auch Albert – von einem dishomogenen Begehren und einem mangelnden Konsens über Zwecke und Ziele aus. Ferner setzt er – ebenfalls in Übereinstimmung mit dem kritischen Rationalismus – jene Komplexität der Lage voraus, die jede vorgängige Erfolgssicherung verbietet; dem Defizit an Konsens über die Zwecke korrespondiert ein Defizit an Evidenz über das Resultat von Handlungen oder Handlungsstrategien. Bei diesem doppelten Mangel und der Zusatzannahme, daß der Selbsterhaltung wegen ein Handeln unumgänglich sei, bedarf es jenes Politik genannten Geschäfts, »im Streit der Meinungen und Interessen durch Erzeugung von Zustimmungsbereitschaften einen entscheidungs- und handlungsfähigen Willen aufzubauen« (L., S. 55).

Wenn man Politik so definiert, dann ist es nur konsequent, in der Negation einer rationalen Argumentation, in der den Sprung über den Abgrund mangelnder Einsicht wagenden Entscheidung qua Dezision nicht das bloß Irrationale, vielmehr jene für den Bereich des Politischen sowohl eigentümliche als auch angemessene Form der Rationalität zu sehen. Überspitzt formuliert: die Entscheidung stellt die für die Politik charakteristische Form der Vernunft dar, oder spieltheoretisch gesprochen: sich überhaupt zu entscheiden ist in jedem Fall die bessere Strategie.

Lübbe legt ein voluntatives oder dezisionistisches Moment in der politischen Praxis frei, um gegen manifeste oder versteckte Technokratismen, neuerdings auch gegen die zeitgenössischen Diskurstheorien, insbesondere Habermas' Theorie herrschaftsfreier Kommunikation,[62] argumentieren zu können. Obwohl die Wissenschaft zu einem unentbehrlichen Instrument der Politik geworden ist, kommt ihr nämlich, so Lübbe, keineswegs die Rolle einer Führungsmacht der Politik zu. Dieses Monitum gegen eine Überschätzung der Wissenschaft in der Politik trifft unausgesprochen auch solche Theorien, die sich nicht überhaupt gegen eine Verwissenschaftlichung der Politik, wohl aber gegen eine reduktive, die eigene Theorie nicht hinreichend berücksichtigende Definition von Wissenschaft wenden. Überhaupt ist Lübbes Modell der Entscheidung von einem ideologiekritischen (vgl. L.,

S. 159-181) und zugleich politischen Interesse geleitet. Angesichts der »Euthanasie der Politik« in technokratischen (und diskurstheoretischen) Modellen weist er auf eine von Sachverstand und Sachzwängen streng verschiedene Dimension des genuin Politischen hin. Angesichts von totalitären Utopien (vgl. L., S. 85 ff.) und Geschichtsphilosophemen (L., S. 111 ff.) aber wendet er sich gegen infallible Instanzen politischer Wahrheit und plädiert für Liberalität in der Politik.

Unter dem Aspekt der Ideologiekritik mag der Rekurs auf ein dezisionistisches Moment in der Politik auch wenigstens zum Teil überzeugen. Im Rahmen einer praktischen Philosophie und als Argument für die These des Primats der praktischen Vernunft ist er jedoch unbefriedigend. Denn der einmal hypothetisch zugestandene Vorrang des voluntativen über das rationale Moment begründet bestenfalls einen Primat des Praktischen über das Theoretische. Praktische *Vernunft* ist aber ein normativer Begriff: die dem Kriterium des Unbedingten genügende Qualität des Begehrens, des Handelns oder der Institutionen des Handelns, die Dimension der Sittlichkeit: der Moralität in bezug auf Personen und der politischen Gerechtigkeit in bezug auf öffentliches Handeln. Das Problem, Kriterien oder normative Leitprinzipien des Handelns zu bestimmen, wird von Lübbe jedoch gar nicht gestellt, vielmehr durch eine nicht weiter legitimierte Zielvorstellung angeblich gleich gelöst. In der Tradition von Hobbes, C. Schmitt und in Verwandtschaft mit kybernetischen Modellen setzt er als Zielgröße die naturalistische, quasi-biologische Norm Selbsterhaltung voraus. Obwohl Lübbe das Pathos des Dezisionismus nicht ohne Erfolg ausfiltert, bleibt er damit formal an das zurückgebunden, was die kognitive Valenz des Dezisionismus begründet hat, an die Voraussetzung einer existentiellen Notsituation. Eine Politik, die sich letztlich um der Selbsterhaltung und nur um ihretwegen realisiert (und ohne einen solchen Zweck wird die bloße Rede von Zeitdruck und Handlungszwang nicht einsichtig), ist permanent in einer Notsituation fixiert. Politik und Entscheidung haben für Lübbe ihren handlungstheoretischen Ort in der Bedrohung menschlichen Überlebens. Daß zur Politik auch ein solcher Aspekt gehört, sei zugestanden. Daß aber Politik nicht bloß dem Überleben dient, sondern darüber hinaus auch an Gerechtigkeit und Humanität orientiert ist, daß bildungspolitische Entscheidungen zum Beispiel nicht bloß an Selbsterhaltung eines ökonomischen Systems, an internationaler Wettbewerbsfähigkeit, auch nicht nur an einem subjektiven Bedürfnis nach Bildung orientiert sein müssen, sondern auch Zielen wie zum Beispiel der Entwicklung von sprachlichen, sozialen und humanen Kompetenzen sowie der chancengerechten Verteilung des entsprechenden Bildungsangebots dienen könnten und auch sollten, läßt sich in Lübbes Theorie nicht mehr adäquat darstellen. Insofern aber allem politischen Bemühen immer auch ein höchster normativer Anspruch immanent ist, demgemäß öffentliche Entscheidungsfindung der Idee eines humanen, vor allem eines gerechten Zusammenlebens verpflichtet ist, ist diese Inadäquanz zugleich eine grundlegende theoretische Defizienz.

Die These, daß in politischen Entscheidungen auch und sogar wesentlich wissenschaftlicher Sachverstand einfließt, unterscheidet Lübbe von einem klassischen Dezisionismus. Daß das andere von wissenschaftlicher Argumentation aber als Dezision definiert wird, daß deshalb ethische Aspekte über die Dimension der Selbsterhaltung hinaus keinen philosophischen Ort behaupten können, stellt Lübbe wieder in die Nähe von C. Schmitt und begründet in dieser Gleichzeitigkeit von Kritik und Kongruenz seine Position eines liberalen und aufgeklärten oder auch kritischen Dezisionismus. Eine ethisch weitgehend neutralisierte Theorie öffentlicher Entscheidung büßt jedoch einen großen Teil ihres philosophischen und politischen Interesses ein.

V. Ansätze aus dem Umkreis der praktischen Philosophie

Die gegenwärtige »Rehabilitierung der praktischen Philosophie« (vgl. das gleichnamige von M. Riedel herausgegebene Werk: 2 Bde., Freiburg i. Br. 1972, 1974) sollte eigentlich geeignet sein, das Problembewußtsein sowie den methodischen und kategorialen Rahmen der bisher diskutierten Analysen und Theorien zu erweitern. Denn angesichts der hochentwickelten rationalen Entscheidungstheorie sind mehr als dezidierte Kritiken dieser Modelle sowie mehr als eine zum Korrektiv geeignete dezisionistische Position vonnöten. Vor allem stellt sich die Aufgabe, das, was in einem emphatischen Sinn Vernünftigkeit heißt, in Relation zu Entscheidungsprozessen zu begreifen; denn die Vernünftigkeit von Entscheidungen läßt sich nicht auf die Idee einer formalen Wahlrationalität oder die Idee einer durch Selbstbehauptung erzwungenen Dezision reduzieren. Auch in einer hochkomplex strukturierten wissenschaftlich-technischen Lebenswelt bleibt das zu realisieren, was man traditionell Humanität, Freiheit und Gerechtigkeit nennt – eine Aufgabe, die sich nicht naturwüchsig und auch nicht einfach traditionsgeleitet lösen läßt. Selbst wenn man im Anschluß an Tenbruck einsieht, daß durch Planungs- und Entscheidungsprozesse gesellschaftliches Glück und Mündigkeit der Bürger nicht garantiert werden können, wäre es ein Kurzschluß, auf Planungs- und Entscheidungsprozesse ganz zu verzichten oder die Grundnormen wie Freiheit und Gerechtigkeit zugunsten von Selbsterhaltung und Anpassung aus den sozialen Prozessen eliminieren zu wollen.

Das Desiderat, Entscheidungen über ihre mögliche Rationalisierbarkeit hinaus in Relation zu den Ideen von Gerechtigkeit und Humanität zu denken, hat ihren wissenschaftlichen Adressaten in der praktischen Philosophie. Obwohl diese seit einigen Jahren eine Rehabilitierung erfährt, obwohl die philosophische Beschäftigung mit Fragen aus dem Umkreis von Moral, Gesellschaft und Politik zugenommen hat, ist die praktische Philosophie in der Bundesrepublik noch weit mehr mit ihrer historischen Selbstverständigung sowie mit methodischen und metaethischen Problemen beschäftigt.

V.1 Von dem Interesse motiviert, auch jene Probleme normativer Orientierung in den Themenkreis wissenschaftlich disziplinierten Redens einzubeziehen, die die Dimension von Zweckdienlichkeit und Konsistenz übersteigen, haben sich seit einiger Zeit *P. Lorenzen* und im Anschluß an ihn auch *O. Schwemmer, F. Kambartel* und *J. Mittelstraß* sowie – auf anderem Weg – *W. Kamlah* um eine systematische Grundlegung der praktischen Philosophie bemüht[63]. Dabei wird praktische Philosophie nicht allein thematisch als eine Analyse sittlicher Praxis verstanden, sondern zugleich intentional und emphatisch als eine Analyse, die – um der Praxis willen initiiert – sich ihre Verbesserung zum direkten Ziel genommen hat. Das hochgesteckte Ziel, praktische Vernunft lehr- und lernbar zu machen, wird in die pragmatische Aufgabe übersetzt, ein kultur- und situationsinvariant gültiges Verfahren zu explizieren, nach dem sich die selbst situations- und kulturabhängigen Normen sittlich-politischer Entscheidungen legitimieren lassen. In jener Situation radikalen Konflikts, in der sich über die Normen des Handelns kein Konsens mehr erzielen läßt, ist eine Regel zu konstruieren, nach der sich solche Norm-Konflikte gewaltfrei und darüber hinaus in methodisch exakter Form lösen lassen. Als Versuch entstanden, im Streit zwischen Szientisten und kritischer Theorie zu vermitteln, ist die Problemstellung der als Erlanger Schule (konstruktivistische Ethik) apostrophierten Philosophen sowohl von der Idee eines lehr- und lernbaren Verfahrens als auch von der Zielvorstellung herrschaftsfreier Kommunikation inspiriert. Mittlerweile läßt sich vor allem zwischen der kritischen Theorie und der praktischen Philosophie der Erlanger eine gewisse Konvergenz beobachten, z. B. dort, wo Habermas die Bedingungen eines herrschaftsfreien Diskurses untersucht und ihn als jene Institution gewaltfreier Kommunikation interpretiert, der die Verständigung über Normen des Handelns aufgegeben ist.

Zur Explikation des angegebenen Verfahrens gehört für die Erlanger die schrittweise und zirkelfreie Rekonstruktion fundamentaler Termini einer rationalen Psychologie. Das Thema Entscheidung wird hier unter den Titeln Beratung und Beschlußfassung diskutiert. Dabei ist vor allem die analytische Differenzierung zweier Problemdimensionen innerhalb der Beratungssituation von Bedeutung. Während in dem als theoretisch bezeichneten Beratungsteil über Zweck-Mittel-Relationen, über gewünschte Wirkungen und die sie herbeiführenden Handlungen diskutiert und eine gemeinsame Meinung gebildet werden soll, ist dem als praktisch bezeichneten Beratungsteil aufgegeben, die möglicherweise antagonistischen Begehrungen der Beratenden zu artikulieren und sie zu einem gemeinsamen Willen heranzubilden. Im Unterschied zu rationalen Modellen sollen die Handlungsintentionen nicht einfach kalkuliert werden, sondern unter dem Aspekt einer transsubjektiven Verträglichkeit werden die Handelnden aufgefordert, ihre anfänglich unverträglichen Begehrungen zu nicht mehr konfligierenden zu transformieren.

Das begrifflich differenzierte Modell zeigt gegenüber einseitigen Theorien, daß es zur Logik oder Struktur einer Entscheidung gehört, sowohl über kognitive wie über praktische Probleme zu einem Konsens zu kommen. Entsprechend lassen sich zwei verschiedene Dimensionen von Rationalität in einer Entscheidung erkennen, eine theoretische Dimension, die die Rationalität von

Zweck-Mittel-Relationen, und eine sittlich-praktische Dimension, die die Rationalität von Handlungsintentionen betrifft.

Wenn man dieses Modell als normatives Strukturmodell für historisch-faktisch zu realisierende Entscheidungsprozesse auffaßt, dann ist jenes Moment problematisch, ohne das die Beratung nicht zu einer Entscheidung führt: der Übergang zur Beschlußfassung. Denn die Beschlußfassung als Ziel des Argumentationsprozesses enthält notwendig ein dezisionistisches Moment: die latente oder manifeste Behauptung, alle oder wenigstens alle relevanten Argumente seien vorgebracht. Ohne eine solche Behauptung wäre es nicht legitim, die Beratung abzuschließen und zu einer Entscheidung zu kommen[64]. Nicht nur die rationale Entscheidungstheorie, sondern auch das ethische Modell von Lorenzen und Schwemmer muß sich, sobald es auf tatsächliche Entscheidungspraxis appliziert wird, den kritischen Dezisionismus von Lübbe – wenn auch in einem sehr formalen Sinn – als Korrektiv-Theorie gefallen lassen.

V.2 Der Intention einer im emphatischen Sinn praktischen Philosophie sind auch zwei Beiträge von *W. Oelmüller* gewidmet[65]. Oelmüller will Handlungsziele und Entscheidungskriterien so begründen, daß daraus Orientierungshilfen entstehen, und zwar für diejenigen, »die geschichtlich gewonnene und institutionalisierte Freiheiten bewahren und weiterentwickeln und Regressionen verhindern wollen«[66]. Für sein Interesse, den Prozeß der Aufklärung fortzusetzen, verzichtet er bewußt auf einen »hochabstrakten«, für entsubjektiviert und enthistorisiert gehaltenen Denk- und Begriffsrahmen. Oelmüllers eigenes Verfahren läßt sich am ehesten als eine Art induktiv-hermeneutischer Methode bezeichnen, die aus der Erfahrung von interdisziplinären Gesprächen und aus der sittlich-politisch wie geistesgeschichtlich gebildeten Beobachtung zeitgenössischer Lebensverhältnisse Probleme ausfiltert und kategorial aufarbeitet. Die genaue Frage lautet: Welches Problembewußtsein ist für eine angemessene: den Stand der Wissenschaften und der Gesellschaften berücksichtigende Theorie der Entscheidung unverzichtbar? Die in diesem Sinn angeführten Gedanken zur Entscheidungsproblematik explizieren keine Phänomenologie oder Logik, streng genommen auch keine Ethik; es sind eher Kriterien im Sinne von Topoi, die eine praktische Philosophie der Entscheidung berücksichtigen sollte.

Optimistischer als Tenbruck setzt Oelmüller voraus, daß »die Menschen ihre Geschichte machen können und machen sollen, wenn auch nicht unter selbstgewählten Bedingungen«[67]. Unter dieser Grundprämisse formuliert er sechs für eine angemessene Theorie unabdingbare Problemkomplexe[68]. Es sollen nämlich berücksichtigt werden:

1. das Ensemble der invarianten biologischen und anthropologischen Lebensbedingungen;
2. die historisch-variablen soziokulturellen Faktoren;
3. die Einsicht, daß die Realisierung von Freiheit und Menschlichkeit die wechselseitige Anerkennung und die Verwirklichung des Menschen als Subjekt und personale Identität impliziert;
4. daß die Subjektivität und personale Identität des Menschen nicht in Utopia, sondern in sozialen Institutionen und Systemen verwirklicht werden muß;
5. daß die Begründung ohne kritische Erinnerung an bestimmte Überlieferungen der Menschheit immer schwieriger wird;
6. die Problemkomplexe von Unmenschlichkeit, menschlicher Fehlbarkeit und von unschuldigem Leiden.

Während die ersten vier Bedingungen der Abklärung eines Begriffs geschichtlicher Subjekte dienen und etwa gegen Systemtheoretiker, Kybernetiker und ihre Vorstellung enthistorisierter und entsubjektivierter funktionaler Systemleistungen[69] gerichtet sind, zeigt die letzte Bedingung, wie der Sinn von Aufklärung primär nicht in der Lösung von erkenntnistheoretischen Methoden und wissenschaftsinternen Fragen, sondern in der Bewältigung sittlich-politischer Probleme liegt. Zu ihrer Lösung existieren verschiedene historisch wirksam gewordene Konzeptionen. Angesichts der Aufgabe, Freiheit zu realisieren und institutionell zu sichern, sowie angesichts der zeitgenössischen Situation komplexer und sich ständig verändernder Lebensverhältnisse steht Oelmüller diesen Begründungsversuchen jedoch sehr skeptisch gegenüber. Er entwirft auch keine eigene und neue Theorie, sondern konzentriert sich darauf, zwei Prämissen für eine gegenwärtig angemessene Aufklärung zu benennen: erstens – und damit in Übereinstimmung mit dem kritischen Rationalismus –, daß es keine absolut zwingende Letztbegründung mehr gibt, weder als Rekurs auf immanente Gesetze oder eine menschliche Natur noch als Berufung auf vernünftige Selbstreflexion oder auf eine Gesetzmäßigkeit weltgeschichtlicher Prozesse; zweitens – im

Rückgriff auf eine Habermassche Formulierung – daß die Prämissen einer praktischen Philosophie kontra-faktische Unterstellungen sind, die sich weder durch Verifikations- oder Falsifikationsverfahren noch durch entgegenstehende Lebenserfahrungen widerlegen lassen.

Nun sieht Oelmüller eine gegenwärtige Fortsetzung des Aufklärungsprozesses letztlich nicht in der Verbesserung der Theorie, sondern in »Aktionen« auf verschiedenen Ebenen: 1. in interdisziplinären Diskussionen über die Begründung von sittlichen Normen, um die Kluft zwischen wissenschaftlicher Diskussion und tatsächlicher Praxis der einzelnen und der gesellschaftlichen Gruppen zu verringern; 2. in »Aufklärungsarbeit« (an Lehrern, Juristen, Ärzten, . . .) sowie 3. in der Schaffung von Institutionen, die Reformen und Veränderungen planen und durchführen[70]. – Die beiden Beiträge von Oelmüller zur praktischen Philosophie und zur Diskussion der Entscheidungsproblematik enthalten eigentlich noch nicht, wie intendiert, Orientierungshilfen für sittlich-politische Praxis; wohl tragen sie Kriterien für eine Konzeption zusammen, aus der heraus Orientierungshilfen auf dem Niveau zeitgenössischer Aufklärung zu gewinnen wären. Auch eine Theorie der politischen Entscheidungsfindung, die dem Anspruch der Aufklärung soll standhalten können, findet hier einen Katalog von Anforderungen, denen sie zu genügen hat.

V.3 Eine ausdrückliche Strukturuntersuchung des Entscheidungsphänomens hat sich *H. Rombach* vorgenommen (Art. Entscheidung, in: Handbuch philosophischer Grundbegriffe, Bd. I, München 1973, S. 361-373). Rombach geht von einer bedeutungsvollen Unterscheidung im Phänomenfeld aus, der Unterscheidung von Wahl, die oft fälschlich selbst als Entscheidung bezeichnet werde, und der eigentlichen Entscheidung. Bei der Wahl kommt es darauf an – so Rombach –, in einem mehr oder weniger langen und schwierigen Überlegungsprozeß unter Rückgriff auf ein Auswahlprinzip aus alternativen Partialmöglichkeiten des Daseins eine als die »wahre«, »gute« oder »richtige« auszuwählen. Im »wahren Entscheidungsphänomen« dagegen geht es um das Ganze des Daseins, um das Ergreifen der *einen* Gesamtmöglichkeit des Lebens neben lauter Auswegen. »Wo z. B. die Berufswahl als eine Entscheidung erfahren wird, geht es nicht um den ›günstigsten‹, ›aussichtsreichsten‹, ›einträglichsten‹

Erwerb unter allen Möglichkeiten, sondern um das Profil des Daseins selbst.« (R., S. 362 f.).

Mit dieser Unterscheidung von Wahl und Entscheidung macht Rombach auf eine ganz neue, auf die existentielle, Dimension im Problemfeld von Entscheidung aufmerksam und kritisiert zugleich die gewöhnlichen Entscheidungstheorien, und zwar sowohl die rationaler als auch die dezisionistischer Provenienz: »Vor die Frage, einen bestimmten Schritt zu tun, schiebt sich die andere Frage, ob darin das Dasein als Ganzes getroffen oder verfehlt wird.« (R., S. 365). Das mit dieser anderen Frage bezeichnete Problemfeld wird dann – in eigenständiger systematischer Weiterführung von Gedanken, die sich bei Kierkegaard und Nietzsche, bei Heidegger und Jaspers finden – phänomenologisch analysiert. Rombach stellt die der Entscheidung eigene Form der Zeitlichkeit, die des Augenblicks, heraus, macht auf die Verklammerung von Schicksal und Entscheidung, auf die Differenz von Tat und Handlung sowie auf die Grundentscheidung als Maß der Entscheidung(en) aufmerksam.

* * *

Wenn man die deutschsprachige Diskussion mit der in den anglo-amerikanischen Ländern vergleicht, fällt die Konzentration auf Kriterium und Methode von Entscheidung auf – gleich ob sie rationalistisch, dezisionistisch oder im Sinne der praktischen Vernunft interpretiert werden. Es mag dahingestellt bleiben, ob die anderen Fragestellungen noch nicht oder aber nicht mehr von Bedeutung sind – in jedem Fall kann der Hinweis auf dieses Faktum ein charakteristisches Profil der deutschsprachigen Diskussion erhellen. Sofern man sich für Rationalität oder sittlich-politische Aufklärung interessiert, bleibt eine primär an der Systematisierung des Denkens und Redens orientierte Analyse im Hintergrund. Jener Teil der Metaethik, der sich semantischen Analysen, dabei auch Differentialanalysen zuwendet, der etwa wie Anscombe, Nowell-Smith, Bennett und andere[71] das Wortfeld von Intention, Überlegung und Wahl, von Willenshandlung, Entscheidung und Handlung analysiert, wird in der Bundesrepublik – abgesehen von der phänomenologischen Analyse Rombachs – nur von der Erlanger Schule aufgegriffen, und auch dort mehr en passant im Kontext einer Grundlegung von Ethik. Und analytische Probleme, die sich kaum pragmatischen oder praktischen Interessen zuordnen lassen, bleiben ganz ausgespart, so Fragen folgenden Typs: Ist die Entscheidung selbst als eine Handlung aufzufassen, die ihrerseits auf einer Entscheidung beruht? Kann man sich zur Entscheidung entscheiden oder führt die Annahme einer solchen Möglichkeit nicht in einen infiniten Regreß? Auch das Problem der Willensfreiheit und schließlich die durch den philosophischen Behaviorismus aufgeworfene Frage, ob Intention, Wahl und Entscheidung sich nur als private mentale Akte oder aber auch als öffentlich wahrnehmbare Ereignisse erklären lassen (vgl. G. Ryle)[72], spielen in der kontinentalen Diskussion kaum eine Rolle. Überhaupt wird der ganze Bereich, in den diese Probleme gehören, die Disziplin einer rationalen Psychologie und philosophischen Handlungstheorie, in Deutschland erst zögernd beachtet.[73]

Selbst die Beiträge von seiten der praktischen Philosophie sind angesichts der Fülle von Abhandlungen zur Theorie rationaler und strategischer Entscheidungsprozesse auffallend gering. Bei Lorenzen und Schwemmer kommt die Entscheidungsproblematik mehr beiläufig zur Sprache, und auch Oelmüller nennt eher Kriterien für eine praktische Philosophie überhaupt als solche für eine spezifische Theorie der Entscheidung. Nur Rombach bringt eine gedrängte Begriffsanalyse. Diese Situation hat, von historischen Gründen abgesehen, sicher auch einen sachlichen Grund. Sofern man einen nicht auf formale Wahlrationalität reduzierten, sondern genuin sittlich definierten Begriff von Normativität explizieren will, stellt man eo ipso den Begriff der praktischen Vernunft dar und handelt damit einen genuinen Teil der traditionellen Ethik ab. Dann aber zeigt sich nicht unmittelbar die Notwendigkeit einer gesonderten Theorie des Entscheidungsbegriffs. Erforderlich wird eine eigene Theorie erst, wenn man praktische Philosophie nicht auf Ethik und das Problem eines Moralprinzips eingrenzt. Wenn es um eine Theorie menschlichen Handelns geht und wenn menschliches Handeln als freiwilliges, überlegtes und damit auch verantwortliches gedacht werden soll, wird der Entscheidungsbegriff wesentlich. Im Rahmen einer solchen Theorie wäre vor allem das Verhältnis der sittlichen zur rationalen Dimension menschlichen Handelns zu reflektieren. Gegenwärtig erscheinen beide Dimensionen noch als konkurrierend. Sofern sich Analyse und Reflexion auf jeweils einen Aspekt beschränken, zudem von Wissenschaften aufgegriffen werden, die wie Ökonomie und mathematische Statistik einerseits, wie kritische Theorie und Ethik andererseits, nach Methode, kategorialem Rahmen und Erkenntnis-Interesse grundverschieden sind, ist diese Konkurrenz-Situation verständlich. Aber im Rahmen einer umfassenden Theorie menschlichen Handelns käme es nicht darauf an, sich wechselseitig als wissenschaftlich nicht streng oder als dem Erkenntnis-Interesse nach unerheblich zu kompromittieren. Vielmehr stellt sich eine Vermittlungsaufgabe: aufgrund der Einheit des Handelns gilt es, das Spannungsfeld zwischen den verschiedenen Formen und Momenten, vor allem aber zwischen der ethischen und der rationalen Dimension menschlichen Entscheidens zu erkennen, als mindestens partiell gültig zu akzeptieren und in ihrer Struktur zu begreifen. Es wären also Modelle zu entwickeln, die weder den Pluralismus von Aspekten und Methoden unanalysiert stehen lassen, noch eine in sich harmonische und homogene Gesamt-Theorie sich vornehmen. Angesichts der gesellschaftlichen, der politischen und der wissenschaftlichen Komplexität wäre ein solcher Versuch auch vergeblich. Statt dessen wäre ein Grundkonzept oder eine integrierende Rahmentheorie der Entscheidung zu entwickeln, wodurch man sowohl der Einheit des Handelns wie der Pluralität von Intentionen und Methoden Rechnung tragen könnte[74].

Anmerkungen

1 Vgl. H. Lübbe, *Theorie und Entscheidung*, Freiburg i. Br. 1971, 7.

2 Die neuere Diskussion untersucht u. a., inwieweit rationale Modelle (s. u., Abschn. II) zur Interpretation richterlicher Entscheidung geeignet sind: K. Haag, *Rationale Strafzumessung. Ein entscheidungstheoretisches Modell der strafrichterlichen Entscheidung*, Köln-Berlin-Bonn-München 1970; B. Schlink, Inwieweit sind juristische Entscheidungen mit entscheidungstheoretischen Modellen theoretisch zu erfassen und praktisch zu bewältigen?, in: *Jahrbuch für Rechtssoziologie und Rechtstheorie* 2 (1972) 322-346; vgl. auch W. Kilian, *Juristische Entscheidung und elektronische Datenverarbeitung. Methodenorientierte Vorstudie*, o. O. 1974; W. Hassemer, Die Formalisierung der Strafzumessungsentscheidung, in: *Zeitschrift für die gesamte Strafrechtswissenschaft* 90 (1978) 64-99.

3 Die dort vorgetragenen Thesen (Bollnow, Landgrebe, Landmann, Lotz, v. Rintelen, Wilpert u. a.) und die daran angeschlossene Diskussion unter der

Leitung von Th. Litt sind in den Kongreß-Berichten veröffentlicht: *Symphilosophein. 3. Dt. Kongreß für Philosophie*, Bremen 1950, München 1952, 273-322.

4 A.a.O., 305.

5 Vgl. H. Thomae, *Der Mensch in der Entscheidung*, München 1960, 20.

6 v. Rintelen, *Symphilosophein* . . ., a.a.O., 283.

7 A.a.O., 318 f.

8 A.a.O., 305 f.

9 Vgl. die Beiträge von D. Bernoulli (s. Anm. 14) und Th. Bayes (s. Anm. 15).

10 The Philosophical Relevance of Decision Theory, in: *The Journal of Philosophy* 58 (1961) 605-614 (606). Sein Schema hat inzwischen allgemeine Anerkennung gefunden; vgl. die Schemata bei K. Wöhler, Entscheidungstheorie, in: *Histor. Wörterb. d. Philos.* Bd. II, 544-547 (545), und bei D. Aldrup, *Das Rationalitätsproblem in der politischen Ökonomie*, Tübingen 1971, 7.

11 Vgl. J. Levi, der in diesem Zusammenhang von »naive« und von »critical cognitivism« spricht: *Gambling with Truth. An essay on induction and the aims of science*, New York 1967.

12 Dazu existierte schon sehr früh eine deutschsprachige Darstellung: R. Carnap/W. Stegmüller, *Induktive Logik und Wahrscheinlichkeit*, Wien 1959.

13 *An Introduction to the Principles of Morals and Legislation*, London 1789, bes. Kap. IV; dt. in: Vf. (Hrsg.), *Einführung in die utilitaristische Ethik. Klassische und zeitgenössische Texte*, München 1975, 49-52; vgl. auch Vf., *Strategien der Humanität. Zur Ethik öffentlicher Entscheidungsprozesse*, Freiburg-München 1975, Kap. 4, sowie in diesem Band: Zur Theorie des Glücks im klassischen Utilitarismus.

14 *Specimen theoriae novae de mensura sortis*, Petersburg 1738; ins Englische übersetzt als: Exposition of a New Theory on the Measurement of Risk, in: *Econometrica* 22 (1954) 23-36.

15 *An Essay towards Solving a Problem in the Doctrine of Chances*, 1763, wiederabgedruckt in: *Biometrika* 45 (1958) 296-315. Im Unterschied zu dem Beitrag von Bernoulli war der von Bayes auch vor der Wiederveröffentlichung relativ leicht zugänglich.

16 Vgl. R. C. Jeffrey, *Logik der Entscheidungen*, Wien-München 1967, 9 (orig. *The Logic of Decision*, New York ²1967).

17 F. P. Ramsey, *Truth and Probability*, London 1931; B. de Finetti, La prévision: Ses lois logiques, ses sources subjectives, in: *Annales de l'Institut Henri Poincaré* 7 (1937) 1-68; L. J. Savage, The Theory of Statistical Decision, in: *Journal of the Am. Stat. Ass.* 46 (1951) 55-67; J. v. Neumann/O. Morgenstern, *Theory of Games and Economic Behavior*, Princeton 1944, dt. *Spieltheorie und Wirtschaftswissenschaft*, Wien-München 1963; A. Wald, Über einige Gleichungssysteme der mathematischen Ökonomie, in: *Zeitschrift für Nationalökonomie* 7 (1936) 637 ff.

18 Ein detaillierter und zugleich kritischer Überblick findet sich bei E. J. Mishan, A Survey of Welfare Economics 1939-1959, in: *Surveys of Economic Theory* 1 (1965) 154-222; dt. in: G. Gäfgen (Hrsg.), *Grundlagen der Wirtschaftspolitik*, Köln-Berlin 1966, 110-176; sehr informativ auch die selbständige Darstellung von K. Boulding, Welfare Economics, in: *A Survey of Contemporary Economics*, Hrsg. B. F. Haley, Bd. 2, Homewood/Ill. 1952; dt. in: G. Gäfgen (Hrsg), a.a.O., 77-109.

19 O. Morgenstern, Spieltheorie: Ein neues Paradigma der Sozialwissenschaft, in: *Zeitschrift für Nationalökonomie* 28 (1968) 145-164 (146).

20 Als zusammenfassende Darstellung ist zu nennen: R. D. Luce / H. Raiffa,

Games and Decisions. Introduction and critical survey, New York ³1958. Vgl. auch D. Baybrooke / Ch. E. Lindblom, *A Strategy of Decision. Policy evaluation as a social process*, New York-London 1963; M. Shubik (Hrsg.), *Game Theory and Related Approaches to Social Behavior*, New York 1964; dt. *Spieltheorie u. Sozialwissenschaften*, Hamburg 1965; G. Klaus, *Spieltheorie in philosophischer Sicht*, Berlin 1968; H. Arnaszus, *Spieltheorie und Nutzenbegriff aus marxistischer Sicht. Eine Kritik aktueller ökonomischer Theorien*, Frankfurt/M. 1974; A. Rapoport (Hrsg.), *Game Theory as a Theory of Conflict Resolution*, Dordrecht 1974; M. Medina, Ansätze einer normativen Spieltheorie, in: F. Kambartel / J. Mittelstraß (Hrsg.), *Zum normativen Fundament der Wissenschaft*, Frankfurt/M. 1973, 200-215.

21 O. Morgenstern, *Spieltheorie*, a.a.O., 145 f.

22 J. Levi; s. o. Anm. 11.

23 R. B. Braithwaite, *Theory of Games as a Tool for the Moral Philosopher*, Cambridge 1965; D. P. Gauthier, Morality and Advantage, in: *The Philosophical Review* 76 (1967) 460-475; J. Rawls, *Gerechtigkeit als Fairneß*, Freiburg-München 1975, 52, 57 ff.

24 Z. B. zu öffentlichen Entscheidungsprozessen J. M. Buchanan / G. Tullock, *The Calculus of Consent. Logical Foundations of Constitutional Democracy*, Ann Arbor ²1967.

25 Morgenstern, a.a.O., 158.

26 Jeffrey, Mishan, Neumann/Morgenstern, Shubik: vgl. oben Anm. 16-18, 20.

27 In: *Forschungsplanung*, Hrsg. H. Krauch u. a., München-Wien 1966, 110-129.

28 Mskr. 1.

29 A.a.O., 2.

30 Vgl. a.a.O., 4 f.

31 Z. B. A. Rapoport, Critique of Strategic Thinking, in: *Readings of the International Political System*, Hrsg. N. Rosenbaum, Englewood Cliffs 1970, 201-227.

32 Rittel, Mskr., 14.

33 Ebd.

34 A.a.O., 21.

35 U. a. D. Bott, Allg. u. hist. Betrachtungen zum Entscheidungsbegriff, in: *Stat. Hefte* 3 (1962) 1-38; G. Menges / M. Gehara, Das Bayes'sche Risiko bei sequentiellen Stichprobenentscheidungen, in: *Stat. Hefte* 3 (1962) 39-61.

36 1. Teil: Methodische Grundlagen; 2. Teil: Grundzüge einer Theorie der wirtschaftlichen Entscheidung; 3. Teil: Einige wichtige Typen von Entscheidungen.

37 Vgl. auch W. Stegmüller, *Probleme und Resultate der Wissenschaftstheorie und Analytischen Philosophie*, Bd. IV: Personelle und statistische Wahrscheinlichkeit, 1. Halbbd.: Personelle Wahrscheinlichkeit und rationale Entscheidung, Berlin-Heidelberg-New York 1973. Im Teil I: »Rationale Entscheidungstheorie (Entscheidungslogik)« (285-385) gibt Stegmüller zunächst in sechs kürzeren Abschnitten eine intuitive Einführung in den Formalismus der Entscheidungslogik und dann in dem umfangreicheren 7. Abschnitt eine möglichst systematische Darstellung mit vollständigen Beweisen, die sich auf die Ideen von R. C. Jeffrey (vgl. Anm. 16) stützt. – Für eine erste Kenntnisnahme der Logik rationaler Entscheidung: F. v. Kutschera, *Einführung in die Logik der Normen, Werte und Entscheidungen*, Freiburg-München 1973, die in den Kapiteln 2-4 (73-114) eine konzise Darstellung der Grundbegriffe und Prinzipien der Entscheidungstheorie enthält; vgl. auch H. W. Gottinger, *Grundlagen der Entscheidungstheorie*, Stuttgart 1974.

38 Vgl. auch G. Gäfgen, Formale Theorie des politischen Handelns: Wissenschaftliche Politik als rationale Wahl von Strategien, in: H. Maier / K. Ritter / U. Matz (Hrsg.), *Politik und Wissenschaft*, München 1971, 209-257.

39 H. Brandstätter / B. Gahlen (Hrsg.), *Entscheidungsforschung. Bericht über ein interdisziplinäres Symposium*, Ottobeuren 1974, Tübingen 1975.

40 Der (überarbeitete) Beitrag des Vf. in diesem Band: Zur vertragstheoretischen Begründung politischer Gerechtigkeit: Hobbes, Kant und Rawls im Vergleich.

41 Der Beitrag des Vf. in diesem Band: Zur Rolle der Entscheidungstheorie ...

42 Zu den Anwendungsbereichen existiert eine Fülle von Beiträgen. Nur einige seien exemplarisch genannt: E. Hauf, *Über Entscheidungskriterien bei Unsicherheit*, Hannover 1970; H. Hax (Hrsg.), *Entscheidung bei unsicheren Erwartungen. Beiträge zur Theorie der Unternehmung*, Köln 1970; W. Tumm, *Die neuen Methoden der Entscheidungsfindung*, München 1972; M. Bunge, Entscheidungstheoretische Modelle in der Politik: Beispiel Vietnam, in: R. Simon-Schaefer / W. C. Zimmerli (Hrsg.), *Wissenschaftstheorie der Geisteswissenschaften*, Hamburg 1975, 309-323; zur psychologischen Entscheidungstheorie neuerdings auch: O. Huber, *Zur Logik multidimensionaler Präferenzen in der Entscheidungstheorie*, Berlin-München 1977.

43 In der neueren, der kybernetischen Systemtheorie werden soziale Systeme nicht mehr als Mechanismen oder Organismen, sondern als informationsverarbeitende Systeme in einer komplexen Umwelt analysiert. Ihre Fähigkeit beschränkt sich nicht auf Anpassung an die Umwelt, sondern erstreckt sich auch auf die Veränderung der Umwelt wie die der eigenen Struktur: vgl. etwa N. Luhmann, Moderne Systemtheorien als Form gesamtgesellschaftlicher Analyse, in: J. Habermas / N. Luhmann, *Theorie der Gesellschaft oder Sozialtechnologie – Was leistet Systemforschung?*, Frankfurt/M. 1971, 7-24 (10); aus der umfangreichen deutschsprachigen Literatur zur Systemtheorie seien nur zwei Titel exemplarisch genannt: N. Luhmann, *Legitimation durch Verfahren*, Neuwied-Berlin 1969; St. Jensen, *Bildungsplanung als Systemtheorie*, Bielefeld 1970.

44 Der knappe Abriß von K. Wöhler, Art. ›Entscheidungstheorie‹, a.a.O., (s. Anm. 10), gehört zu den Ausnahmen; ausführlicher Vf., *Strategien der Humanität* ... (s. Anm. 13), Teil I: Kritik am Paradigma Nutzenkalkulation.

45 H. Albert, Marktsoziologie und Entscheidungslogik. Objektbereich und Problemstellung der theoretischen Nationalökonomie, in: *Marktsoziologie und Entscheidungslogik*, Neuwied-Berlin 1967, 245-280.

46 *Traktat* ..., Kap. 27; bezüglich seiner früheren und ausführlicheren Kritik vgl.: Politische Ökonomie und rationale Politik. Vom wohlfahrtsökonomischen Formalismus zur politischen Soziologie, in: *Theoretische und institutionelle Grundlagen der Wirtschaftspolitik, Th. Wessels z. 65. Geb.*, Berlin 1967, 59-87, wiederabgedruckt in: H. A., *Aufklärung und Steuerung. Aufsätze zur Sozialphilosophie und zur Wissenschaftslehre der Sozialwissenschaften*, Hamburg 1976, 91-122. Wichtig sind auch einige der Aufsätze, die in den beiden Bänden *Marktsoziologie und Entscheidungslogik*, Neuwied-Berlin 1967, und *Konstruktion und Kritik*, Hamburg 1972, jetzt gesammelt vorliegen.

47 K. J. Arrow, *Social Choice and Individual Values*, New York [2]1963; A. K. Sen, *Collective Choice and Social Welfare*, San Francisco 1970; aus der umfangreichen internationalen Diskussion nur wenige Beispiele: C. R. Plott, Axiomatic Social Choice Theory: An Overview and Interpretation, in: *American Journal of Political Science* 20 (1976) 511-596; E. Schlicht, Die Theorie der kollektiven Entscheidung und der individualistische Ansatz, in: *Leviathan* 2 (1974) 265-280;

W. Gaertner, Zum Problem der Existenz von Sozialen Wohlfahrtsfunktionen im Sinne von Arrow, in: *Zeitschrift für die gesamte Staatswissenschaft* 133 (1977) 61-74; L. Kern, Neuere Ergebnisse der Theorie kollektiver Entscheidungen, ebd. 652-680; J. de V. Graaff, *Theoretical Welfare Economics*, Cambridge 1963.

48 Vgl. *Konstruktion und Kritik*, Vorwort, 21 f., 35 f. u. a.

49 *Politische Ökonomie*, 72 ff.; *Marktsoziologie und Entscheidungslogik*, 21 ff., 156 ff. u. a.

50 *Politische Ökonomie*, 76.

51 Vgl. auch D. A., Kritische Anmerkungen zum gegenwärtigen Stand der makroökonomischen Entscheidungsforschung aus realistischer Sicht, in: H. Brandstätter / B. Gahlen (Hrsg.), a.a.O. (s. Anm. 39), 80-94.

52 *The Retreat to Commitment*, New York 1962; dt. *Flucht ins Engagement. Versuch einer Theorie des offenen Geistes*, München 1964.

53 Vgl. unten Abschn. IV.

54 Zur Bildungspolitik vgl. z. B. K. Hüfner, *Traditionelle Bildungsökonomie und systemorientierte Bildungsplanung*, Berlin 1969; St. Jensen, *Bildungsplanung als Systemtheorie*, Bielefeld 1970.

55 Vgl. H. Albert, *Konstruktion und Kritik*, a.a.O., 81 ff.; *Marktsoziologie und Entscheidungslogik*, a.a.O., 113 ff., 173 f., 229 ff.

56 In: *IBM Nachrichten* 19 (1969) 490-495; vgl. auch den Bericht in *Schmalenbachs Zeitschrift für betriebswirtschaftliche Forschung*, N. F. 20 (1968) 581 ff., die Seitenangaben beziehen sich auf die *IBM Nachrichten*. Eine Fortsetzung dieser Studien findet sich in dem von E. Witte herausgegebenen und von ihm unter Mitarbeit von R. Bronner, O. Grün, W. Hamel, K.-H. Weigand und P. R. Wossidlo verfaßten Band: *Das Informationsverhalten in Entscheidungsprozessen*, Tübingen 1972. Es wird hier der Versuch unternommen, den Zusammenhang zwischen Information und Entscheidung empirisch-analytisch zu untersuchen. Auf der Grundlage der Ausgangsthese, daß der Aufbau computergestützter Informations-Systeme am Informationsverhalten der potentiellen Systembenutzer zu scheitern droht, werden Hypothesen mit »Aussagegehalt über die Realität« abgeleitet, mit Hilfe von empirischen Felduntersuchungen (bei 233 Unternehmen, Behörden und Verbänden) sowie von Experimenten (in vier Versuchsreihen mit 16 Gruppen) geprüft und daraus praxeologische und theoretische Konsequenzen gezogen. Im Ergebnis zeigt sich, daß die Effizienz wirtschaftlicher Entscheidungen nicht, wie bislang angenommen, von der Informations*versorgung*, sondern von der Informations*nachfrage* abhängt. Da sich die Nachfrage in ihrem Umfang beeinflussen läßt, werden organisatorische Maßnahmen zur Vitalisierung der Nachfrage aufgewiesen. – Vgl. auch D. H. Schulz, *Die Initiative zu Entscheidungen*, Tübingen 1977.

57 Versucht vom Vf. in: *Strategien der Humanität* ... (s. Anm. 13); vgl. auch in diesem Band: Strategien der Gerechtigkeit.

58 Als Beispiel kann der Deutsche Bildungsrat angeführt werden, der im Gegensatz zur Bund-Länder-Kommission, der Kultusminister-Konferenz und den Kultusministerien mit der Konzeptplanung beauftragt ist. Vgl. *Strukturplan für das Bildungswesen*, Bonn 1970; H. Becker, Bildungsplanung als Lernprozeß; Der Bildungsrat, in: *Bildungsforschung und Bildungsplanung*, Frankfurt/M. 1971, 62-87; H. Krings, Die Aporie der Bildungsplanung, in: *Neues Lernen*, München 1972, 65-81.

59 Abgedruckt in: *Theorie und Praxis*, Neuwied-Berlin ^{3}1969, 231-257.

60 Um einige der kritisierten Beiträge zu nennen: F. Perroux, *Zwang, Tausch,*

Geschenk, Stuttgart 1961; ders., *L'économie du XXème siècle,* Paris 1963; H. Albert, s. o. Abschn. III.1; T. Parsons, *The Structure of Social Action,* New York 1949; N. Luhmann, *Soziologische Aufklärung. Aufsätze zur Theorie sozialer Systeme,* Köln-Opladen 1970; L. Festinger, *A Theory of Cognitive Dissonance,* Stanford 1957; A. Etzioni, *The Active Society. A Theory of Societal and Political Processes,* New York 1968.

61 Eine anspruchsvolle Analyse der Spieltheorie, ebenfalls aus marxistischer Sicht und auf der Suche nach einem erweiterten allgemeinen Rationalitätsmodell durchgeführt, findet sich bei H. Arnaszus, a.a.O. (s. Anm. 20).

62 Dezisionismus – eine kompromittierte politische Theorie, in: *Schweizer Monatshefte* 55 (1976) 949-960 (auch als: Dezisionismus. Zur Geschichte der politischen Theorie der Entscheidung, in: A. Müller [Hrsg.], *Gesellschaftliche Entscheidungsvorgänge,* Basel 1977, 33-43). Pragmatismus oder die Kunst der Diskursbegrenzung, in: W. Oelmüller (Hrsg.), *Materialien zur Normendiskussion,* Bd. 2, Paderborn 1978.

63 P. Lorenzen, Szientismus versus Dialektik, in: *Hermeneutik und Dialektik,* Hrsg. R. Bubner u. a., Tübingen 1970, Bd. I, S. 57-72; ders., *Normative Logic and Ethics,* Mannheim u. a., 1968; O. Schwemmer, *Philosophie der Praxis,* Frankfurt/M. 1972; P. Lorenzen / O. Schwemmer, *Konstruktive Logik, Ethik und Wissenschaftstheorie,* Mannheim u. a. ²1975, Teil II: Ethik; F. Kambartel (Hrsg.), *Praktische Philosophie und konstruktive Wissenschaftstheorie,* Frankfurt/M. 1974; W. Kamlah, *Philosophische Anthropologie,* Mannheim u. a. 1972; J. Mittelstraß (Hrsg.), *Handwörterbuch der Philosophie und Wissenschaftstheorie,* Mannheim u. a. 1978.

64 Eine nähere Kritik vom Vf. in: *Strategien der Humanität . . .,* a.a.O. (Anm. 13), Kap. 9: Diskursive Beratung – ein Modell für öffentliche Entscheidungsprozesse?

65 W. Oelmüller, Zur Begründung von Handlungszielen und Entscheidungskriterien, in: *Herder Korrespondenz* 26 (1972) 82-86; Praktische Philosophie im Prozeß der Aufklärung. Einige vorbereitende Überlegungen, in: W. Oelmüller (Hrsg.), *Fortschritt wohin? Zum Problem der Normenfindung in der pluralen Gesellschaft,* Düsseldorf 1972, 87-135.

66 Praktische Philosophie . . ., a.a.O., 87.

67 A.a.O., 106.

68 A.a.O., 100 ff.

69 A.a.O., 97 f.

70 Vgl. a.a.O., 134 f.

71 G. E. M. Anscombe, *Intention,* Oxford-New York 1957; P. H. Nowell-Smith, Choosing, Deciding, Doing, in: *Analysis* 18 (1957/58) 63-69; D. Bennett, Action, Reason, and Purpose, in: *The Journal of Philosophy* 62 (1965) 85-96; vgl. auch G. Meggle / G. Grewendorf (Hrsg.), *Analytische Handlungstheorie,* 2 Bde., Frankfurt/M. 1977.

72 *The Concept of Mind,* London 1949 (dt. *Der Begriff des Geistes,* Stuttgart 1969).

73 Erste Beiträge, für die allerdings nicht der Entscheidungsbegriff zentral ist, sind u. a.: R. Bubner, *Handlung, Sprache und Vernunft. Grundbegriffe praktischer Philosophie,* Frankfurt/M. 1976; H. Lenk, *Handlungstheorien – interdisziplinär,* 4 Bde., München 1977 ff.; vgl. auch L. W. Beck, *Akteur und Betrachter. Zur Grundlegung der Handlungstheorie* (aus dem Englischen von K.-H. Ilting), Freiburg-München 1976.

74 Vorarbeiten dazu finden sich – abgesehen von der Studie des Vf., *Strategien der*

Humanität ..., a.a.O. (Anm. 13) – in den beiden je verschieden angesetzten Beiträgen: H. Krings, *Die Aporie der Bildungsplanung*, a.a.O. (Anm. 58); B. Waldenfels, Ethische und pragmatische Dimension der Praxis, in: M. Riedel (Hrsg.), *Rehabilitierung der praktischen Philosophie*, Bd. I, Freiburg/Br. 1972, 375-393. – Krings diskutiert am Beispiel der Bildungsplanung das Problem, wie sich Humanität und Planungstechnik vermitteln ließen, und plädiert in diesem Zusammenhang für ein Doppeltes: 1. für ein mehrfach abgestuftes Entscheidungsverfahren und 2. für ein kritisches Verständnis von Planung, in dem auch die Realisierung jener Pläne, die sich an der Idee der Humanität orientieren, nicht mit der Realisierung von Humanität selbst verwechselt wird; vielmehr sind solche Pläne als »Spielraum für humane Interaktion« zu begreifen und entsprechend zu entwerfen. – Waldenfels analysiert das Verhältnis von ethischer und pragmatischer Dimension der Praxis. Gegenüber den beiden Extrem-Modellen, die die Dimensionen des »idealen Sollens« (Ethik) und »realen Könnens« (Pragmatik) entweder radikal zu trennen oder aber total zu vermitteln suchen, fordert er ihre wechselseitige Durchdringung, aufgrund welcher die ethische und die pragmatische Dimension zwar aufeinander bezogen sind, aber in ihrem grundsätzlichen »Spannungsverhältnis« nicht aufgehoben werden.

13. Bemerkungen zu einer Theorie sittlicher Urteilsfindung (H. E. Tödt)*

Die gegenwärtige Diskussion philosophischer Ethik konzentriert sich weitgehend auf die Legitimation eines höchsten Kriteriums oder Verfahrens zur Begründung sittlicher Normen. Mit seinem *Versuch zu einer Theorie ethischer Urteilsfindung* (Zeitschr. f. evangel. Eth. 21 [1977] 81-93) erinnert Tödt die Ethik daran, daß sie zur praktischen Philosophie[1] gehört, die letztlich nicht menschliches Wissen, vielmehr sittliches Urteilen und Handeln zu verbessern sucht. Dann aber kommt es nicht bloß darauf an, ein höchstes Moralkriterium aufzustellen, sondern auch und vor allem darauf, konkrete sittliche Prinzipien zu begründen sowie die Struktur eines Urteilens und Handelns zu erhellen (evtl. sogar zu einem Schema zu operationalisieren), das solchen Prinzipien folgt.

Da Tödt ein *operationales Schema* für möglich hält und sich bei dessen Erarbeitung von der ethischen Tradition im Stich gelassen fühlt, macht er einen eigenen Vorschlag, der ebenso zur Analyse vorliegender wie zur Erarbeitung neuer sittlicher Urteile dienen soll und in beider Hinsicht schon vielfältig erprobt worden ist. Im Gegensatz zu den in der evangelischen Ethik bislang vorherrschenden Richtungen, der *Situationsethik* (etwa Bultmann, Fletcher) und der *Ethos-Ethik* (Trillhaas), soll dabei der Begriff der *Norm* eine Schlüsselrolle erhalten. – Weil der Ausdruck »ethisch« zwei methodisch unterschiedliche Bedeutungen hat – er kann sowohl die wissenschaftliche Untersuchung des Sittlichen als auch das Sittliche selbst meinen – ziehe ich es um der Klarheit willen vor, nur in bezug auf die wissenschaftliche Ebene von »ethisch«, in bezug auf die Objektebene aber von »sittlich« zu sprechen, Tödts Vorschlag also als (philosophisch-ethische) Theorie sittlicher Urteilsfindung zu diskutieren.

1. Zunächst eine kurze Bemerkung zur Alternative Situations- oder Normenethik: Wenn nach Bultmann (mit Hinweis auf

* *Zeitschrift für evangelische Ethik* 22 (1978) 182-188 (durchgesehen).

Augustinus' »ama, et fac quod vis«) das Gebot der Nächstenliebe es dem Menschen zutraut und zumutet, in der konkreten Lebenssituation seinen Nächsten zu sehen und zu wissen, was er zu tun habe (Glaube und Verstehen, [4]I 239), so impliziert diese These keineswegs den Ausschluß von Prozessen der Problemdiagnose und Urteilsfindung. Ob und inwieweit diese notwendig werden, hängt vielmehr selbst von der Situation: ihrer Komplexität, dem Erfahrungsstand des Betroffenen usw. ab. Auch kann es die Bultmannsche Interpretation nicht ausschließen, daß ein Leben, das von der Nächstenliebe bestimmt ist, aufgrund der Ähnlichkeit mancher Situationen und wegen der in situationsgemäßer Nächstenliebe gewonnenen Erfahrung zu gewissen Handlungsmustern kommt. Kurz: Situations- und »Normen«ethik schließen sich nicht eo ipso aus. Nur gibt sich Bultmann weder über das eine (Beurteilungsprozesse) noch das andere (Handlungsmuster aus Erfahrung) Rechenschaft.

Indem Tödt auf den Normenbegriff Wert legt, kritisiert er eine Ethik, die keine Handlungsmuster kennt, die zwischen dem Gebot der Nächstenliebe und der konkreten Situation vermitteln. Nur fragt es sich, welchen methodischen Status solche vermittelnden *Handlungsmuster* haben. Im Gegensatz zu einem Regeldogmatismus oder Normenfetischismus, die solchen Handlungsmustern den Wert eines vorgegebenen, festumrissenen Beurteilungskriteriums zubilligen, haben sie doch gerade nicht die Bedeutung originärer und universal gültiger Gebote, viel eher die von Faustregeln. *Universale Gültigkeit* hat hier vielmehr nur das *Gebot der Nächstenliebe* selbst. Die Handlungsmuster haben bloß generelle Gültigkeit. Sie sind Erfahrungswerte, die vor allem dort als Orientierungshilfen dienen können, wo eine individuell vorgenommene genaue Beurteilung der vorliegenden Umstände als zu langwierig, zu kompliziert oder durch Parteinahme gefährdet erscheint. Sie können und sollen deshalb den einzelnen von der persönlichen Beurteilung und Entscheidung nicht grundsätzlich entlasten, einer Beurteilung und Entscheidung, die zu ganz anderen Resultaten kommen mag. Werden die Faustregeln dagegen zu universell gültigen Normen verzerrt, so versperrt man sich gegenüber der bunten Mannigfaltigkeit von Handlungssituationen, statt sich für geschichtliche Erfahrungen und die Dynamik des Lebens offenzuhalten.

2. Bedeutsam ist Tödts Hinweis, das sittliche Urteil sei »ein integrierter Erkenntnis- und Willensakt« (S. 87). Dahinter steckt die Einsicht, daß ein *sittliches Urteil* weder auf kognitive (Szientismus) noch auf voluntative (Dezisionismus) Aspekte allein reduziert werden kann, vielmehr die *ursprüngliche Synthesis,* das Ineinanderverschränktsein beider Aspekte darstellt. Das sittliche Urteil wird einerseits konstituiert durch ein Wissen um die rechten Ziele und Zwecke sowie um die angemessenen Mittel und Wege und andererseits durch die eigene Anerkennung der Ziele und Wege, ihre Bejahung, womit mehr als ein bloßes Wünschen oder Gernhaben gemeint ist und was sich darin dokumentiert, daß man sich mit seinen Möglichkeiten und Fähigkeiten für die Realisierung der Ziele und Zwecke tatsächlich einsetzt.

Nicht eigentlich Tödts Schema, sondern diese Grundstruktur bildet das Kernstück einer Theorie sittlicher Urteilsfindung. Ein Vorschlag, der sich an dem wissenschaftlich hohen Anspruch »Theorie« orientiert, findet seine Aufgabe in der Begründung dieser Struktur, in ihrer Differenzierung und Präzisierung sowie in der Bestimmung von Bedingungen, unter denen eine so strukturierte Urteilsfindung gelingt oder aber mißlingt, Bedingungen persönlicher, sozialer und politischer Natur (Dispositionen, Kompetenzen, Entscheidungsstrukturen usw.), die zum Wissen und Anerkennen der rechten Ziele und Zwecke sowie zum Wissen und Verfolgen der angemessenen Wege führen oder sie verhindern.

3. Geht man davon aus, daß die rechten Ziele und Zwecke grundsätzlich, wenn auch nicht immer schon in der zum konkreten Handeln erforderlichen Bestimmtheit und Klarheit vorgegeben sind, und zwar entweder geschichtlich-konkret durch eine geltende Moral, ein gegebenes Ethos (verstanden als der Inbegriff von Institutionen und Verhaltensvorschriften, die sich in einem mehr oder weniger naturwüchsigen Prozeß von Kommunikation und Interaktion Anerkennung verschaffen) oder aber mehr abstrakt durch die Natur des Menschen und der Welt, geht man also von einem Ziel-, Wert- oder Normenkosmos aus, so wird das sittlich richtige Handeln als bewußtes, freiwilliges und überlegtes Zulaufen auf Ziele, kurz als Streben (ὄρεξις) gedacht[2]. Durch Lob und Tadel, Vorbild und Nachahmung, durch Einüben und Sich-Eingewöhnen in sittliches Handeln, durch formelle und

informelle Erziehungsprozesse wird die Grundausrichtung auf das sittlich Gute (verstanden als Inbegriff der rechten Ziele und Zwecke) ebenso wie die gründliche Überlegung der situationsangemessenen und dem jeweils Handelnden möglichen Mittel und Wege zu einer festen Haltung, die das Tun und Lassen des Betreffenden bestimmt. Kraft dieser doppelten Grundhaltung, kraft der sittlichen Gewöhnung (sittlichen Disposition: Tugend) sowie der komplementären sittlichen Verstandeskompetenz (sittlichen Klugheit) verfolgt man aus sich heraus die rechten Ziele und findet durch Überlegung die angemessenen Mittel und Wege.

Diese Grundstruktur sittlicher Urteilsfindung als Zusammenspiel charakterlicher und kognitiver Kompetenzen – und keineswegs als Ableitung aus höchsten Normen – hat schon *Aristoteles* in der *Nikomachischen Ethik* unter dem Stichwort (Vorzugs-) Wahl (προαίρησις) entwickelt, und zwar in einer Weise, die für die weitere Diskussion bis heute beispielhaft ist. (Tödt dagegen ist »eine Theorie solcher [sc. ethischer qua sittlicher, Vf.] Urteilsfindung ... in der Ethik bisher nicht bekanntgeworden«: S. 82.) Auf Aristoteles und den Kontext seiner Strebensethik geht auch der neuerdings (vgl. G. E. M. Anscombe, R. M. Hare u. a.) wieder intensiv diskutierte *praktische Syllogismus* zurück, nach dem eine Handlung (praktisches Urteil) als Konklusion aus (a) Erstreben eines Zieles und (b) Meinung über situationsangemessene Mittel und Wege gedacht werden kann (vgl. Tödts erstes Schema: Situation-Norm-Handlung: S. 91). Sofern aber das Erstreben aus sittlicher Gewöhnung erfolgt und die Wege kraft Klugheit überlegt werden, liegt eine sittliche Handlung (sittliches Urteil) vor.

4. Wenn mit Streben eine zielgerichtete Aktivität bezeichnet wird, dann bleibt es noch unbefragt, woher diese Aktivität ihre Energie nimmt, auf Grund deren sie die Ziele verfolgt. S. Freud sieht die letzte Ursache aller Aktivitäten in Trieben, d. h. in Kräften, die »die körperlichen Anforderungen an das Seelenleben repräsentieren« (Abriß der Psychoanalyse, Kap. I 2), also in Bedingungen, die vor jedem Bewußtsein zu Befriedigung drängen. Die Triebe sind sub-humane, rein biologische Phänomene, die weder selbst erworben noch bewußt übernommen, vielmehr ererbt sind (ebd., Kap. I 1). Dem *Ich* bleibt die Aufgabe, zwischen dem Inbegriff der Triebe, dem *Es*, und der Außenwelt zu vermitteln und die frustrations- und risikoärmste Art der Befrie-

digung herauszufinden. Die Hauptleistung des *Überich,* des Inbegriffs der verinnerlichten soziokulturellen Normen, besteht in der Tabuisierung oder Einschränkung bestimmter Bedürfnisse oder Wege ihrer Befriedigung (ebd.). Nach diesem Modell dreier Instanzen der menschlichen Psyche gilt jedes Tun und Lassen des Menschen unabhängig von jedem Bewußthaben als schon vorstrukturiert. Eine allgemeine, wenn auch nur vorläufige und relativ unbestimmte Zielrichtung, die Befriedigung der körperlich bedingten Bedürfnisse, ist vorgezeichnet und die Verantwortung des Menschen für sein Handeln auf die Vermittlung von Es, Realität und Überich bzw. auf die Art und Weise, auch auf die Direktheit oder Sublimität sowie die Intensität der Befriedigung beschränkt. Damit wird im Unterschied zu Versuchen, die menschliche Verantwortung zu totalisieren, auf biologische und soziokulturelle, der unmittelbaren Kontrolle der Subjekte entzogene Vor- und Rahmenbedingungen jeder Aktivität aufmerksam gemacht. Gegenüber dem Strebensbegriff hat der *Triebbegriff* eine *Ergänzungs- und Korrektivfunktion.*

Da eine Theorie sittlicher Urteilsfindung die Dimension menschlicher Verantwortung absteckt, muß sie sich mit diesen und anderen Theorien über die *Grenzen von Verantwortung* auseinandersetzen. Erst dann gelingt es ihr, auf dem zeitgenössischen Stand der Problematik sowohl Verantwortlichkeit zu begründen als auch Hindernisse und Barrieren zu erkennen, Wege für deren Überwindung zu überlegen sowie im Gegensatz zu Vorstellungen, nach denen der Mensch der souveräne Herr über sich und seine Geschichte sei, prinzipielle Grenzen einzusehen.

5. Eine radikalere und zugleich diametral entgegengesetzte Korrektivfunktion gegenüber dem Strebensbegriff kommt dem *Willensbegriff* zu. Geistesgeschichtlich gesehen ist er durch Christentum, Nominalismus, Renaissance, Reformation und politische Revolutionen präformiert und vor allem bei Kant und im deutschen Idealismus in den Mittelpunkt ethischer Reflexion gerückt. Auch in einem durch den Triebbegriff modifizierten Strebensmodell hat menschliches Tun und Lassen je schon sein Ziel. Es ist einerseits durch biologische (Triebe), andererseits durch soziokulturelle Bedingungen (das gelebte Ethos) bestimmt. Damit gelten die Ziele zwar nicht als absolut starr, jedoch als relativ

invariabel. Eine Theorie sittlichen Urteilens und Handelns, die auf dem Strebensbegriff basiert, kann eine Veränderung des geltenden Ethos (der vorhandenen Moral) nur von Gründen her denken, die außerhalb des sittlichen Urteilens und Handelns liegen: von einer Veränderung in bezug auf die Bedürfnisse, auf die Mittel der Befriedigung oder die Art der Mittel (Geschmacks- und Modewechsel). Gewiß lassen sich viele Veränderungen eines Ethos auf nichtsittliche: auf physische, ökonomische, geopolitische und andere Ursachen zurückführen. Dies gilt aber keineswegs für alle Veränderungen. In Phänomenen wie Moralkritik aus Moralität (vgl. die neutestamentliche Rede vom *neuen* Gesetz) oder sittlich-politischem Protest, aber auch in Verfassungsreformen oder in einem ausdrücklichen Setzen persönlicher und politischer Prioritäten werden nicht bloß im Rahmen eines gegebenen Ethos oder Werte-Kosmos Ziele verfolgt, vielmehr steht hier der Grundrahmen selbst zur Entscheidung. Damit wird ein überliefertes System von Verhaltensmustern und der ihnen korrespondierenden Strebenstätigkeiten zur Disposition gestellt, ein Vorgang, der nicht wieder als gegensatzloses Bejahen, als spontanes Verfolgen von Zielen, eben als eine Strebenshandlung, gedacht werden kann. Vielmehr ist eine Distanz des Strebens in sich selbst impliziert; es liegt eine *Willensbestimmung* vor. In dem dabei verwendeten emphatischen (nicht gewöhnlichen) Begriff des Willens wird jenes andere Moment menschlicher Aktivität vorgestellt, aufgrund dessen Ziele nicht bloß verfolgt, sondern auch und allererst aus sich selbst (und nicht aus Trieben, Bedürfnissen, Interessen usw.) heraus anerkannt, »gesetzt« werden. Auf diese Weise wird menschliches Tun und Lassen als eine strikt nicht-notwendige Bewegung begründet. Es verdient die Qualifikation der Selbstbestimmung oder Selbstgesetzgebung.

Die Begriffe des Strebens und des Willens thematisieren beide die dem sittlichen Urteil zugrundeliegende Verantwortlichkeit des Menschen. Während der Strebensbegriff mehr die Minimalbedingungen nennt: Bewußtheit und Freiwilligkeit, erhält die Idee der Verantwortung erst durch den Willensbegriff ihre volle Schärfe und Radikalität, die Qualität der (transzendentalen) Freiheit im Sinne von Autonomie des Willens. Zugleich ist der Strebensbegriff mehr als der noch nicht zu Ende gedachte Willensbegriff. Denn verantwortliches Handeln besteht aus beiden Momenten: aus dem Setzen und dem Verfolgen von Zielen. In einem vollständigen Modell sittlichen Urteilens und Handelns bezeichnen Wille und Streben zwei komplementäre Aspekte.

(Um den Autonomiebegriff vor Mißverständnissen zu schützen: Mit ihm wird keineswegs ein konkreter Mensch oder auch die ganze Menschheit zum selbstherrlichen Schöpfer von und Richter über alle sittlichen Normen und Werte erklärt. Der Begriff erläutert vielmehr das Wesen von Sittlichkeit – und zwar *vor* der Frage, ob sich Sittlichkeit nur theonom begründen lasse – und behauptet: Obwohl der Mensch einerseits ein Bedürfniswesen, andererseits ein Geschichts- und Gesellschaftswesen ist, realisiert er sich als wirklich humanes, als sittliches Wesen nur dort, wo es weder die Triebe, Bedürfnisse und Leidenschaften noch die geschichtlichen und gesellschaftlichen Gegebenheiten sind, die den *letzten* Bestimmungsgrund des Handelns abgeben. Wer prinzipiell seinen Neigungen folgt, und zwar aus keinem anderen Grund, als daß es eben seine Neigungen sind, handelt ebenso unsittlich wie der, der prinzipiell das sozial Übliche tut, weil es sozial üblich ist.)

6. Erst aus derartigen grundsätzlichen Überlegungen heraus läßt sich m. E. ein Urteilsschema entwickeln, das den Ansprüchen einer philosophischen Ethik gerecht wird. Wenn man nun Tödts Vorschlag näher betrachtet, so erscheint er in seiner Sequenz von (1) Problemfeststellung und (2) Situationsanalyse über (3) Verhaltensalternativen und (4) Normenprüfung bis zu (5) Urteilsentscheid und (6) Adäquanzkontrolle als nicht spezifisch sittlich. Denn diese Urteilsschritte scheinen, gegenüber der Sittlichkeit indifferent, das Schema für jegliche Urteilsfindung abgeben zu wollen. Man braucht nur die gelegentlichen Epitheta »ethisch« bzw. »sittlich« durch »ökonomisch«, »rechtlich«, »politisch« usw. zu ersetzen, und der Vorschlag wird auch auf diese Bereiche anwendbar. Die Dimension des Sittlichen ist bei Tödt allenfalls benannt, aber nicht wirklich begriffen und in die Struktur aufgenommen. Auch »Betroffensein« ist kein Spezifikum von Sittlichkeit, und das »Durchhalten der Integrität der Handelnden« ist nicht mehr als ein erster Hinweis.

7. In bezug auf die einzelnen Teile des Urteilsschemas schlage ich vor, sie noch deutlicher nicht als zeitlich aufeinanderfolgende Schritte, sondern als Momente eines Gesamtprozesses zu verste-

hen, die ineinandergreifen und in ihrer Verschränkung das Urteil konstitutieren. Überdies stelle ich einige Erläuterungen und Modifikationen zur Diskussion:

a) Problemfeststellung und Situationsanalyse lassen sich in ein Moment zusammennehmen, das *Problemanalyse* oder Problemdiagnose heißen könnte. Die Problemanalyse, die in komplizierteren Fällen nur mit wissenschaftlicher Hilfe gründlich vorgenommen werden kann, wird selbst durch zwei Untermomente (aa, ab) konstituiert. Es braucht Kategorien, die als *Begriffe* die Wahrnehmung und das methodische *Erfassen der Situation:* der Tatbestände (Daten) und ihrer Probleme (Schwierigkeiten, Mängel usw.) orientieren und strukturieren, wobei (aa) Begriffsbildung und (ab) Situationsanalyse/Mängeldiagnose sich wechselseitig beeinflussen.

(b) Auf die Problemanalyse folgt sachlich noch nicht wie bei Tödt die Frage, was zu tun sei, sondern die Frage, woran man sich orientieren soll. Die Problemanalyse weist aus sich heraus auf das Moment der *Prinzipien-* oder *Kriterienbestimmung,* nämlich auf die Frage, nach welchen sittlichen Prinzipien und Kriterien (Zielen, Zwecken, Grundsätzen, normativen Leitlinien o. dgl.) die gegebene Situation als sittlich problematisch, defizient und Handlungsalternativen als unter sittlichem Aspekt empfehlenswert zu beurteilen sind. *Mit der Art der höchsten Prinzipien und Kriterien entscheidet es sich, ob es tatsächlich um sittliche und nicht um wirtschaftliche, rechtliche oder andere Urteilsfindung geht.*

Zum weiten Feld der Legitimation sittlicher Grundsätze hier nur ganz wenige kurze Hinweise: Ein erster methodischer Schritt gilt der Klärung und Exposition des Begriffs und Prinzips des Sittlichen als des Unbedingten in bezug auf Handeln. Im Rahmen einer Strebensethik ist das Prinzip des Sittlichen die Idee des nicht mehr überbietbaren, des schlechthin erfüllten Zieles, die Eudaimonia (Glückseligkeit). Im Rahmen einer Willensethik ist das Prinzip des Sittlichen die Autonomie des Willens, und das höchste Beurteilungsprinzip liegt im kategorischen Imperativ. Eine religiöse Ethik dagegen wird sich auf den (geoffenbarten) Willen Gottes berufen. – In einem zweiten methodischen Schritt geht es um die Begründung von Lebensformen (Platon, Aristoteles), Existenzweisen (Kierkegaard) und/oder sittlichen Lebenshaltungen (Tugenden, Maximen) nach Maßgabe des Prinzips der Sittlichkeit. Im Sinne des Neuen Testaments wäre nur das eine Gebot der Gottes- und Nächstenliebe zu nennen. – Während diese beiden Grundschritte für eine philosophische Ethik unabdingbar sind, können sie in der konkreten sittlichen Urteilsfindung vielleicht als schon geleistet und als mehr oder weniger bekannt vorausgesetzt werden. Der Urteilsfindung selbst käme es dann darauf an, solche sehr allgemeinen normativen Leitprinzipien oder sittlichen Grundmuster nach Maßgabe des hier vorliegenden Lebensbereiches und Problemaspektes zu spezifizieren.

c) Auf der Basis der Problemdiagnose und nach Maßgabe der problemspezifischen Kriterien kann die Leitfrage, was zu tun sei, in Angriff genommen werden. Allerdings lassen sich – im Gegensatz zu einem häufigen Mißverständnis – konkrete sittliche Urteile aus den beiden Momenten: Problemdiagnose und Kriterienbestimmung, nicht einfach logisch deduzieren. Zu Recht macht Tödt deshalb darauf aufmerksam, daß Normen einen verständigen Umgang mit ihnen erfordern. Ohne Einsicht, Beurteilungsprozesse und vor allem Kreativität ist in der streng genommen je neuen Situation kein angemessenes Urteil, keine Möglichkeit (Handlung, Institution u. dgl.) zu finden, um das gegebene Problem sittlich zu lösen. Um den kreativen Aspekt herauszuheben, kann man dieses dritte Moment als *konstruktiven Entwurf* bezeichnen.

In der Adäquanzkontrolle sehe ich weniger ein eigenes Strukturmoment als die Aufforderung, jede der Teilaufgaben ebenso wie das Ganze gründlich und in mehrfacher Überprüfung vorzunehmen, wobei die Überprüfung evtl. durch andere Personen, Gruppen oder Gremien erfolgen kann.

Durch das Ineinandergreifen der drei Momente (Problemanalyse, Kriterienbestimmung, konstruktiver Entwurf) gewinnt man Pläne bzw. Möglichkeiten eines sittlichen Urteils, nicht eigentlich schon das sittliche Urteil selbst. Insofern stellt Tödts Aussage »Aus dem Erkennen ... ergibt sich ... das Urteil« (S. 83) eine kognitivistische Verkürzung des sittlichen Urteils dar. Zu einem sittlichen Urteil kommt es aber – gemäß der Einsicht in den integrierten Erkenntnis- und Willensakt – erst durch ein genuin sittlich-praktisches Moment, durch die Anerkennung des Entwurfs, durch die willentliche Zustimmung, die praktische Bejahung: »Das ist es, was ich will und wofür ich mich mit meinen Kräften tatsächlich einsetze.«

Allerdings ist damit nicht eigentlich ein neues Moment, wohl eine bestimmte Qualität der bisher genannten Momente bezeichnet: Das ganze Verfahren ist kein (evtl. brillantes) Gedankenspiel, sondern ein Überlegungs- und Entscheidungsprozeß, in dem sich die Träger über sich selbst und ihre Lebensweise klar werden und evtl. auch anderen darüber Auskunft geben wollen. – Sofern die Träger der Entscheidung (Gemeinde, Kirche, Regierung usw.) ein Gremium zu Rate ziehen, so wird dieses Gremium Empfehlungen ausarbeiten, nicht aber die Annahme oder Ablehnung der Empfehlung, nämlich die Entscheidung, übernehmen können. Darin zeigt sich einmal mehr der letztlich praktische, nicht theoretische Charakter eines sittlichen Urteils: Ein Beratungsgremium kann Vorschläge machen, die aus einer sorgfältigen Erwägung aller Gründe des Für und Wider stammen mögen; das sittliche Urteil selbst kann nur der fällen, dessen Urteil es ist.

8. Obwohl der Theologe hier kompetenter ist als der Philosoph, möge er auch dazu eine Bemerkung erlauben: Das Proprium einer christlichen Ethik würde ich nicht bloß »in der Weise des Umgangs mit Normen« (S. 93) suchen, denn das, was Tödt eine Meta-Norm nennt, das Gebot der (Gottes- und) Nächstenliebe, erlaubt es nicht bloß, »soziale Normen einheitlich zu interpretieren« (S. 92 f.), sondern gebietet auch, rivalisierende »Meta-Normen« (Eigenliebe, Vergeltungsdenken u. a.) samt den durch sie bezeichneten Verhaltensweisen zu verwerfen. Es sollen keineswegs dieselben Normen bloß anders interpretiert werden, sondern es ist eine Umkehrung der »natürlichen«, die Durchsetzung gegenüber den Mitmenschen suchenden Lebensrichtung gefordert. Darüber hinaus vermute ich, daß das Proprium auch in der Art der Begründung liegt: Die christliche Ethik beruft sich auf die Erfahrung Gottes, eine Erfahrung, die sie durch spezifische Offenbarungstexte und das Gemeindeethos vermittelt sieht.

Anmerkungen

1 Zum Begriff der praktischen Philosophie vgl. Aristoteles, *Nikomachische Ethik*, bes. I 1, 1094 b 11 - 1095 a 13; dazu in diesem Band: Ethik als praktische Philosophie.

2 Zu den Abschnitten 3-5 vgl. ausführlicher in diesem Band: Kategorie Streben.

14. Herrschaftsfreiheit oder gerechte Herrschaft?*

Selbst *Grund*probleme der Philosophie können ihre Bedeutung verlieren. Sie können sich nämlich auflösen, indem die zugrunde liegende lebensweltliche Aufgabe verschwindet. Blüht ein solches Schicksal dem klassischen Problem der politischen Philosophie, der Legitimation von Prinzipien der politischen Gerechtigkeit?

Mit Gerechtigkeit bezeichnen wir den höchsten Anspruch, den wir für eine politische Ordnung erheben. Es ist ein Anspruch, der sich weder durch andere Ansprüche (wie: Koordination, Effizienz, Stabilität, auch Wohlfahrt) außer Kraft setzen noch gegen sie aushandeln läßt. Gerechtigkeit bezeichnet die unbedingte, die sittliche Forderung. Zwar gibt es gerade in jüngster Zeit wieder einflußreiche politische Denker, besonders im anglo-amerikanischen Sprachraum (etwa John Rawls, den Robert Nozick und James Buchanan sowie viele andere), die sich um die Bestimmung von Gerechtigkeitsprinzipien bemühen. Aber solche Bemühungen haben nur unter der Voraussetzung Sinn, daß es auch weiterhin die Anwendungsbedingung, also jene Lebenswirklichkeit gibt, auf die sich die Gerechtigkeitsprinzipien beziehen. Prinzipien politischer Gerechtigkeit geben an, gemäß welchen Bedingungen und Kriterien eine verbindliche, sich gegebenenfalls mit Hilfe von Sanktionen durchsetzende politische Ordnung, eine Herrschaftsordnung also, sittlich legitim ist. Prinzipien politischer Gerechtigkeit zu bestimmen und ihre Anwendung zu fordern ist deshalb nur so lange sinnvoll, wie es politische Ordnung und Herrschaft gibt. Genau dies: ein weiteres Bestehen von Herrschaft wird aber seit einigen Jahren wieder scharf angegriffen.

Nicht bloß Vertreter der kritischen Theorie Frankfurter Herkunft, so vor allem Herbert Marcuse, sondern auch der weltberühmte Linguist Noam Chomsky oder der kaum weniger berühmte Wissenschaftstheoretiker Paul Feyerabend gehören in den illustren Kreis jener Denker, die eine völlig ungehinderte

* *Neue Zürcher Zeitung* 30./31. 7. 1977, (überarbeitet und erweitert).

Entfaltung aller Individuen und gesellschaftlichen Kräfte fordern, die deshalb entweder jede Rechts- und Verfassungsordnung verwerfen oder nur eine solche Ordnung zulassen, die sich in keinem Fall, auch nicht als durch und durch gerechte Ordnung mit Hilfe von Sanktionen durchsetzen darf, kurz: die jede Form von Herrschaft für illegitim erachten und ein herrschaftsfreies, ein im wörtlichen Sinn an-archisches Zusammenleben als einzig akzeptable Gesellschaftsform proklamieren.

Dies ist unbestritten: Jede politische Ordnung, auch eine durch und durch gerechte, also keineswegs eine die Menschen ausbeutende, unterdrückende oder gar versklavende Ordnung, enthält Gesetze (Gebote und Verbote), die sich auch gegen den erklärten Willen von Betroffenen richten und sich notfalls mit Zwang bzw. unter Androhung von Sanktionen Geltung verschaffen. Man braucht nur an die Leib und Leben der Bürger schützenden Strafgesetze zu denken. Insofern eine politische Ordnung aus öffentlichen Gewalten besteht, in den neuzeitlichen Demokratien aus Legislative, Exekutive und Jurisdiktion, insofern durch sie Gesetze erlassen und ausgeführt sowie Streitfälle kompetent entschieden werden, ist jede politische Ordnung eo ipso eine Herrschaftsordnung, aber nicht eo ipso ein System der Unterdrükkung. Durch eine Herrschaftsordnung wird aber die absolute (Willkür-)Freiheit von jedermann beeinträchtigt, was keiner gern hinnimmt. So gesehen ist der immer wieder neue Entwurf von Sozialutopien, die auf jegliche Herrschaft verzichten, nur »natürlich«. Aber: Halten solche »konkrete Utopien« »herrschaftsfreier Kommunikation« (so auch Habermas, Apel, R. P. Wolff) einer näheren Analyse stand?

Im Gegensatz zu Sozialutopien marxistischer und nichtmarxistischer Herkunft, im Gegensatz zur Vorstellung, politische Ordnung und damit Herrschaft seien für den Menschen entweder grundsätzlich oder wenigstens unter bestimmten Lebensbedingungen überflüssig, läßt sich zeigen, daß die Anwendungsbedingungen von Prinzipien politischer Gerechtigkeit für den Menschen grundsätzlich gegeben sind. Denn sie sind mit allgemeinen Bedingungen des Menschseins als solchen (der »Natur« des Menschen) und gleicherweise allgemeinen Beurteilungskriterien untrennbar verknüpft. Deshalb ist dieser Schluß unumgänglich: Ein vernünftiges, ein humanes Zusammenleben ist für den Menschen nicht bloß unter seinen bisherigen subjektiven und objektiven

Lebensbedingungen, sondern in jedem Fall ohne eine politische, ohne eine Herrschaftsordnung nicht möglich. Die Legitimation von Prinzipien der politischen Gerechtigkeit und ihre Anwendung in der politischen Welt wird die Menschen so lange beschäftigen, wie es sie überhaupt gibt.

I. Über die Natur des Menschen

Unter der Natur des Menschen ist die Gesamtheit der letzten, nicht mehr hintergehbaren Voraussetzungen menschlichen Handelns zu verstehen, die Voraussetzungen also, die weder durch früheres Handeln noch durch den institutionellen und kulturellen Rahmen des Handelns bestimmt sind. Als Natur gilt das am Menschen und seiner Welt, das der persönlichen, gesellschaftlichen und geschichtlichen Verfügung prinzipiell entzogen ist.

Allerdings geht seit den Kontroversen zwischen Sokrates/Platon und den Sophisten unter den Philosophen der Streit über die menschliche Natur. Unter Berufung auf entsprechende Erfahrungen gilt der Mensch entweder als Egoist, der nur nach Selbsterhaltung und dem eigenen Wohlergehen strebt und dessen soziale Tendenzen sich als versteckte Eigenliebe dechiffrieren lassen, oder aber billigt man ihm von Natur aus genuin altruistische Neigungen zu, und ein faktischer Egoismus gilt als jene Depravation der Natur, die sich erst geschichtlichen Entwicklungen – etwa der Einführung des Privateigentums – verdanken. Für die einen ist der Mensch von Natur aus eher bösartig und gewalttätig, für die anderen eher gutartig und friedliebend. Wiederum behaupten die einen, er lebe von Natur aus strikt vereinzelt, und die anderen, er sei von Natur aus ein Gemeinschaftswesen.

Insofern sich die verschiedenen Parteien zwar auf Erfahrungen berufen können, die Erfahrungen sich aber nicht bloß widersprechen, sondern auch den Menschen nicht in seiner Natur, vielmehr in seiner soziokulturellen Überformung zeigen, muß man eine Stufe radikaler fragen und grundsätzliche Qualifikationen aufsuchen. Unabhängig von allen Unterschieden zwischen den verschiedenen Individuen, Gruppen und Weltanschauungen, selbst unabhängig vom Entwicklungsstand der menschlichen Wirtschaft, Gesellschaft und Kultur erscheint der Mensch als bedürftiges Vernunftwesen bzw. vernünftiges Bedürfniswesen und darüber hinaus als Arbeits-, Gesellschafts- und Geschichtswesen. Das erkennen wir schon aus einer von den soziokulturellen Besonderheiten abstrahierenden Interpretation eigener Erfahrung und finden es durch eine entsprechende Interpretation der verschiedenen Auskünfte der hier relevanten Einzelwissenschaften (Sozial- und Kulturgeschichte, Kulturanthropologie, Ethnologie usw.) noch methodisch erhärtet:

Einerseits steht der Mensch zwar im Unterschied zu reinen Naturwesen unter mannigfachen biologischen, dann auch psychologischen und soziokulturellen Bedingungen. Keineswegs ist er absolut frei im Sinne von »indeterminiert«. Durch diese Bedingungen ist er aber weder vollständig noch eindeutig festgelegt. Er kann sich vielmehr in ein Verhältnis zu seinen Lebensbedingungen setzen und kraft dieses Selbstverständnisses die Bedingungen benennen und beurteilen, er kann sie sich aneignen und schöpferisch erarbeiten, er kann sie anerkennen oder verwerfen und sich gegebenenfalls um ihre Veränderung bemühen. Während Tiere durch spezialisierte Organe und ererbte Verhaltensreaktionen (Instinkte) umweltgebunden sind, ist der Mensch – negativ formuliert – in seinem Organ- und Instinktbereich verunsichert und deshalb den natürlichen Widrigkeiten und Feinden zunächst weitgehend schutzlos ausgeliefert. Doch bedeutet dies zugleich und damit positiv gewendet, daß er – ohne Erbmotorik und mittels vielseitig verwendbarer Organe – seiner Natur nach ein weltoffenes, ein plastisches Wesen mit einem ungewöhnlich weiten Spielraum ist, innerhalb dessen er als einzelner, als Klein- oder Großgruppe unterschiedlich sich entwickeln und tätig werden kann. Mit Sprache und Vernunft begabt, kann der Mensch überlegen und wählen, kann er sich Vorstellungen vom Lebensnotwendigen, vom Angenehmen, Nützlichen sowie vom Guten und Gerechten machen; er kann sich Zwecke setzen, die solchen Vorstellungen entsprechen, und kann durch sein Tun und Lassen die Zwecke zu realisieren trachten. In diesem Sinn ist er ein praktisches Vernunftwesen. Bei der Realisierung der Zwecke kann er erfolgreich sein oder auch seine Zwecke verfehlen, sei es aufgrund widriger Umstände, sei es aufgrund konkurrierender Zwecke. Er kann methodische Verfahren zur Realisierung seiner Zwecke entwickeln und die Verfahren zu Fertigkeiten, zu Künsten und Wissenschaften ausbilden.

Auf der anderen Seite hat der Mensch, im Unterschied zu reinen

Vernunftwesen, auch Triebe und Bedürfnisse, die zur Befriedigung drängen und deren Mittel der Befriedigung der Mensch sich in der Regel selbst beschaffen, selbst erarbeiten muß. Insofern ist der Mensch von Natur aus auch ein Wesen, das arbeitet. Unter den Trieben und Bedürfnissen des Menschen finden sich primäre, weil elementare Triebe und Bedürfnisse, die sich nicht erst persönlichen und/oder soziokulturellen Entwicklungen verdanken, weil sie – wie Hunger, Durst, Schlafbedürfnis, Sexualität – physiologisch bedingt sind. Zwar lassen sich solche Triebe und Bedürfnisse je nach Individuum, Gruppe, Gesellschaft und Kultur in unterschiedlicher Stärke und Form gestalten. Man kann sie in ihrer naturwüchsigen Ausprägung belassen oder aber korrigieren und sublimieren; man kann sie ausdifferenzieren, verstärken oder unterdrücken; vollständig abschaffen lassen sie sich jedoch nicht. Insofern die Erfüllung der Triebe und Bedürfnisse Selbsterhaltung und Glück bedeuten, kann man auch sagen: Als Trieb- und Bedürfniswesen hat der Mensch ein natürliches Verlangen nach Selbsterhaltung und Glück.

Da beide Aspekte gleicherweise für den Menschen zutreffen, ist es offensichtlich, daß der Mensch sowohl Bedürfnis- als auch Vernunftwesen ist. Um es paradox zu formulieren: Es gehört zur Natur des Menschen, nicht bloß Natur, sondern auch Vernunft zu sein.

II. Der Mensch im Naturzustand

Auf der Grundlage dieser *conditio humana*, der endlichen Vernunftnatur, kann man ein Gedankenexperiment durchführen, das durch die Frage bestimmt ist: »Wie sähe die Situation der Menschen aus, wenn sie – ohne jede verbindliche politische Herrschaftsordnung – nur von ihrer vernünftigen Bedürfnisnatur bestimmt wäre?« In diesem rational konstruierten, also rein hypothetischen, keineswegs historischen Zustand der Recht- und Verfassungslosigkeit – die klassische politische Philosophie eines Hobbes, Locke, Rousseau oder Kant spricht von Naturzustand, Rawls von ursprünglicher Lage (original position) – folgt der Mensch, so wie es die Theoretiker des Anarchismus fordern, bloß seiner freien Willkür. Jeder kann seine eigenen Zwecke mit den ihm recht erscheinenden Mitteln verfolgen, unabhängig davon, ob er damit nur seinem eigenen Wohlergehen oder auch dem seiner Mitmenschen, ob er allen oder keinem dient. Durch keine öffentlichen Institutionen, durch keine übergreifenden Rechtsinstitute verbindlich eingeschränkt, hat jeder – im Prinzip – ein Recht auf alles. Doch hat man dieses Recht wirklich?

Nicht bloß für unsere Situation der Überbevölkerung, sondern viel grundsätzlicher und somit in dieser Hinsicht ohne Hoffnung auf »bessere Zeiten« gilt es: Sofern es überhaupt mehr als *ein* Exemplar der species Mensch, der vernünftigen Bedürfniswesen gibt, können solche Wesen nicht umhin, mindestens gelegentlich zur selben Zeit denselben Lebensraum mit ihresgleichen zu teilen und dann in wechselseitigen Einfluß zu geraten. Darüber hinaus ist der Mensch als »prinzipielle Frühgeburt« (A. Portmann) schon zum nackten Überleben auf die Hilfe anderer angewiesen. Aufgrund der Hilfs- und Erziehungsbedürftigkeit von Neugeborenen und Kindern, dann aufgrund der Sexualität, weiterhin aufgrund der Lebensnotwendigkeit von Arbeit und ihrer Erleichterung durch Arbeitsteilung, Handel usf., aufgrund der Vernunft- und Sprachbegabung (als der Fähigkeit, aber auch dem Verlangen, sich einander mitzuteilen) drängt es die Menschen schon zum Zweck der Selbsterhaltung und des Überlebens der Art, dann auch zum sicheren, leichteren und angenehmeren Leben zum Zusammensein mit ihresgleichen.

Nur in Parenthese: In dem Zusammenleben werden nicht bloß kraft gemeinsamer Arbeit die Mittel der Befriedigung gewonnen. Im Zusammenleben bilden sich ebenso bestimmte Weisen der Befriedigung sowie gemeinsame Vorstellungen vom Lebensnotwendigen, vom Angenehmen, Nützlichen, Guten und Gerechten heraus. Sobald sich die Triebe und Bedürfnisse erst einmal über das Niveau des physiologischen Existenzminimums erhoben haben und sobald Vernunft mehr als Konsistenz und Kohärenz meint, sind beide Aspekte der menschlichen Natur, der Bedürfnis- und der Vernunftaspekt, kulturell (gesellschaftlich-geschichtlich) vermittelt. Zu einem konkreten Menschen wird man nicht durch biologische Faktoren einerseits und eine gesellschaftlich-geschichtlich abstrakte Vernunft andererseits. Man wird es erst durch vielfältige und auch unterschiedliche kulturelle Vermittlungen, so daß die Variabilität zur Natur des Menschen, so daß die Nichtkonstanz zu den anthropologen Konstanten grundsätzlich hinzugehört. Der Mensch ist ein offenes, ein dynamisches Ganzes. Seine Lebensweise ist kein starr vorgegebenes Muster, vielmehr eine Aufgabe, die der einzelne in Gemeinschaft mit seinesgleichen in einem nie abgeschlossenen Prozeß der Erziehung, Bildung, der Selbstfindung und des Selbstentwurfs näher zu definieren und aus eigenem Antrieb auszuführen hat.

Ob man auf das Zusammenleben hingedrängt wird oder ob man es aus sich heraus sucht: Wer in wechselseitigem Einfluß miteinander lebt, steht grundsätzlich und nicht erst aufgrund von Zusatzbedingungen in der Gefahr von Konflikten mit seinesgleichen. Zwar vertritt man nicht bloß im Umkreis des Marxismus (Marcuse, Macpherson), sondern auch im liberalen Lager (schon Hume, neuerdings Rawls) die Meinung, daß Konflikte erst beim Zutreffen von zwei Zusatzbedingungen drohen: wenn nämlich erstens die Subjekte unterschiedliche Bedürfnisse, Interessen und Sinnvorstellungen haben und wenn zweitens die objektiven, die wirtschaftlichen Umstände (noch) nicht die einer Überflußgesellschaft sind. Wer diese Meinung vertritt, muß vernünftigerweise auch annehmen, daß bei Nichtzutreffen der Zusatzbedingungen, daß also bei einer Harmonie unserer Interessen verbunden mit der Situation der Überflußgesellschaft die Anwendungsbedingungen von Recht, Staat und Herrschaft, der Zustand der Konfliktgefahr, entfielen. Wer überdies das Bestehen der Zusatzbedingungen für nicht notwendig hält (so die marxistischen im Unterschied zu den liberalen Denkern), für den ist die recht- und verfassungslose, daher auch herrschaftsfreie Kommunikation nicht bloß denkmöglich, sondern das Streben nach ihr sogar sittlich-politisch geboten.

Indessen sind die Zusatzbedingungen keineswegs erforderlich. Zunächst läßt sich nur eine relative, keine absolute Überflußgesellschaft denken. Gewiß kann man sich eine wirtschaftliche Situation vorstellen, in der man genügend viele und hinreichend preiswerte Güter herstellt. Aber bestimmte Dinge lassen sich prinzipiell nicht beliebig vermehren: weder originale Kunstgegenstände (mittelalterliche Kreuzgänge odgl.) noch prestigereiche Wohnlagen oder gewisse übergeordnete Berufe (Verfassungsrichter, Universitätspräsidenten usf.). Zudem müssen wir heute erfahren, daß selbst die elementaren Ressourcen Wasser, Luft, Land und Energie bedrohlich knapp werden, so daß die Gefahr entsprechender elementarer Konflikte vorprogrammiert ist. Vor allem jedoch: Selbst in einer absoluten Überflußgesellschaft und bei gleichen Interessen ist die Konfliktgefahr nicht gebannt. Nicht bloß bei Kindern, sondern auch bei Erwachsenen, nicht nur bei Individuen, sondern auch bei Gruppen, Verbänden und Staaten können wir es beobachten: Menschen streiten sich nicht allein deshalb, weil es von einer Sache zu wenig Exemplare gibt, sondern – weit grundsätzlicher – weil sie überhaupt Bedürfnisse und Interessen haben, zu deren Befriedigung sie Mittel benötigen, und weil sie angesichts desselben Lebensraumes ihren begehrlichen Blick auf ein und dasselbe Mittel werfen können. Mit einem Wort: Die Konfliktgefahr gründet allein in der freien Willkür, verbunden mit der Gemeinsamkeit des Lebensraumes. Die Konfliktgefahr ist mit der conditio humana als solcher gegeben. Dann aber ist nicht die Herrschaftsfreiheit, sondern die gerechte Herrschaft das sinnvolle Ziel philosophischer und politischer Bemühungen.

Der Zustand steter Konfliktgefahr ist nun keineswegs harmlos. Aufgrund mangelnder Instinkte, hier: wegen des Fehlens einer angeborenen artspezifischen und automatischen Tötungshemmung macht das Austragen von Konflikten nicht grundsätzlich vor dem Leben der anderen halt. Dann aber läßt es sich nie ausschließen, daß sich die Konflikte zum Kampf auf Leben und Tod verschärfen.

Man muß es noch einmal betonen: Daß der Mensch im recht- und herrschaftslosen Zustand nicht bloß in ständiger Konflikt-, sondern in steter Todesgefahr lebt, dieses Resultat setzt keineswegs ein pessimistisches Menschenbild voraus, nach dem der Mensch von Natur aus egoistisch, ungesellig, machtbesessen und gewalttätig sei. Denn auch bei gut- und rechtdenkenden, zudem am Wohle der Mitmenschen orientierten Personen kann es zum Streit kommen, zum Streit nämlich über die *Interpretation* des Guten und Rechten sowie über die Frage, welches Tun und Lassen im Wohlergehen des anderen liegt. Wegen des Fehlens einer mit Zwangsgewalt ausgestatteten Rechtsordnung gibt es aber keinen autorisierten: keinen gemeinsam anerkannten Richter, der den Streitfall rechtskräftig entscheidet. Jeder ist vielmehr Richter in eigener Sache.

Auch ohne daß man – wie etwa Hobbes – den Menschen auf Selbstinteresse, Machtstreben und Glücksverlangen festlegt, auch ohne die Annahme von Mangelwirtschaft (Güterknappheit) und *partiellem* Egoismus – was liberale Denker zur conditio humana rechnen, während Marxisten dieses bestreiten und darin vielmehr kontingente Umstände erblicken – gilt folgendes: Solange es praktische Vernunftwesen gibt, die sich wegen des gemeinsamen Lebensraumes wechselseitig beeinflussen und dabei – ohne öffentlich-rechtliche Ordnung – bloß nach dem eigenen Gut- und Rechtdünken handeln, sind weder Individuen oder Gruppen noch ganze Völker vor Konflikten untereinander und Gewalttaten gegeneinander sicher. Weder Leib und Leben, noch Hab und Gut, überhaupt kein Freiraum persönlicher Lebensführung sind letztlich geschützt. Und darin liegt die Dialektik oder der innere Widerspruch des Gedankenexperiments eines wirklich herrschaftsfreien, eines vollständig anarchischen Miteinanderlebens: Das Recht auf alles entpuppt sich bei näherer Analyse als Recht auf nichts.

Die Grenzen menschlicher Freiheit kommen nicht (bloß) von außerhalb der Freiheit. Sie liegen weder ausschließlich in der Güterknappheit oder in Wachstumsgrenzen (vgl. die vom Club of Rome initiierte weltweite Diskussion) noch in der – evtl. selbst ökonomisch bedingten – Depravation des Menschen allein und auch nicht schon in der Verbindung dieser Faktoren. Sie gründen vielmehr schon in der Freiheit selbst. Ohne eine gleichzeitige Einschränkung und Sicherung von Freiheit nach Maßgabe allgemeiner Gesetze, ohne eine verbindliche Rechtsordnung, die sich gegebenenfalls mit Zwang verbindet, ohne eine gerechte Herrschaftsordnung, ist die Freiheit von jedermann jederzeit der Gefahr der Vernichtung ausgesetzt.

III. Zur Beurteilung des Naturzustandes

Auch wenn es offensichtlich ist, daß niemand diese Perspektive des Naturzustandes will, jedermann also den Naturzustand zu überwinden trachtet, folgt aus dem Gedankenexperiment des Naturzustandes selbst bloß die grundsätzliche Bedrohung menschlicher Freiheit. Es folgt weder eine Einsicht in die Defizienz dieses Zustandes, noch ergeben sich Kriterien der Überwindung und schon gar nicht eine Aufforderung dazu. Der Übergang vom Naturzustand zum Rechts- und Friedenszustand bedarf eines neuen methodischen Elementes; er bedarf eines normativen Prinzips, womit auch der naturalistische Fehlschluß vermieden ist. Über normative Prinzipien aber wird seit der Antike zwischen egoistischen, sozialpragmatischen und Vernunftpositionen philosophisch gestritten. Diese Kontroversen lassen sich allerdings zunächst unterlaufen. Denn ob man den Zustand der Anarchie mit Hobbes egoistisch (individualpragmatisch) nach Kriterien individueller Daseinssicherung, sozialpragmatisch nach dem Gesichtspunkt allgemeinen Wohlergehens oder aber mit Kant, Fichte usf. vom Vernunftstandpunkt wechselseitiger Anerkennung gleicher Personen beurteilt – in jedem Fall erscheint er, qua Zustand latenten Krieges, als durch und durch negativ. Egoistisch betrachtet ist er schon eine Bedrohung des je eigenen Überlebens (Hobbes: Todesfurcht). Sozialpragmatisch (utilitaristisch) gesehen ist er eine empfindliche Beeinträchtigung des größten Glücks der größten Zahl. Unter Vernunftkriterien schließlich erscheint er als Entscheidung von Konflikten nach Maßgabe physischer, psychischer, intellektueller und anderer Überlegenheit, als Entscheidung gemäß den jeweiligen Macht- und Drohpotentialen und nicht gemäß den legitimen Ansprüchen, die jemand hat. Unabhängig davon, auf wessen Seite die legitimen Ansprüche liegen und nach welchen Maßstäben sich die Legitimität der Ansprüche bemißt, ist die bloße Macht aber das gerade Gegenteil von Vernunft. So kann dieses Resultat auch bei unseren wert- und normenpluralistischen, deshalb legitimationsschwachen Gesellschaften in den unabdingbaren politischen Grundkonsens eingehen: Nicht der Naturzustand bzw. das Chaos der Anarchie, sondern eine Frieden und Recht garantierende politische Ordnung soll sein. Ihre Errichtung ist nicht bloß eine Forderung der Vernunft, sondern liegt auch im wohlverstandenen Selbstinteresse eines jeden.

Nach der klassischen Philosophie ist der Mensch von Natur aus zur politischen Gemeinschaft bestimmt. Diese These eines Platon, Aristoteles oder Thomas von Aquin findet durch die vorliegende Argumentation eine neue, deshalb allerdings nicht notwendigerweise schon zureichende Deutung und Begründung. Der Mensch ist insofern und aus dem Grund von Natur aus ein politisches Wesen, als er – wegen der von ihm nicht hintergehbaren Konfliktmöglichkeit und wegen des ebensowenig aufhebbaren Mangels an Instinktsicherung – im bloßen Naturzustand sich im latenten Krieg und in Furcht vor einem gewaltsamen Tod befindet. Diese Situation kann er nur dadurch überwinden, daß er sich zu einer Frieden und Recht sichernden politischen Ordnung zusammenschließt.

IV. Politische Gerechtigkeit

Den Naturzustand zu verlassen und eine gerechte Friedens- und Rechtsordnung zu errichten heißt, jene Selbstgefährdung durch seinesgleichen institutionell zu bändigen, die im naturalen Begriff der menschlichen Natur steckt und zu deren Bändigung der Mensch, gemäß seiner Vernunftnatur, auch aufgerufen und befähigt ist. Als Vernunftwesen kann der Mensch einerseits seine Selbstgefährdung im Verhältnis zu seinesgleichen einsehen und andererseits institutionelle Mittel und Wege der Überwindung erkennen und realisieren, institutionelle Mittel, die Grundsätzen der Gerechtigkeit zu unterwerfen sind. Gerechtigkeit besteht nicht in der Überwindung von Herrschaft, sondern in ihrer vernunftgemäßen Struktur. Die Begründung eines höchsten Gerechtigkeitsprinzips und dann die Bestimmung bereichsspezifischer Grundsätze (Grundsätze für die Rechtspflege, die Arbeitswelt, das Bildungswesen, das Pressewesen usw.) nach Maßgabe des allgemeinsten Prinzips sind deshalb die nächsten Aufgaben.

Die politische Philosophie gibt sich keineswegs damit zufrieden, den Anarchismus beim Wort zu nehmen und ihn durch das Gedankenexperiment des Naturzustandes e contrario zu widerlegen. Ihr geht es auch darum, die Alternative, den Friedens- und Rechtszustand, normativ genauer zu bestimmen und dabei den Streit zwischen Egoismus, Utilitarismus und Vernunftstandpunkt auszutragen. Durch welche dieser Positionen läßt sich eine Alternative begründen, die dem Anspruch politischer Gerechtigkeit genügt?

Mit Gerechtigkeit – so hieß es – bezeichnen wir den höchsten Anspruch, den wir für eine politische Ordnung erheben. Es ist ein Anspruch, der sich weder durch andere Ansprüche (wie: Koordination, Effizienz oder Stabilität) außer Kraft setzen noch gegen sie aushandeln läßt. Gerechtigkeit bezeichnet die unbedingte, die sittliche Forderung. Wenn man also nicht ein beliebiges, sondern das schlechthin höchste, das sittliche Kriterium sucht, dann müssen die egoistische und die utilitaristische Position ausscheiden. Denn ob man nach dem individuellen oder aber nach dem kollektiven Wohlergehen trachtet – in beiden Fällen sind alle Forderungen, die sich daraus ergeben, nur bedingt, nämlich unter Voraussetzung der Gültigkeit des Zweckes »Wohlergehen« gültig. Weder im ethischen Egoismus noch im Utilitarismus[1] wird ein Kriterium formuliert, das prinzipiell nicht mehr überbietbar ist. Allein unbedingt und unüberbietbar ist ein Prinzip, nach dem die Grundsätze der Konfliktbewältigung nicht aufgrund eines anderen Zweckes, sondern als sie selbst richtig und verantwortbar sind. Prinzip ist die praktische Vernunft, nach der alle individuellen und gruppenspezifischen Kriterien als letzte Beurteilungsmaßstäbe negiert und die Allgemeingültigkeit und Universalität der Grundsätze der Konfliktbewältigung zum Prinzip erhoben werden. Allgemeingültig sind aber jene Grundsätze der Konfliktbewältigung, nach denen die (Handlungs-)Freiheit der Menschen wechselseitig und für alle Seiten in streng gleicher Weise sowohl eingeschränkt als auch gesichert wird. Eine nach solchen Grundsätzen bestimmte Ordnung des Zusammenlebens, ein Gemeinwesen, das in seiner wirklichen politischen Substanz von ihnen geprägt ist, heißt Rechts- und Verfassungsstaat – im Sinne der Vernunftbegriffe, nicht der positiven Begriffe von Verfassung und Recht.

Mit dem Gerechtigkeitsprinzip der wechselseitigen Einschränkung und Sicherung von Freiheit nach strikt allgemeinen und für alle gleichen Grundsätzen ist das letzte Kriterium, das höchste normativ-kritische Prinzip zur Beurteilung der Sittlichkeit (Vernünftigkeit), nicht der positiven Geltung und auch nicht der Wohlfahrtsgemäßheit öffentlicher Zwangsgesetze benannt. Das Kriterium betrifft nicht bloß Gesetze erster Ordnung (Gebote, Verbote, Verfahrensvorschriften), sondern ebenso Gesetze zweiter Ordnung (Regeln zur Lösung von Streitfällen und Vorschriften über die Entstehung sowie die Veränderung von Gesetzen). Keineswegs gibt es sich damit zufrieden, daß Gesetze auch Gesetze, d. h. ohne Eigennamen formuliert sind. Es fordert darüber hinaus, daß die Gesetze von Grundsätzen bestimmt werden, die als universal gültig gedacht werden können. Das Kriterium der politischen Gerechtigkeit ist also ähnlich dem Kriterium sittlicher Maximen, dem kategorischen Imperativ. Beide fordern zum Gedankenexperiment der Verallgemeinerung und zu einer Praxis auf, die dem Gedankenexperiment gerecht wird. Indessen beziehen sie sich auf zwei verschiedene Aspekte menschlicher Praxis.

Während der kategorische Imperativ die Verallgemeinerbarkeit von Grund- und Lebenshaltungen, nämlich der allgemeinen Triebfedern des Handelns, der persönlichen Maximen, verlangt[2], fordert das Gerechtigkeitsprinzip die Verallgemeinerbarkeit von Prinzipien der Konfliktregelung: also die Verallgemeinerbarkeit jener Grundsätze, die das äußere Verhältnis verschiedener Wesen zueinander regeln, die subjektive Zwecke setzen. Der kategorische Imperativ fordert die Verallgemeinerbarkeit von persönlichen Grund- und Lebenshaltungen, das Gerechtigkeitsprinzip dagegen die Verallgemeinerbarkeit von Grundsätzen der Regelung äußerer Konflikte.

Eine Ordnung der Konfliktbewältigung, die dem Kriterium der universalen Gesetzlichkeit genügt, ist eine Ordnung, die gleichsam durch einen allgemeinen oder gemeinschaftlichen Willen gesetzt ist. Deshalb kann man – wie etwa Hobbes, Rousseau, Kant und neuerdings Rawls – in der Begründung politischer Gerechtigkeit auf den Begriff des Gesellschaftsvertrags zurückgreifen[3]: Gerecht ist eine politische Ordnung, die durch den Gesellschaftsvertrag begründet ist – sofern man den Vertrag nicht als ein historisches Ereignis, sondern als einen normativ-kritischen Vernunftbegriff versteht, mit dem sich allgemeine Gerechtigkeitsgrundsätze legitimieren lassen. Die Vernunftidee des Gesellschaftsvertrags fordert zu dem Gedankenexperiment auf, ob wohl der gemeinschaftliche Wille aller Betroffenen sich selbst ein solches Gesetz auferlegen könnte. Modern gesprochen: In einem Gedankenexperiment sollen *alle* Gesetze bzw. die sie leitenden Grundsätze auf ihre universale Konsensfähigkeit überprüft werden, eine Überprüfung auf strikte Universalisierung, die allerdings ein historisch-faktischer Diskurs, die ein Einigungsprozeß geschichtlich konkreter Menschen bloß als solcher nicht leisten kann[4].

Solche allgemeinen Grundsätze oder normativen Leitprinzipien der politisch-sozialen Welt bedeuten universale Bedingungen der gegenseitigen äußeren Anerkennung miteinander lebender Personen. Weil es sich um universal gültige Bedingungen menschlichen Zusammenlebens handelt, kommen sie dem Menschen vor und unabhängig von jeder individuellen oder öffentlichen Handlung zu. Sie heißen deshalb auch Menschenrechte: angeborene, natürliche, unveräußerliche und unverletzliche Rechte des Menschen als Menschen.[5] Diese Menschenrechte (zunächst die persönlichen

Freiheitsrechte und die politischen Mitwirkungsrechte) werden allerdings nur in dem Maß geschichtlich-politisch wirksam, wie sie von einer geschichtlich konkreten, einer positiven Rechts- und Verfassungsordnung als Grundrechte aufgegriffen und garantiert werden. Die Vernunftbegründung von Recht gibt sich deshalb nicht damit zufrieden, Menschenrechte bloß zu formulieren, zu proklamieren oder zu deklamieren. Sie fordert auch dazu auf, die Menschenrechte als Grundrechte zum festen Bestandteil der Verfassungsordnung zu machen; sie fordert die Institutionalisierung der Menschenrechte, sie fordert deren Positivierung heraus.

Mit dem Prinzip der Gerechtigkeit wird nicht bloß die Anarchie abgelehnt; es werden ebenso Diktatur und Despotie verworfen, da sie die Menschenrechte nicht respektieren. Der politische Grundkonflikt heißt keineswegs Sozialismus versus Kapitalismus bzw. Freiheit versus Sozialismus. Im Gegensatz zu diesen politischen Schlagworten von »links« bzw. »rechts« besteht der politische Grundkonflikt vielmehr im Gegensatz von politischer Gerechtigkeit (gerechter Herrschaft bzw. Verfassungsstaat) gegenüber der Diktatur auf der einen und der Anarchie auf der anderen Seite. Eine Besinnung auf diesen Tatbestand kann dazu beitragen, die den westlichen Industriegesellschaften diagnostizierte Orientierungs- und Sinnschwäche zu überwinden, den einzelnen und Gruppen politische Identität zu stiften, dem Staat innere Anerkennung, d. h. Legitimität, und der Außenpolitik eine Dimension, die über das nackte Überleben und das wirtschaftliche Wohlleben hinaus in die Dimension des Sittlichen reicht.

Wenn es eine politische Ordnung mit den Grundrechten ernst meint, weil sie eine gerechte Herrschaftsordnung sein soll, dann muß sie sich auch um jene generell gültigen empirischen Bedingungen kümmern, ohne die man seine Grundrechte überhaupt nicht oder aber nur zum geringen Teil und sehr erschwert realisieren kann. Eine gerechte Herrschaft trägt auch Verantwortung für jene wirtschaftlichen, sozialen und politischen Bedingungen, die die Realisierung der Grundrechte unmöglich machen, verhindern oder ungebührlich erschweren, sie trägt Verantwortung für jene Qualität der Arbeit, für jenes Maß an Einkommen und Vermögen, an freier Zeit, an Bildung usw., die es allererst erlauben, sich um Leib und Leben, um die Belange des Gemeinwesens usw. überhaupt bzw. angemessen zu kümmern. Sofern aber eine völlig erschöpfende und/oder eine abstumpfende Arbeit, sofern

Armut und Unwissenheit deutliche Hindernisse für die Verwirklichung der persönlichen Freiheitsrechte und der politischen Mitwirkungsrechte sind, fordert das Gerechtigkeitsprinzip dazu auf, für deren Beseitigung oder wenigstens Milderung öffentliche Verantwortung zu übernehmen. Im Gegensatz zu Kritikern der Idee *sozialer* Menschenrechte muß deshalb eine gerechte Herrschaftsordnung auch für die Rahmenbedingungen Sorge tragen, unter denen Arbeitsverhältnisse bestimmt, unter denen Einkommen, Vermögen, Bildung usw. erworben werden. Das Prinzip der Sozialstaatlichkeit ist ein wesentlicher Bestandteil gerechter Herrschaftsordnungen.

In einer gerechten Herrschaftsordnung sucht der Mensch – so hieß es – jene Selbstgefährdung durch seinesgleichen zu bändigen, die im naturalen Begriff der menschlichen Natur steckt. Dazu noch ein letzter Hinweis: Eine Bändigung durch vernunftbestimmte, durch gerechte Institutionen, die Bändigung durch Rechtskultur, ist im Unterschied zu einer biologischen Regelung die offenere, die anpassungsfähigere, sie ist die reflektierte und freie Form. Sie ist aber auch die gefährdetere. Denn Institutionen haben zwar eine Eigenmacht; aber ohne die Anerkennung der in ihr Lebenden haben sie keinen Bestand. Für die institutionelle Bändigung ist deshalb eine eigentümliche Zerbrechlichkeit charakteristisch. Wie es die Unrechtsverhältnisse unseres Jahrhunderts zur Genüge gezeigt haben, ist der Rückfall in Barbarei nie auszuschließen.

Anmerkungen

1 Vgl. in diesem Band: Zur Theorie des Glücks im klassischen Utilitarismus.
2 Vgl. in diesem Band: Kants kategorischer Imperativ als Kriterium des Sittlichen, Abschn. I.
3 Vgl. in diesem Band: Zur vertragstheoretischen Begründung politischer Gerechtigkeit: Hobbes, Kant und Rawls im Vergleich.
4 Vgl. in diesem Band: Sind Moral- und Rechtsbegründung kommunikations- (konsens-, diskurs-)theoretisch möglich?
5 Näher Vf., Menschenrechte als Legitimation und Maßstab demokratischer Politik, in: J. Schwartländer (Hrsg.), *Menschenrechte und moderne Demokratie*, Tübingen 1979.

15. Strategien politischer Gerechtigkeit: Öffentliche Entscheidungsfindung als methodischer Kommunikationsprozeß*

I. Einleitung

Als »Strategien politischer Gerechtigkeit« bezeichne ich Prozesse öffentlicher Entscheidungsfindung, die sich der ethisch-pragmatischen Grundaufgabe zeitgenössischer Politik stellen, Prinzipien der Humanität, vor allem der politischen Gerechtigkeit, mit den Funktionsanforderungen hochkomplexer Industriegesellschaften und ihrer jeweiligen soziokulturellen Situation auf methodischem Weg zu vermitteln. Sofern es zur Aufgabe politischer Ethik bzw. normativer Rechts- und Staatsphilosophie gehört, Prinzipien politischer Gerechtigkeit allererst zu begründen, bedeuten Strategien der Gerechtigkeit nicht die Substitution politischer Ethik bzw. normativer Rechts- und Staatsphilosophie, sondern Verfahren ihrer methodischen Applikation.

Ich gehe davon aus, daß allem politischen Bemühen ein höchster normativer Anspruch immanent ist, demgemäß öffentliche Entscheidungsfindung der Idee eines humanen, vor allem eines gerechten Zusammenlebens verpflichtet ist.[1] Diese Verpflichtung besteht heute nicht mehr bloß ideell. Sie wird nicht nur in philosophischen Traktaten und gesellschaftskritischen Programmen erhoben, die – rechtlich-politisch unverbindlich – in ihrer Realisierung der Einsicht und dem Wohlwollen der jeweils Herrschenden überlassen bleiben. Durch die wohl größte politische Errungenschaft der Neuzeit, den demokratischen Verfassungsstaat, wird die – etwa von Machiavelli und Hobbes verfochtene – »ethische« Neutralisierung der Politik vehement zurückgewiesen. Die Herrschenden werden zu Regierenden[2], deren Verfügungsgewalt grundsätzlich eingeschränkt ist und die als Verwalter der Staatsmacht in all ihren Gewalten an fundamentale normative

* *Politische Vierteljahresschrift,* Sonderheft 9/1978, 45-67 (überarbeitet). Der Beitrag geht z. T. auf die Studie des Vf., *Strategien der Humanität. Zur Ethik öffentlicher Entscheidungsprozesse,* Freiburg-München 1975, bes. Kap. 10-12, zurück.

Leitprinzipien als unmittelbar geltendes Recht gebunden sind (vgl. für die Bundesrepublik Deutschland Art. 1 (2) GG: ganz allgemein an die Menschenwürde[3] (Art. I (1) GG), näherhin an die Menschenrechte als institutionalisierte Grundrechte (Art. 1 (2) – Art. 19 GG)[4] sowie an das Prinzip des demokratischen und sozialen Rechtsstaates (Art. 20 (1) GG); vgl. für die Schweiz den Verfassungsentwurf (1977) Art. 1 (1), Art. 2, Art. 8-26.

Nach einem berühmten, oft mißverstandenen Diktum Platons sollen die Philosophen Könige werden oder die Könige sich aufrichtig und gründlich mit Philosophie befassen; denn nur wenn beides zusammenfalle, politische Macht und Philosophie, gäbe es ein Ende des Unheils für die Staaten (Der Staat, 473 c 11 ff.; vgl. 499 a 11 ff.). Damit beansprucht Platon keineswegs die Staatsmacht für jene Bürger, die ein akademisches Philosophiestudium erfolgreich abgeschlossen haben, oder für jene, die darüber hinaus Hochschullehrer für Philosophie geworden sind. Denn Platon nennt jene Menschen Philosophen, die – auf dem Weg einer Vernunftwissenschaft, der Dialektik – das sich immer Gleichbleibende zu erfassen vermögen (Der Staat, 484 b 3-5), d. h. die Ideen, letztlich die Idee des Guten.[5] Nach Kant können wir in diesem Zusammenhang auch vom – rein a priori, keinesfalls durch Erfahrung gewonnenen – Vernunftbegriff von Recht bzw. vom Prinzip der Gerechtigkeit sprechen. Wenn man das Zusammenfallen von politischer Macht und Philosophie (Weisheit) weniger als Personalunion denn als Sachzusammenhang liest, dann fordert Platon, daß die Herrschenden bzw. die Regierenden bei der Ausübung ihres Amtes Prinzipien der Gerechtigkeit als letztem Maßstab ihres Tuns, als höchstem Kriterium der Gesetzgebung verpflichtet sind. Demokratische Verfassungsstaaten – so könnte man sagen – versuchen diese Forderung dadurch zu erfüllen, daß sie die Menschenrechte – verstanden als Ausfaltungen und Grundlage von Gerechtigkeit (vgl. Art. 1 (2) GG) – in der Form von Grundrechten und dem Gebot des sozialen Rechtsstaates als verbindlichen Maßstab allen öffentlichen Handelns institutionalisieren.

Solche Fundamentalkriterien der Politik lassen sich – gemäß der rational, nicht historisch zu verstehenden Vertragsidee[6], also gemäß der Idee der universalen Zustimmungsfähigkeit – teils als streng allgemeingültige Grundbedingungen jeder Art von Zusammenleben, als allgemeine Gesetze der wechselseitigen Einschränkung und Sicherung von Freiheit legitimieren, so die Idee der Rechtsstaatlichkeit und die Grundrechte (persönliche Freiheits-, politische Mitwirkungsrechte), teils als generell gültige Bedingungen der *Realisierung* eben dieser Grundbedingungen, so die Idee der Sozialstaatlichkeit (soziale Grundrechte). In diesem gestuften Verständnis handelt es sich bei den genannten Fundamentalkriterien um allgemeine Bedingungen von Kommunikation, nämlich um allgemeine Voraussetzungen der gegenseitigen Anerkennung von Personen und ihrer freien Entfaltung, durch die die Personen vor Übergriffen sowohl der Staatsorgane als auch der Mitbürger geschützt werden und die Chance zur Selbstverwirklichung erhalten. Wenn es sich aber bei den Prinzipien der Gerechtigkeit um allgemeine Bedingungen von Kommunikation[7] handelt, dann sind öffentliche Entscheidungsprozesse, die der Idee der Gerechtigkeit verpflichtet sind, eben Strategien politischer Gerechtigkeit, von vornherein und in einem fundamentalen Sinn Kommunikationsprozesse. Die folgenden Überlegungen zur *Demokratie als methodischem Dialog* setzen diese Tiefendimension von Kommunikation als die sachlich erste und grundlegende Kommunikationsdimension voraus.

Die verfassungsrechtlich institutionalisierten Fundamentalkriterien einer gerechten Politik sind aber zum Teil, so vor allem in ihren demokratiefunktionalen und ihren sozialstaatlichen Aspekten, erst allgemeine Grundsätze, die in erster Linie regulative, nicht operationale Bedeutung haben. Denn für sich allein genommen gebieten sie zum geringsten Teil unmittelbar ein Tun oder Lassen. Weit mehr stellen sie normative Leitprinzipien (Normen zweiter Ordnung) dar, auf die das öffentliche Handeln verpflichtet ist, d. h. nach deren Maßgabe die politischen Verhältnisse wahrgenommen, beurteilt, entworfen und eingerichtet werden sollen, ohne daß sie genau angeben, was aus ihnen für die verschiedenen Lebensbereiche (für das Bildungswesen, die Arbeitswelt, das Pressewesen, den Strafvollzug usf.) folgt und wie man sie unter ihren jeweiligen Lebensbedingungen als *das hier und jetzt Gerechte* konkret verwirklicht.

So ist z. B. – außer dem Schutz der Jugend und der demokratiefunktionalen Bedeutung der Presse – die Pressefreiheit Kriterium für das Pressewesen, d. h. für die Gründung, den Bestand sowie jene Tätigkeit der Presseunternehmen, die von der Informationsgewinnung über deren Verarbeitung bis zur Verbreitung von

Nachrichten und Meinungen reicht. Die Pressefreiheit ist Kriterium für die Beziehungen zwischen der (periodisch wie nichtperiodisch erscheinenden) Presse und dem Staat; für die Beziehungen zwischen der Presse und den Personen, Gruppen und Verbänden, über die berichtet wird; für die Beziehungen zwischen den Teilen eines Presseunternehmens: zwischen Verleger, Herausgeber, Redakteuren, freien Mitarbeitern und technischem Personal, sowie zwischen den verschiedenen Presseunternehmen untereinander. Gemäß dem Grundsatz der Pressefreiheit soll dieser höchst komplexe Zusammenhang von Beziehungen insgesamt die Qualität der Freiheit haben. Dazu gehört sowohl die Freiheit zu publizieren als auch das Recht auf Schutz der Person. Wie man diesen Doppelaspekt der gleichen Freiheit konkret realisiert (durch Redaktionsgeheimnis, Gegendarstellungsanspruch, Abwehr von Konzentrationsgefahren usf.), kann man nicht a priori sagen. Vielmehr sind dafür empirische Kenntnisse und deren Beurteilung erforderlich, was eine empirisch-analytische Erschließung des Pressewesens im allgemeinen und seiner derzeitigen historisch-gesellschaftlichen Situation im besonderen, was eine Beurteilung und gegebenenfalls Fortentwicklung nach Maßgabe von (Presse-)Freiheit nötig macht. Überdies ist mit der Pressefreiheit ein notwendiges, keineswegs schon das zureichende Prinzip eines wirklichen Pressewesens benannt. Ohne weitere Kriterien technischer, wirtschaftlicher und sozialer Natur läßt sich ein konkretes Pressewesen nicht konstituieren.

Entsprechendes gilt in bezug auf das Bildungswesen: Die Bildungseinrichtungen im primären, sekundären und tertiären Bereich, der Zugang zu ihnen, die Durchlässigkeit zwischen ihnen, ihr Verhältnis zur Berufswelt, ihre Lernziele, Lerninhalte und Lehrmethoden sollen so strukturiert werden, daß sie insgesamt den hier relevanten Grundrechten genügen, etwa den Rechten auf freie Entfaltung der Persönlichkeit (Art. 2 GG), auf Gleichheit vor dem Gesetz (Art. 3), auf freie Meinungsäußerung (Art. 5), dem Recht der Eltern auf Pflege und Erziehung der Kinder (Art. 6 (2)), dem Recht auf freie Wahl von Beruf, Arbeitsplatz und Ausbildungsstätte (Art. 12) sowie dem Sozialstaatsgebot (Art. 20 (1)). Ein konkretes Bildungswesen ist aber nicht nur in diesen Grundrechten, sondern auch von pädagogischen, entwicklungspsychologischen, schulrechtlichen, bildungsökonomischen und anderen Kriterien bestimmt.

Allgemein formuliert: Die Grundsätze, die von der Idee der politisch-sozialen Gerechtigkeit her begründet werden, sind normative Leitprinzipien, die noch bereichsspezifisch und situationsgerecht aufgearbeitet, dabei auch mit Funktionsanforderungen des jeweiligen Sachbereichs vermittelt werden müssen. Diese Vermittlung von Grundsätzen politischer Gerechtigkeit mit den weiteren Anforderungen und Kriterien sowie vor allem auch mit den geschichtlich konkreten, deshalb auch geschichtlich veränderlichen Lebensverhältnissen ist die ständige Aufgabe eines konkreter politischer Gerechtigkeit verpflichteten Gemeinwesens.

Man betrachtet die Grundsätze politischer Gerechtigkeit, die normativen Leitprinzipien von Recht und Staat, gern als Teile eines idealen Plans, den man schrittweise verwirklichen soll, oder als Elemente eines idealen Vorbilds, das man getreu abzubilden hätte. Die einen, die »Pragmatiker« oder »Realisten«, fügen dann – wenn auch nicht ohne Resignation – hinzu, die vollständige Realisierung bzw. die getreue Abbildung sei doch nie möglich. Man müsse vielmehr mit der Wirklichkeit mehr oder minder große Kompromisse eingehen. Die anderen, die »Idealisten« oder »Utopisten«, betrachten dagegen den idealen Plan als konkrete Utopie[8], nach deren Vorbild alle politischen und sozialen Verhältnisse eingerichtet werden sollen. Solche Vorstellungen sind schon methodisch falsch, was sich mit Hilfe einer Analogie erläutern läßt. Die Grundsätze politischer Gerechtigkeit verhalten sich zur politisch-sozialen Wirklichkeit nicht wie der ideale Entwurf eines Hauses zum realen Bau des Hauses, wobei sich beim tatsächlichen Bauen unvorhergesehene, weil nicht vorhersehbare oder aber leichtfertig übersehene Schwierigkeiten (der Statik, der Finanzierung usw.) auftun können, die eine Modifikation des ursprünglichen Plans erzwingen mögen. Und zwar sind die normativen Leitprinzipien deshalb kein idealer Plan, weil ihr methodischer Status eine Dimension grundlegender ist. Sie verhalten sich zur politisch-sozialen Wirklichkeit wie die normativen Kriterien für den Bauplan, wie Forderungen nach Wohnlichkeit, Bequemlichkeit, Wärmeschutz udgl. sich zum konkreten Entwurf eines Hauses und seiner Realisierung verhalten. Die Gerechtigkeitsprinzipien sind weder ideale Pläne noch konkrete Utopien für die politisch-soziale Welt, aus denen man rechtliche Normen oder institutionelle Strukturen direkt ableiten könnte. Es handelt sich vielmehr um kritische Beurteilungsmaßstäbe, nach denen die politisch-soziale Welt allererst betrachtet, beurteilt, entworfen und gestaltet werden soll.

Die Realisierung von Grundsätzen politischer Gerechtigkeit, die Bestimmung und dann Verwirklichung des *jeweils* Gerechten für einen bestimmten Lebensbereich in einer gewissen Situation, geschieht also nicht nach dem Muster »Abbildung eines Vorbilds« oder »Durchführung eines Plans«, sondern als ein (in der Regel mühsamer, höchst komplizierter und keineswegs seines Erfolges sicherer) Prozeß der Überlegung, Vermittlung und Beurteilung. Ein solcher Prozeß ist nur unter Voraussetzung einer Kenntnis der konkreten Lebensverhältnisse (der heutigen Pressewelt, des gegenwärtigen Bildungswesens, der Rechtspflege, der Wirtschafts- und Arbeitswelt usf.) möglich, einer Kenntnis, die sich sowohl auf die allgemeinen Gesetzlichkeiten wirtschaftlicher, sozialer und politischer Prozesse überhaupt als auch auf die besonderen Randbedingungen der entsprechenden Gesellschaft zu erstrecken hat und die sich nicht ohne die methodische Erforschung dieser Wirklichkeit gewinnen läßt.

Zudem ist konkretes öffentliches Handeln wie erwähnt nicht bloß den genannten normativen Leitprinzipien verpflichtet. Es steht ebenso unter den entsprechenden Funktionsanforderungen einer hochkomplexen Industriegesellschaft, Funktionsanforderungen, die ebenfalls auf methodischem Weg erst näher bestimmt werden müssen. Das aber bedeutet, daß die normativen Grundsätze, die sich von der Idee politischer Gerechtigkeit her legitimieren, nicht nur bereichsspezifisch und situationsgerecht aufgearbeitet, sondern auch mit Funktionsanforderungen vermittelt werden müssen. Die Prozesse öffentlicher Entscheidungsfindung, die sich diesem Aufgabenkomplex stellen, bezeichne ich als »Strategien politischer Gerechtigkeit«. Mit ihnen sind also nicht die Verfahren zur Explikation und Legitimation der Fundamentalnormen gemeint. Es geht aber auch nicht um eine »ethisch« neutrale Sozialtechnologie oder Sozialpragmatik, die gerechtigkeitsindifferente Spielräume politischen Handelns erschließt. Vielmehr stehen die – von der Philosophie bislang stark vernachlässigten – Verfahren zur *Realisierung* der Fundamentalnormen zur Diskussion: die öffentlichen Entscheidungsprozesse, insofern sie den Leitprinzipien der Gerechtigkeit verpflichtet und durch ihre Grundstruktur geeignet sind, diese Verpflichtung so weit wie möglich methodisch zu übernehmen.

II. Kritik am Paradigma Nutzenkalkulation

Im Unterschied zu den etablierten normativen Entscheidungstheorien, den Theorien rationaler Wahl, im Unterschied zu Entscheidungs- und Spieltheorie, Wohlfahrtsökonomie, utilitaristischer Sozialpragmatik und Sozialwahltheorie, läßt sich die als Strategien der Gerechtigkeit bezeichnete Aufgabe der Vermittlung von normativen Leitprinzipien mit der jeweiligen soziokulturellen Situation nicht auf Information und Nutzenkalkulation reduzieren[9].

Die Theorien rationaler Wahl haben eine elaborierte und reich differenzierte Forschung hervorgebracht, der die Frage zugrunde liegt: »Wie läßt sich bei gegebenen Zielpräferenzen[10] (eines einzelnen, einer homogenen oder nichthomogenen Gruppe) aus alternativen Handlungsmöglichkeiten die nutzenmaximale Möglichkeit bestimmen?« Die Bedürfnisse und Interessen der Betroffenen werden in die Ziel(Präferenz)funktionen dargestellt, die ebenso wie die alternativen Handlungsmöglichkeiten für den Entscheidungsprozeß den Charakter vorgegebener Daten haben. Denn weder als individuelle noch als kollektive Nutzenkalkulation kennt eine rationale Entscheidungsfindung eine wissenschaftlich abgestützte Erschließung des Handlungsspielraums und schon gar nicht ein reflexives Verhältnis gegenüber den Präferenzfunktionen.

Auch in den Formen der Nutzenkalkulation, die ausdrücklich vom Wohlergehen aller Betroffenen und damit von einer – allerdings kontroversen – sittlichen Intention bestimmt sind: der Wohlfahrtsökonomie und der utilitaristischen Ethik, sind die Handlungsalternativen und die individuellen Interessen (Präferenzen) als fertige Daten vorgegeben. Das öffentliche Interesse ist nichts anderes als die Amalgamation der Individualinteressen, so daß auch hier eine kritische Distanz sowie eine Reflexion und Veränderung der Individualinteressen aus dem Rationalitätsbegriff und dem Entscheidungsprozeß herausgenommen sind. Die Entscheidungsfindung ist ein von den Intentionen und Einstellungen der Individuen abgelöstes, mit hochentwickelten mathematischen Instrumentarien durchgeführtes Verfahren der Ausmittelung des Optimums.

Im Gegensatz zum (impliziten) kruden Empirismus rationaler Entscheidungsmodelle sind Entscheidungsmöglichkeiten und

Zielvorstellungen aber nicht einfach vorgegebene Daten. Ohne eine wissenschaftlich abgestützte Erschließung des Aktionsspielraumes, vor allem aber ohne eine Reflexion auf Bedürfnisse, eine Reflexion, die sowohl aus eigenem wie aus sozialem Interesse geschehen kann und soll, ohne Prozesse der Selbstbesinnung und Selbstklärung, ohne öffentliche Diskussionen und persönliche wie öffentliche Lernprozesse kommt es zu einer empfindlichen Verkürzung der als Strategien politischer Gerechtigkeit angesprochenen Aufgabe der Politik. Denn politische Ziele entbehren zunächst der Klarheit und Genauigkeit, die für eine rationale Wahl erforderlich sind. Sie stellen, terminologisch gesprochen, in der Regel schlecht definierte, noch gar nicht operationale Entscheidungsprobleme dar. Zum unverzichtbaren Fundament rationaler Wahl gehören aber präzise und definitive Zielvorstellungen. Tatsächlich besteht im allgemeinen nicht erst über die Zielordnung, sondern noch elementarer, nämlich in bezug auf den Inhalt der Ziele, Unklarheit. Das gilt sogar für wirtschaftspolitische Entscheidungen[11]. Und der teils introspektiv, teils in Auseinandersetzung mit anderen Personen unternommene Versuch, sich über seine eigenen Ziele Klarheit und Sicherheit zu verschaffen, ist oft genug auch ein Prozeß der Selbstveränderung. Zudem ist man ständig von der Möglichkeit bedroht, emotionalen Schwankungen, individuellen und kollektiven Selbsttäuschungen, Fehlinterpretationen und Manipulationen zu erliegen. Ferner neigt man dazu, gegenüber seinen manifesten Wünschen die latenten Bedürfnisse und Interessen zu vergessen[12]. Die Wünsche und Ziele, die man im Augenblick sieht, müssen aber nicht einmal mit denen übereinstimmen, die eine im Namen des wohlverstandenen Selbstinteresses durchgeführte Überlegung zutage fördert. Selbst im Rahmen eines wohlverstandenen Selbstinteresses macht sich der Reflexionsmangel einer bloß nutzenkalkulatorischen Entscheidung bemerkbar. Er weist auf einen strukturell deformierten Entscheidungsprozeß.

Diese Kritik stellt nicht den immanenten Wert der Modelle rationaler Wahl in Frage. Rationale Modelle haben über die mehr appellative Bedeutung, nämlich über die (indirekte) Aufforderung, Ziele präzise zu formulieren, hinaus eine normative Relevanz in der Handlungsbewertung. Um sich beim Einsatz knapper Ressourcen eines hohen Wirkungsgrades zu vergewissern, muß in Entscheidungen darauf Rücksicht genommen werden, inwieweit durch sie die Ziele tatsächlich verwirklicht werden. Rationale Modelle ermöglichen es, bei qualitativ vergleichbaren Konzepten das zu wählen, das unter Kriterien wie zum Beispiel Wichtigkeit des Zieles, Zielrealisierungsgrad, Kosten und Schnelligkeit der Durchführung optimal erscheint: der ökonomische Aspekt der Erfüllung eines gegebenen Zweckes mit dem geringsten Aufwand an knappen Mitteln bzw. der Ausnutzung gegebener Mittel zur maximalen Zweckrealisierung. In fest umrissenen Teilbereichen und Teilaspekten öffentlich relevanter Probleme können und sollen die rationalen Verfahren als wirksame Entscheidungshilfen verwendet werden. Dort, wo die Entscheidungsaufgaben wegen der Zahl der problemrelevanten Variablen kompliziert genug sind, um den Programm- und Rechenaufwand mathematischer Modellanalysen zu rechtfertigen, dort, wo die Aufgaben ihrer Struktur nach wiederum so einfach sind, daß die Variablen streng operationalisierbar und damit im quantitativen Modellansatz beherrschbar bleiben, und vor allem dort, wo es sich überhaupt um quantitative Optimierungsprobleme, besonders um ein »Billiger« und/oder »Schneller« handelt, hat die Theorie normative Bedeutung.

Die, für sich gesehen, hilfreichen Funktionen rationaler Modelle bei der Handlungsbewertung und der Zielformulierung sind jedoch ständig von der Gefahr begleitet, aus dem komplexen Problembündel der öffentlich relevanten Entscheidungen die Aspekte herauszulösen, die am ehesten präzis formuliert werden können, und die nicht – oder nur schwer – operationalisierbaren Ziele zu unterschlagen. Damit droht eine *Suboptimierung*, eine Optimierung einzelner Aspekte, die zugleich den Komplex als ganzen verschlechtert[13]. Eine Suboptimierung ist außerdem deshalb zu erwarten, weil Entscheidungen auch in andere als die angestrebten Zielbereiche hineinwirken und weil man bei der Bewertung der Kosten die oft gar nicht abzuschätzenden Nebenkosten[14] sowie überhaupt die schwer operationalisierbaren sozialen Folgelasten leicht unterschlägt. Kurz, eine Verwendung der rationalen Modelle, die nicht ihre strukturbedingten Grenzen sieht und einhält, wird politische Probleme übermäßig vereinfachen oder gar falsch darstellen und so zu nicht optimalen[15], oft genug sehr schädlichen Entscheidungen führen. *Rationale Entscheidungsmodelle stellen nicht mehr als ein schwaches Negativkriterium gerechtigkeitsorientierter Entscheidungsfindung dar.*

III. Ein Alternativmodell

Im Unterschied zu den rein nutzenkalkulatorischen Entscheidungsmodellen ist öffentliche Entscheidungsfindung als ein informations-, lern- und korrekturoffener Prozeß zu gestalten. Diese Aufgabe, so meine Grundthese, wird noch am ehesten von einem methodischen Kommunikationsprozeß erfüllt.

1. Strukturmerkmale von Kommunikation

Für einen Kommunikationsprozeß sind ganz allgemein drei Strukturelemente charakteristisch:

1.1 Kommunikative Entscheidungsfindung ist ein ausdrücklicher Beratungsprozeß, der angesichts theoretischer und praktischer Konflikte nicht den Kampf, sondern eine friedliche Lösung, der das Miteinanderreden, -überlegen, die Einsicht, die gemeinsame Überzeugung, die Einigung, den Konsens sucht, und zwar sowohl über Ziele und Zwecke als auch über Mittel. In einer *praktischen* Beratung soll aus den ursprünglich in Streit liegenden Bedürfnissen, Zielen und Interessen ein gemeinsamer Wille über die Ziele und in einer *theoretischen* Beratung aus den ursprünglich konkurrierenden Meinungen (über die angemessenen Mittel und Wege für die Ziele und Interessen) eine gemeinsame Überzeugung über die Mittel und Wege erarbeitet werden.

1.2 Soll der praktische Konsens über die Ziele und der theoretische über die Mittel möglich werden, so darf man in die kommunikative Beratung zwar mit eigenen und miteinander kollidierenden Interessen und Meinungen eintreten; andernfalls läge gar kein Konflikt vor, und die Beratung wäre überflüssig. Man darf seine Meinungen und Interessen jedoch nicht als der Kritik enthoben und endgültig betrachten. Sie müssen den für das Paradigma Nutzenkalkulation spezifischen Charakter eines vorgegebenen, unumstößlichen Datums verlieren. Das setzt bei den Beratungsteilnehmern die Fähigkeit und die Bereitschaft voraus, Interessen und Meinungen zur Disposition zu stellen und, falls es sich als begründet erweist, in bezug auf sie Lernprozesse durchzumachen. Die Beratung ist nicht bloß eine kognitive Aktivität, in der schlüssige Argumente gesucht werden. Sie ist auch ein Prozeß, in dessen Verlauf man die Argumente auf sich selbst bezieht und auf der einen Seite theoretische Lernprozesse durchmacht, indem man Irrtümer und Vorurteile reduziert, neue Aspekte, Kriterien und Argumentationsfiguren aufgreift, kurz, sich ein begründetes Urteil bildet; sowie auf der anderen Seite praktische Lernprozesse zuläßt, indem man sich bereit findet, seine Interessen, Einstellungen und Normen gegebenenfalls zu verändern. Das kommunikative Lernen geschieht nicht nur adaptiv und reaktiv: als Antwort auf veränderte Umweltverhältnisse usf., sondern auch und primär reflexiv: als Folge von gemeinsam gewonnenen Erfahrungen und Einsichten. Als Bedingung der Möglichkeit einer einsichtigen Konsensbildung ist bei den Beratungsteilnehmern die Fähigkeit und die Bereitschaft zu einem Lernen und Sich-Verändern vorausgesetzt, so daß weder die Ziele und Mittel einmal für immer fix und starr vorgegeben sind noch eine Veränderung sich nur nach Maßgabe von Vor- und Nachteil, von Macht und Ohnmacht vollzieht.

1.3 Kommunikation entsteht jeweils dann, wenn sich mindestens zwei Personen gegenseitig als gleichberechtigte Partner akzeptieren. Ein Gespräch ist immer mehr als das Kundtun von Sätzen, mehr als ein Plaudern, Sich-Unterhalten oder als ein Austausch von Argumenten. Vor allem in der besonderen Form des wissenschaftlich-argumentativen Redens ist man leicht geneigt, das Gespräch für einen ausschließlich kognitiven Prozeß zu halten. Tatsächlich wird ein Gespräch aber durch ein nicht- und prä-kognitives Moment reziproker Anerkennung konstituiert. Wer sich auf Kommunikation einläßt, erkennt den anderen als Mitmenschen gleichen Rechtes und gleicher Würde an. Als Bedingung der Möglichkeit von Kommunikation und als Voraussetzung der kommunikativen Lernbereitschaft ist also ein Moment freier und reziproker Anerkennung zu denken, aus dem die Entscheidungsfindung, sofern sie nur kommunikativ sein will, logisch ihren Ursprung nimmt. Wenn man so will, wird in den Menschen- bzw. Grundrechten dieses Moment freier wechselseitiger Anerkennung näher entfaltet, ausgefächert.

2. Das Beispiel einer politischen Praxis: Konzeptorientierte wissenschaftliche Politikberatung

Was das erste Strukturelement, das Sich-Überlegen und Sich-miteinander-Beraten, in bezug auf öffentliche Entscheidungsprozesse des näheren bedeutet, will ich an einem Beispiel und Ausschnitt skizzieren, dem der institutionalisierten wissenschaftlichen Politikberatung als Konzeptplanung. Ich gehe einerseits davon aus, daß unsere Lebensverhältnisse sich in vielen Bereichen so kompliziert haben, daß sie nicht mehr immer in allen für die politischen Entscheidungen relevanten Aspekten von jedem Bürger oder auch nur Politiker hinreichend durchschaut werden können. Andererseits läßt sich eine immense Steigerung jenes empirisch-analytischen Wissens und der ihm entsprechenden wissenschaftlichen Kapazitäten beobachten, wodurch unsere Lebensverhältnisse nicht ausschließlich der persönlichen Erfahrung und Weltkenntnis überlassen, vielmehr methodisch erforscht werden. Während die Komplizierung unserer Lebenswirklichkeit deren gründliche methodische Erschließung und damit – in bezug auf verantwortliche öffentliche Entscheidungsfindung – wissenschaftliche Politikberatung (gerade auch als Konzeptplanung) nötig macht, wird sie durch die Entwicklung von Wissenschafts-Kapazitäten zugleich möglich.

Konzeptorientierte wissenschaftliche Politikberatung ist eine sich etablierende, dabei von Rückschlägen allerdings nicht verschonte politische Praxis. Diese Praxis soll über sich selbst: über ihre Struktur, ihre Möglichkeiten und Grenzen, aufgeklärt werden, um damit einen neuen, einen legitimen Status zu gewinnen. Konzeptorientierte wissenschaftliche Politikberatung steht hier für Entscheidungsverfahren, die einen umfassenderen Begriff von wissenschaftlicher Rationalität implizieren als den der Nutzenkalkulation; vor allem steht sie für Verfahren, die nicht nur durch wissenschaftliche, sondern auch durch kommunikative Elemente bestimmt sind, die beide Elemente zu vermitteln suchen, auf diese Weise eine verhängnisvolle Abschottung unterschiedlicher Rationalitätsbegriffe auflösen und die zudem für eine Orientierung an der Idee und an Prinzipien politischer Gerechtigkeit offen sind. Insofern könnte institutionalisierte wissenschaftliche Politikberatung ein für reale Politik richtungweisendes Modell abgeben.

Planung, verstanden als methodisches Entwerfen von Handlungsmöglichkeiten, ist vereinfacht ausgedrückt entweder der Entwurf eines Zieles (Zielsystem) oder der Entwurf der dazu geeigneten Mittel und Wege. Das Charakteristische von Konzeptplanung liegt nun darin, daß sie sich nicht auf eine der Möglichkeiten festlegen läßt. In einem Konzept werden weder zu vorgegebenen Zielen nur die Mittel und Wege noch unter Ausklammerung der Frage nach Mitteln und Wegen nur die Ziele bestimmt. Das Konzept richtet sich vielmehr auf beide Aspekte in ihrer Verknüpfung und wechselseitigen Dependenz, z. B. auf die Grundstruktur eines Bildungswesens[16]. Politikberatung als Konzeptplanung beschränkt sich deshalb *nicht* auf Vorschläge für *inkrementale Verbesserungen* (vgl. Poppers Modell der Stückwerktechnologie[17]). Denn aufgrund der mannigfachen Interdependenzen darf eine vernünftige Planung ihre Aufgaben nicht als streng isolierte Einzelprobleme behandeln und sich auf punktuelle ad-hoc-Maßnahmen beschränken. Ohne die Gesellschaft als ganze und auf einmal verplanen zu wollen – angesichts der Komplexität, Dynamik und Interdependenz der verschiedenen Sozialprozesse und Sozialsysteme reichen schon die Steuerungskapazitäten dafür bei weitem nicht aus –, bleibt die Möglichkeit, Konzepte zu entwerfen und sie als Grundlage politischer Entscheidungen zu empfehlen. Konzepte konzentrieren sich auf Grundstrukturen und Rahmenbedingungen, die durch weitere Planungs- und Entscheidungsprozesse noch ausgefüllt, korrigiert und vor allem mit anderen Bereichen und Gesichtspunkten abgestimmt werden können. Konzeptplanung stellt einerseits nur die erste Stufe in einem mehrstufigen Planungsprozeß dar[18]; andererseits entwirft sie schon das Grundmuster der Sache: ihre wesentlichen Elemente und Momente. Sie bringt die Teile und Aspekte in einen Zusammenhang, richtet ihn an normativen Grundsätzen der Verfassung sowie an konsensfähigen gesellschaftspolitischen Zielvorstellungen und Prinzipien aus und weist auf problem- und ausschnittsspezifische Wege der Realisierung hin. Indem Konzepte die einzelnen Sektoren und Aspekte unter übergreifenden Kriterien organisieren, vermeiden sie die Gefahr des Inkrementalismus, die Schwierigkeiten erst gar nicht zu lösen oder sie nur an andere Stellen oder auf später zu verschieben.

Ferner: Auch wenn Konzeptplanung durch krisenähnliche Entwicklungen ausgelöst sein mag (die weltweite Bildungsplanung u. a. durch das lawinenartige Ansteigen der Schüler- und Studentenzahlen), verfällt sie doch *nicht* in einen punktuellen und grundsatzlosen Interventionismus, der den je auftretenden Problemen und ihrer krisenhaften Zuspitzung immer bloß nachläuft *(Krisenmanagement).* Die Probleme sollen vielmehr, und zwar rechtzeitig, in ihrem Zusammenhang gesehen und nach Maßgabe normativer Leitprinzipien gelöst werden. Einen Beitrag dazu leistet konzeptorientierte wissenschaftliche Politikberatung, sofern sie bestimmte Strukturbedingungen erfüllt:

2.1 Infrastruktur: Wissenschaftliche Rationalität

2.1.1 Problemanalyse

Eine Konzeptplanung hat als erstes die schon selbstverständliche Aufgabe, die Situation des entsprechenden Planungsbereiches mit ihren Problemen zu erkennen, sie gründlich zu analysieren und auf dem Allgemeinheitsgrad von Konzeptproblemen präzis zu formulieren. Diese *wissenschaftliche Problemdiagnose* besteht aus mehreren Elementen. So braucht es Kategorien (Begriffe), die als Kriterien die Wahrnehmung der Probleme (Mängel) orientieren und strukturieren (Lehrermangel, Sprachbarrieren usw.), wobei Begriffsbildung und Mängelwahrnehmung sich wechselseitig beeinflussen. Aufgrund der verschiedenen Erhebungs- und Auswertungstechniken ermittelt die empirische Sozialforschung die erforderlichen Daten, deren Interpretation zu einer methodisch abgestützten Bestandsaufnahme führt[19]. Da Konzeptplanung die sozialen Prozesse und Institutionen in ihrer künftig gültigen Struktur entwerfen soll, ist es über Begriffsbildung, Erhebung und Auswertung hinaus erforderlich, die gegenwärtige Situation zu extrapolieren und mit Hilfe von Gesetzen oder Quasi-Gesetzen (Trends, Entwicklungslinien oder Tendenzen) zu Prognosen über jene zukünftige Situation zu kommen, in der die Konzepte, sofern sie tatsächlich zur Grundlage politischer Entscheidungen werden, ihre politisch-sozialen Konsequenzen zeigen[20]. Je nach Forschungslage kann die Konzeptplanung bei den skizzierten Teilaufgaben auf schon vorliegende Forschungsergebnisse zurückgreifen, oder sie muß sie selbst organisieren bzw. in Auftrag geben[21].

Nach der methodischen Ermittlung von Daten und Prognosen gilt es, die Befunde zu Konzeptproblemen aufzuarbeiten. Die Mängel sind in ihrem Zusammenhang mit dem gegebenen Bildungssystem: seinen Organisationsformen, Lernzielen, Bildungsinhalten sowie seiner sozialen Umwelt, zu stellen und aus bestimmten Eigenschaften des Bildungs- und Gesellschaftssystems zu erklären. Erst durch die *Diagnose* solcher *systematischer Mängel* liegen wissenschaftlich aufbereitete Probleme vor.

2.1.2 Zielbestimmung

Die weitere Aufgabe der Konzeptplanung, die Antizipation einer für lebenswert und auch realisierbar gehaltenen Zukunft, nimmt Bezug auf allgemeine Grundsätze, die zum einen von der Idee und von Prinzipien politischer Gerechtigkeit und zum anderen von Funktionsanforderungen einer Industriegesellschaft bestimmt sind. Die Konzeptplanung sucht solche allgemeinen Ziele für ihren jeweiligen Problemkreis zu spezifizieren. Für den Bildungsbereich etwa hat man vier Ziele benannt. Aufgrund einer Interpretation der entsprechenden Verfassungsabschnitte über die Grundrechte sowie den demokratischen und sozialen Rechtsstaat lassen sich (I.) Chancengerechtigkeit und (II.) individuelle Förderung[22], aus den Funktionsanforderungen einer Industriegesellschaft lassen sich (III.) Deckung des ökonomischen und sozialen Bedarfs an gebildeten Menschen sowie (IV.) ein effizienter Einsatz der materiellen Ressourcen als angemessene bildungspolitische Ziele gewinnen. Mit Hilfe solcher Ziele werden gegebene Situationen überhaupt als veränderungsbedürftig, die beobachteten und kategorial aufgegliederten Mängel als Mängel und damit als Herausforderung zur Behebung legitimiert. Zugleich geben solche (bildungspolitischen) Grundsätze die Richtlinien ab, nach denen das Bildungswesen neu zu organisieren ist. Die durch hermeneutische (Verfassungsexegese) und andere Verfahren gewonnenen Ziele bezeichnen aber erst einen sehr allgemeinen Grundrahmen, der für konkrete Planung noch zu unbestimmt ist. Besonders ist nichts darüber ausgesagt, wie man solche Ziele realisieren kann.

Auch unter dem Gesichtspunkt der zielangemessenen Realisierungsmöglichkeiten kann die Konzeptplanung auf wissenschaftliche Resultate zurückgreifen. In bezug auf Chancengerechtigkeit und individuelle Förderung rekurriert sie auf Ergebnisse der Pädagogik, vor allem der Begabungsforschung[23]. Mit deren Hilfe werden die Grundsätze zu pädagogischen Leitmotiven, zu Zielen mittlerer Allgemeinheit, spezifiziert. Der Grundsatz der Chancengerechtigkeit wird etwa zu den Forderungen nach Durchlässigkeit, frühem Lernen sowie wissenschaftsbestimmtem Lernen nicht nur für Gymnasiasten, sondern für alle Schüler des Sekundarschulwesens präzisiert; das Kriterium der individuellen Förderung wird zum Leitmotiv der Förderung statt zu dem der

Auslese und zu einer inneren und äußeren Differenzierung der Schule konkretisiert[24]. Bei den anderen Zielen kommen bildungsökonomische Forschungen und ihre verschiedenen Ansätze in Betracht[25]. Insgesamt ist eine Vielzahl wissenschaftlicher Disziplinen und Forschungszweige vonnöten.

2.1.3 Konstruktiver Entwurf

Auf der Basis der Problemdiagnose und nach Maßgabe der pädagogischen und bildungsökonomischen Leitmotive ist schließlich ein Zusammenhang von Bildungseinrichtungen zu entwerfen. Das Entwerfen ist eine Tätigkeit kreativer Vorstellungen, ein freies Spiel mit Möglichkeiten und deshalb zunächst nicht durch Wissenschaft, sondern durch Phantasie bestimmt. Aber die Phantasie erhält keinen unbegrenzt freien Lauf; sie steht im Dienst einer rationalen und humanen Politik. Sie soll Möglichkeiten entwerfen, die zielangemessen und unter den gegebenen sozioökonomischen Bedingungen auch realisierbar sind. Zu diesem Zweck muß Konzeptplanung auf die für sie relevanten wissenschaftlichen Erkenntnisse und Einsichten zurückgreifen.

Im allgemeinen reichen die vorhandenen Forschungsresultate aber nicht aus, um Folgen und Nebenfolgen, Kosten und Nebenkosten mit hinreichender Gewißheit zu übersehen. Konzeptplanung kann dann ihre Empfehlungen einer systematischen Bewährung in der Erfahrung aussetzen. Als eine erste Annäherung bieten sich internationale Erfahrungen an. Genauer und verläßlicher ist es, Modellversuche zu initiieren und durch eine begleitende wissenschaftliche Untersuchung systematisch auszuwerten.

2.1.4 Zur wissenschaftlichen Rationalität von Konzeptplanung

Schon dieser knappe Strukturaufriß stößt auf eine Mannigfaltigkeit von wissenschaftlichen Disziplinen und Verfahren. Deren Beiträge zur Konzeptplanung stehen nicht beliebig nebeneinander, sondern bilden einen komplexen, in sich strukturierten und folgerichtig aufgebauten Prozeß, dessen *Grundmuster* durch das Ineinandergreifen von drei Momenten: der Problemanalyse, der Zielbestimmung und des konstruktiven Entwurfs, gekennzeichnet ist. Die sinnvoll gestellte Frage nach der Methode von Konzeptplanung zielt deshalb nicht auf ein einziges Verfahren. Es treten verschiedene: etwa begriffsanalytische, empirische und hermeneutische Methoden zusammen, die in den einen Prozeß der Konzeptplanung zu integrieren sind. Deshalb sind all die wissenschaftstheoretischen Vorstellungen abzuwehren, die die Konzeptplanung auf ein einziges Verfahren festlegen wollen, gleich ob es als sozialtechnologische Konstruktion, als Nutzenkalkulation oder als kritisches Sinnverstehen identifiziert wird. Unter dem Aspekt des wissenschaftlichen Beitrags ist Planung vielmehr ein »hochkomplexes interdisziplinäres Unternehmen«[26], wobei nicht nur die einzelnen Fachbeiträge, sondern auch ihre Vermittlung zu einem Ganzen, dem Konzept, wissenschaftlichen Kriterien folgen sollen.

In der Wissenschaft, die ganz allgemein als Inbegriff von Theoriekompetenzen zu definieren ist, lassen sich strukturanalytisch zwei Aspekte unterscheiden. Als Sachverstand interpretiert, ist die Wissenschaft für Fachkenntnisse, als Methodenverstand für die systematische Durchführung von Denk- und Beobachtungsprozessen zuständig. Die Theoriekompetenz in diesen beiden Aspekten kann zur Konzeptplanung auf verschiedenen, mindestens drei Ebenen in eine Beziehung treten. Die drei Ebenen stellen Formen fortschreitenden Einflusses von Wissenschaft auf gesellschaftliche Planung dar:

(1.) Auf der untersten Stufe ihres Einflusses liefern die Wissenschaftler für die Planung *sachkompetente Informationen.* Die politischen Instanzen stellen die genauen Fragen, die Wissenschaftler geben die Antworten. Verstanden als Inbegriff der dem jeweiligen Forschungs- und Diskussionsstand entsprechenden Ergebnisse, erscheint die Wissenschaft hier als Summe von methodisch abgesicherten Daten, von Erkenntnissen und Einsichten, die man in kleineren oder in größeren Portionen abfragt.

(2.) In der Regel sind die wissenschaftlichen Erkenntnisse aber nur für die Fachkollegen formuliert. Überdies bewegen sie sich auf einem Abstraktionsniveau, das ihre planungsspezifische Relevanz unmittelbar gar nicht einsichtig macht. Aus diesem Grund reicht es nicht aus, daß Wissenschaftler lediglich Resultate liefern. Sie müssen die gegebenen Resultate auch im Licht der Planungsprobleme interpretieren und nach den Erfordernissen der Praxis auswerten. Für diese *planungsorientierte Interpretation* muß zur Fachkompetenz eine mit ihr als solcher nicht notwendig gegebene fachübergreifende Beurteilungsfähigkeit treten, die die oft komplizierten Vermittlungsprozesse zwischen allgemeinen wissenschaftlichen Erkenntnissen und konkreten Planungsproblemen angemessen durchführt.

(3.) Die Konzeptplanung gewinnt die volle Qualität wissenschaftlicher Rationalität erst dann, wenn nicht nur die Einzelbeiträge und ihre Interpretation, sondern wenn auch die *Integration der interpretierten Fachbeiträge* methodisch geschieht. Dann steht aber nicht mehr der fachspezifische Sachverstand im Mittelpunkt. Wissenschaftliche Konzeptplanung ist auf eine übergreifende Methodenkompetenz angewiesen: auf die Fähigkeit, auch in solchen Bereichen folgerichtige und zielorientierte Denkprozesse durchzuführen, die nicht schon aus der bisherigen Forschungspraxis geläufig sind[27]. Deshalb ist es sinnvoll, zu den Planungsaufgaben auch fachunspezifische Wissenschaftler heranzuziehen, für Gremien der Bildungsplanung also nicht nur Vertreter der Pädagogik, Bildungsökonomie oder der empirischen Sozialforschung, sondern auch Naturwissenschaftler, Historiker, Soziologen und Philosophen[28]. Denn ein Konzept entsteht weder durch die Verschmelzung von Partialwissen noch als Resultante aus einer Vielzahl fachspezifischer Beiträge. Durch eine Addition der einzelnen Teile: der empirischen Sozialforschung mit Bildungsökonomie, Verfassungsexegese und Pädagogik, ergibt sich noch kein Grundriß des Bildungswesens. Dazu gehört es, daß man die konzeptspezifischen Beiträge als solche überhaupt identifiziert, sie gezielt abruft und mit konstruktiver Phantasie zu einem Ganzen integriert. Das Konzept ist – soweit wissenschaftlich bestimmt – nicht die Summe seiner einzelwissenschaftlichen Beiträge, sondern deren produktive Synthese.

2.2 *Wissenschaft als negative Instanz*

2.2.1 Verläßlichkeitsgrenzen der Wissenschaft

Wissenschaftler können weder eindeutige noch zweifelsfrei gewisse Rezepte liefern, und zwar aus Gründen, die zum Teil schon aus dem wissenschaftlichen Forschungsprozeß selbst, zum Teil erst aus seiner Vermittlung mit (Konzept-)Planung stammen. In lockerer Folge lassen sich mindestens sieben Argumente aufführen.

(1.) Für die hochkomplexen Probleme der politischen Planung

ist ein Teil der wissenschaftlichen Instrumentarien oft nur schwierig anwendbar. So sind die Algorithmen der mathematischen Optimierung zu präzise und damit zu voraussetzungsreich, um bei Rahmenplanungen mit ihren nicht exakt definierten Strukturen, mit ihren Spielräumen und Vorbedingungen eindeutig anwendbar zu sein.[29] – Zu den Grenzen der Eindeutigkeit treten solche der Verläßlichkeit von Wissenschaft:

(2.) Die Entwicklung der Naturwissenschaften und ihre wissenschaftstheoretische Diskussion hat die naive Vorstellung kritisiert, die empirischen Wissenschaften würden aufgrund methodisch durchgeführter Verifikationsverfahren zu absolut gewissen und unbezweifelbar richtigen Erkenntnissen führen[30]. Wissenschaftliche Resultate haben vielmehr den Rang von (mehr oder minder stark bewährten) Hypothesen, die, der kritischen Diskussion ausgesetzt, modifiziert und revidiert werden können.

(3.) Was für die Naturwissenschaften zutrifft, ihr fallibilistischer Charakter, gilt in einem ungleich höheren Maß für jene Wissenschaften, auf die sich gesellschaftspolitische Planung naturgemäß in erster Linie stützt, für die Humanwissenschaften. Ihre wissenschaftlichen Beiträge zur politischen Planung haben in der Regel nicht denselben, oft sehr hohen Bewährungs- und Anerkennungsgrad naturwissenschaftlicher Forschungsresultate.

(4.) Dazu tritt die Unsicherheit komplexer Zukunftsprognosen im Bereich der Gesellschaftswissenschaften, so daß der politischen Planung oft exakte Grunddaten fehlen.[31] Die Auseinandersetzung über Konzepte beginnt deshalb zu Recht bei der Darstellung und Beurteilung der Ausgangslage[32]. Zudem fehlt häufig selbst das für eine empirische Sozialforschung noch relativ leicht zu erstellende Material[33].

(5.) Gesellschaftspolitische Pläne beziehen sich in der Regel auf neuere Entwicklungen. Infolgedessen ist das entsprechende Wissen noch nicht so lang der kritischen Diskussion ausgesetzt und daher noch relativ ungesichert. Zwar steht die politische Planung nicht unter dem Entscheidungszwang tagespolitischer Entscheidungsprozesse. Planung braucht auf die kritische Diskussion nicht zu verzichten; sie kann sogar Experimentalprogramme initiieren und erste Befunde abwarten. Im Unterschied zur autonomen wissenschaftlichen Forschung steht sie jedoch unter einem mittleren Handlungszwang: die problematisch gewordene Wirklichkeit drängt auf eine Lösung; die Politiker, die sich beraten lassen, warten auf Empfehlungen. Das in die Konzeptplanung einfließende wissenschaftliche Wissen nimmt auch im Rahmen des für einen gesellschaftswissenschaftlichen Forschungsgang möglichen Gewißheitsgrades einen relativ niedrigen Rang ein.

(6.) Außerdem gehen in die Konzeptplanung Beiträge von vielen wissenschaftlichen Ansätzen, Verfahren und Disziplinen ein. Es sind nicht nur fachinterne (*intra*disziplinäre), sondern auch fachübergreifende (*inter*disziplinäre) Beratungsprozesse vonnöten. Da diese Beratungsprozesse oft ganz neu und zudem zwischen heterogenen Wissenschaften durchzuführen sind, werden sie von Sprach- und Verständigungsschwierigkeiten begleitet und durch eine fachspezialisierte Ausbildung gehemmt; in der Verläßlichkeit ihrer Resultate sind sie ein weiteres Mal eingeschränkt.

(7.) Schließlich läßt sich die allgemeine Methodenkompetenz, die für eine methodische Organisation der Einzelbeiträge zu einem Konzept erforderlich ist, nicht so leicht abschätzen wie eine fachspezifische Methodenkompetenz. Die für die politische Planung entscheidende Frage, wer hier eigentlich als wissenschaftlicher Experte gelten kann und deshalb in das Planungsgremium berufen werden soll, läßt sich nicht so einfach beantworten wie im Fall von fachspezifischen Fragen. Zwar bezieht sich die innerfachliche Urteilsbildung, die Diskussion unter den Fachgenossen, ganz allgemein nicht nur auf Meinungen, sondern auch auf die relative Zuständigkeit, den Rang und die Kompetenz von Personen und führt zur Qualifikation einzelner als Experten[34]. Für das Allgemeine gibt es aber kein eigenes Fach, daher auch keine innerfachliche Urteilsbildung über relative Kompetenzen.

2.2.2 »Rollende Reform«

Wissenschaftliche Konzeptplanung kann die begrenzte Verläßlichkeit nicht aufheben; sie kann ihr jedoch entgegensteuern. Dies geschieht zunächst dadurch, daß man nicht – aus Verzweiflung, keine absolut verläßlichen Verfahren zu finden – auf methodische Konzeptplanung überhaupt verzichtet, sondern Methoden mittlerer Verläßlichkeit sucht. Vor allem begegnet man der Situation, indem man einmal erarbeitete Konzepte nicht gegen Kritik und Revisionen abschirmt, sie vielmehr für Veränderungen offenhält. Gesellschaftspolitische Reformen sind auf die Weise eines revolvierenden Prozesses in Angriff zu nehmen, der innovatorische

Maßnahmen mit parallelen wissenschaftlichen Untersuchungen verbindet, um auch während des Reformprozesses Änderungen der wissenschaftlichen Grundlagen: der Hypothesen sowie der empirischen Befunde, als solchen wahrzunehmen und zu berücksichtigen. Wie das in concreto durchgeführt werden kann, läßt sich ohne organisatorische, juristische und andere, auch pädagogische Überlegungen nicht entscheiden. – Ein weiterer Grund für eine »rollende Reform« findet sich in der steten Veränderung der Bedürfnisse und Interessen, der ökonomischen Randbedingungen usf.

2.2.3 Wissenschaft als negative Instanz

Was folgt aus diesen Hinweisen für die Relevanz der Wissenschaften in der Konzeptplanung? Planung im Dienst politischer Praxis kann die Ziele und Grundsätze, an denen sie sich orientiert, nicht selbstherrlich wählen. Damit Konzeptentwürfe zustimmungsfähig sind, müssen sie sich auf den politischen Raum beziehen: auf Verfassungsbestimmungen, parlamentarische Beschlüsse, auf (höchst-)richterliche Urteile, auf einen informellen gesellschaftspolitischen Konsens, auf die Bedürfnisse und Interessen der Betroffenen sowie die öffentliche Diskussionslage. Dieser politische Raum signalisiert allerdings noch nicht den gesellschaftspolitischen Konsens eines homogenen, klaren und seiner selbst sicheren politischen Willens, der auf dem Wege einer empirischen Erhebung bloß festzustellen und zur Grundlage der Konzepte zu erklären wäre. Angesichts der Unsicherheiten, Unklarheiten, der Dishomogenitäten und Konflikte braucht die Konzeptplanung jedoch nicht zu kapitulieren. Unter Anerkennung von Verfassungsprinzipien, (höchst-)richterlichen Urteilen sowie anderen Formen eines gesellschaftspolitischen Rahmenkonsenses als den Leitprinzipien und unter Berücksichtigung der vielfältigen Meinungs- und Willensäußerungen in der Gesellschaft besteht die kritisch-hermeneutische Aufgabe darin, Bedürfnisse und Interessen aufzugreifen, dabei auf die oft unbewußten oder noch unklaren Zielvorstellungen zu achten, die Bedürfnisse und Interessen im Licht der Leitprinzipien zu interpretieren und ggf. kritisch zu modifizieren. Der analytische Aspekt besteht darin, angesichts von begrifflichen Unklarheiten und Widersprüchen die Ziele und Kriterien zu präzisieren und zu kompatiblen

Zielbegriffen zu gelangen. Bei diesen Teilaufgaben kann wissenschaftliche Konzeptplanung auf ihre (empirisch-analytischen und kritisch-hermeneutischen) Theoriekompetenzen rekurrieren. Die gesellschaftspolitischen Ziele sind ganz offensichtlich nicht Vorgaben im Sinne unumstößlicher positiver Daten. Zielüberlegung, Zielfeststellung und Zielpräzisierung sind selbst integrale Bestandteile einer wissenschaftlichen Konzeptplanung. Aber weder der Sachverstand noch der fachspezifische Methodenverstand und auch nicht eine fachübergreifende Methodenkompetenz legen die Ziele und die an sie geknüpften Konzepte letztlich fest; sie fällen nicht die Entscheidung für oder gegen sie. Die wissenschaftliche Konzeptplanung stellt grundsätzlich keine kategorischen Behauptungen auf: eine integrierte Gesamtschule, ein Ausbildungswechsel zwischen den Lernorten Schule und Betrieb usf. sollen sein. Sie argumentiert vielmehr hypothetisch: »Wenn diese oder jene Grundsätze und Kriterien übernommen werden – und dafür spricht eine Vielzahl von Argumenten –, dann ist – nach dem derzeitigen Stand der Wissenschaft – das Konzept K_i eine empfehlenswerte, rationalen Kriterien genügende Möglichkeit.«

Eine Konzeptplanung, die sich auf politische Vorgaben bezieht, ohne sie als eindeutig festgelegte Daten vor sich zu haben, kritisiert die gängige Vorstellung, nach der zwischen Politik auf der einen und den Wissenschaften auf der anderen Seite eine komplette Arbeitsteilung vorliege. Zugleich kritisiert sie die entgegengesetzte Position. Die wissenschaftlichen Planungsgremien verstehen sich sinnvollerweise *weder* als zweckrationale Dienstleistungen *(instrumentelle Vernunft)*, die die Bestimmung der Ziele, Richtwerte und Führungsgrößen ganz jenen politischen Prozessen überläßt, die sich vor und außerhalb der Planung abspielen, *noch* halten sie sich, in planer Entgegensetzung, für die *zielkompetente kritische Intelligenz*. Gegenüber der Vernünftigkeit der Ziele weder ahnungslos noch gleichgültig, beschränken sie sich nicht darauf, eindeutig vorgegebene Ziele in sozialtechnologische Vorschriften zu übersetzen und die Resultate den Politikern zur Verfügung zu stellen. Problemadäquater ist folgende Vorstellung: Aufgrund der Mannigfaltigkeit ihrer Sachkenntnisse und methodischen Verfahren prüfen die Wissenschaftler insgesamt alternative Vorschläge und eliminieren jene, die ihren Anforderungen auf konsistente Begriffsbildung, methodische Bewährung an der Erfahrung usf. nicht genügen. Alle Vorschläge, die zu den Rationalitätskriterien – in einem weiten, auch hermeneutische, kritische und reflexive Verfahren einschließenden Sinn von Rationalität – im Widerspruch stehen, sind auszuschließen. Dieses Verfahren führt in der Regel zu einem Lösungsraum und nur in Sonderfällen zu einer einzigen Lösung. Aber selbst in diesen Sonderfällen hat die Wissenschaft nicht den Rang einer positiven Entscheidungsinstanz. Die Transformation dessen, was rational möglich ist, zu etwas, das tatsächlich realisiert werden soll, geschieht durch außerwissenschaftliche Momente: durch die teils vor, teils während und nach der Planung vollzogene Anerkennung der rationalen Möglichkeiten als etwas, das aufgrund der Ziele, der Mittel, der wahrscheinlichen Folgen und Nebenfolgen von der betroffenen Kommunität und ihren Repräsentanten gewollt ist. Die Wissenschaft, so meine These zur Infrastruktur wissenschaftlicher Politikberatung, hat für die Politik den Rang einer negativen Instanz[35].

2.3 Zur Binnenstruktur: experimenteller Konsens

Der politische Raum, auf den sich die Planung bezieht, hat unterschiedliche Bedeutung. Die Verfassungen enthalten normative Leitprinzipien, die – wie die Grundrechte und der Auftrag, den demokratischen und den sozialen Rechtsstaat zu entwikkeln – von den Ideen der Humanität und vor allem der politischen Gerechtigkeit bestimmt sind und die die rechtliche Grundordnung festlegen, somit den Spielraum eingrenzen, innerhalb dessen Konzepte humanitäts- und gerechtigkeitsorientiert sowie verfassungskonform sind. Die Leitprinzipien bedeuten gleichsam die höchste Berufungsinstanz, vor der sich die Ziele und Kriterien als »legitim« ausweisen müssen. Indessen sind die Leitprinzipien so allgemein formuliert, daß sie für den jeweiligen gesellschaftspolitischen Bereich und die konkrete soziokulturelle Situation noch näher zu bestimmen sind[36]. Auch ist die inhaltliche Ausfüllung für die Konkurrenz politischer Anschauungen offengehalten. Die auf einem relativ hohen Abstraktionsgrad formulierten Verfassungsgrundsätze werfen nicht nur Interpretationsprobleme auf, sondern geben auch den Raum für politisch legitime Zielkontroversen frei. Die präzise Bestimmung der Ziele kann daher nicht lediglich als ein Ableiten aus übergeordneten, noch vagen Zielformulierungen verstanden werden[37]. Im Ausgang von der

Situation legitimer Kontroversen sind vielmehr in einem offenen Prozeß der Willensbildung solche Ziele zu gewinnen, die über die Negativkriterien der Konsistenz, Präzision und der Verfassungskonformität hinaus die Bedingung erfüllen, sich als Basis eines neuen gesellschaftspolitischen Konsenses zu eignen. Deshalb ist auch die öffentliche Diskussion aufzugreifen, allerdings nicht kritiklos und unqualifiziert.

Durch die Aufgabe, auch einen Zielkonsens zu erarbeiten, obwohl sie für ihn nicht entscheidungskompetent ist, wird die Konzeptplanung zu einem Kommunikationsprozeß, in dem ein Konsens erprobt wird. Die Konzeptplanung muß nicht nur rationale Möglichkeiten entwerfen, sondern auch *politische Vorgaben* aufgreifen und sie *experimentell zu einem aufgeklärten Konsens forttreiben.* Die Ausdrücke »erproben« und »experimentell« sind hier emphatisch gemeint. Gesellschaftspolitische Konzeptplanung ist ein Experiment, dessen Ergebnis zeigen soll, was in der jeweiligen gesellschaftspolitischen Situation an unter Aspekten von Gerechtigkeit, Rationalität und Kommunikation aufgeklärten Handlungsentwürfen möglich ist.

Es wurde schon darauf hingewiesen, daß die moderne wissenschaftstheoretische Diskussion gezeigt hat, daß kein Verfahren existiert, das unbezweifelbar gewisse Forschungsergebnisse garantiert. Dies gilt um so mehr für den komplizierteren und nicht vollständig verwissenschaftlichen Bereich, die Konzeptplanung. Insofern das gesellschaftspolitische Konzept durch einen Konsens begründet wird, der nicht zwingend beweisbar ist, ist es auch nicht für jedermann schlechthin gültig. Gleichwohl ist der Inhalt des experimentellen Konsenses nicht unverbindlich, da er methodisch herbeigeführt wird, so daß Zufall, persönliche Vorurteile usf. nicht gerade ausgeschlossen, aber doch erheblich reduziert werden. Zu den methodischen Regeln gehört es, daß man nicht nach dem einen »Weisen« sucht, sondern ein Gremium bildet, das sich zu gemeinsamen Lernprozessen bereitfinden und in dem Gespräch, in der Diskussion einen gemeinsamen Willen bilden muß[38]. Ferner müssen die Mitglieder so ausgewählt sein, daß willkürliche Aussagen und Gegenaussagen mit hoher Wahrscheinlichkeit auf Widerspruch stoßen und eine sachliche Argumentation herausfordern. Dazu sind Personen erforderlich, die weder voneinander abhängig noch aufeinander angewiesen sind. Vor allem aber müssen die Konzeptplaner gegenüber den gesellschaftlichen und politischen Kräften relativ unabhängig sein; sie dürfen sich nicht bloß als Interessenvertreter verstehen. Ein Konzept soll ja nicht der (möglicherweise nutzenkalkulatorisch, nämlich spieltheoretisch berechenbare) *Kompromiß* zwischen antagonistischen Kräften sein. Weitere wirksame Vorkehrungen finden sich in der Institution des Minderheitengutachtens; im Zwang, Konzepte zu begründen und öffentlich Rechenschaft über sie abzugeben; in der Erwartung und der Durchführung einer kritischen öffentlichen Diskussion.

Derartige Bestimmungen schaffen in der Regel weit idealere Kommunikationsbedingungen, als sie sich in homogenen Gruppen oder den Querelen, Vorurteilen und Handlungszwängen der Tagespolitik darbieten. Sie bedeuten eine »Rationalisierung« der Konsensfindung, ohne sie deshalb zu verwissenschaftlichen. Konzeptplanung, die sich derartigen Regeln unterwirft, erhöht die Chancen für aufgeklärte Handlungsentwürfe.

Um die Quintessenz noch einmal zu formulieren: Konzeptplanung als methodischer Kommunikationsprozeß basiert auf der Übereinstimmung in der Anerkennung bestimmter Ziele und Kriterien, einer Übereinstimmung, die – durch kritisch-hermeneutische und empirisch-analytische Methoden abgestützt – durch ein Verfahren der Konsenserprobung in relativer Distanz zu den politischen Instanzen und Kontroversen experimentell gefunden wird.

2.4 Zur Außenstruktur: Kooperation zwischen Wissenschaft und Politik

Wissenschaftliche Politikberatung soll eine Mittlerrolle zwischen Politik und Wissenschaft ausüben. Diese Mittlerrolle kann sie aber nur dann erfüllen, wenn beide Seiten – Politik und Wissenschaft – sich einander zuwenden, ohne ihre Eigenart aufzugeben. Indem die Politik wissenschaftliche Beratungsgremien institutionalisiert, reduziert sie nicht einfach die politische Kompetenz auf Sachkompetenz und läßt die Wissenschaftler als Wissenschaftler die öffentlichen Entscheidungen treffen (Technokratie). Wohl öffnet sich die Politik dem Sach- und Methodenverstand. Sie stellt sich ausdrücklich unter die Ansprüche von Wissenschaft, deren Eigenrecht (die Sach- und Methodenkompetenz) sie anerkennt. Dadurch erhält die Wissenschaft ein politisches Mitwirkungsrecht, allerdings kein pauschales, sondern bezogen auf bestimmte Aufgaben, die sie nach Maßgabe ihrer eigenen Kriterien und Kompetenzen ausfüllt. Und umgekehrt: Wissenschaft, die sich zur Politikberatung bereitfindet, gibt nicht ihr Eigenrecht auf, um sich Erkenntnisse von der Politik vorschreiben zu lassen. Doch schränkt sie ihre Autonomie ein und wendet sich den Aufgaben zu, für deren Lösung man sie in Anspruch nimmt. Darüber hinaus greift sie normative Leitprinzipien sowie gesellschaftspolitische Diskussionslagen auf, womit sie sich den Ansprüchen der Politik stellt.

Wissenschaftliche Politikberatung kann nur dort gelingen, wo Wissenschaft und Politik aufeinander zugehen, ohne sich einander zu bemächtigen. Sowohl die Herrschaftsanmaßung von Wissenschaftlern gegenüber der Politik als auch die konträre Anmaßung von Politikern gegenüber der Wissenschaft würde die Vermittlungsaufgabe unmöglich machen. In dem einen Fall würde die demokratische Willensbildung und Entscheidungsfindung, in dem anderen Fall die wissenschaftliche Rationalität manipuliert. Um beide Gefahren zu vermeiden, muß die relative Autonomie von Wissenschaft und Politik sichergestellt werden. Dazu gehört es, daß auf beiden Seiten die Freiheit der Kritik gewahrt bleibt: Einerseits muß das Beratungsgremium unabhängig sein, wozu auch materielle und personelle Mittel (vor allem ein eigener Arbeitsapparat und eine genügende Anzahl wissenschaftlicher Mitarbeiter) zählen; andererseits dürfen die Pläne keinen imperativen, sondern nur einen Empfehlungscharakter haben[39].

Im Prozeß öffentlicher Entscheidungsfindung nehmen Wissenschaft und Politik je verschiedene Funktionen wahr. Die Politik sucht den Rat des Sachverstandes; die Wissenschaft plant nach Maßgabe politischer Leitprinzipien und praktischer Bedürfnisse. Zugleich behalten beide Seiten ihre relative Autonomie; die Impulse, die sie abgeben, sind verschiedener Natur. Die Wissenschaft gibt Auskunft über rationale Möglichkeiten. Sie entwirft Konzepte, die in sich widerspruchsfrei, die zielklar, zieleffizient sowie durch empirische Forschung abgestützt sind und darüber hinaus das Resultat eines aufgeklärten Konsenses darstellen. Die Politik schreibt über die Verfassungen normative Leitprinzipien vor, und in ihren Entscheidungsgremien nimmt sie Rücksicht auf das unmittelbar Notwendige, auf das Machbare und das Durchsetzbare; sie bewertet die alternativ möglichen Ziele, setzt die

Prioritäten und entscheidet über den Zeitplan. Mit einem Wort: die Wissenschaft trägt Sachlegitimation: Rationalität und Reflexion, bei, die Politik die politische Legitimation.

Die Zusammenarbeit unter Wahrung der je eigenen Prinzipien ist terminologisch als partnerschaftliche Kooperation zu fassen, ein Verhältnis, das weder konfliktlos noch grundsätzlich feindlich ist. Organisatorisch kann es recht verschiedene Formen annehmen. Während der Vorgänger des Deutschen Bildungsrates, der Deutsche Ausschuß für das Erziehungs- und Bildungswesen, ohne eine Mitwirkung von seiten der Regierung und der Verwaltung arbeitete, besteht der Wissenschaftsrat und bestand der Bildungsrat je aus zwei Kommissionen: aus der Wissenschaftlichen bzw. der Bildungskommission auf der einen und der Verwaltungs- bzw. der Regierungskommission auf der anderen Seite, so daß die Kooperation zwischen Sachverstand und Politik schon innerhalb der Beratungsinstitutionen stattfindet. Die wissenschaftlichen Berater werden frühzeitig auf die Fragen der politischen Realisierbarkeit, die Vertreter der Exekutive frühzeitig auf die Einsichten des Sachverstandes aufmerksam gemacht. Der gemeinsame Lern- und Kooperationsprozeß beginnt schon vor der Verabschiedung und Veröffentlichung der Empfehlungen.

Das Gelingen einer durch wissenschaftliche Politikberatung rationalisierten Politik hängt sehr stark von solchen und anderen organisatorischen Unterschieden ab. Durch eine kritische Auswertung der bisherigen Erfahrungen lassen sich sicherlich noch bessere Formen finden, auch wenn man ein für alle Situationen gleichermaßen optimales Modell nicht erwarten kann[40]. In diesem Zusammenhang ist auch nur das gemeinsame Merkmal: die kooperative Grundstruktur im institutionalisierten Zusammenwirken von Wissenschaft und Politik, entscheidend.

Obwohl sich die wissenschaftliche Politikberatung in erster Linie an jene entscheidungskompetenten Politiker wendet, durch die sie zur Beratung aufgerufen wurde, ist Gesellschaftspolitik in demokratischen Staaten doch keine Geheimpolitik. Sie findet vor den Augen und unter der Beteiligung der (aktiven) Öffentlichkeit statt. Auch die wissenschaftlich abgestützten Empfehlungen richten sich nicht allein an die gewählten Repräsentanten (Parlamentarier) und/oder an die Exekutive. Aus diesem Grund und um die politische Unabhängigkeit der Beratungsgremien zu verstärken, gehört es zu den Empfehlungen, daß man sie publiziert. So rufen sie auch in der öffentlichen Diskussion Kritik und Gegenkritik hervor und stimulieren Lern- und Veränderungsprozesse. Der aus pluralistisch zusammengesetzten Beratungsgremien hervorgehende experimentelle Konsens soll für die pluralistisch strukturierte Öffentlichkeit Beispiel- und Fermentcharakter haben und ein – unter Gerechtigkeits-, Rationalitäts- und Kommunikationsaspekten gesehen – höheres Wissen sowie ein entsprechend hohes Problembewußtsein und Argumentationsniveau provozieren[41]. Die mit der öffentlichen Diskussion initiierten Lern- und Veränderungsprozesse beeinflussen wiederum die politischen Instanzen. Außer dem direkten Lernprozeß zwischen den Beratungsgremien und den Politikern findet noch ein indirekter, ein über die öffentliche Diskussion vermittelter statt und erhöht den Einfluß der Empfehlungen. Gleichwohl bleiben diese ein Angebot. Um die vorgeschlagene aufgeklärte Politik selbst zu realisieren, fehlt ihnen die politische Legitimation. Das Angebot muß von den Angesprochenen, vor allem den Politikern, dann auch von der Öffentlichkeit wahrgenommen werden. Ob das tatsächlich geschieht, muß in einem als Kooperationsprozeß verstandenen Verhältnis der Wissenschaft zur Politik den Angesprochenen freigestellt bleiben. Wissenschaftliche Beratungsprozesse können und sollen sich der Fragilität von Anerkennungsprozessen nicht entziehen.

Je besser die wissenschaftlichen und kommunikativen Bedingungen innerhalb der Beratungen sind und je besser das Kooperationsverhältnis zur Politik ist, desto höher sind die Chancen der Anerkennung. Und werden die Empfehlungen anerkannt, dann wird in die Politik nicht nur ein höheres Argumentations-, sondern auch ein höheres Entscheidungsniveau getragen. Die tatsächliche Anerkennung hängt von vielerlei Gründen ab. Es kommt nicht nur auf die Qualität der Ratgeber, sondern auch auf die der Ratsuchenden: auf die Urteilsfähigkeit und das Verantwortungsbewußtsein der Politiker, dann auch auf die Qualität der öffentlichen Meinung an. Diese nur sehr allgemein bezeichneten Qualifikationen hängen selbst von mancherlei Bedingungen ab, nicht zuletzt von dem, worum es zum Beispiel bei der Reform des Bildungswesens inhaltlich geht: von der Ausrichtung der Lernprozesse auf die Entwicklung von sprachlichen, sozialen und humanen Kompetenzen sowie von der chancengerechten Verteilung des entsprechenden Bildungsangebots.

2.5 *Wissenschaftliche Politikberatung als Chance zu Gerechtigkeit und Humanität*

Die Inhalte der Empfehlungen, die von seiten wissenschaftlicher Politikberatung ausgesprochen werden, sind nicht schon deshalb gerecht, weil sie nach rationalen und kommunikativen Kriterien erarbeitet worden sind. Eine Gleichsetzung von Rationalität und Kommunikation mit politischer Gerechtigkeit ist unzulässig. Zwar stellt die intersubjektive Verständigung über Ziele und ihre freie Anerkennung selbst ein Element des Gerechten dar. Auch ist die Rationalität der Mittel und Wege ein konstitutives Moment politischer Gerechtigkeit. Denn wenn Leitprinzipien der Gerechtigkeit tatsächlich zur Anwendung kommen sollen, dann ist eine Überlegung der angemessenen Mittel und Wege vonnöten. Die Planung des Erfolges gehört zur Ernsthaftigkeit einer Orientierung an politischer Gerechtigkeit hinzu. Aber insofern es der wissenschaftlichen Politikberatung um das Aufgreifen und problemspezifische Ausarbeiten, nicht um die philosophische Legitimation und die politisch-rechtliche Anerkennung der Prinzipien der Gerechtigkeit geht, ist die fundamentale Orientierung an inhaltlichen Kriterien von Gerechtigkeit mit dem Beratungsverfahren selbst nicht mitgegeben, sondern ihm methodisch vorgeordnet. Dort, wo – etwa durch das Aufgreifen der entsprechenden Verfassungsbestimmungen – die grundsätzliche Orientierung an politischer Gerechtigkeit gegeben ist, kann auch die Aufgabe der Vermittlung von Gerechtigkeitsansprüchen mit geschichtlicher Wirklichkeit übernommen werden. Und nur dort sind die von rationalen und kommunikativen Kriterien bestimmten Entscheidungsprozesse im vollen Sinn als Strategien politischer Gerechtigkeit zu qualifizieren.

Allerdings darf man auch dann nicht die Erwartungen überziehen. Eine Politik, die ihre Gerechtigkeitsansprüche recht versteht, sorgt sich nur zu einem Teil unmittelbar um Humanität im Sinne von Selbstverwirklichung der Bürger. Sie tut es nämlich nur unter dem Aspekt, daß politische Kommunikationsprozesse selbst ein Stück humanen Lebens bedeuten. Von diesem allerdings wichtigen Aspekt abgesehen, konzentriert sich eine humanitäts- und gerechtigkeitsorientierte Politik auf limitierende Grundbedingungen von Humanität. Ihr geht es darum, Barrieren zu einem humanen Leben abzubauen, Dispositionen und Kompetenzen entwickeln zu helfen, die dem Menschen ein Zusichselbstkommen erlauben, sowie die erforderlichen ökonomischen und sozialen Voraussetzungen bereitzustellen. Die entsprechende Selbstverwirklichung muß aber den Betroffenen überlassen bleiben, soll Politik nicht totalitär werden. Die Suche nach Strategien politischer Gerechtigkeit ist auch gar nicht an die Annahme gebunden, es sei möglich und erstrebenswert, Humanität als das Zusichselbstkommen der Menschheit mittels öffentlicher Entscheidungsprozesse unmittelbar und vollständig zu realisieren. Im Unterschied zur politischen Gerechtigkeit kann Humanität weitgehend lediglich als das indirekte, nicht auch das direkte Ziel von Politik gelten.

Die Detail-Analyse zur konzeptorientierten wissenschaftlichen Politikberatung war exemplarisch gemeint. Am Beispiel einer sich etablierenden, aber auch von Rückschlägen bedrohten politischen Praxis sollten Struktur und Sinn eines Entscheidungsverfahrens deutlicher werden, das sich den Ansprüchen von Gerechtigkeit, Rationalität und Kommunikation stellt sowie die Ansprüche zu vermitteln sucht. Aufgrund der skizzierten Verfahren eröffnet sich dem politischen Handeln ein Maß an gerechtigkeitsorientierter, an rationaler und kommunikativer Aufklärung, das einer Entscheidungsfindung nach dem Paradigma Nutzenkalkulation methodisch verschlossen ist. Durch die Grundelemente: die Tatsache, daß sich die Politik unter die Ansprüche der Wissenschaft stellt; durch einen Wissenschaftsbegriff, der sich nicht auf bestimmte Disziplinen und Methoden festlegt, sondern ganz allgemein Sach- und Methodenkompetenz meint; durch die Anerkennung der Wissenschaften insgesamt als einer negativen und nicht einer positiven Entscheidungsinstanz; durch die Idee des experimentellen Konsenses, den Begriff einer kooperativen Beziehung zwischen Wissenschaft und Politik, vor allem auch durch die Orientierung an Leitprinzipien politischer Gerechtigkeit werden methodische Beschränkungen überwunden, die mit den gegenwärtig vorherrschenden, den rationalen Entscheidungstheorien verbunden sind.

Die damit anvisierten Verbesserungen bestehender Sozialpragmatiken gehen in zwei Richtungen. Mit dem in Ansätzen skizzierten Modell rationaler und kommunikativer Entscheidungsfindung werden die Möglichkeiten einer methodischen Beziehung zur Idee politischer Gerechtigkeit erweitert. Zugleich ist die Vorstellung abzuwehren, hier könne politische Gerechtigkeit oder gar Humanität vollständig geplant und rational verfügbar werden. Weder die kritischen Hinweise auf einige der gegenwärtig vorherrschenden Entscheidungstheorien noch die exemplarisch gemeinte Analyse einer sich etablierenden politischen Praxis sind auf Methoden oder Verfahren gestoßen, die aus sich heraus Gerechtigkeit und Humanität verbürgen. Schon wegen der vielfältigen Verläßlichkeitsgrenzen der Wissenschaft, dann wegen ihrer Bedeutung als negativer Entscheidungsinstanz, wegen der Fragilität kommunikativer Beziehungen und weil die Leitprinzipien politischer Gerechtigkeit die methodische Bedeutung von allgemeinen Vorgaben haben, kann wissenschaftliche Politikberatung konkrete Gerechtigkeit nicht garantieren. Und in bezug auf Humanität gilt: Weil das Zusichselbstkommen der Menschen weitgehend lediglich ein indirektes Ziel von Politik sein kann, ist insofern eine öffentliche Verfügung über Humanität grundsätzlich, das heißt auch aufgrund gerechtigkeitsorientierter Entscheidungsprozesse, nicht möglich.

Diese Grenzen von öffentlichen Entscheidungsverfahren gegenüber politischer Gerechtigkeit und dem Zusichselbstkommen der Menschen bedeuten jedoch nicht, daß die Entscheidungsverfahren und ihre Verbesserung gegenüber der Realisierung von Gerechtigkeit und Humanität gleichgültig seien. Der Sinn, den ein rational und kommunikativ bestimmtes Entscheidungsverfahren für Gerechtigkeit und Humanität hat, und die Überlegenheit gegenüber anderen Verfahren liegt vielmehr darin, daß eine Grundorientierung an Prinzipien politischer Gerechtigkeit bereichs- und situationsgerecht erschlossen werden kann, eine Aufgabe, ohne die sich die Verpflichtung auf Gerechtigkeit und Humanität nicht erfüllen läßt. Wenn öffentliches Handeln tatsächlich Humanität befördern und das Befördern nicht dem Zufall überlassen, sondern so weit wie möglich methodisch durchführen will, dann braucht es Entscheidungsverfahren, die sowohl an Gerechtigkeitsgrundsätzen orientiert als auch durch die formellen Bedingungen von Rationalität und Kommunikation bestimmt sind. Mit solchen Verfahren werden zwar Gerechtigkeit und Humanität nicht garantiert, jedoch wird eine maßgebliche Chance zu ihnen eröffnet.

1 Gegen mannigfache Mißverständnisse und Begriffsverwirrungen: Dieser Anspruch ist genaugenommen kein moralischer, sondern ein rechtlicher (im Vernunftsinn von Recht). Er fordert nicht, daß jeder zu jeder Zeit moralisch (tugendhaft) handelt; vielmehr gebietet er, die Regeln des Zusammenlebens letztlich von der Vernunftidee des Rechts, von der Idee der Gerechtigkeit, her zu bestimmen. – Zur neueren Diskussion um die Begründung von Gerechtigkeitsprinzipien vgl. u. a. J. Rawls, *Eine Theorie der Gerechtigkeit,* Frankfurt/M. 1975 (orig. 1971); Vf. (Hrsg.), *Über John Rawls' Theorie der Gerechtigkeit,* Frankfurt/M. 1977. Siehe auch in diesem Band: Kritische Einführung in Rawls' Theorie der Gerechtigkeit; Zur Rolle der Entscheidungstheorie . . .

2 Vgl. D. Sternberger, Der alte Streit um den Ursprung der Herrschaft, in: *Süddeutsche Zeitung,* 16./17. 7. 1977, 95 f.

3 Vgl. u. a. W. Maihofer, *Rechtsstaat und menschliche Würde,* Frankfurt/M. 1968.

4 Vgl. dazu M. Kriele, *Einführung in die Staatslehre,* Reinbek 1975, 150 f., sowie Vf., Menschenrechte als Legitimation und Maßstab demokratischer Politik, in: J. Schwartländer (Hrsg.), *Menschenrechte und Demokratie,* Tübingen 1981.

5 Zu Platon vgl. die Kommentare zum *Staat* (Cross-Woozly, Murphy, Gigon u. a.), ferner W. Wieland, Platon und der Nutzen der Idee. Zur Funktion der Idee des Guten, in: *Allgemeine Zeitschrift für Philosophie* 1 (1976) 19-33; D. Herwig, Das Paradigma der besten Polis in der Philosophie Platons, 1977 (Vortragsmanuskript) u. a. Siehe auch I. Kant, *Zum Ewigen Frieden,* Zweiter Zusatz.

6 Vgl. auch in diesem Band: Zur vertragstheoretischen Begründung politischer Gerechtigkeit: Hobbes, Kant und Rawls im Vergleich.

7 Vgl. die kommunikationstheoretischen Versuche zur Normenbegründung von Apel, Habermas und den Vertretern der konstruktivistischen Ethik (P. Lorenzen, O. Schwemmer, F. Kambartel u. a.); dazu in diesem Band: Sind Moral- und Rechtsbegründung kommunikations-, (konsens-, diskurs-)theoretisch möglich?

8 So etwa bei Habermas.

9 Vgl. die ausführlichere Erörterung in: Vf., *Strategien der Humanität,* a.a.O., Teil I; siehe auch in diesem Band: Zur Theorie des Glücks im klassischen Utilitarismus; Zur Rolle der Entscheidungstheorie . . .; Rationalität, Dezision oder praktische Vernunft.

10 Für die Wahl zwischen sicheren Ergebnissen reicht die Kenntnis der ordinalen Präferenzfolge aus, während bei nichtsicheren Handlungsergebnissen sich die Bedingung für Präzision verschärft: eine – etwa in Geldeinheiten gemessene – kardinale Bewertung der Ergebnisse wird erforderlich.

11 Vgl. F. Holzheu, Zur Zielproblematik in den Jahresgutachten des Sachverständigenrates zur Begutachtung der gesamtwirtschaftlichen Entwicklung, in: *Zeitschrift für die gesamte Staatswissenschaft* 127 (1971) 609-620.

12 Zur Bedeutung der latenten oder verdrängten Bedürfnisse: F. H. Tenbruck, *Zur Kritik der planenden Vernunft,* Freiburg/München 1972, 24 ff.

13 Vgl. C. W. Churchman, *Philosophie des Management. Ethik von Gesamtsystemen und gesellschaftliche Planung,* Freiburg 1973 (Orig.: *Challenge of Reason,* 1968), 26 ff.

14 Vgl. C. Uhlig, *Das Problem der Social Costs in der Entwicklungspolitik. Eine theoretische und empirische Analyse,* Stuttgart 1966; R. Spaemann, Nebenwir-

kung als moralisches Problem, in: ders., *Zur Kritik der politischen Utopie*, Stuttgart 1977, 167-182; und schon G. Myrdal, Das Zweck-Mittel-Denken in der Nationalökonomie, in: *Zeitschrift für Nationalökonomie* 4 (1933) 305-329.

15 So schon A. Rapoport, Critique of Strategic Thinking, in: N. Rosenbaum (Hrsg.), *Readings on the International Political System*, Englewood Cliffs/N. J. 1970, 201-227.

16 Ein treffendes Beispiel für eine systematische Strukturskizze stellt der von der Bildungskommission des Deutschen Bildungsrates empfohlene *Strukturplan für das Bildungswesen* dar (Bonn 1970). Der umfangreiche Plan analysiert den damaligen Stand des Bildungswesens und macht auf seine Schwächen aufmerksam. Vor allem entwickelt er ein umfassendes systematisches Reformkonzept für die Lehr- und Lernvorgänge vom Elementarbereich (Kindergarten) über den Primarbereich und die Sekundarstufe I bis zur Sekundarstufe II und zum Bereich der Weiterbildung (lediglich die dem Wissenschaftsrat vorbehaltenen Hochschulprobleme sind ausgespart). Orientiert an bildungs- und gesellschaftspolitischen Grundsätzen sowie pädagogischen Leitmotiven, soll u. a. das vorhandene vertikal gegliederte Schulwesen in ein horizontal gegliedertes umgewandelt werden. Der Strukturplan entwickelt auch die Zusammenhänge zwischen einer Strukturreform der Bildungsgänge, einer Reform der Lehrerbildung, einer Verwaltungsreform und den Finanzierungsaufgaben.

17 In: *Die offene Gesellschaft und ihre Feinde*, 2 Bde., Bern [2]1970 (orig. 1944), Kap. I 9. Neuere eigenständige Vertreter eines Inkrementalismus sind D. Baybrooke, Ch. E. Lindblom, *A Strategy of Decision. Policy Evaluation as a Social Process*, New York-London [2]1970; Ch. E. Lindblom, *The Intelligence of Democracy*, New York-London 1965; eine kritische Auseinandersetzung mit Popper bei Etzioni, *The Active Society. A Theory of Societal and Political Processes*, London-New York 1968, Kap. 11 (deutsch: Opladen 1975), Etzionis eigenständiger Gegenentwurf in Kap. 12; ferner R. Jochimsen, Strategie der wirtschaftspolitischen Entscheidung, in: *Weltwirtschaftliches Archiv* 29 (1967) 52 ff.

18 Aus der Erfahrung der Arbeit des Deutschen Bildungsrates und am Beispiel der westdeutschen Bildungspolitik hat H. Krings ein differenziertes mehrstufiges Planungsmodell entwickelt, das zwischen (a) Konzeptplanung, (b) politischer Entscheidungsplanung, (c) Realplanung unterscheidet: Die Aporie der Bildungsplanung, in: *Neues Lernen*, München 1972, 65-81.

19 Z. B. Deutscher Bildungsrat, *Empfehlungen der Bildungskommission, Zur Planung berufsqualifizierender Bildungsgänge im tertiären Bereich*, Bonn 1973, Kap. II 2: Gegenwärtige Strukturen im Bildungs- und Beschäftigungssystem.

20 Ein Beispiel aus der bildungsplanerischen Praxis: Deutscher Bildungsrat, a.a.O. (Anm. 19), Kap. 3: Längerfristige Entwicklungstendenzen und die zukünftige bildungs- und beschäftigungspolitische Bedeutung tertiärer Ausbildungen.

21 So gab der Deutsche Bildungsrat eine eigene Reihe *Gutachten und Studien der Bildungskommission* heraus.

22 So schon bei R. Dahrendorf, *Bildung ist Bürgerrecht. Plädoyer für eine aktive Bildungspolitik*, Hamburg [2]1966. Zum Verhältnis von Grundgesetz und einem Bildungsprogramm: H. Becker, *Bildungsforschung und Bildungsplanung*, Frankfurt 1971, 135-139.

23 Vgl. H. Roth (Hrsg.), *Begabung und Lernen, Ergebnisse und Folgen neuerer Forschungen*, Stuttgart [4]1970 (= Bd. 4 der Gutachten und Studien der Bildungskommission). Über den Bezug der bildungspolitischen Konzeptplanung auf diese Forschung siehe Deutscher Bildungsrat, a.a.O. (Anm. 16), 15.

24 Vgl. Deutscher Bildungsrat, a.a.O. (Anm. 16) Teil I und II; ferner Becker, a.a.O. (Anm. 22), 38-61, 88-146.

25 Vgl. H. P. Widmaier, *Bildung und Wirtschaftswachstum. Eine Modellstudie ...*, Villingen 1966; F. Harbison, *Educational Planning and Human Resource Development,* Paris 1967; K. Hüfner (Hrsg.), *Bildungsinvestition und Wirtschaftswachstum. Ausgewählte Beiträge zur Bildungsökonomie,* Stuttgart 1970.

26 H. Lenk, *Erklärung – Planung – Prognose,* Freiburg 1972, 68.

27 Für eine nicht fachbegrenzte Methodenkompetenz hat Aristoteles den Begriff des πᾶν πεπαιδεύμενος geprägt (vgl. *De partibus animalium* I 1, 639 a 1 ff., siche auch *Nikomach. Eth.* I 1, 1094 b 23 ff.), allerdings nicht, um Allgemeinbildung im Sinne eines Studium generale, sondern um die angedeutete allgemeine Methodenkompetenz zu bezeichnen.

28 Im Fall der Bildungskommission des Deutschen Bildungsrates: H. Bauersfeld, H. Bredereck, K. D. Erdmann, H. Krings, H. Maier, R. Mayntz-Trier.

29 Vgl. H. Lenk, a.a.O. (Anm. 26) 68 f.

30 Trotz aller Kontroversen stimmen die Vertreter der zeitgenössischen Wissenschaftstheorie in der Kritik dieser »naiven« Auffassung überein.

31 Vgl. R. Jochimsen, Zur Philosophie staatlicher Planung, in: H. M. Baumgartner/ O. Höffe/C. Wild (Hrsg.), *Philosophie – Gesellschaft – Planung,* München [2]1976, 155-163 (160 f.).

32 Vgl. Th. Dams, *Berufliche Bildung – Reform in der Sackgasse,* Freiburg 1973, 56 ff.

33 Vgl. Deutscher Bildungsrat, *Empfehlungen ..., Aspekte für die Planung der Bildungsforschung,* Bonn 1974, 9, 22 u. a.

34 Vgl. F. H. Tenbruck, Wissenschaft, Politik und Öffentlichkeit, in: H. Maier u. a. (Hrsg.), *Politik und Wissenschaft,* München 1971, 323-356 (352).

35 Vgl. H. Krings, Philosophie als Voraussetzung von Planung, in: Baumgartner/ Höffe/Wild, a.a.O. (Anm. 31) 180-185.

36 Zu Rechts- und Sozialstaatlichkeit vgl. für viele andere: E. Forsthoff (Hrsg.), *Rechtsstaatlichkeit und Sozialstaatlichkeit,* Darmstadt 1968; K. Lompe, *Gesellschaftspolitik und Planung,* Freiburg 1971, 73 ff.

37 Dieses Mißverständnis z. B. bei Dams, a.a.O. (Anm. 32) 26.

38 Ein Plädoyer für den einheits- und wahrheitsstiftenden Wert der Diskussion schon bei J. S. Mill, *On Liberty,* London 1848 (dt. Stuttgart 1974) chap. 2.

39 Der Begriff des imperativen Plans stammt aus der französischen Planungstheorie. Französische Wirtschaftspläne haben gegenüber öffentlichen Unternehmen den verwaltungsrechtlichen Status einer hoheitlichen Anordnung (sog. imperative Pläne), während sie für die Privatwirtschaft nur Indikatoren und Orientierungspunkte setzen (sog. indikative Pläne); vgl. P. Bauchet, *La planification française. 15 ans d'expérience,* Paris 1962; J. und A. M. Hachet, *Economic Planning in France,* London 1963; B. Cazes, Prinzipien und Methoden der französischen Planung, in: R. Jungk/H. J. Mundt (Hrsg.), *Modelle für die neue Welt,* München 1964, 157 ff.

40 Vgl. dazu C. A. Moser, Der Robbins Report in Großbritannien, in: *Bildungsplanung und Bildungsökonomie,* Göttingen 1964, 29-43; A. Morkel, *Politik und Wissenschaft,* Hamburg 1967, Kap. 4; H. Harnischfeger, *Planung in der sozialstaatlichen Demokratie,* Neuwied-Berlin 1969, 133 ff.; H. Becker, a.a.O. (Anm. 22), 62 ff.

41 Ernüchternde Erfahrungen z. B. nach: J. L. S. Sundquist, *Politics and Policy: The Eisenhower, Kennedy and Johnson Years,* Washington 1968.

16. Ethikunterricht in pluralistischer Gesellschaft*

Als die Kultus-Ministerien von Bayern und Rheinland-Pfalz ihren Verfassungsauftrag zu erfüllen und Richtlinien für ein ganz neues Fach, den Unterricht in Ethik, zu erlassen hatten, befanden sie sich in einer mehrfach schwierigen Situation. Im Art. 137, Abs. 2 der Verfassung des Freistaates Bayern heißt es: »Für Schüler, die nicht am Religionsunterricht teilnehmen, ist ein Unterricht über die allgemein anerkannten Grundsätze der Sittlichkeit einzurichten.« – Ähnlich fordert es der Art. 35, Abs. 2 der Verfassung für Rheinland-Pfalz: »Für Jugendliche, die nicht am Religionsunterricht teilnehmen, ist ein Unterricht über die allgemein anerkannten Grundsätze des natürlichen Sittengesetzes zu erteilen.«[1]

Indem beide Verfassungen von allgemein anerkannten Grundsätzen der Sittlichkeit bzw. des natürlichen Sittengesetzes sprechen, gehen sie wie selbstverständlich von einem Konsens im Bereich des Sittlichen aus, eine Annahme, die durch die seitherige soziokulturelle Entwicklung problematisch geworden ist. Auch in der Bundesrepublik Deutschland hat sich eine Gesellschaft herausgebildet, die – im Gegensatz zu homogenen und stabilen Sozietäten – durch eine Pluralität von ökonomischen, politischen und kulturellen Kräften bestimmt und in ihren sozialen Institutionen einem raschen Wandel unterworfen ist. Durch Veränderungen in den ökonomischen, politischen und religiösen Zielvorstellungen, aufgrund des Funktionswandels vieler Institutionen und angesichts der in jüngster Zeit wieder heftigen Auseinandersetzungen zwischen konservativen, liberalen und progressiven (revolutionären) Standpunkten ist es gar nicht so sicher, daß sich allgemein anerkannte Grundsätze noch so weit bestimmen lassen, daß sie für einen Lehrplan verbindlich fixierbar sind.

Zudem sind methodisch durchgeführte Analysen sittlicher Probleme seit Jahren kaum Gegenstand der öffentlichen Diskussion. Nicht weil sich Fragen der Sittlichkeit einfach verflüchtigt hätten.

* *Neues Hochland* 66 (1974) 370-383 (überarbeitet).

Auch heute noch sieht man sich in alltäglichen wie in exzeptionellen Situationen mit Fragen konfrontiert, für die die Ethik allgemein verbindliche Regeln, Prinzipien und Argumentationsverfahren zu entwickeln und zu begründen sucht. Das sind Fragen der Art: Soll man sich an Versprechen halten? Ist Toleranz noch eine Tugend? Läßt sich der politische Gebrauch von Gewalt nur taktisch und strategisch oder auch moralisch rechtfertigen? Ist man für sein Handeln überhaupt selbst oder sind nur Umwelt und letztlich die Gesellschaft als ganze dafür verantwortlich? Was sind die Prinzipien und Kriterien politischer Gerechtigkeit?

Obwohl eine Orientierung an den sittlichen Prinzipien, wie sie traditionell Humanität, Freiheit und Gerechtigkeit heißen, nicht ihre Aktualität verloren hat, konnten weder Probleme im persönlichen und im Familienleben noch die Kontroversen um Hochschul- und Bildungsreform, um Bodenrecht, Umweltschutz und Strafrechtsreform zu einer wissenschaftlich angeleiteten öffentlichen Erörterung von Kriterien und Prinzipien der Gerechtigkeit und Sittlichkeit oder auch nur zu präzisen Fragestellungen und einem geschärften ethischen Problembewußtsein führen. Statt dessen sucht eine pragmatisch an den Bedürfnissen der Zeit orientierte Politik mit ihren Bedarfs- und Kapazitätsrechnungen und einem Augenmaß für die Realität eine möglichst breitgestreute, effiziente und sichere Befriedigung der tatsächlich vorherrschenden oder nur publizistisch hochgespielten Bedürfnisse und Interessen; während ein politisches Denken, das über pragmatische und technische Probleme hinausgreift, sich auf naturwüchsig gebildete persönliche und gruppenspezifische Überzeugungen verlassen muß oder aber von intellektuellen Ansätzen bestimmt ist, die, wie im Marxismus oder Strukturalismus, ethische Fragen hintansetzen oder, wie in einer humanistisch orientierten Verhaltensforschung, sich das Desiderat an Ethik zunutze machen, ohne doch mehr als ein Surrogat sein zu können.

Zwar hat sich in der philosophischen Forschung der letzten Jahre eine Rehabilitierung der praktischen Philosophie und damit auch der philosophischen Ethik angebahnt. Nachdem die Ansätze der materialen Wertethik und die appellativen Momente der Existenzphilosophie ihre Resonanz verloren hatten, kam der lapidaren Bezeichnung Ethik, ehemals Titel einer zentralen philosophischen Disziplin, lange Zeit nur der Wert einer historischen Reminiszenz zu. Durch systematisch ausgerichtete Interpretationen klassischer Texte, etwa der von Aristoteles und Kant, durch die Rezeption der angelsächsischen Metaethik, dann auch der utilitaristischen Ethik und ihrer Alternative, der Gerechtigkeitstheorie von John Rawls, durch Vorschläge zu einer methodisch disziplinierten schrittweisen Rekonstruktion einer praktischen Philosophie sowie durch die Wendung der kritischen Theorie zu Problemen der Normenbegründung sind ethische Probleme wieder Gegenstand einer wissenschaftlichen Analyse und Reflexion geworden[2]. Verglichen mit Wissenschaftstheorie und Logik, mit marxistisch oder pragmatisch orientierter Gesellschaftstheorie sowie mit der philosophiehistorischen Forschung ist das wiedererwachte Interesse jedoch noch relativ jung. Überdies ist es häufig noch mehr von der Interpretation klassischer Autoren, vom Entwurf und der Diskussion von Methoden und Programmen absorbiert als mit einer sittlichen Aufklärung zeitnaher Probleme beschäftigt.

Während man also von philosophischer Seite noch kaum systematisch durchgeführte und auf Konsens rechnende Entwürfe einer normativen Ethik erwarten konnte, hatten die Abmeldungen vom Religionsunterricht in Bayern und Rheinland-Pfalz so zugenommen, daß die Erfüllung der Verfassungsaufträge nicht länger hinauszuzögern war. Ende Juni 1972 verfügte das Bayerische Kultusministerium – die folgenden Bemerkungen konzentrieren sich auf die Verhältnisse in Bayern –, daß in den Sekundarschulen der Unterricht in Ethik vom Schuljahr 1972/73 an als ordentliches Lehrfach eingeführt und schrittweise einzurichten sei. Bald darauf wurde der umfangreiche, die verschiedenen Schulgattungen (Gymnasien, Fachoberschulen, berufliche Schulen und Hauptschulen) übergreifende Lehrplan publiziert[3]. Trotz der skizzierten sozial- und philosophiegeschichtlich nicht gerade einfachen Situation und der Tatsache, daß der gegenwärtige Stand der Curriculum-Forschung kaum einen wissenschaftlich gesicherten curricularen Lehrplan erlaubt, wird hier – und das ist in der Tat verdienstvoll – ein Stück innerer Schulreform realisiert: Es werden für die verschiedenen Jahrgangsstufen und bis ins Detail Lernziele formuliert, diese in Lerninhalten und Unterrichtsverfahren operationalisiert und ihnen angemessene Lernzielkontrollen beigegeben. Auch die Schulordnung wurde geändert. Der Unterricht in Ethik zählt jetzt zu den sogenannten Vorrückungsfächern; Stundenmaß und Leistungsnachweis entsprechen den Vorschriften, wie sie für den Religions-Unterricht gültig sind.

Auf der Grundlage des publizierten Lehrplans hat der Unterricht zunächst an einigen Dutzend Versuchsschulen begonnen. Für die Gymnasien und Fachoberschulen ist inzwischen auch die allgemeine Einführung des Unterrichtsfaches Ethik verordnet (zum 1. 8. 1973), an den übrigen Schulformen ist sie in Aussicht gestellt worden. Noch befindet man sich aber in einem gewissen Erprobungsstadium. Vor allem der curriculare Lehrplan beansprucht erst vorläufige Gültigkeit. Dieses experimentelle Stadium könnte und sollte man als Chance und Herausforderung für eine öffentliche Diskussion verstehen, damit nicht nur Lehrer und Ministerialbeamte, sondern auch Schüler und Eltern sowie Dozenten, die die Lehrer ausbilden sollen, und schließlich die öffentliche Meinung sich am Entwicklungsprozeß beteiligen. Die allgemein in Aussicht gestellte Revision des Lehrplans ist zwar schon teilweise durchgeführt, dürfte sich aber insgesamt nicht kurzfristig lösen lassen.[4]

I. Lernziel: Sittliche Kompetenz?

In der knappen Formulierung (»Unterricht über allgemein anerkannte Grundsätze der Sittlichkeit«) schweigt sich der Verfassungsauftrag über das Ziel des Unterrichts aus. Welche Qualifikation sollen die Schüler erwerben: eine Kenntnis der allgemein anerkannten Grundsätze; die methodische Fähigkeit, solche Grundsätze zu erkennen, angemessen zu artikulieren und kritisch zu analysieren; oder die Fähigkeit und Bereitschaft, den faktisch gegebenen Grundsätzen tatsächlich zu folgen? Mit anderen Worten: soll der Unterricht letztlich von einem informatorischen, von einem Sprach- und Reflexionsinteresse oder von einem genuin sittlichen Lerninteresse ausgehen und entsprechende Kompetenzen zum Ziel haben?

Der bayerische Lehrplan sieht zwischen diesen verschiedenen Lernzielen keinen Widerspruch, vielmehr einen gestuften Zusammenhang. Im Ausgang von Informationen über geltende Werte und Normen sowie über ihre Bedeutung für die Lebens- und Weltgestaltung soll der Schüler, wie es in der Bestimmung der »Richtziele« heißt, befähigt werden, zwischen subjektiv bedingten und allgemein verbindlichen Werten zu unterscheiden und hieraus die Bereitschaft entwickeln, eigenverantwortlich zu entscheiden und zu handeln (S. 732). Besonders durch die letzte Qualifikation wird dem Unterricht eine sehr hohe, zugleich äußerst schwierige Aufgabe gestellt. Aus dem zurückhaltenden Verfassungstext sind ein höchst anspruchsvolles Leitziel: »die Hinführung des Schülers zu moralischer Mündigkeit« und zwei nicht minder anspruchsvolle Richtziele: die »Fähigkeit zur Selbstbestimmung« sowie die »Fähigkeit zur sozialen Verantwortung« (S. 732) gewonnen worden. Damit ist dem Unterricht ausdrücklich ein sittliches Ziel aufgetragen: die Fähigkeit und Bereitschaft zu moralischem Handeln, die moralische Mündigkeit oder *sittliche Kompetenz*.

Erfreulicherweise bleibt der Lehrplan bei dieser noch sehr abstrakten Bestimmung nicht stehen, sondern bemüht sich, für relevante Bereiche und aktuelle Aspekte des Lebens zu konkretisieren. So sollen der 5. und 6. Jahrgang, also die etwa 10- bis 12jährigen »die Fähigkeit und Bereitschaft« lernen, das »eigene Handeln auf die Grundbedürfnisse und Grundrechte der anderen hin zu orientieren« (S. 734); der 7. Jahrgang »die Fähigkeit und Bereitschaft, zwischenmenschliche Konflikte unter Wahrung legitimer Interessen aller Beteiligten auszutragen« (S. 740).[5] Später kommen neben anderem Umweltschutz (S. 748 f.) und soziale Gewissensbildung (S. 756; Neufassung, S. 14), weltanschauliche Toleranz (S. 759; etwas vorsichtiger die Neufassung, S. 18) und kritische Wertung von Glücksangeboten (S. 773; vgl. Neufassung, S. 27) hinzu – insgesamt eine Folge von meist plausiblen, teils sehr globalen, teils zeit- und lebensnahen Lernzielen.

Aufgrund solcher Lernziele ist der Unterricht von vornherein gegen eine bloß um ihrer selbst willen geübte und oft genug recht esoterische Sprach- und Reflexionskompetenz gerichtet. Er wendet sich implizit gegen den Standpunkt eines unbeteiligten Zuschauers, der sich von der Sache persönlich nicht betroffen fühlt und über sittlich-politische Probleme wie ein Ethnologe über das Sexualverhalten oder über Begräbnisriten von Eingeborenenstämmen redet. In striktem Gegensatz zum Standpunkt eines theoretisch gebildeten, aber sittlich neutralen Beobachters intendieren die Lernprozesse das eigene Ausüben sittlich qualifizierter Praxis. Unter Anknüpfung an den Lebens- und Erfahrungshorizont der Schüler – dies »im Prinzip«, wenn auch oft genug zu wenig, zu abstrakt oder überzogen: bei 12jährigen wird von Neurosen (S. 739) und der »Reversibilität der Sprache zwischen Erwachsenen und Kindern« gesprochen (S. 738)! – soll der Unterricht der Anleitung eines sittlichen Handelns, der Bildung eines sittlichen Bewußtseins und einer sittlichen Haltung dienen. Der Lehrplan stellt sich damit in die von der Antike kommende, bei Aristoteles in der *Nikomachischen Ethik* methodisch ausgearbeitete Tradition einer Ethik, die – in bewußter Ablehnung einer sich selbst genügenden Wissenschaft – von einem sittlichen Engagement getragen und daher in einem eminenten Sinn *praktische* Philosophie ist.[6]

Wenn auch der Ethikunterricht sich auf die tatsächlichen Probleme in unseren Gesellschaften beziehen soll, verfehlt er sein Ziel, falls er bei Erkenntnissen der deskriptiven Human- und Sozialwissenschaften oder auch bei vergleichender Religionskunde stehen bliebe. Er muß vielmehr zur normativen Beurteilung nach Maßgabe allgemein verbindlicher, d. h. sittlicher Grundsätze fortschreiten. Daß die Ethik in den Leit- und Richtzielen des Lehrplans nicht als eine deskriptive Wissenschaft: als Soziologie, Verhaltensforschung oder vergleichende Kulturwissenschaft mißverstanden wird, ist daher anzuerkennen. Man muß sich jedoch fragen, ob nicht im Gegenteil das Verständnis von normativer und handlungleitender Wissenschaft in den bayerischen Richtlinien überzogen ist. Kann ein Schulunterricht die Verantwortung für sittliche Kompetenz übernehmen? Aristoteles wäre da bei allem Interesse an sittlicher Aufklärung und sittlicher Mündigkeit sehr skeptisch.

Damit soll die schwierige Problematik des Lehrplans und seiner Lernziele und nicht die der wissenschaftlichen und pädagogischen Qualifikation der Lehrer angesprochen werden. Denn auch wenn in Zukunft für Lehramtskandidaten ein eigener Studiengang Ethik eingerichtet wird und später genügend Lehrer mit philosophischen, dann auch soziologischen und psychologischen Grundkenntnissen sowie der Fähigkeit, sie zu vermitteln, zur Verfügung stehen – für die ersten Jahre muß man da einige Zweifel anmelden –, hängt der Erfolg des Unterrichts in hohem Maß vom Lehrplan selbst ab. Die Vernünftigkeit seiner Leit-, Richt- und Grobziele und der ihnen zugeordneten Lerninhalte, Unterrichtsverfahren und Lernzielkontrollen entscheidet darüber, ob die Schüler tatsächlich das lernen können, was sie lernen sollen: die Bereitschaft, Regelungen des Zusammenlebens auch einzuhalten (Neufassung, S. 5), oder die, Autoritätskonflikte verantwortungsbewußt durchzustehen (ebda., S. 11), die Bereitschaft, sich in Konflikten nach Maßgabe ethischer Normen verantwortungsbewußt zu entscheiden (vgl. S. 13), die Bereitschaft zu einer sozial verantwortlichen Gewissensbildung (S. 14), zur Verwirklichung von Freiheit und Menschenwürde (S. 16) und zur verantwortungsbewußten Anwendung sittlicher Verpflichtungen (S. 21).

Schon immanent, im Rahmen des Lehrplans selbst, sind die bayerischen Lernziele problematisch. Um zum Beispiel die Bereitschaft für Umweltschutz auszubilden, sollen die Schüler von den sozialen Folgen lärmender Autos und überdrehter Radios, vergifteter Lebensmittel und verseuchten Wassers hören; sie sollen Gegenmaßnahmen analysieren, Informationen über gesetzliche Regelungen sammeln und mit Vertretern der Verbände oder des Staates diskutieren (S. 748 f.). Analog verhält es sich bei der »Bereitschaft, Menschen in Grenzsituationen beizustehen« (S. 742) und der »Bereitschaft, Glücksangebote kritisch zu werten« (S. 773). Die Lerninhalte sind oft gut ausgewählt. Auch die Unterrichtsverfahren und Lernzielkontrollen sind primär nicht für sich zu kritisieren, wohl aber von ihren sittlichen Lernzielen her. Denn in den Mittelpunkt des Unterrichts sind Information, Text- und Film-Interpretation sowie die Analyse, Beurteilung und Diskussion eigener und fremder Erfahrungen (in der Neufassung gelegentlich auch motivierende Methoden) gestellt. Damit fügt sich der Unterricht methodisch weitgehend bruchlos in den vor allem die Gymnasien beherrschenden Kanon kenntnis- und reflexionsbezogener Fächer ein. Nimmt man trotzdem die Lernziele und letztlich das Leitziel, die sittliche Kompetenz, nicht als wohlklingende, ansonsten aber unverbindliche Wunschvorstellungen, sondern als tatsächliche Ziele ernst, dann enthält der Lehrplan eine von aufklärerischem Optimismus getragene These, über die die Verfasser keine Rechenschaft ablegen. Die These lautet: Sittliche Kompetenz läßt sich vornehmlich in theoretisch orientierten Lernprozessen vermitteln. Nach einem mißverstandenen Muster »Tugend durch Wissen« wird zwischen den sittlichen und den theoretischen Fähigkeiten kein wesentlicher Abstand gesehen, die sittliche Kompetenz intellektualistisch verkürzt.

Für andere Fächer trifft es in der Tat zu: Wer Mathematik oder Sprachen lernt, erwirbt eo ipso formalsprachliche und fremdsprachliche Kompetenz. Nicht so in der Ethik. Auch wenn man von einem Idealbild des Ethikunterrichts ausgeht, der die nötigen psychologischen, gesellschaftlichen und philosophischen Kenntnisse vermittelt und darüber hinaus in hermeneutisches Denken und rationale Kritik einübt, darf man von ihm nicht sittliche Kompetenz erwarten. Und zwar nicht aus dem Grund, weil es den Lehrern an Scharfsinn und Gründlichkeit oder den Schülern an Auffassungsgabe mangeln müßte. Vielmehr ist jemand nicht schon deshalb zu einem sittlich verantwortlichen Handeln fähig und bereit, weil er seine Ethik-Lektionen gut gelernt hat. Beispiele für die Machtlosigkeit des kognitiven Wissens sind Legion. Zum Umweltschutz: Wer den einen erschrecken, dem anderen imponieren will, wird auch dann nicht leise fahren, wenn er die ganze Skala der sozial schädlichen Folgen lärmender Motorräder kennt; und zum Drogenproblem: auch dem, der über die Konsequenzen harter Drogen informiert ist, mag es an Energie, an Selbst- und Weltvertrauen fehlen, um auf den Genuß tatsächlich zu verzichten.

An solchen Beispielen wird exemplarisch deutlich, daß dem bayerischen Lehrplan in seinen wesentlichen Stücken eine Vorstellung von menschlichem Handeln zugrunde liegt, in dem die fundamentale Differenz von Einsicht und der Bereitschaft, der Einsicht zu folgen, unbeachtet bleibt. Menschliches Handeln hat außer der kognitiven Komponente wesentlich eine affektive oder emotionale und eine soziale Komponente. Es ist von Trieben, Bedürfnissen und Emotionen, es ist von Ängsten, Geltungsbedürfnis und von Bequemlichkeit sowie der Hilfe oder dem Druck der Umwelt geprägt. Wenn man, gemäß dem Lehrplan, sozial verantwortlich handeln und sich an den Grundrechten des anderen orientieren soll (S. 734), dann ist das nicht ohne Triebverzicht und Sublimierungen möglich. Und der zur sozialen Verantwortung komplementäre Teil der sittlichen Kompetenz, die Bereitschaft zur Selbstbestimmung, erfordert, daß man soziale Erwartungen nicht unbesehen, sondern nach Maßgabe der eigenen Wert- und Zielvorstellungen befolgt. Ohne die Fähigkeit und Bereitschaft, sich von seinen Neigungen und den sozialen Erwartungen zu distanzieren und aus der doppelten Distanz heraus eine Kritik, eine Kontrolle und gegebenenfalls eine Veränderung der gewohnten Verhaltensmuster und spontanen Handlungsintentionen durchzuführen, ist sittliche Kompetenz nicht möglich. Man bildet aber sittliche Kompetenz nicht schon durch Analyse und theoretische Kritik von menschlichen Verhaltensformen, sondern erst durch ein Einüben in Selbst-Distanz und Sozial-Kontrolle, durch eine kritische Aneignung von Kommunikations- und Interaktionsmustern und durch die dabei immer wieder neu zu vollziehende Anerkennung seiner selbst und seiner Mitmenschen im Sinne von Vernunftwesen.

Der bayerische Lehrplan übersieht diese Grundstruktur menschlichen Handelns. Indem er das weitgehend im Bereich theoretischer Lernprozesse ansiedelt, was primär durch Kommunikations- und Interaktionsprozesse, und zwar durch langfristige, erworben wird, unterläuft ihm, theoretisch betrachtet, ein fundamentaler Kategorienfehler, und praktisch gesehen, eine höchst folgenreiche Verkennung des im Unterricht anvisierten und auch realisierbaren Zieles. (Gewiß: Die Neufassung des curricularen Lehrplans nimmt motivierende [die emotional-affektive Umwelt ansprechende] Methoden wie: brain storming, Metaphernübung, Bild-, Text-, Schreibmeditation, Collage und Rollenspiel auf. Doch durch solche in ein nicht mehr als zweistündiges Unterrichtsfach, zudem bloß gelegentlich eingestreute Unterrichtsmethoden kann nicht mehr als ein erster kleiner Schritt geleistet werden.)

Was ist die Konsequenz für den Ethikunterricht? Soll man ihn selbst grundlegend verändern und aus einem reflexionsorientierten in einen handlungsorientierten transformieren? Schon weil der Unterricht die Wahl-Alternative zum Religionsunterricht bildet, kann man eine solche Transformation nicht befürworten. Sie würde die Schüler vor die wenig sinnvolle Entscheidung stellen, ob sie entweder nur sittliche oder aber nur religiöse Mündigkeit anstreben wollen.

Überhaupt wird der Ethikunterricht nur dann fruchtbar, wenn er sich nicht allein negativ, d. h. als bloßer Ersatz oder als Konkurrenz zum (konfessionellen) Religionsunterricht versteht.

Systematisch wichtiger ist aber in diesem Zusammenhang ein anderes Argument: Sittliche Minimalbedingungen wie Kommunikationsbereitschaft und Toleranz sind nicht nur mögliche Inhalte des Ethikunterrichts, sondern zugleich normative Anforderungen an die Struktur seiner Lehr- und Lernprozesse, Anforderungen, die jedoch an die anderen Fächer ebenso zu richten sind. Der Auftrag, Selbstbestimmung und soziale Verantwortung zu vermitteln, kann nicht auf zwei Wochenstunden delegiert werden. Außerdem gibt es Aspekte des sittlichen Handelns, die man im Unterricht zwar analysieren, aber kaum praktizieren sollte. Die Bereitschaft, Menschen in Krankheit, Verzweiflung, Vereinsamung oder Unglück zu helfen, so ein Lernziel des 7. Jahrgangs (S. 742; in der Neufassung zurückgenommen), ist nicht bloß in vielen Fällen eine prinzipielle Überforderung, sofern man zur Bereitschaft nicht allein die schöne Absicht, sondern auch eine gewisse Kompetenz rechnet; denn wie sollen die etwa 13jährigen Schüler einer krebskranken Mutter, einem aus Verzweiflung sich in Alkohol oder Drogen flüchtenden Erwachsenen oder einem verlassenen Ehepartner wirklich helfen? Vor allem auch entwikkelt sich die Bereitschaft durch entsprechendes Handeln. Es hat aber kaum Sinn, die Schüler im Ethikunterricht zum Helfen »ausschwärmen« zu lassen – und noch das Maß der Hilfe zu benoten.

Auch die Schule als ganze kann und soll nicht die volle Verantwortung für die sittliche Kompetenz übernehmen. Schon angesichts der mannigfachen entgegenstehenden vor- und außerschulischen Prägungen und Erfahrungen und wegen des Umstandes, daß die frühkindlichen Sozialisationsprozesse die Persönlichkeitsstruktur tiefgreifend bestimmen, wäre die Schule überfordert. Außerdem scheint es bedenklich, daß eine *staatliche* Anstalt formell den Auftrag haben sollte, den Menschen sittliche Kompetenz zu vermitteln. Staatlich verordnete Sittlichkeit ist kaum sinnvoller als staatlich verordnete Frömmigkeit.

Schließlich darf man das Problemfeld der Lernzielkontrolle nicht übersehen, aus dem hier nur ein Aspekt herausgegriffen sei: Sofern zu jedem Lernziel auch eine angemessene Lernzielkontrolle gehört, hätte der Ethikunterricht die sittliche Kompetenz nicht nur zu vermitteln, sondern auch den Erfolg der Vermittlung zu überprüfen. Wenn man aber in einem Schulunterricht die Sittlichkeit des Verhaltens kontrollieren soll – denn darin dokumentiert sich die sittliche Kompetenz – läuft man Gefahr, daß man Unwahrheit und Heuchelei begünstigt – und damit seinem eigenen Ziel in den Rücken fällt. (Dies gilt auch, wenn man – wie in der Neufassung – zwischen Lernzielkontrolle und Leistungserhebung unterscheidet.) Die Lernzielkontrolle eines die sittliche

Kompetenz intendierenden Unterrichts ist nicht nur schwierig; sie stellt darüber hinaus eine latente Gefährdung des Lernziels selbst dar.

Statt den Unterricht in Ethik oder auch die Schule als ganze durch die Verantwortung für sittliche Kompetenz zu überfordern, könnten die Lernprozesse jedes sachorientierten Lernens so organisiert werden, daß man Sprachen, Mathematik, Sport oder Musik lehrt und zugleich – etwa durch entsprechende Unterrichtsverfahren – die sozialen Bedingungen für das Lernen sittlich-praktischer Gehalte mitvermittelt oder zumindest nicht behindert.[7] Zum Spezifischen des Ethikunterrichts sollte es gehören, die sittlichen Probleme, die in der Schule sowie im Leben außerhalb der Schule auftreten, zu erkennen, zu artikulieren und allgemein verbindliche Kriterien und Verfahren der Bewältigung aufzeigen zu helfen.

Um die Quintessenz noch einmal zu formulieren: Die Frage, ob der Unterricht den Anspruch erheben soll, sittliche Kompetenz zu vermitteln, kann weder mit einem einfachen Ja noch mit einem strikten Nein beantwortet werden. Während das strikte Nein den Sinn des Ethikunterrichts verfehlt, kann ein Ja nicht behauptet werden, ohne den Unterricht auf Aktion und Interaktion nach sittlichen Prinzipien festzulegen; denn der Unterricht vermittelt nur so viel an sittlicher Kompetenz, als er in seiner Praxis sittliche Qualität hat und herausfordert. Das wiederum sollte nicht allein im Ethikunterricht geschehen.

Das Lernziel des Unterrichts in Ethik entzieht sich der planen Alternative: sittliche Kompetenz oder sittlich neutrales Wissen. Der Unterricht in Ethik, so sein Spezifikum, sollte sich auf die kognitiven Momente sittlichen Handelns konzentrieren, diese Momente aber vollständig behandeln. Er sollte den Schülern helfen, im Ausgang von eigenen und fremden Erfahrungen die sittlichen Probleme, die im schulischen und außerschulischen Leben auftreten, zu erkennen, zu artikulieren und nach allgemein verbindlichen Kriterien und Verfahren zu bewältigen. Er sollte also zur Entwicklung der Fähigkeit des Schülers beitragen, die sittlichen Aufgaben, die sich etwa angesichts persönlicher, gesellschaftlicher und politischer Konflikte, die sich angesichts der Verschiedenheit und Konkurrenz von Werten, Normen und Weltanschauungen stellen, allererst zu sehen, sie ihrer sittlichen Struktur nach wahrzunehmen und zu interpretieren, sie zu analysieren und dafür Begründungs-, Beurteilungs- und Kritik-Aspekte nach Maßgabe von Selbstbestimmung und sozialer Verantwortung zu finden. Die Aufgabe des Ethikunterrichts liegt im methodischen – und natürlich auch altersgemäßen – Einüben in die Wahrnehmungs-, die Sprach- und die Argumentationskompetenz angesichts sittlich-praktischer Gehalte. Lernziel des Ethikunterrichts ist sittliche Reflexion (mit Information, Interpretation etc.), das heißt eine Reflexion, die nicht um des Wissens, sondern um der Sittlichkeit von Praxis willen durchgeführt wird; Lernziel ist Reflexion als Moment sittlicher Kompetenz. Vor allem in den höheren Klassen sollte der Ethikunterricht darüber hinaus Kenntnisse einiger wichtiger philosophischer, auch religiöser Deutungen des Menschen und der Welt vermitteln. Dabei sollte er auf Problemstellungen und -lösungen der philosophischen Ethik (unter Einschluß von Sozial-, Rechts- und Staatsphilosophie sowie philosophischer Anthropologie) zurückgreifen, ohne daß der Ethikunterricht einfach mit philosophischer Ethik gleichgesetzt werden dürfte. Der Unterricht sollte weder moralphilosophische Argumentationsfiguren und Kriterien (z. B. die Goldene Regel, den kategorischen Imperativ, die utilitaristische Maxime) bloß abstrakt für sich diskutieren noch durch zu viele Lehrinhalte von seiner eigentlichen Aufgabe ablenken, konkrete sittlich-politische Probleme unter der Leitidee eines humanen und gerechten, eines verantwortungsvollen Zusammenlebens primär theoretisch aufzuarbeiten.

II. Defizit an Ethik

Wendet man sich den Unterrichtsinhalten zu, so wird die Hauptgliederung im Lehrplan bald deutlich. In den unteren und mittleren Jahrgängen (5.-10. Jahrgang) kehren zwei Lernfelder immer wieder: »Der Mensch in Gemeinschaft mit anderen«, »Der Mensch und sein persönliches Leben«. Für den 11. Jahrgang ist ausschließlich die Auseinandersetzung mit »säkularen und religiösen Welt- und Menschendeutungen« vorgesehen und in der Jahrgangsstufe 12/13 sind aus fünf deutlich philosophisch orientierten Themenkreisen vier auszuwählen (die Neufassung enthält nur noch vier Themenkreise): Grundfragen der philosophischen Ethik; Freiheit und Determination; Norm und Entscheidung (in der Neufassung – auch auf Vorschlag des Verfassers – gestrichen); Recht und Gerechtigkeit; Glück.

Konfrontiert man die Gliederungspunkte mit dem Verfassungsauftrag, so sieht man, daß mit viel Umsicht und Phantasie versucht worden ist, aus der spröden Formulierung der Verfassung (»Unterricht über allgemein anerkannte Grundsätze der Sittlichkeit«) einen sinnvollen und zeitgemäßen Unterricht zu entwikkeln. Doch auch wenn man der Gliederung im wesentlichen zustimmt, vermißt man einen Einblick in die Prämissen und Argumente, die die Lernfelder, die nähere Auswahl des Stoffes und das Verhältnis zu den Leit- und Richtzielen begründen oder zumindest erläutern. Vor allem fällt bei einzelnen Themenkreisen auf, daß die spezifisch sittlichen Probleme nicht hinreichend herausgestellt werden:

1. In der 12./13. Jahrgangsstufe wird unter dem Obertitel »Norm und Entscheidung« die Wandelbarkeit ethischer Normen diskutiert und auf Industrialisierung, Frauenemanzipation und Sexualstrafrecht hingewiesen (S. 768 f.). Dabei handelt es sich um kulturgeschichtliche Prozesse, bei denen man zwar a) die Frage nach der geschichtlichen und gesellschaftlichen Vermittlung von sittlichen Normen, b) das Relativismus-Problem oder c) die Frage nach der menschlichen Freiheit aufwerfen und somit ethische Überlegungen anstellen könnte; diese ethischen Fragen sind im Lehrplan aber gerade nicht aufgeführt. – Wenn weiterhin »die Notwendigkeit ethischer Normen« eingesehen werden soll und unter den Lerninhalten dann von »Konventionen, Sitten, Regeln . . . Satzungen, Gesetzen, Verfassungen« die Rede ist (ebda.), so handelt es sich um eine Folge, die sich zu Recht nicht auf die im engeren Sinn ethischen Probleme beschränkt, vielmehr die ganze Palette menschlicher Handlungsnormierung zu entfalten sucht. Dabei bricht sie jedoch genau dort ab, wo die im eminenten Sinn ethischen Normen erst zu erwarten wären, Gebote wie: nicht zu lügen, nicht zu stehlen, nicht zu töten; Verpflichtungen zu Toleranz, Gerechtigkeit und Fairneß. – Unter dem Themenkreis wäre auch zu erörtern, was man überhaupt unter ethischen oder besser: *sittlichen* Normen versteht; daß es sich im Unterschied zu Moden, Etiketten, Regeln und Konventionen um allgemeingültige und universelle Verbindlichkeiten und im Unterschied zu Rechtsnormen nicht um formelle Zwangsnötigungen, sondern um eine »Selbstnötigung« handelt.

2. Der bayerische Lehrplan nimmt die Pluralität der Bekenntnisse und Weltanschauungen insoweit ernst, als er die Schüler der 8. (9.) und weit ausführlicher der 11. Jahrgangsstufe die wichtigen »säkularen und religiösen Welt- und Menschendeutungen« kennenlernen und ihre »Bedeutung für die Lebensgestaltung reflektieren« läßt. Nun liegt eine Gefahr des Lehrplans in seiner Materialfülle. Wenn der Schüler mit den Klassikern der praktischen Philosophie (von der Antike bis in die Neuzeit), mit den Weltreligionen und den verschiedenen Ansätzen der Ideologie- und Religionskritik vertraut werden soll (S. 759-761; in der Neufassung wenig gekürzt), dann ist er schon in einer bloß neutral-intellektuellen, geschweige denn in einer auf das eigene sittliche Leben bezogenen Bewältigung weit überfordert. Gravierender ist aber ein anderer Kritik-Aspekt. Sofern es hier nicht um Geistesgeschichte oder vergleichende Religionswissenschaft, sondern um Ethik geht, kommt es angesichts der Pluralität von Weltanschauungen nicht nur – wie es der Lehrplan lapidar fordert – auf »einen persönlichen, von sozialer Verantwortung getragenen Standpunkt« an (S. 762). Man muß genauso lernen, wie man sich dann verhalten soll, wenn man einen eigenen Standpunkt bezogen hat, der mit dem anderer in Konkurrenz tritt. Gerade wenn man gegenüber säkularen und religiösen Positionen nicht bloß skeptisch oder indifferent ist – Einstellungen, die der Unterricht auch analysieren sollte –, taucht interpersoneller Konfliktstoff auf. Wenn sich gegenüber Kriegsdienstleistung, Geburtenkontrolle und Eigentumsordnung (alles Beispiele aus dem Lehrplan: S. 762) konträre Überzeugungen bilden, ist das zu thematisieren, was traditionell angesichts konkurrierender Weltanschauungen und politischer Programme sittliche Verbindlichkeit beansprucht: die Toleranz. Obwohl der Lehrplan diesen Aspekt sieht und in der Überschrift zum 11. Jahrgang von »Toleranz gegenüber anderen weltanschaulichen Überzeugungen« (S. 759) spricht, schweigt er sich bei den einzelnen Lernzielen und Lerninhalten dieses Themenkreises darüber aus, so als ob sich in der Diskussion rivalisierender Überzeugungen die Toleranz ganz von allein bildete (die Neufassung streicht leider das Stichwort Toleranz ganz heraus). Natürlich kann dieses Schweigen auch curriculare Ursachen haben. Denn »Information über die wichtigen Welt- und Menschendeutungen und ihre ethischen Konsequenzen«, so die Hauptüberschrift des Themenkreises (in

der Neufassung: »Gemeinsame Ansätze von Weltdeutungen und Menschenbildern« sowie »Möglichkeiten, Weltdeutungen und Menschenbilder kritisch zu betrachten«) läßt sich ungleich leichter in Lerninhalte, Unterrichtsverfahren und Lernzielkontrollen operationalisieren als das Problemfeld »Toleranz«. Dafür liegt die ethische Relevanz weit mehr beim letzteren. (Doch bringt die Neuformulierung: ». . . kritisch zu betrachten« eine erste Verbesserung.

Einige Hinweise sollen den fehlenden Gesichtspunkt illustrieren. Dabei sind pädagogische und didaktische Überlegungen ausgeklammert. Man könnte im Ausgang von den Religions- und Konfessionskriegen oder dort, wo die Konfessionsprobleme keinen Streit mehr hervorrufen, in Anknüpfung an zeitgenössische Formen der Intoleranz (in politischen und intellektuellen Kontroversen, im Verhältnis von Einheimischen und Gastarbeitern, von Intellektuellen und »Männern der Praxis«) das sittliche Problem sehen und artikulieren lernen. Bei der Erörterung der Toleranz selbst, in ihrem Gegensatz zu Überheblichkeit, Unduldsamkeit, zu Fanatismus und zu Totalitarismus einerseits und zur Gleichgültigkeit gegenüber religiösen, weltanschaulichen, sittlichen und politischen Fragen andererseits, müßte man die rechtliche Seite, die Grundrechte wie: Glaubens-, Gewissens- und Meinungsfreiheit, und die persönliche Seite, die zur Haltung gewordene Duldung (negative Toleranz) oder die freie Anerkennung von Andersdenkenden (positive Toleranz) analysieren; man müßte auf Grenzen der Toleranz (gegenüber einer Mißachtung der Grundrechte von anderen) aufmerksam machen und Marcuses Problem der »repressiven Toleranz« erörtern. Schließlich wäre die Toleranz auf ihre sittliche Verbindlichkeit zu hinterfragen: Warum soll man eigentlich Anschauungen und Handlungsweisen anerkennen, die sich von der eigenen, ernsthaft erarbeiteten unterscheiden? Warum Glaubens-, Gewissens- und Meinungsfreiheit als Grundrechte frei akzeptieren? Warum darüber hinaus die freie Anerkennung Andersdenkender zu einer persönlichen Haltung entwickeln? – Bei der Untersuchung solcher Fragen einer sittlichen Legitimation von Toleranzangeboten wären die ethischen Argumentationsverfahren (die Goldene Regel, die verschiedenen Formen des kategorischen Imperativs, das Universalisierungsprinzip oder die Arten der utilitaristischen Ethik) aufzugreifen. Dadurch könnte man zugleich »Grundfragen der philosophischen Ethik«, einen Themenkreis aus dem

12./13. Jahrgang, nicht bloß so abstrakt für sich, sondern in Beziehung auf konkrete sittliche Probleme behandeln.

Die Beispiele zeigen, daß der Sinn des Ethikunterrichts, eine Betrachtung des persönlichen, sozialen und politischen Lebens von Gesichtspunkten allgemeiner Verbindlichkeit aus, gegenüber Aspekten der Sozialgeschichte, der vergleichenden Religionswissenschaft und an weiteren, hier nicht herangezogenen Stellen gegenüber den Sozialwissenschaften nicht genügend berücksichtigt, teilweise sogar verfehlt wird. Während bei den Leit- und Richtzielen und bei vielen Grobzielen die Möglichkeiten eines Unterrichts in (normativer) Ethik stark überzogen sind, werden sie an solchen Stellen weit unterschätzt.

III. Pluralismus und Verbindlichkeit

Nicht ohne Recht werden unsere fortgeschrittenen Industriegesellschaften als pluralistische Gesellschaften bezeichnet. Auch für die Bundesrepublik Deutschland trifft es zu, daß in einem Prozeß der religiösen, sozialen und politischen Differenzierung die relativ homogenen und stabilen Lebensverhältnisse und Wertmaßstäbe der alteuropäischen Gesellschaften sich aufgelöst haben und immer zahlreichere Gruppen mit eigenen, im Verhältnis zueinander oft heterogenen Interessen, Glaubensüberzeugungen und Verhaltensweisen hervorgetreten sind. Obwohl die Entwicklung zu einer wirklich offenen und pluralistischen Gesellschaft wohl noch nicht abgeschlossen, obwohl zudem der Fächer kultureller und politischer Kräfte im Vergleich zur Weimarer Republik um manche Farben ärmer ist, besteht das soziale und politische Leben zum großen Teil aus dem Neben- und Gegeneinander einer Vielzahl von freien oder organisierten Gruppen, Sub-Gesellschaften und Sub-Kulturen, die etwa als Jugendliche oder als Erwachsene; als Fabrikarbeiter, Unternehmer, Intellektuelle oder Künstler; als Christen oder Marxisten; als Konservative, Liberale oder Revolutionäre ihren eigenen, bald komplementären, bald latent oder manifest konkurrierenden Werten, Normen und Bekenntnissen folgen. – Man muß deshalb fragen, ob es in einer solchen Gesellschaft überhaupt noch sinnvoll ist, allgemeingültige sittliche Normen legitimieren und von Konventionen und Gesetzen abheben zu wollen. Pluralismus und Aufklärung sind keine Erfindungen der Neuzeit oder gar der letzten Generationen. Sofern man sich an Aufklärungsepochen wie die im antiken Griechenland erinnert, an die durch Handel, Kolonisation und Bildungsreisen vermittelte Entdeckung fremder Kulturen und Normen sowie an die Auflösung des rechtlich-politischen Grundkonsenses, sofern man an die daraus provozierte Auseinandersetzung in Literatur, Philosophie und politischer Diskussion denkt – die zwischen Sokrates/Platon und den Sophisten ist nicht die einzige, nur die berühmteste Kontroverse –, so wird man gegenüber einer Geschichtsideologie der Moderne skeptisch, die den gegenwärtigen Pluralismus einfach für modern hält. Neuartig ist es eher, daß der Normen-Pluralismus in der eigenen Gesellschaft und, schon aufgrund der Information der Massenmedien, innerhalb des Erlebnishorizontes von jedermann auftritt. Deshalb sieht sich nicht nur eine gebildete Oberschicht, sondern auch die Konzeptplanung eines öffentlich zu verantwortenden Unterrichts mit dem Normenpluralismus konfrontiert.

Ein Unterricht, der sich in dieser Situation auf die Seite einer der Gruppen schlägt und deren partikulare Überzeugungen als allgemein anerkannte vorträgt, verfährt sozialgeschichtlich gesehen reaktiv, politisch betrachtet totalitär und philosophisch-wissenschaftlich gesehen dogmatisch. Er widerspricht dem Verfassungsauftrag, allgemein Anerkanntes zu lehren. Er widersetzt sich einem bestehenden Macht- und Theorie-Pluralismus, der keiner politischen, religiösen oder sozialen und auch keiner wissenschaftlichen Instanz ein Beurteilungs- und Entscheidungsmonopol über die Legitimität von sittlichen Normen zugesteht. Vor allem kompromittiert er sich selbst. Das, was allgemein verpflichtend sein soll, die sittliche Norm, nimmt ihren Ursprung aus einer unverbindlichen Dezision, aus der willkürlichen Entscheidung für eine der Gruppen.

Es gibt einen Ausweg aus einer solchen sittlichen Indoktrination: Man trägt die ganze Mannigfaltigkeit von Norm- und Zielvorstellungen vor und enthält sich jeder Stellungnahme oder Wertung. Dieses Verfahren begünstigt jedoch sittliche Indifferenz und einen ethischen Relativismus. Um der für den Ethik-Unterricht durchaus fatalen Alternative von Indoktrination und Relativismus zu entgehen, schlägt der bayerische Lehrplan einen überraschend einfachen Weg vor. Unter dem Leitziel heißt es: »In seinen inhaltlichen Zielvorstellungen orientiert sich der Unterricht in Ethik an den sittlichen Grundsätzen, wie sie in der Verfassung des Landes Bayern und im Grundgesetz der BRD niedergelegt sind« (S. 732). Dieser Ansatz ist sicher geschickt und pragmatisch auch nicht falsch. Denn Verfassung und Grundgesetz enthalten einen politisch geltenden Konsens über fundamentale Grund- und Rahmennormen, einen Konsens jedoch, der das Handeln nur soweit bindet, wie es über Gesetzgebung, vollziehende Gewalt und Rechtsprechung im Prinzip einklagbar ist und mittels festzulegender Sanktionen durchgesetzt werden kann – und auch werden soll. Dem im engeren Sinn sittlichen Handeln geht es aber, wie schon erwähnt, nicht um eine formelle Zwangsnötigung, sondern um eine Selbstnötigung, um die Fähigkeit, etwas als allgemein verbindlich einzusehen, und um die zur Haltung gewordene Bereitschaft, es auch dann für sich zu akzeptieren und zur Richtschnur des Handelns zu machen, wenn keine Strafmaßnahmen drohen. Deshalb müssen die Normvorstellungen der Verfassung in einem vernünftigen Ethikunterricht nicht bloß genannt und ihrem Gehalt nach erklärt, sondern gerade auch auf ihren Verbindlichkeitscharakter hin kritisch analysiert werden. (Übrigens wäre die Aufgabe, die Schüler mit Grundgesetz und Verfassung vertraut zu machen, unter den konkreten Lerninhalten noch stärker zu berücksichtigen. Der fundamentale und zugleich so aktuelle Themenkreis des 7. Jahrgangs »Konflikte und ihre Regelung« [S. 740; Neufassung, S. 3 f.] kommt z. B. ohne jeden Hinweis auf Grundgesetz und Verfassung und die in ihnen niedergelegten Grund- und Menschenrechte aus.) Außerdem sind legales und sittliches Handeln nicht bloß durch ihre Motivationsstruktur unterschieden: Angst vor rechtlichen Strafen dort, freie Anerkennung hier. Verständigungs- und Gesprächsbereitschaft, Zivilcourage, Kooperationsfähigkeit oder die Bereitschaft, Glücksangebote kritisch zu werten – all diese konkreten Lernziele und Lerninhalte des Lehrplans (S. 745, 773) gehen über Verfassung und Grundgesetz hinaus.

Die Problematik einer sittlichen Verbindlichkeit in pluralistischer Gesellschaft wird durch den Hinweis auf Grundgesetz und Verfassung sowie den Zusatz »Im übrigen geht der Unterricht von einer Pluralität der Bekenntnisse und Weltanschauungen aus« (S. 732) nicht hinreichend gelöst. Dem Unterricht müßte schon eine ethische Argumentation zugrunde liegen. Eine solche Argumentation könnte mit einer sittlichen Beurteilung des Pluralismus beginnen und zeigen, wie auf der einen Seite eine Dezentralisierung politischer Machtpositionen, eine institutionelle und soziale Teilung der Willensbildungsprozesse sowie eine Vielfalt an Verhaltensweisen und Lebensformen die Chancen erhöht, daß Frustrationen und Reibungen reduziert werden und die nach Bedürfnissen und Interessen, nach Talenten, Geschmack, nach Welt- und Selbstverständnis sehr verschiedenen Individuen und Gruppen Freiräume der Selbstrealisation erhalten. So gesehen kommt der pluralistischen Qualität der Gesellschaft ein eigener sittlicher Wert zu. Auf der anderen Seite sind die verschiedenen Gruppen schon durch die arbeitsteilige Struktur der Gesellschaft wieder aufeinander bezogen. Und die Arbeitsteilung stellt selbst nur einen der Aspekte dar, die eine Vermittlung heterogener Gruppen erforderlich machen. Das Zusammentreffen von pluralistisch ausgebildeten Interessen und Normvorstellungen, die im Raum der eigenen Gruppe Anerkennung gewohnt sind, außerhalb aber miteinander konkurrieren, schafft Konfliktsituationen, deren Lösung beim Menschen nicht instinktmäßig abgesichert, sondern sozio-kulturell vermittelt ist. Um die Gefahr einer kollektiven Selbstzerstörung zu bannen und um zugleich einem kruden Sozialdarwinismus zu entgehen, der die Schwachen noch schwächer und die Vitalen und Gerissenen noch stärker macht, sind gerade auch in einer pluralistischen Gesellschaft Normen erforderlich, die eine humane und gerechte Behandlung von Konflikten gewährleisten (gleich wie die Ideen der Humanität und Gerechtigkeit noch des näheren zu sehen und zu bestimmen sind).

Die kurze Argumentationsskizze soll deutlich machen, daß die Qualifikation »pluralistisch« vom sittlichen Standpunkt aus nicht absolut gesetzt werden darf. In einem ethisch angemessenen Verständnis des Begriffs pluralistische Gesellschaft muß man vielmehr Bereiche, die pluralistisch sein sollen, von solchen, die es nicht sein dürfen, unterscheiden. Zum pluralisierbaren Bereich gehören die Bedürfnisse und Talente, die Mode- und Geschmacksvorstellungen, schließlich weitgehend die Formen der Weltinterpretation und des Selbstverständnisses. Die Überzeugungen, die die menschliche Selbstrealisation leiten, können persönlichen und gruppenmäßigen Freiräumen überlassen bleiben – sofern sie nicht die Selbstrealisation anderer beeinträchtigen. Nicht pluralisierbar dagegen sind die Grund- und Rahmenbedingungen, die den Ausgleich rivalisierender Selbstrealisationen regeln: Voraussetzungen von Kommunikation und Bedingungen einer humanen Konfliktbewältigung.

Obwohl eine aufgeklärte Gesellschaft weder einen zeitlos gültigen Moralkodex akzeptiert noch irgendeiner persönlichen, politischen, religiösen oder intellektuellen Instanz eo ipso Infallibilität zuerkennt, macht jede Gesellschaft als Kommunikations- und Interaktionszusammenhang wenigstens einige allgemein verbindliche Normen notwendig. Das sind elementare Regeln, Prinzipien oder Kriterien, die nicht bloß für einzelne Gruppen gültig sind, die deshalb dem Widerstreit partikulärer Bekenntnisse und Daseinsentwürfe enthoben sein müssen.

Eine Ethik, die auch in der Situation pluralistischer Gesellschaften allgemeine Gültigkeit beansprucht, sollte sich bewußt auf die Legitimation elementarer Verbindlichkeiten konzentrieren. Zwar gehört es zu den traditionellen Aufgaben der Ethik, Sinndeutungen und ideale Möglichkeiten des menschlichen Lebens aufzuzeigen. Auch in pluralistischen Gesellschaften wird diese Aufgabe nicht überflüssig. Denn die Bestimmung von Möglichkeiten eines in sich sinnvollen und erfüllten persönlichen und politischen Lebens kann auf methodische Anleitung nicht verzichten. Die Bestimmung muß jedoch zugleich dem freien Disput der Bekenntnisse, Weltanschauungen und politischen Programme sowie der freien Entscheidung der Angesprochenen überlassen bleiben. Um der Alternative von Indoktrination und Relativismus zu entgehen, muß man zwischen der im Prinzip *einen* Ethik elementarer Verbindlichkeiten und der Pluralität von Ethiken eines optimalen Lebens, den christlichen, marxistischen, buddhistischen und anderen Deutungen von Humanität strikt unterscheiden.

In der Regel braucht man die elementare Verbindlichkeiten nicht lang zu suchen und schon gar nicht eigens zu erfinden. Aufgrund der Kommunikations- und Interaktionsbezüge, die wir täglich realisieren, aufgrund unserer naturwüchsigen Urteile und nicht zuletzt durch die Tradition der Ethik selbst haben wir alle schon ein mehr oder minder reiches Vorwissen. Das Vorwissen aufzugreifen und methodisch zu analysieren ist die Aufgabe einer wissenschaftlichen Ethik. Die hier vorgetragenen kritischen Bemerkungen sind aber nicht der Ort für einen systematischen Traktat. Es genügen einige Beispiele für allgemein verbindliche

Normen, die sich, je nach ihrer Beziehung zur Situation pluralistischer Gesellschaften, zwanglos in drei Gruppen aufgliedern lassen:

1. Eine Gruppe sittlicher Grundsätze, deren Relevanz über die spezifische Aufgabe einer sittlichen Konfliktbewältigung hinausgreift, deren Gültigkeit daher jenseits des Pluralismus liegt. Es sind Grundnormen, die Kommunikation in jeder Form erst möglich machen. In einer pluralistischen Gesellschaft sind sie sowohl für Personen innerhalb von homogenen Gruppen als auch für das Verhältnis heterogener Gruppen zueinander gültig. Hierzu zählt vor allem der Schutz fremden Lebens im Sinne des Verbots von Tötung und Mord und von Vergewaltigung, dann – wenn auch weniger elementar – des Verbots von Lüge und Betrug.

2. Unter den spezifischen Verhältnissen einer pluralistischen Gesellschaft sind Rahmennormen erforderlich, die die Heterogenität und Rivalität der Gruppen und Bekenntnisse so regeln, daß der Zusammenhalt nicht gesprengt und die Gesellschaft als ganze aufgelöst wird. Diese Rahmennormen wiederum sind nur unter Voraussetzung sittlicher Normen möglich. Zu den Normen, die den Bestand einer pluralististischen Gesellschaft dadurch garantieren, daß sie bestimmte Konfliktsituationen erst gar nicht entstehen lassen, ist die schon erörterte Toleranz zu rechnen.[8]

Toleranz gründet in der Einsicht, daß kein Mensch schlechthin irrtums- und vorurteilsfrei ist, besonders aber in der Anerkennung anderer als freier und ebenbürtiger Personen, die das Recht haben, die eigenen Vorstellungen zu äußern und nach ihnen zu handeln, soweit sie nicht dasselbe Recht anderer beeinträchtigen. Toleranz ermöglicht ein von Freiheit und Humanität bestimmtes Zusammenleben. Sie endet dort, wo es um die Mißachtung der Rechte anderer geht. Deshalb ist sie nicht in dem Sinn repressiv, daß sie auch die Duldung der Unterdrückten gegenüber ihren Unterdrückern (Marcuse) fordert. Toleranz ist ein Zeichen von Selbstüberwindung – sie muß aggressiv-destruktiven Triebwünschen abgerungen werden (vgl. Mitscherlich) – und von Ichstärke, weil sie die Interessen anderer grundsätzlich anerkennt und die Auseinandersetzung mit fremden Meinungen nicht scheut. Toleranz vollendet sich im lebendigen Interesse an der Lebensform anderer und ist dann eine säkularisierte und zurückhaltende Weise von Nächstenliebe.

Staatliche Toleranz realisiert sich in der rechtlichen Sicherung der Grundrechte der Religions-, Glaubens-, Gewissens- und Meinungsfreiheit. Trotz der Bedenken von Marcuse und anderen bleibt Toleranz eine Grundtugend der modernen pluralistischen Demokratie, durch die sie ihre politisch-soziale Ordnung aufrechterhält, indem sie die Vielfalt rivalisierender Bekenntnisse, Weltanschauungen und politischer Programme als legitim respektiert. Zugleich schützt die Toleranz, sofern sie zur sozialen Wirklichkeit wird, die Minderheiten, Randgruppen, auch Einzelgänger vor Repressionen und Diskriminierungen eines unduldsamen Fanatismus, der – die eigenen Überzeugungen absolut setzend – sie anderen mit offener oder versteckter Gewalt aufzwingt. Toleranz schließt nicht die Kritik an, den Protest gegen und die Auseinandersetzung mit anderen Lebensvorstellungen aus. Im Gegensatz zur blanken Konfrontation eröffnet sie vielmehr einen Freiraum, in dem die Konflikte sachlich ausgetragen und entgegengesetzte Meinungen vernünftig diskutiert werden können.

Das gemeinsame politisch-soziale Ziel »Bestand einer pluralistischen Sozietät« kann nur dann auf allgemeine Zustimmung rechnen, wenn es nicht zu Lasten bestimmter Gruppen oder Individuen geht. Aufgrund solcher Überlegungen ist jedem ein unantastbarer Freiraum der Selbstentfaltung zuzubilligen: die schon durch Rechts- und Verfassungsstaatlichkeit zu sichernden Grund-(Persönlichkeits-)Rechte, Rechte, die ihrerseits als notwendige Bedingung sittliche Normen voraussetzen, die man etwa als »Anerkennung des Selbstzwecks jedes einzelnen Menschen« formulieren könnte.

3. Schon aufgrund der vielfach begrenzten Ressourcen ist es im Verkehrs- und im Bildungsbereich, im Sozial-, im Rechtswesen und beim Umweltschutz unumgänglich, Konflikte auszutragen und trotz unterschiedlicher Ausgangsinteressen zu gemeinsamen Entscheidungen zu kommen. Um eine humane Konfliktbewältigung und damit zugleich ein öffentliches Handeln angesichts pluralistischer Ausgangslage zu ermöglichen, sind bestimmte Haltungen, man könnte sagen: ein Ethos, erforderlich. Dazu gehört die Bereitschaft, in die Situation des Konfliktes nicht ausschließlich nach Maßgabe von Vorteil, Geschicklichkeit und Macht einzutreten, vielmehr eigene Interessen partiell aufzugeben und eine gemeinsame Handlungsbasis zu suchen.

In Planungsgremien z. B., in denen Politiker und Wissenschaftler verschiedener Disziplinen zusammentreffen, stoßen nicht nur verschiedene Interessen und Ziele, sondern auch sehr unterschiedliche Denkweisen und Sprachmuster aufeinander. Eine vernünftige Konfliktbewältigung ist hier nur möglich, wenn jeder bereit ist, einerseits sich verständlich zu machen und andererseits ungewohnte Denk- und Sprechweisen verstehen zu lernen.

Neben der Kooperations- und Verständigungsbereitschaft ist auch Fairneß geboten: die Bereitschaft, bei gemeinsamen Unternehmen sich nicht eine Ausnahmestellung anzumaßen und auf Kosten anderer zu leben, sondern zugleich mit den Vorteilen auch die Opfer und Lasten zu tragen. Die parasitäre Rolle des »Trittbrettfahrers« ist sittlich illegitim.

Den sittlichen Haltungen und Normen, die hier einmal experimentierend angesetzt sind, ist eines gemeinsam. Sie betreffen die Voraussetzungen von Kommunikation bzw. die Basisbedingungen einer vernünftigen Konfliktbewältigung. Auf Vorstellungen von vollendeter Kommunikation, wie sie etwa im Griechischen die Eudaimonie qua Autarkie bezeichnet (vgl. Aristoteles, Nikomachische Ethik I 5), ist bewußt verzichtet worden. Gleichwohl braucht der Ethikunterricht die Diskussion über menschliche Ideale nicht zu scheuen – sofern er sie nur methodisch richtig führt: Er muß sich ein hohes Maß an Zurückhaltung auferlegen; er darf nicht Partei ergreifen, wohl aber die Parteien als freie Angebote zu Wort kommen lassen und den Schüler befähigen, die Angebote selbst kritisch zu prüfen. Wenn man unter diesem Aspekt den Lehrplan durchmustert, kann man anerkennend feststellen, daß ihm die methodische Unterscheidung der einen Ethik elementarer Verbindlichkeiten und der Pluralität von Ethiken menschlicher Ideale im wesentlichen gelungen ist:

Beim Themenkreis »Konflikte und ihre Regelung« (S. 741; Neufassung S. 3 f.) hebt der Lehrplan deutlich eine humane, weil gewaltlose und sachliche Konfliktregelung von einer inhumanen ab, die sich physischer und psychischer Druckmittel bedient. Damit hält er an der Idee einer Ethik elementarer Verbindlichkeiten fest und entgeht einem ethischen Relativismus. Anders verhält er sich bei Themen wie: »Ziele für die individuelle Lebensgestaltung« (S. 737), »eigene Sinndeutungen bzw. Glückserwartungen des Lebens« (S. 743 f.) oder »Sinndeutung des Lebens in Weltanschauungssystemen« (S. 744). Hier entwickelt der Lehrplan die ganze Fülle von traditionellen und zeitgenössischen Sinndeutungen. Ohne die einen als human und die anderen als inhuman zu qualifizieren, geht es um die Anleitung zu kritischer Prüfung und selbstverantwortlichem Entscheiden (S. 762).

Bei dem Themenkreis »Der Mensch in Grenzsituationen« kommen jedoch Zweifel auf. Wenn unter diesem Titel von »Sorge um Kranke und Vereinsamte, helfendes Gespräch, Verzicht auf Vergeltung« (S. 742) die Rede ist, dann sind das Forderungen, die aus dem Geist christlicher Liebe stammen. Wer sie akzeptiert, wird in der Regel nicht nur von Christen für sittlich vorbildlich gehalten. Wenn man sie aber zu den elementaren Verbindlichkeiten zählt, läuft man Gefahr, Vorbilder des Lebens als Normalbilder mißzuverstehen. Hier wäre darum eine genauere Differenzierung notwendig.

Der in Bayern erlassene curriculare Lehrplan für das Unterrichtsfach Ethik versteht sich nicht als eine endgültige Bestimmung. In der Vorbemerkung heißt es ausdrücklich: »Die vorliegenden Lehrpläne sind zunächst für eine Erprobungsphase gültig. Die Schulen, an denen der Lehrplan erprobt wird, können aufgrund der mit dem Lehrplan gemachten Erfahrungen ... Änderungsvorschläge ... vorlegen« (S. 731). Insofern dort nur die Schulen und ihre Erfahrungen angesprochen sind, ist vor allem an eine schulpraktische Überprüfung des Lehrplans gedacht. Die hier vorgetragenen Analysen und Überlegungen gehen aber gerade nicht von schulpraktischen Erwägungen, sondern vom Anspruch einer philosophischen Ethik aus. Auch wenn man mit den teils kritischen, teils zustimmenden Bemerkungen nicht immer konform geht oder auch andere Einwände hat, läßt sich eines nicht bestreiten: Die in Aussicht gestellte Revision darf nicht allein von schulpraktischen Erfahrungen geleitet sein; sie muß sich ebenso der Überprüfung einer wissenschaftlichen Ethik stellen.

Anhang: Zur Ausbildung der Ethiklehrer

Die Ausbildung der Ethiklehrer geschieht in Bayern (ebenso wie in Rheinland-Pfalz) im Rahmen der Lehrerfortbildung. Hierbei müßte man noch stärker Fachvertreter (Hochschullehrer) der philosophischen Ethik heranziehen. Da in Bayern ebenso wie in Rheinland-Pfalz der Ethikunterricht mit Ausnahme der Primarstufen für alle Jahrgangsstufen und alle Schularten vorgesehen ist, kann die Ausbildung im Rahmen der Lehrerfortbildung nur eine Übergangsphase sein. Wie für das Fach Religion, so ist auch für den Ethikunterricht ein eigener Fachstudiengang Ethik einzurichten, der eine wissenschaftlich fundierte Fachkompetenz vermittelt.

1. Als sinnvoll erscheinen dafür folgende *Studienziele:*

(a) *Sozialerfahrung:* Der Studierende sollte Sozialerfahrung in einem anderen sozialen System als dem der eigenen Familie und der Hochschule erwerben.

(b) *Kenntnisse:* Der Studierende sollte einen historisch und systematisch fundierten Einblick sowohl in die Probleme der philosophischen Ethik als auch in die Grundfragen der für den Ethikunterricht nötigen Humanwissenschaften erwerben.

(c) *Problembewußtsein:* Der Studierende sollte die Dringlichkeit und Fragwürdigkeit sowohl historischer als auch gegenwärtiger sittlicher Problemstellungen erkennen und vermitteln können.

(d) *Urteilsfähigkeit:* Der Studierende sollte die Fähigkeit erwerben, Probleme aus dem persönlichen, sozialen und politischen Leben unter sittlichem Gesichtspunkt zu beurteilen.

(e) *Problemdarstellung:* Der Studierende sollte Sachprobleme aus den ihm angebotenen Lehrveranstaltungen klar und übersichtlich darstellen und im Kontext ethischer Diskussion beurteilen können.

(f) *Textinterpretationen:* Der Studierende sollte in der Lage sein, zentrale Texte aus seinen Lehrveranstaltungen zu interpretieren, Probleme, die darin formuliert sind, zu erkennen und Begriffe ihrem thematischen Gehalt nach zu explizieren sowie in ihrem jeweiligen Zusammenhang mit anderen Begriffen darzustellen.

(g) *Weiterbildung:* Der Studierende sollte fähig sein, auch nach abgeschlossenem Studium den Verlauf philosophischer und humanwissenschaftlicher Forschung kritisch weiter zu verfolgen und für seinen Unterricht nutzbar zu machen.

2. *Studienaufbau:* Dem Ethikunterricht geht es um ein normatives, nicht um ein deskriptives Wissen. Die wissenschaftliche Kompetenz für dieses Wissen kommt der philosophischen Ethik zu, bei der deshalb der Schwerpunkt des Studiums liegen müßte.

Dabei ist philosophische Ethik in einem weiteren, auch Sozialphilosophie und politische Philosophie (Rechts- und Staatsphilosophie) sowie philosophische Anthropologie umfassenden Sinn zu verstehen. Da zur Fachkompetenz eines Ethiklehrers auch ein methodisches Wissen über Tatbestände und Probleme des persönlichen und des sozialen, des wirtschaftlichen und des politischen Lebens gehört, erfordert die Ausbildung der Ethiklehrer nicht nur philosophische, sondern auch humanwissenschaftliche: pädagogische und gesellschaftswissenschaftliche Studien. Dabei ist nicht einfach ein allgemein angelegtes, nur in seinem Umfang verkürztes humanwissenschaftliches Studium zu fordern. Die nichtphilosophischen Teile des Studiums sind vielmehr bewußt unter dem Aspekt ihrer Relevanz für Fragen des sittlichen Handelns auszuwählen und in Beziehung auf sie zu behandeln.

Im philosophischen, eventuell auch im nichtphilosophischen Bereich könnte ein Pflichtbereich, der für alle Studierenden des Faches Ethik obligatorisch ist, von einem Wahlpflichtbereich unterschieden werden, der den Studierenden eine selbständige Schwerpunktbildung ermöglicht.

(a) *Philosophischer Pflichtbereich:* Es empfiehlt sich, das Studium mit einer *Einführung in die philosophische Ethik* (Vorlesung, evtl. auch Proseminar) zu beginnen, die das Grundverständnis für das Wesen und die »Funktion« von Moral und Sittlichkeit sowie für die Eigenart philosophischer Analyse und Reflexion angesichts sittlicher Probleme vermittelt. – In zwei weiteren Veranstaltungen (einer Vorlesung, einem Pro- oder Hauptseminar) sollen *Grundfragen* und Grundmodelle aus dem Bereich der normativen *Ethik* und der Metaethik behandelt werden. – Eine *Einführung in die politische Philosophie* (Sozialphilosophie, Rechts- und Staatsphilosophie) erörtert die soziale und politische Natur des Menschen, das Wesen von und das sittliche Kriterium für Gesellschaft, Recht und Staat, d. h. Grundprobleme, von denen das eine oder andere in einem *Seminar zur politischen Philosophie* weiter zu verfolgen ist. – Je eine Veranstaltung sollte der *Religionsphilosophie* (Begriff der Religion, Religion und Religionen, Weltreligionen u. a.) sowie der exemplarischen *philosophischen Diskussion von Ansätzen, Methoden und Resultaten* jener Disziplinen gewidmet sein, die außer der Philosophie im Lehrprogramm der Ethiklehrer zu fordern sind (zum Verhältnis empirischer und philosophischer Anthropologie, von soziologischer und ethischer Theorie der Normen, von psychologischer, soziologischer und philosophischer Handlungstheorie usf.).

(b) *Philosophischer Wahlpflichtbereich:* Der Umfang der im Ethikunterricht anzusprechenden Problemfelder sowie die Vielzahl der in der philosophischen Ethik betriebenen Forschungsgebiete ermöglichen es dem Studierenden, den Pflichtbereich seines Studiums nach selbstgewählten Schwerpunkten zu ergänzen und zu vertiefen. Solche Schwerpunkte, die sich gegenseitig nicht ausschließen und von denen zwei obligatorisch sein sollen, könnten z. B. sein: (α) *Sachprobleme* aus normativer Ethik, politischer Philosophie und Sozialphilosophie (z. B. das Problem der Freiheit; das Prinzip Glück; Gerechtigkeit; Gewissen; Eigentum; Toleranz usf.); (β) *Methoden* philosophischer Ethik (transzendentale, hermeneutische, sprachanalytische, kritische Methode); (γ) *Autoren und Richtungen* der philosophischen Ethik (z. B. Artistoteles; Kant, Utilitarismus); (δ) *philosophische Diskussion von Ansätzen, Methoden und Resultaten* jener Disziplinen, die außer Philosophie im Ausbildungsprogramm der Ethiklehrer gefordert werden.

(c) *Nichtphilosophische Studienfächer oder -themen* könnten z. B. sein: Entwicklungspädagogik und -psychologie; Familien- und Gemeindesoziologie; Normen in soziologischer oder kulturgeschichtlicher Perspektive; (juristische) Einführung in die Grundbegriffe von Recht und Staat; empirische Anthropologie; Verhaltensforschung; Konfliktpsychologie; allgemeine Neurosenlehre.

(d) *Praktikum:* Insofern der Ethiklehrer auch über breite Sozialerfahrungen verfügen sollte und da diese in unseren hochdifferenzierten Gesellschaften nicht eo ipso durch das Leben in Familie, Schule und Hochschule vermittelt werden, ist es sinnvoll, daß der Student vor dem Studienbeginn oder während der ersten Semester in einem mindestens 6wöchigen Praktikum unter der fachlichen Anleitung eines Mentors ein anderes soziales System als das der eigenen Familie, der Schule und der Hochschule kennenlernt.

1 Zur Situation in den anderen Bundesländern: Der Alternativunterricht zum Religionsunterricht in *Schleswig-Holstein* für das 9. und 10. Schuljahr der Haupt-, Real- und Berufsfachschulen und für das Berufsgrundschuljahr – an den Gymnasien wird für diese Schuljahre kein Religionsunterricht angeboten – heißt zwar Philosophie; nach seiner Grundaufgabe und seinen Lernzielen steht er aber in großer Nähe zu einem Ethikunterricht. – Als Alternativunterricht wird in *Hessen* ein freiwilliger religionskundlicher Unterricht gegeben, ebenso in *Niedersachsen,* das außerdem in der reformierten Oberstufe als Alternative zwei Grundkurse im gesellschaftswissenschaftlichen Aufgabenfeld fordert, die sich mit Wert- und Normfragen befassen. *Hamburg* bietet in der Oberstufe alternativ zu Religion Philosophie an, allerdings ohne einen Kurs in Ethik für obligatorisch zu erklären. Während in *Baden-Württemberg* die Einführung eines Alternativfachs noch diskutiert wird, ist es weder in *Berlin* noch in *Bremen* oder *Nordrhein-Westfalen* geplant; jedoch gibt es in der reformierten Oberstufe dieser wie auch der anderen Länder im Rahmen des Faches Philosophie auch Kurse für Ethik. Das *Saarland* hat eine zu Bayern und Rheinland-Pfalz analoge Bestimmung des Art. 29 der Landesverfassung durch Gesetz 891 vom 9. 11. 1969 gestrichen; jedoch soll nach dem Schulordnungsgesetz vom 27. 3. 1974, § 15 (1) »für Schüler, die am Religionsunterricht nicht teilnehmen, Unterricht in allgemeiner Ethik erteilt werden«, wobei die Teilnahme Pflicht ist.

2 Eine kleine Auswahl aus der neueren Ethik und politischen Philosophie: J. Ritter, *Metaphysik und Politik. Studien zu Aristoteles und Hegel,* Frankfurt/M. 1969; O. Höffe, *Praktische Philosophie. Das Modell des Aristoteles,* München-Salzburg 1971; ders., *Strategien der Humanität. Zur Ethik öffentlicher Entscheidungsprozesse,* Freiburg–München 1975; G. Patzig, *Ethik ohne Metaphysik,* Göttingen 1971; N. Hoerster, *Utilitaristische Ethik und Verallgemeinerung,* Freiburg–München [2]1977; H. Lübbe, *Theorie und Entscheidung. Studien zum Primat der praktischen Vernunft,* Freiburg i. Br. 1971; A. Pieper, *Sprachanalytische Ethik und praktische Freiheit,* Stuttgart 1973; M. Riedel (Hrsg.), *Rehabilitierung der praktischen Philosophie,* 2 Bde., Freiburg 1972, 1974; P. Lorenzen/O. Schwemmer, *Konstruktive Logik, Ethik und Wissenschaftstheorie,* Mannheim [2]1975; K. O. Apel und J. Habermas in: K. O. Apel (Hrsg.), *Sprachpragmatik und Philosophie,* Frankfurt/M. 1976; O. Höffe (Hrsg.), *Über John Rawls' Theorie der Gerechtigkeit,* Frankfurt/M. 1977; R. Spaemann, *Zur Kritik der politischen Utopie,* Stuttgart 1977.

3 Bekanntmachung über den curricularen Lehrplan für das Unterrichtsfach Ethik gem. Art. 137 Abs. 2 BV, in: *Amtsblatt des Bayerischen Staatsministeriums für Unterricht und Kultur (= KMBl),* Nr. 13, 26. 7. 1972, 730-733; wiederabgedruckt in: *Handreichungen für das Unterrichtsfach Ethik,* Hrsg. Staatsinstitut für Schulpädagogik München, Donauwörth 1973 (zitiert als »S. 7xx«); geändert mit Bekanntmachung vom 16. 12. 1974 (*KMBl* I, 1975, 219 ff.), neugefaßt für den Bereich der Gymnasien, Realschulen und Wirtschaftsschulen sowohl im Abschnitt A (Vorbemerkungen) als auch im Lehrplan der Jahrgangsstufen 7-13 mit Wirkung vom 1. 8. 1978 (*KMBl* I, So.-Nr. 1/1978; zit. als »Neufassung, S. xx«).

4 Zur Revision vgl. Anm. 3. Ob die Neufassung (1978) eine (relative) Endgültigkeit darstellt, läßt sich wohl erst in einigen Jahren beurteilen.

5 Die Neufassung führt unter dem Themenbereich »1. Der Mensch und sein persönliches Leben« auch die *»Bereitschaft,* über erzieherische Forderungen

nachzudenken« sowie die *»Bereitschaft,* Hilfen zu einer selbständigen Lebensgestaltung anzunehmen« an, während zum anderen Themenbereich »2. Konflikte und ihre Regelung« nur Informationen (»Überblick«) und Kenntnisse vermittelt werden sollen (Neufassung, S. 2-4). Dieses Defizit an »Bereitschafts«-Lernzielen hat kaum systematische Gründe; denn dieselbe Neufassung spart bei anderen Themenbereichen nicht mit »Bereitschafts«-Lernzielen und stellt z. B. für den Themenbereich »2. Autorität« der Jahrgangsstufe 9 das Lernziel auf: *»Bereitschaft,* Autoritätskonflikte, an denen ich beteiligt bin, verantwortungsbewußt durchzustehen bzw. zu versuchen, sie zu lösen« (Neufassung, S. 11).

6 Vgl. in diesem Band: Ethik als praktische Philosophie.

7 Es ist daher zu Recht eines der drei Leitziele der Kollegstufe insgesamt die »Fähigkeit zur Selbstentscheidung in sozialer Verantwortung« (vgl. *Handreichungen für den Ethikunterricht* . . ., 2. Folge, Hrsg. Staatsinstitut für Schulpädagogik München, Donauwörth 1976, S. 11, S. 20 ff.).

8 Vgl. H. Marcuse u. a., *Kritik der reinen Toleranz,* Frankfurt/M. 1966; J. Maritain, *Wahrheit und Toleranz,* Heidelberg 1960; A. Mitscherlich, *Toleranz. Überprüfung eines Begriffs,* Frankfurt/M. 1974; U. Schultz (Hrsg.), *Toleranz. Die Krise der demokratischen Tugend,* Reinbek 1974.

Personenregister

Sachregister